Anette von Droste-Hülshoff

Die Briefe der Dichterin Annette von Droste-Hülshoff.

Herausgegeben von Hermann Cardauns

I0592011

SEVERUS

Droste-Hülshoff, Anette von: Die Briefe der Dichterin Annette von
Droste-Hülshoff. Herausgegeben von Hermann Cardauns
Hamburg, SEVERUS Verlag 2012
Nachdruck der Originalausgabe von 1909

ISBN: 978-3-86347-301-3
Druck: SEVERUS Verlag, Hamburg, 2012

Der SEVERUS Verlag ist ein Imprint der Diplomica Verlag GmbH.

Bibliografische Information der Deutschen Nationalbibliothek:
Die Deutsche Nationalbibliothek verzeichnet diese Publikation in der
Deutschen Nationalbibliografie; detaillierte bibliografische Daten sind im
Internet über http://dnb.d-nb.de abrufbar.

Die Briefe

der Dichterin

Annette v. Droste-Hülshoff.

Herausgegeben und erläutert

von

Hermann Cardauns.

Mit Unterstützung des Hermann Hüffer-Vereins.

Münster i. W. 1909.

Druck und Verlag der Aschendorffschen Buchhandlung.

Der Witwe Hermann Hüffers

dankbar und verehrungsvoll gewidmet.

Vorbericht.

Die Anfänge dieses Buches liegen weit zurück. Schon lange vor seinem Tode (15. März 1905) besprach Professor Hermann Hüffer eingehend mit mir seinen Lieblingsgedanken einer kritischen Ausgabe der Briefe der Dichterin und übergab mir zur Vorbereitung der Ausführung viele Abschriften und Notizen. Im Frühjahr 1901 konnte ich ihm Regesten der mir bis dahin bekannt gewordenen Korrespondenz überreichen, dann aber nötigten mich Berufsgeschäfte zum Verzicht, und erst sechs Jahre später war ich in der Lage, mit Unterstützung der Kommission zur Herausgabe des H. Hüffer- schen Nachlasses (H. Hüffer-Verein), die lockende Aufgabe wieder in Angriff zu nehmen, leider jetzt ohne die Möglichkeit des Zu- sammenarbeitens mit H. Hüffer.

Das nächste Ziel war natürlich die möglichst vollständige Sammlung der gedruckten und ungedruckten Briefe, und zwar der Originale, wo dieselben erreichbar waren. Erste Grundlage dafür war der betreffende Teil des Hüfferschen Nachlasses, den mir H. Hüffers Witwe ausnahmslos zur Verfügung stellte. Er enthielt einzelne Originale, darunter den erst 1903 von Hüffer erworbenen, 1906 auszüglich bekannt gewordenen Brief der Dichterin an Anna v. Haxthausen über ihre Jugendliebe (1820 Nr. 12), ferner Dutzende von Abschriften unbekannter, nur im Auszug gedruckter oder nur ganz flüchtig erwähnter Briefe (die meisten von Frl. Hilgegund v. Laßberg und Hrn. A. Lang, gegenwärtig Domprediger in Halle a. S.), so Abschrift des letzten bis jetzt bekannten Briefes, den A. im Herbst vor ihrem Tode schrieb (1847 Nov. 9, Nachträge Nr. 165), weiter Notizen zur chronologischen Fixierung undatierter oder man- gelhaft datierter Stücke, Material zur Erläuterung, Aufsätze in Zeit- schriften und Zeitungen usw.

Zu wärmstem Danke verpflichtete mich Prof. Jostes (Münster) durch Überlassung der noch vorhandenen Originale der Briefe an Christoph Schlüter. Es sind fast ausnahmslos die 1877 (2. Auflage 1880) von Schlüter gedruckten „Briefe der Freiinn Annette von Droste-Hülshoff". Außerdem erhielt ich von Jostes das Autograph des ersten Teils des Geistlichen Jahres mit der eigenhändigen Widmung der Dichterin an ihre Mutter (Nr. 11).

Der Güte der beiden Nichten der Dichterin, der Freifräulein Hildegard und Hildegund v. Laßberg (letztere am 14. Mai 1909 verstorben) verdanke ich etwa 30 Orginale, stark die Hälfte gerichtet an A.'s Schwester Jenny v. Laßberg, die übrigen meist an ihre Mutter und an mütterliche Verwandte. Nur ein Teil dieses Komplexes ist in Hüffers Annette-Biographie oder vereinzelt an anderen Stellen benutzt bzw. auszüglich gedruckt. In sehr genauen aber unvollständigen Abschriften von Frl. Hildegund v. Laßberg lag ein Teil dieser Briefe mir bereits in Hüffers Nachlaß vor, doch ermöglichten die Autographe eine Menge wertvoller Ergänzungen. Umgekehrt konnten einige Lücken der Autographe nach den Abschriften ausgefüllt werden.

Eine Enttäuschung bereitete die Suche nach den im 4. Bande der Gesammelten Werke (herausg. von Elisabeth Freiin v. Droste-Hülshoff und Wilhelm Kreiten) erschienenen „Familienbriefen". Zwar übergab mir Freiin Elisabeth v. Dr.-H. zu Kevelaer, ebenfalls eine Nichte A.'s, mit größtem Entgegenkommen 15 Originale, von denen acht noch unbekannt, sieben auszüglich in den Gesammelten Werken gedruckt waren, aber nicht weniger als 22 „Familienbriefe" waren verschwunden. Nach Mitteilungen der Eigentümerin scheinen sie vor einigen Jahren an einen Herrn verliehen worden zu sein, der jetzt alle Anfragen einfach ignoriert.

Nicht zu erlangen waren ferner die Originale der 1893 von Theo Schücking herausgegebenen 28 Briefe an Levin und Luise Schücking. Zwar äußerte sich Prof. Walther Schücking (Marburg a. d. Lahn), an welchen ich mich mit der Bitte um Unterstützung meiner Arbeit wandte, sehr entgegenkommend, aber der Widerspruch eines anderen Familiengliedes nötigte ihn, seine Zusage zurückzuziehen. Übrigens bürgt für die Genauigkeit des Textes der veröffentlichten Schücking-Briefe schon die Mitarbeit eines so exakten Droste-Kenners wie Dr. Gustav Eschmann (vgl. die Bemerkung bei Th. Schücking S. XI).

Ebenso vergeblich war der Versuch, die Originale der noch gar nicht oder nur auszüglich bekannten Briefe an Elise Rüdiger zu erhalten. Die meisten derselben sind im Besitz einer Nichte Elise Rüdigers, Frl. Helene v. Düring-Oetken (Berlin), welche sich die von den Droste-Freunden schon seit vielen Jahren ersehnte, hoffentlich jetzt bald erfolgende Veröffentlichung selbst vorbehielt. So sind, außer einem schon bekannten Fragment und einem andern Bruchstück, dessen Adressatin zweifelhaft ist, nur zwei schon früher gedruckte Briefe an Elise Rüdiger wiedergegeben, die übrigen kurz registriert nach Abschriften von Hildegund v. Laßberg (in Hüffers Nachlaß gefunden, jetzt im Besitze von Hildegard v. Laßberg), welche die Originale aus dem Nachlaß von Prof. Braun (Bonn) erhielt und Elise Rüdiger zur Verfügung stellte.

Für die gefällige Überlassung einzelner oder mehrerer Originale bin ich verbunden den Herren Landgerichtsrat a. D. Bernhard Sprickmann (Münster), Prof. Dr. Wendelstad (Düsseldorf), Prof. Dr. Kirschkamp (Bonn), Max Freiherr von und zu Brenken (Wewer), dem Jesuitenkollegium zu Exaten (photographische Kopie, vermittelt durch P. Gietmann, S. J.), den Universitätsbibliotheken von Bonn und Leipzig.

Ohne Zweifel bilden die von mir zusammengebrachten Stücke nur einen Bruchteil der Briefe, welche A. geschrieben hat, wie schon die ganz ungleichmäßige Verteilung auf die einzelnen Jahre erkennen läßt, und ganz gewiß sind noch manche, vielleicht viele vorhanden, welche hier fehlen. In einem Falle (vgl. meine Nachträge und Berichtungen S. 426) mußte ich den Wunsch des Besitzers respektieren, von der Veröffentlichung abzusehen, in einem anderen (Nr. 107) blieb alles Suchen nach dem in einem Auktionskatalog verzeichneten Autograph umsonst. Schon insofern ist der Titel „Die Briefe der Dichterin" etc. nicht so zu verstehen, als ob ich mir schmeichelte, Vollständigkeit erreicht zu haben, und die oben erwähnten Enttäuschungen haben dieselbe noch mehr beschränkt. Die Fassung des Titels soll nur besagen, daß es sich um eine vollständige Übersicht über das erreichbare Material handelt. Möge sie dazu beitragen, daß recht bald ausgiebige Nachträge erscheinen.

Wenn die Nachforschungen auch vielfach nicht . zum Ziele führten, so haben sie sich doch reichlich gelohnt. Alles in allem wurden 170 Stücke[1]) zusammengebracht, von denen einige allerdings nur durch eine Notiz bekannt, andere nur fragmentarisch erhalten sind. Von der Gesamtzahl sind bereits bekannte Briefe an Schlüter,

---

[1]) Die laufenden Nummern der Ausgaben schließen allerdings bereits mit Nr. 168 ab. Durch ein Versehen sind zwei aufeinanderfolgende Briefe (S. 233 und 242) mit Nr. 81 bezeichnet worden. Dazu kommt noch der nicht veröffentlichte Brief an Frau Sprickmann, der in den Nachträgen (S. 426) nur erwähnt werden konnte.

seine Frau und seine Tochter 30, hier fast sämtlich nach den Originalen gedruckt; an Schücking und seine Frau 28, sämtlich nur notiert; Familienbriefe bei Kreiten, deren Originale verschwunden sind, 22, im Anhang wiederholt; an Elise Rüdiger und ihre Tante Henriette v. Hohenhausen 12, nur notiert; zerstreut gedruckt und hier meistens nach den Originalen wiederholt 12. Von den übrigen waren m. W. bisher gänzlich unbekannt 26, davon an die Mutter 5 (Nr. 49. 81. 108. 145. 165), an die Schwester 5 (Nr. 19. 24. 28. 55. 77), an Sophie v. Haxthausen 4 (Nr. 27. 48. 51. 133), an Sibylla Mertens 3 (Nr. 98. 110. 112), an Karl v. Haxthausen 2 (Nr. 32. 54), Ludowine v. Haxthausen 2 (Nr. 45. 78), je einer an Frau v. Wolff-Metternich (58), Reinhard v. Brenken (82), Cotta (131), einen ungenannten Geistlichen (147) und Werner v. Droste (162). In der Droste-Literatur nur ganz kurz erwähnt 12, davon an die Schwester 7 (Nr. 16. 38. 47. 84. 105. 114. 159), an Sophie v. Haxthausen 3 (Nr. 53. 61. 158), je einer an die Großmutter v. Haxthausen (Nr. 1) und an Charlotte Grimm (Nr. 5). Auszüglich bekannt, aber viele nur durch Abdruck einzelner kurzer Stellen, die nur einen kleinen Bruchteil des Inhalts bieten, 24, darunter an die Schwester 10 (Nr. 23. 41. 62. 66. 75. 94. 130. 134. 144. 155), an die Mutter 4 (Nr. 8. 40. 54. 88), je einer an den Vater (Nr. 7), Ludowine v. Haxthausen (10), Anna v. H. (12), Sibylla Mertens (31), Carl v. H. (39), Joseph v. Laßberg (42), Amalie Hassenpflug (65), Hrn. de Noel (67), Johanna Hassenpflug (139), Sophie v. Haxthausen (148). Der kleine Rest (4 Nummern) verteilt sich auf zwei Briefe, über die nur eine kurze Notiz vorlag, den nicht veröffentlichten Brief an Frau Sprickmann und ein Fragment, dessen Adressatin nicht sicher bestimmt werden konnte (168). Stark 60 Briefe erscheinen hier zum erstenmal oder in ganz veränderter Gestalt, und auch bei den andern konnten die bisher vorliegenden Texte oft sehr erheblich verbessert und ergänzt werden.

Je mehr das Material anwuchs, desto weiter trat der Gedanke einer vollständigen und ungekürzten Ausgabe der gesamten Korrespondenz der Dichterin, auch der an sie gerichteten Briefe, in den Hintergrund. Ein Gesamtbild wäre keinesfalls entstanden, schon weil die Briefe an sie, abgesehen von zahlreichen Briefen Schlüters und Schückings, mit wenigen Ausnahmen verloren oder vernichtet sind. Sie sind nur im Apparat berücksichtigt. Aber auch der vollständige Abdruck der von ihr geschriebenen Briefe erwies sich mehr und mehr als kaum durchführbar. Zunächst aus Raumrücksichten. A.'s Briefe sind meist umfangreich, manche von ganz außerordentlicher Länge. Schreiben wie das an Schlüter vom 22. Oktober 1835, das im Schlüterschen Druck 26 Seiten, in meiner Ausgabe fast einen Druckbogen füllt, gehören nicht zu den Seltenheiten. Die ungekürzte Aufnahme sämtlicher Briefe würde zwei Bände oder einen unförmlich dicken Band ergeben haben. Dazu kommt, daß manche Partien den Druck wirklich nicht verdienen. A. schrieb meistens planlos nieder, was ihr gerade in den Sinn und in die Feder kam, selten mit berechneter Auswahl, Wichtiges und Unwichtiges, literarische Urteile, Mitteilungen aus ihrem äußeren und inneren Leben, Dienstbotenangelegenheiten, Familiennachrichten, Aufträge, Grüße usw. usw. bunt durcheinander — sie würde selbst ernstlich böse geworden sein, hätte man jedes Wort, das sie geschrieben, der Nachwelt überliefern wollen. Vereinzelt legte auch die Rücksicht auf lebende Personen kleine Auslassungen nahe. Allerdings nicht entfernt in dem Maße, wie frühere Herausgeber, zuweilen mit Recht, es für nötig erachteten. Wenn z. B. Schlüter, 30 Jahre nach A.'s Tode, sämtliche Namen, einschließlich seines eigenen, nur mit Anfangsbuchstaben bezeichnet — die paar Ausnahmen beruhen anscheinend auf Versehen — so war das damals, wenn auch eine Übertreibung, doch verständlich; heute, nach weiteren 30 Jahren, würde es unverständlich sein. Die Grenze zwischen Pietät und Ängstlichkeit wird sehr verschieden gezogen werden und ist für den Herausgeber nicht immer leicht zu finden. Auch im vorliegenden Falle werden die Ansichten über die Frage, ob nicht der eine oder andere Brief von der Veröffentlichung auszuschließen oder nur auszüglich wiederzugeben gewesen wäre, auseinandergehen. Ich selbst neigte mehr zum vollständigen Abdruck alles irgendwie Wichtigen oder Interessanten, aber man wird es begreifen, wenn ich einigemal auf besondere Wünsche derjenigen Rücksicht genommen habe, ohne deren gütige Unterstützung diese Ausgabe überhaupt nicht zu Stande gekommen wäre.

Aus den vorstehenden Erwägungen ergab sich folgendes System.

Ausgeschlossen wurden vom Druck bzw. Nachdruck diejenigen Briefe an Elise Rüdiger, welche mir nur in auszüglichen Abschriften vorlagen und deren Herausgabe die Besitzerin der Autographe sich vorbehalten hatte, sowie die Briefe an Schücking, die in guter Ausgabe gesammelt vorliegen uud mir im Original nicht erreichbar waren.

Aufgenommen wurden die Briefe an Schlüter, für welche mir die Originale zur Verfügung standen und die Möglichkeit gewährten, eine Reihe Lesungen des (übrigens im Wesentlichen getreuen) Schlüterschen Druckes richtig zu stellen, Lücken auszufüllen und die Namen zu ergänzen.

Verwickelter lag die Sache bei den „Familienbriefen" der Droste-Kreitenschen Ausgabe der Gesammelten Werke. Hier ergab der Vergleich der sieben geretteten Originale mit den gedruckten Auszügen wiuderholt systemlose Auswahl, falsche Lesungen und willkürliche Änderungen. Einige Drucke sind bis auf Kleinigkeiten genau, andere weichen stark von der Vorlage ab. Wie mir Kreiten selbst vor Jahren mitteilte, hat er „den größeren Theil" im Original vor sich gehabt, einen „kleineren Theil nur in Abschrift", und da wird es ihm zuweilen ergangen sein, wie bei dem vielbesprochenen Erstdruck der Widmung des Geistlichen Jahres (vgl. die Bemerkungen zu Nr. 11). Er war ja gewiß mehr Ästhetiker als kritischer Philologe, und seine Arbeitskraft war durch langjähriges schweres Siechtum stark beeinträchtigt, aber eine Behandlung einiger Texte, wie sie sich bei diesem Vergleich herausstellte, möchte ich dem verdienten Manne, der bis kurz vor seinem Ende meinen Editionsplan bereitwillig unterstützte, doch nicht zutrauen. Jedenfalls mußten die betr. sieben Briefe vollständig neu gedruckt, nicht bloß ergänzt werden. Das Gleiche würde wohl bei manchen der übrigen „Familienbriefe" nötig gewesen sein, deren Originale verschwunden sind. Man kann die Frage aufwerfen, ob ich nicht in der Hoffnung, daß sie später doch wieder auftauchen könnten, vom Wiederdrucke hätte absehen sollen; aber diese Hoffnung war sehr unsicher, und so habe ich die Kreitenschen Drucke im Anhang beigegeben.

Aufgenommen wurden alle übrigen Briefe, weitaus die meisten nach den Originalen, nur wenige nach Abschriften und älteren Drucken. Der Umstand, daß ein Brief schon veröffentlicht war, konnte nicht ins Gewicht fallen, denn das Wenige, was bisher außer den Ausgaben von Schlüter, Schücking und Kreiten schon gedruckt wurde, ist derartig verstreut, daß eine Sammlung unbedingt notwendig erschien. Textkürzungen wurden bei den spärlichen Briefen aus früherer Zeit fast gar nicht vorgenommen, häufig dagegen in der späteren Periode, wo das Material viel reichlicher fließt und manchmal mehrere umfangreiche Briefe aus denselben Tagen sich über die gleichen Gegenstände verbreiten. Übrigens beziehen sich diese Kürzungen mit seltenen Ausnahmen, in denen ich besondere

Wünsche lebender Personen berücksichtigen zu müssen glaubte, nur auf ganz gleichgültige Dinge.

A.'s Schrift ist besser als ihr Ruf. Sie unterschied genau zwischen dem, was sie zu eigenem Gebrauch und was sie für andere schrieb. Ihre Brouillons sind allerdings entsetzlich, und ein bloß im Konzept erhaltener Brief war eine sehr harte Nuß, aber die zur Absendung bestimmten Niederschriften bieten keine außerordentlichen Schwierigkeiten, wenn auch manche Stellen nicht eben leicht zu lesen sind. Im Ganzen schrieb sie bis tief in die dreißiger Jahre nachlässiger, im letzten Jahrzehnt ihres Lebens viel deutlicher; noch der Brief an ihre Schwester vom 7. August 1846 z. B. ist wie gestochen. Die Schwierigkeit liegt hauptsächlich in der Kleinheit der Schriftzüge; sie sind — Ausnahmen abgerechnet — ungefähr ebenso klein wie in den Briefen und Tagebüchern Emin Paschas, von denen man Proben findet bei Stuhlmann, „Mit Emin Pascha ins Herz von Afrika" (Berlin 1894) und Georg Schweitzer, „Emin Pascha" (Berlin 1898). Dabei wird der Raum aufs äußerste ausgenutzt. Zuweilen stehen auf einem Oktavseitchen 50—60 Zeilen zu 30—40 Silben; zum Überfluß werden manchmal die kaum nennenswerten Ränder noch mit Nachschriften bedeckt und die Innenseite eines mit der Scheere zurechtgeschnittenen Kouverts bis ins letzte Eckchen beschrieben. Hier und da war eine Lupe angenehm, aber gescheitert ist die Lesung dieser Mikrographie doch nur an wenigen Stellen.

Die Orthographie der Briefe ist — abgesehen von der Ersetzung des sehr häufig begegnenden y durch i — beibehalten. Gelegentlich klagt sie (an ihre Schwester 1834 Nov. 29) über ihre Ratlosigkeit gegenüber den alten und neuen Regeln, aber da sie im ganzen über eine konsequente Orthographie verfügte und unsere moderne Schreibung kaum die Gewähr langer Dauer besitzen dürfte, schien es mir richtig, ihre Schreibung zu lassen wie sie ist. Mit der französischen Rechtschreibung steht sie allerdings mehrfach auf Kriegsfuß. Ihre Gewohnheit, Fremdwörter in Antiqua zu schreiben, würde auch dann unberücksichtigt geblieben sein, wenn nicht der Antiqua-Druck der Ausgabe dazu gezwungen hätte.

Nicht gekümmert habe ich mich um die Interpunktion der Orginale. Die Dichterin wäre damit ganz gewiß einverstanden gewesen, da sie ihre Schwäche in diesem Punkte genau kannte. So schreibt sie an ihre Schwester 1835 Nov. 29: „Die Interpunction hätte ich nicht besser machen können, weil ich nichts davon ver-

stehe, z. B. niemals weder : noch ; brauche, weil ich ihren Gebrauch
nicht kenne." In der Tat kommen Doppel- und Strichpunkte nur
ganz vereinzelt zur Anwendung. In einem Briefe an Schücking
(24. Juni 1843, Th. Schücking S. 212) überläßt sie die Interpunktion
der Nachhülfe des Korrektors, in einem anderen (17. Januar 1844,
Th. Schücking 246) heißt es: „Die Interpunctionen bitte ich Sie
sehr zu machen; es steht gewiß keine einzige recht." Diese Selbst-
kritik ist nicht viel zu hart. Man vergleiche die beiden ersten
Briefe an Schlüter von 1834 (Schlüter S. 15 und 21), sowie den
Brief an Elise Rüdiger 1843 Sept. 4 im Erstdruck der Frankfurter
Zeitung, wo die Interpunktion der Originale beibehalten ist, oder
das Faksimile des Briefes an Elise Rüdiger 1843 Nov. 18 im ersten
Band der Arensschen Ausgabe ihrer Werke! Ein Blick genügt, um
erkennen zu lassen, daß der Herausgeber hier eben so selbständig
verfahren muß, wie A. selbst es von Schücking erbat. Massenhaft
pflegt sie, oft ganz überflüssiger Weise, Worte zu unterstreichen
in zahllosen Fällen mußte davon abgesehen werden, zwecklose Un-
terstreichungen durch Sperrdruck hervorzuheben. Alineas kennt
sie kaum; es ist eine Ausnahme, wenn sie in dem komplimentösen
Geschäftsbrief an ihren Verleger Cotta (Nr. 131) einen Absatz macht.
Sonst schreibt sie alles hintereinander, und die gänzlich systemlose
Verwendung unzähliger Gedankenstriche bietet keinen Anhaltspunkt.
So blieb nichts übrig, als nach dem Zusammenhang selbständig
Absätze zu machen.

    Bei der Erläuterung der Briefe wurde besondere Sorgfalt auf
die richtige Datierung verwendet. Viele von ihnen sind unge-
nügend oder überhaupt nicht datiert, zudem war sie nach ihrem
eigenen Geständnis (an die Schwester 1843 Juli 18) „bekanntlich eine
sehr confuse Zeitrechnerin" und hat ein- über das anderemal falsch
datiert. Ordnung in das so entstandene Wirrsal zu bringen war
mehrfach nur durch ein verwickeltes Beweisverfahren, Vergleichung
mehrerer Briefe usw. möglich. Drei Briefe erwiesen sich als „nicht
einreihbar". In einigen Fällen haben sich Fragmente, deren Zusammenhang bisher nicht erkannt worden war, zu einem Briefe
zusammengefügt. Die Datierungsfragen nötigten zuweilen zu um-
fangreicheren Ausführungen, sonst habe ich den Apparat tunlichst
beschränkt, in der Hauptsache auf persönliche und literarische Nach-
weise. Viele derselben beruhen auf gefl. Mitteilungen anderer.
Ihnen allen, sowie dem H. Hüffer-Verein, den Verwaltungen der
Universitätsbibliotheken von Bonn und Münster, spreche ich meinen

verbindlichen Dank aus, ganz besonders Frau A. Hüffer, Freiin Elisabeth von Droste-Hülshoff, den beiden Freifräulein Hildegard und Hildegund v. Laßberg, Hrn. Prof. Jostes, Hrn. Landgerichtsrat a. D. B. Sprickmann und Hrn. Geheimrat Prof. Dr. A. Schulte in Bonn, die in zahllosen Fällen durch unermüdliche Unterstützung diese Arbeit gefördert haben.

Über den inhaltlichen und kritischen Wert derselben werden andere urteilen. Nur einige Bemerkungen über ihren Zweck seien mir gestattet. Die Briefe A.'s erscheinen als literarisches und biographisches Denkmal. Auch in ihnen zeigt die Dichterin sich als ausgezeichnete Prosaistin. Glänzend tritt in ihnen zutage ihr bei allem Sichgehenlassen eben so markanter wie eleganter Stil, ihr klares Urteil, ihr sprudelnder Humor bei tiefernster Charakter-Anlage, ihre ungemessene Herzensgüte, ihre Herzensreinheit. Immer wieder findet man bei der Lektüre die Worte H. Hüffers bestätigt: „A. v. Droste braucht nicht zu scheuen, aus nächster Nähe betrachtet zu werden ... Je näher man sie kennen lernt, um so mehr wächst das Gefühl einer persönlichen Zuneigung" (A. v. Dr.-H. u. ihre Werke S. XI u. 353). Für ihren Lebensgang und ihr Charakterbild bilden ihre Briefe weitaus die wichtigste Quelle, und damit zugleich das Hauptmittel, um einer in der ausgebreiteten Droste-Literatur aufdringlich und peinlich hervortretenden Verirrung zu begegnen. Mehr und mehr macht sich ja das Bestreben geltend, diese gewaltige Gestalt zum Gegenstand bequemer Essais zu machen. Mit spielender Leichtigkeit hat man, schon früher und namentlich in den letzten Jahren, abgeurteilt über „das Droste-Problem", über ihre Familie, ihr Verhältnis zu Schücking, ihr inneres, namentlich ihr religiöses Leben, nicht selten ohne Kenntnis der Quellen oder mit willkürlicher Betonung einzelner Sätze, die bei Beherrschung des ganzen Materials sofort durch andere Sätze widerlegt werden können. Näheres Eingehen auf diese Kontroversen glaubte ich mir wie den Lesern hier ersparen zu dürfen — vielleicht findet sich dazu Gelegenheit an passenderem Ort — aber es schien mir an der Zeit, die Kenntnis der Frau und der Dichterin auf eine feste urkundliche Grundlage zu stellen, und als solche kamen ihre Briefe in erster Linie in Betracht. Einzelne Züge ihres Bildes mögen sich dadurch ändern, aber verlieren wird es nicht.

Die Briefe

der Dichterin

Annette v. Droste-Hülshoff.

1. An die Großmutter. — Hülshoff 1805 Dec. 31.

Liebe Grosmama! Ich hoffe dich bey dem Schreiben, und der Ankunft dieses Briefes in eben der Gesundheit zu treffen, die wir jetzt genießen. wir haben dieses Jahr recht was schönes auf Nikolaus bekommen, Jenny hat einen Ring, einen seidenen Geldbeutel, ein Paar Handschuh, und viel Eßwerk bekommen. Ich habe daßelbe erhalten. Werner und Fente[1]) haben Jacke und Hose, auch viel Eßwerk bekommen. lebe wohl. wir alle küssen dir in Gedanken die Hände. Ich verbleibe Deine Dich liebende Enkelinn, Nette. Hülshoff, den 31ten Decemb. 1805. Bald hätte ich den guten Grospapa vergessen, küsse ihn für mich.

[Adresse:] An die liebe Grosmama mein neu Jahr

Orig. Meersburg. Orthographie und Interpunktion sind beibehalten, nur einige u- und i-Striche ergänzt, welche der kleinen Schreiberin in der Feder geblieben sind. Erwähnt Hüffer 15. Adressatin ist die mütterliche Großmutter Anna Maria v. Haxthausen, geb. v. Wendt-Papenhausen, zweite Gattin des Freiherrn Werner Adolf v. H.

2. An Professor Sprickmann in Breslau. — Hülshoff [1814] Dec. 20.[2])

Hülshoff, d. 20ten December. Ihr lieber Brief, mein lieber theurer Freund, hat mir die froheste und fast möcht ich sagen die einzige frohe Stunde seit Ihrer Abreise gewährt, denn wirklich ist seit kurzem mein Leben ziemlich arm daran gewesen; mehrere Umstände stimmten zusammen, um mich in eine innere Trauer zu versetzen, mehrere Todesfälle in unserer Familie. Sie wissen es wohl noch nicht, daß meine Großtante, die alte Frau v. Padberg, und ihre Tochter, die junge Frau v. Padberg, welche beide Sie vermuthlich oft in Münster haben nennen hören,

---

[1]) Die drei Geschwister A.'s, Marianne (Jenny), Werner und Ferdinand.

[2]) Über Anton Mathias Sprickmann (1749—1833) vgl. Hüffer 17 ff. und Kreiten 42, wo die Literatur über ihn verzeichnet ist. Dazu kommt E. Schmidts eingehender Artikel Sprickmann in der Allg. Deutsch. Biographie. Über Bürger und Sprickmann vgl. noch E. v. Uslar-Gleichen, Der Dichter G. A. Bürger als Justizamtmann des v. Uslar'schen Patrimonialgerichts Altengleichen (Hannover 1906) S. 35, 44. Ein ungestümer Vertreter des Sturmes und Dranges, hat er sich allmählich zum reifen Mann und ernsten Gelehrten entwickelt, bis er am Abend seines Lebens der väterliche Freund und Berater einer Annette wird.

dadurch in eine höchst peinliche Lage bringen wird, wenn der Sommer
kömmt, denn bis jetzt war das Wetter nicht darnach, daß man Jemand
einladen könnte. Bei der Rüdiger habe ich noch eine Person kennen
lernen, die mir sehr gefällt, und zum Besuch dort ist, ein altes Täntchen [1]), Schriftstellerin *a* [aus früherer Zeit], verwachsen und so schwächlich, daß, wenn sie mit in der [Gesellschaft sein will, sie sich erst mehrere Stunden vorher legen] muß, sehr klug, sehr blöde und [demütig,
die Freundlichkeit und Güte selbst, hält sich für nichts, nimmt überall
den geringsten Platz ein, und ist doch die Verständigste von Allen. Die
Rüdiger hat sie überaus lieb, und geht sehr nett und kindlich mit ihr
um. Die Bornstedt aber verachtet sie als ein altes Hutzelchen und eine
Person von veraltetem schlechtem Geschmack, was sie in ihrem Uebermuth und Duselei auch gegen die] Rüdiger geäußert, und sich dadurch,
wie ganz billig, eine schlechte Note gemacht hat. Die Bornstedt hat mich,
eigentlich aus reiner Moquerie, die alte Dame doch zu bitten, mir ihr
Bändchen Erzählungen (das Einzige was sie geschrieben) zu leihen, das
mache ihr solche Freude. Ich that es, weil ich sie wirklich zu lesen
wünschte, und fand sie so gut, wie die Bornstedt nie schreiben wird.
Die Erfindung ist zwar unbedeutend und der Styl altfränkisch, aber es
ist eine Einfalt, eine tiefe Wahrheit darin, die wirklich rührt, und ungemein viel Scharfsinn. Im Ganzen erinnert sie mich an Therese Huber [2]),
z. B. die Herrnhutherin Deborah et cet. Ich gab sie Mama, die ganz
ergriffen davon war, und nichts mehr wünscht als das Täntchen kennen
zu lernen, ich glaube sogar sie überwindet sich noch soweit daß sie zu
ihr geht. Als ich der Rüdiger sagte, wie sehr mir sowohl die Person
als das Buch gefielen, traten ihr die Thränen in die Augen, und sie sagte
mir offen, wie hart es ihr gewesen sei, eine Person so en bagatelle behandeln zu sehn, die sie, von ihrer ersten Erinnerung an, so lieb gehabt
hätte. Nachher kam das Täntchen selbst, sie nahm meine Anerkennung
ihres Talents sehr bescheiden auf, wurde feuerroth, und reichte mir ihre
kleinen magern kalten Spatzenfingerchen. Ich wollte Du kenntest sie.
Sie bleibt noch einige Monate bei der Nichte.

Jenny hat kürzlich geschrieben. Sie ist wohl mit den Ihrigen, und
freut sich sehr auf unsern Besuch, den Mama ihr angekündigt hat, aber,

*a Die letzten Zeilen des ersten Blattes schief abgeschnitten. Die in [ ]
gesetzten Stellen aus einer auszüglichen Abschrift von Frl. Hildegund v. Laßberg ergänzt.*

[1]) Henriette v. Hohenhausen, an die ein Brief A.'s 1840 Jan. 14 gerichtet
ist. Ein Brief von Henriette v. H. an A. 1839 Febr. 12 bei Kreiten I, 317.
An sie gerichtetes Gedicht A.'s und Nachruf bei ihrem Tode (1843) bei
Kreiten III, 164.
[2]) Die Schriftstellerin Th. H. (1764—1829), Tochter des Philologen Heyne,
in erster Ehe mit Georg Forster verheiratet.

gut abbrechen kann, wenn ich einmahl in einen Text hineingerathen bin,
und dieser berührte zu sehr die innern Saiten meines Gemüthes. Doch
Sie harren vielleicht mit Ungeduld auf die Beantwortung Ihrer Frage im
vorigen Briefe. Ich werde Ihnen alles sagen was ich vom Onkel Werner [1])
weiß. Er hält sich gegenwärtig mit dem jungen Herrn von Brenken in
Wien auf und zwar schon seit einigen Monathen; weshalb er dort ist,
und wie lange er sich noch dort aufhalten wird, kann ich Ihnen nicht
sagen, auch wissen weder meine Mutter noch ich seine Adresse dorthin,
deswegen würde es Ihnen vielleicht schwer halten, einen Brief sicher
herüber zu bekommen. Nun könnte ich mich zwar an meine Großmutter [2]) im Paderbörnischen um seine Adresse wenden, aber bedenken
Sie, bis mein Brief dorthin gelangt, und die Antwort zurück und dann
wieder zu Ihnen nach Breslau, so ist Onkel Werner gewiß lange aus
Wien abgereißt. Das sicherste wäre wohl, den Brief hiehin, nach Hülshoff zu schicken; denn sobald er von Wien zurück ist, kömmt er zu uns,
dies ist ganz gewiß und also eigentlich das einzige Bestimmte, was ich
Ihnen über Werner schreiben kann; indessen wäre es möglich, daß Ihr
Brief alsdann das Schicksal hätte, einige Wochen warten zu müssen, denn
länger wird er wohl nicht ausbleiben. Es ist mir herzlich leid, Ihnen
und Ihrem Freunde nur mit so unbefriedigenden Nachrichten dienen zu
können, da es scheint, als geschähe Ihnen durch bestimmtere Mittheilung
ein großer Gefalle, und ich möchte Ihnen doch so gern einmahl einen
Gefallen thun.

Daß es Ihnen, mein liebster Sprickmann, so wohl in Breßlau gefällt, hat mich sehr gefreut, fast noch mehr aber, daß Sie, theurer Freund,
und Ihre liebe Frau [3]), meine Herzensmutter, die lange bedenkliche Reise
so ganz ohne Beschwerde überstanden haben. Sie können nicht glauben,
mit welcher Herzensangst ich Sie auf dem langen Wege begleitet habe,
und wie viele Noth ich ausgestanden habe, bis mir ein Bekannter die
Nachricht Ihrer glücklichen Ueberkunft brachte. Meine in meinem damaligen Gemüthszustande sehr aufgeregte Phantasie stellte Sie mir begleitet von allen Reiseungemachlichkeiten vor, als da sind schlechte Wege
und Bewirthung, zerbrochener Wagen, oder wohl gar krank in dem fremden Lande, auf der Reise, vielleicht wohl gar ohne die nöthigen Bequem-
lichkeiten. O Gott, Sie können sich die Angst nicht denken, die mich
dann befiel, aber dann schien mir immer, Gott könne alle den Herzen,
die Sie mit Trauer und Sorge auf Ihrem Wege begleiteten, das nicht zu

---

[1]) Werner von Haxthausen (1780—1842), der Bruder ihrer Mutter, Regierungsrat in Köln. Vgl. über ihn u. a. Hüffer 23. Kreiten 36.

[2]) Anna Maria v. Haxthausen.

[3]) Sprickmanns zweite Frau Maria Antoinette, Tochter des Münsterschen
Richters Oistendorf zu Wolbeck, mit welcher er seit 1793 verheiratet war-
(Mitteilung von B. Sprickmann).

das Heil der eignen Seele; wenn sie bedächten, daß sie dadurch so manchem bedrängtem Herzen seinen letzten Trost, seine letzte Hoffnung, dem
geliebten entfernten Wesen auf irgend eine Art nützlich zu sein, raubten,
sie würden ihren schönen Grundsatz für sich behalten, der doch wohl
Leide thun. Das war nun wohl ein etwas frevelhafter Gedanke, aber er
gab mir doch immer einen reinen Trost, und das Reine kann doch nicht
ausgehen vom Unreinen und Bösen, und sollten die frommen Wünsche
so vieler vereinigten Seelen nicht auf das Wohl eines Menschen einwirken
können? Die neueren Philosophen und Theologen wollen es abstreiten,
daß fromme Wünsche und Gebethe etwas mehr bewirken können, wie
schwerlich zur Beförderung der Moralität und innern Andacht etwas
beiträgt.

    Nun noch etwas von meinem Treiben und Wirken. An meinem
Trauerspiele [1]) habe ich bis vor zwei Wochen noch immer fortgeschrieben
und werde auch jetzt wieder dabei anfangen; es geht etwas langsam,
aber doch hoffe ich es gegen den Frühling fertig zu bekommen. Ich
wollte, es stände sogleich auf dem Papiere, wie ich es denke, denn hell
und glänzend steht es vor mir in seinem ganzen Leben, und oft fallen
mir die Strophen in großer Menge bei; aber bis ich sie alle geordnet und
aufgeschrieben habe, ist ein großer Teil meiner Begeisterung verraucht,
und das Aufschreiben ist mir bei weiten das Mühsamste bei der Sache.
Doch kömmt es mir vor, als ob sich meine Schreibart besserte; dies
sagen mir auch alle, denen ich es auf Verlangen meiner Mutter vorlaß;
aber ich fürchte immer, daß diese Menschen gar wenig davon verstehen,
denn es sind meistens Frauenzimmer, von denen ich im ganzen nur wenig
Proben eines reinen und soliden Geschmacks gesehn habe, und so fürcht
ich, sie täuschen sich und mich. Ach, mein Freund, wie sehn ich mich
dann oft nach Ihnen, Ihren lehrreichen Gesprächen, unbefangenen Urtheile
und sanften Tadel; denn was soll mir das Lob von Menschen, welche
nicht tadeln können? Lieber theurer Sprickmann, ich sehe es täglich[a]
mehr ein, wie unendlich viel ich an Ihnen verlohren habe und wie ich
ohne Sie nur ein schwaches unselbstständiges Wesen bin. Bitten Sie
Gott um etwas mehr Festigkeit des Karakters für mich, ich flehe täglich
zu ihm für Ihr Glück.   Ihre Nette v. Droste Hülshoff.

    Meine Mutter und Schwester empfehlen sich Ihnen aufs Beste[b].

    Meiner lieben Mutter Sprickmann meinen herzlichsten Gruß. Sie
wollte ja Ihren Briefen einige Zeilen für mich beifügen; darf ich hoffen?

Orig. Landgerichtsrat B. Sprickmann in Münster, Oktavblatt, sehr sorgfältig geschrieben. Vortrefflicher Druck (nach einer Abschrift des Herrn
B. Sprickmann, Urenkel des Adressaten) von Hüffer Deutsche Rundschau VII,

    a Orig. taglich.   *b Die beiden Nachschriften am Rande der 4 Seite.*

---

    [1]) Bertha. Vgl. die Tagebuchnotizen ihrer Schwester Jenny aus dem
Jahre 1813 bei Hüffer 42.

213—215.   Auszüge Hüffer 30, 41, Kreiten I, 50—53. 55. 57.   Das im Orig.
fehlende Jahr bestimmt sich durch das Empfangsdatum des Adressaten:
„1. Br. Erh. d. 10. Januar 1815“.   Allerdings ist die Jahreszahl undeutlich
und könnte auch 1813 gelesen werden, doch ist letzteres Jahr ausgeschlossen.
Nach den ganz bestimmten Mitteilungen, die ich der Güte des Herrn B. Sprickmann verdanke, siedelte A. M. Sprickmann erst Ende August 1814 von Münster
nach Breslau über.   Seine Berufung durch das preußische Kultusministerium
erfolgte allerdings schon Ende 1811, im April 1812 nahm er an, aber sein Ent-
lassungsgesuch in Paris wiederholte er mehrmals vergeblich, sodaß seine Übersiedelung sich noch Jahre verzögerte.

3. An Professor Sprickmann [1816 Februar].

Daß ich Ihren mir so theuren Brief nicht eher beantwortet habe,
mein lieber einziger Sprickmann, daran ist gewiß mein für Sie so warmes
Herz nicht schuld, sondern nur mein schwacher, miserabler Körper, der
mir bis jetzt sogar die kleine angenehme Anstrengung eines freundlichen
Briefwechsels untersagte.   Ich würde indessen schon weit eher wieder
hergestellt worden sein, wenn ich die Kur des vollkommnen Müßiggangs
recht regelmäßig durchgehalten hätte; aber dies ist im Winter und auf
dem Lande, wo man die Zeit weder mit Spatzierengehn noch freund-
schaftlichen Besuchen (lesen durfte ich auch nicht recht) ausfüllen kann,
ganz unerträglich, und Langeweile ist ausgemacht die schmerzlichste Art
von Anstrengung, und gewiß auch die schädlichste.   Ich weiß also nicht,
was meine Genesung mehr verzögert hat, die oft zu genaue Befolgung
oder die oft zu zügellose Übertretung des ärztlichen Befehls; jetzt bin ich
aber beiden zum Trotz bis auf eine kleine Schwäche völlig[a] hergestellt,
und gegen wen sollt ich jetzt eher die so lang versäumten Pflichten der
Freundschaft erfüllen, wie gegen Sie?

Ich bin vor einigen Tagen auf einige Tage in Münster gewesen, um
die berühmte mimische Künstlerinn Madame Händel-Schütz[1] zu sehen,
die sich jetzt dort aufhält und auch noch wohl einige Zeit bleiben wird.
(sollte Sie dieses wundern, so müssen Sie wissen, daß Münster wohl noch
nie so glänzend gewesen ist wie jetzt, da alle mögliche Civil- und Militair-
bureaus der neuen Provinzen, und also auch die Familien der Beamten
derselben, nebst einem Theil des paderbörnischen, sauerländischen und
köllnischen Adels sich dort aufhält.   Sie gab aber leider in der Zeit, daß

   a Orig. vollig.

----

[1] „Die mimischen Darstellungen der Madame Schütz“, speziell ihr Auftreten in Lessings Emilia Galotti erwähnt auch A.'s Schwester Jenny in einer
Tagebuchnotiz Februar 1826 (Hüffer 36).   Henriette Schüler (1772—1849), die
gefeierte Schauspielerin, heißt Hendel-Schütz nach dem Namen ihres dritten
und vierten Gatten, des Militärarztes Hendel und des Professors K. J. Schütz.
In den Erinnerungen an Henriette Hendel-Schütz (Darmstadt 1870) wird das
Auftreten in Münster nicht erwähnt.

ich dort war, keine mimische Vorstellungen, sondern nur Deklamatorien.
Es ziemt mir nicht mein Urtheil über eine Künstlerinn zu äußern, worüber
ganz Deutschland schon so sehr zu ihrem Vortheile entschieden hat, und
deren Namen ganz Europa kennt, nur eins: Sie erschien zuerst in der
Rolle der Thekla im Wallenstein in einer äußerst prächtigen Kleidung,
und diese behielt sie bei allen andern Scenen bei, obgleich keine einzige
darunter war, wozu sie gepaßt hätte (z. B. der alte Flausrock von Voß),
und obgleich sie beim Deklamiren immer mit ihrem Gemahl, dem Herrn
Professor Schütz, abwechselte, und also jedesmahl das Theater verließ.
Sollte sie dieses, wie sich doch vermuthen läßt, nicht überall so gethan
haben, so könnte es sehr leicht als das Zeichen einer beleidigenden Ge-
ringschätzung des münstrischen Publikums genommen werden.

Es geht jetzt in Münster ein, wie man sagt, sehr hübsches Gedicht
auf den westphälischen Frauenverein herum, wovon man mich mit aller
Gewalt zur Verfasserinn machen will; ich muß mich überall mit Händen und
Füßen gegen dieses ungerechte Gut vertheidigen und werde es zu bekommen suchen, weil doch meine Eitelkeit ein wenig dabei interessirt ist zu
sehen, wessen Geistes Kind es sei. Einige legen es auch der Madame
Schücking [1]), Ihrer Cousine, zu; sollte dies sein, so interessirt es mich
doppelt, sowie alles, was von diesem herrlichen und seltnen Weibe kömmt,
zu der ich eine so eigne und innige Hinneigung fühle, daß ich sie bei
unsrer geringen Bekanntschaft durch ihre mannichfaltigen schönen und
anziehenden Eigenschaften kaum erklären kann. Vielleicht wissen Sie mir
zu sagen, ob dies anonyme Geisteskind ihr wirklich seine Existenz ver-
dankt. Ich muß eine Weile aufhören zu schreiben, weil ich mich in Hinsicht des anhaltenden Bückens noch ein wenig in Acht nehmen muß.
Ich höre soeben, daß die Lerchen sich draußen schon recht lustig machen;
also in den Garten! Ich bin doch den ganzen Winter gar nicht vor die
Thür gekommen.

Ich komme so eben aus dem Garten. Gott! was für ein herrliches
Wetter! vor einigen Tagen noch im härtesten Winter und jetzt von der
wärmsten Mailuft umweht. Die Luft ist fast schwül, und die ersten Früh-
lingboten, Lerchen, Buchfinken, Spreen etc. etc. machen ein Concert, daß
man fast sein eignes Wort nicht hören kann. Wenn die Wärme verhältnißmäßig so zunehmen will, wie seit einigen Tagen, so werden wir noch
vor Ende Februar in den Hundstagen sein. Ich hatte, da ich noch ein
kleines Mädchen war, immer die Idee, unsre Erde könne sich wohl einmahl in eine andere Lage drehen, und wir dadurch unter einen wärmern
Himmelsstrich versetzt werden; diese Hoffnung erneuerte sich jedesmahl,

---

[1]) Über Katharina Schücking geb. Busch (1791—1831), die Mutter Levin
Schückings, vgl. u. a. Hauschronik der Familie Schücking (Leipzig 1880. Brock-
haus. Als Manuskript gedruckt) 36. Raßmann, Nachrichten v. d. Leben u. d.
Schriften Münsterländ. Schriftsteller 56.

wenn das Wetter einige Tage besser war, wie es der Jahreszeit von Rechts-
wegen zukam. Man sollte aber jetzt von neuem in diesen Wahn fallen, da
schon seit mehreren Jahren des Wetter ganz auffallende Geniestreiche macht.

Von Werner Haxthausen werden Sie jetzt, da er in Berlin ist, vermuthlich mehr wissen wie wir; wir wissen auch wirklich gar nichts von
ihm, als eben daß er sich dort aufhält. Vor einiger Zeit ließ er uns durch
die dritte Hand ersuchen, doch zwei Pumpernickel, einen an den Grafen
von Solms Laubach, den andern an Gneißenau zu schicken; sollten Sie
etwas mehr von ihm wissen, so bitte ich es uns doch mitzutheilen.

Ich schicke Ihnen hierbei ein kleines Gedicht, was ich vor einigen
Wochen verfertigt habe; nehmen Sie es gütig auf, es mahlt den damaligen uud eigentlich auch den jetzigen Zustand meiner Seele vollkommen,
obschon diese fast fieberhafte Unruhe mit Verschwinden meines Uebel-
befindens einigermaßen sich gelegt hat. Ich schreibe aber immer grade
aus, und theile die Zeilen bloß durch kleine und die Verse durch größere
Striche ab *[folgt das wiederholt — Hüffer 48, Kreiten IV, 374 — gedruckte
Gedicht „Unruhe"]* [1]). Leben Sie wohl, bester Freund. Ihre Nette v. Droste.

Von *a* hier aus emphiehlt sich Ihnen alles. Denkt Ihre Frau denn
gar nicht mehr an mich? Ich liebe sie doch so von ganzem Herzen, sie
wollte mir ja schreiben? Lassen Sie mich aber doch nicht so lange warten
wie das vorige Mahl, Sie wissen ja was mir Ihre Briefe sind.

Orig. B. Sprickmann. Veröffentlicht (ohne die Nachschriften) von
Hüffer Deutsche Rundschau VII, 215—217. Auszüge Hüffer 31. 35. 48.
Kreiten I, 53. 75. 79, wo der undatierte Brief bald in den Februar, bald in
den März 1816 gesetzt wird. Entscheidend für das Jahr ist das von Sprickmann beigefügte Empfangsdatum: „Nette. Am 26. März 1816", entscheidend
für den Monat die Stelle des Briefes: „so werden wir noch vor Ende Februar
in den Hundstagen sein". Wie spärlich die Korrespondenz geführt wurde,
zeigt der Umstand, daß Sprickmanns nächster Brief (Kreiten I, 56 Anm.) erst
nach einem vollen Jahr geschrieben wurde, und daß dann Annette erst nach
anderthalb Jahren wieder schrieb (1818 Okt. 26).

4. An Professor Sprickmann in Berlin. — Hülshoff 1818 Oct. 26. 27.

Hülshoff 27ten Oktober 1818 Monntag (!).

Wenn Sie sähen, wie ich mich in diesem Augenblicke schäme und
noch mehr betrübe, so würden Sie, mein lieber gütiger Sprickmann, gewiß allen Unwillen aus Ihrem engelgutem treuem Herzen verbannen, so
reichlich ich ihn auch verdient hätte. Ich sitze schon länger als eine

a Die Nachschriften am Rande und zwischen dem Text der 2. Seite.

---

[1]) Berichtigungen der Texte bei Hüffer bezw. Kreiten nach dem Original:
4. Strophe „mit den wagenden (nicht „wogenden") Seglern"; 7. Str. „jeder (nicht
„jeden") Augenblick"; 9. Str. „kehret (nicht „naht sich") wieder" und „fahret"
(nicht „lebet") wohl.

Stunde am Schreibtische, aber immer muß ich wieder Ihren letzten theuren
Brief [1]) zur Hand nehmen, und kann mich gar nicht satt daran lesen, und
je länger ich lese, und je klarer mir Ihre Freundschaft und Nachsicht und
Ihr frommes liebreiches Gemüth wird, je unbegreiflicher wird es mir, daß
ich diesen so ersehnten und so erflehten Brief noch nicht beantwortet
habe, denn er ist schon vom 2ten April 1817 am Tage Ihrer Abreise
nach Berlin. Ich kann Sie aber dessen versichern, daß der Grund meines
Stillschweigens mir bis jetzt ganz vollgültig und billig vorgekommen ist,
denn ich habe in diesem Jahre ein Gedicht in sechs Gesängen [2]) geschrieben,
dem eine nicht zu wohl ausgesonnene Rittergeschichte zum Grunde liegt,
das mir aber in der Ausführung ziemlich gelungen scheint. Dies wollt
ich Ihnen nun schicken, sobald es fertig wär, konnte aber nicht sobald
damit zu Stande kommen, weil ich im vorigen Jahre sehr an einem Kopfschmerz gelitten habe, der äußerst nachtheilig auf die Augen wirkte; und
habe mich hiebei, wie die Aerzte behaupten, sehr vor Rückfällen zu hüthen.
Ich habe auch wirklich nie einen halben Gesang ununterbrochen schreiben
können, ohne einen kleinen Anfall zu spüren. Obschon die Gesänge nicht
sehr lang sind, und ich im Ganzen auch nicht so sehr langsam arbeite,
so hat dies kleine Werk doch so oft und lange Feiertag gehalten, daß
mir beinahe das ganze Jahr darüber hingegangen ist; und je näher ich
zum Ziel kam, je weniger konnte ich mich entschließen, Ihnen einen
Brief ohne diese Einlage zu schicken. Das ist aber alles nur ein optisches
Blendwerk, wodurch meine Trägheit niederträchtiger Weise meine bessere
Ueberzeugung um ihr gutes Gewissen gebracht hat, denn es mußte mir
nach den ersten Gesängen schon deutlich sein, daß das Ding in meiner
damaligen Lage so schnell nicht gieng, und so hätte ich auf jeden Fall
meine Brieftaube müssen fliegen lassen und wäre dann nicht so tief in
Schulden gerathen, wie ich jetzt drinn stecke. Ich kann doch am Ende
nichts thun wie mich selber auslachen.

    Dieser Brief ist eigentlich auch noch nicht der rechte, sondern nur
ein Vorreiter des folgenden; denn obgleich das Gedicht jetzt fertig ist, so
ist es doch noch nicht abgeschrieben, und das kann auch jetzt nicht mehr
geschehn, da der arme Schelm von Rekrute [3]), der diese Zeilen überbringt,
uns erst vor ein Paar Stunden die Nachricht gegeben hat, daß man ihm

---

[1]) Gedruckt Kreiten I, 56 Anm.   [2]) Walther.

[3]) Im Sprickmannschen Nachlaß liegt noch ein Brief des Clemens Feld-
haus, datiert Roxel den 30. Dezember 1821, der gerade von Berlin in die Heimat
zurückgekehrt ist. Mit herzlichsten Dankesworten für den „liebsten Herrn
profäsor“ und seine Frau berichtet er, er sei am 19. auf Hülshoff gewesen.
„Besonders die Freulin Nette“ habe sich nach Sprickmann und seiner Frau erkundigt und gefragt, weshalb Spr. ihr nicht geschrieben habe; er habe geantwortet, bei seiner Abreise von Berlin sei Spr. „etwas krank gewesen, sonst
hätten sie mir einen Brief mitgegeben.“

ein schönes Tornister geschenkt, wo er dergleichen Sachen hineinpacken
kann, und daß er übermorgen seine betrübte Gesandtschaftsreise antritt.
In zwei bis höchstens drittehalb Wochen denke ich aber wieder so vor
meinem Schreibtische zu sitzen und auszuwählen zwischen dem vielen
vielen, was ich Ihnen so gerne sagen möchte, und wovon ich Ihnen doch
nur den kleinsten Theil und noch dazu ganz unvollkommen schicken
kann. In einem Monath wird also ohngefähr mein Paketchen bei Ihnen
ankommen. Ich muß Ihnen sagen, ich freue mich ganz kindisch auf Ihre
Antwort, obschon es natürlich nicht ganz ohne Furcht abläuft; denn Sie
sind zwar ein höchst milder aber doch scharfsichtiger Richter. Aber ich
bitte, achten Sie doch ja nicht auf meine Furcht, und verschweigen mir
doch ja nichts von dem, was Ihnen daran mißfällt; denn das wär wirklich in schriftstellerischer Hinsicht das größte Uebel, das Sie so einem
armen Lehrlinge wie ich bin zufügen könnten. So eben merke ich erst,
daß ich thue, als wenn das Gedicht schon in Ihren Händen wär, da es
doch erst in vier Wochen ankommen kann. Das kommt davon, wenn
man immer so vorweg schreibt, ohne das Geschriebene zu überlesen.
Ueberhaubt rede ich von dem Briefwechsel zwischen Münster und Berlin,
als wenn ich nur den Bedienten aus unserm Hause im Krummen Timpen[1])
in Ihre gegenüber liegende Wohnung schicken dürfte. Aber wirklich
hält sich jetzt so eine Menge Angestellter und Militairpersonen aus Berlin
in Münster auf, daß wenn man nur unter diesem Schlag Menschen ein
wenig bekannt ist, die Correspondenz jeder Art nach Berlin äußerst leicht ist.

Ich muß für heute aufhören, denn es ist schon sehr spät. Der
Geist ist willig, aber das Fleisch ist schwach, denn meine Augen fallen
zu und doch kann ich mich kaum von diesem Blatte trennen. Ihr liebes
Bild aber will ich mit mir nehmen und einen freundlichen theuren Traum
daraus bilden, wie wir wieder zusammen in Lohmanns Garten in der
Laube sitzen, wo ich jetzt so oft vorbeifahre und sehe Niemand darin,
was mir freilich noch zehnmal lieber ist, als wenn statt dessen aus der
lieben grünen Hütte ganz unbekannte oder gleichgültige Gesichter heraus-
gukten, die mir am Ende wohl meine schönsten Bilder aus der Erinnerung
stöhlen oder doch verwirrten. So bleibt es doch immer noch ein reiner,
stiller Grund, auf den ich mahlen kann was ich will. Und ach, lieber
Sprickmann, Sie können es mir glauben, daß ich kein einzigesmahl vorbeifahre, ohne den Ort zu grüßen. Kein Fleck in und um Münster ruft
mir Ihr theures, Ihr mir wirklich so innig, innig liebes und verehrtes Bild
so lebhaft zurück wie diese Laube. Durch einen seltsamen aber glücklichen Zufall habe ich oft ein leeres Glas darin stehen sehn, aber nie
einen Menschen; und da konnte ich es mir denn nie anders denken, als
daß Sie soeben hinausgegangen wären; und wenn wir von Münster kamen,

---

[1]) Die Drostesche Stadtwohnung, die 1818 verkauft wurde. Hüffer 18 Anm.

und ich also zu Anfang nicht in die Laube hineinsehen konnte, da habe
ich mich oft weit aus dem Wagen gelehnt und mir bisweilen ernstlich
eingebildet, Sie könnten doch wohl hinter der grünen Wand stecken, bis
ich mich mit wirklichem Erschrecken getäuscht sah. Ich habe dieses besonders im vorigen Jahre, wo ich in einem sehr gereizten Zustande war,
wohl ordentlich in's Lächerliche getrieben, und bin auch bisweilen ein
bischen ausgelacht worden. Gute Nacht, mein Sprickmann, wenn der
junge Mensch morgen nicht zu früh abreißt, so schreibe ich noch voran,
sonst leben Sie wohl und tausend tausend Liebes an Ihre Frau.

Der Rekrute ist zwar noch nicht da, aber er wird wohl sogleich
kommen. Deshalb mag ich nichts ordentliches anfangen zu schreiben,
obschon mir manches auf dem Herzen liegt, was ich nur Ihnen sagen
kann und mag. Aber ich bin gezwungen so schnell zu schreiben, daß
ich meine Gedanken kaum denken, geschweige denn klar und ordentlich
mittheilen kann. Ich verschiebe das alles bis auf den folgenden Brief,
wo mein Herz wieder so offen vor Ihnen liegen soll, wie immer. Ach!
wer nimmt mich mit allen meinen Eigenschaften und Neigungen und Gedanken, guten und bösen, so treu und zart auf wie Sie, wer ist so reich
im Geben und so stark im Vergeben! Genug, mein Freund, ich darf
mich nicht zu weit gehen lassen, sonst kann ich nicht aufhören, nur noch
eins: ich habe vor 4 Tagen die Frau von Aachen [1]) im Theater gesehen,
und sie hat mich einem Consistorialrath Möller [2]) vorgestellt, einem Mann,
für den sein Aeußeres nach meiner Ansicht auf die vortheilhafteste Weise
spricht, und der sich rühmt, Ihr Freund zu sein. Schreiben Sie mir doch
über ihn, denn ich werde ihn vermuthlich noch wohl öfters treffen. Ich
selber habe noch kein Urtheil [über] [a] ihn, da ich ihn nur während einer
einzigen Opernpause gesehn, wo zudem die . . . wie Sie wissen, als eben
so viel tüchtige Riegel sich vor alle Worte und sogar [Gedanken] schieben.
Doch hat er mir viel Gutes und Freundliches gesagt, besonders von Ihnen,
was mich schon sehr zu seinem Vortheile einnahm; auch ist mir seine
Phisiognomie, soweit die schlechte Beleuchtung deutlich werden ließ, als
fest und würdig erschienen. Ich bitte nochmals, schreiben Sie mir doch

[a] *Durch die Siegelung sind einige kleine Lücken entstanden.*

---

[1]) Über Johanna v. Aachen (1755—1845), verheiratet mit Hauptmann
v. Aachen, 1808 Witwe, Modell der Frau v. Austen in Annettens Lustspiel
Perdu, vgl. Kreiten I, 80. Hüffer 217. Schücking erwähnt sie in seinen Lebenserinnerungen I, 106. Raßmann, Nachrichten 1.

[2]) Anton Möller (1762—1846) wurde 1805 von Duisburg nach Münster
berufen als Konsistorialrat und Professor der protestantischen Theologie an der
damals noch bestehenden katholischen Universität (seit 1818 Akademie) Münster,
hat aber seinen Lehrstuhl nicht bestiegen. Erinnerungen aus alter und neuer
Zeit von einem alten Münsteraner (Münster 1880) S. 13. 16. Vgl. auch
Kreiten I, 80. Kappen, Clemens August, Erzb. v. Köln 49. Raßmann 216.

über ihn; schreiben Sie mir doch überhaubt, wenns möglich ist, noch ein paar Zeilen vor der Ankunft meines zweiten Briefs, damit ich sehe, daß Sie mir nicht mehr zürnen. Ihre Nette.

Meine Mutter trägt mir auf, noch ein paar Worte wegen Ueber- bringer dieses hinzuzufügen. Es ist ein Kötterssohn aus unsrer nächsten Nachbarschaft, zu dem mein Vater noch obendrein Pathe ist. Wenn Sie ihn in Quartier bekämen, so würden Sie gewiß weniger Last davon haben, wie von jedem Andern, und der arme Junge fühlte sich doch nicht mehr so mutterselig allein in dem großen Berlin. Oder wenn Sie etwa einmahl einen Taglöhner brauchen, er ist sehr fleißig und sehr getreu, aber auch zugleich sehr blöde, wie sie ihm gleich anmerken *a* werden. Ich bitte sagen Sie dies doch Ihrer lieben Frau, die ich in Gedanken aufs herz- lichste umarme. Ich darf nicht mehr schreiben, so gern ich auch das Blatt noch benutzte.

NB. Der junge Mensch ist seines Handwerks ein Maurer und Spinnradmacher.

[Adresse:] An den Herrn Herrn Professor Sprickmann Wohlgeboren zu Berlin.

Orig. Bernhard Sprickmann. Auf der Rückseite die Adresse und Notiz von A. M. Sprickmanns Hand: „Nette. 1818. 9 ber [d. h. November] 29“. Ge- druckt durch Hüffer Deutsche Rundschau VII, 217—219. Auszüge Hüffer 54. Kreiten I, 84. Im Datum muß ein kleiner Fehler stecken, da 1818 der 27. Oktober auf einen Dienstag fällt; wahrscheinlich also 26. Oktober zu lesen. Fortgesetzt (von „Der Rekrute ist zwar noch nicht da“ an) ist der Brief am folgenden Tage. In der Antwort Sprickmanns, Berlin, vom 2.—8. Dezember 1818 (gedruckt von Pierre Masclaux im Zeitgeist, Beilage zum Berliner Tageblatt, Nr. 8 vom 20. Februar 1905) steht 2. Oktober als Datum des Briefes der Dich- terin, offenbar Schreib- oder Druckfehler. Gleich dahinter steht in dem Briefe Sprickmanns, der Brief Annettens sei „erst in den letzten Tagen des Septem- bers“ angekommen; vermutlich schrieb Sprickmann „9 ber“ (wie auch in dem Empfangsdatum) oder „IX ber“ = November, wie er auch selbst „X ber = De- zember datiert: hier Oktober (statt Dezember) zu deuten, ist ausgeschlossen, da er die Antwort auf Annettens im Oktober geschriebenen Brief unmöglich schon am 2. Oktober beginnen konnte.

5. An Charlotte Grimm in Kassel. — Bökendorf [1818].

Bökendorf d. *b*

Was denken Sie? liebe Lotte, daß ich mich wie ein Dieb in der Nacht aus Cassel gemacht habe, ohne Ihnen zuvor Ihr Eigenthum wieder zuzustellen? Es war mir bei dem Tumult der Abreise ganz aus dem Ge- dächtniß gekommen, und erst, wie ich schon weit vor dem Thore hinaus war, und mich noch einmal zum Abschiede nach dem hellen schönen

---

a Die Worte „er ist — anmerken“ fehlen im Druck, es ist eine ganze Zeile des Orig. ausgefallen. b So in der Abschrift. Das Datum selbst fehlt.

Cassel umsah, worüber aber jetzt die Morgennebel wie ein Wittwenschleier
lagen, vermuthlich zur Trauer über unsere Abreise, fielen mir meine
Sünden aufs Herz, und hätte ich nicht ein festes Vertrauen auf Ihre Güte,
so hätte ich mich wohl leicht vor den nachsetzenden Häschern fürchten
können. Zum Glück entsann ich mich, daß Sie ja noch ein ähnliches
Kleinod von mir zum Unterpfand haben. Da wir aber morgen in aller
Frühe abreisen, so mag ich weder bei Ihnen noch hier zu Lande einen
bösen Ruf hinterlassen, und wäre es mir unlieb, wenn man in Zukunft
neben meinen berühmten Namen setzte „mit dem Zunamen, die diebische"
oder „unordentliche". Deshalb sende ich Ihnen mit großem Dank Ihr
Eigenthum zurück.

Liebe Lotte, ich habe recht viel an Sie gedacht und alle Tage gehofft, Ihr Bruder, der Mahler [1]), würde noch herüberkommen und
mir ein freundliches Wort von Ihnen bringen, bis auf die letzten,
wo freilich alle Hoffnung zu Wasser regnete. Ich hatte mir in und
außerCassel und auf dem Wege alles recht genau angesehen und
fest vorgenommen, gleich bei meiner Ankunft in Bökendorf es haarklein niederzuschreiben. Das ging nun nicht sogleich an, und so ist mir
schon mancher kleine Umstand undeutlich geworden und die Folgereihe
mitunter verwirrt; die alte Trendelburg [2]) z. B., die ich mit großer Vorliebe noch weit schöner fand wie meine Reisegefährten, glaubte ich so
getreu im Gedächtniß zu bewahren, und wäre doch jetzt übel dran, wenn
ich sie aus dem Kopfe abzeichnen sollte, falls mir auch dies angenehme
Talent gegeben wär. Nun komme ich nicht eher zum Schreiben, bis ich
zu Hülshoff auf meiner Stube sitze, und wer weis was mir bis dahin
noch verloren geht! So wird mir die Freude wohl großentheils zu
nichte, welche ich mir daraus dachte, durch diesen Schattenriß mir in
Zukunft bisweilen einen Nachsommer der schönen warmen Casselschen
Reise zu schaffen; nur die lieben Stunden in Ihrem Hause sind mir noch
wie heute, und ist mir in Hinsicht ihrer vor keiner Irrung bange. Vergessen Sie nur ja Ihr Versprechen nicht, uns im künftigen Frühling mit
Ihrem ältesten Herrn Bruder zu besuchen. Ich fürchte, Sie vergessen die
ganze Reise und uns zur Gesellschaft mit. Man sollte bei solchen Ver-
sprechungen billig immer daneben stehn bis sie vollzogen würden; das
möchte aber hiebei doch etwas zu lange währen, und müßte ich fürchten,
daß Sie dem überlästigen Gaste endlich den Stuhl vor die Thür setzten,
oder wenigstens auf den Altan hinaus, was wegen der schönen Aussicht
freilich noch das Bessere wäre.

Ich muß schließen liebste Lotte, denn ich muß noch einpacken,
und wir erwarten zudem jeden Augenblick Besuch, wo dann weder an

---

[1]) **Ludwig Emil Grimm** (1790—1863).
[2]) Trendelburg a. d. Diemel, Kreis Hofgeismar.

Schreiben noch Packen mehr zu denken ist. Grüßen Sie mir ja alle die
Ihrigen aufs schönste, Ihren ältesten Bruder, der mir die hübschen Bilder
geschenkt hat, wofür ich ihm nochmals danke, Ihren zweiten Bruder, den
ich schon früher kannte, Ihren Bruder den Mahler, und jenen Bruder der
uns beim Abschiede hinausleuchtete [1]). Auch das Fräulein Hassenpflug [2])
vergessen Sie ja nicht zu grüßen von Ihrer Nette Droste-Hülshoff.

Ich bekomme in diesem Augenblick so viel Grüße nach Cassel, daß
mein armer Brief sie nicht tragen kann. Es ist durchaus von allen an
alle im Grimmschen Hause.

[Adresse:] Dem Fräulein Lotte Grimm, Wohlgeboren zu Cassel.

Abschrift in Hüffers Nachlaß. Hüffer bemerkt am Schluß derselben:
„Geschrieben im Herbst 1820 vor der Rückkehr nach Hülshoff", setzt aber
(Annette S. 28) den Besuch der Dichterin in Cassel in den Sommer 1818 und
(ebend. 29) den Brief der Dichterin an Charlotte in dasselbe Jahr. Jedenfalls
ist A. früher als 1819 in Cassel gewesen, denn am 7. Dezember 1819 schreibt
Wilhelm Grimm an A. (Kreiten I, 38): „Wären Sie doch diesen Sommer
wiedergekommen!"

6. An Professor Sprickmann. — Hülshoff [1819] Febr. 8.

Hülshoff den 8ten Februar.

Schon seit anderthalb Monathen ist ihr liebereicher herzlicher Brief [3])
in meinen Händen, mein verehrter lieber lieber Freund, und erst heute
antworte ich, da ich doch nichts anderes Wichtiges in der Zeit zu thun
hatte, und mich Gottlob im Ganzen immer sehr wohl befunden habe.
Sollte man das nicht unter die Räthsel zählen? Ach, mein Sprickmann,
es ist mir sauer genug geworden, meine Grille mit dem Namenstage [4])
durchzusetzen, das heißt bei mir selbst durchzusetzen (die keinen Bogen
unbeschriebenes Papier sehen konnte, ohne die peinlichste Ungeduld und
Sehnsucht, und keine Feder, ohne ein magnetisches Zucken in den Fingern
zu fühlen); denn den Uebrigen, und besonders meiner lieben Abschreiberinn,
der Jenny, war es eben recht, und diese ist auch eben schuld daran, daß
ich meinen Plan nicht zehnmal umgestoßen und Ihnen das Gedicht [5]) je
eher je lieber geschickt habe. Denn es hat sich diese Zeit über so viel
für sie zu thun gefunden, daß sie die Abschrift nicht eher hat vollenden
können. Ich wollte es Ihnen zwar selber abschreiben, und hatte schon
zwei Gesänge fertig, aber das wollte meine Mutter nicht zugeben, da ich

---

[1]) Jakob und Wilhelm G. und die beiden jüngeren Brüder Ludwig (der
Maler) und Ferdinand.

[2]) Jedenfalls Amalie H., Schwester des späteren Ministers H. und A.'s Freundin.

[3]) Nämlich der Brief Sprickmanns 1818 Dez. 2—8. Vgl. die Bemerkungen
zu dem Briefe A.'s an Sprickmann 1818 Okt. 26.

[4]) Vermutlich soll der Brief zu Sprickmanns Namenstag (Mathias, Febr. 24)
in seinen Händen sein. Er erhielt ihn schon am 18. [5]) Walther.

diesen Winter bisweilen an einer Augenentzündung litt, die durch das
Schreiben ein klein unmerklich wenig schlimmer geworden war. Ich versichere Sie, es war gar nicht der Mühe werth, und ich war zudem am
vorigen Tage in den Wind gegangen, davon kam es recht eigentlich. Ich
hätte es Ihnen so sehr gern selbst abgeschrieben! Wenn es nun nur auf
dem rechten Tage ankommt, das wäre doch noch ein Trost; aber ich
fürchte es kömmt zu spät.

Nun bitte ich Sie noch einmahl recht von Herzen, lieber Sprickmann, schreiben Sie mir doch recht deutlich und aufrichtig über das
kleine Werk, nicht allein über offenbare Fehler, sondern was Ihnen nur
immer unbehaglich daran auffällt und noch verbessernswerth scheint. Ich
habe zwar schon soviel darüber reden hören, und jeder klug sein wollende
sitzt zu Gericht (denn meine Mutter, die das erste Exemplar bekommen
hat, wie Sie aus der Zueignung sehen, ließt es zuweilen zu meinem
großen Leide ihren Bekannten vor und sehr oft Menschen, von denen ich
voraus weiß, daß sie recht viel Ungeschicktes darüber sagen werden) und
hat ein neues Lob und einen neuen Tadel dafür, und ich weiß oft nicht,
worüber ich mich am meisten ärgere. Was das Lob anbelangt, so habe
ich schon recht an mich halten müssen, um manche unbedeutende und
eben passable Stellen nicht auszustreichen, die mir durch unpassendes
Lob ganz und gar zuwider geworden sind. So kam z. B. ein gewisser
Herr, dem mein Gedicht auch nicht durch mich zur Beurtheilung vorgelegt worden war, immer darauf zurück: die schönste Stelle im ganzen
Gedicht sei (2. Gesang 3. Strophe 3. Zeile): „Es rauscht der Speer, es
stampfte wild daß Roß", und erst durch sein vieles Reden wurde mir
offenbar, wie dieser Ausdruck so gewöhnlich und oft gebraucht und beinahe die schlechteste Stelle im ganzen Buche ist. Dieser Herr hörte auch
gar nicht davon auf, sondern sagte während des Tages mehrmal, wie in
Entzückung verlohren: „Es rauscht der Speer, es etc. etc.", wozu er auch
wohl leise mit dem Fuße stampfte. Ich mußte endlich aus dem Zimmer
gehn. Wie ich vor einer Woche in Münster bin, begegnet mir der Un-
glücksvogel auf der Straße, hält mich sogleich an und sagt sehr freundlich: „Nun, Fräulein Nettchen, wie geht's? was macht die Muse? Giebt
sie Ihnen noch bisweilen so hübsche Sächelchen in die Gedanken wie
das Gedichtchen von neulich? Ja das muß ich Ihnen sagen, das ist 'n
niedlich Ding; was für 'ne Kraft bisweilen: Es rauscht der Speer, es
stampfte wild das Roß". Ich machte mich sobald wie möglich los und
lachte ganz unmäßig; ich hätte aber ebenso gut weinen können. Sehn
Sie, mein Freund, und so geht's mir oft. .Von der andern Seite würde
ich mir wenig daraus machen, mein Gedicht oft auf die albernste und
verkehrteste Weise tadeln zu hören, wenn ich nicht dabei gezwungen
wär, zu thun, als ob ich ihre Bemerkungen ganz richtig fände, ein freundliches Gesicht zu machen und ihnen vielleicht noch für ihre Aufrichtigkeit

[zu] danken. Aber wenn ich oft Stellen, von denen ich überzeugt bin, daß sie zu den bessern gehören, als dunkel, unverständlich etc. etc. schelten höre und dagegen die schlechtesten seichtesten, eben weil nur jeder gut und klug genug ist, um sie ganz zu verstehn und [zu] empfinden, loben höre, und soll alsdann noch die oben benannten freundlichen Grimassen dazu schneiden — das ist zu arg, und mit Stillschweigen oder einer Verbeugung kann ich es nicht abmachen; dann bin ich hochmüthig. (Daß die ungeschickten Lober und Tadler die nämlichen Personen sind, versteht sich von selbst; nur einige wenige genügsame Seelen halten sich ausschließlich zu den Erstern). Nur zwei oder dreimahl bin ich zu meiner Freude mit einem bloßen „recht schön!" abgefertigt worden, sonst ist [es] jedesmal, wenn ich das Gedicht in die Stube schicke (denn ich hebe es selbst auf, obschon es meiner Mutter gehört, und bin also gezwungen, mein liebes Kind jedesmahl selbst in die Hände seiner Feinde zu liefern), so gut, als ob ich auf ein Dutzend Kritiken pränumerirte, denn fast Niemand kann der Versuchung widerstehn, sich durch irgend eine Verbesserung als einen denkenden, feinen Kopf zu charakterisiren.

Mein lieber geliebter Freund, ich weiß, daß ich Ihnen dies Alles schreiben kann, ohne daß Sie deshalb auf den Argwohn gerathen, als könne ich keinen Tadel vertragen. Sie wissen, wie sehr nachsichtig ich sonst hierin war, fast zu nachsichtig, denn aller und jeder Tadel war mir lieb, wenn auch von den albernsten Menschen; ich hatte den Grundsatz, daß ein fremdes Auge immer und jedesmahl schärfer sehe, wie Eins, was durch Eigenliebe bestochen und durch das öftere Ueberdenken und Ueberlesen des Geschriebenen gegen die Härten und Unrichtigkeiten darin gleichsam abgestumpft worden wäre, und nicht selten opferte ich meine bessere Ueberzeugung. Noch jetzt ist mir ein vernünftiger, wohlmeinender Tadel sehr werth, aber auch nur der; von meinem Sprickmann z. B. würde es mich sehr sehr kränken, wenn er mir einen seiner Gedanken über meine Arbeit verschwieg oder bemäntelte. Ach! Sie wissen nicht, mein Freund, wie süß und lieb mir jedes Ihrer Worte ist, ich könnte und möchte mich Ihrem Urtheil blindlings unterwerfen, und würde es für die größte Grausamkeit halten, wenn Sie mich aus übergroßer Güte verleiteten, etwas stehn zu lassen, was Ihnen mißfiele und mich nachher gereute.

Sonderbar ist es, daß selbst von denen, deren Urtheil ich selber wünschte und mir ausbath, keiner dem andern gleich geurtheilt hat; ich will Ihnen einige Proben davon hersetzen, damit Sie mich darüber berichtigen können, wenn Sie so gut sein wollen. Einer sagte z. B. „der erste Gesang sei zu gedehnt". Ein Anderer, „der erste Gesang habe viel Aehnlichkeit mit den Templern von Werner" [1]) (das kann sein, aber ich bin unschuldig daran, ich kenne die Templer nicht). Wieder ein Andrer, „der zweite Gesang sei zu duftig und zauberisch und habe durchaus das

---

[1]) Zacharias Werner (1768—1823).

Gediegene der Uebrigen nicht". (Ich muß Ihnen auch sagen, daß Anfangs im zweiten Gesange der alte Ritter sich selber vergiftet, nachdem er seinen Pflichten durch Versorgung seiner Tochter glaubt genug gethan zu haben; meine Mutter fand das anstößig, ich mußte also zwei Strophen herausnehmen und zwei andere dafür einflicken; ich will Ihnen jedoch die beiden ausgesetzten Kinder copiren und über die eingeflickten Strophen stecken, dann schreiben Sie mir wohl, ob Ihnen das Alte oder das Neue besser gefällt). Ein Anderer sagte, „wenn der Alte sich vergifte, so könne er nicht feierlich begraben werden, wenigstens in damaligen Zeiten nicht", wieder ein Andrer, „der dritte Gesang treibe sich zu viel in den Jagdgeschichten herum", wieder, „der Alte im dritten Gesang (Vater der Alba) sei zu phantastisch gerathen". Ueber die drei letzten Gesänge ist mir weniger gesagt worden, diese trifft gewöhnlich nur ein Tadel mit, der das Ganze trifft, z. B. „die Uebergänge seien zu grell, es scheine, als habe ich mich zu sehr in ein Bild vertieft, nicht davon loskommen können und deshalb oft plötzlich abgebrochen" etc. Dies sind ohngefähr die Urtheile, die ich von vernünftigen Leuten habe zu hören bekommen; ist es aber nicht sonderbar, daß ein Jeder nur Eins von allem diesen gesagt hat, und wenn [ich] ihm die übrigen Urtheile vorlegte, keins davon begreifen konnte und wollte? Und es waren doch alle fünf denkende geschmackvolle Leute. Daß ich von diesen Urtheilen das Eine mehr das andere weniger, richtig finde, versteht sich von selbst; aber ich möchte Ihnen nicht gern vorgreifen und verlasse mich auf Ihr Gefühl weit mehr wie auf das Meinige, da ich doch immer der Meinung bin, daß man sich an seinen eigenen Werken endlich^a dumm liest und corrigirt, so daß man nicht mehr schwarz und weiß unter einander kennt.

Was mein damals angefangenes Trauerspiel [1]) anbelangt, so habe ich es noch fortgesetzt bis zum dritten Akt, dann blieb es liegen, und jetzt wird es auch wohl ferner liegen bleiben. Es enthält zwar mitunter ganz gute Stellen, aber der Stoff ist übel gewählt. Hätte ich es in damaliger Zeit fertig gemacht, wo ich dieses noch nicht einsah, sondern mir im Gegenteil diese Idee sehr lieb und begeisternd war, so wäre es wohl so übel nicht geworden: aber es ist ein entsetzlicher Gedanke, einen Stoff zu bearbeiten, für den ich nicht die mindeste Liebe mehr habe. Es ist mir leid; ich wollte daß ich es damals fertig gemacht hätte. Außerdem habe ich in dieser Zeit Nichts bedeutendes aufzuweisen außer einer Anzahl Gedichte, wovon verschiedene geistliche Lieder, die ich für meine Grosmutter geschrieben habe [2]), vielleicht die besten sind. Ein Gedicht, was ich als Zueignung in ein Exemplar des Walthers schrieb, welches

a *Undeutlich.*

---

[1]) Bertha.   [2]) Die acht „geistlichen Lieder", welche (nebst „Gethsemane") den verschiedenen Ausgaben des „Geistlichen Jahres" beigegeben zu werden pflegen.

meine Mutter an ihre vier unverheiratheten Schwestern nach Bökendorf
schickte, lege ich bei, damit Sie alles haben, was auf dieses Werkchen
Bezug hat.

Ich möchte mich jetzt auch wohl einmahl in Prosa versuchen, und
zwar, da ich mich nicht gleich anfangs übernehmen mag, in einer Novelle
oder kleinen Geschichte vorerst; aber du lieber Gott, wo soll ich einen
Stoff finden, der nicht schon hundertfach bearbeitet und zerarbeitet wäre?
„denn ihr Name ist Legion". Ich hatte seit 1½ bis 2 Jahren nicht viel
von diesen Dingern gelesen, wußte also nicht recht, wie die Commercien
standen, und hatte mir also schon einen recht hübschen Stoff fast ganz
durchgearbeitet, sodaß außer dem Niederschreiben nicht mehr viel fehlte [1]).
Da der ganze Gedanke der Geschichte sich zum Traurigen neigte, und ich
doch keine große Freundinn von plötzlichen Todesfällen bin, so trat meine
Heldin gleich anfangs mit einer innerlich schon ganz zerstörten und auch
äußerlich sehr zahrten und schwächlichen Constitution auf; ich hatte die
Idee mit Liebe und Wärme überdacht, und ich glaube und hoffe, daß es
nicht mißlungen sein würde. Da lassen wir uns in die Lesebibliothek
einschreiben und fodern, weil wir sie in vielen Jahren schon ganz durchgelesen haben, blos die neusten Sachen. Gleich zu Anfang „3 Novellen",
wo in zweien die Heldinn auf denselben Füßen stand wie die meinige,
das frappierte mich; in den folgenden Wochen ebenso. Kurz, ich merke
bald, daß ich, anstatt etwas Neues zu erfinden, an den Lieblingsstoff unserer Zeiten gerathen bin, nur mit dem Unterschiede, daß meine Heldinn
weder magnetisirte noch magnetisirt wurde, weil ich zu wenig vom
Magnetismus kenne, um darüber zu schreiben, dahingegen den Heldinnen
der Lesebibliothek eben dazu oder deswegen ihre Zartheit oder Schwächlichkeit erteilt war. Denn diesem großen unbegreiflichen, wenigstens mir
unbegreiflichen Gegenstande geht es wie dem Löwen in der Fabel, den
sogar der Esel schlug; jedes junge Rind" muß seine ersten Hörner daran
ablaufen. Es ist mir aber nun unmöglich, meine Novelle fertig zu machen,
da sie schon so viele Schwestern hat, die ihr zwar in der Haupttendenz
gänzlich unähnlich, in der Form aber desto ähnlicher sind. Schelten Sie
nicht, mein geliebter Freund; wenn ich wüßte, daß meine Unbeständig-
keit Sie verdrösse, so wollte ich viel lieber meine Novelle niederschreiben.
Ich würde sie überhaubt nicht liegen lassen, wenn ich schon angefangen
hätte zu schreiben, aber da das ganze Ding nur noch eine Idee ist, so

   α Text der Deutschen Rundschau Kind. *Verbessert schon Hüffer 62.*

---

[1]) Es handelt sich also um die Idee und wohl auch um den ersten Entwurf
der Ledwina. Keinesfalls ist das Fragment in seiner jetzt vorliegenden Gestalt
schon 1819 geschrieben, denn in dem Brief an Junkmann 1837 Aug. 4 steht
die Ledwina (nicht genannt werden Bertha und Walther) an der Spitze ihrer
Arbeiten „aus den spätern Jahren". Ein unvollständiges Manuskript der Ledwina erwähnt sie in dem Briefe an ihre Mutter 1825 Okt. 18 bei Kreiten IV, 264.

dünkt mich, es ist besser, ich gehe weiter und suche mir einen andern
Stoff, wenn ich nur einen finden kann, der nicht so ganz und gar aus-
gedroschen ist.

Aber genug und zuviel hiervon, mein verehrter Freund, ich unterhalte Sie beständig mit dem Verstande, und doch liegt so manches auf
meinem Herzen, was sich hinaus und an das Ihrige sehnt. O mein Sprickmann, ich weiß nicht, wo ich anfangen soll, um Ihnen nicht lächerlich
zu erscheinen, denn lächerlich ist das, was ich Ihnen sagen will, wirklich,
darüber kann ich mich selber nicht täuschen. Ich muß mich einer dummen und seltsamen Schwäche vor Ihnen anklagen, die mir wirklich manche
Stunde verbittert; aber lachen Sie nicht, ich bitte Sie; nein nein, Sprickmann, es ist wahrhaftig kein Spaß. Sie wissen, daß ich eigentlich keine
Thörin bin; ich habe mein wunderliches, verrücktes Unglück nicht aus
Büchern und Romanen geholt, wie ein Ieder glauben würde. Aber niemand weiß es, Sie wissen es ganz allein, und es ist durch keine äußern
Umstände in mich hineingebracht, es hat immer in mir gelegen. Wie ich noch
ganz klein war, ich war gewiß erst 4 oder 5 Jahr, denn ich hatte einen
Traum, worin ich sieben Jahr zu sein meinte und mir wie eine große Person
vorkam, da kam es mir vor, als gieng ich mit meinen Eltern, Geschwistern
und zwei Bekannten spatzieren, in einem Garten, der gar nicht schön
war, sondern nur ein Gemüsgarten mit einer graden Allee mitten durch,
in der wir immer hinauf giengen. Nachher wurde es wie ein Wald, aber
die Allee mitten durch blieb, und wir giengen immer voran. Das war
der ganze Traum, und doch war ich den ganzen folgenden Tag hindurch
traurig und weinte, daß ich nicht in der Allee war und auch nie hinein-
kommen konnte. Ebenso erinnere ich mich, daß, wie meine Mutter uns
eines Tages viel von ihrem Geburtsorte und den Bergen und den uns
damals noch unbekannten Groseltern erzählte, ich eine solche Sehnsucht
darnach fühlte, daß, wie sie einige Tage nachher zufällig bei Tische ihre
Eltern nannte, ich in ein heftiges Schluchzen ausbrach, so daß ich mußte
fortgebracht werden; dies war auch vor meinem siebenten Jahre, denn
als ich sieben Jahr alt war, lernte ich meine Groseltern kennen.

Ich schreibe Ihnen diese unbedeutenden Dinge nur, um Sie zu über-
zeugen, daß dieser unglückselige Hang zu allen Orten, wo ich nicht bin, und
allen Dingen, die ich nicht habe, durchaus in mir selbst liegt und durch keine
äußern Dinge hereingebracht ist; auf die Weise werde ich Ihnen nicht
ganz so lächerlich scheinen, mein lieber nachsichtsvoller Freund. Ich
denke, eine Narrheit, die uns der liebe Gott aufgelegt hat, ist doch immer
nicht so schlimm, wie eine, die wir uns selbst zugezogen haben. Seit
einigen Jahren hat dieser Zustand aber so zugenommen, daß ich es wirklich für eine große Plage rechnen kann. Ein einziges Wort ist hinreichend, mich den ganzen Tag zu verstimmen, und leider hat meine Phantasie so viel Steckenpferde, daß eigentlich kein Tag hingeht, ohne daß

Eines von ihnen auf eine schmerzlich süße Weise aufgeregt würde. Ach mein lieber lieber Vater, das Herz wird mir so leicht, wie ich an Sie schreibe und denke, haben Sie Geduld und lassen Sie mich mein thörichtes Herz ganz vor Ihnen aufdecken, eher wird mir nicht wohl. Entfernte Länder, große, interessante Menschen, von denen ich habe reden hören, entfernte Kunstwerke und dergleichen mehr, haben alle diese traurige Gewalt über mich. Ich bin keinen Augenblick mit meinen Gedanken zu Hause, wo es mir doch so sehr wohl geht; und selbst wenn tagelang das Gespräch auf keinen von diesen Gegenständen fällt, seh ich sie in jedem Augenblick, wo ich nicht gezwungen bin, meine Aufmerksamkeit angestrengt auf etwas andres zu richten, vor mir vorüberziehn, und oft mit so lebhaften an Wirklichkeit grenzenden Farben und Gestalten, daß mir für meinen armen Verstand bange wird. Ein Zeitungsartikel, ein noch so schlecht geschriebenes Buch, was von diesen Dingen handelt, ist im Stande, mir die Thränen in die Augen zu treiben; und weiß gar Jemand etwas aus der Erfahrung zu erzählen, hat er diese Länder bereißt, diese Kunstwerke gesehn, diese Menschen gekannt, an denen mein Verlangen hängt, und weiß er gar auf eine angenehme und begeisterte Art davon zu reden, o! mein Freund, dann ist meine Ruhe und mein Gleichgewicht immer auf längere Zeit zerstört, ich kann dann mehrere Wochen an gar nichts andres denken, und wenn ich allein bin, besonders des Nachts, wo ich immer einige Stunden wach bin, so kann ich weinen wie ein Kind, und dabei glühen und rasen, wie es kaum für einen unglücklich Liebenden passen würde. Meine Lieblingsgegenden sind Spanien, Italien, China, Amerika, Afrika, dahingegen die Schweiz und Otaheite, diese Paradiese, auf mich wenig Eindruck machen. Warum? das weiß ich nicht; ich habe doch davon viel gelesen und viel erzählen hören, aber sie wohnen nun mahl nicht so lebendig in mir. Wenn ich Ihnen nun sage, daß ich mich oft sogar nach Schauspielen sehne, die ich habe aufführen sehn, und oft nach eben denjenigen, wobei ich mich am meisten gelangweilt habe, nach Büchern, die ich früherhin gelesen, und die mir oft gar nicht gefallen haben. So habe ich z. B. in meinem ongefähr 14. Jahre einen schlechten Roman gelesen, den Titel weiß ich nicht mehr, aber es kam von einem Thurme darin vor, worüber ein Strom stürzt, und vorn am Titelblatt war besagter abentheuerlicher Thurm in Kupfer gestochen; das Buch hatte ich längst vergessen, aber seit längerer Zeit arbeitet es sich aus meinem Gedächtnisse hervor, und nicht die Geschichte, noch etwa die Zeit, in der ich es las, sondern wirklich und ernsthaft das schäbigte, verzeichnete Kupfer, worauf nichts zu sehn ist, wie der Thurm, wird mir zu einem wunderlichen Zauberbilde, und ich sehne mich oft recht lebhaft darnach, es einmahl wieder zu sehn; wenn das nicht Tollheit ist, so giebts doch keine, da ich zudem das Reisen gar nicht vertragen kann, da ich mich, wenn ich einmahl eine Woche von Hause bin, ebenso ungestüm dahin

zurück sehne, und da auch wirklich dort alles meinen Wünschen zuvorkömmt. Sagen Sie! was soll ich von mir selbst denken? und was soll
ich anfangen. um meinen Unsinn los zu werden?

Mein Sprickmann, ich fürchte meine eigne Weichheit, wie ich anfing,
Ihnen meine Schwäche zu zeigen, und statt dessen bin ich über dem
Schreiben ganz muthig geworden; mich dünkt, heute wollte ich meinen
Feind wohl bestehn, wenn er auch einen Anfall wagen sollte. Sie können
auch nicht denken, wie glücklich übrigens meine äußere Lage jetzt ist;
ich besitze die Liebe meiner Aeltern, Geschwister und Verwandten in
einem Grade, den ich nicht verdiene, ich werde besonders seit ich vor
3 1/2 Jahren so krank war, mit einer Zärtlichkeit und Nachsicht behandelt,
daß ich wohl leicht eigensinnig und verwöhnt werden könnte, wenn ich
mich nicht selbst davor fürchtete und sorgfältig hütete. Dabei ist mir
die Achtung vieler schätzbaren Menschen zu Theil geworden, und die
Freundschaft einiger lieben lieben harmoniereichen Seelen, worunter freilich mein Sprickmann in meinem Herzen steht, wie der Mond unter den
Sternen. Unter den übrigen möchte ich Ihnen vorzüglich die Generalinn
Thielemann [1]) nennen, die Frau unsers Gouverneurs. Ihr Rang, und der
Unterschied unserer Jahre (sie könnte reichlich meine Mutter sein) hielt uns
lange entfernt von einander, vorzüglich da meine Mutter allen Umgang
vermeidet, der sie in weitläufige Bekanntschaften und Connexionen führen
könnte; wir haben wirklich beide mit schweren Hindernissen zu kämpfen
gehabt, um zu einander zu kommen. Ich möchte und könnte Ihnen sehr
vieles Anziehende und Merkwürdige von dieser seltsamen und lieben Frau
erzählen, aber das Blatt geht zu Ende, und so will ich lieber gar nichts
sagen, bis zum nächsten Briefe. Den Consistorialrath Möller [2]) habe ich
noch nicht wiedergesehn, wünsche es aber sehr, und, so Gott mich leben
läßt, werde ich auch noch wohl dazu kommen. Wir haben jetzt eine
Schwester meiner Mutter, Ludowine [3]), bei uns, ein gutes, stilles, verständiges Mädchen, deren Umgang mir sehr werth ist, besonders wegen
ihrer klaren und richtigen Ansicht der Dinge, womit sie oft, ohne es zu
ahnden, meinen armen verwirrten Kopf wieder zu Verstande bringt. Werner
Haxthausen lebt in Coeln, und mein ältester Bruder Werner kömmt in
einigen Wochen zu ihm. Leben sie wohl und vergessen Sie nicht, wie
begierig ich auf Antwort warte.   Ihre Nette.

---

[1]) Wilhelmine v. Thielmann geb. Charpentier (1772—1842). Vgl. über
sie Kreiten 77. Hüffer 37. A. schreibt an sie 1828 Nov. 2; ihren Tod erwähnt sie in ergreifender Weise in den Briefen an Schücking 1842 Mai 25
(Theo Schücking 73) und an Elise Rüdiger 1843 Sept. 4.

[2]) Konsistorialrat M. in Münster. Vgl. den Brief an Sprickmann 1818 Okt. 27.

[3]) Ludowina v. Haxthausen, geb. 1795, an welche u. a. der Brief vom
Januar 1820 gerichtet ist. Notizen über sie Kreiten I, 344.

Ich lege dies ungleiche Blatt bei, weil ich' sehe, daß das andre Papier so durchschlägt *a*.

Orig. Bernhard Sprickmann. Zwei Quartblätter, das erste mit nachlässiger kleiner Schrift, an manchen Stellen, namentlich wo die Tinte durchgeschlagen ist, schwer zu lesen. Veröffentlicht von Hüffer Deutsche Rundschau VII, 220—224. Sehr umfangreiche Auszüge Hüffer 7. 32. 49 ff. Andere Auszüge Kreiten I, 76. 87 ff. 102. 124. Wenn Kreiten (77 Anmerk.) den Brief 18. Februar datiert, so beruht dies auf einer Verwechslung mit dem von Sprickmann auf dem ersten Blatt eingetragenen Empfangsdatum „am 18. Februar 1819", aus dem sich das Jahr des Briefes der Dichterin ergibt. Auf dem zweiten Blatt steht von Sprickmanns Hand: „Zum Br[ief] vom 18. Febr. 1819", in seinem Tagebuch: „Februar 1819 17. Mittwoch Brief von Nette nebst Walter einem Gedicht in 6 Gesängen und einem Briefe an Maria". Die Abschrift des Walther und der Brief an Maria, Sprickmanns zweite Frau, sind im Sprickmannschen Nachlaß nicht vorhanden. Weiter notiert das Tagebuch: „März 1819 2. Dienstag Brief an Nette" (nicht vorhanden). Über Bemerkungen Sprickmanns zum 1. u. 2. Gesang des Walther s. Hüffer in D. R. XXIV, 57 Anm.

7. An den Vater. — Bökendorf [1819 Sept.?] 18.

Bökendorf, den 18.

Es ist mir sehr betrübt, Du armer lieber Papa, daß man Dir meinetwegen so viel Unruhe gemacht, da doch, gottlob, nichts an der Sache ist. Ich befinde mich jetzt sehr wohl, und habe mich auch nur einen einzigen Tag, gerade wie die Frau von Korf in Driburg war, übel befunden; ich habe das Ganze weitläufig in Mama's Briefe geschrieben, und will mich deshalb nicht länger dabei aufhalten. Du schreibst mir, ich soll im Oktober herüberkommen; da ich mich aber so durchaus wohl befinde, und die hiesigen Aerzte behaupten, daß gerade die Bergluft dasjenige wäre, wovon ich auf die Dauer meine völlige Genesung erwarten müßte, so wollen die Großeltern noch nichts von abreisen hören. Was mich anbelangt, so thue ich das, was ihr über mich beschließt, auf jeden Fall mit Freuden. Ich will nicht läugnen, daß ich sehr gern mahl wieder bei euch wäre, aber doch kann ich versichern, daß ich, so oft ich auch an euch denke, doch nicht eigentlich das Heimweh habe, wie die Frau von Korf meinte; freilich bleibt einem das väterliche Haus natürlich immer das liebste, und es ist eine außerordentliche Freude, wenn man in einer fremden Gegend etwas von Hause hört, und so mögen meine vielen und dringenden Fragen nach Allem was Münster anbelangt die Frau v. Korf wohl auf diese verkehrte Idee gebracht haben; zudem muß ich sagen, daß, da ich noch fast gar nicht bei den Großeltern habe sein können, es mir unbillig und auch etwas schämerlich vorkömmt, jetzt wieder fortzugehen, ohne den Zweck, weshalb ich eigentlich hergekommen bin, erfüllt zu haben. Du mußt nun nicht denken, mein lieber alter Papa, als ob mir irgend ein Ort so lieb sein könnte wie Hülshoff, aber ebenso mußt

a Nachschrift am oberen Rande der 3. Seite, fehlt bei Hüffer.

Du auch nicht glauben, als ob [ich] mich blos durch Rücksichten hier zurückhalten ließe; ich versichere Dich, daß wenn ich nur im mindesten
glaubte, daß mein längeres Hierbleiben meiner Gesundheit schädlich sein
könnte, ich den vorhergenannten Grund weiter nicht berücksichtigen würde,
weil es alsdann doch noch eine nähere Pflicht wäre, für die Erhaltung
meiner Gesundheit zu sorgen. Ich werde hier zudem so äußerst freundlich und liebevoll behandelt, daß ich nächst Hülshoff hier wohl am liebsten bin, doch richte Alles ein, wie Du willst, mein liebster Papa, und
vergiß, bitte, die bewußten Stunden nicht, ich denke auch immer daran,
aber ein paarmahl habe ich es in Driburg versäumt, weil ich schlief, ich
habe es aber nachgeholt.

　　Ich habe zu Driburg manche angenehme Leute kennen gelernt. Die
Krone des ganzen Bades war eine Frau von Stuttnitz, eine Frau von fünf-
unddreißig Jahren, die aber aussah als wenn sie sechzig alt wäre, weil sie
schon seit vielen Jahren ganz contract von der Gicht ist; sie besitzt einen
ganz vorzüglichen Verstand, und nie habe ich bei einer so schmerzhaft
leidenden Person so viel beständige und gottergebne Heiterkeit gefunden;
sie wohnt in Gotha und hat mich auch gebethen, ihr zu schreiben, ich
werde es auch thun, wenn ihr erlaubt, und ich glaube, daß ihr sie gewiß
außerordenttich achtungswerth finden würdet. Die Frau von Sierstorpf
hat mir außerordentlich viel Güte erwiesen, wie sie sich denn überhaubt
ganz für ihre Gäste aufopfert; sie ist auch jetzt so schwach, daß sie die
Weintraubenkur gebrauchen muß, wo sie in sechs Wochen gar nichts wie
Weintrauben essen darf; ich habe mir das sehr angenehm gedacht, es
soll aber beinahe gar nicht zu ertragen sein. Straube [1]) ist jetzt auch
hier, er wird aber nicht nach Hülshoff kommen, weil er in Göttingen zu
viel zu thun hat. Er ist vorgestern hiergekommen und wird, glaub ich,
morgen wieder fortgehn; der arme Schelm muß sich doch erschrecklich
quälen. August [2]) wird aber nach Hülshoff kommen, der Tag ist noch
nicht bestimmt, aber ersten Tages, lieber Papa. Die Fräulein Deckens [3])
haben mir gesagt, daß bei ihnen im Eichsfelde so viel schöne Orchis
wüchsen, sie wollen sich von einem kunstverständigen Freunde die Namen
der dort wachsenden Sorten aufschreiben lassen und schicken sie mir alsdann. Ich habe auch in Driburg einen Herrn von Knigge [4]) kennen lernen,
einen Neffen des berühmten Knigge und selbst berühmt, weil er ein sehr

---

[1]) Über den jungen Juristen Straube und sein Verhältnis zu A. vgl. die Bemerkungen zu dem höchst wahrscheinlich im Herbst 1820 geschriebenen Briefe
an Anna v. Haxthausen.

[2]) Jedenfalls August v. Haxthausen, Bruder der Mutter.

[3]) Über die Familie v. d. Decken vgl. Brief an die Mutter von 1819.

[4]) In dem Briefe an die Mutter von 1819 wird er „Vetter des alten
Knigge“ genannt. Letzterer ist ohne Zweifel der Verfasser des Buches über
den Umgang mit Menschen (1752—1796). Über das von A. erwähnte Reisewerk
des jüngeren Knigge konnte ich nichts ermitteln.

geschätztes Werk, Reisen durch Asien, soll herausgegeben haben; er ist auch lange in Afrika gewesen und wußte sehr viel interessantes zu erzählen, obschon er eine etwas ungünstige Phisiognomie hat.

Seine Frau ist eine Russin, spricht aber sehr gut Deutsch. Man kriegt doch allerhand kuriose Leute zu sehn, auf so Bädern. Graf Haxthausen ^a... da, ich glaube nicht, daß er lange lebt ... ordentlich zum Schlage geneigt [1]) ... dort anwesende Schwester, Fr. v. Buchwald, ist die Mutter von dem Taugenichts gleiches Namens, der bei Klummanns im Quartier lag. Sie bewiesen sich beide so verwandtschaftlich, daß es mir oft ganz närrisch vorkam. Graf Haxthausen gleicht sehr an August, und die Buchwald will durchaus an Mama gleichen. Leb wohl, lieber Papa, ich wollte auch noch gerne an Jenny schreiben. Grüß doch Wilmsen [2]), und alle Andern, auch den Pastor, wenn Du ihn siehst.

Deine gehorsame Tochter Nette.

[Adresse:] Dem Freyherrn von Droste Hochwohlge[boren] zu Hülshoff. per expres.

Orig. in Besitz der Baronin Elisabeth v. Droste-Hülshoff. Oktavbogen, ziemlich groß und deutlich beschrieben, in der Mitte der 4. Seite die Adresse. Gedr. Kreiten 258, wo mehrere Sätze am Ende fehlen; ein paar Zeilen des Fehlenden Kreiten I, 82. Der Brief muß in demselben Jahre geschrieben sein, wie der Brief A.'s an ihre Mutter Bökendorf d. 20: Beide haben denselben Ausstellungsort und nehmen Bezug auf denselben Aufenthalt der Dichterin in Driburg, wo sie, laut dem einen wie dem anderen Briefe, mit denselben Personen, Frau v. Stuttnitz und Herrn v. Knigge, verkehrt hat. Der Brief an den Vater ist der erste: Sie „soll im Oktober herüberkommen", und Frau v. Sierstorpf „muß die Weintraubenkur gebrauchen": er muß also im Herbst geschrieben sein, wahrscheinlich Sept. 18. Der Brief an die Mutter dagegen ist im Winter geschrieben („so lange der Winter dauert", „die ewige Schnee- oder Regenluft"), und sie möchte der Großmutter „so gern zu Weihnachten einige geistliche Lieder machen, wenn ich nur kann", der Ausstellungstag ist also fast sicher Dez. 20. Berücksichtigt man nun, daß in dem höchst wahrscheinlich Januar 1820 geschriebenen Briefe an Ludowine v. Haxthausen die Lieder des Geistlichen Jahres von Neujahr bis Lichtmeß erwähnt werden, so kommt man mit großer Wahrscheinlichkeit auf Herbst und Winter 1819. Hüffer möchte für den Brief an den Vater 1818 vorziehen, aber ohne erkennbaren Grund, und sicher irrig, weil die im Briefe an die Mutter erwähnten Gedichte des Oberst v. d. Decken erst 1819 erschienen sind. Kreiten (IV, 258. 260) schwankt zwischen 1819 und 1820, doch ist letzteres Jahr ausgeschlossen, da A. schon 1820 Okt. 9 den ersten Teil des Geistlichen Jahres ihrer Mutter widmet. Schwering (F. W. Weber 22) läßt den Dichter von Dreizehnlinden „während des Sommers 1819" als Knaben mit A. in Driburg zusammentreffen.

^a *Am unteren Rande der 3. Seite ein Stückchen ausgerissen, daher drei kleine Lücken.*

---

[1]) Nach Kreiten I, 82 „Owe Christian v. H., der dänischen Linie angehörend, Besitzer von Thienhausen."

[2]) Jedenfalls Vikar Wilmsen, der in A.'s Briefen so oft genannte Hausgeistliche von Hülshoff. Nach Kreiten III, 232 kam er nach Hülshoff 1818. Allerhand Züge aus dem Leben des einfachen Mannes ebend.

8. An die Mutter. — Bökendorf [1819 Dec.?] 20.

Bökendorf d. 20ten

Ich habe zwar sehr lange nicht geschrieben, liebste Mama, aber ich
hoffe doch, daß Du mir nicht böse bist, ich habe es wirklich nicht gekonnt. Angefangene Briefe liegen genug in meinem Schreibtisch, aber ich
habe sie nie in einem Stück fertig schreiben können, und wenn sie dann so'n
paar Tage alt waren, so wurden sie mir zuwider, und ich fing wieder
Neue an, die auch nicht weiter kamen. Du mußt nur nicht denken,
liebste Mama, als ob ich besonders krank wäre, die Leute wollen behaupten, ich sähe besser aus, als da ich hieher kam, und es kömmt
mir bisweilen selbst so vor. Auf jeden Fall befinde ich mich seit dem
Driburger Bade viel besser; was Leib- und Magenschmerzen und Uebligkeiten,
womit ich sonst so oft geplagt war, anbelangt, so weiß ich fast nicht mehr
wie sie thun. Auch das Kopfweh hat sich sehr gelegt, nur habe ich
schon so lange der Winter dauert, immer eine Trockne in den Augen,
doch ganz ohne Verdunklung. Wahrscheinlich ist die ewige Schnee- oder
Regenluft Schuld daran, wir haben hier noch nicht einen einzigen klaren
Tag gehabt. Ich brauche jetzt meine alten Pillen, und es bessert sich
merklich. Die Pulver will mir der Docktor Menne ohne eine besondere
Aufklärung von Forkenbeck nicht erlauben, denk mahl, er behauptet, sie
wären sehr gefährlich, und es könnten mir auch die Zähne davon ausfallen, sollte vielleicht viel Merkurius drin sein? Ich soll ihm einen Brief
von Forkenbeck verschaffen, worin dieser bezeugt, daß ich die Pulver
ohne Schaden genommen habe und ferner nehmen kann, und ihm dies
zugleich beweißt, durch einen Aufsatz über meine frühere Krankheit und
überhauptige Constitution. Ich habe ihm gesagt, ich wollte darüber nach
Münster schreiben, aber blos damit er es nicht selbst thut, denn ich bin
überzeugt der alte Forkenbeck wird wüthend, wenn er einem Landphi-
sicus aus Brakel von seiner Kur Rechenschaft ablegen soll. Da ich
mich zudem hier gar auf keine Kur einlassen will, so denke ich, wir
lassen die Sache einschlafen, ich habe ja meine Pillen und die helfen
mir gut.

Ich sehe daß ich ganz abscheulich schreibe, aber ich mag nicht
viel darauf sehn, und schreibe zudem so geschwind wie möglich, damit
ich nicht zu lange über dem Papier hänge. Ich will Dir jetzt auch
Verschiedenes von einigen Personen, die ich in Driburg habe kennen
lernen, schreiben. Erstlich von Deckens selbst; der Obrist Decken selbst
ist schon alt, 63 Jahr, groß und hat ein auffallendes, aber anfangs höchst
unangenehmes Gesicht; wenn man ihn näher kennt, so gewinnen ihn die
meisten Menschen sehr lieb, ich mochte ihn auch wohl leiden, aber doch
nicht so sehr. Er hat sehr viel Verstand und weiß es auch; er ist ein
Schriftsteller und hat schon Verschiedenes herausgegeben, unter andern

ein Bändchen Gedichte [1]), wovon ich auch ein Exemplar habe; sie wollen
aber nichts bedeuten, denn er ist gar nicht mit der Zeit fortgeschritten.
Er ist übrigens ernst und verschlossen, aber sehr rechtlich, also ein braver
Mann, hat aber für mich was Unheimliches. Seine erste Frau war
eine [a] . . . und von ihr sind die beiden Töchter, die auch in Driburg waren,
nebst einem Sohn. Seine jetzige Frau, meine liebe Mine, ist eine Engländerin, geborne Brown (Braun); ihre Mutter war eine geborne Lady
Hamilton, und sie ist somit eine rechte Nichte des jetzigen Herzogs von
Hamilton. Sie ist sehr groß und schlank und Zug vor Zug sehr schön;
Stirne, Augen und Nase fast ganz wie Mimy, aber einen sehr großen
Mund, und eine goldgelbe Farbe, dabei schwarzes, ganz krauses Haar und
eine herrliche Figur, und doch kömmt sie einem im Ganzen eher häßlich vor,
ich glaube, weil sie zuviel wie ein Mann aussieht. Ich glaube, daß sie
noch mehr Verstand hat, wie ihr Mann, wenigstens viel mehr Geist und
eine Sanftmuth, wie ich sie sonst nur bei meinem lieben Papa gefunden
habe, und eine außerordentliche Andacht. Sie hält äußerst auf ihr
Point d'honneur und ein edles, anständiges Betragen, und wo das angegriffen wird, kann sie auch wohl mal sehr fein und scharf sein. Ich
glaube, Du würdest sie sehr lieb gewinnen; nur ist ihre Gegenwart im
Anfang trotz aller Freundlichkeit etwas drückend; sie hatte mich außerordentlich lieb und seit sie fort ist schon sechsmahl geschrieben, ich habe
aber erst einmahl antworten können. Sie ist 33 Jahr alt; mit ihren beiden Stieftöchteru würdet ihr euch alle herrlich schicken; die älteste,
Annette, ist 26 Jahr; sie hat eine Stiftspräbende und nennt sich deshalb
eine Klosterdame, geht nie ohne Mütze, Fraise und lange Ermel und hält
sich für stump steenolt; sie hat was Angenehmes, ist klug und gebildet,
aber ein völliges Nönnchen. Die Jüngste Sophie ist 18 Jahr alt und so
lieb, daß ich, wenn es nicht undankbar gegen die Decken wäre, wohl
sagen möchte, sie wär mir die Liebste von der ganzen Familie; sie hat
viel von ihrer Schwester, aber ist dabei so freundlich und klug und angenehm, daß sie ein wahrer Abgott im Bade war, obschon sie und ihre
Schwester immer für sich waren, und mit Niemand Umgang suchten.
Wir beiden wären wohl sehr enge Freunde geworden, wenn ich nicht
bemerkt hätte, daß die Decken etwas eifersüchtig darüber geworden wäre;
übrigens steht die Mutter mit den Töchtern in der besten Harmonie, aber
sie sind sich so wenig ähnlich, wie Mohren und Weiße. Die eignen Kinder
der Decken gleichen alle wieder äußerlich auf die Mutter und sind alle
sehr unartig, weil sie nach englischer Manier erzogen werden, aber zum
Erschrecken klug, und haben alle einen seltsamen italienischen Karakter;
ich werde Dir noch viel Eignes von diesen Kindern erzählen.

    a Der Name ist nicht zu entziffern.

    [1]) Kaysers vollständ. Bücherlexikon 1750—1832 verzeichnet (s. v. Decken
und Gedichte) Vermischte Gedichte von Claus v. d. Decken († 9. Februar 1823),
Hannover, Hahn. 1819.

Es war auch ein anderer Schriftsteller zu Driburg, Herr von Knigge,
Vetter des alten Knigge. Dieser zu Driburg ist der berühmte Reisende
durch Asien und Afrika; er soll darüber ein herrliches gelehrtes Buch
geschrieben haben. Er wohnte grade neben uns, und wir waren schon
längst die besten Freunde von wegen der Musik; denn im Decken'schen
Saal stand ein Flügel, und so oft ich spielte, kam er herein, hörte aufmerksam zu und knüpfte nachher gewöhnlich ein von seiner Seite sehr
kenntnißreiches und unterhaltendes Gespräch über die Musik an. Sobald
ich wußte, was ich daran hatte, mußte er mir von seinen Reisen erzählen; er that es gern und es war immer uns allen viel werth, wenn
wir ihn dazu bringen konnten. Seine Frau ist eine Russin, und was man
ein Düttelchen nennt, seine Kinder sind alle unbedeutend, er selbst gleicht
von Gesicht auf Flörchen Busch, also auch nicht angenehm. Eine allgemein ausgezeichnete Achtung genoß eine Frau von Stuttnitz aus Gotha;
sie ist noch jung, aber ganz contract von der Gicht; man sagt, sie soll
sowohl von Gestalt als Charakter wie eine Zwillingsschwester an die
selige Hofräthin Blume gleichen. Sie bat mich, sie oft zu besuchen, und
wir sind uns hoffentlich gegenseitig recht lieb geworden; sie weinte sehr,
wie ich fortging, und ich war auch sehr betrübt, denn ich sehe sie gewiß in meinem Leben nicht wieder. Nun habe ich Dir die merkwürdig-
sten Personen des Bades beschrieben. Es waren noch viele andere da,
wovon sich manches erzählen ließ, aber ich mag doch den Brief nicht
damit voll kladden, nur noch eins. Die Stuttnitz ist ganz intim mit dem
Dichter Werner[1]), ich habe viele seiner Briefe an sie gelesen, sie sind
alle sehr schön aber phantastisch.

Von hier aus kann ich Dir, liebste Mutter, nichts erzählen, es ist
wie immer. Mutter hatte seit einigen Tagen etwas Seitenschmerzen, aber
es ist schon fast wieder besser. Ich möchte ihr so gern zur Weihnachten
einige geistliche Lieder machen, wenn ich nur kann.

Ich bin, wie Du schon wohl weißt, mit der Schloßhauer nach
Neuenheerse gewesen. Die Tante Felitz[2]) war anfangs sehr spitz, aber
zuletzt so freundlich, daß sie nicht wußte, was sie mir zu Gefallen thun
sollte. Sie logirte mich zu meiner großen Angst in einem nagelneuen
Zimmer, womit sie selbst noch so verwöhnt war, daß sie ihre reinen
Schuh jedesmahl abputzte, wenn sie herein ging. Sie sagte des Abends,
wie sie mich hereinführte, Laken, Kissen, Handtücher, alles wäre das
Beste was sie in ihrem Vermögen hätte. Du kannst denken, wie mir dabei zu Muthe war. Sie läßt Dich aufs zärtlichste grüßen, und will diesen

---

[1]) Gemeint ist jedenfalls Zacharias Werner, den A. auch im Briefe an
Sprickmann 1819 nennt.

[2]) Felicitas v. Böselager, die Freundin der Mutter. In Neuenherse bei
Altenbeken bestand ein Damenstift. A. besingt sie schon in einem Kinder-
gedicht von 1805 (Kreiten I, 11).

Winter noch nach Bökendorf kommen, und im Frühjahr soll ich auf
vierzehn [Tage] zu ihr kommen, wofür mich Gott behüte, denn ich kann
es gar nicht aushalten, daß sie das Essen mit ihrem eignen Löffel vor-
legt, und wenn sie mir Wein oder auch Wasser einschenkt, die Bouteille
zuvor vor den Mund setzt, um zu sehn ob es auch gut ist. Wenn das
nicht wäre, dann sollte alles noch wohl gehn.

Sag doch der guten Thielmann [1]), bitte, ich hätte oft genug an
sie gedacht, und wollte schreiben, sobald ich könnte. Ich muß aufhören,
liebste Mama, die Augen brennen mir. Den lieben Papa küsse ich
1000 mahl, auch Jenny und Ferdinand. Grüß doch Onkel Vicedomi [2]),
Onkel Max, Tante Dine [3]), Phine, und zu Haus Herrn Wilmsen ganz besonders, auch Lisette [4]), Köchin, Kristine, Dine und alle andern. Grosmutter läßt Dir so viel Liebes und Gutes sagen, wie sie nur immer weiß
und kann. Sag Jenny doch, ob sie auch alle die Noten, die ich geliehen
habe, an ihre Herrn besorgt hätte, sonst möchte sie es doch noch thun,
und wenn es nur [a] anging, möchte sie doch auch an die Abschrift von
Walther denken, für die Thielmann. Deine gehorsame Tochter Nette.

Auch [b] Karoline [5]) grüß recht sehr, ich vergesse sie noch immer, wenn
ich schreibe, denn ich kann sie mir noch immer nicht zu Hülshoff denken.

Orig. Baronin Elisabeth v. Droste-Hülshoff. Oktavbogen, ziemlich groß
und deutlich geschrieben. Etwa die Hälfte (ohne Anfang und Schluß) gedr.
bei Kreiten 260. Über die Datierung vgl. die Bemerkungen zum Brief an
den Vater 1819.

9. An Ludowine v. Haxthausen. [1819?]

Notiz in Hüffers Nachlaß: „[1819] An Ludowine. Konzept ohne Datum.
Liebe Ludowine, sey nicht böse." Jedenfalls derselbe Brief, über den Hüffer
29 mitteilt: „In welcher Art sie [Annette] sich für Wilhelm [Grimm] bemüht
hatte, erkennt man aus einem undatierten Briefe an ihre Tante Ludowine: sie
entschuldigt sich darin, daß sie nicht soviel schicken könne, als sie wünsche,
legt aber dem Briefe gleichwohl ein Mährchen, einige westfälische Sagen und
eine beträchtliche Zahl von volksmäßigen Räthseln und Sprichwörtern bei, die
letzteren in dem Stil, wie das kleine Gedicht: An Ludowine" [folgt Text des
auch bei Kreiten III, 440 gedruckten Gedichtes].

[a] *Oder* immer. [b] *Nachschrift am oberen Rande der ersten Seite.*

---

[1]) Wilhelmine v. Thielmann. Vgl. zu Brief an Sprickmann 1819 Febr. 8.

[2]) Ein Brief Schlüters an Prof. Braun vom 25. Februar 1855 (Abschrift
Prof. Jostes, Auszug Kreiten I, 217) erwähnt „den, wenn ich nicht irre, ihr
(Annette) nahe verwandten Vice-Dominus Katerkamp", doch ist wohl vor Katerkamp ein Komma zu setzen. Gemeint ist jedenfalls Johann Heinrich v. Droste,
jüngster Bruder ihres Vaters, der dem alten Münsterschen Domkapitel als Vize-
Dominus angehörte und bei der Rekonstruktion des Kapitels (1823) Dompropst
wurde. Vgl. Kappen, Clemens August, Erzbischof von Köln 99.

[3]) Max v. Droste, Bruder ihres Vaters, und seine Frau Bernhardine
geb. Engelen.

[4]) Wohl Lisette Kappelhoff, die „treue Dienerin", die uns noch in A.'s
Brief an Elise Rüdiger 1843 Nov. 18 begegnet.

[5]) Wohl Karoline v. Haxthausen, Schwester der Mutter, geb. 1790.

10. An Ludowine v. Haxthausen. — [Wehrden, 1820 Januar].

Beste Ludowine. Der Mann hat so ne fürchterliche Eil, daß ich
Dir nur ein paar Worte werde schreiben können. Das Lied für Frenzchen habe ich gestern sogleich übersetzt, ich schicke es Dir aber nicht,
weil Dorly[1] Morgen einen Bothen nach Hinnenburg mit Aepfeln schickt,
wo ich alsdann selbst an Frenzchen schreiben, und ihr das Lied schicken will.
Der Bothe kommt dann auch über Bökendorf und so werde ich auch zugleich an die Mutter schreiben, und ihr ein Lied für Lichtmeß schicken,
sie muß es aber nicht gleich in ihr Buch schreiben, denn ich habe für
die drei vorhergehenden Feste in diesem Jahr, als Neujahr, heilige drei
Könige und süßen Namen Jesus auch für jeden Tag ein Lied gemacht,
die ich aber morgen nicht werde schicken können, weil das Abschreiben
zu lange aufhält. Ich bin nun wieder bei mit den Liedern, und hoffe in
Zukunft der Mutter auf jedes Fest eins schicken zu können.

Die Briefe für Dine und Werner werde ich übermorgen schreiben
und morgen, und schicke sie alsdann noch vor Mittwoch nach Bökendorf.
Das Bild von meinem Schatz[2]) ist aber schlecht getroffen, höchstens
gleicht der sanfte Ausdruck des Schmerzens in seinem Blicke in etwas.
Die Decken hat mir in der Schachtel ein recht schönen Ring mit ihren
Haren geschickt, und einen seidenen Arbeitsbeutel von Kemmy, nebst
einem Nehnadelfutteral, wie Mutter sie macht, von Hibernie [a]. Soeben
höre ich, daß Heinrich noch wiederkömmt, ich will also versuchen, wie
weit ich mit meinen Schreibereien komme. Es ist nur schlimm, daß
das Lied auf Lichtmeß noch nicht gemacht ist, und ich mich also in
größter Eil daran geben muß. Das will ich denn auch sogleich thun,
und bis dahin adieu.

a Lesung unsicher.

---

[1]) Franziska und Dorothea v. Haxthausen, Schwestern der Adressatin,
Stiefschwestern der Mutter A.'s, vermählt mit dem Grafen Hermann v. Bocholtz-
Asseburg auf Hinnenburg und dem Freiherrn Philipp v. Wolff-Metternich auf
Wehrden bei Höxter. Die sämtlichen Onkel und Tanten v. Haxthausen sind
Stiefgeschwister der Mutter und zum Teil erheblich jünger als diese; so der
bekannte August v. H. (geb. 1792) zwanzig Jahre jünger und nur fünf Jahre
älter als A. Daraus erklärt es sich, daß A. in ihrer Korrespondenz die Tanten
oft mehr als Kousinen behandelt — der Altersunterschied war eben bei manchen nicht groß. Ein Verzeichnis der Haxthausenschen Geschwister enthalten
die Knittelverse für die Grundsteinlegung des Vorwerks Hellersen bei Abbenburg am 20. Mai 1837, gedruckt im Münster. Anzeiger vom 18. März 1894, in
der Arenschen Ausgabe der Sämtl. Werke IV, 120 und Euphorion VIII, 806.
Die Annahme, dieselben rührten von A. selbst her, vermag ich nicht ohne
Weiteres zu teilen, sie tragen weder den Stempel ihres Stils noch den ihres
Geistes. Es heißt von A. auch nur, sie habe „dies mit ihrer Hand geschrieben";
redend eingeführt wird ihr Onkel Werner v. Haxthausen, dem sie geholfen
haben mag.

[2]) Wohl Straube. Vgl. die Bemerkungen zum Brief an Anna v. Haxthausen 1820.

Abens 9 Uhr. Jetzt habe ich das übersetzte Lied nebst einem Brief an Frenzchen, und das Lied für Mutter gleichfalls nebst einigen fertig, und beides kömmt hiebei.

Was die in der Schachtel enthaltenen Sachen betrifft, so sind sie von der Decken und die drei Schachteln für euch drei Schwestern bestimmt. Mit dem mit der Aufschrift müßt ihr fein zierlich umgehn, es ist ganz von Zucker. Die Brieftasche für Mutter, wie es alles in dem beiliegenden Briefe ohne Couvert von der Decken bestimmt ist. Es steht auch darin von einer Pfeife und Taback für Vater, der Taback kömmt hiebei, er soll ächt persisch sein, aber er ist leider großentheils verschüttet, da er nicht fest zugemacht war. Die Pfeife war von Zucker und ist in 1000 Stücke zerbrochen, es schadet nichts, denn sie war gar nicht hübsch, Du mußt es indessen dem Vater sagen, daß er sieht, daß die Decken an ihn denkt. Den Marzipan, wovon auch im Briefe die Rede ist, habe ich zurückbehalten, damit Mutter ihn nicht so ganz allein an Vater schickt, und der sich dann damit verdirbt, ich werde ihn mitbringen. Du^a wirst aus den Briefen sehen, welchen Schreken die arme Frau gehabt hat. Ich schicke Dir hiebei einen Brief von der Thielemann den ich vorgestern erhalten habe. Was sagst Du dazu? ich meine zu dem was darin steht. Es ist sonderbar, daß es einem immer vorkömmt, als ob zu Hause dumme Streiche gemacht würden, wenn man nicht da ist.

Ich habe Mittwoch zu Höxter im Concert gesungen mit der Fennewitz. Du kannst nicht glauben, wie mir die Sache erschwert wurde. Zuerst bekomme ich den Brief mit der Bitte und den Noten zugleich am Sonntag zuvor. Die Zeit von drei Tagen war kurz genug zum Einstudieren, doch nahm ich es an. Den folgenden Abend spät (Montag) kömmt ein zweiter Bote, man hätte sich versehen, Madame Fennewitz hatte die andere Stimme einstudiert. Ich mußte also wechseln, obschon ich zum Einstudieren dieser anderen Stimme jetzt nur einen Tag mehr hatte; ich nahm es jedoch an und wurde auch ziemlich fertig. Mittwoch gegen Mittag kommen wir zu Höxter an. Madame Fennewitz ist schon da, und wir wollen anfangen zu probiren; da kömmt es heraus, daß die Fennewitz, wie sie das Duett in Münster gelernt hat, einige Stellen geändert hat, weil sie ihr zu schwer waren; danach mußte ich jetzt hintennach meine Stimme auch ändern; und endlich, wie das Concert bald angehen soll, erklärt Herr Beker, der uns begleiten wollte, daß er es nicht könne, und ich also selbst das Clavier dazu spielen müsse. Ich wollte mich durchaus nicht dazu verstehn, weil ich bei meiner kurzen Zeit absichtlich alle Zwischenspiele auf dem Clavier überschlagen hatte. Wie sich dieser Herr Beker aber ans Clavier setzte (in der Probe), machte er seine Sache so schlecht, daß ich mich nur freute, daß ich es übernehmen konnte. Alle diese Fatalitäten zusammen machten mir aber eine solche Angst, daß ich, wie wir auftreten sollten, einen Krampf in der Brust

^{a} Durch *Orig.*

kriegte, und hätte ich nicht überhaubt besser gesungen wie die Fennewitz, so wäre es mir übel gegangen; nun aber ging es gut und wir wurden sehr beklatscht.

Sag mahl, wollt ihr mich gar nicht wieder haben? Von selbst
schicken sie mich nicht zurück. Es ist hier zwar recht gut, aber ich käm
doch gern zurück, und wenn Du mir schreibst ehe ich wiederkomme, so
sag mir doch aufrichtig, was Du von Dine ihrem Betragen gegen mich
denkst.   Deine Nette.

Orig. Meersburg. Auszüglich gedruckt Hüffer 68. 72. Das Jahr des undatierten Briefes kann nur 1820 sein, weil A. den ersten Teil des Geistlichen
Jahres 1820 Okt. 9 ihrer Mutter widmet, der Monat nur Januar, und zwar
dessen zweite Hälfte, denn Lichtmeß (Febr. 2) steht nahe bevor, und das Fest
vom hl. Namen Jesu (2. Sonntag nach Dreikönige, 1820 also Jan. 16) ist vorüber. Der Ausstellungsort ergibt sich aus dem Umstande, daß A. sich bei
„Dorly" befindet, d. h. bei Dorothea v. Wolff-Metternich auf Wehrden bei Höxter.

11. An die Mutter. — [Hülshoff?] 1820 Oct. 9.

An meine liebe Mutter.

Du weißt, liebste Mutter, wie lange die Idee dieses Buchs in meinem Kopfe gelebt hat, bevor ich sie außer mir darzustellen vermochte.
Der betrübte Grund liegt sehr nahe, in dem Unsinne dem ich mich recht
wissentlich hingab, da ich es unternahm, eine der reinsten Seelen die
noch unter uns sind, zu allen Stunden in Freud und Leid vor Gott zu
führen, da ich doch deutlich fühlte, wie ich nur von sehr wenigen Augenblicken ihres frommen Lebens eine Ahnung haben könne, und wohl eben
nur von jenen, wo Sie selbst nachher nicht recht weiß, ob sie zu den
guten oder bösen zu zählen. Es würde somit fast freventlich gewesen
sein, bei so heiligen Dingen mich in vergeblichen Versuchen, ich möchte
sagen, herumzutummeln, wenn nicht der Gedanke, daß die liebe Grosmutter
ja grade in jenen Augenblicken nur allein eines' äußeren Hülfsmittels
etwa bedürfe, indes in ihren reineren Stunden alles hinzu Gethane gewiß
überflüssig oder störend, und wo Sie sich dessen etwa aus Demuth bedient, auch das gelungenste Lied von mir Ihr nicht jene alten rührenden
Verse ersetzen könne, an denen das Andenken ihrer frommen verstorbenen Aeltern und liebsten Verwandten hängt, wenn nicht, sage ich, dieser
Gedanke mich zu den mehrmaligen Versuchen verleitet hätte, die so mis-
lungen sind, als sie gar nicht anders werden konnten. Kein Schwach-
kopf, der plötzlich zum König wird, kann bedrängter sein, als ich im Gefühl der Ohnmacht, wenn ich Heiligthümer offenbaren sollte, die ich nur
dem Namen nach kannte, und deren Kunde mir Gott dereinst geben wolle.
So habe ich geschrieben, immer im Gefühl der äußersten Schwäche, und
oft wie des Unrechts, und erst seitdem ich mich von dem Gedanken, für
die Grosmutter zu schreiben, völlig frei gemacht, habe ich rasch und mit

mannigfachen, aber immer erleichternden Gefühlen gearbeitet, und so Gott
will, zum Segen. Die wenigen zu jener mislungenen Absicht verfertigten
Lieder habe ich ganz verändert, oder wo dieses noch zu wenig war, vernichtet, und mein Werk ist jetzt ein betrübendes aber vollständiges Ganze,
nur schwankend in sich selbst, wie mein Gemüth in seinen wechselnden
Stimmungen. So ist dies Buch in Deiner Hand[1])! Für die Grosmutter
ist und bleibt es völlig unbrauchbar, sowie für alle sehr fromme Menschen,
denn ich habe ihm die Spuren eines vielfach gepreßten und getheilten
Gemüthes mitgeben müssen, und ein kindlich in Einfalt Frommes würde es
nicht einmahl verstehn. Auch möchte ich es auf keine Weise vor solche
reine Augen bringen, denn es giebt viele Flecken, die eigentlich zerissene
Stellen sind, wo eben die mildesten Hände am härtesten hingreifen, und
viele Herzen die keinen Richter haben als Gott, der sie gemacht hat.
Daß mein Buch nicht für ganz schlechte, im Laster verhärtete Menschen
paßt, brauchte ich eigentlich nicht zu sagen; wenn ich auch Eins für dergleichen schreiben könnte, so würde ich es doch unterlassen. Es ist für
die geheime, aber gewiß sehr verbreitete Sekte jener, bei denen die Liebe
größer wie der Glaube, für jene unglücklichen aber thörichten Menschen,
die in einer Stunde mehr fragen, als sieben Weise in sieben Jahren beantworten können. Ach! es ist so leicht eine Thorheit zu rügen! aber
Besserung ist überall so schwer, und hier kann es mir oft scheinen, als
ob ein immer erneuertes Siegen in immer wieder auflebenden Kämpfen
das einzig zu Erringende, und ein starres Hinblicken auf Gott, in Hoffnung der Zeit aller Aufschlüsse, das einzig übrige Rathsame sei, d. h.
ohne eine besondere wunderbare Gnade Gottes, die auch das heißeste Gebet nicht immer herab ruft. Ich darf hoffen, daß meine Lieder vielleicht
manche verborgne kranke Ader treffen werden, denn ich habe keinen Gedanken geschont, auch den geheimsten nicht. Ob sie Dir gefallen, muß
ich dahingestellt sein lassen; ich habe für keinen Einzelnen geschrieben.
Ich denke es indeß, und wünsche es sehnlichst, da sie als das Werk Deines
Kindes Dein natürliches Eigentum sind. Sollte ich jedoch hierin meinen
Zweck verfehlen, so muß mich das alte Sprichwort rechtfertigen: „Ein
Schelm der mehr giebt als er hat".

   ... den 9. Oktober 1820.

   Orig. Prof. Jostes, Widmung der Handschrift des ersten Teils des Geistlichen Jahres. Von dem Titelblatt der eingebundenen Handschrift („Geistliches Jahr in Liedern auf alle Sonn- und Festtage von ...") ist die untere

---

   [1]) In den folgenden Sätzen findet Jostes (Euphorion XIV, 679) einen
deutlichen Anklang an das Vorwort des „Opfers vor Gott", das 1816 Dr. Nadermann, seit 1820 geistlicher Direktor des Münsterschen Gymnasiums, erscheinen
ließ. Auch sonst nimmt Jostes einen Zusammenhang zwischen Nadermann und
dem Geistlichen Jahr an. Notizen über Hermann Ludwig Nadermann (1778—1860)
und seine schriftstellerische Tätigkeit bei E. Raßmann, Nachrichten 228.

Hälfte abgeschnitten. Vor dem Datum ist ein Wort ungeschickt aber gründlich ausradiert, sodaß nur ein paar Spuren vorhanden sind. Natürlich hat an dieser Stelle der Ort gestanden, vermutlich Hülshoff. Seltsamer Weise ist mit Bleistift beigeschrieben „Meersburg", woran 1820 nicht zu denken ist. Vgl. Kreiten Charakterbild 115 Anm. Unvollständig und fehlerhaft Kreiten I zweite Hälfte (Einl. zum Geistlichen Jahr, Erste Aufl. 1884, S. 9). Vollständig zuerst 1887 Hüffer 69—71, dann, diesmal nach dem Original, Kreiten, Charakterbild 115 und 2. Aufl. des Geistl. Jahres (1901) S. 9. Sofort nach dem Bekanntwerden des vollständigen Wortlauts habe ich (Hist.-polit. Blätter Bd. 100 [1887] S. 292 Anm.) angenommen, daß „Kreiten nur eine ungenaue und unvollständige Abschrift vor sich hatte". Diese Annahme hat Kreiten, gegenüber der Kritik Buddes (Preuß. Jahrbücher 69, 340) wiederholt bestätigt: Stimmen aus Maria-Laach 47, 196, sowie im Charakterbild und in der 2. Aufl. des Geistl. Jahres a. a. O. · Kreiten Charakterbild S. 114 Anm. erklärt ausdrücklich: „Wir kannten (beim ersten Abdruck) außer dem von uns Beigebrachten nichts weiteres . . . Prof. Schlüter hatte uns sehr wichtige Sätze nicht mitgeteilt." Irrig bemerkt E. Arens (Lit. Handweiser 1896 Sp. 380 Anm. 45): „Der im Abdruck verunglückte vielberufene Brief A.s an ihre Mutter über das Geistl. Jahr [die vorstehende Widmung vom 9. Okt. 1820] jetzt ergänzt von Jostes, Lit. Rundschau 1894 Sp. 194"; hier ist die Widmung verwechselt mit dem Briefe A.'s an Schlüter (Ostermontag 1846), dessen unvollständiger Abdruck von Happe und dann von Josets ergänzt wurde.

12. An Anna v. Haxthausen [Ende 1820].

Ich habe lange gewankt, ob ich Deinen harten Brief beantworten sollte liebe Anna, denn ich war entschlossen Alles über mich ergehen zu lassen; was soll ich den Andern auch sagen, sie wissen ja eigentlich nichts, und zudem muß ich büßen für Manches, was Du auch nicht weist, und dazu ist ihre Uebereilung recht gut, denn es ist schrecklich sich so stillschweigend von allen Seiten verdammen zu lassen; aber Du kömmst mir zu tief ins Leben, denn Du weist viel mehr wie die Andern, und doch thust Du eben so unwissend hart und ebenso verwunderte Fragen, da Du doch die Antworten weist.

Hör Anna ich will Dir Allerhand sagen, nicht als ob ich nicht Alles tausendmal verdient hätte, sondern weil Du mich frägst und zu viel weist, um jetzt nicht noch mehr zu wissen, und ich traue Dir, daß Du es keinem Deiner Geschwister zeigst. Recht kann ich es Dir auch nicht erklären, das könnte ich St[raube] ganz allein, aber den werde ich wohl nicht wieder sehen. Ach Gott ich ginge gern darum zu Fuß nach Göttingen, wenn es anging. Anna Du weist wie lieb ich St. immer gehabt habe, die Andern wissen es auch, ich habe nie ein Geheimniß daraus gemacht. Schon in Hülshoff habe ich oft gesagt, er wäre mir lieb wie ein Bruder, und im Grunde war er mir lieber, wie meine beiden Brüder, aber ich hielt es ehrlich für Freundschaft. ·Wenn ich mir oft große Reichthümer träumte, was fast alle Tage geschah, so war mein Hauptgedanke, St. immer um mich zu haben, und nun meint er wohl, ich hätte ihn nie

lieb gehabt. O Gott! er hat Recht es zu glauben, ich kann ihm den abscheulichen Gedanken nicht nehmen, das ist mein ärgstes Leiden.

Anna, ich bin ganz herunter, ich habe keine auch nur mäßig gute
Minute. Daß Deine Geschwister mich verlassen, danach frage ich unter
uns gesagt jetzt nichts, obschon es mir sonst gewiß sehr betrübt gewesen
wäre, ich denke immer nur an St. Um Gottes Willen schreib mir doch,
was macht er? Ihr wißt nicht, wie unbarmherzig ihr seid, daß ihr mir
nichts sagt.

Ludowine schreibt an Thereschen, daß er mit August nach Hannover gewesen. Also bei Arns[waldt], das ist nicht gut. Ich spreche
ungern gegen Arns[waldt], denn ich muß ihn jetzt mehr schätzen wie je,
aber je länger ich mich bedenke, je mehr finde ich, daß er es mit St.
innig gut gemeint, aber mit mir von Anfang an desto schlimmer. Ich
hatte Arns[waldt] sehr lieb, auf eine andere Art wie St. Str[au]bens
Liebe verstand ich lange nicht, und dann rührte sie mich unbeschreiblich
und ich hatte ihn wieder so lieb, daß ich ihn hätte aufessen mögen.
Aber wenn Arns[waldt] mich nur berührte, so fuhr ich zusammen. Ich
glaube ich war in Arns[waldt] verliebt, und in Str. wenigstens nicht
recht, aber das Erste ist vergangen, noch eh er abreiste, da er
sich ein Paarmal, wohl um mich zu prüfen, etwas sehr unfein aus-
drückte. Ich sagte es ihm auch noch den letzten Morgen, eh' er abreiste, daß ich ihn zu lieben geglaubt, aber seine Aeußerungen es plötzlich gestört hätten. Ich glaube, ich habe es Dir ja auch damals erzählt.
Hätte das Arns[waldt] nicht an Str. sagen müssen? Aber ich begreife
es wohl, es ist ihm nur ein neues Zeichen meines Leichtsinns gewesen,
und bei St. hat er nicht allerhand, wie er meint verkehrte Zweifel erregen
wollen. Ich aber war durch dies Gefühl und Bekenntniß sehr erleichtert
und wartete nunmehr mit Angst und Sehnsucht [a] auf den September,
denn ich hatte die dunkle Idee St. Alles zu sagen, wenigstens was mich
allein betraf, denn den Gedanken mit dem Briefe über St. Stimmung
hatte ich rein aufgegeben. Ich sagte es auch Arns[waldt], vor dem Weg-
gehen, daß er mir nicht schreiben, und mich doch auch lieber nicht zu
Hülshoff besuchen möchte, wie er zu wollen vorgab. Er bestand auf beides, und ich nahm das Erste auf allen Fall an, wegen des Letzten behielt ich mir einen besonderen Brief bevor.

Ich schreibe das Alles so hin, als ob es mich keinen Schmerz kostete, und doch löst es sich mir aus der Brust, wie Stücke vom Herzen,
aber Du sollst im Klaren sein, wie es für einen Dritten möglich ist.
Arnswald muß mich von Anfang an gehaßt haben, denn er hat mich behandelt wie eine Hülse, die man nur auf alle Art drücken und brechen
darf, um zum Kern zu gelangen. Er hat mir eine unabsichtlich durch-
scheinende Neigung auf alle Weise bewiesen, Du hast es ja oft genug

[a] Schreck *durchstrichen*.

gesehn. Ein wahrscheinlich sehr herbei geführtes Mißverständniß ließ mich glauben, daß Arns[waldt] mir seine Neigung gestanden, und ich stand keinen Augenblick an, auch meine Gesinnungen offen zu gestehen. Das glaubte ich irrig zu dürfen, da ich fest entschlossen war, ihm meine Hand zu verweigern, wenn er sie fordern sollte. Ich entdeckte ihm deshalb mein Verhältniß zu St. Nun entfaltete er das Mißverständniß und ich fühlte mich beschämt aber nicht erniedrigt, da er sich hierbei mit der äußersten Feinheit und Freimüthigkeit benahm, und mich aufs Wärmste seine Freundin nannte. Nun fragte er noch wegen St. Ich konnte ihm nicht Alles sagen und wollte doch [a] nicht lügen, so verwirrte ich mich und er ängstete mich dermaßen durch seine Fragen, daß ich doppelsinnige Antworten gab und sonach [?] endlich das Ganze äußerst verstellt und verändert dastand. Ich habe überhaupt auch oft viel mehr zu ihm gesagt, wie ich sollte, aber dieser stille tiefe Mensch hatte für die Zeit eine unbegreifliche Gewalt über mich und zudem ließ mich sein Betragen glauben, daß er mich im Grunde doch liebte, aber gegen seinen Willen. Mit mir stand es ebenso, und dies verkehrte Verhältniß gab mir eine Verwirrung und Schmerz, die wohl keiner ahndete außer Du. Du wußtest es zum Theil, ich habe indeß noch oft von Str. mit aller Liebe, die ich für ihn fühlte, geredet und mich aufs härteste angeklagt, aber Arns[waldt] ging immer leicht darüber hin, ich sollte mit Gewalt recht schuldig werden, Str. sollte gerettet werden, und ich zu Grunde, o wie muß der mich hassen! Auch noch in seinem Brief sucht er mir den Glauben an Str., das Einzige was ich noch habe zu nehmen, seine Worte sind: „Meinen Freund zu retten war mein erster Gedanke, ich fand dieses leichter als ich dachte, denn er war schon fast gerettet". Nachher hat ihm dies noch zu milde geschienen und er hat corrigirt: „sehr viel leichter"; ist das nicht Grausamkeit! Er hat eine sehr theuere Absicht, und deshalb vergebe ich ihm von Herzen, aber ich hoffe ihn nicht wieder zu sehen — er mag auch wohl Manches überhört haben, in seinem Eifer um die Hauptsache.

Du willst wissen, wie mir ist, liebe Anna. Das kann ich Dir nicht sagen. Ich hoffe und wünsche Dir, daß Du es in Deinem Leben nicht verstehst — aber ich habe es verdient...

Nun habe ich Dir alles gesagt, was Du wissen kannst, daran halte Du Dich, die Anderen kann ich nicht besänftigen, auch ist keins unter Allen, was mich schmerzlich verliert, außer Ludowinen, und die finde ich ganz gewiß noch wieder, aber jetzt ist die Zeit noch nicht, ich muß noch erst viel besser werden, wenn mich Gott leben läßt.

Ich habe vielleicht manches unberührt gelassen, was Dich vor Allem schmerzt. Willst Du darüber ins Reine sein, so schreib mir. Ich möchte vielleicht noch Einiges sagen können, aber ich glaube es kaum, denn ich muß viel gestehn, ich bin sehr gesunken, tiefer wie du denkst, aber nicht

----

a Zwischen doch *und* nicht *ist das Wörtchen* auch *durchstrichen.*

aus Verhärtung. Dafür habe ich nun auch schon drei Monathe und drüber gelitten, wie ich früher keine Idee davon hatte, und das wird auch wohl dauern solange ich lebe. Darum sollt ihr mich auch nicht schimpfen und quälen, sondern vor euch sehn daß ihr nicht fallt.

Ich bin zuweilen etwas wild, wenn ich mal nicht an Str. denke, sondern nur wie ihr jetzt blindlings auf mich loshackt. Aber das kömmt selten, denn ich denke Tag und Nacht an St. Ich habe ihn so lieb, daß ich keinen Namen dafür habe. Er steht mir so mild und traurig vor Augen, daß ich oft die ganze Nacht weine und ihm immer in Gedanken vielerlei erkläre, was ihm jetzt fürchterlich dunkel sein muß. Ach Gott, wenn ich ihm nur schreiben dürfte, dann wüßte ich noch wohl allerhand, was ich ihm allein sagen kann.

Ich arbeite allerlei kleine Sachen und denke sie wären für St. Das erleichtert mich außerordentlich. Liebe Anna, ich möchte so gern einige Tücher für ihn sticken. Wolltest Du sie ihm wohl wie von Dir zu Weihnachten geben? Oder soll ich sie ihm lieber p. Couvert schicken? Aber dann stehen die Postzeichen auf der Addresse. Bitte bitte liebe Anna, schreib mir Deine Meinung. Ich fange indeß gleich an zu sticken, sonst wird es zu spät. Richte es ein wie Du meinst liebe Anna, aber so, daß es geht, denn es ist mein süßer liebster Trost.

Ach könnte ich St. nur noch einmal sehen, oder auch nur eine freundliche vergebende Zeile von seiner Hand. Soll er meine Locke wohl fortgeworfen haben? Anna es ist unmöglich, ein solches Verhältniß kann sich nicht ganz lösen, das habe ich deutlich gefühlt wie ich Arns[waldt] zu lieben glaubte, und ganz deutlich, noch eh' er abreiste. Sieh Anna, ich habe es Arns[waldt] auch zuletzt mehrmals gesagt: ich habe mich getäuscht und Str. jetzt wieder viel lieber wie Sie, aber das hat er Alles Gott weiß wofür genommen und verschwiegen. Warum muß die liebe rechtliche Seele gegen mich allein so hart sein! Verdient habe ich übrigens Alles, das ist gewiß, darum will ich es auch tragen. Es ist mir nur um Str., gegen den habe ich allein Unrecht, und für den habe ich allein wahre tiefe Neigung, es mag Freundschaft oder Liebe sein, ich weiß nicht was es ist.

Um Gottes Willen Anna sei barmherzig und schreib mir Alles was Du von ihm weist. Sollt ich ihm gar nicht schreiben dürfen? Sollt er meinen Brief wohl an Arns[waldt] schicken? Oder es gar frech finden und sich noch mehr kränken? Das wäre schrecklich! Und wenn ihn Arns[waldt] sähe, daß ich das wüßte, so könnte ich doch gar nicht recht offen und innig schreiben, denn ich glaube, daß Arns[waldt] mich zu sehr haßt, um billig zu sein, auch könnte wohl als Manches für keinen Dritten passen. Schreib mir doch gleich wieder. Ich könnte Str. Antwort so gut unter Thereschens Adresse kriegen, wie die Deinigen auch. Leb wohl und antworte mir gleich. Deine Nette.

Orig. zwei Oktavbogen, die letzten anderthalb Seiten frei, im Nachlaß H. Hüffers, welchem Frau H. Schröder geb. Straube in Bensberg, eine Enkelin Heinrich Straubes, den Brief 1903 überließ. Mehrere im Besitz der Frau Schröder befindliche Briefe, die sich auf das Verhältnis zwischen A. und Straube beziehen, abschriftlich in Hüffers Nachlaß. Als Hüffer seine Biographie der Dichterin schrieb, war ihm der Brief A.'s noch nicht bekannt, und bei der Zurückhaltung, mit der er sich über ihre Herzensneigungen ausspricht (Biographie S. 53: „Man empfindet Scheu, in ein Geheimnis einzudringen, über das die Dichterin selbst einen Schleier geworfen hat"), ist es fraglich, ob er den Brief mehr als andeutungsweise benutzt haben würde. Später (D. Lit.-Zeitung 1905 Nr. 4 Sp. 216) hat er sich denn auch auf Andeutungen beschränkt. Nachdem aber, unabhängig von ihm, Ernst Elster in seinem Aufsatz Heine und Straube (Deutsche Rundschau Februarheft 1906 S. 205 ff.) den Brief benutzt und einige Sätze wörtlich mitgeteilt hat, schien es mir unmöglich, auf die Veröffentlichung eines Briefes (mit einigen Auslassungen) zu verzichten, der für eine sie bis ins Innerste erschütternde Episode von größtem Interesse ist. Hier liegt allem Anschein nach ein großer Teil der Erklärung, weshalb für „beinahe fünf Jahre über das Leben der Dichterin nur wenig bekannt geworden, und nicht ein einziges bedeutendes Werk aus ihrem Geiste hervorgegangen ist" (Hüffer 75); von Ende 1820 bis Herbst 1825 besitzen wir von ihr nur einen einzigen Brief (an Frau v. Wolff-Metternich 1821 Sept. 22).

Adressatin ist die Schwester ihrer Mutter, Anna v. Haxthausen, die später August v. Arnswaldt heiratete. Heinrich Straube (vgl. über ihn Elster a. a. O. und Deutsche Rundschau 1901 Band CVII S. 273 ff.) war dmals Student der Rechte in Göttingen, befreundet mit Arnswaldt und A.'s Onkel August v. Haxthausen. Er ist am 31. Dezember 1847 als Oberappellationsrat in Kassel gestorben. Eine eigenartige Charakteristik von ihm gibt ein Brief W. Grimms an Arnim 1817 Okt. 12 (Steig, A. v. Arnim u. Jak. u. Wilh. Grimm S. 396).

Wann ist der Brief geschrieben? A. möchte Straube, der sich in Göttingen befindet, gern ein Geschenk „zu Weihnachten" schicken; sie hat „auf den September" gewartet und mehr als drei Monate schwer gelitten — also muß der Brief gegen Ende des Jahres geschrieben sein. In welchem Jahre? Elster glaubt, „nicht lange vor dem Weihnachtsfest des Jahres 1818 oder 1819", ohne irgendwie durchschlagende Gründe. Ganz sicher nicht schon 1818, denn in einem höchst wahrscheinlich 1819 Sept. 18 geschriebenen Briefe an ihren Vater bemerkt A.: „Straube ist jetzt auch hier [in Bökendorf], er wird aber nicht nach Hülshoff kommen, weil er in Göttingen zu viel zu thun hat ... Der arme Schelm muß sich doch erschrecklich quälen". Daß dies vor der Katastrophe geschrieben ist, zeigt der m. E. für die Datierungsfrage entscheidende Brief A.'s an ihre Tante Ludowine von Haxthausen (höchst wahrscheinlich vom Januar 1820): „Das Bild von meinem Schatz ist schlecht getroffen, höchstens gleicht der sanfte Ausdruck des Schmerzens in seinem Blicke in etwas". Das kann kaum auf einen anderen wie Straube gehen, denn Ludowine stand A. besonders nahe und war über ihre Beziehungen zu Straube unterrichtet, wie sich aus A.'s Brief an Anna v. Haxthausen ergibt, und in letzterem heißt es, anklingend an den eben erwähnten Satz über sein Bild: „Er steht mir so mild und traurig vor Augen." Damit kommen wir auf 1820 als frühestes Jahr. Später aber kann er nicht geschrieben sein, denn ein Trostbrief Annas v. Haxthausen ist an „Herrn Straube in Göttingen" und ein erregter Brief Augusts v. Arnswaldt Hannover 13. Sept. (beide ohne Jahr, Abschriften in Hüffers Nachlaß) an „stud. iur. Straube in Göttingen" gerichtet, 1821 aber hat Straube in Göttingen doktoriert; nach gütiger Mitteilung von Prof. Dr. R. v. Hippel, die mir Prof. Dr. Beyerle vermittelte, wurde er laut den Dekanatsakten am 3. Mai 1821 vom Dekan Meister ad examen admissus und am 9. August privatim honores doctorales a me accepit.

In einem Schreiben an H. Hüffer bemerkt Frau Schröder: „Ich finde noch in einem Briefe Haxthausens, daß Straube am 25. November [Jahr fehlt] an ihn geschrieben hat und bittet, eine arme Seele, die er nie, nie vergessen kann, nicht zu peinigen." Aber der Zwischenfall hat zu einer langjährigen, tiefen Entfremdung zwischen A. und August v. Haxthausen geführt (A. an Frau v. Thielmann 1828 Nov. 2); in späteren Jahren hat sie wieder mit ihm korrespondiert (1840 Aug. 29 usw.). Straube wird von ihr nur ein einzigesmal ganz kurz erwähnt (A. an Schlüter 1839 Aug. 22); über die Heirat ihrer Tante mit Arnswaldt spricht sie sich in dem Schreiben an Sibylla Mertens (1842 Sept. 29.) aus. Noch 15 Jahre nach der Katastrophe (Brief an Schlüter aus Heeßen, wahrscheinlich 1835) reist sie nur widerstrebend nach Hannover und Kassel, wo die Arnswaldt und Straube wohnen; der Satz fehlt im Druck bei Schlüter 45.

Ist meine Ansetzung des Briefes Ende 1820 richtig, so würde er ein Streiflicht werfen auf die Stimmung, in der A. den ersten Teil des Geistlichen Jahres zum Abschluß brachte. Vielleicht darf man dann mit dem Verhältnis zu Straube einige Sätze der vom 9. Oktober 1820 datierten Widmung an ihre Mutter in Beziehung bringen: „Mein Werk ist schwankend in sich selbst, wie mein Gemüth in seinen wechselnden Stimmungen . . . Ich habe ihm die Spuren eines vielfach gepreßten und getheilten Gemüthes mitgeben müssen . . . Es giebt viele Flecken, die eigentlich zerrissene Stellen sind, wo eben die mildesten Hände am härtesten hingreifen, und viele Herzen, die keinen Richter haben, als Gott, der sie gemacht hat."

13. An Frau v. Wolff-Metternich. — Hülshoff 1821 Sept. 22.
Vgl. unten Anhang.

14. An die Mutter. — [Köln 1825 Oct. 18].
Vgl. unten Anhang.

15. An die Mutter. — Köln 1825 Dec. 4.
Vgl. unten Anhang.

16. An ihre Schwester [Köln 1826 Februar.]

Freilich habe ich lange nicht geschrieben, liebe Jenny, und habe es auch durchaus nicht gekonnt, von wegen der Carnevalsvergnügungen, und jetzt habe ich auch in der wenigen Zeit die mir übrig bleibt genug zu thun, da der Onkel [1] mir aufgetragen hat, eine ganze Masse kleiner Brochüren, vielleicht ein 1000 Stück, aus denen zum Theil eine Menge Blätter herausgefallen sind, und auf ihre eigne Hand herumspatzieren, zusammen zu lesen, dann alle nach ihren Fächern zu ordnen, und endlich Alles in kleine Paketchen zu binden, wie sie am Besten zusammen passen. Du glaubst nicht wie mühsam das ist, da fast Alles Latein ist, und manche keinen Titel mehr haben, und die ausgefallenen Blätter fast

---

[1] Werner v. Haxthausen, Bruder ihrer Mutter, kurz vorher verheiratet mit Betty v. Harff, der bald nachher Köln verließ.

alle keine Nummern, so daß man aus dem Inhalte errathen muß, wohin
sie gehören. Die Sache hat Eil, denn sie sollen Alle so noch gebunden
werden, entweder zum Mitnehmen oder zum Verkauf.

Nun zu was Anderem. Der Weihnachten hat mir hier sehr schöne
Sachen gebracht *[Folgt Aufzählung der Weihnachtsgeschenke, Ballkleid usw.]*.
Ueberhaubt habe ich hier schon Viel geschenkt bekommen, und folglich
auch Viel wiedergeben müssen, was mir immer sehr schwer aus dem
Beutel gegangen ist. Du glaubst überhaubt nicht, wie elegant ich hier
sein muß. Die Tante geht in alle Gesellschaften, und da muß ich fast
immer weiße Schuh und seidne Strümpfe tragen. Ich schone, was ich
kann, so daß ich erst ein paar seidne Strümpfe gekauft habe, aber schon
mehrere Paar seidne Schuh und weiße lange Handschuh. Wenn Du dieses
Alles bedenkst, so wird es Dir doch nicht so sehr Viel scheinen, wenn
ich Dir sage, daß ich bereits von dem Gelde, was Mama für Onkel Werner
ausgelegt hat, dreißig Thaler wiederbekommen habe. Aber mein schöner
Ueberrock wird diesen Winter was abkriegen, ich muß ihn alle Tage
brauchen.

Es geht mir hier übrigens sehr gut. Cöln ist im Winter äußerst
angenehm. Ich habe einige Bälle besucht, wo ich aber den Leuten den
Aberglauben, daß ich von wegen meiner subtilen Figur gut tanzen müßte,
gelassen habe, nämlich dadurch, daß ich gar nicht getanzt habe, als
allenfalls einmahl herumgewalzt. Die Bälle sind hier äußerst brillant,
selbst das gewöhnliche Local ist sehr groß, und am Carneval-Montag
wurde auf dem Kaufhause, genannt der Gürzenich, getanzt, wo mehrere
tausend Menschen auf der Redoute waren [1]). Es war wieder ein großer
Aufzug, wie in den vorigen Jahren. Der König Carneval hatte sich eine
Braut aus dem Monde geholt [2]). Ich werde Dir die ganze Sache einmal
mündlich erklären, schriftlich ist es nicht gut möglich. Aber das Ding
muß ungeheures Geld gekostet haben, unter anderm hat sich der junge
Schaafhausen fünf verschiedene Anzüge machen lassen, die alle äußerst

---

[1]) Die Köln. Ztg. 1826 Januar und Anfang Februar enthält eine Menge
von Bekanntmachungen usw., welche A.'s Notizen bestätigen. Berichte über
die Karnevatsfestlichkeiten enthält die Köln. Ztg. nicht, mit dem letzten Karne-
valstage (7. Febr.) schneiden die betr. Notizen ab. Die „polizeiliche Bekanntmachung die Faschingslustbarkeiten betr." (Köln. Ztg. Nr. 17 vom 29. Januar)
bringt u. a. Verordnungen für den Maskenzug am Montag 6. Februar und die
Festordnung für den „großen Maskenball in dem Kaufhause Gürzenich" am
gleichen Tage.

[2]) Die Reise nach dem Mond als Grundmotiv des Kölner Karnevals von
1826 spielt in der Köln. Ztg. eine große Rolle. U. a. findet sich dort eine Einladung der „am 2. Februar nach dem Monde abreisenden Narrendeputation",
„Proclamation des Mondregenten", „Empfangsordnung bei Ankunft der Depu-
tation an der Grenze", „Mond-Fahr-Ordnung", eine Correspondenz „aus dem
Monde im letzten Viertel" usw. Eine Subskriptionsanzeige kündigt an: „Der
Mann aus dem Monde oder: großes kölnisches Maskenfest".

kostbar waren. Drei hat er aber nur zeigen können, die andern beiden
— der Titelnarr und der Ordensnarr — wurden für anzüglich erklärt und
deshalb unterlassen. Es waren auch noch viele kleine Gesellschaften die
herumgiengen, unter anderen der Bannerrath [1]), ein alter ehemaliger Rath
von Cöln, wo sehr witzige Sachen gesagt wurden, und doch ganz ohne
Beleidigung. Ebenso ein musikalisches Kränzchen, was allerliebst mu-
sicirte. Sie sangen und spielten verschiedene sehr muntere Stücke aus
den Wienern in Berlin, dann eine höchst lächerliche Kirchenmusik, und
zuletzt ein Concert auf einem Nachtigallpfeifchen, mit Instrumentalbeglei-
tung, was sich allerliebst ausnahm, was ich aber übrigens auf meine
Schuh schmieren konnte. Das macht aber Nichts, jeder hat was abgekriegt, und dieses war noch höchst gnädig.

Nun will ich Dir auch schreiben, mit wem ich umgehe, liebe Jenny.
Das hängt hier sehr davon ab, wo man wohnt, und da will ich ebenso
gern alle Tage im Winter zu Fuß nach Roxel gehn, als z. B. alle Tage
nach Geyers, mit denen ich übrigens sehr gut bin, ich habe die Mädchen
sehr gern. Jette ist die angenehmste, und nur jetzt oft sehr niedergeschlagen, wegen ihres Verhältnisses mit Leist, worüber sie täglich und
stündlich Verdruß hat [2]).

Den 21sten. Dieser Brief ist schon über acht Tage alt, und
ich habe noch immer nicht zum Weiterschreiben kommen können.
[Folgen Dienstbotenangelegenheiten und Erörterungen über ihre Rückkehr].
Ich muß wieder abbrechen, denn eine gute Bekannte von mir, Frau
Mertens [3]), die nicht weit von hier wohnt, läßt mich eben bitten, zu ihr
zu kommen, sie ist krank. Ich denke diesen Nachmittag weiter zu
schreiben.

---

[1]) Eine Karnevalsgesellschaft. In der Köln. Ztg. begegnen wir wiederholt Bekanntmachungen des „Pancratius Unverzag, pro tempore Bannerhähr",
mit Einladungen zur Sitzung oder zu Zusammenkünften bei einzelnen „Hähren"
bekannter Kölner Familien.

[2]) Eingehende Angaben über die Kölner Familie v. Geyr enthält das
Genealog. Jahrbuch des deutschen Adels für 1847 (Stuttgart). Die von A. genannten Personen sind Kinder des 1832 verstorbenen Freiherrn Cornelius v. G.,
früheren kurkölnischen Geheim-Rats und General-Einnehmers; Walburga („Frau
v. Mylius") war seit 1812 verheiratet mit dem Geheimrat Karl Joseph Freiherr
v. Mylius (Angaben über diese Familie im Geneal. Jahrb. 1848 S. 436); Henriette (Jette), geb. 1791, heiratete erst 1833 den Oberlandesgerichtsrat Friedrich
Ernst Leist; Antonie (Nette) war geboren 1797; Max, geboren 1799, heiratete
1827 die Gräfin v. Byland; Friedrich, geboren 1802, vermählt 1829 mit Josepha
v. Fürstenberg-Herdringen; Maria Agnes, geboren 1804, vermählt 1830 mit
Max v. Geyr. Nicht erwähnt ist der Bruder Frhr. Eberhard Geyr v. Schweppen-
burg auf Müddersheim. Clementine, geboren 1804, war Tochter des Freiherrn
Joseph v. G., Vogtmajor zu Aachen. Das v. G.'sche Haus auf der „breiten
Straße" ist die heutige Steuerdirektion.

[3]) Sibylla Mertens geb. Schaaffhausen, seit 1816 mit Ludwig Mertens
verheiratet. Mehrere Briefe A.'s an sie erhalten.

1 Uhr. Der Onkel und die Tante sind noch nicht zu Haus, so schreibe ich noch Etwas. Meine besten Bekannten hier sind eben diese Frau Mertens, von der ich schon in meinem ersten Briefe geschrieben habe, und die Geyers, nämlich die von der breiten Straße, denn es giebt noch zwei andre Familien des Namens, diese ist aber bei Weitem die vornehmste und auch die eingezogenste und ehrenvollste *[Folgen Bemerkungen über die drei Schwestern v. Geyr, Jette, Nette und Agnes]*. Es sind auch zwei Söhne da, der Jüngste, Fritz, condictus der hübsche Geyer, ist in der That ziemlich hübsch, steht aber nicht in meiner Gnade ... Der Max, condictus der Falk, der ältere[a] ... bis jetzt nur ein einziges Mahl gesehn, wo er mir das Compliment machte ich sänge besser als die Catalani. Sie kommen oft hier, aber ich gehe nicht oft wieder hin, denn der Weg ist sehr weit, und ich muß gehn, während sie fahren. In einer andern Geyersfamilie ist eine sehr hübsche und gescheite Tochter, Clementine, die ich auch zuweilen sehe, und wenn ich Dir nun noch Wally Groote und die Frau von Mylius nenne, so weißt Du alle die ich öftern als bloß in Gesellschaften sehe *[Folgen einige Verlobungsnachrichten]*.

Schlegel[1]) hat einen schönen Ring vom König bekommen, und ist schrecklich eitel damit, ist überhaupt lächerlich eitel, trotz seines vielen Verstandes, und giebt dadurch seinem Feinde, Clemens Droste [2]), viel gute Gelegenheit an die Hand ihn zu ärgern. Neulich ist ein Fleischer mit einer schweren Last Fleisch auf dem Rücken grade auf Schlegel gefallen, sodaß man geglaubt hat, es wäre kein Stück von ihm ganz geblieben. Er hat indessen, wunderbarer Weise, Nichts dabei gelitten, außer dem Verlust seines besten Röckchens, was überher eine andere Farbe bekommen hat. Ich stehe übrigens recht gut mit ihm.

Ich habe vergessen Dir zu sagen, daß dieser Brief so alt geworden ist, weil wir nach Bonn waren, und erst gestern Abend zurückgekommen sind. Es ist traurig, das Onkel Werner und Clemens sich so wenig leiden können, doch ist Onkel Werner bei Weitem am erbittertsten, und darin oft ganz unvernünftig. Ueberhaupt ist Onkel Werner schrecklich unvorsichtig im Reden. So sagte er noch gestern zu einem jungen Studenten in Bonn, Görres[b], den er zum ersten Mahl im Leben sah [3]): „Der

---

[a] *Etwa fünf Zeilen der 3. und entsprechend der 4. Seite sind ausgeschnitten.*   [b] *Die Stelle von Görres bis es thut mir mehr leid, als daß ausgeschnitten, nur die Worte* Dieser Professor *sind noch stehen geblieben. Ergänzt nach einer Abschrift von Frl. Hildegund v. Laßberg.*

---

[1]) August Wilhelm v. Schlegel.   [2]) A.'s Vetter Clemens v. Droste, Sohn ihres Onkels Max, Professor der Rechte in Bonn.

[3]) Gemeint ist Guido Görres (1805—52), der 1824—26 in Bonn studierte. Vgl. J. Meyers, Guido Görres (Echternacher Progymn.-Progr. Luxemburg 1896) S. 18. Nach langen Jahren traf A. mit ihm wieder in Meersburg zusammen. A. an Schücking 1844 Sept. 29.

Kreuser, das verrückte V. . . .", Dieser Professor Kreuser [1] aber ist ganz
wie andre auch, nur gelehrter, und übrigens gar nicht seltsam. Auch
kennt ihn der Onkel äußerst wenig, aber er ist ein Gegner von Schlegel...
Doch dies bleibt unter uns, es thut mir mehr leid, als daß es mich är-
gerte, da der Onkel doch im Grunde sehr gut ist, und sich so viele Feinde
dadurch macht. Ich sehe leider, daß mein Papier zu Ende, denn ich
habe nach Nichts von Allem gefragt, was ich wollte, aber Du schreibst
mir von selbst Alles was Du weißt, nicht wahr, liebe Schwester? Vorzüglich doch ja was die Eltern angeht, und Ferdinand, und wie sie
auskommen. Es ist mir so hart, daß ich so viel Geld brauchen muß,
denke jetzt hat mir die Tante wieder 10 Thaler gegeben, nun sind es schon 40.
Deine Nette. *[An den Rändern noch einige bedeutungslose Nachschriften.*

Orig. Meersburg. Kurz erwähnt Hüffer 88, wo der undatierte Brief richtig in den Februar 1826 gesetzt wird. Das dort angegebene Datum Febr. 21
ist nicht genau: Am 21. wurde der Brief fortgesetzt, als er „schon über acht
Tage alt" war. Die Fastnachtage begannen 1826 ungewöhnlich früh, schon Febr. 5.

17. An Betty v. Haxthausen. — Hülshoff [1826 April] 25.
Vgl. unten Anhang.

18. An Frau v. Thielmann in Coblenz. — Rüschhaus [1828] Nov. 2. 12.
Rüschhaus, den 2. November.

Wie hast Du mich erschreckt, Du liebe böse Frau! Ich könnte
darüber schmollen, wenn ich Dich nicht so lieb, und wenn ich nicht
wirklich Einiges abzubüßen hätte; so viel, wie es scheint, zwar bei
Weitem nicht, denn ich habe wieder seit einiger Zeit sehr an den Augen
gelitten, und die wenigen Augenblicke, wo ich zum Schreiben im Stande
war, habe ich zu ein paar unumgänglich nöthigen Briefen an meine, schon
den ganzen Sommer hindurch abwesende Mutter, und zu ein paar Trostes-
worten an eine sehr, sehr unglückliche Freundin verwenden müssen, und
nun soll ich Dir noch gar danken für ein Geschenk, was Du mich so
theuer hast bezahlen lassen. Ich weiß wahrlich noch nicht, ob ich mich
dazu entschließe, oder ich müßte denn wissen, daß mir mein Dank recht
bald einen schönen, lieben langen Brief einbrächte! Doch ich will mich
einmahl, dem bösen Laufe der Welt zum Trotz, auf Dein rechtschaffenes
Gemüth verlassen und besagter Belohnung mit festem Vertrauen entgegen-
sehn. Und somit danke ich Dir recht herzlich für das zierliche Geschenk
von so lieber Hand, was mir am Ende, bei allem bösen Anscheine, doch
sagte, daß meine Minna lebt und mich noch liebt. Sag mahl, mein
Herzchen, denkst Du denn gar nicht mahl nach Münster zu kommen?
Wir haben bei meinem Aufenthalt in Bonn so wenig von Einander gehabt; Du warst krank, und ich eben bei Andren zu Besuch, die sehr nahe

[1] Peter Kreuser (1795—1870), Professor am Kölner Marzellengymnasium,
Kunstschriftsteller (Der christliche Kirchenbau usw.), verdienstvoller Förderer
des Dombaues, noch heute in Köln als populäres Stadtorginal unvergessen.

Ansprüche auf mich hatten. Du hast ja selbst geselın, wie es sich so machte, oder vielmehr nicht nach meinen Wünschen machen wollte; zudem trat meine Abreise ganz unerwartet ein, und so ist eine der Hauptabsichten der ganzen Reise, die, mit Dir, meine genaueste Freundinn, recht viel zusammen zu sein, fast gänzlich vereitelt worden! Ich habe Dir unser Rüschhaus schon öfters beschrieben. Du weißt, daß der Raum beschränkt, unsre ganze Lebensweise höchst einfach ist. Kennte ich mein Minchen nicht so genau, ich dürfte gar nicht sie einzuladen wagen. Aber nun weiß ich, daß ich es darf, und meine noch wohl gar, Du würdest Geschmack an unsrer Art zu sein finden. Meine Mutter und Schwester sind den ganzen Sommer hindurch abwesend gewesen, zu Bökendorf nämlich, und ich erwarte sie Morgen zurück. Ich dachte in dieser Zeit recht viel zu arbeiten, vor Allem zu schreiben, aber, wie man zu sagen pflegt, Gott und gute Leute haben mir drüber weggeholfen, d. h. Gott hat mir Augenschmerzen geschickt, und recht gute liebe Leute, nämlich die Schwester und Nièce der Abtissin Decken haben mir die Zeit dazu genommen, durch ihren mehrmonathlichen, mir übrigens sehr erfreulichen, Aufenthalt bei mir. Ich muß schon aufhören zu schreiben, meine Augen wollen es für heute nicht länger leiden. Gute Nacht, mein gutes Herz, bis Morgen.

Den 12ten. Ich habe lange pausirt, wie Du siehst, mein bestes Minchen, Du darfst aber die Schuld nur auf meine Augen schieben, und nicht auf mich. Meine Mutter und Jenny sind der Weil zurückgekehrt, und Alles geht wieder auf dem alten Fuß. Jetzt will ich auch wieder arbeiten, sobald ich darf nämlich. Du weißt, daß ich ein Gedicht unter der Feder habe, welches auf dem Sankt Bernhardt spielt, und Deine liebe Julie[1]) war schon in Godesberg so gütig, mir einige Notizen über jene Gegend und das Kloster mitzutheilen. Da ich aber damahls nicht Zeit fand sie niederzuschreiben, und die Unruhe und Zerstreuung der Reise mich nicht Alles so fest hat halten lassen, als es sonst wohl meinem vortrefflichen Gedächtnisse eigen ist, so wird Deine liebe Tochter wohl so gütig sein, mir einige Fragen über die Gegenstände, so wie sie grade unmittelbar in das Gedicht eingreifen, zu beantworten. Der zweite Gesang des Gedichts nämlich spielt im Kloster selbst, und beginnt damit, daß ein Mönch in der Nacht im Thurm in der Kirche steht und läutet. Das Gewand der Mönche ist mir bekannt, sie sind Bernhardiner[2]), und die Tracht ihres Ordens überall gleich. Aber über das Innere der Kirche und Sakristei wären mir einige Bemerkungen sehr lieb, ja sogar unumgänglich nothwendig. Ob sie groß, wie ihre Form, einige besondere Particularetés, z. B. wenn sich irgend auffallende Gemälde darin befinden, oder ein besonderes Heiligenbild usw. Denn da ich nachher diesen Mönch mit seiner

---

[1]) Julie v. Thielmann, die Tochter der Adressatin.

[2]) Schon bei Schlüter 217 die Berichtigung, daß es Augustiner sind. Sie zu Bernhardinern (Zisterziensern) zu machen, ließ A. sich wohl nur durch die Örtlichkeit (St. Bernhard) verleiten.

kleinen Laterne durch die Kirche ins Kloster zurückkehren lasse und die
Beschreibung dieses nächtlichen Ganges einen nicht unbedeutenden Punkt
der Erzählung ausmacht, so kann ich nicht umhin, mich so genau wie
möglich über die Lokalität zu unterrichten. Ich bin nicht so unbescheiden, eine förmliche Beschreibung dieser Gegenstände zu verlangen, nur
einige Andeutungen, damit ich nicht z. B. von den hohen Gewölben der
Kirche rede, wenn die Mönche vielleicht nur eine kleine Betkapelle besitzen, oder von den Bildern, auf welche der Schein der Laterne fällt,
wenn überall nichts als glatte Mauern zu finden sind. Auch wünschte
ich zu wissen, ob der Weg von der Kirche ins Kloster über einen freien
Hofraum oder blos durch Gewölbe oder Gänge führt. Nachher ziehn die
Mönche aus, um einen Verunglückten zu suchen — könnte ich nicht erfahren, wie sie sich bei solchen Gelegenheiten kleiden? Sie führen ohne
Zweifel Alpstöcke bei sich, aber auch sonst eine besondere Art von Fuß-
oder Kopfbedeckung, zum Schutz gegen die Kälte? und Werkzeuge oder
sonstige Hülfsmittel, die für ihren Zweck passen? was z. B. wird wohl
angewandt, um die Verunglückten fortzuschaffen? Tragbahren? oder
wollene Decken? große Leintücher? Auch weiß ich nicht, ob es irgend
ein Mittel giebt, was in solchen Fällen gleich auf der Stelle angewandt
wird, oder ob man die Erfrornen erst in's Hospital bringt, eh etwas geschehn kann. Wenn die Mönche ausziehn, so hätte ich gern eine Idee
von dem Wege, der aus dem Kloster in's Freie führt; vom St. Bernhards-
berge selbst habe ich eine recht genaue Beschreibung, doch weiß ich
nicht, ob die Oberfläche desselben auf malerische Weise von hervorragenden Felszacken unterbrochen wird, oder ob sie eine einförmige,
Wüsten ähnliche, Schneemasse darbietet. Ist das Schneehuhn dort heimisch? Das sind viele Fragen, mein liebes Minchen, und ich fürchte,
mich sehr unbescheiden auszunehmen, aber, wie gesagt, ich wünsche nur
einen oberflächlichen Bescheid, auf manche dieser Fragen ist ein einfaches
ja oder nein hinreichend, und ich muß mich zu dieser Bitte an die liebe
Julie entschließen, oder das ganze Gedicht liegen lassen, da ich alle diese
genannten Gegenstände, nach dem Plan des Gedichts, nicht unberührt
lassen kann. Ich bin zufrieden, wenn Julie mir ganz kurz bemerkt, z. B.
die Kirche ist groß und länglich, der Hochaltar mit gedrehten Säulen und
Verguldung, an einem Nebenaltar ein altes schwärzliches Mariebild mit
dem Kinde et cet. Du siehst wohl, liebes Herz, wie ich es meine, nicht
viel, aber die Hauptpunkte, doch werde ich jede genauere Angabe mit
dem größten Danke annehmen.

Hier in Münster giebts Manches Neue. Engelbert Landsberg soll
mit einer Tochter des Fürsten Hatzfeld [1]) verlobt sein, einer jüngeren

---

[1]) Gräfin Hermine v. Hatzfeld, Tochter des Fürsten Franz Ludwig, heiratete 1829 Jan. 20 den Freiherrn Engelbert v. Landsberg, ihre ältere Schwester
Luise im gleichen Jahre den Freiherrn Ludwig v. Schreckenstein.

Schwester der Braut des Majors Schrekenstein, und ein junger Graf Westphalen [1]), der diesen Winter eine bedeutende Rolle in Münster gespielt hat,
hauptsächlich seines Geldes wegen, da er 60 000 Thlr. Revenuen besitzt,
hat sich durch keine unsrer jungen Schönheiten wollen fesseln lassen,
sondern statt dessen — er ist erst 24 Jahre etwa alt — den Schüler, Zögling
und achtungsvollen Bewunderer der Gräfin Kunigunde Aicholt, der Schwester
der jungen Erbdrostin gemacht. Niemand dachte darüber nach, da Kunigunde bekanntlich schon über dreißig ist, bis, erst vor einigen Tagen,
die Verlobung der Beiden bekannt gemacht wird. Die Verwunderung ist
groß in Münster, und die Niedergeschlagenheit noch größer, denn eben
weil Westphalen sich für Keine der jungen Damen erklärt hatte, außerdem aber höchst freundlich gegen Jedermann war, so hoffte fast Alles,
was jung und schön, oder auch nur das Erstere war, auf ihn. Sonderlich
Mervelts hatten wohl sehr auf ihn gerechnet. Es ist auch wirklich sonderbar, daß ein so angesehnes Haus voll schöner gut erzogener Töchter
immer wieder von Neuem übergangen wird, um so mehr da diese schönen Comtessen im Grunde sehr en vogue sind, wie z. B. früherhin Malchen und jetzt Pauline [2]). Es hat seit mehr als zehn Jahren fast keinen
Freier in Münster gegeben, den nicht eine Zeitlang Eine dieser Schwestern
sehr anzuziehn geschienen. So ist auch Landsberg mehrere Winter lang
sehr mit Paulinen im Gerede gewesen. Aber wenn es zum Nehmen
kömmt, so ist immer noch irgend eine Andre da, die den Preis davon
trägt, und sehr häufig Eine, die in jedem Betracht der Merveld weit
nachsteht.

Meine Mutter hat aus dem Paderbornischen auch manche Neuigkeiten mitgebracht, die Dich aber nicht interessiren, da Du die Leute dort
nicht kennst. Malchen Zuidtwick ist besser. Anfangs, da sie sich etwas
zu erholen begann, waren wir alle voll der besten Hoffnung. Indessen
die Besserung geht so langsam, scheint oft ganz stille zu stehn, die Haupt-
umstände der Krankheit wollen sich nicht heben lassen, kurz wir sind
leider Alle von unsren Erwartungen gewaltig zurückgekommen, und ihre
Krankheit bleibt noch immer eine höchst gefährliche, zuweilen fürchte ich
gar eine hoffnungslose.

Meines Onkels Werner kleines Töchterchen [3]) soll ein wahrer kleiner
Engel sein. Ich kenne es noch nicht, da ich seit sechs Jahren nicht in
Bökendorf gewesen bin, um das Zusammensein mit meinem Onkel August

---

[1]) Reichsgraf Clemens Westphalen, geb. 1805 April 12, vermählte sich
1829 Mai 2 mit Kunigunde Gräfin v. Aicholt. Auguste Gräfin v. A. war mit
Max Grafen Droste zu Vischering verheiratet.

[2]) Amalie und Pauline, geb. 1800 und 1807, Schwestern des Grafen Ferdinand v. Merveldt.

[3]) Maria v. Haxthausen, zu unterscheiden von ihrer gleichnamigen Kou-
sine, Tochter des Onkels Moritz, die A. in dem Brief an Betty v. Haxthausen
1826 April 25 erwähnt.

Haxthausen zu vermeiden, dem ich aus hinlänglichen Gründen nicht eben
gar zu hold bin [1]), und dem es zu sehr an Takt gebricht, um bei einem
gespannten Verhältnisse sich einigermaßen anständig zu benehmen —
ich habe Proben davon! Indessen kann mir all mein Hüten zu Nichts
helfen, denn Jenny hat mir die angenehme Nachricht gegeben, daß der
August einen Theil dieses Winters in Münster zuzubringen gedenkt. Ich
möchte lieber auf der Stelle hundert Thaler bezahlen.

Mein Bruder Werner wohnt jetzt auch in der Stadt, die öftere
Kränklichkeit seiner Frau und Kinder haben den Vorwand dazu hergeben
müssen. Ich glaube, hätte er geradezu gesagt, er langweile sich auf dem
Lande, so wäre er der Wahrheit am nächsten geblieben. Meine
Schwägerin zeigt sich noch fortwährend als ein gutes harmloses Geschöpf
und die Kinder sind gesund und gutmütig, obgleich übrigens weder sehr
hübsch noch sehr lebhaft. Das Erstere hätte man wohl, hinsichtlich der
beiden Eltern, erwarten können. Unser liebes Hülshoff liegt somit jetzt
öde, es sind zwar ein paar Leute dort geblieben, um Garten und Haus
einiger Maaßen in Ordnung zu halten, aber man weiß wohl, wie es mit
unbewohnten Gütern geht. Werner hat so wenig Liebe zu seinem Geburtsorte, daß, als ich ihn jetzt im Herbst erinnerte, doch wenigstens zu
bestellen, daß die zarten Gewächse in der immergrünen Anlage mit Stroh
gegen die Kälte geschützt würden, er antwortete, das sei ganz einerlei,
daran werde doch nicht jedes Jahr gedacht werden, und was in diesem
Winter nicht erfriere, werde es doch im nächsten et cet. Du siehst hieraus, was wir für den Ort unsrer Kindheit zu erwarten haben! ich läugne
nicht, daß es mich zuweilen tief schmerzt. Doch leb' wohl, meine theure,
geliebte Freundinn. Ich bitte Julie nochmahls, nicht böse über meine
vielen Fragen zu werden, und Dich, mein gutes Herz, recht bald zu
antworten.   Deine Nette.

[Am oberen Rande der ersten Seite:] Mama und Jenny grüßen herzlichst.

[Adresse:] Der Frau Generalinn, Freifrau von Thielemann gebornen
von Charpenthier Exellenz zu Coblenz. Durch Düsseldorf. [*Poststempel*
Münster 15. 11.].

Orig. im Jesuitenkollegium zu Exaeten, das mir eine gute photographische
Kopie zur Verfügung stellte, da man Bedenken trug, das sehr mürbe Original
selbst zu schicken. Gedr. Schlüter 215—220 (nur in der 2. Aufl. von 1880),
mit unbedeutenden Abweichungen, zwei kleinen und einer großen Auslassung.
Das Jahr 1828 mit guten Gründen ergänzt Kreiten I, 161; übereinstimmend
Hüffer 113. Für das Jahr 1828 spricht auch, daß die als noch nicht verlobt
erwähnte Gräfin Pauline v. Merveldt bereits am 2. Mai 1829 den Grafen Clemens Korff-Schmising heiratete. Schücking (Gesammelte Schriften von Annette
I, 15, wo bereits ein Teil des Briefes gedruckt ist) setzt ihn mit Fragezeichen 1834;
daran ist aber nicht zu denken, schon weil der Brief klar erkennen läßt, daß A.'s
Schwester Jenny noch nicht verheiratet ist; die Hochzeit war am 18. Okt. 1834.

---

[1]) Über die Gründe des Zerwürfnisses vgl. meine Bemerkungen zu dem
Briefe an Anna v. Haxthausen 1820.

19. An die Schwester [1830].

Ich kann mich unmöglich so schnell entschließen, als von mir verlangt wird. Wenn es nicht so lange Zeit hat, bis ich wieder in Rüschhaus bin, und ein wenig mit Euch überlegt habe, so laßt es lieber ganz
beruhen, denn auf keinen Fall ist mir viel daran gelegen mitzugehn,
aber es könnte mir wohl, bei näherer Ueberlegung, sehr zuwider sein.
Gegen Mannheim habe ich, an und für sich, einen Widerwillen. Die guten
Seiten dieses Aufenthalts reizen mich nicht. Von der schönen Gegend
kann ich im Winter nicht profitiren. Daß die Stadt schön und regelmäßig
gebaut ist, ist mir gleichgültig. Das Theater ist gut, d. h. etwa wie das
Casseler, aber Du weißt selbst, daß ich etwas geizig mit Theatergeld bin,
und bloß wenn ich Etwas ganz Besonderes könnte zu sehn bekommen,
wie z. B. in Mailand, Florenz, Wien Paris et cet., würde ich mein Geld
daran zuweilen wenden, aber für ein Theater wie das Casseler oder
Mannheimer gewiß nicht öfteren wie 2—3 Mahl im ganzen Jahre.
Uebrigens ist Mannheim ein kleines Nest, kleiner wie Münster und Cassel,
und viel weniger Adel darin, und wir haben das Vergnügen die Lotte
Lilien und ihre Schwester Johanna dort en vogue zu finden, und wir werden Uns entschließen müssen, entweder mit ihnen umzugehn, oder sie
Uns zu Feinden zu machen, denn Mannheim ist viel zu klein, und die
gute Gesellschaft viel zu beschränkt, als daß Landsleute sich dort ausweichen könnten.

Kurz, statt Mannheim würde ich weit eher Cöln oder Bonn wählen,
oder ganz einfach eine Zeitlang in Münster sein, wo ich weit wohlfeiler
und bequemer eine größere Stadt und bessere Gesellschaft fände. Von
der köstlichen südlichen Luft dort mag ich nur gar Nichts hören, denn
wenn das Clima auch etwas früher ist, so sind dagegen die Ausdün-
stungen des Rheins sehr schädlich für die Brust, wenigstens bis Coblenz
war die Luft weit schärfer und angreifender wie hier.

Mit München wär es schon ein Anderes. Die Stadt ist soviel größer, die Theater und Alles dergleichen so viel bedeutender, die Auswahl zum
Umgang soviel reichhaltiger (ohne Zweifel) und man wird dort soviel un-
bemerkter und nach seinem eigenen Geschmacke leben können, daß dieses
Alles schon weit eher einer Ortsveränderung werth ist. Zudem ist
dort eine Mahleracademie und Gallerie, was für mich auch ein großer
Reiz sein würde. Aber doch ist noch so Manches dabei zu bedenken,
und so manche Frage zu thun, die ich, leider, jetzt nicht beantwortet
kriegen kann, z. B. wenn Tante Betty und Sophie[1]) sich so sehr gebessert haben, daß man jetzt um sie ganz ohne Sorgen sein kann, so ist
der Aufenthalt bei ihnen mir gewiß lieb und werth; sollten sie aber nur

---

[1]) Betty v. Haxthausen (Frau Werners) geb. v. Harff und ihre Schwägerin
Sophie v. Haxthausen.

noch einigermaßen so sein, wie voriges Jahr, so muß ich, am Ende, die Stärkste von allen sein, und würde mich schrecklich abängstigen, denn ich kann Dir sagen, daß, so sehr ich Sophie das letzte Mahl bat, doch noch zu bleiben, weil ich glaubte, daß es ihr gut sei, so fühlte ich doch recht gut, daß ich es gar nicht aushalten könnte, wenn ich mich, lange Zeit, so ängstigen würde, wie ich es, diese Zeit über, um Sophie, und auch zuweilen um die Tante von Bonn, gethan habe. Wären wir nach Florenz oder Nizza gegangen, so wäre das ganz ein Anderes gewesen, ich hätte dann nicht mit ihnen in einem Hause gewohnt, und hätte dann Mama und Dich und Ludowine als gesunde Personen zu meinem Trost gehabt, statt daß es jetzt Nichts als ein ganzes Lazareth von Kränklichen ist.

Dieses wäre nun der Hauptgrund, den ich gegen jedes einzelne Mitreisen mit den Bökendorfern hätte. Doch hätte ich noch mancherlei zu sagen, worauf ich jetzt keine Antwort kriegen kann, z. B. ob Onkel Werner eine, wenn auch nicht homöopathische, doch einfache Küche halten wird, oder wieder Alles so zusammengesetzt und gewürzhaft wie in Cöln? Wie er es mit den Tisch- und Schlafstunden halten wird, kurz, ob seine ganze Lebensweise die eines Genesenden oder die eines Mannes von Welt sein wird. Im letzten Falle kann ich es nicht mitmachen, und ich fürchte: wenn seine Gesundheit es nur einiger Maßen zuläßt, so schließt er mit der letzten Lebensweise wenn er auch mit der ersten anfängt — das Beispiel thut zuviel. Sollte es, möglicher Weise, zu dieser Reise kommen, so glaube ich, wäre es am Besten für mich, ganz auf eigne Kosten, und blos unter seinem Schutz und Aufsicht zu leben, d. h. nur in zwei Zimmern, oder auch nur Eins im selben Hause mit ihm zu miethen, und mir mein Essen holen zu lassen, dann könnte ich zu gehöriger Zeit, und soviel oder wenig ich möchte, essen und schlafen, und wäre nicht gezwungen, immer seinen Gesellschaften mit beizuwohnen. Kurz, ich wäre doch auch ein bischen independent. Sähe ich nun, daß ich auskäme mit meinem Gelde, so könnte ich mir auch allenfalls ein Mädchen nehmen, denn von einer Portion Essen können immer 2 satt werden, sie schliefe dann mit mir auf einem Zimmer et cet.

Doch das sind wohl zu hochfliegende Pläne. Du siehst aber aus dem Ganzen, daß ich völlig unentschlossen bin, und viel zu wenig von der Lage der Dinge weiß. Ich wollte, es wäre mir nur möglich, nach Rüschhaus zu kommen. Sobald ich kann, komme ich gewiß, wenn es auch vor Sonntag ist. Adieu, liebe Jenny, tausend Grüße an die arme liebe Mama, die ja wieder leider die belle Rose hat, von Deiner Nette.

[Adresse:] An Fräulein Jenny von Droste zu Rüschhaus.

Orig. Baronin Elisabeth v. Droste. Der obere Rand des ersten Blattes abgeschnitten. Der Brief ist flüchtig und schlecht geschrieben, Dutzende von Worten unterstrichen. Auf der Rückseite, auf der auch die Adresse steht, von

anderer Hand: „Betrifft die Reiseprojekte der Haxthausen, welche Nette mitzumachen wenig Lust hat, und auch nicht mitgemacht hat, wohl aber Jenny,
welche bei dieser Gelegenheit Laßberg kennen lernte." Angeknüpft wurde diese
Bekanntschaft in der Schweiz Herbst 1831, als Werner v. Haxthausen mit seiner Familie aus Italien zurückkehrte. Hüffer 103, nach dessen Mitteilungen
aber Jenny v. Droste die italienische Reise der Haxthausenschen Famile nicht
mitgemacht, sondern derselben entgegengereist ist.   Da die Haxthausensche
Reise schon für den Winter 1830 auf 1831 geplant war (vgl. Eingang des
Briefes) und auch tatsächlich erfolgte — einen langen Brief der Tante
Betty aus Rom erwähnt A. in dem Brief an die Mutter 1831 Januar 31 —
muß der Brief 1830 fallen, und zwar vermutlich in den Sommer, denn ein
Brief der Mutter an Werner v. Haxthausen, in dem von dem Reiseplan die
Rede ist, datiert vom 26. Juli 1830 (Kreiten I, 171), und vom Oktober 1830
bis März 1831 war A. in Bonn, von wo aus der vorstehende Brief offenbar
nicht geschrieben ist.

20. An die Mutter. — Bonn [1830] Oct. 14.
Vgl. unten Anhang.

21. An die Mutter. — Bonn 1831 Januar 31 und Plittersdorf [Februar] 7.
Vgl. unten Anhang.

22. An die Mutter. — Plittersdorf [1831] März 11 und Bonn März 20.
Vgl. unten Anhang.

23. An die Schwester. — Bonn [1831 März 20].
Bonn, den 21sten.

Ich habe an Mama und Werner geschrieben, und so sollst Du,
alter lieber Hans, auch nicht so ganz leer ausgehn, wenn mir auch nur
noch Zeit zu ein paar Zeilen bleibt. Manches was eigentlich für Sich gehört
z. B. über Blumen, die ich gern für die Mertens hätte, steht schon in
dem langen Briefe an Mama, den, leider, der Professor Vogelsang [1]) mitnimmt — ich wollte ich hätte ihn noch, so gäbe ich ihn jetzt an Johannes — aber Vogelsang that, als ob er zwei Tage früher als Joh. abreiste, und da Mama eilig auf meine Antwort war, so gab ich sie ihm
mit. Nun erfahre ich, daß er noch hier ist, erst heute mit Johannes abreißt, und nicht wohl weiß, ob er sich nicht einen Tag in Cöln aufhalten wird. Also kömmt Mamas Brief vielleicht später an wie dieser,
das ist ärgerlich. Soviel will ich vorläufig sagen, daß ich glaube, daß es
mit der Mad. Grauert Nichts ist für Asseburgs [2]). Laß Dir auch von

---

[1]) Der Theologe Johann Heinrich Vogelsang (1803—63). Nach den Notizen von Reusch in der Allgem. Deutsch. Biographie war er damals noch Privatdozent in Bonn, erst 1831 Juli 11 erfolgte seine Ernennung zum außerordentlichen Professor. 1833 bis 1843 redigierte er mit Achterfeldt und Braun
die Zeitschrift für Philosophie und kath. Theologie.

[2]) Graf Hermann v. Bocholtz-Asseburg war seit 1810 in zweiter Ehe mit
Franziska v. Haxthausen, A.'s Tante verheiratet.

Werner den Brief zeigen den ich ihm geschrieben habe. In jedem Briefe
steht Etwas, was im Andren nicht steht.

Von den Winterplaisirs hier in Bonn habe ich Nichts mitgekriegt,
in Gesellschaften und auf Bälle wollte ich nicht gehn, aber ich hatte
mich im Theater abonnirt und zu einem allerliebsten Studenten-Concert,
wo, so wie in der Liedertafel, Stücke blos von Männerstimmen aufgeführt wurden, und war Ehrenmitglied eines sehr niedlichen musikalischen
Kränzchens. Da bin ich um das Meiste schändlich drum gekommen, es
kam aber daher, weil ich über sechs Wochen lang bei der armen Mertens war. Darum thut es mir auch gar nicht leid, aber ich will es Dir
nur erzählen, was ich Alles versäumt habe. Im Theater: Die Stumme
von Portici, Cortez, Fra Diavolo, die Räuberbraut, Faust, Jean de Paris [1])
und mehreres andere, wo ich mir weniger daraus mache. Und denke,
Alles umsonst zu hören! weil ich abonnirt hatte! Von 6 Studenten-
Concerten habe ich nur 3 gehabt und von 12 Kränzchen auch nur 3 —
aber ich mache mir Nichts daraus! so schlecht bin ich nicht — ich
wollte nur, Du hättest sie indessen, statt meiner, nehmen können. Auch
ein sehr berühmter Flötenspieler war derweil da, Drouet, und ein sehr
berühmter Sänger Vrugt und eine dito Clavierspielerin Blaheatka [2]). Von
allen diesen hätte ich aber doch wohl Nichts mitbekommen; ich wäre
nicht hingegangen, weil ich an dem Andren schon genug gehabt hätte,
und hierfür hätte bezahlen müssen. Uebrigens habe ich hier schöne
Sachen geschenkt bekommen, habe deshalb auch Manches zurückschenken
müssen, was meinem Geldbeutel nicht besonders gut bekommen ist. Es
geht hier wie in Münster, alle Leute schenken mir was. Vorgestern
hat mir ein geistlicher Herr eine Vase von Amethist geschenkt, ist das
nicht schön? aber es ist kein klarer Amethist und die Vase ist überhaubt
nicht schön von Form, es ist aber doch immer was Merkwürdiges.
Auch Muscheln habe ich, aber keine ganz besondere und manche hübsche
Mineralien, und viel schöne Münzen; und die Mertens hat mir zu Weihnachten einen schönen Kasten mit Einsätzen geschenkt, voll geschliffener
Steine! Du kriegst auch was von mir! ich habe in eine Gemälde-Lotterie
gesetzt — entweder gewinne ich ein Gemälde oder wenn ich eine Niete

---

[1]) Das Bonner Wochenblatt Nr. 89 vom 7. Nov. 1830 enthält Einladung
zum Abonnement auf 12 Vorstellungen der Kölner Theatertruppe. Von den
sechs Vorstellungen, die A. „versäumt" hat, finde ich in den Theateranzeigen
des Wochenblattes (Nr. 8. 15. 21) nur drei: Stumme von Portici (28. Januar
1831), Jean de Paris (22. Febr.), Fra Diavolo (15. März). „Versäumt" hat sie
außerdem Fidelio, Weiße Dame usw.

[2]) Alle drei haben tatsächlich in Bonn konzertiert: Drouet, erster Flötist
der Kgl. Kapelle zu Paris am 3. und 6. Februar 1831, der Tenorsänger de
Vrugt, Kgl. Hof- und Kammersänger aus Amsterdam am 11. März, die Pia-
nistin Leopoldina Blaheatka aus Wien am 14. März (Bonner Wochenblatt
Nr. 10. 11. 20. 21).

ziehe, so bekomme ich, in Steindruck, die Umrisse von allen den Ge-
mälden, die verloost sind, also auf jeden Fall Etwas, und das ist vor
Dir. Ich hoffe auch noch irgend was für Mama zu erwischen, und für
Werner und Line. Du kannst nicht denken, Hans, wie mich oft nach
Euch verlangt, und doch kann ich jetzt nicht fort, bis die Mertens einiger
Maaßen hergestellt ist. Du kannst nicht denken, wie verlassen die arme
Frau in ihrer Krankheit ist. Ich will nichts Uebles von Herrn Mertens
sagen, „ich sage man nix, als en Ochs und en Esel in einer Person, und
en Elephant dazu [1]"! Die Mertens schickt Dir auch Sämereien, es sind
meistens lauter verschiedne Arten von Canna. Kannst Du sie jetzt
nicht brauchen, so kann es doch der Domprobst. Johannes nimmt die
Sämereien mit, Du wirst sie also mit diesem Briefe erhalten, oder sonst
hat er sie an Werner gegeben für Dich.

Sonderlichen Putz habe ich mir hier nicht angelegt, aber einen
neuen Mantel habe ich, mit Pelzfutter, das hat mir diesen Winter gut
gethan. Meinen schwarzen Ueberrock hatte ich anfangs auch noch gut
geschont, aber während den 6 Wochen, das ich bei der Mertens war, hat
er, Tag und Nacht, herhalten müssen, nun ist der beste Trost darab.

Adieu, liebstes Herz, Johannes wird so den Augenblick kommen die
Briefe abzuholen, ich muß also schließen, um so mehr, da heute Sonntag
ist, und ich gleich in die Messe muß. Schreib mir doch bald, wie es
Euch allen geht, ganz genau, und wenn Vogelsang seinen Brief ver-
trödeln sollte, was ich jedoch nicht hoffen will, so benachrichtige mich
doch gleich davon, denn in diesem Brief stand allerlei, was ich Euch
dann gleich wieder schreiben muß, namentlich wegen Blumen und
Sträucher[a], die ich gern, wenns möglich wär, für die Mertens und die
alte Schopenhauer hätte. Adieu, mein alter Hans, 1000 Grüße an Alle,
Onkel Fritz, Engel, Felitz, Bönninghausens, Onkel Max, Johannes, Rosine,
die Landsberg, die Nienberger, Trutchen, Wilmsen, Wenzelo [2]), und wer
Dir sonst einfällt. Asseburgs reisen heute auch ab. Adieu Deine Nette.

Was macht Toni?[b] Wenn ihr nach Rom [3]) schreibt, so grüßt doch
alle herzlich von mir.

[Adresse:] Der Freyinn Jenny von Droste-Hülshoff zu Münster Be-
verfordscher Hof Königsstraße.

    a Undeutlich. Könnte auch Strähne heißen.   *b Nachschrift am oberen
Rand der ersten Seite.*

---

    [1]) Wohlgemerkt handelt es sich hier um ein in Anführungszeichen wie-
dergegebenes Zitat, nicht um eine Charakteristik des Herrn Mertens.
    [2]) Bernhard Wenzelo (1780—1855), Geistlicher, Lehrer im elterlichen
Hause A.'s 1807—11, dann Gymnasiallehrer. Raßmann 366.
    [3]) Nämlich an die Haxthausenschen Verwandten, die sich damals auf
ihrer italienischen Reise befanden. Vgl. die Bemerkungen zu ihrem Brief an
die Schwester 1830.

Orig. Baronin Elisabeth v. Droste-Hülshoff. Oktav-Bogen, die beiden ersten Seiten beschrieben, auf der 4. Seite die Adresse. Etwa ein Viertel, mit zahlreichen Abweichungen, gedruckt bei Kreiten IV, 275. Das hier angenommene Jahr 1830 ist zweifellos irrig, und der Brief sicher am 20. März 1831 geschrieben. Er hängt handgreiflich aufs engste zusammen mit dem Briefe Annettens an ihre Mutter, begonnen Plittersdorf 11. März, beendet Bonn 20. März (Kreiten 281). Dieser Brief aber muß 1831 geschrieben sein, denn in den Anfang dieses Jahres fällt die Krankheit von Sibylla Mertens; vergleiche die Plittersdorf 7. [Februar] datierte Nachschrift zu dem Briefe Annettens an ihre Mutter vom 31. Januar 1831 (Kreiten 276); bei letzterem kann kein Irrtum in der Jahreszahl vorliegen, weil er den Tod Niebuhrs (2. Januar 1831) als kurz vorher erfolgt erwähnt. Im Monatsdatum (21.) hat sich Annette verschrieben, denn sie bemerkt ausdrücklich, es sei Sonntag, und Sonntag war 1831 nicht der 21., sondern der 20. März. Unbedingt sicher gestellt wird das Jahr durch die Erwähnung der drei Gastspiel-Konzerte in Bonn, die sämtlich im Februar und März 1831 nachgewiesen werden konnten. Ein Brief von Adele Schopenhauer, die A. bei der Pflege der kranken Sibylla Mertens ablöste, bei Kreiten I, 182. Ohne Zweifel fällt er ebenfalls in den März 1831, wie sich aus dem Brief A.'s an ihre Mutter (Kreiten IV, 282: „Die Adele ist gekommen, mich abzulösen") ergibt.

24. An die Schwester. — Rüschhaus [1833] Oct. 2.

Rüschhaus d. 2ten October.

Motto: Ach! liebste Freundinn, sweigen Sie mich nur gans
still, von Alles was Sie passirt, das ist jar Nichts
gegen meine Ferluste! Die Erben aus der Groß . . . [1]

Niemals ist es einem Menschen so kläglich gegangen als mir, seit Ihr fort seid. Ich begreife in der That nicht, wie ich noch dabei auf den Beinen bleiben kann. Keine vergnügte Stunde habe ich gehabt außer den ersten 4 Tagen, wo ich schöne Versteinerungen fand. Deshalb wundere Dich nur nicht, daß ich erst jetzt schreibe, aber nun will ich Dir auch alle meine Unglükker der Reihe nach klagen. Nachdem also die guten Steine gefunden worden waren, am 5ten Tage nach eurer Abreise, fand ich des Morgens meine Amme [2] sehr krank. Sie bekam die Grippe

---

[1] Der Rest des sehr undeutlich gekritzelten Zitats war nicht zu entziffern.

[2] Zum ersten Mal (abgesehen von einigen ganz flüchtigen Erwähnungen) tritt hier in den Briefen die wackere Frau auf, die in der Korrespondenz der Dichterin (vereinzelt auch in ihren Dichtungen) uns seitdem noch so oft begegnet als Gegenstand gemütlicher Kleinmalerei, bald drolliger bald tief rührender Bemerkungen. Die „gute Alte" ist, ungeachtet des großen Alters-, Standes- und Bildungsunterschiedes eine der besten Freundinnen Annettens gewesen und hat es redlich verdient, verdient auch die Aufopferung, mit welcher A. sie zu Tode pflegte. Bisher ist m. W. in der ganzen Drosteliteratur nicht einmal ihr Name genannt worden, Kreiten kennt nur ihren Vornamen Katharina. Um so dankbarer bin ich Frl. Hildegund von Laßberg für die folgende liebenswürdige Charakteristik aus der Feder ihrer Mutter Jenny v. L.: „Nette war sehr zart und so schwächlich, daß man für ihr Aufkommen fürchtete und sie nächst Gott wohl nur ihrer sehr kräftigen Amme, welche das Kind mit der auf-

in sehr hohem Grade, und da sie sich ihr auf den Kopf warf, sie deshalb
zuweilen wie besinnunglos war, nicht antwortete wenn man sie fragte,
auch ihr der Hals ganz zuging, so dachte ich einige Tage lang, sie würde
sterben. Das war die erste tour. Ich schlief des Nachts wenig, und
meinte damals schon, ich sei ganz herunter, aber das war nur Aberglauben, ich bin es noch nicht, und habe doch seitdem ganz andere
Suppen ausessen müssen. Indessen hatte ich beständig Anfechtungen von
der Frau v. Schonebeck [1]), die mich Eins übers andre Mahl durch
die Bückersche fragen ließ, wann sie mich zu Hause treffen könne.
Ich ließ mich mit der Kranken entschuldigen, es war aber doch unangenehm.

opferndsten Sorgfalt pflegte, ihre Erhaltung zu danken hatte. Nette hing stets
mit kindlicher Liebe an dieser vortrefflichen und für ihren Stand hochgebil-
deten Frau. Maria Katharina Pettendorf genannt Bücker, die Frau eines armen
Webers zu Altenberge, einem etwa vier Stunden von Münster entlegenen Dorfe,
wurde, als sie Witwe geworden und das Häuschen ihres verheirateten Sohnes
für seine große Familie fast zu enge war, von unserer seligen Mutter nach
Rüschhaus geholt, wo sie von Nette aufs zärtlichste gepflegt wurde. Sie brachte,
wenn Nette allein war, den größten Teil des Tages bei ihr zu, wo sie über die
Vergangenheit, vorzüglich über ihre und ihres Pflegekindes Kindheit oft auf
rührende Art erzählen konnte. Sie war eine von den Frauen, die selbst in
ihrer großen Dürftigkeit noch Ärmeren Wohltaten spenden. So z. B. sammelte
sie, wenn sie uns in früheren Jahren besuchte, die Abschnitzel von alten Kleidern und handgroße seidene Läppchen, von denen sie Kindermützchen machte
für arme Kinder, oder war es schwarzer Stoff, so verzierte sie damit arme
Tote, an die sonst niemand dachte. Sie konnte sehr gut lesen und war sehr
gut in der Religion unterrichtet, obwohl sie nur sehr kurze Zeit die Schule
besucht hatte, aber sie hatte einen so klaren Kopf und richtiges Urteil, daß
Nette sie oft um Rat fragte. Sie erreichte ein hohes Alter und starb zu Rüschhaus 1845 den 16. Februar. Das Bild dieser Frau, welche sich stets durch
einen exemplarischen Lebenswandel ausgezeichnet hat und von uns allen hochgeehrt wurde, ist in meiner Erinnerung innig mit dem meiner Schwester ver-
webt." Es ist interessant, diese Notizen mit der 8. Szene des ersten Aufzuges
des Jugendtrauerspiels Bertha (Kreiten IV, 429) zu vergleichen. Daß A. bei
der hier auftretenden „alten Wärterin" der Titelheldin an ihre eigene Amme
dachte, haben schon andere bemerkt; jetzt zeigt sich, daß sie bis ins einzelne
nach dem lebenden Modell gearbeitet hat: „Die alte Katherine von Altenberge"
besucht ihren Pflegling, die Gräfin Bertha; ihr Sohn ist Weber, als Amme
Berthas hat sie „der Angst und Sorgen viel gehabt" um das „schwache, kaum
atmende Kind" — höchstwahrscheinlich ist noch eine ganze Reihe weiterer
Züge der Wirklichkeit entnommen. Vermutlich ist sie auch die „Kathi", mit
der A. in der „Nadel im Baum" „Tag für Tag das Feld entlang wandelt". Da
A.'s Amme den Beinamen Bücker führt, war sie vielleicht eine Verwandte der
in den Briefen der Dichterin oft genannten „Bückersche", der Botenfrau von
Rüschhaus. Ein „allerliebstes Bildchen" der Amme wird in Meersburg aufbewahrt.

[1]) Ein Herr v. Schonebeck war der frühere Besitzer von Rüschhaus.
Kreiten I, 146.

Indessen kam ein Brief von Galieris [1]), der nach Rüschhaus kommen wollte. Die Amme war grade wieder besser, und so fand ich es
bequemer, die 3 Tage seines Aufenthalts mit ihm in Münster zuzubringen,
da ich Tony und Cris auch noch nicht gesehn hatte. So geschah es
auch. Es waren widerliche Tage. Tony sieht nicht so übel aus, wie
ich es mir vorgestellt, aber doch etwas, sie ist stiller geworden, und sehr
herzlich. Letzteres ist Cris auch im hohen Grade, sonst weiß er auch
nicht allzu gut was sich schickt. Aber das Verhältnis zwischen den Kindern und dem Vater ist elend, von beiden Seiten die gröste Kälte. Ich
mußte, auf Tonys Bitte, immer mitgehn, und so stundenlang dazwischen
sitzen, wenn die, mitunter sehr groben, Spitzen hin und her flogen.
Wär ich nicht dazwischen gewesen, ich glaube es wäre mitunter sehr
gemein geworden. Ging ich dann mit Tony, Engel und Cris zu Hause,
so wurde die übrige Zeit mit Nachkauen des eben Geschehenen und Klagen darüber zugebracht. Zudem mußte ich mich halb todt ärgern über
Galieris, der mit der größten Indelicatesse, in meiner Gegenwart, auf
Böckendorf und Wehrden loszog (un wenn man mich ne Million giv, dann
geh ich nich wieder nach Beukendorp). Der alte Herr ist ein completer
Esel, die langen Ohren kommen immer mehr hervor.

An Nebenergötzlichkeiten fehlte es auch nicht. . . .[a] fiel in diesen
Tagen grade durchs Examen und kam wie ein halbverrückter Mensch zu
mir, und Frau v. Sch. fiel mich auf der Straße an. Ich . . . entsprang endlich bon gré malgré in Katerkamps [2]) Haus. So vergingen diese 3 Tage.
Eben zu Rüschhaus [b] angekommen, machte ich mich gleich wieder auf,
nach Hülshoff, wo die Mamsell, vor 2 Tagen, krank geworden war. Wie
es mir dort ergangen ist, wird Dir Linchen wohl geschrieben haben, obwohl sie es selbst nicht recht wissen kann, denn sie hat sich, wie billig,
gar nicht bei der Kranken sehn lassen, und Werner, in all der Zeit, nur
zweimahl, auf ein paar Minuten. Er hatte eine gewaltige Scheu vor der
Kranken, und es war auch kein Spaß, sie war viel schlimmer wie die
Schürmann, eben so desperat, und dabei übrigens ganz klug, was die
Sache erst recht greulich machte. und sterbenskrank, so daß zuweilen
wir, und der Doctor selbst, ihren Tod stündlich erwarteten. In den ersten
14 Tagen setzte sie die Versuche sich umzubringen nicht anders aus,
als wenn sie vor Ermattung umfiel, und dann eine halbe Stunde mit ge-
brochnen Augen wie sterbend lag, und dann ging das fürchterliche Ge-
heul, die Verwünschungen, das sich in Arm und Finger beißen wieder
an. Dabei kannst Du nicht denken wie sie aussah. Werner, der sie

[a] *Der Name sehr undeutlich geschrieben.*   [b] *Orig.* Rüschhaus.

---

[1]) Der holländische General, dessen Tochter Tony im Elternhause A.'s
erzogen wurde. Cris ist Tonys Bruder.

[2]) Vermutlich das bekannte Mitglied des Gallitzinschen Kreises, der
Kirchenhistoriker Theodor Katerkamp (1764—1834), der im folgenden Jahre als
Domdechant zu Münster starb.

einmahl, bei einem ganz gelinden Anfalle, sah, kann das Bild noch nicht
wieder los werden. Anfangs meinte ich, ich müste verrückt werden,
aber man gewöhnt sich endlich selbst an so Etwas.

In dieser Zeit schickte mir Frau von Schoneb. einen Boten mit
einem Briefe . . .

Nachdem ich 5 Wochen in Hüls[hoff] zugebracht, und die Mamsell
anfing etwas vernünftiger zu werden, wollte Werner daß ich auf einige
Tage nach Münster gehn sollte, um mich zu erholen und aufzuheitern. Ich ging sobald ich angekommen zur Looz [1]), und fand Victorine
Dussaillant am Verscheiden. Daß sie ein Brustfieber gehabt hatte wuste
ich, aber nach den letzten Nachrichten war Alles glücklich überstanden.
Du kannst Dir denken wie mir zu Muthe war. Victorine starb in derselben Nacht. Ich mochte die arme Charlotte nicht im Stiche lassen,
und habe bei ihr ausgehalten, bis Alles, Begräbniß, Exequien et cet. vorüber war . . . Und draußen tanzten die Kinder noch immer um die Lambertskränze, das war erst recht greulich, wenn man so aus dem Todtenhause
kam. Niemals habe ich mich auf eine so erbärmliche Art aufgeheitert!

Jetzt bin ich seit Sonntag hier und werde morgen oder übermorgen
wieder nach Hülshoff ziehn. Notabene in Münster hat mich die Schonebeck Morgens im Bette überfallen . . . Einmahl wollte ich mich etwas
erholen und die Kunstausstellung sehn, das kostete nur 4 gg. und war
sehr hübsch fürs Geld, aber kaum trete ich in die Aula, packen mich
Carawachi und Hindorf, ich muß zur nächstens stattfindenden Verloosung
2 Lose nehmen, wiederum 2 Thaler — bin ich nicht zum Unglück geboren?

Hier taugt es jetzt auch nicht. Ich bin erst den vierten Tag hier,
und habe schon allerlei Calamitäten gehabt. Erstlich Samstag Abends
angekommen, starkes Kopfweh! Sonntag sehr übel geworden in der
Kirche, schlechtes Wetter, alle Birnen ausgepreßt, alle Pflaumen gebacken,
nichts für mich zu schnabelieren. Montag starkes Kopfweh, die Amme
wieder eine Art Grippe, ich den ganzen Tag über im Hause versteckt,
weil die Schonebek in der Wehr ist, zu Nienberge, und schon zweimahl
am Hause vorbei und rund drum her gegangen ist. Sie haben ihr weiß
gemacht, ich sei in Hülshoff. Dienstag Morgen Kopfweh, die Amme krank,
Nachmittags will ich mich erholen und gehe nach Högemans herunter.
Högemans packen mich und wollen mir Geld ableihen, zu ihrer Reise
nach Amerika. Ich echappire glücklich. Zu Hause angekommen, sagt
mir Lisette, daß Fritz Hüger todt und vorgestern begraben ist. Dann
kommt Werner, erzählt mir, daß Mama die belle rose hat und die Spiegel

---

[1]) Die verwitwete Herzogin v. Looz, Charlotte Constanze, war eine Tochter
des französischen Präfekten von Münster, Victorin Graf v. Lasteyrie-Dussaillant.
Ihr Gatte (vermählt 1813 Aug. 18, gest. 1827 Okt. 30) war Herzog Arnold Fürst
v. Rheina-Wolbeck, Bruder des 1822 verstorbenen Herzogs Karl von Looz
und Corswarem. Victorine wird ihre nach dem Vater (Victorin) genannte
Schwester sein.

verlobt ist. Wie er fort ist und ich in meiner Betrübniß und Aerger dazu in die Alle gehe, um mich aufzuheitern, kriegt mich die Huerlendersche, meine Freundin, und ich muß ihr 10 Thaler leihen. Mittwoch (heute) Morgen Kopfweh, Amme krank, Lisette erzählt mir die Details von Hügers Tode. Ich will mich aufheitern und gehe in den Garten. Therese Oelpers, die im Hause nach Mama gefragt und die man schon abgewiesen hatte, kömmt heran (ick sog ehr do jüst gohn, da wull ick ehr doch guden Dag seggen), ach du lieber Himmel! Heraus heraus mein Beutelein, Ein jeder will bezahlet sein! Nein! Niemals will ich mich mehr aufheitern, Niemals! Lieber will ich Dir schreiben, seit ich die Feder angesetzt, ist mir auch noch kein Unheil weiter geschehn. Zu Hülshoff wird auch gewiß die Mamsell packen, Werner sagte gestern: Man darf sich nicht zu viel mit ihr abgeben. Das lautet ominös!

Uebrigens stehen Deine Blumen gut. Die acht Orangen an dem Einen Bäumchen sind schon ganz gelb. Thereschen ist gestern fortgegangen, und Lisbetchen noch nicht wieder hier, weil Felitz zu Eggermühlen ist und wenigstens 14 Tage ausbleibt. Ich dringe auch nicht auf ihr Kommen. Die Köchin ist etwas knapp mit Fleisch und Butter, ich gehe ja wieder nach Hülshoff, und was allenfals zu stopfen ist, kann ja Mathilde vorerst thun, die auch gestern fortgegangen von der Hügemann. Die Blage muß doch jetzt wohl etwas können und hat sonst nichts zu thun. Auch hat Lisbetchen Alles das was sie noch lernen sollte, z. B. frisiren so spät angefangen, daß es recht gut ist, wenn sie noch etwas dran bleibt. Was hat Mama mit Mathilde vor? Sie muß vorerst hier bleiben, bis Mama mir etwas Bestimmtes über sie schreibt.

Johanna Bartels hat ein Töchterchen gehabt, es ist gleich nach der Geburt gestorben, große Trauer für die Groselltern! Aber Johanna ist doch wohl. Die Aebtissin Decken wird noch diesen Monat nach Münster kommen, wie es heist. Bestimmtes weiß ich nicht darüber. So eben schickt mir Werner Deinen Brief an Linchen. Also Sophie kömmt mit, das ist brav, sehr brav, setze ihr doch recht zu, der Tüntelklaas bedenkt sich am Ende sonst doch noch anders, sie hat mich schon mehrere Male so angeführt. Adieu.

[Am oberen Rande der letzten Seite:] 1000 Herzliches an Alle, Onkel Werner, Tante Betty, Sophie, Ludowine, Maria. Du hast mir gar nicht geschrieben, was Malchen von meinem Kunstwerke gesagt!

[Am oberen Rande der dritten Seite:] Herr Wilmsen hätte gern seinen unterthänigsten Respect gebeten.

[Am oberen Rande der zweiten Seite:] Thereschens Lohn und die Jungfer Hugemann habe ich von Deinem Gelde bezahlt, und statt dessen ein paar Zeddel hinein gelegt.

Orig. Meersburg. Oktavbogen, ohne Adresse und Unterschrift, nachlässig geschrieben. Wie schon der Fundort des Briefes (Meersburg) vermuten läßt, ist er an die Schwester der Dichterin gerichtet: Die Adressatin, gegenwärtig

in Bökendorf (wie die Grüße in der ersten Nachschrift beweisen), wohnt sonst
in Rüschhaus, wo sie Blumen und ein Orangenbäumchen hat; von ihrem Gelde
macht Annette Zahlungen. Da von den Bewohnern von Rüschhaus die Mutter
als dritte Person genannt wird, bleibt nur Jenny als Adressatin übrig, wozu
auch der drollig-vertrauliche Ton des Briefes stimmt. Das Jahr, in dem der
Brief geschrieben ist, ergibt sich aus der gelegentlichen Angabe, es sei Mittwoch. Seit 1826 (Tod des Frhrn. v. Droste und Übersiedelung der Witwe nach
Rüschhaus) fällt der Ausstellungstag (2. Okt.) auf einen Mittwoch zunächst 1833,
dann erst wieder 1839. Letzteres Jahr ist ausgeschlossen, denn bereits im
Herbst 1837 (vgl. die Briefe vom 23. und 24. Okt. 1837) berichtet A. ausführlich über den Tod des jungen (Cris) Galieris; auch sein Vater erscheint in dem
Briefe vom 23. Okt. 1837 als verstorben, da von seiner Witwe die Rede ist;
mithin muß der Brief vom 2. Okt., der beide Galieris als lebend nennt, vor
Herbst 1837 fallen, und als Jahr kommt nur noch 1833 in Betracht.

25. An Schlüter. — Rüschhaus 1834 Juli 17.

Rüschhaus, d. 17. July 34.

Hier, lieber Herr Professor, schicke ich Ihnen einige Blätter mit
englischen Producten, das heißt mit den dürren Geisteskindern meines
armen alten Engels [1]), sie sind mit Egs unterzeichnet, und zum Ueber-
flusse von mir beim Anfange mit einem großen Bleistift-Kreuze versehn.
Der Mann ist ein guter alter gelehrter Herr, aber sein Styl gleicht den
sieben mageren Kühen Pharaons. Legen Sie, ich bitte, Diejenigen zurück,
die einen gar zu schlimmen Eindruck machen würden. Alle hören sich
an wie Excerpte und sehen aus als wären sie der neusten Zeitung ent-
lehnt. Sie sind eine schlagende Warnung gegen die Regel Lichtenbergs,
die mühsamen Forschungen vieler Jahre in zwei Zeilen hinzuschreiben,
als ob es Nichts wäre. Denn Engels besitzt in seiner handschriftlichen
Chronikensammlung vortreffliche andern unzugängliche Quellen, hat auch
seit 30 Jahren über Alterthümer viel gedacht, viel untersucht, viel gesehn, und Manches würde dem Manne von Fach vielleicht wichtig sein,
ich meine selbst von Dem was Sie in Händen halten, aber der gewöhnliche Leser geht drüber hin, oder glaubt es in jedem geschichtlichen
Werke nachschlagen zu können. Könnten wir doch dem guten Manne
Etwas einflößen von der Wichtigthuerei anderer Gelehrten, wenn sie ein
Stückchen Mosaikboden oder eine verschimmelte Handschrift aufgestöbert
haben! Es ist leider leider wahr, Klappern gehört zur Kunst, d. h. wenn
sie nach Brode geht. Engels hat z. B. einen Theil seines Lebens in der
Nähe von Xanthen zugebracht, fast allen Ausgrabungen thätig beigewohnt,
und der Aufsatz über die dortigen Alterthümer ist das allzu gedrängte
Resultat fast dreißigjähriger Bemühungen. Was meinen Sie, wenn er
diesen Schatz klug eintheilte, z. B. einmahl schrieb über den Dom zu

---

[1]) Er wurde von A. auch pekuniär unterstützt. An die Schwester
1840 Aug. 22.

Xanthen und seine einzelnen Kunstwerke, ein anderes Mahl, wie die Antiken ausgegraben, nebst Beschreibung der schönsten und wichtigsten,
dann wieder über die römischen Mauern, Legionssteine, den Brunnen, die
via Martis, als geschichtliche Belege — was würde ein Andrer nicht daraus machen! So etwa in ganz oder halb erzählender Form, z. B. Johanna Schopenhauer [1]), die nicht die Hälfte seiner gründlichen Kenntnisse
besitzt. Einmahl war sie auf ein paar Stunden in Calcar, wo eine der
Xanthenschen ähnliche Kirche ist, nur lange nicht so schön und merkwürdig, und hat ein dickes Buch drüber geschrieben, was den Leuten
eingeht wie Zuckerwasser oder ein Roman von Cooper [2]). Eins hoffe
und glaube ich, daß Engels sich bisher nicht angegriffen hat, er fand das
geldernsche Wochenblatt immer unter aller Kritik, sagte, es komme kaum
zum Städtchen hinaus, et cet. Sie sehn, lieber Freund, daß ich grades
Weges auf einen nochmaligen Beweis Ihrer Güte rechne, beschwert es
Sie aber, so senden Sie, ich bitte darum, gefälligst ein paar Zeilen zum
Hause meines Onkels, des Domprobsten am Domhof [3]), worin Sie mir die
Wohnung des Herrn Steinmann [4]) bezeichnen, ich gehe dann in Gottes
Namen selber hin. Uebrigens wird Engels in Zukunft mit dem Stoffe
haushalten, und überhaubt seine Schreibweise mehr dem herrschenden
Geschmacke anschmiegen lernen, ich werde es ihm wenigstens einprägen,
und denke man kann es dem H. Steinmann vorläufig versprechen. Gott
gebe daß die Sache zu Stande könmt; ich mache mir aber wenig Hoffnung dazu. Was Sie vom Honnorar sagten, habe ich nicht recht begriffen, besten Falls 5 Thlr., wie viel muß dafür geleistet werden? nämlich an Quantität. Leben Sie wohl, lieber Herr Professor, heute liegt
mir nichts wie der alte Mann im Kopfe, darum hat auch nichts Anderes
heraus können. Empfehlen Sie mich den lieben Ihrigen herzlich, und
gedenken meiner in Freundlichkeit.   Annette v. Droste-Hülshoff.

[Adresse:] Dem Herrn Professor Schlüter zu Münster.

Orig. Prof. Jostes. Tadelloser Abdruck bei Schlüter, Briefe der Freiin
A. v. Dr.-H. 15, mit Beibehaltung der Orthographie und Interpunktion des
Originals.

26. An Therese Schlüter. — Rüschhaus [1834 Juli?] 18.

Rüschhaus, den 18ten.

Ich habe nicht den Muth, das Beikommende Ihrer verehrten Frau
Mutter Selbst zu adressiren, da ich so saumselig gewesen bin. Reden
Sie ein gutes Wort für mich, liebstes Thereschen, damit sie mich nicht

---

[1]) Die Mutter des Philosophen (1766—1838).

[2]) James Fenimore Cooper, der amerikanische Romanschriftsteller, Verfasser der „Lederstrumpf-Erzählungen" (1789—1851), dessen Werke A. auch
später (an die Schwester 1837 Aug. 15) erwähnt. Die deutsche Übersetzung
(Frankfurt, Sauerländer) erschien seit den zwanziger Jahren.

[3]) Heinrich Johann v. Droste, der jüngste Bruder ihres Vaters. Hüffer 13.

[4]) Jedenfalls Friedrich Arnold Steinmann, geb. zu Cleve 1801, Gerichts-
sekretär und Schriftsteller zu Münster. Vgl. Raßmann, Nachrichten 325 ff.

für einen vollkommenen Flederwisch hält. Ich bin auch sehr in Unruhe,
ob die vielen dummen Mineralien, die ich neulich so unbedachtsam herbei
schleppte, den Augen Ihres Herrn Bruders nicht geschadet haben. Ich könnte
mich selbst prügeln, wenn ich so faselig gewesen bin; was hilft's, daß das
Nachdenken hinterher kommt? Schicken Sie mir durch Ueberbringer
dieses, ich bitte darum, doch Nachricht — denn ich mache mir die bittersten Vorwürfe — nur mündlich. Adieu, liebstes Thereschen, empfehlen
Sie mich Ihrer lieben gütigen Mutter, und seid mir allesammt nicht böse.

Annette Droste-Hülshoff.

Nach dem Druck Schlüter (2. Aufl.) Nachträge 214. Einen Anhaltspunkt
für die genauere Datierung gibt die Notiz im Tagebuch des Geheimrats Cl. Aug.
Schlüter, des Vaters der Adressatin und des Professors Schlüter (Kreiten I, 199),
am 14. Juli 1834 hätten sein Sohn und Therese A. in Rüschhaus besucht, und
der Zusatz des Professors: „zeigte uns Muscheln, Münzen und Alterthümer".
Das „neulich" könnte allerdings auch einen weiter zurückliegenden Zeitpunkt
andeuten.

27. An Sophie v. Haxthausen. — Rüschhaus [1834] Oct. 9.

Rüschhaus d. 9ten October.

Meine Briefe sind jetzt nur lauter Zeddel, liebste Sophie. [Man]ᵃ
kömmt gar nicht zu sich vor Packen, Besuche Machen und Annehmen,
das ist aber vielleicht gut für Uns Alle. Ich hatte in meinem letzten
Briefe ganz den (wahrscheinlichen) Tag der Heurath zu sagen vergessen.
Vor dem achtzehnten wird es nicht sein, weiter ist noch Nichts gewiß.
*[Folgen einige Sätze über die Schwierigkeit für den Frhrn. v. Laßberg, die Hei-
rathspapiere zu bekommen].* Kommt doch, sobald möglich, wir Alle freuen
Uns so darauf, und Werner ist berissener wie Alle. Er war gestern hier
und sagte, er habe auch nach Bökendorf geschrieben, weil Jenny anfangs
mahl gegen ihn geäußert, sie sei noch nicht ganz mit sich darüber im
Reinen, ob die Gegenwart Mehrerer an diesem Tage, und die dadurch
vergrößerte Feierlichkeit gut auf Mamas Stimmung wirken werden. Da
ist er gleich bange gewesen, daß ich in meinem Briefe ein Wort könnte
fallen lassen, was nicht gut und recht wäre, und hat gegenarbeiten
wollen. Ich sagte ihm, „er sei die kluge Else" [1]) — wie ich geschrieben,
seien wir Alle und Jenny ebenfalls längst darüber im Reinen gewesen,
daß für uns insgesammt, und für Mama vor Allem, Nichts besser sein könne,
als die Gegenwart ihrer Nächsten, die doch an sich das Tröstlichste ist,
und zugleich, ohne zu geniren, doch zu kleinen Geschäften und Zerstreu-
ungen nöthigt. Er war ganz verblüfft, und konnte sich durchaus nicht
mehr besinnen was er geschrieben. Zuerst wollte er heute einen Brief

ᵃ *Durch die Siegelung sind ein paar kleine Lücken entstanden.*

---

[1]) Gemeint ist jedenfalls die kluge Else in Grimms Kinder- und Haus-
Märchen.

nachschicken, ich habe ihm aber gesagt, es sei schon gut, ich schreibe
an Dich et cet. Du glaubst [nicht] *a* wie confus das arme gute Blut ist,
so . . . so betrübt, und so berissen. Adieu liebes Herz. Es ist spät.
Morgen gehts in aller Früh zu einer Zus . . . mit Mathilde Twickel.
1000 Herzliches von Uns Allen an alle Lieben. Kommt doch sobald ·
möglich . . . *b*, Du doch auch, wenns irgend geht.   Deine Nette.

[Adresse:] Der Freiinn Sophie von Haxthausen Hochwohlgeboren zu
Hinnenburg.

Orig. Meersburg. Nachlässig beschriebenes Oktavblatt, auf der Rückseite
die Adresse, mit Poststempel Münster 10. 10. Kurz vor der Hochzeit Jennys
mit Frhrn. v. Laßberg (1834 Okt. 18), also 1834, geschrieben.

28. An die Schwester. — Rüschhaus 1834 Nov. 29.

Rüschhaus d. 29. Nov. 34.

Ich möchte Dir so gerne einen schönen langen Brief schreiben,
alter Hans, und komme doch schwerlich dieses Mahl dazu. Ich lege erst
in diesem Moment das beikommende Paket mit Auszügen aus dem
St. Bernhard und Arztes Vermächtniß aus der Hand, und die Finger zittern mir von dem angestrengten Schreiben. Zudem erwarten wir jeden
Augenblick unsern weiblichen Spitzbuben, die Madame Bücker, welche
dieses zur Post bringen soll. O Himmel! ich habe keine Gedanken mehr
im Kopfe, so habe ich mich zu Schanden geschrieben. Laßberg wird
sagen, die Hälfte oder das Drittheil sei genug gewesen, aber ich wollte
meinem unbekannten Gönner in spe, dem Herrn Doctor Schwab [1]), eine
Auswahl lassen. Bitte Deinen guten Laßberg doch, daß er sich der Sache
annimmt, ich bin noch nicht im Reinen mit mir, wegen der alten und
neuen Orthographie, und habe sie hier schändlich durcheinander geworfen,

a Fehlt im Orig.   *b Ein unleserliches kleines Wort.*

---

[1]) Gustav Schwab (1792—1850), der schwäbische Dichter, Freund Laßbergs, dem er 1836 bei der Geburt seiner Zwillingstöchter das anmutige Gedicht
von „Hildegund und Hildegard" schickte. Zwölf Jahre später teilte er Uhland
den Tod der Dichterin in folgenden Zeilen mit: „Lieber Uhland! Vor einigen
Tagen erhielt ich einen Brief von unserem alten Freunde Laßberg mit
schwarzem Siegel: er brachte die Nachricht vom plötzlichen Tode der Dichterin
Anette von Droste-Hülshof, die, seit lange kränklich, in Laßbergs Gartenhaus
am See, an einem nach Innen erfolgten Blutsturz plötzlich gestorben ist. Als
Laßberg und seine Frau, auf den Ruf Eines der Zwillinge, herbeieilten, war sie
schon eine Leiche. Er bittet mich, Dir es kund zu thun; doch werdest Du
in Frankfurt Anderes zu schaffen haben, als seinen planctum in obitum beatae
Nettae zu lesen. Ich wollte Dir den Brief selbst schicken. Er hat sich aber,
sehr schmaler Figur, leider bei mir verschoben. Ihr Tod schmerzt uns . . .
Von ganzem Herzen Dein treuer G. Schwab. Stuttgart, Donnerstag den 15. Jun.
1848." (Orig. im Schiller-Museum zu Marbach. Gütige Mitteilung des Herrn
Leonh. Korth in Stuttgart).

in vielen Worten das h bald ausgelassen bald gebraucht, ebenso mit den großen Anfangsbuchstaben bei manchen zweifelhaften Gelegenheiten. Wäre ich nicht so übereilig gewesen, so hätte ich mich doch zu irgend einer Regel gehalten. Die Interpunction hingegen hätte ich nicht besser machen können, weil ich nichts davon verstehe, z. B. niemals weder: noch; brauche, weil ich ihren Gebrauch nicht kenne. Ich hoffe der gute Laß-berg ist so freundlich und hilft auch hierin etwas nach, oder der Docktor Schwab thut es, denn so gedruckt werden kann es nicht, und wenn sich, wie mir Laßberg Hoffnung machte, ein Verleger für das Ganze finden sollte, muß ich erst noch irgend einen Professor, sive Magisterken, da hinter her kriegen. Wenn ihr in Eppishausen angekommen, erfahre ich wohl welches Schicksal die beikommenden Blätter gehabt.

Mama läßt Dich dringend bitten, doch, zu Hause angekommen, den Ersten jedes Monats zu schreiben *[folgen einige weitere Sätze über regelmäßige Korrespondenz]*. Mama ist vor einer Stunde nach Hülshoff gegangen, zum ersten Mahl, seit Asseburgs fort sind, und ich habe bisher in dem schlechten Wetter keinen Fuß vor die Thür gesetzt, und außer Wilmsen kein aus-häusiges Gesicht gesehen, ich möchte denn den Juden Simon für Etwas rechnen, der grade vom Hofe geht. Meine Alte hat ihre beiden Gips-juden vors Fenster gesetzt, um ihn zu ärgern, es ist aber misglückt, er hat nicht hingesehn. Notabene gestern las Mama der Alten aus Deinem Briefe vor, wie Laßberg sich den Magen mit Wein verdorben. Sie war nachher so kümmerlich, wir wusten nicht warum, endlich kam's heraus: Et meide ehr so, dat de gudde Heer so ersetzlike drunken wierst wör, dat he sick hädde van Drunkenheid brerken most, se wör bange dat Frölen Jenny sick doan ärgert hädde, un et möst doch gewis met en Unglück kuermen sin. Wir hatten genug zu thun ihr die Sache ausein-ander zu setzen. Mama hat es stark zu treiben mit den Blumen *[folgen Mitteilungen über Blumenpflege und Erkundigung nach Jennys alten Zeichnungen]*. Ich muß aufhören mein altes liebes Thierchen, die Bäckersche geht an in der Küche, wie eine Charfreitagsvettel, und sie hat wohl recht, die Tage sind kurz. Adieu, 1000 Herzliches Deinem lieben Laßberg, auch an Sophie, Ludowine, Onkel Werner, Tante Betty, Malchen, Tante Dine, von Deiner Nette.

Orig. Meersburg. Am Rande noch einige unbedeutende Nachschriften. Das Laßbergische Ehepaar muß sich damals noch auf der Hochzeitsreise be-funden haben, denn die Adressatin ist noch nicht „zu Hause angekommen", und zwar in Bökendorf, wie die Grüße an die Haxthausenschen Verwandten zeigen.

29. An Schlüter. — Rüschhaus [1834] Dec. 5.

Rüschhaus d. 5. December.

Wenn Sie mich für höchst unbescheiden halten, lieber Freund, so kann ich Nichts dagegen einwenden, denn ich habe das beikommende

mir mit so gutem Herzen und Zutrauen geliehene Buch [1]), wirklich ganz
übers Maaß lange behalten, es wäre mir um mich selbst leid, wenn ich
sagen müste, ich habe die Zurückgabe versäumt, aber weder als so un-
ordentlich noch als so wenig Ihrer gedenkend darf ich mich anklagen,
sondern blos als egoistisch, grob, unbescheiden, unempfindlich für meiner
Freunde Verlegenheit, und vermessen vertrauend auf ihre Nachsicht, welches Letztere sogar Sünde wider den hl. Geist, und das Ganze, wie mir
scheint, ein hinlängliches Inventarium für eine einzelne Person ist. Doch,
ernstlich, lieber Schlüter, ich hatte es mir einmahl in den Kopf gesetzt,
das Buch nicht nur recht aufmerksam durchzulesen, sondern sogar, zu
meiner eignen Erbauung, Auszüge daraus zu machen. Alle Gewissens-
bisse über den schändlichen Misbrauch Ihrer Güte haben diese Grille
nicht aus dem Felde schlagen können, ich habe ihr nachgegeben, und
mag jetzt nur meine besten Worte zusammensuchen. Gottlob hat Ihre Natur
nicht allzuviel vom Tiger an sich, und die Hoffnung auf Verzeihung ist
nicht aufgegeben. Ich habe die Stunden zum Lesen wirklich stehlen
müssen. Mein Lebensweg ist sonst so ruhig und einfach, aber in den
letzten zwei Monaten ist mir allerlei quer drüber gelaufen, zwei Verlo-
bungen, eine Hochzeit, der Besuch eines Onkels, welcher erst vor einigen
Stunden abreiste, und, was in den letzten Wochen leider vor Allem meine
Zeit beschränkte, die schwere Krankheit meiner guten alten Amme. Jetzt
ist Alles so ziemlich wieder im alten Gange, d. h. so weit es der früheren
Zeit ähnlich werden kann, meine Schwester ist freilich 200 Stunden von
hier, und wann und wo wir Uns auch wieder treffen, das Verhältniß wird
eine ganz andere Form haben. Ich weiß nicht, ob der Gedanke an Etwas unwiderbringlich Vergangenes auf Sie dieselbe Gewalt übt, wie auf
mich, — wahrscheinlich nicht, denn Ihr Charakter ist mild, — aber der
Meinige enthält einen starken Zusatz von Sauerteig. Die Gewohnheit ist
zudem meine Tyranninn, was einmal mein ist, müste sehr schlecht sein,
wenn ich es ganz und für immer missen möchte, ich glaube wahrlich
nicht mahl die Mücken. Was meinen Sie, wenn wir Jahrelang in einem
fremden Lande leben müsten, was von dieser Plage befreit wäre, würde
Uns bei dem ersten Stich einer vaterländischen Mücke nicht das Herz im
Leibe lachen? Oder wenn wir Jahrelang in einem Kerker gesteckt, Uns
jeden Zollbreit Raum, jede an die Wand gekritzelte Zeile dort zu eigen
gemacht hätten, würden wir, nach einer Reihe von Jahren, für einen

---

[1]) An späterer Stelle hat der Schlütersche Druck die Erläuterung „Cunningham“. Die Kaisersche Übersetzung von Allan Cunninghams Biographien
und kritische Geschichte der englischen Literatur erschien 1834 (Schlüter 204).
Nach Kreiten I, 155 Anm. benutzte A. diese Übersetzung. Über die Bekanntschaft A.'s mit Cunningham und anderen englischen Erscheinungen vgl. Bertha
Badt, A. v. Droste-Hülshoff und ihre Beziehungen zur englischen Literatur,
Breslauer Doktor-Diss. 1908.

kurzen Aufenthalt darin *nicht gern ein größeres Trinkgeld zahlen, als das beste Opernbillet kostet?* Doch *vielleicht, ja wahrscheinlich,* weichen hierin ihre Gefühle von den meinigen ab, und Sie *lachen mich aus* — gut, lachen Sie nur, so habe ich etwas zu vergeben, und wir sind quitt.

Was nun das oft angeführte Buch selbst betrifft, so hat es mich sehr interessirt, weil ich sehr selten Gelegenheit habe kritische Schriften zu lesen, somit eine Menge Bemerkungen darin standen, die mir von Nutzen sein konnten. Uebrigens glaube ich kaum, daß es einen sehr bedeutenden Platz unter den Schriften seiner Art einnehmen wird, es ist zu lang und zu kurz zugleich, zu lang, um mit ein paar kühnen genialen Strichen den ganzen Mann im Umriß vor Augen zu bringen, führt statt dessen eine Menge einzelner Eigenschaften an, die sich mitunter widersprechen, und das Bild undeutlich machen, wie eine halbschattirte Zeichnung, während sie bei weitem nicht hinreichen, es zu einem deutlichen Miniaturbilde zu machen; es hat etwas von einem Passe an sich, wo eine gewisse Quantität Eigenschaften angegeben sind, und nun blos daneben geschrieben wird, auf einem „mittelmäßig", dem zweiten „mehr", dem dritten „in bedeutendem Grade" et cet. Es ist mir mitunter schwer, ja unmöglich gewesen, sein eigentliches allgemeines Urtheil zu erkennen; hat er Jemanden noch so sehr gelobt, so kommen fast immer hinterher die jämmerlichsten Eigenschaften, z. B. häufig matt, mitunter affectirt, Menschen geschildert, wie sie gar nicht existiren et cet., und dieses von Dichtern, denen er so eben ihrer Kraft, Natur und Menschenkenntniß wegen eine bedeutende Stelle angewiesen, und eben so umgekehrt. Von Solchen die er erst eben zu den verdrehtesten talentlosesten Lumpen gemacht, heißt es häufig am Schlusse „doch mitunter große Kraft, antiker Styl, ergreifende Tiefe und Wahrheit", so daß sie in Bausch und Bogen alle über einen Leisten geschlagen scheinen. Um Ihnen nun zu zeigen, daß ich von seinem Style profitirt, füge ich hinzu: bei Allen dem enthält das Buch sehr viel Scharfsinniges, manches Witzige, sehr viel Gründliches und kann nur von einem ausgezeichneten Geiste ausgegangen sein — Sie sehen, ich lese nicht ohne Nutzen. Adieu, 1000 Schönes an ihre liebe Mutter und Thereschen. Gegen Ende der nächsten Woche komme ich auf einige Tage nach Münster.   Annette Droste.

Wenn Sie Jungmann [1]) schreiben, grüßen Sie ihn herzlich von mir, ich denke oft an ihn, und bin sehr begierig, welchen Weg sein schönes Talent ferner nehmen wird. Adieu, mein sehr lieber Freund, wenn ich nach Münster komme, kann ich Sie doch, wie bisher, besuchen? Es wäre mir,

---

[1]) Der in A.'s Briefen so häufig begegnende jüngere Freund Wilhelm Junkmann, geb. 1811, der später Schlüters Schwester Therese heiratete, gest. als Professor der Geschichte zu Breslau 1886 Nov. 3. Vgl. Hüffer 152 und Berichtigung 357.

für die ganze tour, ein Strich durch die Rechnung, wenn Sie verhindert wären.

Orig. Prof. Jostes. Gedr. Schlüter 18. Das im Druck mit ? beigefügte Jahr 1834 ist zweifellos richtig. Der Brief erwähnt „eine Hochzeit" und die „200 Stunden von hier" lebende Schwester; gemeint ist natürlich die Heirat ihrer Schwester Jenny mit Freiherrn v. Laßberg 1834 Okt. 18. Der Brief ist Antwort auf Schreiben Schlüters an A. 1834 Nov. 13 (Orig. Prof. Jostes; ein Stückchen daraus, das geistliche Jahr betr., gedr. Kreiten I, 211), welches die „harte Trennung" von ihrer Schwester erwähnt. Schl. schickt ihr „ein aus dem Englischen übersetztes nicht uninteressantes Werkchen", Anmerkung dazu: „Englische Literaturgeschichte", worauf A.'s Antwort Bezug nimmt.

30. An Schlüter. — Rüschhaus 1835 Jan. 2.

Rüschhaus d. 2ten Januar 35.

Tausend Dank, lieber Freund, für die Mittheilung dieses Werks [1]; ich fühle, daß Sie es indessen sehr mögen entbehrt haben; es hat mir viel nützliches Kopfbrechen verursacht, so viel, daß ich mal sehr geneigt war, während des allmählichen Durchlesens über jeden Abschnitt meine Gedanken niederzuschreiben und Ihnen zu senden; denn es führt weit, weit ins Gedankenreich, und am Ende zu manchem Einwurf und mancher Frage, die aus dem Bereiche des Buches tritt und uns somit ohne Antwort läst, außer der, die wir selbst zu finden vermögen. Aber dann hätte ich mich todt schreiben müssen, und Sie todt lesen — nein, doch mit Ihnen, lieber Schlüter. das Buch gemeinschaftlich vornehmen und bei jedem reichhaltigen Punkte den Stoff in einem Gespräche verarbeiten, das ist, was ich gemocht hätte, und was mir fehlte; doch auch so bin ich gern zufrieden und Ihnen sehr dankbar. Auch den Verfasser gewinnt man lieb, was mir nicht so ganz Nebensache bei einer Schrift ist; man muß ihn liebgewinnen um seiner religiösen Gefühlsreinheit willen und des milden Zwecks, dem jetzt herrschenden Uebel der denkenden Klasse, den Extremen der Ueberspannung und Erschlaffung mit ihren Begleitern oder Folgen, der Zerrissenheit und zunehmenden Gemeinheit, die sich nur zu sehr bewähren, vorzubeugen, oder wo dieses zu spät ist, als Arzt einzuschreiten. Ersteres möchte ihm eher gelingen als das Letzte; denn wer sich einmal ins Uebel hineingedacht hat, denkt sich nicht so leicht wieder hinaus, um so mehr, wenn eine geraume Zeit die Tendenz schon ins Gemüth oder gar den nervenschwach oder schwerblütig gewordenen Körper übertragen hat, was zumeist dann der Fall ist. Wer Jahrelang aus Grundsatz phlegmatisch war, versinkt am Ende im Fette und bekommt ein Blut wie Schlamm, ebenso im entgegengesetzten Falle; man sieht das alle Tage.

---

[1] Zur Vermittelung (nicht „zur Ausgleichung") der Extreme in den Meinungen, von Fr. Ancillon. 2 Teile. Berlin 1828 u. 1831. Vgl. Schlüter 204.

Ich wünschte Ihnen auch wohl etwas Gutes leihen zu können; aber
vorerst besitze ich wenig der Art, und dann, dünkt mich, haben Sie immer
mehr zu lesen, als freie Zeit; doch werde ich das nächste Mal Allerlei
mitbringen, Taschenbücher, Gedichte, Erzählungen von Washington Irving,
kurz was mich irgend im Ganzen oder theilweise zu lesen gefreut hat.
Können Sie es nicht gebrauchen, auch gut! auch den Walther werde ich
mitbringen; erschrecken Sie nicht! es sind nur einzelne Stellen, etwa in
jedem Gesange drei oder vier Strophen, die ich Sie nochmahls anzuhören
bitten möchte. Es kömmt mir fremd an, zu sagen, daß eine meiner Arbeiten von einem meiner Freunde zu scharf beurtheilt ist; denn Freundes
Urtheil ist sonst nur allzu milde und hat manches gute Talent verdorben.
Doch wir waren damals noch nicht bekannt mit einander, und ich wünschte,
Sie könnten sich, sobald ich das Heft zur Hand nehme, denken, es sei
von einem Andern. Das Gedicht ist im Ganzen sehr mißglückt und
matt, im Einzelnen aber nicht immer.

Ich arbeite jetzt Nichts, gar Nichts, so gern ich dran möchte; die
Tage sind zu kurz und die wenigen Stunden zu besetzt; wenn ich des
Morgens mich gekleidet, gefrühstückt und die Messe gehört habe, bleibt
mir bis Mittag kaum Zeit genug zum Unterricht meiner kleinen Cousine [1]);
da wird Geschichte, Französisch und viel Musik getrieben, bis wir Beide
ganz verduselt zu Tische gehn. Nachmittags erst ein wenig spatziert,
dann eine Stunde Clavier, eine Stunde Gesang nämlich, wieder Unterricht
und dann ist's Abend, wo ich mein Zimmer verlasse und bei meiner
Mutter bleibe. Das wäre nun wohl ein gutes löbliches Tagwerk, wenn ich
es aus gutem Herzen vollbrächte, dem ist aber leider nicht so. Jede Arbeit,
die ich nicht nach eigener Lust und zu eigner Ausbildung unternehme,
wird mit eben so vieler Freundlichkeit und Anmuth verrichtet wie ein
Ackerpferd den Pflug zieht. Wenn's anders wäre, wär's besser, aber es
wird nicht anders, wenn ich mich auch bei beiden Ohren nehme. Zudem
sehe ich keinen Nutzen bei all der Plage; meine Elevin ist ein gutartiges,
fleißiges und auch nicht talentloses Kind und plagt sich ab wie ein Hünd-
chen im Schiebkarren, ganz ohne Lust und Liebe zum Dinge, nur aus
Gehorsam, weil die Eltern gesagt haben; „Du must was lernen"; aber
es war ihnen nicht bedacht, nur eine gebräuchliche Redeformel. Ich
weiß, daß diese Eltern nicht gern sehen würden, wenn sie dergleichen
Beschäftigungen späterhin fortsetzte; sie haben wenig Sinn dafür und eine
große Haushaltung, die den Töchtern alle Hände voll giebt. Ich habe

---

[1]) Die auch im Brief an Schlüter 1835 März 27 erwähnte Stapel, ein
Kind der auf Stapel bei Havixbeck wohnenden Drosteschen Seitenlinie. Nach
freundlicher Mitteilung des Freiherrn Clemens v. Droste auf Stapel hatte sein
Großonkel (Ernst), Bruder seines Großvaters Clemens August v. Droste (des
Vaters der Dichterin) „eine Erbtochter Kerckerink-Stapel geheiratet. Eine
Tochter dieser Ehe war oft längerer Zeit bei meiner Großmutter in Rüschhaus".

nichts gegen diese Ansicht unter diesen Umständen, nur gereut mich
meine Zeit und die fruchtlose Plage des armen Kindes.

Hören Sie, Schlüter, ihr Onkel [1] wird wirklich nächster Tages nach
Rüschhaus kommen mit einer uns befreundeten Familie Hüger, das ist
mir sehr lieb, der Mann hat mich sehr interessirt und wird es, wie ich
glaube, meine Mutter nicht minder; ich hoffe, es gefällt ihm bei uns und er
kommt öfter; das wäre mir eine liebe Aussicht für den langen Winter, ich
hörte dann auch jedesmahl von Ihnen allen. Auch mit seinem Wunsche,
den Sommer über Rüschhaus mitunter zu bewohnen, ist's ernster gemeint, als Sie glaubten; doch sagen Sie ihm, bitte, nichts darüber, mich
dünkt, er liebt es nicht, wenn man seinen Entschlüssen vorgreift. Ich
habe mir den Gedanken zu einer förmlichen Caprice gemacht, denn alsdann Nro 1 bewohnt Jemand unsere Zimmer, dem ich wohlwill, und das
muß sein, sonst mag ich nachher nicht wieder hinein. Nro 2 wird der
gute Onkel, dem ich Muth zutraue, die Diebe in Respect halten, N. 3
nicht zugeben, daß man die Blumen verkommen läßt, Nro 4 sich zuweilen
an meinen Sammlungen ergötzen; mir sehr lieb, denn ich kann die ver-
grabenen Schätze nicht leiden, und Nro 5 eine mir sehr werthe Mutter
mit ihren gleich lieben Kindern wird ihre Spaziergänge nach Rüschhaus
richten, und wenn sie auf meinem Kanapee sitzen und meine Siebensachen zur Hand haben, werden Alle mit einander an mich denken. Das
ist keine Floskel, mein lieber Freund, ich weiß aus Erfahrung, wie freundlich, ja innig dieses die Erinnerung an Entfernte ruft, und bin zu egoistisch,
oder vielmehr habe Sie alle zu gern, als daß mir der Gedanke nicht sehr
werth sein sollte.

Zur Reise in die Schweiz kann ich mich nicht so recht oder vielmehr gar nicht freuen; man hört und liest viel Herrliches davon, aber
ich mag fremde Länder nur durchreisend sehen. Ein Sperling in der
Hand ist besser wie eine Taube auf dem Dache. Wär' Jenny nicht dort
und gieng Mama nicht mit, dieses gelobte Land möchte meinetwegen bei
seinem Namensbruder in Asien wohnen. Ich muß so Vieles zurücklassen,
so viel Verwandte, so manche Befreundete, alle meine Gewohnheiten und
Beschäftigungen, die leider zu abweichend von der Regel sind, als daß
ich sie auswärts zu produciren wagte. Ach ich habe mich in den letzten
vier Jahren, seit ich krank war, sehr verwöhnt, wenigstens in allerlei
Wunderlichkeiten zugelassen, z. B. nur Eins zu erwähnen, frühstücke ich
erst um halb Elf, kalte Milch mit kaltem Wasser vermischt, oder mit
etwas kaltem Kaffe, esse zu Mittag Nichts wie Kartoffeln in der Schale
mit etwas allemahl kaltem Fleisch, welche Thorheit! und doch hat sich
meine Natur so dran gewöhnt, daß warme Speisen mich schon nach
einigen Tagen krank machen, deshalb bin ich immer unwohl in Münster;

---

[1] Eingehende Mitteilungen über Hofrat Dr. med. Fritz Gräver zu Münster
bei Schlüter 204 ff.

Cardauns, Briefe von A. von Droste-Hülshoff. 5

dies ist Eine Grille und deren habe ich viele; Sie kennen mich noch nicht.
Doch das sind Kindereien. Habe ich mich an Narrheiten gewöhnen
können, kann ich es auch an eine vernünftige Lebensweise; aber mein
gutes altes Hülshoff mit dem guten Volke drin, und Münster mit der
Looz [1]), Schlüters, Felitz Böselager [2]), den drei Hämmchen [3])! wenn ich
das Alles mit aufpacken könnte, dann wär's gut; in so vielen Wagen,
als dazu gehörten, fänden dann auch die compendiösesten meiner Sammlungen z. B. meine Münzen, geschnittenen Steine, Muscheln noch wohl
Raum, nicht wahr? Ich bin bald reif zu einer südlichen Expedition
ins Schlaraffenland, eben so erfolgreich, wie die berühmte nördliche.

Es ist gut, daß das Papier zu Ende geht, die letzte Seite enthält
nichts als Humbug, wie der Engländer sagt; meine Feder macht's wie
ich, sie thut, was ihr eben einfällt, und geht, wohin es ihr beliebt. Leben
Sie wohl, lieber Freund, grüßen Sie, bitte, vorerst und· vor Allen Ihre
liebe Mutter und mein Thereselchen, dann Ihren Herrn Vater und den
guten Onkel, der sich schleunigst aufmachen soll nach Rüschhaus, dann
Jungmann und Stieve, wenn Sie ihnen schreiben; dann Bertha v. Hartmann und Frau Theising, sobald sie damit zusammen kommen, und nun
ein fröhliches Neujahr mit immer gleich herzlichen Gesinnungen für Ihre
Freundinn Annette Droste-Hülshoff. *[Am oberen Rande der ersten Seite:]*
Sie müssen mir aber antworten, meinen Sie, ich wollte immer allein
schreiben?

Orig. Prof. Jostes. Gedr. Schlüter 22.

31. An Sibylla Mertens. — Rüschhaus [1835 Febr.] 19.

Rüschhaus, den 19ten

Ich bin krank, Billchen, deshalb soll ich gar nicht schreiben, nicht
lesen — nun das Verbot ist überflüssig, die Buchstaben schwimmen und
rennen durch einander wie Wasserthierchen. Ich will versuchen, wie
weit ich komme. Das Wechselfieber ists, was mich so mitnimmt, nur,
leider, wechselt es nicht, alle Tage die Gott giebt, von Abends Neun, bis
Nachmittags drei. In den wenigen freien Stunden, eben jetzt z. B., bin
ich wie Einer, der am Katzenjammer leidet, halb krank, halb zerschlagen,
halb besoffen, und zu Allem unfähig. So geht es schon seit 5 Wochen,
deshalb wundere Dich nicht über die späte Beantwortung Deines letzten
Briefes. Von früherhin ließ sich allerdings Manches sagen, und müste
sogar gesagt werden, aber für diesesmahl wirds nicht gehn, mein Kopf
läuft mit mir um. Nur so viel, ich war Dir böse, und bin es nicht mehr,
denn ich habe mich entschlossen, jenes, was mich kränkte, und zu ver-

---

[1]) Die Herzogin von Looz. Vgl. A. an ihre Schwester 1833 Okt. 2.
[2]) Im Druck irrig Felix v. B. Gemeint ist Felicia v. B.
[3]) Schlüter fügt bei: Fräulein von Hamm.

schiedenen Zeiten oft und sehr gekränkt hat, in Zukunft als etwas Un-
abänderliches zu tragen. Ich meine Deine Unfähigkeit, persönliche Mühe
für Deine Freunde zu übernehmen, selbst wenn der Erfolg für jene von
Wichtigkeit und die Mühe gering wäre. Du kannst wohl nicht zweifeln,
daß für dieses Mahl von meinen Gedichten [1]) die Rede ist, die ich so
mühsam für Dich abschrieb, und dafür Nichts verlangte, als daß Du sie
mit Adelen [2]) und D'Alton kritisch durchsehn mögest, da ich befürchte,
daß durch all zu vieles Streichen Manches unzusammenhängend geworden,
dem aber durch Einschieben des Gestrichnen leicht zu helfen. Auch
sonst, fürchtete ich, sei manches zu gewagt et cet. Du magst das Weitere in den zwei zu jener Zeit geschriebenen Briefen nachsehn, heute
darf ich kein überflüssiges Wort schreiben. Ferner um Anweisung bat
ich, an Wen ich mich wohl wegen des Verlags zu wenden, und auf
welche Weise. Hättest Du nur nicht so enthusiastisch, so überaus dienst-
willig geantwortet, und hätte ich Dir nur nicht so fest geglaubt und mit
so ängstlicher Spannung von einem Posttage zum andern geharrt, es
würde mich weniger geärgert haben, daß so gar nichts geschehn ist,
ich würde nicht so allen Muth und Lust verloren haben, je wieder Etwas
zu unternehmen. Doch passons la dessùs [!]! Dieses heftige Ergreifen
und schnelle Fahrenlassen ist eine stehende Eigenschaft bei Dir, aber nur
des Kopfes, vielmehr der Phantasie, keineswegs des Herzens, deshalb
kann ich sie Dir übersehn und Dich lieben wie zuvor. Laß Dich durch
das was ich geschrieben nur ja nicht verleiten, Dich etwa jetzt, mit Dei.
nen Kopfleiden, grade recht mal a propos an die Sache zu geben, laß
sie überall beruhn, Du kannst ohne Adelen doch nicht voran, und meine
letzte Frage oder Bitte betrifft sie allein, drum werde ich ihr schreiben
sobald ich besser bin.

Ich war übrigens schon mit meinen Gefühlen für Dich im Reinen,
und Dir gar nicht böse mehr, wie Dein vorletztes Schreiben kam. Für
dieses Mahl hinderte mich der Ring am Antworten, Du fordertest ihn
auf eine trotzige Weise zurück, fast als ob Du dächtest, ich wolle Dich
drum bringen. Drum wollte ich keine Antwort ohne denselben schicken

[1]) St. Bernhard und des Arztes Vermächtnis. Über die im Manuskript
vorhandene, aber noch immer nicht herausgegebene ältere Fassung des letzteren
Epos und das mit dem Vermächtnis zusammenhängende Gedicht A.'s „Des
Arztes Tod" vgl. meine Bemerkungen im August-Heft 1907 des Münchener
Hochland 626. Zum Teil gegen dieselben wendet sich J. Riehmann, Erläu-
ternde Bemerkungen zu A. v. Dr.-H.'s Dichtungen III. Teil S. 23 (Beilage zum
Meppener Gymnasialprogramm 1908). Bittere Klagen über die Nachlässigkeit
der Frau Mertens auch in dem großen Briefe an Schlüter 1835 Okt. 22.

[2]) Über das Vermächtnis des Arztes äußerte sich Adele Schopenhauer in
begeisterten Wendungen. Fragment ihres undatierten Briefes bei Kreiten
II, 223 (2. Aufl. 216). Über die Beziehungen zwischen A. und Adele Schopenhauer vgl. besonders Hüffer 357.

[folgt längere Erläuterung, weshalb sie den verborgten Ring noch immer nicht zurück bekommen]. Ich wollte, das Unglücksding wäre nie vor meine Augen gekommen.

Du beklagst Dich, daß ich Dir die Heurath meiner Schwester nicht notificirt — Kind Gottes, ich habe es Dir ja geschrieben, mit meiner eigenen Hand, — ist das nicht besser wie eine gedruckte Annonce? Ich hoffe, daß Jenny glücklich wird. Laßberg hat manches Originelle, aber noch mehr Vorzügliches, doch das Urtheil über Jemand, den man nur als Gast und Bräutigam sah, muß einseitig bleiben, mich verlangt ihn zwischen seinen Mitbürgern, in seinen Familienverhältnissen zu sehn. Wahrscheinlich reisen wir im nächsten Frühling (Mai) hin, d. h. die Mutter und ich, dann gehts über Bonn, und auf einige Stunden nach Plittersdorf. Das ist mir aber zu wenig, Du mußt es möglich machen auf einige Tage nach Bonn zu kommen, denn so lange, denke ich mir, wird Mama sich wohl von ihrem Bruder halten lassen. Ich will's nur bekennen, so wenig Du es verdienst, daß ich mich recht herzlich Dich wieder zu sehn sehne. Bist Du noch krank? Nein jetzt nicht mehr, ich denke mir, Du läufst wieder auf Deine zwei Beinen gleich ner Wachtel. Ich wollte mit mir ständ's auch so. Die Buchstaben krimmeln mir vor den Augen wie ein Regiment Läuse (von welcher Gattung bleibt Deinem Geschmack überlassen, Du magst wählen die Dir am liebsten sind).

Laßberg hat mir manches Schöne geschenkt, unter anderm eine herrliche gebrannte Scheibe, die Anbethung der Hirten vorstellend und einen goldenen Nero vom größten Caliber, fast Guldengröße. Qu'en dis-tu? Er hat mir dabei ein Langes und Breites erzählt, wie sich von römischen Goldmünzen dieser Größe in allen bekannten Sammlungen nicht hundert Stück fänden, das Wiener Münzkabinet, das gröste in Europa, besitze zwölf, und dieses sei sein Hauptstolz et cet. Kriege ich nicht ordentlich etwas Ansehn in Deinen Augen?

NB. Du könntest mir einen großen Dienst erzeigen, wenn Du mir, baldmöglichst, eine kleine Parthie römischer schlechte Kupfermünzen einkauftest, von der Sorte die am wenigsten kostet, und die Du Schund nennst. Ich troquire hier häufig mit einem Manne, der immer mit dem grösten Eigensinn römische Münzen verlangt, ohne das Mindeste davon zu verstehn. Ihm ist ein Licinius so lieb als ein Othon, nur sieht er gern wenn sie gut conservirt sind. Grad jetzt hat er mir eine Parthie sehr erwünschter Gegenstände angeboten, Urnen, Vasen, Lampen, auch Mineralien und Kupferstiche, aber — römische Münzen müßten da sein! Ich bitte Dich, Billchen, mache doch irgend einen Handel so schnell wie möglich, denn der gute Mann will mich ganz nächstens besuchen, alle seine Herrlichkeiten im Wagen mitbringen, und gleich bei mir lassen, wenn nur die Münzen zur Hand sind. Meine Doubletten sind erschöpft, und hast Du mir nicht bis dahin, d. h. vielleicht in den nächsten 8—10

Tagen welche verschafft, so muß ich hergeben was ich nur Einmahl
habe. Das wäre mir sehr schmerzlich, obgleich ich gewiß nicht das beste
wählen werde, oder vielmehr ich würde mich dazu wohl nicht entschließen und den Handel fahren lassen, was auch hart wäre. Deine
Auslage, die Notabene aber nicht groß sein muß, können wir auf doppelte Art berichtigen: entweder ich schicke Dir das Geld, oder Du giebst
mir etwas an, was Du, für den Preis, wohl zu haben wünschtest, und
ich suche es Dir dafür in Münster zu verschaffen. Daß dieses nicht
römische Münzen sein dürfen, siehst Du wohl ein; sonst könnte ich mich
selbst versorgen. Wenn zwischen den Münzen Doubletten oder gar fast Alle
nur von Einem Schlage sein sollten, so macht das Nichts aus, der gute
Mann quaestionis vertauscht sie selbst nur wieder, und man kann ihm
zehnmal mit derselben kommen. Also nur die gewöhnlichsten Licinias,
Magnentias et cet., die sind zudem fast immer deutlich geprägt und passable erhalten. Adieu, mein liebes böses garstiges Herz. Deine Nette.

Schreib [a] mir sehr bald wieder, das seltene Schreiben thut doch
nicht gut! Ich will auch wieder fleißig werden, und siegle doch mit
Deinem geschnittenen Stein, wenn Du, seit 5 Jahren, Neue bekommen hast.

Orig. Univ.-Bibliothek Bonn. Nachlässig geschriebener Oktav-Bogen,
auf der Rückseite die Adresse an Frau Mertens zu Bonn. Poststempel Münster
20. 2, woraus sich der Monat ergibt; das Jahr ergibt schon die Erwähnung der
Hochzeit ihrer Schwester Jenny (1834 Okt. 18). Kurze Auszüge Hüffer 119—121.

32. An Karl v. Haxthausen [1]). — Rüschhaus 1835 März 11.

Rüschhaus d. 11ten März 35.

Onkel Fritz sagt mir, Du, liebes Onkelchen habest Freude an Städte-
Münzen, silbernen und kupfernen, großen und kleinen. Dieses veranlaßt
mich, Dir Einige der Art zu schicken, von Münster und den umliegenden
Ortschaften, auch Einige Andre habe ich auf gut Glück zugelegt, hast Du
sie, so macht es Nichts, es sind Doubletten. Ich denke mir der Waren-
dörfer Laurentius hat zu kurze Beine, um bis Hildesheim oder Paderborn
gelaufen zu sein, so traue ich auch seinen Nachbarn keine große Reisen zu.
*[Folgen Mitteilungen über eine Bischofsmünze, dann „Wevelinghöver", schwe-
dische Taler Karls XII. — er „schlug sie in seiner höchsten Noth, während jenem zuerst so ruhmvollen, dann so unglücklichen Feldzuge nach
Moskau, der ihm sein Leben kostete"* — „Judenpfennige, von einer Gesellschaft Hebräer geprägt, als, im Jahre 1807, während einer kurzen
Zeit, in den französischen Staaten Münzfreiheit herrschte, die Gesellschaft
fallirte, nachdem sie kaum begonnen, ihre Münze galt, einige Wochen

[a] *Nachschrift am oberen Rande der ersten Seite.*

---

[1]) Stiefbruder ihrer Mutter, Domherr zu Hildesheim, an den auch mehrere
spätere Briefe gerichtet sind.

lang, in Cours, und ward dann von den Behörden eingewechselt und ge-
schmolzen *usw.]* Hör, Onkel, ich will eine Liste machen von den
Doubletten ... Ich schicke sie Dir im nächsten Briefe, mit der Bedingung daß Du mir auf diese Zeilen, die ich Dir, als eine grundbrave Person, trotz der heftigsten Kopfschmerzen schreibe, eine Antwort zukommen läst, wenigstens irgend ein Lebenszeichen durch Onkel Fritz. Kömmst
Du denn diesen Frühling wirklich nach Heeßen? ... Du weist nicht wie
Du Uns fehlst. Ich, vor Allen, habe Dich jetzt s o l a n g e nicht gesehn,
meinst Du, daß mir das nicht nah geht? mehr wie Du denkst. Ich muß
aufhören, mein Kopfweh nimmt Ueberhand, alle Buchstaben schwimmen ...
Adieu Du lieber miserabler Onkel.   Deine Nette.

        P. S. Ich habe auch sonst noch schöne Sachen, Mineralien, Ver-
steinerungen, Muscheln, römische Münzen, geschnittene Steine, Pasten,
geschliffene Edel- und Halbedelsteine, geschnitzelte Sachen in Elfenbein,
Holz et cet., auch allerlei, meistens kleine, alte Kupferstiche, ausgegrabne
Urnen, Lampen et cet. Es würde Dich gewiß freuen zu sehn. Vielleicht wär' auch Manches darunter, was in Deine Sammlungen paßte.
Komm doch! aber jetzt ganz bald, mit dem Ende Mai's reisen wir vielleicht in die Schweiz.

        [Adresse:] Dem Freyherrn Carl von Haxthausen zu Hildesheim.
        Orig. Meersburg. Inhalt der ausgelassenen Stellen ganz unerheblich.

33. An Schlüter. — 1835 März [27].

Freitag d. 28. März 1835.

        Wären Sie nicht, leider, schon gewohnt, Geduld mit mir zu haben,
dieses Mahl, liebster Freund, müste sie Ihnen wohl ausgegangen sein,
obgleich ich sonst Nichts bin, als pur lauter Unschuld; denn wie oft habe
ich mit Seufzen, d. h. Seufzern der Ungeduld an Sie gedacht, daß ich
schreiben müsse! und von meinem Gewissen laden all das fremde Gut,
an Gedrucktem und Geschriebenem; alle Tage hab' ich so gedacht, und
mehrmals in jedem Tage. Noch eh ihr letzter Brief ankam, der mit dem
Janusgesicht, jenes artige kleine Teufelchen, was so sehr verzeihend und
milde thut und doch Hörner und Pferdefüßchen nicht ganz verbergen
kann. Ich bin indessen übel genug dran gewesen, krank, krank, immer
krank, zuerst in zwei Absätzen das kalte Fieber, was zusammen fast sechs
Wochen hinnahm, und seitdem fast immer Rheumathismus, und immer
im Kopfe; ich habe wohl eher dran gelitten, aber diese Beständigkeit
bin ich nicht an ihm gewohnt, sonst war's heute im Kopfe, morgen im
Arme, übermorgen im Rücken; nun muß der arme Kopf allein die ganze
Einquartirungslasten tragen. Hören Sie, Schlüter, ich wär zuweilen gern
damit gegen die Wand gerannt, doch seit gestern Mittag ists besser, eben
jetzt fast ganz gut, weshalb und auf wie lange? darüber will ich

gar nicht nachdenken und nur ohne Weiteres die Gelegenheit beim
Schopfe halten.

Also vorerst schicke ich Ihnen einige Veilchen, in dem guten Glauben es seien die allerfrühsten, schmählich würde es mich ärgern, wenn
die liebe Gassenjugend mir schon zuvorgekommen wär. Dann erhalten
Sie Ihr Eigenthum zurück, Tieck[1]), den phantasiereichsten aller Mähr-
chen-Erzähler, ja den eigentlichen Phantasus mit Fleisch und Blut. Mama
las das Buch und nannte es eine angenehme leichte Lectüre; ich
meinerseits habe es so träumerisch tief gefunden, selbst abgesehn von
der mitunter hervorstechenden Allegorie, worüber ich absichtlich weg-
gieng, daß ich fürchtete, darüber in den Zustand des guten Ritter Simon
(siehe Blaubart) zu verfallen. Tieck's Nervensystem muß gewiß, wo nicht
schwach, doch äußerst reizbar sein, weil er alle damit verbundene Zustände von Halbwachen, Schwindel, seltsamen peinlichen fixen Ideen so
genau darstellt, ja — als eigentliche Person des Dichters durch das ganze
Werk gehn läßt, selbst wo es nicht hingehört; z. B. bei baumstarken
Leuten, wie der Blaubart, wenn er vom Schwindel spricht et cet. Glauben Sie mir, das Buch und im minderen Grade alles von Tieck ist höchst
aufregend für Diejenigen, welche es eigentlich allein ganz verstehn können, und bringt alle alten besiegten Flirren in Aufruhr.

Auch ihr Buch über die Schönheit[2]) kommt zurück. Ich habe
es mit vielem Vergnügen gelesen; es scheint mir voll origineller Gedanken,
artiger Vergleiche, von einem klaren angenehmen, nur zu tändelndem
Style; aber, lieber Freund, das Wahre ist seltsam mit Sophismen, das
Ernste und Weise mit dem Thörichten gemischt in diesen Blättern. Es
ist undankbar von mir, einen Verfasser anzugreifen, der meinem Ge-
schlechte so manches Geistreiche und Schöne vorliest, und doch möchte
ich am Liebsten an ihn selbst; wenn er nicht an jeder Hand wenigstens
drei Ringe trägt, so soll man mich Fideldümmchen heißen. Er ruft
die Damen zu Zeugen, ob man es ihm anmerke, daß er die schönen
Künste nur nebenbei betrieben, und spricht so gern davon, daß er eigentlich Staatsmann gewesen, ehe man ihn amovirt; wo hat er denn gestaats-
mannt? in Weimar? Dies hindert aber nicht, daß er nicht so viel Geist
hätte als drei Andre; ich meine immer[a] den August Wilhelm Schlegel
vor mir zu sehn; doch bleibt dieser mehr bei der Stange, während mir
beim Adam Müller zuweilen zu Muthe war, wie dem Schüler beim Mephistopheles; „mir wird von Allem dem so dumm, als gieng mir ein
Mühlrad im Kopfe herum"; nicht daß dann die Idee schwer zu fassen
oder unklar dargestellt worden wär, im Gegentheil, jene schwirrenden,

[a] *So der Druck. Im Original scheint* nur *zu* stehen.

----

[1]) Tiecks Phantasus. Schlüter 207.
[2]) Von der Idee der Schönheit. In Vorlesungen, gehalten zu Dresden
im Winter 1807/8 durch Adam Müller. Berlin, Hitzig 1809. Schlüter 207.

wirbelnden, durcheinander wogenden Gedanken, vermöge deren ich kaum
mehr weiß, ob ich nicht Eins bin mit dem Rasen, auf dem ich sitze,
oder dem Steine der vor mir liegt, haben mich so in ihre Bewegung hin-
eingezogen, daß ich zu wirbeln glaube, wie ein Kräusel oder die Welten,
was am Ende auch dasselbe sein mag. In der That, man kann sich da-
hinein philosophiren, der schlechteste geschaffne Gegenstand ist der
Wunder so voll, daß von ihm bis zum denkbar Höchsten der Schritt nur
leicht ist, aber von unten herauf bis zu ihm zu gelangen, dafür haben wir
keinen Gedanken; er ist fürs Ideenreich der kleine Punkt außer der Welt,
den Archimedes verlangte, um das ganze Weltsystem zu beherrschen.
Der Kampf zwischen der individuellen und geselligen Schönheit scheint
mir übrigens nicht so gefährlich und des Schlichtens bedürftig, als Herr
Müller zu glauben scheint; ich wenigstens erinnere mich keiner Zeit, wo
das Charakteristische und Originelle nicht seinen ehrenvollen Platz neben
dem Idealen behaubtet hätte; auch unsere nähern Vorfahren müssen es
so gehalten haben; dieses beweisen ihre Bilder-Gallerien und Bibliotheken,
wo Rembrandt und Rubens neben Tizian und Leonardo, Don Quixote und
Hudibras neben Hamlet und dem verlornen Paradiese auftreten, wie auch
zu allen Zeiten eben so viele Gestalten und Seelen um ihrer Eigenthümlichkeit wie um ihrer s. g. Schönheit willen geliebt worden sind; mehr
darf Niemand verlangen als dieses redliche Anerkennen und das gewiß
damit verbundene Bestreben, sich doch auch dieser Ansicht möglichst
zu fügen; mehr wäre vom Uebel und, mit Herrn Müller zu reden, eine
Sünde gegen die individuelle Schönheit, gegen die herrliche Naturgabe
des angebornen Geschmacks, vermöge dessen sich jeder Erdgeborne, sei's
öffentlich oder heimlich, dem zuwendet, was dieser ihm zuführt und der
jene gänzliche Unpartheilichkeit und Verschmelzung, wie Herr Müller sie
allgemein zu machen hofft, Gottlob, nie wird aufkommen lassen. Haben
Sie je einen Menschen gesehen, der z. B. durch Ausbildung seinem früheren Geschmacke wahrhaft entsagt hat? Glauben Sie das ja nicht, aber
wie Mancher schämt sich dessen heimlich! und Mancher täuscht sich auch
selbst. Wer als Kind entzückt gewesen über den Scharlachrock eines
Bedienten, steht jetzt mit lachenden Augen im Garten vor einer Lobelia
Cardinalis, wo er endlich, endlich doch mahl frei athmen, sich und Andern sagen darf, wie schön, wie alles überstrahlend er den Scharlach
findet. So liest mancher den Homer und sucht Kotzebue'sche Gesell-
schafter, oder er sammelt Antiken und predigt die reinen Formen, während er im Leben durch die Wahl der Gegenstände seiner Neigung eine
ganz abweichende Geschmacks-Richtung darlegt. Ja, das freie Gefallen
ist eine theure Naturgabe, fast so theuer, als der freie Wille, ihm nah
verwandt, und noch unzerstörbarer.

Doch ich predige da wie ein schlechtes Buch, während es Ihnen
an guten Büchern gar nicht fehlt. Also weiter, Sie erhalten auch die

Gedichte Ihres theologischen Freundes[1]) zurück, worüber wir schon geredet, ich danke Ihnen nochmals dafür. Diesen Mann hat sein Gefühl
zum Dichter gemacht und das größte Verdienst dieser Blätter liegt in
der Kraft und Wahrheit desselben, mehr als im eigentlich poetischen
Werth. Am meisten werden Sie Jungmanns zwei Gedichte[2]) entbehrt
haben, um so mehr da Sie den Inhalt noch nicht herausgebracht hatten.
Dieses ist auch schwierig genug wegen der häufigen Mittellaute, die Jungmann durch gehäufte Vokale zu geben sucht, mich dünkt nicht glücklich, wenngleich nicht unrichtig; die Idee so viel Buchstaben auf einander
zu packen, bis alle die Anklänge da sind, die der Mittellaut enthält, gefällt mir nicht; der beste Münsterländer erräth das Wort kaum und einem
Fremden, selbst einem Kenner des alten Niederdeutschen, ist's reines Chi-
nesisch. Würden Sie z. B. verstehen, was jäöwer und weäörn heißt?
es heißt über und wären. Freilich wüste ich es auch mit unserm
Alphabet, wie wir die Buchstaben betonen, so wenig zu schreiben, als
das Englische und Französische; drum müste es auch wie diese Sprachen
seine eignen Regeln haben; was würde das geben, wenn wir das englische
W nach deutscher Sprachweise schreiben sollten! ich habe indessen beide
Gedichte ganz herausgebracht, sie sind hübsch, besonders das Letztere,
obgleich das Erste einen schönen Stoff hat, aber einen allzu verbrauchten;
mich dünkt, ich habe wohl 50 derartige Gedichte gelesen, die gewöhnlich
endigen „das Kindlein (oder das Mägdlein) das lag todt“; dennoch ist's,
was das ganze Bild anbelangt, eins der besten der Art. Im zweiten er-
kenne ich Jungmann an dem, was seinen Gedichten Werth giebt, seiner
reichen und milden Phantasie, seinen naiven Bildern, seiner Empfänglich-
keit für Naturschönheit und einen Hauch nachdenklicher Schwermuth,
der sich höchst reizend über das Ganze legt. Seine bekannte schwache
Seite, die Bilder und Farben neben einander zu schichten, statt sie gleichsam wie von selbst, sich aus einander entwickeln zu lassen, wird auch
hier einmahl sichtbar, doch vielleicht Niemand merklich als uns, die wir
es an ihm kennen. Da ich Thereschen, dem guten Herzchen, nicht

---

[1]) Schlüter fügt bei: „Kleutgen“. Joseph Kleutgen, der spätere Jesuit
und Theologe, studierte in Münster 1832—33, wo er mit Schlüter intim bekannt war. Vgl. Langhorst in Stimmen aus Maria Laach XXV (1883), 492.
Die dort (494) aufgeworfene Frage, ob er A. persönlich kennen lernte, wird
bejahend entschieden durch Schlüters Brief vom 10. Januar 1835 (Orig. Prof.
Jostes, kurze Notiz bei Kreiten I, 227), mit welchem er A. ein Manuskript
Kleutgens überschickt, den sie bei ihm (Schlüter) gesehen habe. Zu demselben
Briefe gehören auch die bei Kreiten I, 228 gedruckten Sätze „Auch hier fließt
das Leben im engen Bette“, das ebend. I, 235 Anm. mitgeteilte Bruchstück, wo
statt „schönes Gefühl“ zu lesen ist „schönes Gesicht“, sowie das datierte Stück
Kreiten I, 211. Er ist die Antwort Schlüters auf den Brief der Dichterin 1835
Januar 2.

[2]) Schlüter fügt bei: Zwei plattdeutsche Gedichte von W. Junkmann,
wovon noch die deutsche Übersetzung des Fräuleins vorhanden ist.

gönnen mag, sich so an den Gedichten abzuplagen, wie ich es gethan, so lege ich zur Erleichterung des Verständnisses eine ganz wörtliche Verhochdeutschung bei. Ich kann mich des Gedankens nicht erwehren, daß Jungmann die Lieder in hochdeutscher Sprache geschrieben und ihnen erst nachher die plattdeutschen Daumenschrauben angelegt hat. Mich soll wundern, was Sie sagen werden; das beigelegte Blatt soll keine Restitutio in Integrum sein, sondern eine trockne Verfolgung des Originals, Wort für Wort, um bei jeder unverständlichen Stelle grade am selben Fleck das entsprechende Wort finden zu können. Ihnen wird übrigens häufig von selbst einfallen, zu ergänzen, was früherhin gewiß da war und Ihnen so nahe zur Hand liegt; jenes Blatt ist mit Jungmann's Gedichten zusammengefaltet.

Wir haben seit Kurzem einen neuen Kaplan hier in Nienberge, ein junges Männchen mit einem sanften Gesichtchen, das ziemlich lebhaft ist und sehr blöde; viel mehr kann ich von ihm nicht sagen, denn ich habe ihn erst einmahl gesehn und zwar in zahlreicher Gesellschaft; doch war es mir angenehm zu hören, er sei Ihr Schüler gewesen, seinen Namen bin ich nicht gewiß richtig behalten zu haben, mich dünkt etwa Münnich oder Mennich; erinnern Sie sich seiner? Daß ich in all dieser Zeit in keinem Dinge auch nur einen Schritt vorwärts gethan habe, versteht sich leider, mir ist, als wären diese letzten Monate in einen Brunnen gefallen. Keinen vergnügten Augenblick gehabt und Nichts geschafft weder für die Welt, noch sonst. Denn ich war leider sehr ungeduldig, das schreibt sich so leicht hin und ist doch so bitter ernst. Lassen Sie mich davon abbrechen, es paßt nicht für einen Brief, wir kommen ja wohl bald mal wieder zum mündlichen Gespräch zusammen.

Eine halbe Stunde später. Da habe ich eben ein Geschäft vollbracht, von dem mir noch das Herz pocht: unser Herr Pastor[1]) zu Nienberge hat vor acht Tagen seinen Vater verloren und weiß sich kaum zu fassen. Da schickt er mir nun vor einer halben Stunde die Silhouette desselben mit der Bitte, sie aus dem gelben und wurmstichigen Papier, worauf sie gepappt ist, zu schneiden und von neuem aufzupappen; das Ding sah aus, als wollts in Staub zerfallen, zudem kams bei dem Ausschneiden auf ein Härchen breit an, so war die Aehnlichkeit hin; lachen Sie, wenn ich Ihnen sage, daß ich vor Angst blaß wurde? so faßte ich den Muth der Verzweiflung und, Gottlob! dieser Berg ist überstiegen; wenn's im Grunde nur ein Wolkenberg war, ich habe nicht minder Angst drum ausgestanden.

Nun weiter im Text; meine gute Schwester schreibt oft und sehr zufrieden, ihr Mann trägt sie auf den Händen und überhäuft sie [mit] solchen Geschenken, die ihr Freude machen, z. B. mittelalterlichen Selten-

---

[1]) Schlüter nennt ihn Alexander Hammer.

heiten und Treibhauspflanzen. Die Gegend ist unvergleichlich, die Nachbarn zuvorkommend. Dabei hat sie Schwäne, die aus der Hand fressen,
Pfauen, die weiß, und Vögel, die gar zu zahm und lieb sind; und dennoch, o Himmel, wie jammert sie nach uns. Ich habe wohl gedacht,
daß es nachkommen würde, warum ist sie mit dem fremden Patron fortgegangen? Nun müssen wir nur aufpacken und durch gut und böse
Wege hinrumpeln, damit die armen Seelen Ruh bekommen, d. h. die
ihrige, und die unsrigen dazu. Doch seit einigen Wochen sind Umstände
eingetreten, die unsrem ganzen Reiseplan den Hals brechen können.
Mama will nämlich durchaus nicht ohne männliche Begleitung reisen und
dann müst's ihr Sohn oder ein Bruder sein. Da nun Ersterer ihren
Wünschen immer gern zuvorkömmt und sie mit Letzteren gut versehen
ist, so wurde ihr nur die Wahl schwer, wem sie ihren Wunsch mittheilen sollte, und nun findet sich's, daß auch nicht Einer von diesen
kann, mit dem besten Willen nicht. Mama ist wie aus den Wolken gefallen und ich gebe mich in Gottes Willen, es mag kommen wie es will.
Meine Schwester säh ich gewiß gern, aber jedenfalls reisen wir jetzt nicht
vor dem Ende July, bleiben dann den Winter über aus; im Frühlinge,
wo die Schweiz am schönsten ist, wird man uns auch nicht ziehn lassen.
Kurz, ein Jahr wird hingehn, eh wir wieder münsterischen Boden fühlen.
Ach! ein Jahr ist eine lange Zeit; ich bin nie ein Jahr abwesend gewesen,
ohne merkliche Lücken zu finden, wenn ich wiederkam! und habe ich
nicht selbst, zweimahl in jedem Jahr, in den Frühlings- und Herbst-
Aequinoxien einen ganz fatalen Zeitraum, voll Schmerzen und Hinfällig-
keit? Ich weiß, daß ich in Gottes Hand stehe, und bin nicht thöricht
verliebt in's Leben, aber die Ueberzeugung, die ich seit sechs Jahren
hege, daß ein Aequinoctium mich einmahl, eh man's denkt, fortnehmen
wird, mag doch viel zu meiner ernsten Stimmung beitragen. Glauben
Sie mir, mein lieber Schlüter, ob ich gleich leicht aufzuregen bin, so
sind doch meine einsamen Stunden ernst, oft schwer, und sie nehmen
den grösten Theil meiner Zeit hin, eben jetzt, wo ich die Stapel nicht
unterrichten darf. Adieu, mein sehr lieber Freund, ich hätte meinen
Brief nicht so beenden sollen, verzeihen Sie's mir. *[Am oberen Rande der
vierten Seite:]* Stören Sie sich nicht an meine lamentablen Reden, es geht
vorüber und ich verdiene, daß Sie Geduld mit mir haben, da ich sie in
gleichem Falle ganz gewiß mit Ihnen haben würde. *[Am oberen Rande der
ersten Seite:]* Wir sind eben in der Aequinoctialzeit, dann bin ich gar
nicht wie ich sein sollte, weder an Körper noch Seele. Haben Sie Geduld mit mir, ich habe es Ihnen ja voraus gesagt, meine Bekanntschaft
sei angenehm, meine Freundschaft aber drückend, bald wird's besser, in
14 Tagen etwa; dann kömmt die Erde wieder gehörig schief zu stehn.
Adieu, 1000 Schönes an Mutter und Therese von ihrer Freundinn
Annette Droste.

Orig. Prof. Jostes. Schlüter 28 mit kleinen Fehlern. Das Datum lautet
vollständig „Freitag d. 28. März 1835", der richtige Tag ist März 27, da der
28. März 1835 auf einen Samstag fiel. Handgreiflich ergibt sich dies aus einer
Vergleichung mit dem Antwortbriefe Schlüters (Auszüge bei Kreiten I, 229, Orig.
Prof. Jostes). Er ist datiert „Sonnabend d. 27. M. 35 Abends" (der Schluß
ist „Montags" geschrieben). Sonnabend fiel aber 1835 auf den 28. (nicht 27.)
März, mithin ist die Reihenfolge der beiden Briefe einfach umzukehren. Sowohl A. als Schlüter haben sich im Datum verschrieben.

Zu diesem Antwortbrief Schlüters gehören die bei Kreiten I, 228 mitgeteilten Scherze über den „Kaufmann Schmitz" aus Köln, der übrigens nicht
ein Bekannter der Dichterin, sondern eine auch heute noch in Münster übliche
scherzhafte Fiktion ist. Über diesen „Lieblingscharakter" A.'s vgl. Schlüter bei
Kreiten I, 217. Letztere Stelle entnimmt Kreiten den „Aufzeichnungen, die
Prof. Schlüter nach der Dichterin Tod für Prof. Braun in Bonn machte". Wie
schon Jostes (Euphorion VIII, 800) festgestellt hat und ich aus den Abschriften
(in Besitz von Prof. Jostes) bestätigen kann, sind diese sehr bemerkenswerten
„Aufzeichnungen" ordnungslos v e r s c h i e d e n e n Briefen Schlüters an Braun
aus dem Jahre 1855 entnommen. Sie beginnen (Kreiten 214) mit Auszügen aus
einem Brief vom 8. April 1855. Dann folgt (Kreiten 214 unten) ein Brief vom
10. Februar 1855 („Vorzüglich wird Ihre Aeußerung" etc.), weiter (217: „Wenn
das Fräulein von Münster kam") Brief 25. Febr. 1855. Hier ist (219) zu lesen:
„Das Fräulein . . . hatte das Bedürfnis mannigfacher und wechselnder Anregung
durch neue Individualitäten. Ihr Wechsel in der Freundschaft aber schloß
treue Anhänglichkeit an ihre alten Freunde wie es scheint nicht aus, und dieses
lag in ihrem Gefühl." S. 220 unten werden die Auszüge aus dem Brief vom
25. Febr. 55 fortgesetzt, aber vermischt mit Auszügen aus einem Brief vom
19. März 55. Zu letzterem gehören die Stücke S. 221: „Früh morgens ging sie
zu der Kammer . . . begab sie sich wieder zu Bette"; hieran anschließend
S. 222: „An den langen Winterabenden . . . so possierlich erzählen konnte",
und S. 222 unten: „Was ich von der überaus frugalen Lebensart . . . abgelenkt
werden könne". Dann setzt S. 224 (anschließend an das S. 214 abgedruckte
Stück) wieder der Brief vom 8. April 55 ein („Ich erwähne noch einiger Spe-
cialia" usw.). Bei dieser Gelegenheit seien einige Lücken im Kreitenschen Drucke
der „Aufzeichnungen" ausgefüllt. Im Brief Schlüters 25. Februar 55 (S. 221)
heißt es: „Um 9 oder 10 Uhr trank sie im Bette liegend ein Glas Milch und
aß ein großes Käsebutterbrod; doch war sie dann schon in der Frühe aufgestanden, nach ihrer Amme zu sehen und zu fragen, ob sie etwas brauche,
hatte auch geschrieben und gelesen oder gebetet. Um Mittag . . . Einzelne
seltene Besuche von Geistlichen in der Umgebung, so [!] von Adligen, die
zum Theil verarmt waren, namentlich einem sehr heruntergekommenen, halb
verrückten . . . mußten für ein solches Stillleben Ereignisse sein." Weiter im
Briefe Schlüters 19. März 55 (S. 223): „. . . Kreise zurück. Ich erinnere mich,
wie das Fräulein vor [von?] den Perioden der tiefsten Einsamkeit auf Rüschhaus bemerkte, diese lange und tiefe Einsamkeit habe sie oft so affizirt, daß
es ihr geschwindelt und daß sie nicht gewußt habe, ob sie in der Zeit oder
in der Ewigkeit sei. Auf das Gedeihen und die Eigenthümlichkeit der Ausbildung ihres inneren Sinnes und ihrer Gemüths- und Geisteskräfte konnte
eine solche Situation und Zuständlichkeit nicht ohne Einfluß bleiben. Noch
erinnere ich mich" usw.

34. An Schlüter. — Rüschhaus [Frühjahr 1835?] Mittwoch.

Rüschhaus, Mittwochen.

Gott zum Gruße, mein liebstes Professorchen! Erst so eben (um halb neun Abends), wo die Botenfrau, die hier zur Arbeit war, nach Hause eilt, habe ich die Entdeckung gemacht, daß einige der Blüthen des Gewürzstrauches, die diesen Mittag noch sämmtlich völlig geruchlos waren, ihren Duft in der Abendluft losgegeben haben, und so habe ich dieselben denn gleich für Sie gepflückt, obwohl ich fürchte, daß sie über Nacht welk werden; das macht aber nichts, ich schicke Ihnen mit der ersten Gelegenheit frischere, und so bleibts doch in der Ordnung, daß mein liebster Freund von dem Baume, den ich recht eigentlich ihm zugesprochen habe, die Erstlinge erhält, ehe noch irgend eine profane Hand daran gerührt hat. Mein theurer Schlüter, wie unangenehm und wunderlich kömmts mir vor, daß wir nur eine Stunde von einander sind und doch selten beisammen. Sie wissen wohl, warum ich bisher nicht habe kommen können. Der Schmerz und die Steifheit im Knie, die mir von der Grippe zurückgeblieben waren, haben sich zwar so sehr vermindert, daß ich für gewöhnlich kaum daran denke, außer beim Treppensteigen; bei etwas längeren Spaziergängen hingegen werde ich noch sehr davon gehindert, weniger von Schmerz, (der eigentlich kaum mehr zu rechnen ist,) als von einer bedeutenden Schwäche des linken Fußes, so daß mir Sonntags der Kirchweg, der doch keine halbe Stunde weit ist, blutsauer wird, und mich allemahl, wenn ich etwa in der Woche von einer Tour nach Münster phantasirt habe, sehr lebhaft in die Wirklichkeit zurück führt. So eben kommt Marie und sagt, daß Frau Bücker ungeduldig wird; ich kann Ihnen also nur noch eben gute Nacht sagen und wie lebhaft ich Sie alle zu sehn wünsche, Sie und Thereschen und Ihre lieben Eltern, die ich auf's herzlichste zu grüßen bitte. Es ist jetzt so schön hier, der ganze Garten umbuscht von Syringen, drei vier Nachtigallen zugleich, womit soll ich Euch dann den Mund wäßrig machen, damit Ihr kommt? Adieu, Adieu, mit alter Liebe Ihre Nette.

Orig. Prof. Jostes. Schlüter 103 mit ganz kleinen Abweichungen. Das Jahr 1838 ist von Schlüter beigefügt, ohne ersichtlichen Grund. Wegen der „Erstlinge" des Gewürzstrauchs, die A. sendet, könnte man den Brief vielleicht kurz vor ihren Brief vom 4. Juni 35 setzen, mit dem sie Schlüter „einige Blüthen vom Gewürzstrauch" schickt. Auch von der Frühlingspracht im Garten und den Nachtigallen ist hier wie dort die Rede, und in beiden Briefen ladet sie Schlüter und die Seinigen zum Besuch ein.

35. An Schlüter. — Rüschhaus [1835 Juni] 4.

Rüschhaus, Donnerstag d. 4.

Ihr Brief, mein sehr lieber oder vielmehr mein liebster Freund, ist entweder in nicht angemerkten Zwischenräumen geschrieben, oder er hat,

des täglichen Botenverkehrs nicht achtend, auf dem Wege von Ihrem
Schreibtische in den meinigen sich noch einige gute und lustige Tage
machen wollen, gleich einem streng gehaltenen Schüler, der auch mitunter einen Reisetag aus eigner Machtvollkommenheit zusetzt, wenn ihn
die Zuchtruthe des Vaters auf den Postwagen geleitet und drüber der
Bakel des Magisters winkt.   Kurz, in dürrer Prosa, ich habe Ihr vom
Sonntag datirtes Schreiben erst heute am Donnerstage, und zwar so eben,
erhalten.   Ach mein Freund, wie traurig ist's wenn man sein Pfund ver-
graben muß! wie schreiblustig bin ich heut! welch eine Masse von Bildern, Gleichnissen, sogar Gedanken, die ich Ihnen nur mit Bedauern vor-
enthalte, überströmt mich nicht gleich aus den Worten: Papier, Schüler,
Postwagen! mich dünkt, es stehe kein Gedanke so hoch, daß ich ihn
nicht jetzt auf dem Postwagen erreichen könnte.   Doch gut Ding will
Weile, aber ich habe Eile, denn es ist spät, und dieser Brief wandert
morgen mit dem Frühesten zu Ihnen, um anzufragen, ob sich denn in
diesen nächsten 4—5 Tagen' gar keine Einrichtung treffen läßt, die uns
noch einige Stunden ruhigen ungestörten Gesprächs brächte. Die wenigen
Wochen bis zu meiner Abreise werden verglitten sein, eh wir's gedacht,
dann folgt ein ganzes Jahr der Trennung, und die Zeiten sind mir
längst dahin, wo meine Phantasie, meine Hoffnung, ein Jahr übersprang,
wie jetzt kaum eine Woche, wo ich meinen Freunden beim Abschiede
zuletzt noch einmahl die Hand reichte als vorläufiges Willkommen zum
nächsten Zusammentreffen „übers Jahr im Mai". Gefühl eigner Schwäche
und trübe Erfahrungen an mir theuren Personen haben mich gewitzigt;
das ist auch eine Frucht vom Baume der Erkenntniß, und keine der süßen!

Gewiß, mein Freund, wir müssen uns noch sehen, und noch öfterer
als einmahl; was hat man sonst vom Leben? und, misverstehen Sie mich
nicht, ich würdige das Höchste des Daseins, seinen einzigen Zweck und
Werth, deshalb nicht minder, weil ich es grade eben nicht ins Auge
faßte; unter Leben verstehe ich hier das Irdische und was von seinen
Freuden tadellos zu nennen ist. Doch auch dann habe ich sehr unklar
gedacht oder mindestens mich ausgedrückt; wer wird die Zuneigung Derer,
die uns lieb sind, wer die Harmonie der Gemüther mit ihren lieblichen
Einklängen und noch lieblichern Dissonanzen den Erdengütern zuzählen?
Doch — ist's ein Engel, den uns die Gottheit als Vermittler und sich
linde knüpfendes Band unsrer doppelten Natur gesandt hat, so wurzelt er
mindestens mit einem Fuße im Erdboden.

Ich will hier abbrechen, denn der Gegenstand läst sich nicht flüchtig
behandeln, wie es heute nun doch einmahl nicht anders sein könnte.
Das Resultat alles Dessen, was ich nicht gesagt, aber gedacht, bleibt, daß
wir uns sehn und deshalb überlegen müssen — hören Sie wohl! Ueber-
legen! Nehmen Sie nur gleich die Mama und Thereschen in Rath; die
Aktien stehen so: meine Mutter ist vorgestern nach Hülshoff gegangen,

um ein so eben nagelneu angekommenes Enkelchen[1]) in Augenschein zu nehmen und ihre Schwiegertochter zu pflegen; dort bleibt sie vorläufig, vielleicht
vierzehn Tage und drüber; ich bin zwar noch hier, doch würde man's übel
deuten, bliebe ich länger unsichtbar als etwa zu Anfang der nächsten
Woche. Nach Münster gehen darf ich in diesen Tagen nicht, da blos
mein Uebelbefinden mich noch von jener Tour freigesprochen hat, können
Sie denn gar nicht kommen? Ihre Nachmittage sind besetzt, und des
Morgens würde freilich Ihr Rückweg in die Mittagstunden fallen, aber
haben Sie denn gar keinen Tag frei? Ich weiß nicht, ob ich mit dem
Wunsche herausrücken darf, ob Sie mich für gottlos halten werden, wenn
ich einen der Pfingsttage in Vorschlag bringe. Sie müsten dann früh aufstehn und zur Kirche gehn, sehr früh, daß Sie den Hinweg nachher noch vor
der steigenden Hitze abgemacht hätten; mich dünkt am zweiten Feiertage ging so etwas wohl an, wenn Sie es auch für den ersten unpassend
fänden[2]). Habe ich aber hierdurch etwas Unschickliches, etwas Sie Ver-
letzendes verlangt, so seien Sie nachsichtig um des Beweggrundes willen,
der den Gedanken in mir erregt.

Die Zeit verrinnt, jeden Abend wundere ich mich, daß wieder ein
Tag dahin und die Stunde meiner Abreise mir um einen großen Schritt
näher getreten ist, und ich zittre vor dem Augenblick, wo der Schlagbaum niederfällt zwischen mir und so Manchem, was mir theuer ist, für
eine Zeit, über die ich nicht hinaus zu rechnen wage. Wahrlich! lieber
bester Herzens-Schlüter und Herzens-Thereschen, und liebste Mutter
Schlüter, wollt Ihr mich denn gar nicht mehr sehn? Es ist jetzt still
und lieblich hier, der Garten so voll Blumen, Duft und Nachtigallen, ich
bin so ganz allein — eine gute Tafel kann ich Euch nicht geben, aber
Ihr sollt doch satt werden. Kommt ja! ich kann allenfalls meinen Besuch zu Hülshoff bis ziemlich weit in die nächste Woche verschieben;
auch gelingt mir's vielleicht, bald von dort zurückzukehren, was ich wohl
wünschte, da außer den Wochen meiner Schwägerin zwei kranke Kinder
und der Besuch mehrerer Mitglieder ihrer Familie das Haus sehr unruhig
und für meine gegenwärtigen Gesundheitsumstände unpassend machen;
im Grunde kann ihnen dort Jemand, der wie ich zuweilen die Hälfte des
Tages zu Bette liegt, und für dessen homöopathisirenden Magen eigens
gekocht werden muß, jetzt nur lästig sein; doch weiß ich, daß man sich
meiner Abreise mit Hals und Kragen widersetzen wird; denn seit mein
Bruder ein höchst glücklicher, umlärmter und umschriener Familienvater
geworden ist, hat er einen unbilligen Haß auf alle Einsiedler geworfen
und hält die Einsamkeit für das größte aller Erden-Uebel. Ich nicht, —

---

[1]) Therese Luise, geb. 1835 Juni 1.
[2]) Der Besuch in Rüschhaus ist tatsächlich am Pfingstmontag 8. Juni
erfolgt. Er wird geschildert bei Hüffer 128 und Kreiten I, 243.

vielmehr habe ich mich ihr in den sieben Jahren [1]), die ich nun hier ver-
klausnert, mit großer Einseitigkeit ergeben; so gehts, erst aufgeblasen
dann eingeschrumpft, aus der Scilla in die Charybdis [a]; doch ich muß
aufhören, denn ich beginne ungerecht zu werden und zwar gegen einen
mir nur allzu werthen Gegenstand, gegen mich selbst; dies ist wohl das
sicherste Zeichen, daß ich heut mahl wieder eine angelaufne Brille trage.
Dieser Brief ist nicht viel werth; doch soll ihm ein besserer auf dem
Fuße folgen, den ich schon Morgen beginnen [werde] [b], dann will ich
Ihnen Ihren mir so sehr lieben und angenehmen letzten Brief ordentlich
beantworten. Dann sollen Sie Ihre Bücher zurückerhalten [und so]gar das
Gedicht auf den Angelus Silesius [2]), was, im Vertrauen gesagt, [noch]
nicht gemacht ist: als ich zu schreiben anfing, war mir's leid, daß meine
Zeit so beschränkt wär; jetzt freut mich's, ich bin sehr bewegt, aber
nicht fröhlich, die Gedanken und Bilder strömen mir zu, aber sie sind
wie scheu gewordne Pferde, die nur um so unerbittlicher dahin rasseln,
je kräftiger und kühner ihre angeborne Natur ist. Ich habe mir viel
Gewalt angethan, so lange ich schrieb; hätte ich mir den Zügel gelassen.
Sie hätten gesagt mit dem Festus: „Paulus Paulus, du rasest, dein vieles
Wissen macht dich unsinnig" [3]); vielleicht halten Sie mich schon halb
dafür, weil ich von mir selber sage. was ich höchstens denken sollte,
doch der Himmel bewahre mich, daß ich Ihnen je einen Gedanken ver-
berge d. h. daß ich ihn absichtlich verschlucke, wenn er einmahl auf der
Zunge ist; dies ist der Tod aller Freundschaft. Aber ich bin lange sehr
leidend gewesen, und jetzt, seit zwei Tagen, mit einem Male ganz wohl,
aber ungemein aufgeregt und nervenschwach und großer Phantasie-, Ge-
fühls- und Gedanken-Anspannung nicht nur fähig, sondern gezwungen
dazu; gebe ich mich hin, so treibt's mich um wie der Strudel ein Boot,
oder wie der Wind die Heuflocken treibt; will ich ruhn, so summen und
gaukeln die Bilder vor mir wie Mücken-Schwärme. Wollte ich jetzt
dichten, so würde es vielleicht das Beste, was ich zu leisten vermag; indessen besser ist's, ich mache die Augen zu und versuche zu schlafen.

    a Charabdis *Orig.*   *b Durch die Siegelung sind einige Eckchen abgerissen.*

---

[1]) Darnach würde A. erst 1828 nach Rüschhaus gezogen sein, wahrscheinlicher aber ist, daß sie sich in der Jahreszahl verschrieben hat; die Übersiedelung ihrer Mutter nach dem Witwensitz Rüschhaus wird doch bald nach dem
Tode des Vaters (1826 Juli 25) erfolgt sein, wie auch Kreiten I, 145 annimmt.
Ihr erster mir bekannter von Rüschhaus datierter Brief (an Frau v. Thielmann)
ist allerdings erst vom 2. Nov. 1828. Aus der Zeit von April 1826 bis November 1828 ist kein Brief vorhanden.
    [2]) Über die Entstehung des Gedichtes „Nach dem Angelus Silesius"
(Kreiten III, 141) vgl. Kreiten I, 238.
    [3]) Durch irrige Interpunktion ist im Druck bei Schlüter aus dem Land-
pfleger Festus (Apostelgesch. 26, 24) ein ·   Paulus geworden. Berichtigt
Schlüter 207.

Adieu und gute Nacht, mein herzenslieber Freund, geben Sie dieser Frau, wo möglich, Antwort mit, wenn auch nur mündlich, denn ich bin ungeduldig und Pfingsten ist vor der Thür. Doch kann sie auch morgen wieder vorkommen. Gute Nacht, gute Nacht. Annette.

[Nachschrift am oberen Rande der ersten Seite:] Ich schicke hier einige Blüthen vom Gewürzstrauch; ist Ihnen der Geruch angenehm, so stehen mehrere zu Dienste, den besten Duft erhalten sie erst, wenn man sie in den Kleidern trägt und sie beginnen warm und etwas welk zu werden. Viel viel Herzliches an Mutter und Therese.

[Adresse auf der 4. Seite:] Dem Herrn Professor Schlüter Wohlgeboren zu Münster.

Orig. Prof. Jostes. Schlüter 38. Das Datum „Donnerstag d. 4." ist von Schlüter richtig 4. Juni 1835 ergänzt: Der zu Eingang erwähnte Brief Schlüters an A. (Orig. Prof. Jostes) ist datiert „Sonntag den letzten Mai 35", der 4. Juni 1835 fiel in der Tat auf einen Donnerstag, und das als bevorstehend erwähnte Pfingstfest auf den 7. Juni; auch stimmt die Erwähnung der geplanten Reise in die Schweiz. Schlüters Brief enthält lange schwärmerische Ausführungen über Bettina v. Arnim, die in A.'s Antwort ignoriert werden, kaum zufällig.

36. An Schlüter. — Heeßen, Donnerstag [1835].

Heeßen, Donnerstags.

Nur zwei Worte in größter Eil, mein theurer Freund. Meine Cousine Metternich [a] [1]), die gleich nach Münster fährt, nimmt diese Zeilen und den Bernhardo [2]) mit. Ich habe ihr Beides so fest auf die Seele gebunden, daß doch allzu viel Mißtrauen dazu gehörte, noch an der glücklichen Ueberkunft zu zweifeln. Wie es mir geht? Wie Jemanden, dem man kaum so viel Zeit läßt zu fühlen, daß ihm unwohl ist. Ich bin zwischen lauter Verwandten und sehr nahen Bekannten und bin mit Einigen derselben lange nicht zusammen gewesen, man hat mich gestern Abend fast bis zur Ohnmacht [b] singen und reden lassen, die übergroße Aufregung ließ mich nachher nicht schlafen. Ich zündete Licht an in der Nacht, und nahm die mir von Junkmann übergebenen Papiere zur Hand; ich habe sie jetzt alle gelesen und muß nun doppelt dafür danken, jemehr mir die tiefgütige Absicht einleuchtet, mit der sie für mich bestimmt wurden. Grüßen Sie Junkmann so freundlich als je von mir, wo möglich noch freundlicher, und sagen Sie ihm, daß ich ihn der Verabredung gemäß am nächsten Dienstag nach meiner Zurückkunft in Rüschhaus erwarte, d. h. wenn ich dann noch lebe, was mir wahrlich gestern

[a] *Orig.* Metternicht. [b] *Der Schlütersche Text hat hier das farblose* zu lange.

---

[1]) Also eine Tochter ihrer Tante Dorothea v. Wolff-Metternich auf Wehrden, geb. v. Haxthausen.
[2]) Cyclus von W. Junkmann. Vgl. Kreiten I, 280.

und heute ernstlich zweifelhaft geworden ist. Der Anfang dieser Reise
ist ermüdend, aber er ist nichts gegen die Fortsetzung, ich gehe großen
Erschütterungen entgegen, Gott helfe sie mir würdig bestehen. Ich scheue
vor Hannover! Noch mehr vor Cassel! Ich nähme sehr gern eine Abschrift des Bernhardo mit, aber wenn sie nicht bis Freitag Mittag auf
die Post kann gegeben werden, und zwar auf die Schnellpost, auf der
man sie vielleicht als Paket nicht wird annehmen wollen, so bekomme
ich sie hier nicht mehr und mag sie keineswegs dem Schicksale aussetzen, in der Welt herumzufahren, in unrechte Hände zu kommen oder
gar verloren zu gehn; denn dieses Heeßen ist der einzige Ruhepunkt,
den ich vorläufig angeben könnte. Nach Bökendorf addressirt, könnte
sie leichter verunglücken als sonst irgendwo; denn dort geht es sehr unruhig und wirblicht zu, und Ihre arme Freundin wird auch dort keinen
festen Fuß fassen, sondern diese Zeit über umherschwirren einem Kometen
ähnlicher als je. Kann also, wie gesagt, das Paketchen nicht bis Freitag Mittag und zwar auf die Schnellpost kommen, so muß ich die
Freude aufgeben, es jetzt mit mir zu führen. Adieu, mein sehr, sehr
lieber Freund, 1000 Liebes an Mutter und Thereschen, bethet Alle zuweilen für mich. Da ich noch nicht zu der Vollkommenheit gediehen
bin, allen natürlichen Neigungen zu entsagen, so darf ich wohl sagen,
daß ich Euch alle recht tief in meinem Herzen trage.

Eure Annette Droste-Hülshoff.

P. S. Mama will auch genannt sein mit 1000 herzlichen Grüßen.
Die Adresse hieher heißt Heesen bei Hamm.

Orig. Prof. Jostes. Schlüter 44 mit einigen Auslassungen, das Jahr
1835 wird mit Fragezeichen ergänzt. Kreiten I, 244 setzt den Brief nach
dem Abschied von Schlüter vor der Reise in die Schweiz (30. Juni) und läßt
A. „auf Umwegen" über Heeßen, das Gut der v. Böselagerschen Verwandten,
und Bökendorf nach Bonn und dann nach Eppishausen fahren. Die „Umwege" waren aber noch viel größer, denn sie will zunächst nach Rüschhaus
zurückkehren, und scheut sich vor Hannover und Cassel. Die „großen Erschütterungen", denen sie entgegengeht, hängen zweifellos mit den Vorgängen
von 1820 zusammen, welche sie im Innersten erschüttert hatten: In Hannover
wohnt ja die Familie v. Arnswaldt, und in Cassel der einst so heiß geliebte
Straube. Vgl. den Brief an Anna v. Haxthausen (Frau v. Arnswaldt) 1820.
Daß im Druck bei Schlüter die beiden Städte fehlen, ist gewiß kein Zufall.
An der Datierung 1835 ist kaum zu zweifeln; sie wird bestätigt durch den
Umstand, daß A. am 11. März bei ihrem Onkel Karl v. Haxthausen anfragt:
„Kömmst Du denn diesen Frühling wirklich nach Heeßen?"

37. An Schlüter. — Eppishausen [1835] Oct. 22—Nov. 19.

Eppishausen, d. 22t. October.

Hätte ich Ihnen früher schreiben können, theuerster meiner Freunde,
ich hätte es gethan, aber grade Ihnen kann ich nicht zu jeder Stunde
schreiben, und Sie dürfen sich immerhin für etwas halten, wenn ich

sage, für Sie ist mir noch keine Stunde passend gewesen[1]). Ich habe
mich indessen mit allerlei umhergeschlagen, viel Ausflüge in die Gegend,
viel Besuche aus dem Hause, und viele in's Haus, abwechselnd den an-
muthigen Gast und die erfreute dienstfertige Wirthin gemacht, aus dem
Geräusch in Abspannung, aus der Abspannung wieder in die Zerstreuung.
Glauben Sie mir, es gehört was dazu, bis man Jedem sein Recht wider-
fahren lassen, und alles Plaisir ausgestanden hat, wozu man prädestinirt
worden.

Aber jetzt bin ich, so Gott will, in's Standquartier eingerückt, und
wahrlich, das Plätzchen ist nicht übel, namentlich das, was ich in diesem
Augenblicke einnehme, wollen Sie es kennen? Es ist das Fenster eines
alterthümlichen Gebäudes am Berge, aber nicht gar hoch; die Kirchthurm-
spitze des Dorfes drunten könnte uns den Wein aus dem Keller stehlen;
wäre sie nicht so christlich erzogen, wer weiß was geschäh? Also, das
Dorf grad unter dem Fenster, fast unmittelbar daran stoßend ein zweites,
dann ein drittes, viertes, bis zu einem siebenten, alle so nah, daß ich
die Häuser zähle (versteht sich mit der Lorgnette), und unsre gute, alte
Burg d'rin wie das kleine Wien in seinen großen Vorstädten, sans com-
paraison. Mitten durch's Thal eine Chaussee, auf der es ärger rappelt
und klappert als auf der besten in ganz Westfalen; denn Sie müssen
wissen, daß hier halb satt essen und Ellbogen doer de Maue bei
weitem nicht so untrügliche Zeichen der Armuth sind, als Wasser
trinken und zu Fuß gehen. Besser ohne Brod als ohne Most, und
das muß ein vom Schicksal Verlassener sein, für den weder der Himmel
eine Rozinante, noch der Wagner ein Karriölchen geschaffen hat. Wer
dies nicht kennt und obendrein kurzsichtig ist, wie ich, meint, das ganze
Volk bestehe aus reichen Leuten.

Doch, um nicht den Boden zu verlieren, ferner über die Chaussee
hinaus die lieblichsten mit Laubholz bewachsenen Gebirge, und, wie's im
Liede heißt: „Auf jedem Gipfel ein Schlößchen, ein Dörfchen aus jeder
Schlucht." Von diesem Fenster sehe ich ihrer dreißig; gezählt habe ich
sie nicht, und auch jetzt nicht Lust dazu, aber glaubwürdige Leute sagen
es; das ist lieblich, das ist schön anzusehen! vor allem beim Sonnenschein; ja, selbst Sturm und Nebel können soviel Leben und Fröhlichkeit nicht zu Grunde richten. Drum bin ich bei heitrer, geselliger Stimmung nirgends lieber, als in diesem Zimmer, welches schon an sich selbst
so hell und heiter ist und angefüllt mit den zierlichsten Dingen, Muscheln,
Schnitzeleien in Holz, Elfenbein, geschnittene Steine, Münzen et cet.
Wenn ich nun sehe, wie die Meinigen so Alles um mich versammelt
haben, was mich freut und unterhält, da zweifle ich kaum, daß man auch

---

[1]) Die Ankunft der „Rüschhauser" in Eppishausen meldet ein Brief Laßbergs an Werner v. Haxthausen 1835 Sept. 19. Kreiten I, 248.

alle diese Dörfer und blanken Schlößchen mir zu Liebe hingebaut hat,
und nur zu meiner Unterhaltung sich dieses Menschenspiel auf der
Chaussee treibt, grade nah genug, um deutlich vom Auge unterschieden,
fern genug, um nicht störend zu werden.

Aber es giebt eine Stelle, die mir noch lieber ist, und der Winter
muß es sehr arg treiben, soll ich sie nicht jeden Tag begrüßen, wenigstens einmal; bis jetzt habe ich den größten Theil der gestohlenen Zeit
dort verlebt. Hören Sie! Neben dem Hause liegt ein herrlicher Wald
mit Anlagen, die nur eben so viel von der Kunst geborgt haben, um das
Unbequeme zu entfernen; lauter alte Buchen, herrliche hohe Laubgewölbe,
mit Vögeln von allen Farben und Zungen, hier und dort Felsstücke zum
Ausruhen, eine Menge lebendiger Quellen, die sich sammeln zu artigen
Teichen, auf denen genug und zum Ueberfluß weiße Wasserrosen schwimmen, die man bei uns so sorgfältig zieht; das Alles bildet ein unschätz-
bares Ganze, d. h. eben für uns unschätzbar, die wir gern spazieren
gehen, aber ungern den Berg hinab galloppiren. Dieser Wald aber wird
nur durch eine schöne und tiefe Schlucht vom Hause getrennt, worüber
eine Brücke führt, die sich wahrlich nicht schlecht ausnimmt. Sie denken,
dieses sei der geliebte Ort; keineswegs! ich beschreibe seine Vorzüge nur,
um ihm mit desto größerem Glanze den Hals zu brechen, wenn ich hinzufüge, daß ich ihn hundert Mal unter die Erde gewünscht habe, zu den
alten muffigen Stämmen, die drüben bei Zielschlatt im Torfmoore liegen;
denn was er verbirgt, ist mir lieber, als Alles, was er geben kann. Ach!
lieber keinen Wald, keinen Spaziergang außer der Chaussee und unter
den Obstbäumen, mit denen das Thal bestreut ist; und dafür meine lieben
Alpen, meinen Sentis, mein Glärnisch, meine Tiroler Gebirge und meinen
schönen, klaren See mit seinen Segeln; sehn Sie, das Alles käme uns zu,
brächte der Wald uns nicht drum; nun seh ich es zwar auch mitunter,
aber nicht so oft ich will, z. B. nicht eben jetzt, wo ich fünf Groschen
drum gäbe; ich sehe es nur an dem Plätzchen, wovon ich schon so lange
geredet und Sie noch immer nicht hingeführt habe.

Es ist ein Gartenhäuschen an der höchsten Stelle des Waldes, wo
sich die Aussicht in's Thal öffnet. Zwei Wege gibt es dorthin, einen steil
und dornicht, wie den der Tugend, und ihn pfleg ich zu gehen oder vielmehr zu klettern; denn er bringt mich in drei Minuten hinauf, wenn auch
keuchend und halb todt; der andre gleicht dem der Sünde, breit und
gemächlich, deshalb verschmähe ich ihn auch, zumal da er die Eigenschaft besitzt, eine Viertelstunde lang zu sein. Sie mögen gewählt haben,
wen Sie wollen, wir sind jetzt jedenfalls oben. Ja, mein theurer, theurer
Freund, wir sind oben; dieses ist der Platz, wo ich immer bei Ihnen
bin und Sie bei mir, ich glaube mit Wahrheit sagen zu können, ich war
nie droben ohne Sie. Es ist ein einsamer Fleck Erde, sehr reizend und
sehr großartig. Ich sitze nur bei rauher Luft im Rebhäuschen, sonst davor

unter einer großen Trauerweide, ganz versteckt durch die Reben, mit denen der Abhang bis in's Thal besetzt ist, das Thal selbst schmal und leer, die Gebirge gegenüber sehr nah und mit Nadelholz bedeckt, was sie schwarz und starr aussehen läßt; so nun Berg über Berg, ein kolossales Amphitheater, und zuletzt die Häupter der Alpen mit ihrem ewigen Schnee, links die Länge des Thals vom Bodensee geschlossen (d. h. die Perspective, der See selbst ist zwei Stunden von hier), dessen Spiegel im Sonnenscheine mich blendet, und der überhaupt mit seinen bewegten Wimpeln und freundlichen Uferstädtchen hinüberleuchtet, wie das Tageslicht in einen Grotten-Eingang. Es ist seltsam, wie die Klarheit der Atmosphäre jeden Gegenstand heran rückt; ich bedarf hier nur einer guten Lorgnette, um meilenweit zu sehen, und dasselbe leisten Andere mit freien Augen. In Hülshoff habe ich den Spiegel eines nicht fünf Minuten entfernten, großen Teiches nie deutlicher gesehen (von meinem Zimmer aus), als hier am Rebenhäuschen den eine Meile fernen See, auf dem ich jedes Segel zähle, ja sogar in dem Städtchen Lindau am jenseitigen Ufer einzelne Gebäude unterscheide. Die Alpenhäupter nun gar, denen nicht viel mehr Luft als keine geblieben, scheinen oft so nah, daß man nur sogleich hinangehen möchte. Ich unterscheide jede Schlucht am Sentis so genau, daß ich meine, wenn ein Gemsjäger daraus hervorträte, ich müsse es sehen, und doch sind's sechs gute Stunden bergauf, bergab bis zum Fuße dieses alten Herrn und zu seinem Gipfel — nun, ich weiß nicht, aber wohl weiß ich, daß noch vor einigen Wochen ein Engländer, dem seine eigensinnige Geliebte zum Gegenpfande ihres Herzens eine Eisscholle vom Gipfel des Sentis abverlangte, fast drüber zu Grunde gegangen ist. Dreimal haben die Schwierigkeiten ihn zurückgetrieben, zum vierten Male hat er nicht nachgelassen und jeden Schritt nur vorwärts gesetzt. Zum Glück hat er unten im Thale Freunde zurückgelassen; so sind Alpenjäger aufgeboten, und unser Held hat den Rückweg auf einer Tragbahre gemacht, besinnungslos. Ob nun die Dame ihre Forderung aufgegeben hat, oder er die Dame, weiß der Himmel, meine Kenntnisse sind hier zu Ende. Sie sehen indessen, daß mein Liebling und tägliches vis-à-vis keinen Spaß macht und sich wenigstens eben so ungern am Barte zupfen läßt, als der weiland Sultan von Babylon, Oberonischen Andenkens.

Doch um wieder aus den Eisregionen zu kommen, von meiner Bank unter der Weide aus durchstöbere ich jede Schlucht, besteige ich jede Klippe, zwar nur in Gedanken, aber was so nah und deutlich erscheint, davon hat man schon so genug und glaubt nichts Neues gewinnen zu können durch Annäherung. Hier träume ich oft lange, komme oft recht verklammt zurück, denn die Abende werden allmählich frisch; aber hier droben ist meine Heimath, hier geht alles an mir vorüber, was ich nur in meinem Herzen habe mitnehmen können. Vieles, Vieles. Wenn ich den ganzen Tag mit andern Vorstellungen bin gefüttert worden, hier

mache ich mein eignes Schatzkästlein auf und reiche Ihnen. mein theurer
Freund, von hier aus die Hand über so manche Stadt, so manchen Berg
und den breiten Rhein. Den Tag hindurch ist noch Leben im Thal, aber
wenn es dämmert, wenn die Tiefe um Eins so tief, die Höhe um Eins
so hoch wird, der Fichtenwald dasteht wie die eigentliche Finsterniß, und
nur die weißen, kalten Massen droben wie Gespenster herableuchten,
glauben Sie mir, Schlüter, das flache Land bietet keinen Begriff für die
Einsamkeit solcher Augenblicke, — öde und gewaltig, — der Tod
in seiner großartigsten Gestalt.

d. 3. Novembre.

Es sind wieder mehr als acht Tage vergangen, in denen ich meine
eigne Lebensordnung habe aus den Augen setzen müssen, um der Anderer zu folgen. So wird mir's öfters zu Theil und ich trage es unge-
duldiger als billig; denn wem wird es nicht ebenso? und noch öfterer?
Gewiß Wenige haben mehr freie Zeit und nachsichtigere Hausgenossen.
Drum geht mir's wie der Gais in Campens Kinderbibliothek, der es zu
wohl im Stall war, und tritt mal ein kurzer Zeitraum ein, der mich spüren
läßt, daß man nicht die Freuden geselliger Verhältnisse so hinnehmen
kann, ohne einen Theil der Kosten zu tragen, wahrlich, Schlüter, dann
bin ich unausstehlich, wie Sie mich noch gar nicht kennen. Z. B. da
giebt es hier nun sehr liebe Leute, eine Familie Grafen von Thurn[1]).
Der Graf, ein alter grundehrlicher, über die Maßen gutmüthiger Mann,
seine unverheirathete Schwester, ganz von gleichem Schlage, und der
einzige Gegenstand ihrer beiderseitigen Sorgfalt eine schöne, gute, kluge
und sehr gefühlvolle Tochter von etwa 25 Jahren; sie bewohnen. zwei
Stunden von hier, einen der schönsten Punkte des Landes, und verschiedene Umstände haben uns in Verhältnisse zu ihnen gesetzt, die denen
der Verwandtschaft oder langjähriger Freundschaft fast gleichkommen;
sie sind aber begreiflich die Einzigen, deren wir derartige Rücksichten
schuldig sind; kommen sonst Besuche, da kann ich es halten, wie ich
will, erscheinen, fortbleiben, Alles, wie es mir der Geist einbläst, Zerstreuung und Einsamkeit, wie ich nur auf dem Finger pfeife; ein wahres
geistiges Schlaraffenleben, zwar erst seit einigen Wochen im Schwange,
aber doch lange genug, um mich aus dem Grunde zu verderben; denn
die bösen Gewohnheiten wuchern bei mir aus dem Samen und aus der
Wurzel. In Rüschhaus habe ich Tag für Tag die Besuche empfangen,

---

[1]) Graf Theodor v. Thurn-Valsassina auf Schloß Berg. Vgl. Hüffer 137 ff.
Kreiten 254 ff. Er starb bald darauf, A. an Karl v. Haxthausen 1836 Aug.
Seine Schwester wird an anderer Stelle des Briefes Emilie genannt. Die Tochter
Emma verlobte sich damals mit dem sauerländischen Freiherrn Karl v. Gau-
greben (Kreiten I, 249). Eine Gräfin Auguste Thurn war Stiftsdame in Frecken-
horst (Kreiten I, 33. III, 423); A. hat ihr die dritte Strophe des Gedichtes
Schloß Berg gewidmet.

Berichte der Dienstboten angehört und mich meiner Mutter sehr wiederholtem Anrufen persönlich gestellt. In der That, ich war dessen so gewohnt, daß ich nicht muckste, in der Hälfte eines Verses abzubrechen, was mich manchen guten Gedanken oder manchen eben gefundenen Reim gekostet hat. Ja! damals war ich brav, aber jetzt? Mein theurer, nachsichtsvoller Freund, ich glaube alle Ihre Geduld ging' aus, hörten Sie mich so unfreundlich und ungastlich lamentiren, als z. B. vor acht Tagen, wo die guten Th. kamen, wahrhaftig mit so freundlichem Herzen, mich zur Weinlese auf ihrem schönen Gute abzuholen. Ich hätte früher den Vorschlag mit beiden Händen ergriffen, und jetzt? Vorgestern wär es mir schon recht gewesen, gestern auch, morgen wieder, aber heute wollte ich grade diesen Brief vollenden, und ich mußte mich zusammennehmen, um nicht wie ein maulendes Kind zu erscheinen.

d. 9ten

Nein, es ist zu arg, wie ich mit Ihnen verfahre, mein frommer, geliebter Freund, aber ich will Ihnen sagen, wie es derweil zugegangen ist, dann ist meine Entschuldigung gemacht. Vorerst war ich acht Tage lang bei Thurn's, (bin aber schon seit sechs Tagen zurück) dann, doch dort müssen Sie vorläufig noch verweilen, dort sind mir ein paar artige Begebenheiten zugestoßen; was ich sonst noch zu meinem Vortheil zu sagen habe, soll schon noch kommen; ich habe auf diesem Gute (Berg) eben wie hier die meiste Zeit am Fenster zugebracht, man sieht die Alpen wie auf unserm Rebhügel. Dort sah ich zuerst das Alpen-Glühen, nämlich dieses Brennen im dunklen Rosenroth beim Sonnen-Auf- und Untergange, was sie glühendem Eisen gleich macht, und, so häufig die Dichter damit um sich werfen, doch nur bei der selten zutreffenden Vereinigung gewisser Wolken-Lagen und Beschaffenheit der Luft stattfindet. Eine dunkel lagernde Wolkenmasse, in der sich die Sonnenstrahlen brechen, gehört allemal mit dazu, aber noch sonst vieles. Nun hören Sie, ich sah, daß eine tüchtige Regenbank in Nordwest stand und behielt desto unverrückter meine lieben Alpen im Auge, die noch zum Greifen hell vor mir lagen; die Sonne, zum Untergang bereit, stand dem Gewölk nah und gab eine seltsam gebrochene, aber reizende Beleuchtung. Ich sah nach den Bergen, die recht hell glänzten, aber weiß wie gewöhnlich, als wenn die Sonne sonst auf den Schnee scheint — hatte kein Arg aus einer allmählich lebhafteren, gelblichen, dann röthlichen Färbung, bis sie mit einem Male anfing sich zu steigern, rosenroth, dunkelroth, blauroth, immer schneller, immer tiefer, ich war außer mir, ich hätte in die Knie sinken mögen, ich war allein und mochte Niemand rufen aus Furcht, etwas zu versäumen. Nun zogen die Wolken an das Gebirge, die feurigen Inseln schwammen in einem schwarzen Meere, jetzt stieg das Gewölk, Alles ward finster, — ich machte mein Fenster zu, steckte den Kopf in die Sopha-Polster und mochte vorläufig nichts anderes sehen noch hören.

Ein anders Mal sah ich eine Schneewolke über die Alpen ziehn, während wir hellen Sonnenschein hatten; sie schleifte sich wie ein schleppendes Gewand von Gipfel zu Gipfel, nahm jeden Berg einzeln unter ihren Mantel und ließ ihn bis zum Fuße weiß zurück; sie zog mit unglaublicher Schnelligkeit in einer halben Stunde viele Meilen weit, es nahm sich vortrefflich aus. Sie sehen, die Schweizernatur macht mitunter die Honneurs ihres Landes sehr artig und führt ergötzliche National-Schauspiele auf für die Fremden an den Fenstern.

Nun noch ein liebliches kleines Abenteuer vom Schlosse Berg, ganz anderer Art, wobei mir beinah angenehm schauerlich zu Muthe wurde, in Beziehung auf einen recht gut geschriebenen Geister-Roman „der Ueberzählige", den ich erst vor einigen Tagen gelesen und in dem eine ähnliche Scene stattfindet. Also, — schon tönt die Glocke Mitternacht; nein so spät war es nicht, aber doch etwa halb eilf, wir saßen nach dem Abendessen noch beisammen, der alte Graf Thurn, seine Schwester Emilie, seine Tochter Emma und ich. Vor uns auf dem Tische lagen allerlei alte Sächelchen, mit denen der gute Papa Thurn mich so eben beschenkt hatte; ein Calatrava-Orden, derselbe, dessen Copie auf einem mehr als hundertjährigen Familien-Gemälde vorkam; eine Bügeltasche mit Schloß und Kette, stark genug, einen jungen Ochsen anzulegen. Die Tasche selbst von schwerer Seide, drein gewirkt auf Gold das älteste Thurnische Wappen, aus jener Zeit, wo sie noch unter dem Namen de la Torre Mailand beherrschten, bevor sie den Viscontis weichen mußten; ein sehr schön gemaltes kleines Bild und dergleichen mehr. Alles kam aus Schiebladen, die vielleicht seit 60 Jahren nicht geöffnet waren, der Modergeruch verbreitete sich im ganzen Zimmer und mir war fast, als berühre ich die wunderbar conservirten Glieder der Verstorbenen. Der alte Graf hielt ein schlichtes Kistchen von Elfenbein in der Hand, aus dem noch allerlei zum Vorschein kam; endlich war es leer. Nun, sagte er, damit Sie die kleinen Dinger nicht verlieren, so schenke ich Ihnen das Kistchen dazu; es ist zwar weder etwas Schönes noch Merkwürdiges daran; indessen mag es doch ein paar hundert Jahre alt sein, ich wenigstens habe es schon über vierzig Jahre; als ich ein Kind war, hatte es mein Vater und ich erinnere mich, daß er sagte, er habe es von seinem Großvater, der es ihm auch schon als ein altes Kistchen mit, ich weiß nicht was drinne, gegeben habe; so können Sie es auch unter die Antiquitäten rechnen. Hierbei schlug er den Deckel so fest zu, daß ich gleich nachher ihn nicht aufzubringen vermochte; ich meistere und drücke dran, eigentlich nur zum Zeitvertreibe; mit einem Male fliegt es gewaltsam auf, und zwei wunderschöne Miniaturbilder liegen vor mir, das eine im Deckel, das andere gegenüber im Grunde des Kistchens. Emma und ich hatten uns, in der Erinnerung an den „Ueberzähligen", beide erschreckt, daß wir blaß geworden waren; weniger entsetzt, aber mehr verwundert waren die beiden Geschwister, die mit Gewißheit sagen konnten, daß seit wenigstens 130 Jahren Niemand mehr um das Dasein dieser Gemälde gewußt hatte. Der alte Graf, dem das Kistchen früherhin zwanzig Jahre als Bonbonière gedient, sah aus, als glaube er an Hexen. Es fand sich, daß ich mit meinem ungeschickten Meistern und Brechen die Feder getroffen, welche den Schieber vor den Gemälden bewegte. Die Bilder stellen zwei vollkommen erhaltene Porträts dar, einen jungen Mann und ein Mädchen, beide im Alter von etwa sechszehn Jahren, beide von großer Schönheit und einander so ähnlich, daß man sie für Geschwister, wo nicht gar für Zwillinge, halten muß. Beide haben runde, feine Gesichtchen, ein Teint von seltener Zartheit, die schönsten und größten dunkelblauen Augen, etwas aufgestutzte Näschen, hingegen wieder einen Mund und Kinn von wahrhaft idealer Lieblichkeit. Wäre der junge Mann ein Mädchen, so würde er die schönere von den beiden Schwestern sein, so aber lassen sich diese zarten Formen kaum mit der Jugend entschuldigen; das Mädchen ist schwarz gekleidet, mit ungeheuren hängenden Aermeln, aus denen die schönen runden Arme und Händchen allerliebst herauskommen; dann eine weiße Schürze, ein weißes durchsichtiges Halstuch und ein sehr klares Häubchen, unter dem einige braune Löckchen hervorsehen. So sitzt sie in einem ungeheuren Sessel von dunkelrothem Sammet, etwas selbstgefällig, noch mehr ängstlich, ganz wie das arme Ding dem Maler mag gesessen haben und reicht mit dem einen Händchen einen Brief durch's offene Fenster, während die andere ein Körbchen mit Brezeln auf ihrem Schooße festhält. Der junge Mensch sieht nun vollends aus, wie ein masquirter Amor. So eben tritt er aus der Thür seines Hauses, mit der possirlichsten und dabei anmuthigsten Prätension und einem Anfluge von wirklicher Würde, der sich späterhin recht vortheilhaft mag ausgebildet haben; eine ungeheure Allonge-Perrücke läßt sein Gesichtchen hervorschauen, wie ein Engelsköpfchen aus den Wolken; seine zarte, aufgeschossene Figur streckt sich in einer endlos langen goldgestickten braunen Weste und dito Rock; in der einen Hand hält er eine offene Tabaksdose, die andere hat er trotzig in die Seite gestemmt. Die Farben sind frisch, wie eben aus dem Pinsel.

Das Kistchen ist mir geblieben und ich betrachte es bis jetzt täglich mit den seltsamsten Gefühlen. Mein Gott! was ist die Zeit! was ist ehemals, jetzt und dereinst! (ich meine irdisch gerechnet). Die Bilder sind nicht gerade so ausgezeichnet gut gemalt, aber sie copiren das Leben bis zur ängstlichen Täuschung, ich hab' es früher nie so gesehen; Emma Thurn behauptet, sie schlügen die Augen auf und nieder. Man ist gezwungen zu denken, sie seien nur eben erst nebst dem Maler zur Thür hinausgegangen, gleich voll der allerfrischesten Lebensessenz und des allerfestesten Köhlerglaubens an einen Himmel voll Geigen; man sieht recht, wie froh sie ihrer Schönheit waren und ihrer guten Kleider, vor allem der Knabe seiner köstlichen Perrücke, welche ihm die Eltern ohne Zweifel eigens hierzu machen ließen, — und wo sind jetzt ihre Knochen? Sollte man wohl noch einige Stäubchen zusammenlesen können?

Sie erinnern mich an ein sehr liebliches und ihnen ganz ähnliches Geschöpf, Lorchen Dalvig, die ich im vorigen Jahre in Belgien sah, ihr erster Ausflug, seit sie vor vier Wochen die Pension verlassen. Man kann sich nichts anmuthigeres und frischeres denken; jede freie Minute wurde zu einer kleinen Tanz- oder Musik-Uebung verwendet, denn wir waren schon im Spätsommer und auf den Winter sollte sie in die Welt eingeführt werden; ihre Augen funkelten schon vor Erwartung und die ihrer Eltern nicht minder, aber nicht zwei Monate nachher erhielt ich eine Todes-Anzeige, das Nervenfieber hatte sie fortgenommen. Nun möchte ich immer wissen, ob jene zwei frischen Blumen auch so geknickt sind, wie ich sie da vor mir sehe, oder ob sie zuvor verdorrten und unkenntlich wurden; für meine Träumereien verweile ich am liebsten bei der ersten Vorstellung. Mir macht das jugendliche Porträt eines gealterten Originals nur selten andere als unangenehme Eindrücke; es ist nicht das Verfallen der äußern Form, sondern das der innern. Wessen Persönlichkeit entwickelt sich wohl so voran, daß sie zu allen Zeiten demselben Individuum gleich ansprechend wäre! Bei Alten, denen ich Zutrauen und Ehrfurcht zolle, mag ich nicht daran erinnert werden, daß es eine Zeit gab, wo ich ihnen beides würde geweigert haben; bei Solchen, denen Alles verloren gegangen ist, was die Jugend Edleres hatte, betrübt's mich zu sehn, daß man so gut ausgestattet sein und doch zuletzt so verkommen kann; selten, selten darf man denken: das ist grad die Blüthe, die man nach der Frucht voraussetzen mußte.

Doch Reflexionen können Sie selber machen, die brauche ich nicht aus der Schweiz zu schicken; aber, liebster Freund, ich weiß Ihnen eben nichts Besseres zu geben; die Politik bekümmert uns beide gleich wenig, sonst könnte ich Ihnen sagen, daß die freien Schweizer, die keinen Rang anerkennen wollen, die ärgsten Sclaven des Geldes sind, daß reiche Bauern in den Dörfern unbeschränktere Herren und schlimmere Tyrannen darstellen, als je der Unterschied des Ranges dergleichen hervorgebracht hat; anderwärts mögen Connexionen Manches bewirken, hier thun sie Alles, Geld und Nepotismus sind die einzigen Hebel; wer beides nicht aufzuweisen hat, mag die Hände nur in den Schooß legen, er ist verdammt, sein Leben lang ein Quäler zu bleiben. Jetzt eben stehn alle Cantone in sich selbst und Eins gegen das Andere, wie Katzen und Hunde; in je mehreren und je gemeineren Händen die tausend Fäden liegen, an denen das Staatsgewebe hin und her gezerrt wird, je elender und interessirter geht es zu; man kann nicht ohne Ekel darauf merken[1]).

---

[1]) Auch sonst ist A. auf die Schweizer sehr schlecht zu sprechen. Vgl. ihren Brief an Karl v. Haxthausen 1836 Aug.

Doch wir erfahren nicht mehr von der Sache, als man uns gegen unsern
Willen in die Ohren hängt. Mein Schwager ist kein geborner Schweizer,
sondern ein Schwarzwälder und hat somit als Ausländer mit Allem nichts
zu schaffen. Punktum.

Daß wir von einem Erdbeben profitirt haben, werden Sie aus den
Zeitungen lesen, aber das haben Sie nicht geträumt in jener Nacht, daß
ich, Ihre sehr liebe Freundin, Ihr eigentliches Herzblatt, gemeint habe.
ein Mörder liege unter meiner Bettstatt und bemühe sich jetzt grade
drunter wegzurutschen, um mir in der nächsten Minute das Schermesser
durch den Hals zu ziehen. Doch ernstlich, etwas Aehnliches dachte ich
und in derselben Stunde Viele mit mir; denn die Erschütterung war sehr
heftig, überall klirrten die Fenster und an manchen Orten fielen Gläser
und Flaschen um; auch seltsames Geräusch und Geknall wie von fernen
Kanonenschüssen hörte man; da war ich aber noch halb im Schlafe und
meinte, es falle von der Kelter im Nebenhause einer der schweren Steine,
womit man sie beladet, oder ein Traubenwächter schieße in den benachbarten Weinbergen; dergleichen war ich über Nacht schon gewohnt. Ja,
reisen ist doch zu etwas gut. Wo hätte ich zu Rüschhaus ein Erdbeben
hernehmen sollen? Nun also, die guten Thurns hatten so viel zu meinem
Vergnügen herbeigeschafft, ein Erdbeben, ein Alpenglühen, eine höchst
malerische Schneewolke, zwei gespenstige Porträts und sonst noch
eine Menge angenehmer Gegenstände, Geschenke, freundliche Worte und
Blicke et cet. Ich hätte ihnen auch gern etwas zu Liebe gethan; da gab
mir denn Emma unter den Fuß, den Papa werde nichts mehr freuen als
ein Gedicht auf sein liebes Schloß Berg[1]). O weh! das war eine harte
Nuß. Was ich soll, das mag ich nie, — (wieder eine schlimme Eigenschaft, die Ihnen noch unbekannt war); indessen ich machte gute Miene
zum bösen Spiel; aber nun wurde mir das Schema vorgelegt. Kennen
Sie das Lied: „Mein Herr Maler will er wohl mich abkonterfeien?" Doch
falls Sie es nicht kennen, hören Sie, was man einem Menschen zumuthen
kann. Zwölf Cantone sollte ich namentlich anführen, eben so viele
Hauptgebirge, ungefähr doppelt so viele Hauptorte, die Namen von vier
Königreichen, von verschiedenen Gewässern, und die Zahl aller übrigen
Orte, welche die Aussicht darbietet. Dem guten alten Herren war es seit
Jahren ein schwerer Aerger, so manches Gedicht zu lesen auf die schönen Punkte der Umgegend, und niemals Eins auf sein liebes Berg; nun
aber mal die Reihe an ihn kam, wollte er den Leuten auch nichts schenken;
kein drei Ellen breites Flüßchen, kein Dörfchen von sechs Häusern. Ich
aber sagte mit Wilhelm Tell „fordere, was menschlich ist", und machte
ihm begreiflich, daß Zahlen sich weit besser in einer Rechnung ausnehmen, als in einem Gedicht; er begriff's nur halb, gab nur wenig nach,

---

[1]) Das große Gedicht Schloß Berg im Thurgau, im Abdruck bei Kreiten
III, 422 irrig 1836 (statt 1835) datiert.

und ich hatte gelobt, das Machwerk dem „St. Bernhard" und „Arztes
Vermächtniß" beidrucken zu lassen, folglich war es nicht ohne Einfluß
für mein erstes Auftreten, eine üble Klemme. Die Zufriedenheit meines
lieben, frommen prosaischen Wirths war mir doch lieber als mein poetischer
Ruf, indessen ganz einerlei war es mir um diesen auch nicht, und sehen
Sie, so lächerlich es Ihnen scheinen mag, dies hat eine große Lücke in
diesen Brief veranlaßt; jeden Morgen überfiel mich das Bewustsein meiner
schwierigen und unerfüllten Verbindlichkeit, ich konnte eben an nichts
anders denken, war zu keinem vernünftigen Dinge aufgelegt; kurz, ich that
wohl, mir diesen Stein um jeden Preis zuerst abzuwälzen. Victoria! es ist
geschehen, und was das Beste ist, Prosa und Poesie haben noch einen
ziemlich guten Accord mit einander getroffen; wenn der Graf Thurn Ein
Auge zudrückt, und das Publikum auch eins, so wird es schon gehen.
Ich schicke Ihnen das Zwitterproduct dies Mal nicht, denn ich hebe
meinem Versprechen gemäß für Sie auf, was ich schreibe; viel ist es
noch nicht, aber doch etwas, und es bringt mir viel Genuß, für Sie
zu arbeiten.

Lieber, theuerster Freund, ich fürchte, Sie denken wenig an mich,
weil Sie noch immer keinen Brief von mir haben; es wäre aber recht
schlecht von Ihnen, da ich Ihrer so oft und so herzlich gedenke. Sprechen
Sie doch zuweilen von mir mit der lieben Mutter und meinem Thereschen; ich fürchte immer, ich komme während meiner Abwesenheit
auf den Umschlag zu stehen. Der Menschenschlag gefällt mir hier im
Ganzen gar nicht, indessen gestehe ich, kein freies Urtheil zu haben,
denn mich verlangt nach Haus. Ein liebes befreundetes Menschenantlitz
ist doch werther, als tausend Gebirge, und wäre aller Schnee drauf Silber-
Staub und jede Eisscholle ein centnerschwerer Krystall. Ich werde nicht
ärgerlich sein, die braunen münsterischen Haiden wieder zu sehn, und
noch weniger die gute Stadt Münster, und noch weniger den Schlüter.
Ich denke auch oft an den Jungmann und wie es ihm geht mit seiner
verdrießlichen Geschichte [1]). Indessen, da mein Vetter Asseburg [2]) und
mehrere Andere, die mit ihm im gleichen Falle waren, jetzt aller Unan-
nehmlichkeiten enthoben sind, so hoffe ich das Gleiche von Jungmann.
Grüßen Sie ihn herzlich von mir; schreibt er fleißig? Ich meine sowohl
Briefe als Poesien.

Hier im Hause giebt's ganze Ladungen von Minneliedern und
drunter mehrere starke Hefte mit den Melodien dazu, aber nicht ein so
schönes als „der grüne Rock", oder selbst seine Gesellen, die übrige

---

[1]) Jedenfalls ist Junkmanns „Demagogenprozeß" — er war Mitglied der
Burschenschaft — und der mehrmonatliche Aufenthalt in der Berliner Haus-
vogtei gemeint, den Raßmann 167 erwähnt. Er studierte damals in Berlin.

[2]) Ein Sohn der Tante Gräfin Franziska von Bocholtz-Asseburg geb.
v. Haxthausen.

Garderobe. Mein Schwager lebt in nichts Anderm, und erst jetzt wird
mir die seltsame Orthographie seiner Briefe klar. Er hat sich in der
That im schriftlichen Stile unsrer heutigen Redeformen theilweise ent-
wöhnt, ich glaube unwillkürlich, und man trifft überall auf Spuren des
Nibelungenliedes, des Lohengrin, des Eggenliedes u. s. w. Häufig liest er
des Abends eine Stunde lang vor, „von Helden lobebären, von grozer
Arebeit" und was dahin gehört. Ich vernehme mit Rührung, wie der
Lohengrin in seinem Schwanenkahne den Rhein hinunter abfährt, der
Kaiser dann „pellet sam ein Rint vor Weinen, da der Lohengrine abe
gink", des Ritters Gemahlin ohnmächtig wird, und „die Zähn sie ihr uff-
brachen mit einem Klotze". Ja, ja, lassen Sie nur recht tiefe Seufzer
fahren, daß Ihnen das Alles verloren geht! aber wahrlich, wären Sie
hier, keine Silbe sollte Ihnen erlassen werden, Sie sollten Leid und Freud
mit mir theilen, wie es einem getreuen Freunde zukommt, dafür stehe
ich Ihnen. Uebrigens, ohne Scherz geredet, ist mein Schwager der beste
Mann von der Welt; seine Liebe zu meiner Schwester ist so groß, und
von solcher Art, wie kein menschliches mangelhaftes Wesen sie fordern,
aber dennoch das Herz sie geben kann, und übrigens ist er angenehm,
geistreich, sehr gelehrt, kurz ihm fehlt Nichts, sondern er hat nur etwas
zu viel, nämlich zu viel Manuscripte und Incunabeln, und zu viel Lust
sie vorzulesen; gegen uns, die Mutter und mich ist er die Aufmerksamkeit selbst.

NB. Mein „St. Bernhard" und sein Compagnon[1]) werden sich noch
in diesen Jahren den Kritikern stellen. Es ist gut, daß andre Leute für
mich handeln, ich selbst weiß doch allzuwenig mir zu helfen; bald bin
ich schüchtern, bald zuversichtlich, und beides ohne Gründe; Ehrgeiz
hab' ich wenig, Trägheit in Uebermaaß. Aber nun hören Sie, wie es
ging. In Bonn bei der Frau Mertens hoffte ich die einzige zugleich leserliche und richtige Abschrift der Gedichte zu finden. Sie werden sich erinnern, daß ich dieselbe schon vor länger als einem Jahre dort hinschickte;
es war die zum Druck bestimmte, und sollte nur vorher durchgesehen
werden, von dem Professor D'Alton, der Frau Schopenhauer und der
Mertens selbst, denn man wird stumpf durch zu öfteres Ueberlesen. Das
erste Schreiben der Mertens darüber war entzückter als ich es mit meinen Verdiensten reimen konnte, und seitdem auch keine Silbe weiter.
Ich habe mich bei Ihnen schon deshalb beklagt[2]). Was fand ich in
Bonn? Nichts! Nämlich die Frau Mertens abgereist nach Italien, wo sie
ein rundes Jahr zu bleiben gedenkt; mein Manuscript unsichtbar geworden, entweder mitgenommen oder verliehen oder verlegt; weder ihr Mann,
noch ihre Töchter, noch ihre Freunde meinten andres, als daß es seit
wenigstens einem halben Jahre wieder in meinen Händen sei. D'Alton

---

[1]) Des Arztes Vermächtniß.
[2]) Ähnliche Klagen auch in dem Brief an Sibylla Mertens 1835 Febr. 19.

sowohl als die Schopenhauer hatten mir ellenlange Briefe geschrieben, vollkommene Abhandlungen; der von D'Alton soll sogar drei Bogen lang gewesen sein, aber Alles war der Mertens anvertraut, und sie hat Eins mit dem Andern, Gott weiß, wohin gethan. So waren die Bemerkungen dieser sehr geschmackvollen Litteratoren für mich verloren, denn obgleich ich „das fuchsige Buch" [1] bei mir hatte, fehlte mir die Zeit es mit ihnen neuerdings durch zu lesen, und die Erinnerung vergegenwärtigte ihnen jetzt, nach Jahresfrist, nur noch Bruchstücke, doch war ihr Urtheil im ganzen so günstig gewesen, als ich es wünschen konnte; sie hatten mich dringend zur Herausgabe gemahnt, und täglich der Ankündigung entgegen gesehen. Was war zu machen? Weder den D'Alton noch die Schopenhauer mochte ich um Besorgung meines Geschäfts angehen, da ersterer kein Schrift steller und ganz ohne Connexionen mit Buchhändlern, letztre aber mit ihrem Verleger gänzlich zerfallen und selbst augenblicklich rathlos ist. Ich ergab mich in den Willen Gottes und sah mein Werk schon an als bloß geschrieben zu meiner eignen Beschäftigung auf dem Lande. Es gibt nichts Entmuthigenderes, als diese langen Klagereden der Schrift- steller längs dem Rhein über ihre gegenwärtige Stellung zur Lesewelt und den Buchhändlern. Nur wenige finden einen Verleger, die meisten lassen ihre Werke vorläufig liegen, oder ruiniren sich durch Herausgabe auf eigne Kosten; der ungeheure Vortheil aus den Uebersetzungen soll allein Schuld sein. Ich glaubte es gern und mein Selbstvertrauen gewann nicht dabei. Doch, was sein soll, schickt sich wohl, ich habe einen Ver- leger [2] und zwar einen bedeutenden, und ganz ohne eignes Zuthun, nicht eben um meiner Vortrefflichkeit willen, aber es hat sich so gemacht, daß mir die Sache aus freien Stücken ist angeboten worden, aus persönlichem Wohlwollen, um mir die Freude zu machen, auch wohl aus Neugier, um zu erfahren, wie das Publikum die Verse aufnimmt. Ich soll die Bedin- gungen selbst machen, sie werden aber nur in einigen Freiexemplaren bestehen. Die Zeit der Herausgabe hängt von meiner eigenen Betrieb- samkeit ab, sobald ich eine Abschrift nach meinem Wunsche besorgt habe, wird der Verleger nicht säumen. Freilich habe ich bereits vier Monate verstreichen lassen ohne Hand anzulegen, aber jetzt soll es das Erste sein, woran ich gehe, vielleicht morgen schon. Zur Oster-Messe ist's wohl zu spät; aber ich denke zu Michaelis; man wünscht auch einige kleinere Gedichte, die zuerst das Buch einleiten, und nachher die beiden größeren Stücke trennen sollen; ich finde das wohl passend, habe aber kaum zwei oder drei, die ich dazu wählen möchte; so muß ich mich wirklich entschließen, den guten Pegasus zu satteln in diesem schlechten

---

[1] Mit Abschrift der beiden Epen das Hospitz auf dem großen St. Bern- hard und des Arztes Vermächtniß. Nach Kreiten I, 512 im Hülshoffer Archiv.

[2] Dumont in Köln. Vgl. Kreiten I, 269. Später haben die Verhand- lungen sich zerschlagen.

unpoetischen Wetter, wo Alles voll Schnee liegt, und selbst mein lieber
Rebenhügel nichts darbietet, als zahllose dürre Stöcke und ein weites
wolligtes Nebel-Meer, was trotz den Herrlichkeiten, die es in sich schließt,
doch keine bessere Physignomie hat, als unser Haide-Rauch.

Ja, lieber Schlüter, Sie müssen nicht denken, daß wir heute erst
den Neunten haben, sondern den Achtzehnten, so unzählige Male
bin ich unterbrochen worden, noch an diesem Morgen durch einen armen
jungen Menschen, der seines Unglücks kein Ende weiß, weil er sich für
ein Genie hält und Mittellosigkeit ihn zwingt, Handwerker zu werden.
Könnte ich ihm einen andern Weg öffnen, ich thät es nicht, sein Talent
scheint mir bei weitem nicht ausreichend, und besser ein satter Handwerker, als ein mittelmäßiger halbverhungerter Maler oder Poet; und
nichts schrecklicher als den Weg vor sich versinken sehen und nicht um-
kehren können; also ist's resolvirt, die Sache muß in statu quo bleiben,
aber der arme Schelm dauert mich doch. Ich habe schon gesagt, daß
hier Alles voll Schnee liegt, Allerheiligentag fiel der erste, ging jedoch
wieder fort, aber seit zehn Tagen haben wir eine bleibende Decke, die
jede Nacht fester wird, und sich nach und nach zu anderthalb Schuh
Höhe recrutirt hat. In unserm guten Münsterlande geht doch Alles ge-
mäßigter zu, Hitze und Kälte; ich wette, dort gibt's heute noch keinen
Schnee, vielleicht noch nach acht Tagen nicht, wenn dieser Brief ankömmt. Mir fällt ein, ich will Ihnen doch ein ganz kleines Gedicht hersetzen, was ich gestern bereits dem anzuwerbenden Hof-Staate der beiden
größeren als Grundstein gelegt habe; es heißt, „die rechte Stunde" und
klingt wie folgt:

> Im muntern [1]) Saal, beim Kerzenlicht,
> Wenn alle Lippen sprühen Funken,
> Und gar vom Sonnenscheine trunken,
> Wenn jeder Finger Blumen bricht;
> Und vollends an geliebtem Munde,
> Wenn die Natur in Flammen schwimmt,
> Das ist sie nicht, die rechte Stunde,
> Die Dir der Genius bestimmt.
>
> Doch wenn so Tag als Lust versank,
> Dann wirst du schon ein Plätzchen wissen,
> Vielleicht in deines Sopha's Kissen,
> Vielleicht auf einer Gartenbank;
> Dann klingt's wie halb verstand'ne Weise,
> Wie halbverwischter Farben Guß
> Verrinnt's um dich, und leise, leise,
> Berührt dich dann dein Genius.

---

[1]) Der Druck bei Schlüter hat „untern", ein Fehler, auf den schon
Kreiten III, 173 hingewiesen hat; hier wie anderswo steht „heitern". Auch
dieses Gedicht hat Kreiten irrig 1836 statt 1835 datiert.

Was sagen Sie dazu? Mich dünkt, es ist weder schön noch häßlich, aber was man so untadelich nennt, und deshalb ein besserer
Füllstein, als einige andre, nur ungern von mir ausgemerzte, deren einzelne Schönheiten zu vieles Krasse oder Schwache nicht aufwiegen konnten.
Ich wollte, Sie wären bei uns, Schlüter, das ist mein Morgen- und mein
Abend-Seufzer. Daß Sie mir fehlen würden, und zwar sehr, wußte ich
voraus, aber ich rechnete doch auf irgend ein Wesen, dessen Beschäftigungen, Ansichten und Geschmack dem meinigen einigermaßen ent-
sprächen; aber außer den Thurnschen Damen betritt kein Frauenzimmer
dies Haus, nur Männer von einem Schlage, Alterthümler, die in meines
Schwagers muffigen Manuscripten wühlen möchten, sehr gelehrte, sehr
geachtete, ja sehr berühmte Leute in ihrem Fach; aber, aber langweilig
wie der bittere Tod, schimmlich, rostig, prosaisch wie eine Pferde-Bürste;
verhärtete Verächter aller neueren Kunst und Litteratur. Mir ist zuweilen,
als wandle ich zwischen trocknen Bohnenhülsen, und höre nichts als das
dürre Rappeln und Knistern um mich her, und solche Patrone können
nicht enden; vier Stunden muß man mit ihnen zu Tisch sitzen und unaufhörlich wird das leere Stroh gedroschen. Nein, Schlüter, ich bin gewiß nicht unbillig und verachte keine Wissenschaft, weil sie mir fremd
ist, aber dieses Feld ist zu beschränkt und abgegrast, das Distelfressen
kann nicht ausbleiben. Was zum Henker ist daran gelegen, ob vor dreihundert Jahren der unbedeutende Prior eines Klosters, was nie in der
Geschichte vorkömmt, Ottwin oder Godwin geheißen und doch sehe ich,
daß dergleichen Dinge viel graue Haare und bittre Herzen machen.

D. 19ten

Heute endlich wird dieser Brief zur Post kommen; es ist wohl die
höchste Zeit und mir dennoch leid, — es war mir, als sei ich bei Ihnen,
das ist nun für's Erste vorüber, denn was ich auch sonst für Sie nieder-
schreibe, so weiß ich doch, Sie bekommen es erst späterhin; vielleicht
ist's aber auch gut so und giebt mir mehr Lust zu diesen andern
Schreibereien, die doch auch zunächst für Sie bestimmt sind, Manches
ganz und gar und allein für Sie. Heute ist mein Namenstag, Sie denken
wohl nicht daran, oder vielmehr wissen es nicht, weil man mich Annette nennt, mein eigentlicher Name ist aber Elisabeth — Anna Elisabeth — und aus dem Anna hat man Annette gemacht. Ich wollte,
Sie wüßten dieses heute, gewiß würden Sie für mich beten. Gedenken
Sie wohl der Vereinbarung, die wir getroffen für die letzte Abendstunde?
Ich habe es nicht vergessen, wo können sich Freunde auch besser begrüßen, als vor Gott, es liegt eine große Freude darin. Hören Sie, bestes
Herz, ich habe gestern recht ungeduldig und ungezogen geschrieben über
brave, kenntnißreiche Leute, deren Beschäftigungen nie schädlich und gewiß
oft nützlich sind.   manche gerechten Ansprüche mögen dadurch in's

Helle gestellt, wie manche Ungerechtigkeit entkräftet worden sein! Wer sich scheut, die Spreu zu durchsuchen, der wird das drin verschüttete Korn nicht finden. Mein Münzensammeln ist für Andre eben sö langweilig und kann nie nützlich in die Gegenwart eingreifen. NB. Ich kann nicht verschweigen, daß mein Schwager mir heute sehr schöne Silbermünzen geschenkt hat, eine herrliche, große, vollkommen erhaltene griechische von Macedonien, und zehn römische Consular-Münzen. Ueberhaupt haben meine Sammlungen hier manchen schönen Zuwachs erhalten, Münzen, Mineralien, Versteinerungen, einen großen Beutel mit vierhundert römischen Kupfermünzen habe ich selber gekauft usw. Das Papier hat sein Ende erreicht. Grüßen Sie die lieben Ihrigen tausend mal von mir, den Vater, den Onkel Fritz[1]), die liebe, liebe Mutter und mein Herzens-Thereschen zweitausend mal, und laßt mich allesammt Euer Gemüth für mich gestimmt so wiederfinden, wie ich es verlassen habe. Nicht wahr, wir kennen uns zu gut, als daß Entfernung schaden könnte, nicht wahr, Schlüter? Ihre Annette Droste-Hülshoff.

Mama und Jenny schelten mich, daß ich keine Grüße von ihnen geschrieben, also, hier haben Sie sie — eine ganze Ladung!

Orig. Prof. Jostes. Schlüter 46. Hier ist das im Original fehlende Jahr 1836 eingesetzt, offenbar irrig, da es handgreiflich der erste Brief ist, den A. aus der Schweiz an Schlüter schreibt, und sie das „Schlaraffenleben" „erst seit einigen Wochen" führt. Vgl. Hüffer 129, 132 und 134, wo das richtige Jahr steht, sowie Hüffer in der Deutschen Rundschau VIII 421. Mit falschem Jahr 1836 „fast unverkürzt" nachgedruckt bei E. Arens, A. v. Droste-Hülshoffs sämtl. Werke I, Einl. XXI ff. Der sehr umfangreiche Brief (großer, eng beschriebener Quartbogen) ist teilweise schwer zu lesen, aber bei Schlüter fast fehlerlos gedruckt.

38. An die Schwester. — [Eppishausen 1836 Mai].

Nur zwei Worte, guter Hans, damit Du siehst, daß ich auch noch lebe. Es geht mir wieder ziemlich gut, bis auf die verflixte Seite, wo es noch nicht heraus will, doch glaubt Knabenhans, daß es Rheumathismus sei, der sich, jetzt wo die Seite angegriffen sei, aus dem Gesicht dorthin gezogen habe, und so wird es auch sein, denn von Gesichtsschmerz weiß ich jetzt nicht. Könnte ich euch andern armen Blüten nur helfen, aber das ist so betrübt, daß man das in Nichts kann, weil ihr in dem Wirthshause liegt, wo man statt Erleichterung nur mehr Last und Kosten bringt, wenn man herüber kömmt. Doch komme ich jedenfalls das nächste mahl mit Mama, weil es mir gar zu peinlich ist, immer von Euch zu hören und Euch nicht zu sehn. Nach Tisch. So eben kömmt Dein Bote. Es ist doch traurig, daß Laßberg so schlecht liegen kann. Mama bringt jetzt das V(   )te in Ordnung. Lieber Gott,

[1]) Nämlich Schlüters Onkel Dr. Fritz Gräver.

wenn ich doch etwas für Euch thun könnte. Meine Gedanken sind immer bei Euch. 'ch möchte Dir so gern in Etwas helfen, und weiß doch nicht wie ich es anfangen soll. Mama hat Laßberg etwas wegen der Lieder von Maßmann [1]) gefragt. Die Sache verhält sich eigentlich so: Ich dachte, es könne L. vielleicht Freude machen, wenn ich die Lieder jetzt fertig schrieb, daß Alles in Ordnung wäre wenn er käme; weil ich aber zweifelhaft war, ob das Unangenehme, daß ich mich selber bei diese Sachen gegeben hätte, nicht das Angenehme für Ihn überwöge, so sollte Mama Dich darüber fragen; statt dessen hat sie sich an Ihn gewendet, und er hat es erlaubt, aber ich weiß nun doch nicht, ob es ihm eher lieb oder eher unangenehm ist, und das ist doch das Einzige worauf es ankömmt. Glaubst Du, liebste Jenny, daß ihm irgend etwas penible dabei ist, so weiß ich, daß ich die wenigen noch übrigen Lieder auch nach seiner Zurückkunft noch so geschwind fertig machen werde, daß das Clavier doch nur wenige Tage über den Monatstermin zurückgeschickt werden kann, und der Docktor Knabenhans sagt, daß es mit dem Clavier auf einige Tage gar nicht ankomme. Laß mich doch Deine Meinung wissen. Ich habe bei der Sache Nichts gewollt, als Laß. eine kleine unbedeutende Freude machen, aber nicht ihn plagen und unangenehme Einfälle haben. Adieu, bestes Herz, Deine Kinder wachsen sehr, die blaue ist schon bald eine große Fräulein, und Röthelchen macht sich auch hinterher. 1000 Herzliches an den armen Laßberg. Wenn Du Dir etwas ausdenken kannst, womit ich euch nützen oder Freude machen kann, so thust Du mir einen großen Gefallen. Deine Nette.

Orig. Meersburg. Kleines Zettelchen, ganz klein zusammen gefalten, auf der Rückseite die Adresse an Frau von Laßberg. Kurze Erwähnung Hüffer 146, wo auch das Datum des undatierten Briefchens festgestellt ist: es muß kurz nach dem Unfall Laßbergs am 9. Mai 1836 geschrieben sein.

39. An Karl v. Haxthausen. — Eppishausen [1836 August].

Eppishausen.

Du siehst, lieber Onkel, daß ich, wenn nicht allemahl, doch zuweilen, meine Versprechen halte, obgleich ich mich, dieses Mahl, meiner ungewohnten Pünktlichkeit beinahe schämen solte, da ich der guten Sophie und dem Onkel Werner, von denen ich so schöne lange Briefe bekommen, besser schriebe, statt Deiner, von dem ich noch die erste Zeile sehen soll. Die ehrwürdige Numismatik, unsre beiderseitige regierende Frau, hat indessen hier ihre Macht bewährt, und wird, ohne Zweifel, auch Dich hinters Dintenfaß bringen, wie sie mich gethan hat. Es ist nämlich ein bemittelter Mann hier in der Gegend gestorben, der, ohne

---

[1]) Der Germanist Hans Ferdinand Maßmann (1797—1874). Eingehende Mitteilungen über diese Angelegenheit bei Hüffer 133.

sonst Münzsammler zu sein, doch die selten vorkommenden Kronthaler der
verschiedenen Kantone, wenn sie ihm im Handel vorgekommen, zurückgelegt. hat. *[Folgen lange Ausführungen über schweizerische und römische
Münzen, auszüglich gedruckt von H. Hüffer in der Deutschen Rundschau 1898,
dazwischen ein von Hüffer nicht mitgeteilter Ausfall:* „Die Schweizer, auch
die Vornehmen, sind so; sie laufen vier Meilen bergan, um sechs Kreuzer
zu verdienen, aber umsonst strecken sie nicht den Finger aus, um Dir
zu zeigen, daß Dein Haus brennte. Ausnahmen giebts freilich auch hier,
aber dies ist der Volkscharakter." *Nach einigen Sätzen über die Rückreise
nach Westfalen heißt es weiter:]*

Wir haben viel ausgestanden in diesem Jahr! Obgleich Niemand
Schuld daran ist, denn Laßberg und Jenny haben zu unsrer Erheiterung
gethan was sie konnten, und unter andern Umständen würden wir uns
vielleicht hier sehr wohl befunden haben, aber vorerst hast Du kaum
Begriff von der Oede eines hiesigen Winters, wenigstens wie wir ihn erlebt haben — fast sechs Monate lang Schnee, schon im October lag er
einige Mal so tief, daß man nicht wuste wie man die Weinlese bewerk-
stelligen solle. Von der Mitte November an blieb er liegen, ohne Einen
Tag Thauwetter bis hoch im März, und noch fast durch den ganzen
April war es den einen Tag grün und den andern weiß. Das Schlimmste
war ein Nebel aus dem man Brei hätte kochen können, der gar nicht
fort ging, und ich kann ohne Uebertreibung sagen, daß ich das unmittelbar vor Uns liegende Dorf mehrere Monate lang nur gehört aber nicht
gesehn habe, den ganzen Tag klingelten Schlitten und bellten Hunde
die nebenher liefen, und Mama sagte ein ums andre Mal „Lappland!"
Auch unser gutes, flackerndes Feuer in Kaminen und Oefen vermißten
wir sehr, denn die Kachelöfen haben doch etwas sehr ödes, wenigstens
in einem so großen Hause, was von so wenigen Leuten bewohnt wird,
wo Abends Alles mäuschenstill sitzt und liest oder seinen trübseligen Gedanken nachhängt.

Denn Du mußt wissen, lieber Onkel, daß das Befinden unsrer Jenny
den ganzen Winter sehr bedenklich war; Mama sowohl als ich haben heimlich
das Schlimmste befürchtet, und wir durften es uns doch nicht merken
lassen. So saß denn Jeder, über seine Gedanken zu brüten; nein, es war
eine erbärmliche Zeit! Nachher gab es zuerst viel Last und Pflege mit
Jenny und den zwei Ankömmlingen, und grade als die arme Jenny den
allerersten Ausflug wagen wollte, betraf uns das Unglück mit dem Um-
werfen[1]). Ich habe dasmal zwar auch viel abgekriegt und spüre die Folgen zuweilen noch, aber es kömmt mir doch wie nichts vor, wenn ich den
armen Laßberg so an seinen Krücken herumschleichen sehe und täglich
mehr die Hoffnung verliere, daß er sie je wird ganz fortlegen können.

---

[1]) Am 9. Mai 1836. Vgl. den Brief A.'s an ihre Schwester 1836 Mai.

Jetzt ist er seit einigen Tagen im Bade zu Baden im Aargau, wo er
zwölf Bäder nehmen und dann zurückkehren wird. Zweierlei Arten von
Hausbädern hat er schon vorher genommen: Kräuterbäder und Ameisenbäder; letztere sollen schon ein sehr heftiges Mittel sein. Die Aerzte
versuchen Alles nach einander, und es hilft auch etwas, aber ach Gott,
wie wenig! Kurze, schmerzhafte Versuche, an zwei Stöcken zu gehn,
ist doch bis dahin das brillanteste Ergebniß der Kuren. Dabei ist das
eine der Kinder (Hildegund) so schwächlich, daß es uns in fortwährender
Unruhe erhält, und die zwei einzigen Familien, mit denen wir näheren
Umgang haben, sind seit einem halben Jahre auch voll Trübsal und Elend
und kommen hier, um sich von uns aufheitern zu lassen. Thurns haben
den Vater verloren, Strengs[1]) zuerst die Mutter und vor vierzehn Tagen
den Bruder, zwei von den Töchtern sind deshalb jetzt wieder hier seit
12 Tagen, krank und sehr betrübt. Derselbe Wagen hat sie geholt, der
Emilie Thurn fortbrächte, die auch den ganzen Tag weinte.

Das sind denn so die Unterbrechungen unsrer Einsamkeit, aber was
ist zu machen! Es ist Alles unmittelbar vom Himmel geschicktes Unglück, und Eppishausen an und für sich bleibt (im Sommer wenigstens)
ein höchst reizender Aufenthalt. Jenny weiß nicht, was sie einem zu
Liebe thun soll, Laßberg giebt sich auch die größte Mühe, und falls
dieser nur wieder hergestellt wird, hoffe ich noch mahl, bei einem zweiten
Besuche, unter besseren Umständen, die vergnügtesten Tage hier zuzubringen. Die Kinder sind zart, und das eine gradezu schwächlich, aber
sonst so niedlich und freundlich, wie man es nur von noch nicht halb-
jährigen Kindern erwarten kann.

Sonst giebt es hier wenig Neues, und das Wenige interessirt Dich
nicht, weil Du Niemand kennst. Wir, nämlich Mama und ich mit noch
vier Anderen, haben vor 14 Tagen[2]) eine kleine Bergreise gemacht, in
die Apenzeller Alpen, wo wir fleißig Milch getrunken, Alpenrosen gepflückt, und mitten im August an Schneefeldern gestanden haben. Das
Merkwürdigste aber ist, daß wir binnen vier Tagen drei verschiedene
Kutscher gehabt haben, wovon uns der Erste umwarf, der Zweite ein
noch ungebrauchtes, und der Dritte ein kollriges Pferd vorspannte, so
daß wir drei mal in die größte Lebensgefahr gerathen sind. Es giebt
überhaupt nichts elenderes als einen Schweizer Kutscher, grenzenlos ungeschickt, furchtsam wie alte Weiber und doch aus Habsucht das Unver-
nünftigste unternehmend; sie verstehn die Kunst, dich auf der ebensten
Chaussée auf die Seite zu legen; jeden Stein, jedes etwas tiefe Wagen-
gleis wissen sie dazu zu benutzen. Sie kennen sich auch selbst darin
und krüppeln wenigstens die Hälfte jedes Weges mit angelegtem Rad-

---

[1]) Die Familie der Freiherrn v. Streng wird häufig in A.'s Briefen erwähnt.
[2]) Nicht „eine vierzehntägige Reise", wie es bei Kreiten I, 274 heißt.
Im Jahre vorher war ein Ausflug nach Weißbad zu Wasser geworden (ebend. 248).

schuh, daß man vor Ungeduld aus der Haut fahren möchte, und doch ist der Eigennutz so groß bei ihnen, daß Du nicht erwarten darfst, wenn Du einen Kutscher um vier Pferde ansprichst, daß er Dir gestehn werde, er habe nur zwei, sondern um den Verdienst nicht zu versäumen, nimmt er lieber die ersten besten zwei Fohlen von der Weide, und setzt ohne Bedenken sowohl seinen als Deinen Hals dran. Es geht auch keine Woche hin, daß man nicht von Unglücksfällen hörte, und Du magst fragen wen Du willst, jeder ist schon vielmahls umgeworfen und hat auch mitunter Schaden genommen, wär es auch nur ein zerschlagener Kopf oder geschundenes Bein, aber die Leute meinen, daß gehöre so dazu.

Ich habe hier viele Mineralien bekommen, mehr als ich mitnehmen kann, aber im Ganzen wenig Besonderes. Du glaubst nicht wie gering hier der Verkehr ist in allen Dingen, die nicht eigentlich Handelsartikel sind, und wie schwer es wird etwas aus entfernteren Kantonen zu erhalten. Ich kann in Bonn, ja selbst Münster eher zehn Kristalle vom St. Gotthard bekommen, als hier Einen, ja es giebt hiesige nicht sehr bemittelte Mineralogen, denen dies noch nicht gelungen. So dachte ich auch hier, im Vaterlande der Kristalle, Granaten, Rauchtopaße, allerlei kleine Geschmeide daraus, sowohl für mich als andere mitzunehmen; aber wo ich danach fragte, machten die Leute ein Gesicht, als ob ich einen gebratenen Engel verlangte. Am Ende hieß es: „dergleichen müssen Sie im Preußischen suchen bei Elberfeld, da giebt es Schleifereien; hier im Lande verarbeitet man nichts der Art". Kurz! was Dir nicht grade vor der Nase wächst, darnach darfst Du nicht fragen und hast eher Gelegenheit in Hildesheim etwas aus Rom, als hier aus dem Canton Wallis, Uri et cet. zu bekommen. Dennoch habe ich allerlei zusammengebracht, aber mühsam! Ich denke, bester Onkel, Dir jedenfalls die Früchte meines Fleißes noch in diesem Jahre zeigen zu können, selbst wenn die Bökendorfer Reise zu Wasser werden sollte; dann kommst Du doch zu Uns, nicht wahr? Bitte, bitte, thue es doch, ich habe nur die halbe Freude an meinen Siebensachen, wenn ich sie Dir nicht zeigen und davon mittheilen kann. Glaub mir, ich habe noch allerlei Gutes, was theils Dich freuen wird zu sehn, theils auch wohl für Dich selber paßt. Komm ja! Mich verlangt nach Euch Allen, aber Alle bekomme ich doch vorerst nicht zu sehn. Onkel Werner und Tante Betty sind ja im Bade, Fränzchen in Darmstadt, und Onkel Fritz wird wahrscheinlich auch in ein anderes Bad gehn, wenn er uns nicht von Baden abholen kann — wenn Du denn doch kämst, und brächtest Sophie[1]) mit! Sophie möchte ich auch gar gar zu gern sehn! Adieu lieber Onkel, grüße doch alle Verwandte, die Du siehst, herzlich von mir, ich denke mir aber Du sitzest in Hildesheim, und siehst vorläufig Keinen davon. Mama, Jenny grüßen

---

[1]) Werner v. Haxthausen und seine Frau geb. Harff, Franziska v. H. (Gräfin v. Bocholtz-Asseburg), Fritz v. H., Sophie v. H., sämtlich Geschwister der Mutter A.'s.

1000 mahl. Antworte mir aber doch gleich, bestes Onkelchen, wegen
der Schweizer Thaler, damit ich den Besitzern Bescheid kann sagen lassen.
Adieu, bis auf ein hoffentlich baldiges Wiedersehn, in Bökendorf oder im
Münsterlande. Deine Nette.

[*Adresse:*] Dem Herrn Domkapitular, Freyherrn Carl von Haxthausen Hochwürden Hochwohlgebohren zu Hildesheim.

Orig. im Hüfferschen Nachlaß. Gedruckt mit starken Auslassungen von
Hüffer in der Deutschen Rundschau XXIV (1898) 181—184, wo S. 181 das
Datum festgestellt ist.

40. An die Mutter. — Bonn 1837 Januar 12.

Bonn, den 12ten Januar.

Gestern erhielt ich Deinen Brief, liebe beste Herzens Mama, und
weiß nun gar nicht was ich vorbringen soll zu meiner Entschuldigung.
Ich bin nicht krank gewesen, gottlob, sollte ich sagen, und doch möchte
ich beinahe das Gegentheil wünschen, damit ich jetzt nicht so gar elendig und begossen dastände. Warum ich nun eigentlich nicht geschrieben?
Ich habe es mir alle Tage vorgenommen, und bin nie dazu gekommen.
Wenn ich Dir meine Lebensweise sage, so wirst Du es villeicht Dir eher
denken können. Da die Tage jetzt so kurz sind, so muß ich gestehn,
daß ich spät aus dem Bette komme, und, da ich mich selber frisire und
ankleide, so bin ich nicht viel vor elf mit Allem fertig. Dann muß ich
nur geschwind meine Beine in die Tasche stecken, um meine zornmüthigen
Freunde zufrieden zu stellen. Sieh! Mama, da sind nun vier Parthien,
die sich einbilden, es sei meine Schuldigkeit, alle Tage wenigstens einige
Stunden bei ihnen zuzubringen — nämlich Haxthausens [1]), Schopenhauers [2]),
die Mertens [3]) und die drei Böselagern [4]). Alle diese haben sich durchaus nicht
vorgestellt, daß ein Tag hingehn würde, ohne daß wir zusammen kämen.
Da dieses nun nicht möglich ist, so thue ich wenigstens was ich kann.
Zu dem Onkel geh ich aber doch am öftersten, darüber wird es Mittag;
gleich nach Tische, d. h. um 2 oder halb drei machen Pauline [5]) und
ich unsern täglichen Spatzirgang grade wie zu Clemens Zeiten (mit Betty) [6]).

---

[1]) Moritz v. H., ältester Bruder der Mutter A.'s.
[2]) Johanna und Adele Sch., Mutter und Schwester des Philosophen
Arthur Sch.
[3]) Sibylla M., geb. Schaaffhausen.
[4]) Die drei Schwestern v. B., Sophie, Clara und Nettchen, vgl. A. an ihre
Schwester 1837 Jan. 24. Die drei Mädchen waren Töchter des Frhrn. Max v.
Böselager in Münster, verm. mit Rosine v. Droste-Vischering, einer Schwester
des Kölner Erzbischofs Clemens August. Sie hielten sich in Bonn bei dem
Frhrn. Karl v. B. auf, einem Bruder des Vaters.
[5]) Pauline v. Droste, Witwe des 1832 verstorbenen Professors Clemens
v. Droste zu Bonn, eines Vetters der Dichterin. A. wohnte in Bonn bei ihr.
[6]) Jedenfalls Betty v. Droste, Tochter Paulinens.

Wir gehn recht weit mitunter, eine halbe Stunde oder noch weiter, neulich bin ich $^3/_4$ Stunde weit gegangen, also mit dem Rückwege $1^1/_2$ Stunde Weges, was mich aber nicht halb so ermüdet wie in der Schweiz oder selbst wie zu Rüschhaus, weil wir im merauf der Chaussee bleiben, die so eben ist wie ein Brett. Kommen wir zurück, so fängt es schon an zu dämmern, und obgleich ich mich jeden Morgen mit meinem Schreiben auf den Abend vertröstet hatte, so bildete ich mir doch jeden Abend ein, meine Augen litten es nicht, weil sie mir, nach dem langen Gehen in der Kälte, nachher in der warmen Stube allemahl anfingen zu brennen. Ich sage dieses nicht um mich rein zu waschen, aber so ist es gekommen und ich habe desshalb doch sehr gefehlt, und bitte Dich, meine liebe Mama, um Verzeihung, denn ohne meine arge Trägheit und Schlodderei hätte mich dies doch nicht abhalten sollen und können.

Nun zu meiner Abreise! Ich sage zu meiner, denn Marie [1]) zieht sich zurück! Die Tante [2]) will mir noch einen Brief schicken zum Einschluß, worinn sie Dir ihre Gründe auseinander setzt. Ich habe dies indessen voraus gesehn, und gewissermaßen gewünscht, denn da ich selber sehe, wie die Tante sich abplagt, wie wenig sie eigentlich Marie auf längere Zeit entbehren kann, zudem die Sache doch auch einige Kosten macht, so that es mir ordentlich leid, daß die Tante, Ehrens halber, an eine ihr so schwere Sache gehn sollte, nachdem der Zweck ganz weggefallen. Es ist also jetzt beschlossen, daß man mich bis Düsseldorf bringen will, d. h. zu Wagen bis Cöln, und dann gleich mit dem Dampfboot weiter. Dann müsten nun entweder die Pferde in Düsseldorf sein, oder, was vielleicht noch besser wäre, in Ruhrort, wo ich dann schon einige Stunden weiter wäre, auch in einer kleineren Stadt und einem kleineren Gasthofe, was wohlfeiler und angenehmer ist. Oder am Allerbesten wär es wohl, ich führ bis Wesel, denn ich glaube nicht, daß die Pferde, wenn sie in zwei Tagreisen von Münster bis Düsseldorf gingen, um 10 Uhr in Düsseldorf sein könnten, sie würden vielmehr den zweiten Tag erst Nachmittags ankommen, und müsten also einen ganzen halben Tag und eine Nacht im Wirthshause liegen. Zu Ruhrort würde es noch plus minus derselbe Fall sein, hingegen nach Wesel könnten die Pferde schon von Schermbeck gefahren sein, und sich auch schon etwas ausgeruht haben, so daß ich gleich weiter fahren könnte. Was meinst Du dazu, liebe Mama? *[Folgen lange weitere Ausführungen über die Reise, namentlich ob Guido [3]), Professor Braun [4]) oder Pauline sie begleiten].*

---

[1]) Wohl Maria Luise v. Haxthausen, Tochter des Onkels Moritz, 1839 mit Friedrich Freiherrn v. Brenken verheiratet.

[2]) Sophie v. Haxthausen geb. v. Blumenthal, Gattin des Onkels Moritz.

[3]) Guido v. Haxthausen, Sohn ihres Onkels Moritz v. H.

[4]) Professor Joseph Braun in Bonn.

Aber Nota bene Geld muß ich noch haben. Ich glaube,
daß ich, so für mich allein, die Reise nicht unter 20 Thaler machen
kann, und der Weihnachten hat mich sehr geplündert, denn ich habe
nicht weniger als 12 Personen müssen Geschenke machen, 5 beim Onkel,
5 hier im Hause, dann der Mertens und der Professorin Böcking [1]), die
mir beide auch bescheert hatten. Hätte ich nicht noch Einiges in Vorrath gehabt, es wäre über meine Kräfte gegangen, aber so hat Manches
springen müssen, woran mein Herz hing *[Folgen breite Mitteilungen über*
Geschenke und Gegengeschenke].

Du siehst, liebe Mama, daß ich zwar Mancherlei bekommen, aber
noch mehr habe geben, und die Hand tief in den Geldbeutel stecken
müssen. Wenn ich nun bedenke, daß ich mir gleich einen neuen Hut,
und drei Paar neue Schuh ... [a] auch verschieden mahl außer dem Hause
habe waschen und nähen lassen, so wundere ich ... wenig, daß mein
Geldbeutel abmagert, daß er mir vielmehr, umgekehrt, wie das Oel-
[krüglein] der Wittwe von Sarepta vorkömmt, weil noch zuweilen etwas
heraustöpfelt, aber Geld muß ich haben, sonst kann ich, bis zum
Februar, gewiß nicht mit Ehren dies Haus verlassen, d. h. mit gehöriger Bezahlnng der Trinkgelder, und die Reise könnte ich höchstens als
wandernder Handwerksbursch unternehmen.

Ich thät Dir gern noch 1000 Fragen, aber ich mag mir das Plaisir
nicht verderben, mir zu Rüschhaus bei unserm guten Oefchen Alles erzählen zn lassen. Aber Eins, damit kannst Du mich nicht mehr überraschen, das weiß ich schon, nämlich, daß unsre Familie wieder einen
Zuwachs zu erwarten hat. Tante Sophie hat es schon zweimahl hieher
geschrieben. Wann ist es denn wohl an der Zeit?

Ferner thue ich Dir zu wissen, daß zu Bökendorf Alles voll ist von
dem Verkauf von Eppishausen [2]). Unser Werner hat es dorthin geschrieben, auch Onkel Fritz, und Onkel Werner scheint auch Nachricht
von Laßberg zu haben, kurz, Jedermann weiß es, und Tante Sophie drückt
in ihrem Briefe an Marie die gröste Verwunderung aus, daß weder Du
noch Ich etwas davon zu wissen schienen.

Hier ist Alles wohl, d. h. so nach seiner Art, denn eigentlich hat
Pauline eine quäklichte Gesundheit, und der Professor [3]) eine noch schlechtere.
Der Onkel und die Seinigen sind sehr wohl. Guido hat sich nun drein
gegeben nach Arnsberg zu wandern, was ihm kein kleines Crevecoeur
ist, aber man soll dort fleißiger sein und besser avanciren wie in Münster,

a Durch die Siegelung ist ein Stückchen am Rande abgerissen, daher
einige kleine Lücken.

---

[1]) Jedenfalls die Frau des hervorragenden Juristen Eduard Böcking
(1802—1870).
   [2]) Des Schlosses des Frhrn. v. Laßberg, der Anfang 1838 die Meersburg
kaufte. Hüffer 253.   [3]) Jedenfalls Professor Braun.

und so hat er in den sauren Apfel beißen müssen, er geht gleich um
Fastnacht hin.

Du frägst ob Jenny mir mit Brenken geschrieben? Ja wohl! einen
großen Bogen graues Kochpapier hat sie mir geschickt, worauf, in etwa
4 Zeilen, stand, daß sie nicht schreiben könne, weil das Haus voll
Fremden sei, übrigens sei sie frisch und gesund mit sammt den Kindern.
Und diesen Wisch hat Brenken in Frankfurt zur Post gegeben. Du kannst
denken, wie mich das freut. Ich will übrigens in diesen Tagen an Jenny
schreiben, was ich schon längst hatte thun sollen.

Du hast mir eigentlich bis jetzt wenig von meinen Bekannten geschrieben, liebste Mama, weder von Jenny Hüger, wie es ihr geht, woran
ihre Eltern gestorben, noch wie Du das kleine Thereschen gefunden, noch
wie es kömmt, daß Tony¹) Dir in der Schweiz gar nicht auf Deine Briefe
geantwortet, wo sie sich jetzt aufhält, weshalb sie weder früher zu Linchen gegangen, noch jetzt bei Dir ist. Alles das sind mir spanische
Dörfer und Dinge, die mich sehr interessiren. Auch von Felitz²), Schlüter,
der Looz³) schreibst Du mir kein Wort, doch bald sind wir ja wieder
zusammen! Bitte grüße doch ja Alle von mir, vorzüglich Alles in Hülshoff. Wird sich Wilmsen nicht freuen, wenn er mich wiedersieht! Und
meine gute Amme auch! Grüß sie herzlich von mir, so wie Alle im
Hause, Marie, Herrman, Lisbetchen. Von hier aus grüßt Alles. Pauline
hat es mir wohl 10mal wiederholt, und dann „vergetst Du et auck
nich?" Die beiden Fürstenbergerinnen Antonia und Paula, die ich gestern sah, wollen auch ganz besonders angeführt sein, sowie die drei
Böselagern. Die drei Mädchen leben hier sehr vergnügt, Sophie und
Clara stellen ordentlich Personen vor, Clara eine entschlossene Person,
und der belebende Nerf der Haushaltung und Kindererziehung, und Sophie
eine fürnehme Person, eine Materfamilias, was sagst Du dazu? Nun leb
wohl beste Mama, und laß mich, ich bitte, sobald möglich, wissen, was
Du über meine Abreise bestimmt hast, denn mein Herz hängt nach
Rüschhaus, so gut es mir hier geht. Deine gehorsame Tochter Nette.
Notabene die alte Schopenhauers giebt mir immer neue Grüße an Dich,
so oft ich sie sehe.

[Adresse:] Der Freyfrau von Droste. gebornen Freyinn von Haxthausen Hochwohlgeboren zu Rüschhaus durch Düsseldorf und Münster.
Poststempel Bonn 12. 1.

Orig. Baronin Elisabeth v. Droste. Oktavbogen, auf der 4. S. die Adresse.
Ein kleines Stück gedruckt bei Kreiten 285.

---

¹) Antonie Galieris, die im Drosteschen Hause erzogen worden war.
²) Felicitas v. Böselager.
³) Die in Münster lebende Herzogin von Looz. Vgl. zu dem Brief
1833 Okt. 2.

41. An die Schwester. — Bonn 1837 Januar 24.

Bonn, d. 24ten

Ich hätte Dir längst sollen schreiben, liebe alte Jenny, aber man
kommt hier eben nicht dazu. Morgens laufe ich umher, meine Bekannten
zu besuchen, und thue darin doch nicht zur Hälfte meine Schuldigkeit.
Nach Tisch gehe ich mit Paulinen[1]) spatzieren, sehr lange, so daß wir
vor Abendwerden nicht wieder da sind, und bei Licht bilde ich mir ein
Nichts vornehmen zu können, weil meine Augen, seit ich hier bin, immer
schwach sind. Ich werde keinen Morgen wach, ohne an Euch Lieben zu
denken. Allemahl fällt es mir ein, daß Marie mir zuweilen Röthelchen
ins Bett brachte, und wie es dann zuerst so niedlich artig war, und
nachher so niedlich unartig, sein klein Köpfchen hin und her schob, und
mit seinen kleinen Spatzenfingerchen mich in die Nase kniff. Du must
mir durchaus mahl ordentlich von den Kindern schreiben, sie liegen mir
so in den Gedanken. Hier geht es mir schon recht gut, ich werde aber
nicht lange mehr bleiben [*Folgen Verlobungsnachrichten*, *Toilettefragen*,
Onkel Moritz wird wahrscheinlich mit D'Alton in einen Prozeß „wegen des
berühmten Bildes" *geraten*].

Die Mertens ist als eine vollkommene Italienerin zurückgekehrt.
Man mag sich drehen und wenden wie ein Aal, dem Genua entläuft
man nicht, und wenn ich sage: „Gieb mir ein Butterbrod, ich habe Hunger",
so ist die Antwort: „Ach! in Genua hatte ich immer weit weniger Appetit
als hier." Ich gehe deshalb wenig hin. Sie war während der Cholera
in Genua, und hat dort viel für die Kranken, und noch mehr für ihre
hinterlassenen Waisen gethan[2]). Da es nun dort keine Frauenvereine noch
barmherzige Schwestern giebt, so war das was Unerhörtes, Edles, Großes et cet. Der König hat eine eigne große goldne Medaille für und
auf die Mertens schlagen lassen, und Du kannst denken, daß sie seitdem
nicht mehr geht, sondern schwebt, oder vielmehr auf dem Kopfe steht.

Adele[3]) ist dagegen um vieles liebenswürdiger und bescheidener
geworden; sie hat allen eiteln Gedanken den Abschied gegeben, um sich
ganz mit ihrer kranken Mutter zu beschäftigen, die am Brustwasser leidet
und gar nicht mehr ausgehn kann. Adele beträgt sich musterhaft hierbei,
weicht nicht von ihr, schläft fast keine Nacht und giebt ohne Klage nach
und nach ihr ganzes Vermögen her, um der Alten alles zu gewähren,
was ihr Erleichterung oder Freude geben könnte, und das so ganz ohne
Prahlerei. Käme es nicht durch den Arzt, den Geschäftsmann und dergleichen Personen aus, so würde man es nicht mahl merken. Sie genießt

---

[1]) Pauline v. Droste, Witwe ihres Vetters Professor Clemens v. Dr.

[2]) Eingehend wird ihr edelmütiges Verhalten in einem Briefe ihrer
Tochter geschildert, mitgeteilt in einem Nekrolog auf Sibylla Mertens (Druck-
blatt in Hüffers Nachlaß). Auch die goldene Medaille wird hier erwähnt.

[3]) Adele Schopenhauer. Ihre Mutter Johanna starb schon im folgenden Jahre.

deshalb jetzt einer allgemeinen großen Achtung in Bonn, und selbst
ihre früheren ᴗᴗᵧner können es nicht mehr leiden, wenn jemand was
über ihre kleinen Thorheiten sagt. *[Folgt eine Menge von kleinen Personalien, Erkundigungen usw., u. a. Mitteilungen über* „die drei Böselager"
in Bonn, Sophie, Clara und Nettchen, den Böselagerschen Familienprozeß
„wegen der letzten Bellerbuschischen Erbschaft", *eingehend begründete, noch
zweimal in Nachschriften wiederholte Bitte, Laßberg möge Herrn Doctor Volkmuth eine Empfehlung an Professor Hug in Freiburg geben usw. Zur
wörtlichen Mitteilung nur Weniges geeignet].*

Ich bleibe am Meisten und Liebsten bei Pauline zu Hause, die sich
immer gleich bleibt, immer ruhig, freundlich, und voll Aufmerksamkeit.
Sie erscheint jetzt als Wittwe, wo sie sich überall selbst bestimmen muß,
noch weit fester und achtungswerther als zuvor. Ich habe sie wirklich
sehr gern ... Ich habe vor einigen Stunden einen Brief von der lieben
Mama erhalten, worin sie meine Abreise auf den Tag vor Fastnacht
festsetzt ... Denen *[der Familie Emmas v. Gaugreben, geb. Gräfin Thurn]*
wird es äußerst empfindlich sein, daß ihr nicht in Eppishausen bleibt,
was ich durch Mama erfahren, und da sie es mir als Geheimniß mittheilte, keinem Menschen gesagt habe. Dennoch ist es den hiesigen
Haxthausens bekannt geworden, durch Onkel Werner, dem Laßberg es
vielleicht direct mitgetheilt hat ... Ganz viel must Du mir erzählen
von den Kindern, von allen Beiden, ich will gar keinen Unterschied
machen. Ich denke immer, ob sie denn noch gar keine Lust haben ein
Zähnchen zu bekommen? Das dauert doch lange! Wie nehmen sich
jetzt die Härchen wohl aus, nun sie länger werden? Sie sind keine
Füchse, nicht wahr? Kann Röthel schon kriechen? Und muß es noch
immer die Mindeste sein? Aber wartet nur, wenn ich hinkomme, da
werde ich sie schon nehmen, wenn ihr Andern auch alle in Compagnie
über die dicke Blaue herfallt, Herr von Liebenau[1]) an der Spitze ...
Adieu, liebste Jenny, 1000 Liebes an den lieben Laßberg, und alle, die
meiner noch gedenken. Die Kinderchen küsse ich überher, von ihren
kahlen Köpfchen, bis zu den winzigen Füßchen ... Deine Nette.

Orig. Meersburg. Langer, eng gekritzelter Brief, auf der Rückseite die
Adresse an Frau v. Laßberg mit Poststempel Bonn 26. 1. Die Stelle über Adele
Schopenhauer gedruckt Hüffer 358, wo der Brief richtig 24. Januar 1837 datiert ist. Der Monat ergibt sich aus dem Poststempel, das Jahr schon aus der
Bezugnahme auf den Aufenthalt in Eppishausen (bis Herbst 1836) und das
zarte Alter der Laßbergschen Zwillinge (geb. 5. März 1836).

42. An Joseph v. Laßberg. — Rüschhaus [1837] März 18.

Rüschhaus, den 18. März.

Gar trübselig und erbärmlich hat es hier im Hause ausgesehn,
seit ich es wieder bewohne, liebster Laßberg; Alles hat die Grippe gehabt
und keiner hat weniger als einen Monat Zeit gebraucht, um sich wieder

---

[1]) Hermann v. Liebenau (1807—74), Arzt und Historiker.

zu erholen. Sagen Sie Jenny nur, die pauvre gemeine Grippe, die sie
vor einigen Jahren in Rüschhaus gehabt, sei durchaus eine falsche gewesen, eine nachgemachte, die unsre damalige Unwissenheit benutzt,
diesen glänzenden Namen zu usurpiren. Doch ernstlich, lieber Schwager,
die Grippe, wie wir sie jetzt haben kennen gelernt, ist eine sehr böse
Sache, und soll, wie die Aerzte sagen, mehr Menschen weggerafft haben,
als irgend eine andre Seuche in gleichem Zeitraume. In manchen Kirch-
spielen waren am selben Tage 10—12 Beerdigungen; doch hat der liebe
Gott uns bewahrt vor Verlusten unter denen, die uns durch Verwandtschaft oder Freundschaft nahestehn. Ueberhaupt trat nur dann Gefahr
ein, wenn man nicht im Stande war, sich von den ersten Symptomen
an, und dann anhaltend zu schonen, weshalb auch fast alle Vornehmen
mit einem blauen Auge davongekommen sind. Indessen sind die Nach-
wehen lang und bei Manchen noch beunruhigend; wer schon seit sechs
bis acht Wochen hergestellt ist, der hustet noch immer, oder ist mit
seinem Magen in Unordnung, oder kann Nachts nicht schlafen, oder leidet
an Kopf- und Zahnweh. Letzteres ist z. B. mein Fall und dieses der
Grund, weshalb ich Ihren mir so sehr erfreulichen Brief so lange unbeantwortet gelassen. Ich weiß von dem Uebel um so weniger los zu
kommen, da es sich an keinen einzelnen Zahn hält, und es somit unmöglich ist, den vagabondirenden Feind zu erwischen.

In Bonn ging es mir sehr gut, die Luft bekam mir wohl wie jede
scharfe Luft, meine Cousine[1] war voll Güte gegen mich, ich fand meine
alten Freunde alle wieder und in erfreulichen Verhältnissen — was will man
mehr! Abgerechnet einiges Heimweh nach den Alpenpflanzen, namentlich dem kleinen doppelten bicolor fl[os]. ros. et cyan. in Eppishausen[2]), und andererseits nach dem guten Rüschhaus, respective Hülshoff, das ich nun seit anderthalb Jahren nicht gesehn, blieb mir nichts
zu wünschen übrig. Sobald ich aber Bonn im Rücken hatte, fing es an,
mir schlecht zu gehn. Ich kam mit allen Vorbothen der Grippe in Cöln
an, wäre natürlich um Vieles gern baldmöglichst zu Hause gewesen und
muste nun, meiner Gesellschaft halber und weil das Dampfboot nicht
früher ging, drei Tage in Köln liegen — ich kann sagen liegen, denn
jeden Augenblick, den ich stehlen konnte, huschte ich ins Bett. Am
Tage quälte mich Kopfweh, Nachts Zahnweh, dabei wohnte ich bei fremden Leuten, wo die Bedienung knapp war, und pour comble de malheur
muste ich allerlei Lustbarkeiten mitmachen, damit keins der Familien-
glieder meinetwegen zu Hause bleiben sollte. Ach! Es war eine müh-
und trübselige Fastnacht! Endlich kam der glückselige Mittwoch[3])! Ich

---

[1]) Pauline, die Witwe ihres Vetters Professor Clemens v. Droste.
[2]) „Röthelchen und Bläuchen", die Zwillingstöchterchen ihres Schwagers
Laßberg.   [3]) Die Fastnachtstage fielen 1837 auf den 5. bis 7. Februar, die
Abreise von Köln also auf den 8. Februar.

ging aufs Dampfboot und sehnte mich herzlich nach Wesel, wo ich einige
Stunden ruhn wollte. Gott bewahre! Eine ganze Reihe ehrenfester Bürger
stand am Rheinufer aufgepflanzt. Ich hatte kein Arges daraus — aber
o weh! Es waren die Verwandten meines sehr lieben Freundes, des
Professor Achterfeldt[1]) aus Bonn, denen er meine Ankunft vorläufig ge-
meldet. Nun wollten mir die braven Leute, ihrem Bruder zu Liebe, eine
Ehre anthun, und ich, mit meinem Kopfweh, daß mir die Augen ver-
schwollen waren, und matt zum Umfallen, muste nun mehrere Stunden
lang die Liebenswürdige machen und an einem endlosen Diner hinein-
essen, was der Magen vermochte, um meine Wirthe nicht zu kränken.
Endlich ging's weiter! Zu Scherenbeck kam ich wirklich ins Bette, was
aber auf einem ungeheizten und gewiß lange nicht bewohnten Zimmer
stand, denn als ich warme Krüge hineinlegen ließ, drang die Feuchtigkeit so aus den Betten hervor, daß man sich ebenso gesund ins thauige
Gras legen könnte. Ich hatte die Nacht über Zahnweh zum Verrückt-
werden, zuckelte am andern Morgen trübselig fort, kam zu Mittag ins
unrechte Wirthshaus, wo Haare in der Suppe schwammen, und breite
schwarze Daumen auf der Butter standen. Als ich spät durch Münster
fuhr, war es dunkel, kalt; der Kutscher machte mich aufmerksam auf
fünf offene Gräber, an denen wir vorüberfuhren, und erzählte schreckliche
Grippen-Anekdoten, wie die Leute oft binnen zwölf Stunden todt seien
et cet. Endlich sah ich das Licht aus Mamas guten, warmen Stübchen
neben der Küche hervorschimmern, aber Niemand war an der Thür; ich
muste mich selber ins Haus hineintappen. Endlich kam ein Bauern-
mädchen aus der Gegend von Hülshoff (Therese Hölscher) zum Vorschein;
sie war am Morgen herübergekommen, weil das ganze Haus an der
Grippe niederlag. Die arme Mama hatte sich noch mit Gewalt aufrecht
erhalten wollen, um mich zu empfangen, aber es nicht aushalten können;
jetzt lag sie so erbärmlich, daß sie kaum Notiz von meiner Ankunft
nahm. Keinen Menschen bekam ich sonst zu sehen; jeder lag in seinem
Nest und ächzte; statt also selber ein anständiges Krankenlager zu halten,
durfte ich mir nur gar nichts merken lassen.

Meine Alte, die auch krank war, weinte vor Freuden, als sie mich
sah, fragte unaufhörlich nach Eppishausen und den Kindern und meinte,
ich müsse vielmehr davon wissen wie Mama, weil ich doch so viel später
wiedergekommen. Sie hatte grade Fieber, so war es eine Art fixer Idee
bei ihr, daß Sie, lieber Laßberg, oder Jenny, oder die Kinder, wohl
auch die Grippe hätten; ich konnte sie nicht genug darüber beruhigen,
sie kam immer darauf zurück. Fast vierzehn Tage lang lebten wir so
höchst miserabel; mein Bruder kam in dieser Zeit einmahl, blieb aber
aus Furcht vor der Ansteckung in der Stubenthüre stehn. Endlich krab-

---

[1]) Der hermesianische Theologe Johann Heinrich A. (1788—1877), ein
geborener Weseler.

belte sich so Einer nach dem Andern wieder heraus; da legte ich mich
hin und bekam mein Antheil, aber in keinem hohen Grade, nur etwa
eine Woche lang ordentlich krank, und dann ward es besser, aber Zahnweh habe ich den ganzen Tag, bald stärker, bald gelinder, und kann
keine Seite weder lesen noch schreiben, ohne daß es arg wird. Auch
jetzt habe ich schon ein paar mahl absetzen müssen, aber doch ist es
heute ungewöhnlich gut, und ich muß diese Zeit benutzen. — Von Hülshoff habe ich noch Niemand gesehn, außer Werner und Wilmsen. Wir
reisen gleich nach Ostern (am 2ten) [1]) nach Bökendorf; wenn ich an mein
Zahnweh denke, wie sehr ich mich in der letzten Zeit geschont, und wie
es dann nur auf Wind und Wetter grade los muß, so wird mir angst
und bange. Nichts schrecklicher als mit Zahn- oder Ohrenschmerzen
irgendwo zum Besuch sein.

Hier in Münster wird nun fleißig gelandtagt; man erwartet viel
von diesem Landtage, sowohl in politischem, als auch anderem Betracht,
denn was noch von Epouseurs im Lande ist, hat sich so ziemlich zu-
sammengefunden, namentlich auch die beiden jungen und reichen Witt-
wer Bocholz und Oer; doch ich glaube, daß unsre junge Damenschaft
nur getrost — oder vielmehr ungetrost — anstimmen kann „All mein
Hoffen ist vergebens et cet.". Denn die Zeit vergeht und es will noch
gar nichts Verdächtiges verlauten. Onkel Fritz, der den Winter sehr
vergnügt in Münster zubrachte, ist vor etwa vier Tagen abgereist.
Bei ihm werden wir wohl unser eigentliches Standquartier aufschlagen,
es ist dort am Ruhigsten und da wir Mariechen mitnehmen, sind wir
mit Bedienung wohl versorgt. Gegen die Mitte oder höchstens Ende
des Monats (Mai) denken wir wieder zurück zu sein, und dann wird die
Reise nach dem lieben Eppishausen wohl bald anheben. Ich habe noch
immer gehofft sie mitzumachen, aber — der Mensch denkt und Gott
lenkt — jetzt wird es mir sehr zweifelhaft! Ich habe in Bonn mancherlei
Ausgaben nicht ausweichen können, hier macht man auch unerwartete
Ansprüche an meinen ohnehin schon schwindsüchtigen Geldbeutel, kurz!
ich sehe nicht ein, wie ich die Reise dieses Mahl sollte machen können.
Die Meinigen in Hülshoff habe ich auch noch, außer Werner, mit keinem
Auge gesehn, und kann es auch vor der Bökendorfer Reise nicht mehr.
Ich weiß daß Werner geäußert hat, er zweifle nicht, daß ich, nach so
langer Abwesenheit, jetzt bei ihm bleiben werde, um so mehr da seine
Frau in Wochen komme, ich könne ja, im nächsten Jahre, mit ihm
Jenny besuchen. Ich kann ihm so gar Unrecht nicht geben, und da
meine Finanzen mir denselben Rath ertheilen, so wird es wohl darauf
hinauskommen, daß ich erst im nächsten Jahre die Freude haben werde,
Euch Lieben wieder zu sehn. Ach! mein Röthelchen! mein Bläuchen!
Dann lauft ihr fort, und wollt Nichts von mir wissen. Doch ich fürchte,
sie würden sich schon jetzt die kleinen Hälse abschreien, ich habe so gar

---

[1]) Am 2. April, da Ostern 1837 auf den 26. März fiel.

keine Gabe Kinder zu halten, wie es ihnen bequem ist. Lassen Sie mich
doch, ich bitte, Alles aufs Genaueste wissen, was die guten kleinen
Mäuschen angeht. Ich denke immer Morgens dran, wie mir Marie die
Röthel zuweilen brachte, und habe oft eine wahre Sehnsucht darnach.
Meine gute Alte, die eben hier war, sagte auch: „wenn ick doch ehn-
mohl de Kinnerkes weigen könn". Sie läßt Jenny sagen, se dächte alle
dage an ehr, und se dankte ehr no so 1000 mohl vör dat klöksken, et
gönk eislike ror, un hädde van Winter men een mohl drei Weeke still
stohn, ower Högemann hedde et ehr scharmant wier te rechte makt.
Ihr Sohn hat jetzt vier Knaben und kein Mädchen. Es wird den Leuten
sehr knapp! Sagen Sie Jenny doch, die alte Frau Dahlmann in Altenberge sei in der vorigen Woche an der Grippe gestorben, und zwei Tage
später sei Feuer in der Branntwein-Brennerei ausgekommen, und das
Haus bis auf den Grund niedergebrannt. Mama redete grade von diesen
Leuten, daß ihnen Alles so wohl glücke, sie nun auch die jüngste Tochter
so gut verheurathet hätten (in Greven), als die doppelte Trauernachricht
kam. So viel vermögen wenig Tage!

In Bonn sah ich Hundeshagen. Kennen Sie den Mann?
Das ist mir mahl ein verschrobenes Original! Er hat mir immer vom
Nibelungenliede vorgeredet und glaubt, die geistreiche Entdeckung gemacht zu haben, daß — was meinen Sie wohl? — daß das Nibelun-
genlied ein Werk der letzten Jahrhunderte ist, offenbar später
als Shakespeare und Raphael; denn man finde Darstellungen darin,
die unläugbar Reminiscenzen aus den Werken dieser beiden seien; er
nennt sogar den Fürsten, der so sehr die altdeutsche Poesie geliebt, und
an dessen Hofe diese sehr gelungene Nachahmung fabricirt sei. Er meint,
es sei jetzt eine ähnliche Zeit, und obgleich eben jetzt Niemand lebe, der
in der Poesie so glücklich den rechten Ton zu treffen wisse, so gelinge
es um so besser in der Malerei, und man werde in Zukunft manches
Gemälde eines Cornelius und Overbeck unter einem steinalten Namen
zu Markte bringen et cet. Mir ist an dem ganzen Unsinn am auffallendsten gewesen, daß gerade Er ihn vorbringt, Er, der nichts Anderes sinnt
und denkt, als seinen ächten Codex[1]), nichts Anderes sein mag und will,

---

[1]) Schon 13 Jahre vorher (Bonner Wochenblatt Nr. 5 vom 15. Januar
1824) erließ „Dr. Bernhard Hundeshagen, Baumeister" einen offenen Brief an
Sulpiz Boisserée nebst einer wunderlichen Einladung an die „Freunde und
Kenner der Literatur, Topographie und Architektur" zur Besichtigung seiner
„Sammlung von Alterthümern, alten Schriften und Kunst-Denkmälern", wobei
er den „Original-Codex des Nibelungen-Liedes mit den integrirenden Original-
Gemälden des Textes" besonders hervorhebt. 1832 veröffentlichte er eine für
ihre Zeit beachtenswerte Schrift Die Stadt und Universität Bonn am Rhein.
Weitere Notizen über den seltsamen, aber nicht unbedeutenden Mann gibt
Hüffer in der D. Rundschau, XXIV. Jahrgang, Heft 5, S. 181. Für Laßberg,
den Besitzer und Herausgeber der Nibelungenhandschrift C, waren diese Scherze
über den Besitzer des „ächten Codex" von besonderem Interesse.

als Besitzer des ächten Codex. Was wird aus beiden, wenn der ächte Codex zu einer fast modernen Abschrift wird und dadurch alle Wichtigkeit für die Geschichte, sowohl der Poesie als des Volkes, verliert? Leider predigt er seine Weisheit den Wänden! Niemand hört auf ihn, als höchstens, um ihn aufzuziehn; was bleibt also übrig, als seine Ansicht drucken und mit dem bekannten Buche, das beweist, daß Napoleon gar nicht existirt hat, zusammenheften zu lassen?

Mein St. Bernhard hat seltsame Schicksale! Sie wissen, daß ich von Eppishausen aus den Cölner Verleger gebeten hatte, mit der Herausgabe zu zögern, bis ich nach Bonn komme, weil ich noch Einiges verändern wolle. In Bonn angekommen, finde ich denjenigen Professor, der sich mit der Besorgung der Sache beladen hatte, gänzlich zerfallen mit dem Verleger, der bis dahin auch der seinige gewesen war[1]). Die guten Leute schrieben sich die furchtbarsten Injurien und werden wohl kaum auf dem Wege der Güte mehr aus einander zu bringen sein. Ich sah das eine Weile an, dann fing es doch an, mir höchst fatal zu werden, daß zwei Menschen, die einander nicht nennen hören konnten, ohne so roth zu werden wie ein paar Welsche, meinetwegen noch sollten, und vielleicht längere Zeit hindurch, mit einander verkehren müssen. Ich sagte das dem Professor; er wollte das leichthin nehmen, seiner Verbindlichkeit durchaus nicht entlassen sein, sagte, der Verleger habe noch neulich geäußert, daß er die baldige Zurückgabe des Manuscripts und die Bestimmung der Bedingungen wünsche et cet. Da ich aber gar nicht zweifeln kann, daß beide Herrn nur aus Point d'honneur so reden, und bei dem geringen Vortheil, den, im Falle der besten Aufnahme, ein so kleines Unternehmen bringen kann, der Verleger, der ein sehr reicher Mann ist, sich unter diesen Umständen unmöglich noch gern mit der Sache befassen kann, so habe ich mein Manuscript binnen behalten und bin damit abgereist. Der gute Professor, dem dies leid war, hat nun zwar demselben bereits einen Steckbrief nachgeschickt und vorgeschlagen, ich möge es, wenn nicht dem früheren dann seinem jetzigen Verleger geben, der ebenfalls ein großes Geschäft mache, und ein sehr reeller Mann sei; da ich aber bis jetzt krank war und auch die Reise vor mir habe, habe ich hierauf noch nicht geantwortet. Ich möchte wirklich auch noch manches daran verändern. *[Der Rest des Briefes, noch fast ein Viertel des Ganzen, enthält nur noch unbedeutende Plaudereien über den strengen Winter, Pläne für den Garten in Rüschhaus usw.].* Leben Sie wohl, bester Laßberg und bleiben ein wenig gut Ihrer treuen Schwester Nette.

———————

Orig. Meersburg. Auszüglich gedruckt von Hüffer in der Deutschen Rundschau, XXIV. Jahrgang (1898) Heft 5, S. 184—186.

———————

[1]) Näheres über das Zerwürfnis zwischen Professor Braun und dem Kölner Verleger Dumont bei Hüffer 150. Infolge der hermesianischen Wirren ging die Zeitschrift für Philosophie u. kathol. Theologie von Dumont an A. Marcus in Bonn über.

43. An Schlüter. — Rüschhaus [1837 März 23].

Rüschhaus, am Grünendonnerstag.

Heute bin ich ganz allein, mein theurer Freund, und also doppelt geneigt, eine so liebe Gesellschaft als die Ihrige zu suchen. Meine Mutter ist gestern Abends nach Münster gewandert und kömmt morgen zurück. Ich habe sie nicht begleiten können, denn die bösen Gesichtsschmerzen, womit ich mich schon seit Monaten habe herumschlagen müssen, klopfen noch immer an, bald stärker, bald gelinder, und ich muß alles anwenden, sie bei guter Laune zu erhalten zur bevorstehenden Reise; zwar hätte ich wohl nach Münster fahren, mich hübsch still zu Hause halten und nur den kurzen Weg zu Ihnen des Tags ein- oder zweimahl unternehmen können, aber es schien mir doch gar zu schmählich, in der Charwoche in Münster sein und keinen Fuß in die Kirche setzen! Jetzt sitze ich hier allein, denke, daß Gott mich überall hört, und werde übermorgen nach Hülshoff ziehen, weil dort an den beiden Ostertagen Messe im Hause ist; sind die Wege fahrbar, so fahre ich, sonst muß ich gehn und, denken Sie, das macht mir wenig! Bewegung in freier Luft thut mir kein großes Leid, aber die kalte Kellerluft der Kirchen ist etwas Ent- setzliches für Gesichtsschmerzen, sie legt sich an wie Glatteis, von Mi- nute zu Minute starrer, bis man wieder genug hat für einige Wochen.

Doch jetzt genug und schon zu viel von mir. Junkmann und Felix sind neulich etwas spät gekommen, die Tage sind noch gar nicht so lang, daß man sie freiwillig verkürzen darf. Meine Mutter hat Junkmann so sehr gern, wie ich dieses nach zweimaligem Zusammensein jetzt zum ersten Mahle vielleicht an ihr sehe. Sie denken wohl, wie mich das freut! Ihr Interesse für ihn ist groß und wird dauernd sein, wie ihr fester Charakter das mit sich bringt. Sie wünscht, daß er uns in Bökendorf besuchen und dort die Bekanntschaft ihres jüngsten Bruders, August machen soll, der zugleich mit uns dort sein wird, es ist derselbe, der sein eigentliches Lager in Berlin aufgeschlagen hat. Dies könnte vielleicht sehr gut sein, aber nur vielleicht. Wie sehr die politische Richtung meines Onkels von der unseres theuern Freundes abweicht, wird Ihnen Ihr Herr Vater am besten sagen können. Ich glaube wohl, daß August Junkmann nützlich sein könnte, aber er ist ein kalter und kühner Parteimann, jedoch sehr geistreich und dieses ist seine Ferse des Achilles, von dieser Seite muß sich das Interesse einschleichen, sonst ist er ziemlich gepanzert. Was meinen Sie [a], soll sich Junkmann auf unsre Verantwortung einem solchen Manne gegenüber stellen? Wäre dieser Mann nicht mein Onkel, ich würde unbedingt „nein" sagen — jetzt liegt Alles anders, August ist nicht fähig Jemanden zu schaden, den wir ihm als einen Gegenstand unsrer Neigung zuführen, denn Mama ist seine älteste und überaus ver-

[a] *Die ganze Stelle* Was meinen Sie *bis* Darum Punktum! *fehlt im Druck bei Schlüter.*

ehrte Schwester. Aber einen übeln Eindruck könnte und würde es ihm
machen, wenn Junkmann sich auf eine Weise äußerte, die ihn in Verlegenheit setzen, und es ihm leid machen müste dabei gegenwärtig
gewesen zu sein. Lieber Schlüter, ich kenne Junkmanns politische Lage
und Ansichten zu wenig genau, weiß namentlich zu wenig auf welchem
Punkte Beide in diesem Augenblicke stehn, um irgend Etwas drüber
sagen zu können, was nicht besser in der Feder bliebe. Darum Punktum!
Ich wollte Ihnen blos die Kehrseite der Medaille zeigen, weiter Nichts,
damit will ich jedoch nicht abrathen, vielmehr wird dieses Zusammentreffen gewiß nicht ohne Nutzen sein, wenn politische Gespräche können
vermieden werden.

Erlauben Sie mir wohl, daß ich das geschriebene Gedicht von
Junkmann [1] mitnehme? Behelfen Sie sich einmal diese vier Wochen lang
drum. Es hat einen bedeutend höhern poetischen Werth, als die gedruckten
und mich dünkt, es muß an ein eisernes Herz gehen, d. h. so in den
vier Wänden gelesen, denn öffentlich darf ein guter Aristokrat sich nicht
dazu bekennen. Für die gedruckten Gedichte, die mir ebenfalls sehr
werth sind, danke ich beiden theuren Gebern aufs allerherzlichste. Sie
werden mich auch nach Bökendorf begleiten. Ich wollte, ich könnte noch
eine Antwort auf diesen Brief hier erhalten, bis Dienstag Abend bin
ich noch nicht fort, ich möchte wenigstens wissen, ob Junkmann nach
B[ökendorf] kommen wird, oder nicht. Im ersten Falle bedürfte es
doch einer Art Abrede, da wir nicht immer in Bökendorf sein würden,
so wenig wie meinem Onkel August und Junkmann die Zeit seiner Abreise vielleicht auch nicht ganz gleich ist. Sie müsten mir dann jetzt
sagen, welche Zeit demselben für seine Bequemlichkeit die passendste
wäre, ich würde dies, in Bökendorf angekommen, dann suchen mit unsern Reiseprojekten in Uebereinstimmung zu bringen und sogleich darüber
Nachricht ertheilen.

Wegen meines St. Bernhards wird Junkmann mit Ihnen geredet
haben, ich wünsche noch immer das Gedicht anderswo herauszugeben,
denn ich möchte, daß seine Renommée, gut oder schlimm, bereits gemacht wäre, ehe es in den Kreis meiner Bekannten käme, da ich nicht
darauf rechne, daß es hier sehr gefallen wird; für auswärts mache ich
mir bessere Erwartungen und möchte meiner lieben Mutter, die im Grunde
jedes öffentliche Auftreten scheut wie den Tod, und nur zu empfindlich
ist für die Stimme des Publikums, gern zuerst die möglichst angenehmsten
Eindrücke gönnen; dann schmerzen nachher einzelne Stimmen weniger;
für mich selbst wäre es mir schon gleich, womit ich es zuerst aufnehmen
müste. Wegen der geistlichen Lieder [2] kann ich Ihnen durchaus noch

---

[1] Der Cyklus Bernardo.
[2] Des Geistlichen Jahres.

keinen Bescheid geben, da meine Mutter, die sie seit Jahren nicht in
Händen und fast vergessen hat, darüber bestimmen muß. Sie will dieselben zu diesem Zweck durchlesen, was vor unserer Abreise schwerlich
geschehn wird; kann ich sie indessen noch dazu bewegen, so sende ich
Ihnen vor dem Mittwochen noch einige Zeilen, sonst nehme ich das Buch
mit. Ob Sie des Pfarrers Woche nebst dem Säntis und Weiher-Liedern
jetzt in Händen haben, weiß ich nicht, jedenfalls bekommen Sie dieselben
nächstens. Ich hatte sie bei der Felitz Böselager zurückgelassen, welche
die erstern zuvor abschreiben und dann Ihnen ausliefern wollte. Wie ich
vor einigen Tagen erfahre, sind sie ihr während dem Abschreiben von
meinem Bruder abgeliehen und mit nach Hülshoff genommen worden,
der aber ebenfalls versprochen, sie gleich zurückzustellen. Da ich nun
übermorgen nach Hülshoff gehe, kann ich schon besorgen, daß sie nicht
liegen bleiben, indessen werden sie zuerst wieder der Böselager zugestellt
werden müssen. Von dort werden sie hoffentlich bald Ihnen zukommen,
sollte es aber etwa in's Vergessen kommen, so müssen Sie so gütig sein,
sie zurück zu fordern.

Des Pfarrers Woche mache ich Ihnen auf's vollständigste zum Geschenk, Sie können damit beginnen, was Ihnen gut dünkt, ich habe mitunter verändert, vielleicht nicht immer verbessert und überlasse es
ganz Ihrem Geschmack, ob Sie das Durchstrichene oder Drüber-
geschriebene wollen gelten lassen. Doch bitte ich jedesmahl ein wenig nachzudenken, was mich wohl zum Durchstreichen bewogen hat,
und die vorhergehende und nachfolgende Strophe mitzulesen, denn gewöhnlich ist es ein zu schnelles Aufeinanderfolgen desselben Wortes, eine
Sache, die mich vielleicht zu sehr stößt und die ich mit zu großen Opfern
vermeide. Im Dienstag[1]) bitte ich Sie zu entscheiden, ob die dritte
Strophe „Sippschaft ist ein weites Band", nicht besser zur zweiten
würde? wie ich beim Vortrage aus dem Gedächtnisse sie auch immer
stelle. Es hat etwas trockenes, die Braut zu beschreiben, ehe man sie
so recht in ihre Umgebung gestellt hat, dagegen macht es sich allerdings
nicht gut, die dritte und vierte Strophe zu trennen; entscheiden Sie! Dann
heist es später „doch er lacht und reicht die Hand", früher stand „er
nickt", was mir jetzt wieder weit besser vorkömmt. Die Säntis- und
Weiherlieder dagegen müssen nicht einzeln gedruckt werden, denn sie
gehören zu denen, die einen Ruhepunkt zwischen dem Barry[2]) und des
Arztes Vermächtniß bilden sollen. Das Morgenlied[3]) für Ihre verehrte
Mutter werde ich noch vollenden, wenn mir nur eben so viele freie

---

[1]) Das heißt im dritten Teil des Cyklus des alten Pfarrers Woche. Der
Druck bei Schlüter hat Am Dienstag.

[2]) Der Klosterhund im Hospiz auf dem großen St. Bernhard.

[3]) Das Gedicht Der Morgenstrahl bahnt flimmernd sich den Weg, das
A. bald darauf mit einem Brief an Frau Schlüter schickte.

Zeit zu Theil wird. Was ich zuweilen für Sie, mein theurer Freund, geschrieben, ist zu unvollständig und einzeln stehend, als daß ich es Ihnen
in dieser Gestalt vorführen möchte. Lassen Sie mir Zeit, etwas draus
zu machen, was sich darf sehn lassen.

Jetzt habe ich mehr als eine Seite zu Dingen verwendet, die ich eigentlich schon alle unserm Junkmann aufgetragen, doch sind wir gar nicht so
recht zum anhaltenden Gespräch gekommen, wie ich es gewünscht hätte,
ich muste doch dem guten Felix[1]) auch etwas von meinen Mineralien und
Münzen zeigen, er hatte ja den weiten Weg in der Kälte darum gemacht.
Zudem unterhält sich meine Mutter so wohl mit Junkmann, daß ich es
kaum übers Herz bringen kann, sie zu unterbrechen, wie freuts mich, daß
das so gut geht! Bis jetzt hat ihr noch Alles gefallen, was aus Ihrem
Hause gekommen ist, und meiner Mutter Meinung hat allemal so großen
Werth für mich, selbst wenn sie nicht die meinige ist; Sie begreifen das!

Daß ich Sie wohl kaum mehr vor meiner Abreise sehn werde, werden Sie aus Allem Gesagten schon abstrahirt haben. Sonnabend wandre
ich nach Hülshoff, komme Montag Abend zurück, Dienstag packen wir,
reisen Mittwochen ab, und werden wahrscheinlich durch Münster fahren,
ohne anzuhalten. Ich kann Ihnen sagen, daß mir das Herz recht weh
thut darum, aber es geht mahl nur so und nicht anders. Ich habe mich
überhaubt bei meinem letzten Aufenthalt in Münster gar sehr verwöhnt,
mir in Allem nachgegeben, statt nach so langem Urlaub, wie ein ord-
nungliebender Soldat, mich bei den passenden Behörden überall zu melden. Wo habe ich meine Zeit zugebracht? Sie können in den Stunden
zwischen 11--1 wohl zuweilen meiner gedenken. Das ist um Nichts zu
viel verlangt (ich meine eigentlich an mich denken).

Haben Sie Jocelin von de la Martine[2]) gelesen? Wenn das nicht der
Fall wäre, möchte ich es Ihnen wohl zurücklassen. Es gehört dem Fräulein von Galieris, was mir die Erlaubniß dazu ertheilt hat; es enthält
gar viel Schönes, auch die Fehler des Nationalgeschmacks, doch über-
wiegt das Schöne bedeutend. Wünschen Sie es? Der Thaddäus[3]) kömmt
hierbei zurück, ich habe mich herzlich daran ergötzt. Könnte es [auch]"
mitunter schöner sein, origineller gewiß nicht, das ist eine reine vaterländische Ader! Die U[ebersetzung desselben ist] mitunter holperig, dennoch hat mir das Buch sehr großen Genuß gewährt [und] ist wahrhaft
klassisch. Ist es Ihnen unangenehm, bester Schlüter, mir das [geschriebene]
Gedicht von Junkmann auf die Zeit meiner Reise mitzugeben, so müssen
Sie es mir noch jetzt [zu] wissen thun, denn es kömmt nicht hierbei.

" *Die eingeklammerten Worte nach Schlüters Druck, im Orig. kleine Lücken.*

---

[1]) Felix Heitmann. Vgl. meine Bemerkungen am Schluß des Briefes.
[2]) Lamartines Epos Jocelin war 1835 erschienen.
[3]) Adam Mickiewicz' Epos Pan Tadeusz, das 1835 erschienen und 1836
ins Deutsche übertragen worden war.

Ich kann es Ihnen aber auch vielleicht sehr bald per Post zurücksenden,
sobald diejenigen es gesehn haben, denen ich es zu zeigen wünschte.
Doch du lieber Himmel! ich habe ja eigentlich noch gar keine Erlaubniß
es irgend Jemanden zu zeigen, nein, Sie müssen mir durchaus noch
schreiben.

Dieser Brief bedarf durchaus einer Antwort vor meiner Abreise. Ich
denke mir, daß meine liebe Mutter Sie vielleicht besucht hat, wenigstens
hatte sie den Vorsatz, als sie von hier ging, oder vielleicht kömmt sie
noch; sollte das der Fall sein, so bitte, bringen Sie nicht absichtlich das
Gespräch darauf, daß ich Ihnen geschrieben, obgleich sie wohl weiß, daß
ich es gesonnen war, aber die unmittelbare Erinnerung daran möchte sie
auf die Idee bringen, den Brief sehn zu wollen, und sie könnte sich dann
unangenehm berührt fühlen durch ᵃ das was ich über meinen Onkel gesagt. Es ist auch allerdings nur ein Privaturtheil und vielleicht ein un-
richtiges, aber da es einmahl das meinige ist, so trieb mich meine große
Vorliebe für J[unkmann] es offen darzulegen. Vielleicht wäre es gut, liebster Freund, wenn Sie diesen Brief verbrennten. sonst hüten Sie ihn
doch vorsichtig.

Ich muß Ihnen Lebewohl sagen, theurer Schlüter. Ach! ich hatte
so ein schönes Veilchen für Sie, was ich immer habe draußen fortblühn
lassen, um es im rechten Augenblicke brechen zu können, und das ist
mir nun in den letzten kalten Nächten erfroren! Ich habe es heute gepflückt, und in ein Glas Wasser in eine kalte Stube gestellt, daß es nach
und nach aufthauen soll, aber mich dünkt, es schrumpft von Stunde zu
Stunde mehr zusammen, und von Duft zeigt sich auch nur eine schwache
Spur; ich fürchte, morgen wenn dieser Brief fortgeht, ist es durchaus
nicht mehr präsentabel, dazu braucht es nicht viel schlechter zu werden,
als es bereits ist. Lassen Sie mich doch auch wissen, ob Sie den Jocelyn
wollen, und ob und wann J[unkmann] nach Bökendorf zu kommen gedenkt? Grüßen Sie diesen werthen jungen Freund auf's herzlichste von
mir, er steht sehr hoch in meiner Achtung und Neigung. Ihrer theuren
Mutter danke ich noch tausendmahl für das Bild, was sie mir durch
Jung.[mann] übersandt, es soll mich auf der Reise begleiten. Ich umarme Sie herzlich, so wie mein lieb Threschen. Ihr müßt Alle an mich
denken, so wie ich an Euch Alle vielmahls denken werde. Vier Wochen
ist keine so gar lange Zeit, aber die Gedanken können derweil doch
manches liebe Mahl den Weg machen. Adieu Ihr Lieben allesammt.
Adieu mein sehr theurer Freund, Gott gebe Ihnen gesunde und heitere
Stunden. Grüßen Sie doch auch die gute Bornstedt[1]) von mir, und nun

---

ᵃ *Die Stelle* durch das *bis* vorsichtig *ist im Druck bei Schlüter unter-
drückt und durch die kahle Wendung* durch irgend etwas *ersetzt.*

---

[1]) Die später in A.'s Briefen so oft mit scharfen Bemerkungen erwähnte
Dichterin Luise v. Bornstedt (1807—1870), geb. in Potsdam, wurde anfangs

vergessen Sie mich nicht, sonst sage ich mit Hans Sachsen: Das ist die
allergröste Sünd, die auch der Pabst nicht vergeben künt. Ihre Freundin
für immer.   Annette.

PS. Ist Stiewe[1]) noch in Münster, so sagen Sie ihm meine allerbesten Grüße, und wie gern ich ihn mahl wiedersehen möchte.

NB. J[unkmann] hat vier altdeutsche Oelbilder, die er nach der jetzt
beliebten Art hinter Glas machen wollte, mit einem Goldrändchen; mir ist
eingefallen, daß das nicht geht. Oelbilder leiden kein Glas über sich, sie
verderben darunter; zudem fürchte ich, daß, wenn man sie auf Pappendeckel zieht, sie nachher beim Trocknen Risse bekommen; aber wenn sie
nur über den Pappendeckel stramm gelegt und mit dem Goldrändchen
rings umher befestigt werden ohne Glas, dann geht es.

[Am oberen Rande der 1. Seite:] Das Veilchen hat sich einiger Maaßen
erholt, und ist doch immer was besser, als gar nichts, ich schicke es
also. Bitte, legen Sie diesen Brief doch sorgsam fort, oder verbrennen ihn.

Orig. Prof. Jostes.   Gedr. Schlüter 73 mit einigen Auslassungen. Das
im Orig. fehlende Jahr 1837 ist von Schlüter beigefügt, aber richtig. denn in
einem Brief an A. (Orig. Prof. Jostes) datiert „Münster am 2. Frühlingstag 37"
kündigt Schlüter den Besuch Junkmanns an, der seine Gedichte mitbringt und
„Vetter Felix" „als Mentor" begleitet. Bei Kreiten I, 281 ist diese Stelle falsch
wiedergegeben: „Es hat mir viele Mühe gekostet, unseren jungen Freund Felix
v. Böselager zu begleiten"; an einer anderen Stelle des Briefes steht der dick
durchstrichene, aber noch leserliche Name: „Felix Heitmann"; offenbar ist der
Irrtum bei Kreiten durch Verwechslung mit der in A.'s Brief ebenfalls genannten Tante Felitz (Felicitas) v. Böselager entstanden.

44. An Frau Schlüter. — [Sommer 1837].

[Den Anfang des Briefes bildet das Gedicht „Der Morgenstrahl bahnt
flimmernd seinen Weg" (Kreiten III, 415) mit kleinen Varianten. Schluß-
zeile der 3. Strophe: Wie schwach, wie dürftig würd (nicht wird) es mich
vertreten. — In der vorletzten Zeile der 7. Strophe ist So unterstrichen.
— 4. Zeile der 14. Strophe: Auch (nicht und) lächelnd dürfen wir zu Dir
gelangen. — Die letzte Strophe liegt im Orig. in doppelter Fassung vor.
Die erste (durchstrichene) lautet:]

> Nun noch zuletzt, was mir am tiefsten liegt,
> Maria, Mutter, Dir darf ich es sagen,
> Du hast ja selber einen Sohn gewiegt,
> Und unter Deinem Herzen ihn getragen,
> Noch einmahl, liebe Gnadenmutter lind,
> Sieh meine Kinder! Denk Dein eignes Kind,
> Und segne sie die mir am Busen lagen!

der 30er Jahre katholisch.   Lebensnotizen bei Rosenthal, Konvertitenbilder
1. B. 2. Abth. (3. Aufl. 1892) S. 29.

[1]) Wohl der spätere Kultus-Ministerial-Rat Friedrich Stieve, geb. 1804
zu Münster, damals Gymnasialdirektor zu Recklinghausen.   Raßmann 328.

Dies, liebes Mütterchen, ist das Ihnen versprochene Lied, nicht das längst angefangene, das war gar nichts werth; Kopf- und Zahnweh machen die Gedanken wirr, und die Gefühle stumpf, und der gute Wille allein will, wie man zu sagen pflegt, die Thür nicht zumachen. Seit zwei Tagen haben mich diese fast viermonatlichen Leiden verlassen; so habe ich gestern diese Strophen geschrieben, und heute schicke ich sie Ihnen; Sie sehen, daß das Wollen bei mir nicht säumig ist, wenn es nur nicht am Können fehlt. Möge das Ueberschickte Sie so freuen, wie es mich freut, es Ihnen senden zu können. Es ist kein Gedicht für einen Kritiker, es sind keine Sätze für einen Philosophen, es ist ein rein menschliches Gebet für eine christliche Mutter und etwas Anderes glaubte ich Ihnen auch nicht bieten zu dürfen.

Das mir von Ihnen geliehene Buch habe ich gelesen und lese es noch fortwährend mit Freude und Erbauung, die Herausgabe desselben ist ein rührender und nützlicher Gedanke, obgleich das darin Enthaltene sich nicht unter einander gleich steht. Der Herausgeber hat alles zusammen gesucht, was nur irgend zum Lobe der seligsten Jungfrau geschrieben worden ist, sogar den Monolog der Jungfrau von Orleans; somit kann nicht alles darin gleich tief und ansprechend sein, doch bei Weitem das Meiste ist des Druckes tausendfach werth. Ich muß noch bemerken, daß ich das Buch in keinem guten Zustande erhalten habe, die wenigen bereits aufgeschnittenen Blätter waren mitunter stark beschmutzt und eines sogar etwas eingerissen; ich sage dieses, um meine Ehre zu retten, wenn Sie es nicht sollten zuvor bemerkt haben. , ·

Sie erhalten Ihr Eigenthum aber nicht zurück, bis Sie es selber abholen; mit bloßen Versprechen kömmt man nicht durch die Welt. Es ist eigentlich mehr wie unrecht, es ist schändlich, daß ihr wortbrüchigen Menschen mich so in meiner Einsamkeit verrosten laßt — ich sage dieses nicht zum Schimpfe der Einsamkeit, die mir übrigens sehr wohl thut, sondern lediglich zu Eurem Schimpfe. Kommen Sie bald, liebes Mütterchen, ich bitte herzlich und dringend darum, und mein Thereschen muß auch kommen, Sie alle Beide mit meinem lieben Freunde, der auch schweigt wie ein Pythagoräer, doch das bin ich von ihm gewohnt; wer einen Brief haben will, muß jedenfalls erst selber schreiben und darf dann noch wenigstens vier bis Wochen [sic!] bis zur Antwort rechnen. Ich wollte, er ließ seine übrigen guten Eigenschaften in Zukunft nicht mehr so sehr durch diese Eine schlimme verdunkeln, wenigstens nicht in Beziehung zu mir. Und, lieb Mütterchen, wenn es sein kann, kommen Sie doch Morgens früh, meine Wirthschaft ist zwar jetzt höchst einfach eingerichtet, aber genügsame Leute, wie Sie, darf ich doch wohl unternehmen zu bewirthen. Hören Sie! Kommen Sie ja! und lassen Sie mich auch einmahl (und zwar bald, nicht nach vier Wochen) ein paar freundliche Zeilen von Ihrer Hand sehn, da ich jetzt, wie Sie

bemerken werden, meine beste Feder und beste Handschrift an Sie gewendet habe. Jetzt Gott befohlen, ich bitte Sie, Ihrem Herrn Gemahl
mich zu emphelen, Ihre theuren Kinder 1000 mal zu grüßen und Ihre
Liebe nicht zu entziehn Ihrer Annette D. H.

Orig. Prof. Jostes. Gedr. Schlüter 82. Das Datum (Rüschhaus 1837) ist
im Druck richtig beigefügt: Im Brief an Schlüter 1837 März 23 verspricht
A., das Morgenlied für seine Mutter zu vollenden, jetzt übersendet sie „nicht
das längst angefangene", sondern ein „gestern" geschriebenes; ein Brief
Schlüters an A., der den herzlichsten Dank seiner Mutter für das „schöne Mor-
gengebet" ausspricht, ist im Orig. (Prof. Jostes) datiert: , Sonnabends den
9. September"; das Jahr 1837, in dem tatsächlich der 9. September auf einen
Samstag fällt, ist mit Bleistift beigeschrieben (Auszug mit falschem Datum
6. Sept. bei Kreiten I, 378 Anm.).

45. An Ludowine v. Haxthausen. — Rüschhaus [1837] Juli 29.

Rüschhaus d. 29ten Juli Samstag.

Ich muß mich an Dich wenden, beste Ludowine, um meine in die
höchste Unordnung gebrachten Geschäfte ein wenig wieder zu reguliren.
Ich soll allerlei besorgen, und kann damit weder vorwärts noch zurück ...
*[Folgen verschiedene Aufträge: Adressatin möge durch Onkel Fritz in Hildes-
heim eine besondere Sorte Tabak für Laßberg bestellen, den Annettens Mutter bei
ihrer Abreise nach Eppishausen* („grade heute über 14 Tage") *mitnehmen
soll. Weiter möge sie sich erkundigen,* „wie es mit den Kisten von Onkel
Carl für mich steht ... aber gieb die Sachen jedenfalls nicht auf die
Post, sie sind ungeheuer schwer, lauter Steine und Metall" *usw.].* Von
hier aus kann ich Dir eben nicht viel Besonderes schreiben, nur daß wir
alle, und besonders Mama vorgestern sehr betrübt worden sind durch
den Tod der guten Mamsell Sophie von Nienberge. Du wirst Dich doch
erinnern: die älteste und liebenswürdigste der beiden nicht geistlichen
Tanten (die geistliche ist schon seit Jahren todt). Sie war 86 Jahr, starb
blos an Altersschwäche, und lag nur Einen Tag zu Bette, ward aber
doch mit den Sakramenten versehn, da man wohl sah daß die
Lampe am Auslöschen war *[Folgen kleine Nachrichten über die Hülshoffschen
Kinder usw.].* Daß ich die Blattern gehabt habe weist Du vielleicht
schon, es hat mir aber wenig gethan. Sie sind jetzt bald abgetrocknet, und
seit zwei Tagen ist mein Zahnweh fast ganz fort. Ich glaube jetzt, es
kam von den Blattern, die ich so lange mit mir in den Gliedern herum-
geschleppt ... Bitte antworte bald Deiner Nette.

Gestern ª erhielt ich einen Brief von Malchen Hassenpflug. Sie ist
ungemein zufrieden von ihrem Aufenthalt auf der Brede[1]), ich glaube er
war ihr das Liebste von der ganzen Reise.

ª Am oberen Rande der ersten Seite.

[1]) Das St. Anna-Hospital, das in A.'s Briefen wiederholt erwähnte „Klösterchen" der frommen Tante Ludowine, war eine Stiftung des Grafen v. Bocholtz-

[Adresse:] Der Freiinn Ludowine von Haxthausen Hochwohlgeboren im St. Annen Hospital auf der Brede bei Brakel.

Orig. Meersburg. Poststempel Münster 29. 7.   Auf einen Samstag fällt der 29. Juli 1837 und 1843.   Ersteres Jahr ist das richtige, da die Tabakbestellung für Laßberg in dem Briefe Annettens an ihre Mutter 1837 Okt. 24 erwähnt wird.

46. An Wilhelm Junkmann. — Rüschhaus 1837 Aug. 4.

Rüschhaus, d. 4. August 1837.

Lediglich, um meinen guten Willen leuchten zu lassen, schreibe ich Ihnen heute, lieber Herr Junkmann, denn dieser ist eben auch alles, was ich bis jetzt aufzuweisen habe.   Mit andern und klaren Worten: ich habe weder den St. Bernhard noch des Arztes Vermächtniß angerührt, seit Sie zuletzt hier waren; aber wahrlich! der Wille war golden und nur das Fleisch sehr schwach.   Erst *a* haben mich die Gesichtsschmerzen nicht verlassen, bis vor einigen Tagen, und so lange die anhielten, war durchaus an keine Art von Beschäftigung zu denken.   Sie glauben das nicht, würden aber bald andern Sinnes werden, wenn Sie nur einen Tag das Leiden am Halse hätten.   Das Lesen eines Briefes, einer Adresse sogar ist zuweilen schon im Stande, es zu vermehren oder von Neuem herbeizuführen.   Nun, davon bin ich endlich frei und hoffentlich auf längere Zeit, da es in Folge einer ordentlichen Kur aufgehört hat.   Jetzt reist aber meine Mutter in etwa acht Tagen ab, und, wie es gewöhnlich geht, wir haben es uns so lange mit Aufschieben bequem gemacht, daß uns nun die Arbeiten über den Kopf gewachsen sind; alle Hände werden jetzt in Requisition gesetzt, kurz, in den nächsten acht Tagen werden und dürfen keine anderen Gedanken durch meinen Kopf fahren, als Nadel, Zwirn, Bügeleisen, Bindfaden und dergleichen mehr nützliche als poetische Dinge.   Sobald ich aber allein bin, habe ich den festen Vorsatz, jene beiden endlos gezupften und geplagten Gedichte endlich einmahl zur Ruhe zu bringen.   Hätten sie Gefühl, mich dünkt, sie müßten ganz simpel geworden sein von all dem Corrigiren, ich glaube, mitunter ists auch so!   Diese nächste Revue soll die strengste, aber sie soll auch die letzte sein; Alles soll wieder vorgenommen werden, die ältesten und verworfensten Lesarten, und denn will ich mich abwenden und sehen nicht zurück, damit ich nicht auf meiner poetischen Bahn, wie

a Sehr undeutlich. Mehrere Worte sind durchstrichen und ein anderes darüber geschrieben. Ich lese erst, *Schl. jedenfalls irrig* Doch fast.

Asseburg, des Schwagers der Tante.   Eine merkwürdige Schilderung der Anstalt entwirft A. H. (d. h. Amalie Hassenpflug), Margarethe Verflassen. Ein Bild aus der kathol. Kirche (2. Aufl. Hannover 1872) S. 102 ff.   Die dort genannte Paula v. H. ist Ludowine; A. H. wählt absichtlich beliebige Namen, sich selbst nennt sie stets Antonie.

Loths Weib zur Salzsäule versteinert, ewig auf demselben Flecke stehn bleibe, allen corrigirenden Seelen zum warnenden Beispiel.

Was ich dann zunächst vornehme? Darüber habe ich vorerst noch Zeit nachzudenken, indessen, da wir auch grade drüber zu reden kommen, ich habe den Fehler, Nichts zu vollenden. Sie glauben nicht, lieber Freund, wieviel Arbeit ich schon auf diese Weise verschwendet; denn ich höre nicht so bald auf, erst nachdem ich mich ein halbes oder viertel Jahr schachmatt gearbeitet, etwa im 3. oder 4. Act eines Trauerspiels, oder nach Vollendung des ersten Bandes eines Romanes. So steht auch jetzt mein Sinn ich weiß nicht wohin, aber nach etwas neu zu Beginnendem. Und doch liegen noch so gute Sachen in meinem Schreibtische! Lachen Sie nicht darüber, es ist gewiß wahr, es sind Dinge darunter, die es nicht verdienen, so schmählich zu verkommen. Da ist vorhanden (Alles aus den spätern Jahren) 1. ein Roman, Ledwina*a*, etwa bis zu Einem Bändchen gediehen. 2. Eine Criminalgeschichte, Friedrich Mergel, ist im Paderbornischen vorgefallen, rein national und sehr merkwürdig; diese habe ich mitunter große Lust zu vollenden [1]). 3. Die Ihnen bekannten geistlichen Lieder, nach ihrem eigentlichen Titel geistliches Jahr. Sie wissen selbst, wie viel noch am Jahre fehlt; dieses fühle ich auch zuweilen Trieb zu vollenden. 4. Die Wiedertäufer*b*, eine vaterländische Oper oder vielmehr Trauerspiel mit Musik, um diesem so oft misbrauchten Stoff endlich einmahl eine ordentliche Behandlung zukommen zu lassen. Hierzu ist noch wenig Text, aber bereits viel Musik fertig; ein günstiger Zufall hat mir einen ganzen Schatz von Tänzen und Liedern grade aus jener Epoche in die Hände gespielt, sodaß diese Arbeit eine sehr dankbare sein würde, da ich mich nur in durch und durch bekannten Umgebungen zu bewegen hätte, was allein den echten Stempel der Natur und Wahrheit geben kann. 5. Ein Schauspiel, der Galeerensklave [2]), sehr ansprechender Stoff, nur einzelne Stellen ausgeführt, aber Alles, Scene für Scene, aufs genaueste entworfen. 6. Das vielbesprochene Gedicht Christian von Braunschweig, was freilich fast allein nur in meinem Kopfe existirt, indessen ist doch ein flüchtiger, aber ziemlich vollständiger Entwurf bereits zu Papier gebracht [3]). 7. u. 8. noch zwei Stoffe. Einer zu einer Criminalgeschichte, ist wirklich in Braband passirt und mir von einer nahe betheiligten Person mitgetheilt, die einen furchtbaren und durchaus nicht zu erwischenden Räuber fast 20 Jahre lang als Knecht in ihrem Hause hatte [4]). Der zweite zu

---

a Schlüter Ledonia. *Man kann auch so lesen, aber ebenso gut* Ledwina, *und so heißt nun einmal die Titelheldin. Korrigiert bereits Kreiten I, 105.*
b Im Orig. durchstrichen Johann von Leiden.

---

[1]) Vollendet unter dem Titel Die Judenbuche.   [2]) Über den erhaltenen Entwurf („nicht ein Schauspiel, sondern ein Operntext") vgl. Hüffer 85.
[3]) Vollendet unter dem Titel Die Schlacht am Lohner Bruch.
[4]) Vorhanden nur das Fragment Joseph.

einem Gedicht, von mehreren Gesängen, den ich ganz vollständig geträumt, durch alle Gesänge, die ich zu lesen glaubte. Er betraf die
Entdeckung eines Mordes an einem Juden, die ein blinder Bettler dadurch befördert, daß er den Mörder veranlaßt, dieselben Worte auszu-
sprechen, die jener, der ungesehen in einem Gebüsche ruhend gegenwärtig war, denselben während des Mordes sagen hörte. Ich hatte damals (vor mehreren Jahren) ungeheure Lust, das Ding zu schreiben, und
es ist wirklich schade drum, daß es so verkömmt. Was ich nun außerdem noch unter Händen habe, z. B. zwei Opern, Babilon und die seidenen Schuhe *a*, d. h. bloß den musicalischen Theil zu besorgen, die Texte
sind von Andern, davon will ich nur gar nicht reden, denn was Sie nicht
interessirt, davon werden Sie auch nicht hören wollen, wenigstens nicht
als von einer Sache, die meine Zeit in Beschlag nehmen könnte. Für
dieses Mal sind wir indessen gleicher Meinung, ich denke für die nächste
und zwar eine geraume Zeit die musikalischen Arbeiten den poetischen
nachzusetzen. Die Wiedertäufer [1]) wären das Einzige, was mich reizen
könnte, da ich so große Lust habe den Text zu schreiben.

Sie sehen jedenfalls, lieber Junkmann, daß es im Grunde thöricht
wäre, nach so mancher und mitunter durch den Erfolg recht gut belohn-
ten Anstrengung, alle Vortheile fahren zu lassen, und mich wieder an
den Eingang der Bahn zu stellen, blos aus der leidigen Lust anzufangen. Und doch ist, außer dem geistlichen Jahr, Nichts bereits begonnen, was einen unmittelbar frommen Zweck hätte, indessen ist alles
Uebrige (die Wiedertäufer und Christian von Braunschweig ausgenommen)
einer entschieden moralischen Richtung nicht allein fähig, sondern sie
liegt bereits von selbst darin. Sie sehen, ich bin für die Zukunft sehr
unentschieden, indessen vorerst habe ich ja meine Arbeit und nachher
müssen wir mahl Alles reiflich vornehmen.

Sie schreiben mir Nichts von Ihrem eigenen Treiben, lieber Freund,
und doch wissen Sie, wie sehr es meine Theilnahme erregt: schreiben
Sie mir nicht allein, was Sie arbeiten, sondern auch wie es Ihnen
sonst geht. Sind Sie gesund? sind Sie vergnügt? reden Sie offen mit
mir, ich hoffe und wünsche, daß Ihre Stellung angenehm sein möge; was
Sie mir sagen mögen, Sie sagen es einer Freundin, die zu schweigen
versteht, und die auch nicht, wie manche, die Leute dadurch zu trösten
und beruhigen glaubt, daß sie ihnen alles Recht platt abspricht.

Fräulein von Bornstedt habe ich noch nicht sehn können, weil ich
bis jetzt das Haus hüten muste; sobald ich nach Münster komme, geh
ich zu ihr, was aber vor der Abreise meiner Mutter nicht statthaben

a Die beiden über der Zeile gekritzelten Titel fehlen bei Schlüter.

---

[1]) Bruchstücke eines undatierten Briefes (an Junkmann?), auf die Wiedertäufer bezüglich, s. unten [1838].

wird. Meine Mutter will Uns denn nun am 11ten dieses, grade heute in
acht Tagen verlassen, einige Tage mögen vielleicht zugesetzt werden,
mehr wohl nicht; es wird mir doch ganz schwül, nun die Zeit so heran
kömmt! Meine Mutter ist gottlob sehr gesund, gesünder als alle ihre
Kinder, aber 200 Stunden sind ein weites Stück Weges, ich meine nicht
sowohl wegen der Reise, als nachher; hätte ich vorher gewust, wie mir
jetzt zu Muthe sein würde, ich wäre nicht zurückgeblieben, nun! Das
steht einmal fest.

Ich glaube aus Ihrem letzten Briefe zu sehn, daß Sie Schlüters gesehn oder Briefe von ihnen erhalten haben, denn vorerst wusten Sie um
meine Gesichtsschmerzen, woran ich grade so sehr litt, als Schlüters
einige Tage zuvor hier waren, und dann setzen Sie eine ungewöhnliche
Stimmung oder vielmehr Verstimmung bei mir voraus. Lieber Freund!
Ich schäme mich der geringen Macht über mich selbst! Allerdings war
ich nicht verstimmt. aber sehr betrübt, sehr gedrückt, als
Schl[üters] hier woren. Ich glaube, Sie haben nicht wohl gethan, mich
gänzlich von einer Nachfrage bei der R.[1]) abzuhalten. Ich habe die
Frau ja selbst zu lieb, um nicht jede mögliche Schonung und Freundlichkeit hineinzulegen, aber so ist es mir unmöglich contenance zu halten.
Ich sollte mich über den Besuch freuen und that es wohl auch gewissermaßen, aber dennoch war mir das Weinen immerfort am Nächsten. Ich
that mein Bestes, mich drüber weg zu setzen, erzählte von der Malchen
Hassenpflug, sang Lieder, die ich von ihr gelernt, Eins wollte so wenig
gehn wie das Andre; zudem gefielen die Lieder nicht, Schlüters blieben
kalt und ich somit ihrer Beobachtung ausgesetzt; obgleich ich nun
selbst . . .« fürchtete, in der Verstellung doch allzu wenig geleistet zu
haben, so meinte ich doch, mein Uebelbefinden könne und müßte für
Vieles einstehn. Ich sehe, daß ich mich geirrt, und es überrascht mich
nicht [b] — ich glaube immer, Offenheit ist das Beste, fast immer. Ich
kann es ja gar nicht übel nehmen, daß die R. mich etwas schweigsamer
wünscht, wenn es ihren, uns Allen so werthen Sohn angreift [c], dieses
mir selbst wohl bekannte endlose Umherfahren meiner Phantasie. Habe
ich es einmahl von ihr selbst gehört, daß ich denken kann, sie sei
offen gegen mich, dann bin ich ganz zufrieden und will meine Besuche
und Unterhaltungen gern einrichten, wie es am Besten ist.

*a Kleiner Riß, infolge Siegelung.   b Durch die Siegelung sind auch
hier kleine Risse entstanden, so daß die Lesung nicht ganz sicher ist. Schl. liest
indess aber schadet's nicht, sicher unrichtig.   c Die Worte* wenn es — angreift
fehlen Schl.

[1]) Wohl aufzulösen „Rätin", d. h. Frau Geheimrätin Schlüter, die Mutter
des Professors, die von A.'s temperamentvoller Unterhaltung eine angreifende
Wirkung auf „ihren uns Allen so werthen Sohn" befürchtet. So schon Kreiten
I, 284, der sich auf eine „schriftliche Mitteilung Prof. Schlüters" beruft und
R. ohne weiteres in „Rätin" auflöst.

Ich werde nach meiner Mutter Abreise noch wohl eine Weile hier bleiben, wenigstens bis ich den St. B[ernhard] und A[rztes] V[ermächt-niß].in Ordnung gebracht. Aber wo soll ich sie herausgeben? Darüber bin ich in Zweifel und Verlegenheit obendrein; ich meine immer, die in Münster herauskommenden Sachen hätten ein kurzes und obscures Leben zu erwarten, da der hiesige Buchhandel sich doch meistens auf den Kleinhandel für die Stadt und Provinz beschränkt. Nennen Sie mir ein einziges Werk, was sich einer erwünschten Ausbreitung zu erfreuen gehabt hätte. Mit dem Cöllner, Dumont-Schauberg, der es bereits übernommen hatte, habe ich ganz abgebrochen, weil er mit dem Professor Braun, der die Sache unter Händen hatte, in einen schweren Streit gerieth[1]). In der Schweiz wollte man es stückweise in eine Zeitschrift einrücken, was mir aber grade gar nicht gefiel. So habe ich jetzt eigentlich weder Plan noch Aussicht. Schreiben Sie mir doch, wer das Taschenbuch herausgiebt, in denen des Pfarrers Woche erscheint[2]); ist dieser ein bedeutender Buchhändler? Es ist mir nicht wegen jener Kleinigkeit, sondern eben späterer Sachen wegen. Ich muß schließen, man hat mich lange zu Tische gerufen. Leben Sie wohl, lieber Junkmann, und lassen Sie bald einige Nachrichten von Sich zukommen Ihrer gewiß stets aufrichtigen Freundin[a].

[Adresse:] Dem Herrn W. Junkmann. Wohlgeboren auf dem adlichen Hause Senden[3]).

Orig. Prof. Jostes. Oktavbogen, auf der 4. Seite die Adresse. Die erste Seite manchmal schwer leserlich, da sie mit ganz blasser Tinte geschrieben ist und die dunklere Tinte der zweiten Seite durchgeschlagen'ist. Gedruckt Schl. 88 ff., mit einigen Fehlern und Auslassungen; die im Orig. fast sämtlich ausgeschriebenen Namen bei Schl. nur mit Anfangsbuchstaben wiedergegeben.

47. An die Schwester. — Rüschhaus [1837] Aug. 15.

Rüschhaus, d. 15ten August.

Mama will schon in zwei Stunden abreisen, und ich habe noch nicht zum Schreiben kommen können, liebe Jenny, da ich an Herrn Eckel und Onkel Fritz habe schreiben müssen. Mein Trost ist nur, daß Dir Mama Alles erzählen wird. Ich habe Zahnweh heute, Zahnweh morgen, und Zahnweh alle Tage, es ist unausstehlich! Glaub mir es nur liebe Jenny ich habe nicht schreiben können — denk Dir nur! 4 Monate ohne Aufhören Zahnweh und Gesichtsschmerzen! Ich kann

[a] *Schl. fügt bei* Annette Droste v. Hülshoff. *Im Orig. fehlen die Worte, doch ist ein schmales Streifchen am unteren Rande der dritten Seite abgeschnitten.*

---

[1]) Vgl. A. an Jos. v. Laßberg 1837 März 18.

[2]) Gemeint ist die Coelestine, eine Festgabe für Frauen und Jungfrauen, herausg. von Pfeilschifter. Aschaffenburg bei Pergay (1836—38). Hüffer 173 Anm.

[3]) Junkmann war damals Erzieher beim Frhrn. v. Droste-Senden.

Dir sagen daß es mir so schwer, ja fast unmöglich war zu schreiben,
daß ich mich, trotz allem Elend, nie zu den Briefen an Böninghausen[1])
entschließen konnte, weil das Bücken des Kopfs mir, schon in den
ersten Minuten, die Schmerzen so vermehrte, daß ich aufhören muste,
und, was das Schlimmste war, der Schmerz hielt dann oft Stunden lang
so heftig an. Seit vor-vorgestern hat es sich nun in den Hinterkopf und
Nacken gezogen, alle Tage etwas mehr aus dem Gesichte heraus dahin,
so daß ich seit einigen Stunden gar keine Schmerzen im Gesicht habe,
aber freilich sehr im Nacken, was mir aber ganz golden dagegen vorkömmt.

Liebe Jenny, es ist wohl betrübt daß ich Mama muß so
allein ziehn lassen, aber ich habe total kein Geld, und am Ende
ist es für Dich und mich wohl eben so angenehm, wenn ich im künftigen Jahre mit Werner komme, ihr seid dann schon in Ruhe an eurem
neuen Wohnorte, und ich spiele auch besser die erste Violine bei Dir.
Liebes Herz, ich hätte Euch so gern allerlei geschickt, aber, wie gewöhnlich, ist mir das meiste fehl gegangen. Für Deinen lieben Mann hatte
ich Hildesheimer Tabak bestellt *[folgen weitere Mitteilungen über Geschenke]*.
Für die Kinderchen habe ich leider Nichts! Wäre ich nur einmahl in
Münster gewesen, so hätte ich wohl etwas für sie gefunden, aber mein
Zahnweh hat gemacht daß ich nirgends gewesen bin. Line habe ich
überhaubt, seit ich von Eppishausen bin, erst Einen Tag gesehen (denn
wie ich von Bonn kam, bekamen wir ja alle die Grippe, und reisten
gleich nachher ab) und seit ich von Bökendorf bin noch gar nicht
[folgt Auftrag betr. Kauf von Silbermünzen bei dem Kaufmann in Bischofszell].
Wegen der Bezahlung werde ich vorerst diejenigen von Coopers et cet.
Werken, wovon die Rechnung Neujahr kommen wird, bezahlen, und den
Rest Dir alsdann entweder mit Deiner nächsten Pension schicken, oder
auch diese Werke, wie sie nach und nach herauskommen, solange bezahlen bis die Schuld gelöscht ist, wie Dir es am Liebsten ist
[folgen kleine Bestellungen, Versprechen regelmäßiger Korrespondenz]. Adieu,
liebstes Herz, ich grüße den lieben Laßberg herzlich, die guten kleinen
Kinderchen küsse ich vielmals. Röthel soll nicht so hübsch sein wie
Bläuchen? Das glaube ich nimmermehr! Grüße ... alle Bekannte
1000mahl von Deiner Nette.

Die Amme läst Dir viele Kumpelmenten sagen, und dat se son schön
Kleed kriegen hädde, da hädde se son Pläseer an, over se wüste dat se
et nich meer verschleit (es ist ein seidnes Kleid, aus dem grünen, was

---

¹) Jedenfalls der bedeutende Botaniker, Agronom und Homöopath
Clemens Maria Franz v. Bönninghausen (1785—1864), der auch später in A.'s
Briefen begegnet. Über seine ausgebreitete schriftstellerische Tätigkeit eingehende Mitteilungen bei Raßmann 29. In seinen Aphorismen des Hippo-
krates S. 477 (die Stelle ist abgedruckt bei Schlüter 2. Aufl. Nachtrag S. 224)
nennt er A. „unsere allererste Patientin im Winter 1828/29"; seit der glücklichen Kur sei sie „der Homöopathie unverbrüchlich treu geblieben".

ich mahl vor langen Jahren von Dir gekauft habe), und se wull, dat se
eene tein Johr jünger wör, dann wull se kummen, un waaren de Frau
von Latzberg de beiden kleinen kinner, und auch noch, sie bethete alle
Tage für Dich, und sie dankte noch vör alle empfangene woldoden. Sie
hat alle ihre Sachen durchgepludert, um den Kindern etwas zu schicken,
und kam endlich mit ein paar Bildern dran. Ich habe ihr aber gesagt,
die Kinder wären noch zu klein für so heilige Bilder. Adieu, ich schreibe
jetzt bald wieder. Deine Nette *[folgt noch eine zweite Nachschrift. Mama
will die Glasglocke nicht mitnehmen. Schickt ihr eine Brieftasche als Andenken
an den guten Onkel Wilhelm].*

    Orig. Meersburg. Kurz erwähnt Hüffer 357. Das Jahr ergibt sich schon
aus dem Briefe an Junkmann 1837 Aug. 4, wo A. von der bevorstehenden Abreise ihrer Mutter und ihren hartnäckigen Gesichtsschmerzen spricht. Die Tabakbestellung in Hildesheim wird auch in den Briefen an Ludowine von
Haxthausen (1837 Juli 29) und an A.'s Mutter (1837 Okt. 24) erwähnt.

48. An Sophie v. Haxthausen. — Rüschhaus [1837] Oct. 23.

Rüschhaus den 23ten October.

    Daß ich, beste Sophie, Deinen Brief erst jetzt beantworte, und daß
ich nicht nach Heesen geschrieben ist meine Schuld nicht. *[Folgt Entschuldigung wegen der Verspätung.]* Ich war mitten in der Plage und Noth,
und komme immer ärger hinein. Laß mich Dir mein Leid klagen, ich
will von vorn anfangen.

    Mit der Verheimlichung meines Hierseins gieng es ganz vortrefflich;
die Leute bekümmerten sich gar nicht um mich, und ich lebte glückselig
wie im Priester Johannes Land. Da kömmt Tony[1]) eines Tages von
Münster hieher, und sagt: „Ich habe meine liebe Noth gehabt daß Jenny
Hüger nicht mit mir gekommen ist. Sie weiß zwar nicht daß Du hier
bist, aber sie hat mich auf den Tod gequält auf einige Tage mit mir
hieher zu gehn, das arme Ding ist außer sich über einen fürchterlichen
Verdruß den sie gehabt hat." *[Folgt lange Erzählung über das Zerwürfnis der
Jenny Hüger mit den Schwestern des Herrn Paßmann, bei dem sie wohnt.]*
Dies war vor zwei Tagen passirt als Tony zu ihr kam. Sie hat sich fest
um sie geklammert, und nur immer gerufen: „O Gott! Tony! Tony!
Nimm mich mit!" Paßmann hat aber durchgesprochen, sie sollte auf
einige Zeit nach Coesfeld, wo ihr Vetter Wilhelm verheurathet ist, und
so geschah es auch.

    Tony blieb nur Einen Tag hier, und gieng dann nach Hülshoff.
Zwei Tage später kömmt, gegen Abend, das Mädchen von Engel[2]), mit
einem Briefe: „Ich möge, um Gottes willen, gleich nach Hülshoff gehn,

---

    [1]) Tony Galieris, die Schwester von Cris G., dessen Tod später erwähnt
wird.   [2]) Engel (Angela?) Wrede, eine Verwandte der Frau v. Galieris
geb. Wrede.

Cris Galieris sei, in Folge des Steinwurfs, am Nervenschlage gestorben,
sie habe so eben die Nachricht bekommen (Engel nämlich), werde morgen
um Neun auch dort sein, bitte mich aber um die einzige Liebe, es Tony
beizubringen, sie selbst sei gar nicht dazu im Stande." Was war zu
thun? Es goß vom Himmel wie mit Mollen, was mich aber freute,
denn ich dachte, Tony würde mein Kommen in solchem Wetter sehr
auffallen, und sie dadurch etwas vorbereitet werden. Es war aber leider
nicht so, sie lachte mich nur aus, und überhaupt gieng das Beibringen
sehr schlecht, sie merkte Nichts, was ich auch sagen mochte, daß ich
vor Angst beinahe übel wurde, ehe ich es herausbrachte. Dann bekam
sie solche Brustkrämpfe, daß ich dachte, sie stürbe mir unter den Händen.
Nachher nahm sie sich aber mit solcher Kraft zusammen, daß ich sie
bewundert habe, denn sie war innerlich fürchterlich traurig. Cris war
der Einzige von der Familie der sie lieb hatte, die Mutter und Schwestern
hatten sie immer fast wie eine Fremde behandelt, weil sie außer dem
Hause erzogen war. Dennoch oder vielmehr grade deswegen wollte sie
jetzt gleich zur Mutter, was wir auch gut fanden. Sie gieng mit mir
nach Rüschhaus, wo sie fast acht Tage noch bleiben muste. In der
Zeit hat sie keine Nacht geschlafen, fast Nichts genossen, nach jedem
Bissen die heftigsten Magenkrämpfe bekommen, und gieng umher wie eine
wandelnde Leiche, aber sie nahm sich fast über Menschenkräfte zusammen. Ach Sophie, ich habe ihr oft Unrecht gethan, es liegt doch ein
edler und starker Grund in ihr, und es ist auch nichts Leeres so mit
Jemanden ganz erzogen zu sein. Ich habe das sonst nicht so gefühlt,
aber jetzt fühle ich es wohl, sie ist mir doch beinahe wie eine Schwester.

Freitag brachte ich sie nach Münster, da stand ihr noch das Här-
teste bevor. Die Nachricht von Cris Tode hatte sich verbreitet und denk!
Alles was er Tony jemals geschenkt hat, war noch nicht bezahlt. Die
Gläubiger ließen ihr keinen Augenblick Ruhe, faßten sie fast auf der
Straße an, und Einer drohte sogar auf der Stelle mit Verklagen. Manche
Rechnungen waren 7, ja 9 Jahre alt, das Ganze belief sich auf 150 Reichsthaler. (Notabene ich bitte, wenn Du diesen Brief in Anderer Gegenwart
bekommen solltest, ließ dies Letztere nicht vor, Niemanden, ich bitte
Dich, auch nicht was jetzt folgt.) Tony, das arme arme Ding, nahm
alle ihr bischen Schmuck, ihre schöne Broche, ihre schwere goldne Kette
von Onkel Ascheberg, und gab sie an Tante Engel zum Verkauf, damit
ihr Bruder doch nicht um ihretwillen mit Schimpf unter die Erde komme.
Ich that was ich konnte, ach Gott, Mama tadelte mich gewiß wenn sie
es wüste, aber sie darf es nie erfahren. Ich bitte Dich, liebe Sophie,
halt reinen Mund, ich habe sonst nur den bittersten Verdruß.

Endlich vorgestern reißte Tony mit der Schnellpost ab, ohne Begleitung und so elend, daß ich voll Unruhe bin bis ich einen Brief
bekomme. Ich wollte mich etwas aufheitern und gieng zu Schlüters.

Dort traf ich Thereschen Sprickmann, die gleich sagte: „Gottlob, daß ich
Sie finde, ich habe einen Brief von Jenny Hüger, die ganz verstört ist.
Sie schreibt, sie wisse nicht wo Sie seien, aber ich möchte Sie aufsuchen,
und um Gottes Barmherzigkeit bitten, nach Rüschhaus zu kommen, und
sie dort, für einige Tage, bei sich aufzunehmen, sie gehe sonst zu
Grunde.‟ Mir schien in diesem Augenblick es wäre mir unmöglich, weil
ich es aber Thereschen nicht so vor allen Leuten absagen mochte, so
sagte ich ihr, ich würde am andern Morgen um 10 Uhr zu ihr kommen,
wo wir das weitere besprechen wollten. Als ich kam und unten nach
Thereschen fragte, rief die von der Treppe: „Gott, Fräulein Hülshoff!
Kommen Sie, kommen Sie!‟ Oben an der Treppe fand ich sie, blaß wie
der Tod, und bei ihr die Hauptmannin Bork, geborne Hüger, die zitterte
wie ein Espenlaub. „Was fangen wir an,‟ sagte Thereschen, „Paßmann ist
soeben todt im Bette gefunden, und Jenny kömmt heute von Coesfeld
zurück. Sein Sie barmherzig, und nehmen Sie sie nach Rüschhaus, wenn
es auch nur auf ein paar Tage ist, ich fürchte sonst ein Unglück. Es
kömmt Alles zusammen. Ihr Onkel Mauritz (der Bork ihr Vater) ist vor
fünf Tagen gestorben, und wir wußten schon nicht, wie wir es ihr beibringen sollten. Nun erhalte ich vor einer halben Stunde die Nachricht,
daß ihre Cousine in Coblenz, die sie sehr lieb hat, auch gestorben ist.
Ich laufe also zu Paßmann, um mit ihm zu überlegen, da höre ich schon
vor dem Hause ein lautes Geschrei darin und man hat ihn soeben
gefunden.‟ Ich war selbst ungeheuer erschrocken, und fragte, ob schon
ein Arzt gerufen sei. „Ja‟, sagte Thereschen, „man hat ihm zweimahl
die Ader geschlagen, aber er ist todt.‟ Die arme Bork, noch selbst voll
Trauer um ihren Vater, weinte schrecklich, und sagte: „Ich nähme sie
gern, aber ich kann nicht, ich kann nicht.‟ Ich wußte, daß das wahr
war, denn sie konnte früherhin ihren armen Bruder Fritz nicht nehmen, *[folgt ein zur Mitteilung nicht geeigneter Satz über den Grund]* und
außerdem hat Jenny nur noch Einen Onkel in Münster, zu dem sie
nicht gehn kann, weil sie mit ihm in Proceß ist, und der zudem von
ihrem Vater, nach dessen Tode, so schlecht geredet hat, daß die Mutter
aus Aerger darüber gestorben ist. Sie hat gleich nach einer Unterredung
mit ihm gesagt: „Das ist mein Tod‟, hat sich denselben Abend legen
müssen, und nach einigen Tagen war sie todt. Dies haben Wenige erfahren, wegen der nahen Verwandtschaft, aber Uns haben es Jenny und
Paßmann erzählt.

Kann man sich eine elendere Lage denken! Mir blieb keine Wahl,
ich konnte und mochte es nicht abschlagen was man verlangte. Die
Bork, um auch zu thun, was sie konnte, ging sogleich zu Paßmanns
Hause, und versiegelte Jennys Bureau und Chatouille ... Ich gieng den
Abend nach Rüschhaus und sitze jetzt und erwarte mein Schicksal, ob-
wohl mit Zittern und Zagen, denn Gott weiß wie sie jetzt sein mag, da

sie früher schon so schwer zu tragen war, und ich glaube nicht daß sie
so bald wieder gehn wird. Zudem fürchte ich mich es Mama zu schreiben,
obgleich ich ganz auf eigne Kosten lebe, und Alles bezahle was die
Haushaltung kostet, auch die Taglöhner et cet. Bei Mamas voriger Abreise haben Herrmans und Lisbetchen dieses aus dem Verkauf von Butter,
Obst, jungem Gemüse et cet. gemacht, jetzt esse ich die Sachen selber,
und bezahle was vorfällt, und Mama soll eben so wenig nachzuzahlen
finden als damals, aber doch scheue ich mich.

Noch will [ich] Dir Einiges sagen über Cris Tod. Er war noch
am Mittag zuvor zum Diner gegangen, aber mit Kopfweh, worüber er
sich durch Sprechen und Trinken weg zu setzen gesucht, wird aber bei
Tisch ohnmächtig. Man bringt ihn zu Haus, es findet sich aber, daß es
sein gewöhnlicher Starrkrampf ist, den er blos lange nicht gehabt hatte.
Es gieng auch ebenso vorüber, sodaß Cris die Nacht allein blieb. Am
andern Morgen neun Uhr bringt die Magd Kaffee, und er ist ganz wie
gewöhnlich, als aber eine Stunde später der Arzt, fast zufällig, kömmt,
findet er ihn vom Schlag getroffen, ohne Besinnung und Sprache. So
hat er gelegen bis Nachmittags 5, wo er gestorben ist. Man hat die
Leiche fünf Tage stehn lassen, aus Furcht es möge der Starrkrampf
sein, da ist ihm der Kopf angeschwollen, daß er zweimahl so groß gewesen ist wie ein andrer Kopf. Jetzt hat die Familie keine andre
Ressourcen mehr, als etwas über 300 Reichsthaler, die die Mutter aus
der Wittwenkasse bekömmt, denn der Staat giebt gar keine Pensionen
an Wittwen. Ob der König etwas thun wird ist zweifelhaft, und unwahrscheinlich, weil er weder Vater noch Sohn hat leiden können.

Von Malchen Hassenpflug hast Du wohl jetzt selbst Nachrichten.
Ich habe auch vor 6 Tagen einen Brief bekommen. Sie ist ungemein
gefaßt, obschon es ihnen grundschlecht geht. Daß sie selbst und die
Mutter so knapp leben müssen, das kränkt sie nicht, sie meint, man
könne von sehr Wenigem auskommen, wenn es sein müsse. Der Ludwig[1]) macht ihr freilich etwas Sorge, da er gar Nichts hat, und von dem
Verkaufe seiner Equipage et cet. leben muß, aber sie meint, dies könne
nur vorübergehend sein, seine erprobte Fähigkeit müsse ihm bald aus
dieser Lage helfen. Er zieht jetzt, mit seiner Familie, zu Freunden aufs
Land. Sie ist ihr Kopfweh los, seit sie sich hat zwei Zähne ausziehn
lassen, aber doch sind ihre letzten Briefe sehr ernst. Die Mutter ist
krank gewesen, und dieses mag der Grund sein, obgleich sie bald besser
geworden ist, aber sie muß dieses Mahl besonders hinfällig gewesen
sein, wenigstens liegt der Malchen ihr Alter jetzt schwerer auf dem Herzen als sonst, und als es sich, bei einer immer kränklichen Frau, durch
ein so schnell vorübergehendes Uebelbefinden erklären läst. Vielleicht

---

[1]) Hassenpflug war im Sommer 1837 als kurhessischer Minister des Innern beseitigt worden, hatte die Beibehaltung des Justizministeriums abgelehnt
und war aus dem Staatsdienst ausgeschieden.

liegt es auch in Malchens Stimmung, ich fürchte sie spricht anders als
es ihr ums Herz ist. Könnte ich sie doch sehn, aber sie selbst nimmt
mir alle Hoffnung dazu, da sie mich weder einladen noch die Mutter
verlassen kann. Sie meint, es ahnde ihr, daß wir uns im Frühling wiedersehn würden, obgleich sie nicht wisse wo und wie. Zuletzt schreibt sie:
„Ist Sophie Dir nah, so grüße sie aufs Herzlichste von mir. Ihre sorg-
liche Natur ängstet sich auch gewiß um uns. Sage ihr Alles Beruhigende,
vor allen Dingen, daß wir selbst ruhig sind, daß ich sie sehr lieb habe,
und daß sie nicht den dummen Streich machen solle, in ihren goldnen
Käfig zurück zu fliegen."

Das Gaugrebensche Kind ist wieder gesund, oder wenigstens außer
Gefahr, und Emma wieder gesegnet. Denk Dir, sie ist ganz gern in
Bruchhausen, sehr eingenommen von ihrer Schwägerin Therese, und
überhaubt vollkommen vergnügt. Dies hat sie, wie Jenny schreibt, schon
mehrere Mahle nach Constanz geschrieben, an die Tante. Im Sauerlande
weiß man auch ihre Liebenswürdigkeit und heitre Laune nicht genug zu
rühmen. *[Folgt Berichtigung einer irrigen Nachricht über ihre Schwester].*

Mama und Jenny haben geschrieben, aber fast Nichts, was Dich
interessiren könnte, von lauter Leuten, die Du nicht mahl dem Namen
nach kennst. Sie sind alle wohl, die Kinderchen haben die Masern gehabt, sind aber hergestellt. Mama ist noch in Eppishausen und sie leben
wie die Engel im Himmel, so daß sie noch gar keine Anstalt macht ihr
Ötlishausen[1]) zu beziehn, wo Mariechen wirthschaftet „weh! einsam und
alleine!" Ich weiß daß die ihre bittern Thränen weint. Laßberg hat
noch kein anderes Gut gekauft, und hat noch immer Lust zu Meersburg,
und weiß noch immer den Kaufpreis nicht[2]), also Alles beim Alten. In
Brenken[3]) ist Mama total verliebt, das war sie aber immer so oft sie ihn
gesehn hat, und nur in der Zwischenzeit zuweilen etwas schwankend, durch
das Viele was sie dagegen hörte. Er wird jetzt wohl wieder zurück sein,
und es ist mir leid, daß ich ihn nicht sprechen kann, um auch einmahl
wieder etwas von dort durch einen Augenzeugen zu hören, da wir Gaugrebens jetzt schwerlich sehn und ich Werner (falls er Mama wirklich im
Frühling abholen sollte) noch schwerlicher begleiten werde, von wegen der
Moneten. Gestern erhielt ich ein Billet von Luise, worin sie schreibt: „Zuidtwicks[4]) haben ihren Proceß gewonnen", und weiter Nichts darüber. Ich

---

[1]) Ein von Frau v. Droste gemietetes Landhaus bei Eppishausen.
[2]) Erst am 21. Februar 1838 schreibt Frhr. v. Laßberg an Uhland, in
der vorigen Woche habe die Karlsruher Domänenkammer ihm den Zuschlag
erteilt. Briefwechsel zwischen Laßberg u. Uhland her. von F. Pfeiffer 237.
[3]) Friedrich Freiherr v. Brenken auf Erpernburg, der später A.'s Cousine Marie v. Haxthausen heiratete. Vgl. Kreiten I, 25 u. 127.
[4]) Ferdinandine v. Haxthausen, eine Stiefschwester der Mutter A.'s, war an
den Frhrn. v. Heereman-Zuidtwick verheiratet, 1837 bereits Witwe (Knittelverse
im Münster. Anzeiger Nr. 74 vom 18. März 1894, vgl. oben S. 28.

hoffe, daß . . .ᵃ Werner Zuidtwick sein, und welcher von seinen drei
Processen ist es denn? Unser Werner ist . . .ᵃ Hause, aber das schlechte
Wetter wird machen, daß wir sobald nicht zusammen kommen können,
ich weiß also nicht . . .ᵃ wo Du bist, und schicke diesen Brief zur Brede.

Nachmittags. Ich habe wie eine Stecknadel Deine letzten Zeilen
von Heesen gesucht, weil ich mir einbilde, Du habest darin noch nach
allerlei gefragt, kann sie aber nicht finden. So muß ich nur so schließen,
damit Herrman diesen Brief, noch ehe es dunkel wird, zur Bükersche
bringen kann.

Ich habe soeben ein paar Zeilen von Thereschen Sprickmann erhalten. Sie schreibt: „Jenny ist gestern Abend mit der Hauptmannin
Bork von Coesfeld zurückgekommen, in welchem Zustande, läst sich nicht
beschreiben nur theilweise mitfühlen, aber sie will jetzt nicht zu Ihnen,
d. h. nicht aus Münster, alle unser Zureden findet kein Gehör, nur ihrem
Wunsch die Leiche zu sehn, haben wir uns hartnäckig widersetzt. Jenny
ist, für jetzt, bei der Bork, gefällt sich aber gar nicht dort. Was anfangen
weiß ich nicht, ich bin wie im Taumel." Also sie kömmt nicht! Vorerst nicht, denn später wird die innere Unruhe sie doch auf den Einfall
bringen, aber dann ist es Winter und das hält sie vielleicht zurück.
Nun wie Gott will!

Plönies hat mich nicht weiter geschoren, und Auguste Schonebek,
die nach Nienberge ziehn wollte, und mir, im Voraus, hatte ihren Besuch ansagen lassen, ist durch allerlei noch in Münster zurückgehalten
worden. Ich denke, sie kommen jetzt vor dem Frühling gar nicht mehr
zum Umziehn, was mich höchst angenehm wäre, denn die Nachbarschaft
ist mir doch allzu nah. In Nienberge geht es besser, der Pastor steht
wieder auf, und ich denke er hat jetzt wieder einige Jahre Ruhe, wie das
beim Brustwasser oft der Fall ist. Die Aebtissin von Hohenholte und
ihre Schwester Lotte haben es beide schon seit zwanzig Jahren, und
auch die alte Tante Sophie in Nienberge hatte es fast so lange ich denken kann, und ist erst mit 86 Jahren daran, und noch dazu sehr sanft,
gestorben. Das Brustwasser ist nicht immer eine so schreckliche
Krankheit.

Junkmann besucht mich zuweilen, ist immer gleich fromm, gleich
lebendig und mir gleich zugethan. Auf dem besten Wege sich zu verlieben ist er freilich, aber gar nicht auf eine so fade Weise, wie Du ihm
zutraust, sondern ganz ehrbar und solide in Thereschen Schlüter, die er
schon immer so sehr geachtet hat, und von der er alles mögliche Nette,
Häusliche, und Ehrbare denkt. Gewiß weiß ich es nicht, aber zweifle gar
nicht mehr daran, daß er seine Gedanken immer mehr auf sie wendet.
Wenn er eine Anstellung bekommen hat, wird es sich zeigen, aber ich

ᵃ *Loch am Rande infolge des Siegelns, daher dreimal kleine Lücken von*
ein bis zwei Worten.

wollte wohl eine Wette darauf eingehn. Nur schade das Thereschen
älter ist wie er. Nun! Wenn er vom Himmlischen wieder zum Irrdischen
kehren wollte, so konnte er es auf keine nettere und passendere Weise
thun, und dieser fromme solide Geschmack setzt ihn ganz wieder bei mir
in Gunst.   Ich fürchtete schon er würde sich in so ein rechtes ächtes
Münster-Mamsellchen verlieben, so eine „Ach; lassen sie Einen gehn!"

Nun adieu, liebe Sophie, ich weiß nicht wo Du bist, so kann ich
Niemand grüßen.   Weist Du nicht, ob Onkel Carl nach hier kömmt?
Bitte das beantworte mir doch und antworte überhaupt bald. Deine Nette.

[Adresse:] Dem Frey Fräulein Sophie von Haxthausen Hochwohlgeboren zu der Brede bei Brakel.   Durch Paderborn. *Poststempel*
Münster 27. 10.

Orig. Baronin Elisabeth von Droste-Hülshoff. Oktavbogen, drei Seiten
eng aber deutlich beschrieben, auf der vierten die Adresse. Das Jahr muß
dasselbe sein wie in dem Brief an Sophie v. Haxthausen Rüschhaus [1837] 19.,
mit dem dieser Brief eng zusammenhängt. Ebenso mit dem Brief an die
Mutter 1837 Okt. 24.

49. An die Mutter. — Rüschhaus [1837] Oct. 24.

Rüschhaus, den 24ten October.

Ich hatte schon einmahl einen Brief an Dich, beste Mama, angefangen, als mir Tony sagte, daß sowohl Felitz wie sie so eben geschrieben.
Nun sind wir aber fast drei Wochen weiter, und ich darf auch mahl an
die Reihe kommen.   Uns selbst und den Unsrigen Allen geht es gottlob
wohl, aber übrigens freut es mich für Dich, beste Mama, daß Du jetzt
grade nicht hier bist. Wir haben harte Touren zu überstehn gehabt, und
auch noch wohl vor uns.   Laß mich Dir Alles vom Anfange erzählen,
obwohl Du die Hauptsachen wohl aus der Zeitung weist.

Vorerst kam Tony zu mir in Hülshoff, und sagte, die arme Jenny
Hüger habe einen schrecklichen Aerger gehabt. *[Folgt ähnliche Erzählung
wie im Brief an Sophie v. Haxthausen 1837 Okt. 23].*
Ich ging ein paar Tage später nach Rüschhaus, und war kaum
zwei Tage dort, als, gegen Abend, Engel ihr Mädchen im stärksten Regen
dran kömmt, und mir den Brief bringt, der die Nachricht vom plötzlichen Tode des armen Cris enthält. *[Folgen sehr eingehende Mitteilungen
über den Tod des Herrn v. Galieris, ähnlich wie in dem Briefe an Sophie
v. Haxthausen vom 23. Okt.].* Die Braut, welche auch, seit Kurzem, bei
einer Familie im Haag war, um sich etwas zu bilden, ist ganz wie verrückt gewesen. Sie hat sich die Kleider in Fetzen vom Leibe gerissen,
und überhaupt gar kein Zeichen von Vernunft gegeben, sodaß die Aerzte
am Ende sie in eine Decke gewickelt, und zur Leiche getragen haben.
Da ist sie wie todt zusammen gesunken, und hat nachher fünf Tage ge
legen ohne ein Zeichen von Besinnung.   Wie sie dann zu sich gekom-

men ist, hat sie ihre Vernunft wieder gehabt. Gleich nach Cris Tode ist
ein Freund von ihm zum Könige gegangen um ihm dieses anzuzeigen,
und die jetzige hülflose Lage der Familie vorzustellen. Der König hat
sich theilnehmend geäußert, hat gestutzt, als er hörte, daß die Töchter
dahin gebracht sein Conditionen zu suchen, und die Eine sogar (Rika)
aus Noth eine Stelle in Belgien habe annehmen müssen. Er hat sogleich
befohlen Cris auf seine Kosten zu begraben. Es hieß auch, er wolle
seine Schulden im Haag bezahlen. Frau v. Galieris, die gleich hingereist
war, hoffte viel von einer Audienz beim Könige, et cet. Der letzte Brief
(vor 8 Tagen) ist aber viel weniger gut. Sie schreibt: „Ich laufe von vor-
nehm zu gering, und sehe noch gar keinen Erfolg. Ach! Das kostet viel
Geld und Zeit, und nützt am Ende doch wohl Nichts. Cris Sachen werden alle verkauft werden müssen, denn er hat viel Schulden hier. Wir
können seine Erbschaft nur cum beneficio Inventarii annehmen, aber 65
Gulden, die er seinem Hauswirth schuldig ist, müssen doch gleich bezahlt werden et cet.". Hiernach scheint es nicht, daß der König etwas
übernimmt. Engel hat gewiß spätere Nachrichten, aber ich nicht. Tony
wollte Dir auch schreiben, eh sie fortging, aber ich sagte ihr, ich wollte
Dir Alles genau mittheilen, sie solle Dir lieber später schreiben.

Nun hör weiter! Nach Tonys Abfahrt ging ich zu Schlüters um
mich etwas zu erheitern. Dort traf ich Thereschen Sprickmann die mir
sagte, sie bekomme Briefe über Briefe von Jenny Hüger, die sie bitte,
mich aufzusuchen, ich möge sein wo ich wolle, und um Gotteswillen zu
bitten, daß ich, auf einige Zeit, nach Rüschhaus zieln, und sie dort bei
mir aufnehmen möge, sie könne es nicht in Coesfeld aushalten, und
ebensowenig jetzt schon in Paßmanns Haus zurückkehren. Ich nahm
mir vor, mich hart zu halten, mochte aber so, vor allen Leuten, mich
nicht drüber auslassen, und sagte also Thereschen, ich würde am andern
Morgen 10 Uhr zu ihr kommen. Als ich unten im Hause nach ihr frage,
hört sie oben meine Stimme, und ruft von der Treppe: „Fräulein Hülshoff, um Gottes Willen kommen Sie herauf!" *[Die weitere Erzählung
ähnlich wie im Brief an Sophie von Haxthausen 1837 Okt. 23.]*

Bei Felitz[1]) habe ich gegessen in Münster. Sie hatte ein sehr
dickes Blutgeschwür, mitten auf der Kehle, was ihr nicht weh thut,
aber sehr incommodirt, es war schon am durchgehn. Von ihrem Uebel
in der Brust sagten mir Andere, man frage gar nicht darnach, es solle
sehr schlimm sein, ich fragte aber doch und sie sagte es wäre viel besser,
zuweilen so klein, daß sie es kaum finden könnte. Sie wohnt im neuen
Hause und ist sehr zufrieden davon, Fritz jetzt auch, aber sie haben
sich durch zahllosen Verdruß durcharbeiten müssen, es hat durch ge-
regnet, geraucht, gezogen, kurz alles möglich Fatale, so daß Fritz gesagt

---

[1]) Felicitas v. Böselager.

hat, er wollte er hätte lieber ein Unglück gehabt, als dieses Haus zu
kaufen. Jetzt ist aber Alles gut. Logiren können sie indessen Niemanden, sie haben grade nur das Nöthige für sich selbst.

Werner ist jetzt von Bökendorf zurück. Ich habe ihn noch nicht
gesehn, und darf, bei dem kladdrigen Wetter, vorerst nicht darauf rechnen, doch kann ich Dir sagen das Alles wohl ist. Werner war hingereist wegen eines Geldgeschäfts mit Onkel Fritz. Er hatte nämlich, bei
den früheren Ankäufen, Geld von Fritz geliehen und wollte es jetzt abtragen. Fritz hatte ihm geschrieben er möge kommen, und *a* als wolle
er dann etwas für Friedelchen thun. Ich war neugierig wie es abgelaufen, und schrieb deshalb einige Zeilen an Luise. Gestern brachte mir
der Jäger die lakonische Antwort: „Werner ist ziemlich zufrieden von
seiner Reise, wo Carl ist weiß er nicht, Fritz kömmt im November,
Werner und Betty würden wieder in Bökendorf sein, August desgleichen.
Gaugrebens Kind ist wieder besser, Emma ist wieder gesegnet, gefällt
dort ungemein, auch Julien und Schwägerin Luise. Zuidtwicks haben
ihren Proceß gewonnen, ich möchte auch mahl so einen Proceß gewinnen. Deine Luise.“ Das nenne ich kurz und gut, steht doch vieles
darin. Ich möchte wissen welchen Proceß Zuidtwicks gewonnen haben.
Ist es der um die holländischen Güter, so ist es nur eine Nebensache, und sollen sie jedenfalls nicht viel mehr bekommen können, auch
war ihnen das sicher genug. Ist es aber um die anderen Güter, dann
wäre es ein großes Glück! Ich wollte ich hätte Gelegenheit dies zu erfahren, eh ich den Brief schließe, aber ich sehe nicht ein wie.

Malchen Hassenpflug schreibt mir zuweilen. Sie ist gutes Muths,
obwohl es ihr blutschlecht geht. Sie müssen sich sehr behelfen, aber
haben doch etwas, womit sie sich einrichten können, obgleich sehr knapp.
Ludwig aber, mit seiner nagelneuen Frau, die da recht ins Judenhaus
gekommen ist, hat Nichts, muß vom Verkauf seiner Equipage et cet.
leben. Indessen meint sie, das könne nur vorübergehend sein. Auch
Anna hat kürzlich sehr tröstlich an Sophie geschrieben, von der großen
Achtung und Ansehn, worin der Hassenpflug bei so vielen mächtigen
Leuten stehe. Ich wollte er hätte nur erst ein Aemtchen, wäre es auch
nur klein. Ich denke: ein Sperling in der Hand et cet.

Wo Sophie jetzt ist weiß ich nicht, obgleich ich ihr vorgestern geschrieben. Ich habe es nach der Brede addressirt. Sie ist aber wohl,
und noch nicht 14 Tage, daß ich einen Brief von Heesen von ihr erhielt.
Sie schrieb, die Fürstenberg habe sie von Bonn dorthin gebracht, und
Brenkens würden sie bis Paderborn schaffen, wohin aber weiter, sagt sie
nicht, sie hat wohl gedacht, ich wüste es. Dann schreibt sie noch:
„In Essen blieben wir die Nacht, und ich ging gleich zu Caroline[1]). Die

a Das folgende Wort gethan *ist durchstrichen.*

[1]) Die unverheiratete Tante C. v. Haxthausen.

Arme freute sich sehr, und es war mir ein wohlthätiger Gedanke ihr mit meinem Kommen so frohe Stunden zu machen. Ach! sie ist sehr unglücklich, wenn auch selbst Schuld daran. Sie war so demüthig, und dankte so oft für Alles, auch für mein Kommen, ich kann Dir sagen, ich war ganz zerknirscht, und möchte gern viel für sie thun, wenn ich wüste was."

Diderich[1]) und Mimy sind in Wehlhausen, wie mir die Fürstenberg erzählt hat. Sie leben unbeschreiblich einsam, aber doch sehr zufrieden, nur Mimys Kammerjungfer hat das Heimweh. Gottesdienst können sie aber nicht haben, die nächste katholische Kirche ist in Leipzig, eine ganze Tagreise von dort. Wenn sie zurückkehren werden sie auf Hinneburg bleiben, da an Wohnen im Haynschen Hofe gar nicht zu denken sein soll. Es soll so arg und lange durchgeregnet haben, daß Alles nun ^{a} verfault ist, sogar die dicken Balken, und man es beinahe ganz neu bauen müste. Das ist mal ärgerlich verlornes Geld!

In Hülshoff ist Alles beim Alten, doch sind die beiden kranken Kinder jetzt wirklich etwas besser. Friedelchen geht, zwar sehr humplicht, aber er geht doch, und hat keinen Schmerz. Ferdinand hat es jetzt nicht auf den Augen, und ist weniger kurzathmig. Sonst ist Alles wie früher, Werner liest Zeitungen, Line plagt sich mit den Kindern, Wittower[2]) steckt fortwährend den Esel aus, und Wilmsen ist in ewiger Rührung über die lieben Seelen. Er ist einige Wochen umhergeklettert wie ein Specht (nur nicht so geschickt) um Nüsse zu suchen, und hat vielleicht keine 20 gefunden. Er sagt den ganzen Tag: „Ei Ei! daß es dieses Jahr keine Nüsse gab! Ich habe nach mir geschrieben, aber bei mir waren auch keine, ich hatte gedacht, um die Kinder aufzuknaken." Er sieht mich nicht, ohne mir den „unterthänigsten Respect" aufzutragen, hiermit will ihn also abgeliefert haben.

Meine Amme ist leidlich wohl. Vorgestern hatte sie Besuch von ihrem Bruder, dem „kleinen Dorfschulmeisterlein". Sie war sehr erfreut, aber das gute Männchen ist alt geworden, sonst noch so artig und vernünftig wie immer. Er hatte mir wollen ein chef d'œuvre seiner Kunst verehren, das bittre Leiden aus Papier geschnitten, es war aber misrathen. Nun, ich glaube der Schaden war so groß nicht, obgleich die Amme viel erzählte von ihrer Brauttasche, wo er Sonne Mond und Sterne aus Scharlach drauf genäht. Er sagte, er habe, auf dem Wege hieher, auch den alten Bruder besucht, der sei aber ganz kindisch geworden,

   ^{a} *Oder* innen.

---

[1]) Ihr Vetter Dietrich Graf v. Bocholtz-Asseburg, geb. 1812, der kurz vorher die Gräfin Wilhelmine v. Westerholt-Giesenberg geheiratet hatte.

[2]) August Wittover (1802—84) war seit 1834 Hauslehrer in Hülshoff, seit 1841 Hausgeistlicher daselbst. So Friedr. Frhr. v. Droste-Hülshoff im Westfäl. Merkur 1901 Aug. 11.

und habe ihn anfangs nicht gekannt. Meine Amme weinte sehr darüber, überhaupt ist sie jetzt so empfindlich geworden, und spricht von Dir, Jenny, und den Kindern mit einem solchen Verlangen, daß ich zuweilen denke, sie ist fähig, denn Du weist, früher war sie, bei aller Theilnahme, doch sehr ruhig in ihren Aeußerungen. Herrmann und Lisbetchen leben hier so ihren Steigbügel fort, nur sehe ich wohl, daß Herrman im Ganzen sehr schwächlich ist, worauf ich früher nicht so achtete, aber Liesbetchen kriegt Backen wie ein Apfel. Da ich jetzt so viel hier bin, und sie also weniger verkaufen können, so bezahle ich, was nöthig ist, habe z. B. noch vorgestern Selkmann bezahlt, der den Backofen hier vergrößert hat, und gestern Oel und Salz kommen lassen. Ich denke, wenn wir uns so durchlappen *a*, daß Du Alles im gehörigen Stande, und Nichts zu bezahlen findest. Dann bist Du ja zufrieden, nicht wahr liebste Mama? Laß mich doch hier, ich bin so gern und ruhig hier.

In Nienberge gehts jetzt besser, der Pastor steht wieder auf, die Mamsell auch, und sie werden sich noch wohl eine Zeitlang wieder voran laboriren. Schonebeks sind noch nicht eingezogen, und ich habe Nichts weiter davon vernommen, aber Plönies kömmt ganz unter die Füße. Er wohnt an Eymigs *b* in Nienberge, hat alle Monat 6½ Reichsthaler zu verzehren, aber nur vorläufig, weil er seines Bürgermeisteramts noch nicht völlig entsetzt ist. Nun hat er sich ans Freien gegeben, nach der Eymigs Tochter. Wenn sie nach Münster geht mit einem Korbe am Arme, so führt er sie, ist auch neulich mit ihr nach Grever Markt gewesen, und sagt, er wolle sie heurathen, und wenn sich auch alle seine Verwandten auf den Kopf stellten. Seine Verwandten aber haben seine Kinder zu sich genommen, und übrigens sich völlig von ihm losgesagt. Weder Schonebeks noch der Pastor und die Tante thun, als wüsten sie um sein Dasein. Es ist schade daß er seine Schwester nicht heurathen kann.

So eben bringt mir die Bükersche einen Zeddel von Engel, worin sie schreibt: „Lorchen hat gestern einen Brief von ihrer Mutter, vom Sonntag, bekommen, daß meine Schwester Nette, Samstag Abends, mit Goessens und Sannchen (die Braut) in Cleve angekommen ist, Letztere im traurigsten Zustande. Sie spricht kein Wort, sondern stößt nur zuweilen unter lautem Kreischen den Namen Cris aus." Gott! Hätten wir doch lieber die arme Tony hier gehalten. In ihrer Lage das anzuseln und anzuhören, muß ja sein um selber halb verrückt zu werden. Doch, es ist zu spät, sie ist mahl fort!

Schlüters waren Einmahl hier, und Junkmann auch. Es geht ihnen wohl. Sie wollen durchaus ich solle den Barry[1]) in Münster bei Hüffer

a Undeutlich. *b Der Name sehr undeutlich.*

[1]) Das Hospiz auf dem St. Bernhard, in dem der Klosterhund Barry eine Rolle spielt.

herausgeben. Ich habe wenig Lust dazu. Hast du jemals gewust, daß Hüffer, derselbe demagogische Hüffer seines Zeichens ein Buchhändler [ist?] *a* Ich habe gedacht er wäre Regierungsrath oder so etwas, aber er hat die Aschendorffsche Buchhandlung.

Sag liebste Mama, hast Du auch . . . mein Kistchen an Ekel besorgt? Antworte mir doch, bitte darauf. Es nach Strasburg von Eppishausen zu schicken, ist wohl nicht der Mühe . . . werth. Und seid ihr auch durch Worms gekommen? Und habt an den Ohrring mit Granaten gedacht? Bitte, schreib mir doch auch, [was] aus dem armen Seppi geworden ist, dem Vetter der Hauserinn? Dann: was man von Gaugreben dort sagt, wie er wirthschaftet, ob er voran oder zurück geht? Dann natürlich von allen Bekannten, Stuergs [Strengs?], Emilie Thurn, Stanzer, Puppikofer, Scherbs, Gonzenbachs, Imhoff, Brenners, Vincenz (ob er noch in Constanz ist), der Decan, der Pfarrer von Sulzen, und die Hauserinn, und, um auch auf die zu kommen, die ich nicht sehr liebe, Knabenhans, Mahler Müller, Boppert, und A. v. Zerrleder[1]. *[Folgen Mitteilungen über mehrere Mitglieder der Familie v. Twickel]*.

Von Stapel[2] höre ich wenig. Die Kranzsche *b* ist wohl, oder doch nicht unwohler als gewöhnlich. Der junge lütte Brintrup ist sehr elend gewesen am Gallenfieber, und seine Frau in Wochen. Sie ist wieder wohl, und er auf der Besserung, aber noch sehr schwach. Ich sah Samstag Julchen Droste[3] in Münster. Sie kömmt nächstens wieder in Wochen, und war wieder so trübselig wie dann gewöhnlich. Die Kinder sind gar nicht hübsch mehr, ihre Gesichter gehn in die Breite, daß sie beinahe viereckigt werden, besonders Stanzchen ist entsetzlich großmäulig.

a Am Rande fehlt ein kleines Stück, infolge der Siegelung, daher einige kleine Lücken.   b Undeutlich.

---

[1] In der langen Grußliste begegnet uns eine Reihe bekannter Namen. Statt Stuergs wird zu lesen sein Strengs, vgl. oben S. 100. — Stanzer vielleicht der in Constanz lebende Heraldiker und Glasmaler Ludwig Stantz (1801—71); vgl. Sammlung Bernischer Biographien III (1898), 433. — Johann Adam Pupikofer (1797—1882), der Geschichtschreiber des Thurgaus. — Karl August v. Gonzenbach (1779—1851), St. Gallischer Politiker. — Johann Nicolaus Vincent (1785—1865), geb. zu Gressoney (Piemont), lebte zu Constanz als Kaufmann. Über seine ausgezeichnete Sammlung schweizerischer Glasgemälde vgl. Mitteilungen der antiquar. Ges. in Zürich Bd. XXII Heft 6 (1890). — Der Berner Bernhard v. Zeerleder (1788—1862) war Besitzer von Steinegg im Thurgau, bekannt als Historiker und durch seine Teilnahme am Sonderbundkrieg.

[2] Sitz der jüngeren Droste-Hülshoffschen Linie.

[3] Wohl Julie v. Droste geb. Koch, seit 1831 mit Joseph Maria v. Droste (1795—1850) verheiratet. Letzterer war Arzt, Bruder des Bonner Professors Clemens v. Droste, also Vetter A.'s. Seine Schriften verzeichnet bei Raßmann 93.

Du weist wohl schon, wie es mit dem Taback gegangen ist. Ich
hatte ihn bestellt, da kömmt die galante Laune über Onkel Fritz, und er
schickt ihn selbst an Laßberg. Da er aber nicht dabei schreibt, hat Laßberg natürlich geglaubt er sei von mir, und aus einem Briefe den er mir
darauf schrieb, sehe ich daß er ihm soviel Freude gemacht hat, daß es
mich nun doppelt ärgert, daß ich ihn nicht bekommen habe. Indessen
was ist zu machen! Wenn ich diesen Frühling kommen sollte, will ich
ihm wieder welchen mitbringen.

Es ist jetzt ein Sohn der Katharine Busch in Münster, Du weißt
wohl, derselbe Levin, der früher bei Speht war. Er ist in einer übelen
Lage. Sein Vater[1] ... ist auf dem Punkte nach Amerika zu gehn.
Levin will ihn nicht begleiten weil er für das, was er gelernt hat, dort
kein Brod finden würde. So sitzt er in Münster, wartet auf Gottes Barmherzigkeit, und giebt seine letzten Groschen aus, aber was soll er machen?
Er läuft genug um eine Stelle als Hofmeister, ist aber schon zweimahl
abgefahren, erst bei Erbdrosten (von denen wieder Einer fortgeht, mit
demselben Streit und Aufsehn wie die Vorigen) und dann bei Westphalens.
Es ist betrübt, er soll sehr brav sein, und ausgezeichne Kenntnisse besitzen, aber er sieht aus und hat Manieren wie ein Stutzer, oder vielmehr
wie Theodor Murdfield[2] in seinem Alter, dem er jetzt ungeheuer gleicht.
Es freut mich, daß seine Mutter das nicht mehr erlebt. Jetzt bietet sich
Jemand in der Zeitung an, zum Unterricht im Englischen, oder eine Hof-
meisterstelle, das wird Er wohl sein. Tony meinte zum Ersten würden
sich Schüler genug finden.

Daß der Domprobst Brockmann[3] auch schon todt ist, wirst Du
schon in der Zeitung gelesen haben. Ich weiß nicht recht wann er

---

[1] Hier wie anderswo (so in dem Briefe an die Schwester 1839 Jan. 29
und an Amalia Hassenpflug 1839 Juli 1) äußert sich A. in sehr scharfen Wendungen über Schückings Vater. Schücking selbst beurteilt ihn in seinen Lebenserinnerungen (vgl. besonders I, 98) pietätvoll, allerdings nicht ohne Reserve.
Vgl. auch Haus-Chronik der Familie Schücking 35 f. In späteren Jahren äußerte
auch A. sich freundlicher (Brief an Schücking 1843 Mai 11, Th. Schücking 191).

[2] Th. M. (1786—1865) war Apotheker in Rheine, großer Freund der
Naturwissenschaften. Sein Vater Karl Ludwig M. war als eifriger Tulpenzüchter
befreundet mit dem Vater A.'s. Ein Brief des letzteren an Karl Ludwig im
Besitz seines Urenkels, Maler Karl Murdfield in Düsseldorf, der mich noch
durch folgende Mitteilung verpflichtet: „Mein Großvater (Theodor M.) ist zuweilen auf Hülshof zu Besuch gewesen. Er hat öfter erzählt, daß er einmal
dort Nachts ein verdächtiges Geräusch gehört habe, aufgestanden sei und dann
im Flur des Schlosses die damals noch im Backfischalter stehende Annette habe
nachtwandeln sehn; er habe dann Dienstboten herbeigerufen und mit deren
Hülfe das Mädchen geweckt und wieder zu Bett gebracht."

[3] Johann Heinrich Brockmann, geb 1767, wurde 1836 Dompropst in
Münster, starb als solcher 1837 Sept. 27. Verfasser bzw. Herausgeber zahlreicher ascetischer Schriften, Predigten usw. Vgl. Raßmann, Nachrichten 43.

gestorben ist, er war lange kränklich. Ich ging Samstag ins Haus des
lieben seligen Onkels[1]), weil ich dachte: wer weiß ob ich es später noch
kann. Sophie und Caspar haben sich jetzt hineingesetzt, und Theodor
benutzt den Garten, der voll Kabs und Kohl steht. Sophie war mit ihrer
Wirthschaft unten im Speisezimmer, was ziemlich verfiedelt aussah. Die
alte Jungfer war auch da, zufällig, denn sie wohnt schon bei Kleinemans.
Sie sagte, es gehe ihrer Schwägerinn vortrefflich, sie habe einen vortrefflichen Obergesellen, und mehr Arbeit wie bei ihres Mannes Lebzeiten.
Vom Onkel sprachen beide, Sophie und sie, mit schwerem Herzen. In
Kurzem müssen alle diese Einlieger heraus, denn es ist befohlen, daß der
folgende Dompropst hier wohnen muß, und es wird schon überall reno-
virt. Die Thür vom Saale auf den Hof ist bereits zugemauert. Der
Garten kam mir doch nicht so destruirt vor als ich es gedacht, weil alle
die Obst-Bäumchen und auch die Spaliere geblieben sind.

Hier giebts wenig Neues. Therese Rottkotters ist nicht zum Heurathen gekommen, dagegen ist Drükchen Kukuks in der vorigen Woche
verheurathet, mit einem Jungen von noch nicht 20 Jahren. Er hat den
Nachnamen Pannekoke (den rechten weiß ich nicht), und ist, glaube ich,
aus Münster. Sie hat ihn dazu genöthigt, man sagt aber durch eine
Unwahrheit. Es wird schön gehn! „Er ist ein Sansculotte und sie eine
Sanschemise." Die alten Kukuks haben ihr Bestes gethan, man hat getanzt, daß die alte Schoppe zitterte, hat geschossen, und sich besoffen
aufs Köstlichste. Auch hier bei Löchtefelds ist, vor 14 Tagen, Hochzeit
gewesen. Drüke hat einen Schneider, jenseits Münster, bekommen, eine
ganz gute Parthie, und Jedermann war zufrieden, außer dem jungen
Löchtefeld, der den Brautschatz herbeischaffen muste. Er ließ sich indessen keine Noth werden, drosch einige Tage lang jede Nacht, und
brachte jeden Morgen das Korn nach Münster. So ist alles friedlich und
schiedlich zugegangen. Meine Amme war auch geladen, ging aber klüg-
lich erst hin, als alles abgezogen war, zum Hause des Bräutigams. Da
erst nahm sie ihren schönen Stock von Höpmann, mit dem Vogel drauf,
und schlich so ganz piano hin, setzte sich, neben den alten Löchtefeld,
ans Feuer, und trank hintennach den schönsten Kaffee mit blankem Zucker
und Zwiebak, der noch auf dem Tische stand.

Mathilde (oder Malchen) war auch hier mit ihrem Bräutigam und
dessen Schwester. Die Merode wünscht sie zu behalten, und sie will
auch jetzt gern bleiben. Ich sagte, sie kennte alle Umstände, ich aber
nicht, sie müste es also selbst wissen. Das sagte der Bräutigam auch.
Sie ist aber jetzt ganz zufrieden, von den früheren kleinen Mishelligkeiten
ist weiter keine Rede gewesen, d. h. sie sagte, worüber sie sonst wohl

---

[1]) Heinrich Johann v. Droste, jüngster Bruder von A.'s Vater (1768—1836),
Dompropst in Münster. Hüffer 13.

zu klagen gehabt, das hätte jetzt sich Alles geändert. Ich habe gesagt, ich vermuthete, Du würdest dann nichts dagegen haben daß sie bliebe.

Ich bin hier sehr vergnügt, nach der langen Aushäusigkeit. Es fehlt mir gar Nichts als daß Du hier wärst, aber dieses fehlt mir freilich sehr. Anfangs war es mir unerträglich, jetzt habe ich mich mehr daran gewöhnt, indessen ist mir doch zuweilen, daß ich so zum Hause hinaus laufen möchte, immerzu bis Öttishausen. Dein Portrait ist mein großer Trost, und kömmt mir jetzt viel ähnlicher vor, nun Du nicht daneben stehst. Ich muß Geduld haben bis im Frühling, aber ich bitte Dich, länger bleibe doch nicht aus. Du weißt es ja wohl, daß mir die Trennung, von jeher, so hart gewesen ist, überall wo ich noch allein gewesen bin. Doch genug hiervon, es hilft doch Nichts, Du kannst doch nicht eher wiederkommen wie Du kannst. Ich lebe hier sehr still für mich, und das ist das Angenehme dran. Es fällt den Leuten in Münster gar nicht ein, daß ich hier sein könnte, sie denken auch nicht drüber nach, denn sie haben mich lange nicht gesehn, und „aus den Augen aus dem Sinn". Bei Tage lese ich, schreibe ich, ordne meine Sammlungen, gehe spatzieren, und stricke Strümpfe ab. Abends zünde ich kein Licht an vor dem Essen, sondern sitze so lange beim Feuerschein. Mein Essen besteht Mittags aus Suppe wie die Leute sie essen, Pellkartoffeln und Leber, die ich den Sonntag warm, und die übrigen Tage kalt esse. Abends Warmbier und Butterbrod mit Käse. Es ist ein Glück daß ich immer dasselbe essen kann. Ich habe schon viel Leber gegessen, die mag ich am Liebsten, und verdirbt am Wenigsten. Herrmans backt jetzt Pflaumen, wir haben Obst in Ueberfluß, auch Kartoffeln und Gemüse ist gut gewachsen, und das Korn gut zu Hause gekommen. Wir haben auch ein Viertel von einem Rinde gekauft und eingesalzen, und das Schweinchen nimmt gut zu. Kurz es ist Alles wie es muß in einer wohlgeordneten Haushaltung. Adieu, liebste Mama, grüße Laßberg und Jenny herzlich, und alle Bekannte, die ich schon vorhin genannt. Bitte erzähle mir doch etwas von den Kindern, besonders Röthel, und was Mariechen·macht. Ich küsse Dir die Hand. Deine gehorsame Tochter. Nette.

Meine[a] Alte hat große Noth, daß ich nicht genug von ihr gegrüst, also nochmahls, die gnädige Frau, und Frau von Latzberg[b], und Mariechen.

[Adresse:] Der Freyfrau von Droste, gebornen Freyinn von Haxthausen Hochwohlgeboren zu Eppishausen bei Erle. Durch Constanz am Bodensee. *Poststempel* Münster 27. October.

Orig. Baronin Elisabeth von Droste. Oktavbogen, die Hälfte der 4. Seite für die Adresse benutzt. Kleinste Schrift, auf einer Seite etwa 60 Zeilen mit 30—40 Silben. Inhaltlich eng zusammenhängend mit dem Briefe an Sophie v. Haxthausen 1837 Okt. 23.

a Nachschrift am oberen Rande der ersten Seite. *b So!*

50. An Schlüter. — Hülshoff 1837 Nov. 18.

Hülshoff, d. 18. Nov. 1837.

Euren Brief, werther Freund und geehrter Patron!
Erhielt ich nicht etwa am vierten schon,
Vielmehr in Rüschhaus er ruhig lag,
Und that sich dort an einen faulen Tag,
Da schon seit einer Woche und mehr
Die Residenz entbehrt ihre Königin schwer:
So kam er erst gestern Abend mir nah.
O was für schöne Hexameter las ich da!
Meint Ihr nun, ich soll den Pegasus besteigen
Und mich als ferne Reiterin zeigen?
Der galloppirt den ganzen Tag,
Drum Euch für jetzt ein Karrengaul genügen mag.
Was Ihr schreibt von „Feder tunken ein,"
Würde zum Ohr hinausgefahren sein,
Trät' nicht grad eine günstige Pause ein.
Da ich geschrieben an „Braunschweig" [1]) so lang,
Daß gestern beendigt der erste Gesang,
So schicke ich denn heute ohne Trug,
Daß man mir sende „das fuchsige Buch,"
Und beginne morgen sogleich das Gedicht.
Doch der dritte Gesang [2]), den schreib ich nicht.
Habe ich einmal den Alten erschlagen,
So will ich meiner Sünden Last auch tragen,
Bin auch bei weitem nicht heilig genug,
Todte wieder zum Leben zu wecken,
Die Feder mögt Ihr an den Hut Euch stecken.
Was Ihr schreibt von H. Hüffer, dem guten Mann,
Der verspricht Dinge und unterläßt sie dann;
Keinen Brief habe ich von ihm gesehen,
Er muß noch in seinem Kopfe stehen.
Bringt ihm übrigens meinen freundlichen Gruß.
Das ist ein Mann, der Jedem gefallen muß.
Mit meinem „Christian" geht es so so,
Und kroch mir heut' in's Ohr ein derber Floh;
Was ich täglich schrieb, deß war ich froh,
Und schien mir einzeln ein Jedes gut,
Nun ich's übersehe, sinkt mir der Muth.

---

[1]) Das Epos Die Schlacht im Lohner Bruch, dessen Mittelpunkt Christian von Braunschweig bildet.

[2]) Der dritte Gesang des Epos Das Hospiz auf dem großen St. Bernhard, der vollständig erst 1885 von Kreiten (II, 170) veröffentlicht wurde.

Zu klingelnd ist es, zu weichlich weit,
Und dann vor allen Dingen zu breit,
Fürwahr! die Scheere soll noch hinein,
Und eine Heckenscheer muß es sein!
Auf dem Pegasus meint ich mich stolz gesessen,
Und sollt es am End' eine Schindmähre wesen?
Hart wär' das Ding, noch sag' ich's nicht,
Werd' bringen die Sache vor Gericht,
Wenn nächstens Münster die Ehr' soll haben,
An meiner Gegenwart sich zu laben.
Wie es mir hier geht? schon gut genug,
Ich stricke, schreibe, lese ein Buch,
Und jeden Abend muß ich erzählen,
Sollen die kleinen Rangen nicht todt mich quälen.
Sieben sind ihrer an der Zahl,
Noch klein und wirrig allzumal,
Doch da jedes meines Blutes Zweig,
Muß ich contre coeur lieben das grüne Zeug.
Die Geschichten, bei Gott, sind ein langes Seil,
Gemacht, zu tödten durch Langeweil,
Und ist dies meine größte Pein,
Daß ich muß mein eigner Zuhörer sein.
Das ist eine Buße für viele Jahr,
Und ich mein', schon sei ich der Sünden baar.
Nun, werther Freund! sag ich Euch Ade,
Ihr wißt, zum Briefschreiben bin ich etwas zäh.
Grüßt mir Thereschen, die Mutter obenan,
Und Junkmann, meinen getreuen Kumpan,
Dessen Talent soll auch nicht fressen der Rost.
Mit eiliger Feder Annette v. Drost.

[Adresse auf der 4. Seite:] Dem Herrn Doctor Christoph Schlüter.
Wohlgeboren zu Münster auf dem alten Fischmarkte beim Sattler Altendorf.

Orig. Prof. Jostes. Gedruckt Schlüter 95 und Kreiten I, 294. Die
Knittelverse sind die Antwort auf Schlüters Epistel in Hexametern 1837
Nov. 3 über Annahme ihrer Gedichte durch den Verleger Hüffer (Auszug
Hüffer 159. Kreiten I, 291).

51. An Sophie v. Haxthausen. — Rüschhaus [1837].

Rüschhaus d. 19ten.

Dieses Mahl mache ich es wie Du das letzte Mahl, liebe Sophie,
und schreibe blos ein wenig in das Couvert hinein. Von hier wüste ich
auch Nichts zu sagen, Alles ist beim Alten, Werner, der mir soeben ein-
liegenden Brief für Dich schickt, mit Frau und Kindern grade so gesund

und krank wie immer, Tante Wendt ist jetzt dort, war vorgestern hier
mit Luise, voll Zärtlichkeit, nicht allein für mich, sondern auch für die
liebe Sophie, die ich ja 1000 mal grüßen soll. Sie reist Morgen fort,
ihre Schwiegertochter hat einen Umschlag gehalten. Die hat sich mahl
beeilt! Emma[1]) ist jetzt im Sauerlande, und wird wohl nicht nach
Hülshoff kommen, da ihr Kindchen sehr krank ist. Die Aerzte sagen es
sei überfüttert, und dadurch sein kleiner Magen so verdorben, daß es
fast unmöglich aufkommen könne. Es wird wohl ganz nach Schweizer-
manier gefüttert sein, wobei dort die Kinder doch am Leben bleiben
und groß werden, obgleich man hier zu Lande glauben würde, es könne
und könne nicht sein. Die arme Emma wird an diese Reise denken!
Sie muß jetzt den Winter bleiben in dem alten öden Bruchhausen, und
wenn sie nun noch das Kind verliert!

Von der guten armen Male H[assenpflug][2]) habe ich jetzt auch
einen Brief. Sie ist sehr herunter, körperlich und geistig. Sie schreibt
mir gradezu, daß ich jetzt nicht zu ihr kommen könne, da sie, wenn es
dem Ludwig noch vor dem Winter gelingen solle, eine Anstellung zu bekommen (hoffentlich im Preußischen), sie ihm dorthin folgen würden, und,
schreibt sie, „selbst wenn das nicht wäre, so können wir doch schwerlich
wohnen bleiben, und müssen, in der Noth, mit dem Schlechtesten zufrieden sein." Der Brief ist so kurz, fast verschlossen, ich weiß nicht
ob das Unglück sie kalt macht, oder scheu, ich glaube das Letzte. Wie
gern holte ich sie hieher! Und das dürfte ich auch wagen, denn ich
könnte ja Kostgeld für sie bezahlen, aber sie wird nicht von der Mutter
und Schwester wollen, und alle drei! ach Gott, das geht über meine
Kräfte. Was meinst Du, was können wir wohl thun, um ihr beizustehn?
Rath mir doch, Du kennst die Lage ja besser wie ich. Ich warte mit
Ungeduld auf Deine Antwort, denn dies liegt mir sehr auf dem Herzen.
Wäre sie nur allein, oder möchte von den Andern gehn, aber das jetzt
weniger wie je. Sie schreibt: bei solchen Familienschlägen müsse man
zusammen sein, und sie habe es kaum aushalten können, bis sie wieder
bei den Ihrigen gewesen. Ich begreife es wohl. Sie klagt am meisten
über die vielen Besuche, die kommen und ihnen die Ohren voll heulen,
ich glaube daß das meistens falsche Katzen sind, denn man sieht wohl,
daß die Male manche bittere Pille über den Ludwig hat herunter schlucken
müssen. Sie ist so demüthig, und vertheidigt ihn, daß er es gewiß nicht
durch Hochmuth verschuldet, sondern daß der Prinz[3]) ihn schändlich und
erniedrigend behandelt, daß Alles was darüber in den Zeitungen stehe
erlogen sei, und man ihm so wenig gute Worte gegeben habe, daß er

---

[1]) Emma Gräfin Thurn, verheiratet mit dem sauerländischen Freiherrn
Karl v. Gaugreben. Kreiten I, 249.

[2]) Schwester des hessischen Ministers Ludwig Hassenpflug.

[3]) Der Kurprinz und Regent Friedrich Wilhelm von Hessen.

vielmehr nur der schmählichsten und von keinem Manne von Ehre zu ertragenden Behandlung gewichen sei et cet. Mit der neuen Schwägerin [1]) ist sie sehr zufrieden, sie schreibt: Es ist ein gutes unschuldiges Ding, dabei voll Verstand und Charakter, denkt nur daran was dem Ludwig wohl und weh thut, und hat sich, so jung sie ist, vortrefflich hierbei benommen, ich habe sie sehr lieb gewonnen, und auch die Hanne fängt an billig zu werden. Wenn ich sage, Male sei herunter und gedemüthigt, so sehe ich das nur so aus dem Ganzen. Du mußt wissen, das sie sonst sehr ritterlich thut, und sagt: „Nichts ist verloren, wenn die Ehre blank bleibt!" Ich werde also auch in meiner Antwort desgleichen thun, aber, lieber Gott, ich sehe doch wohl, wie dem armen Dinge zu Muthe ist.

Ich weiß nicht wie es kömmt, daß man jetzt auch fast nirgends hinsehen kann, wo man was Erfreuliches zu sehn bekäme. Mich dünkt, das wird alle Jahr schlimmer, deshalb mag ich auch gar nicht von hier fort, wo ich so ruhig so friedlich lebe. Nach Felitz zu ziehn dazu habe ich keine rechte Lust. Das Stadtleben würde mir kostbar und unruhig, und der Aufenthalt bei Felitz [2]) doch genant sein, denn Felitz ist selbst so voll Delicatesse und Aufmerksamkeit gegen ihre Gäste, daß man natürlich auch viele Rücksichten auf sie nehmen müste. Ich werde im Winter vielleicht mehr in Hülshoff sein, denn dann rennen die Kinder nicht so im ganzen Hause umher, weil es auf der Entrée und in den Gängen kalt ist, sie sind mit ihrem Lärm auf einige Zimmer beschränkt, und man kann dann bedeutend ruhiger und abgeschlossener leben, da Werner, wie du weist, mit dem Holze gar nicht geizig ist, so daß man, für sich, heizen kann, solang der Tag ist. *[Folgt eine Mitteilung über ihre Schwester, die im folgenden Briefe an Sophie v. Haxthausen 1837 Okt. 23 als irrig bezeichnet wird.]* Adieu, liebes Herz, antworte bald Deiner Nette.

Nein [a], das ist zu arg! Nun habe ich die ganze Zeit den unrechten Brief hineingepasst, der viel kleiner war, und kann nun dieses nicht als Couvert brauchen, so will ich es vollschreiben. Unser Pastor hier ist sehr krank, schon seit Wochen. Zuerst hat man mehrere Tage stündlich seinen Tod erwartet, bis man jetzt wohl sieht, daß, leider, seine Leiden sich in die Länge ziehn. Er hat das Brustwasser und kann nicht hergestellt werden, auch nicht wohl für kurze Zeit. Es ist schrecklich! Die noch lebende Tante ist auch bettlägerig. Sollte der Pastor vor ihr sterben, so nehmen Schonebeks sie zu sich. Diese wohnen jetzt ganz in Nienberge, ich gehe deswegen nie diesen Weg spazieren, weil ich

[a] *Das Folgende quer geschrieben in der Mitte der zweiten Seite.*

[1]) Hassenpflug war in erster Ehe mit Charlotte Grimm verheiratet, an die A.'s Brief von 1818 gerichtet ist, in zweiter mit einer Tochter des Oberforstmeisters v. Münchhausen.
[2]) Felicitas v. Böselager.

Cardauns, Briefe von A. v. Droste-Hülshoff. 10

die Bekanntschaft gern vermeiden möchte, da sie mir zu nahe wohnen, und leicht genant werden könnten.

Mein ehemaliger Schatz, Plönies [1]), wohnt auch jetzt dort, und hat sich schon mehrere Male an die Bükersche gewandt, ob sie ihm nicht sagen könne, wenn ich mahl zu Rüschhaus sei, dann wolle er mich besuchen. Sie hat aber geantwortet, man wüßte nie voraus, wann ich komme, und ich halte mich immer nur einige Stunden auf. Jetzt hat mich aber auch das Fräulein Auguste förmlich fragen lassen, ob ich ihr nicht einen Tag bestimmen könne, wo ich in Rüschhaus sei, und ihren Besuch annehmen wolle. Natürlich muß ich jetzt los, und thun, als käme ich ihretwegen von Hülshoff. Ich will mich so stramm halten wie möglich, aber es kann sein, daß diese Leute die Spürhunde sind, die mich faulen Hasen am Ende aus meinem Lager vertreiben. Das wäre aber ärgerlich.

Schlüters sind jetzt auf einer Ferienreise, und ich höre Nichts von ihnen. Junkmann ist zufrieden in Senden, bleibt zwar immer noch brav und fromm, aber wird alle Tage weltlicher. Jenny Hüger [2]) geht es miserabel. Herr Paßmann hat zwei Schwestern bei sich *[folgen Wendungen von äußerster Schärfe, die besser fortfallen, schon weil ihre Richtigkeit nicht kontrolliert werden kann]*. Sie haben das aber immer hinter Paßmann seinem Rücken gethan, und als Jenny neulich mahl nicht hat losrücken wollen, haben sie sie so herunter gemacht, daß sie ohnmächtig geworden ist. Paßmann ist dazu gekommen und so aufgebracht geworden, daß die Schwestern jetzt zum Hause heraus müssen. Er hat recht, aber wie werden sie klatschen?

1000 Grüße *a* an Onkel, Tante, Marie, Anna. Ich schreibe ganz gewiß nächstens. Schreib mir doch auch von allen Bekannten, es interessirt mich, wenn ich sie auch nicht grade alle besonders gern habe, z. B. die Mertens. Onkel Gal. [3]) ist abgereist, mit so fürchterlichem Kopfweh, daß er sich den Kopf mit den Händen halten muste. Tony war ganz froh und gerührt darüber, daß Du sie so besonders grüßtest.

.   Orig. Baronin Elisabeth v. Droste-Hülshoff. Eng beschriebenes Oktavblatt. Geschrieben nach der Verabschiedung des kurhessischen Ministers Hassenpflug im Juli 1837, vor dem Tode des Generals Galieris, den A. 1837 Okt. 23 als verstorben erwähnt.

    a Das Folgende Nachschrift am oberen Rande der Vorderseite.

---

    [1]) Von ihrem „ehemaligen Schatz" plaudert A. auch 1837 Okt. 24, sowie 1839 Jan. 29.

    [2]) Näheres über Jenny Hügers Schicksale in den Briefen 1837 Okt. 23. u. 24.

    [3]) General Galieris, der kurz darauf starb. Vgl. oben S. 56. Oder Onkel Galen? Schwerlich, da unmittelbar dahinter Tony (Galieris) erwähnt wird.

52. An Schlüter. — Hülshoff, [1838] Januar 1.

Hülshoff, am Neujahrstage.

Nur in Eil einige Zeilen, bester Freund. Ich schicke Ihnen ein
Stück Briefes, den ich von der Schopenhauer erhalten, mit der Bitte, mir
doch sogleich Ihre Ansicht darüber zukommen zu lassen; ich meiner
Seits glaube weder von Herrn Hüffer loskommen zu können und noch
weniger, daß er für sein höfliches und freiwilliges Anerbieten eine solche
Hintansetzung verdient; doch überlasse ich Alles Ihrem besseren Urtheil.
Hüten Sie sich aber, Sie arglosester und somit unvorsichtigster aller
Menschen, diese Zeilen Herrn Hüffer etwa mitzutheilen, die Ausdrücke
obscure und geringe Buchhandlung würden ihm schwerlich gefallen,
zudem brauch er, falls Sie der Meinung sind, ihm das Manuscript zu
lassen, gar nicht zu wissen, daß ich einen Augenblick darüber schwankend
sein konnte; so etwas läßt immer einen kleinen Stachel zurück. Die
Gründe der Schopenhauer sind allerdings triftig genug, und bestätigen
meine frühere Ansicht, aber der Jenenser kann und wird ja auch wohl
mahl etwas Späteres übernehmen, wodurch das Versäumte nachgeholt
werden kann; doch, wie gesagt, Sie sollen entscheiden, obgleich ich
glaube, es ist zu spät, antworten Sie doch, bitte, gleich. Mein Bruder
nimmt morgen diese Zeilen mit und übermorgen früh wird er Ihre Antwort hohlen lassen. Sie werden aus dem Datum der Beilage sehen, daß
die gute Schopenhauer schon allzulange auf Antwort wartet.

Mit dem Braunschweig geht es lustig voran, oder ging es vielmehr
bis jetzt, wo ich erfahren habe, daß mehrere ältere Werke eine genaue
Beschreibung dieser Schlacht nebst beigefügtem Schlachtplan enthalten,
somit meiner Phantasie keinesweges das große Feld zu Gebote steht, was
ich ihr bereits geöffnet hatte; ich muß also warten, bis ich mir die Einsicht dieser Schriften verschafft. Eine derselben, theatrum Europaeum,
wird mir mein Bruder wahrscheinlich jetzt vom Bischofe mitbringen,
zwei andere: Bellus Heldenbuch und Bellus österreichischer Lorbeerkranz
weiß ich noch nicht aufzufinden, doch hoffe ich auf die Universitäts-
bibliothek; sind sie Ihnen bekannt? Weit schlimmer als diese Zögerung
ist es, daß mein Bruder meint, die Zeitumstände erlaubten nicht, grade
jetzt mit einem Gedichte aufzutreten, was die Religionsspaltungen zum
Gegenstande habe und so offenbar eine katholische Hand verrathe; es sehe
aus, wie absichtliche Aufregung der Gemüther, werde vielleicht auch hier
und dort diesen Eindruck machen, und könne sowohl für mich, als Herrn
Hüffer von unangenehmen Folgen sein, selbst wenn die Censur es jetzt
passiren lasse, da die Sachen leider so ständen, daß der folgende Augenblick immer schlimmer zu werden drohe als der gegenwärtige. Was
sagen Sie dazu? Ohne den Braunschweig gäbe es auch wohl ein leidliches Bändchen. Der zweite Gesang wird übrigens, meine ich, auch

10*

schon gut, obgleich vielleicht weniger nach Ihrem Geschmack, da das darin vorherrschende Kriegs- und Lager-Leben nicht so viele Naturschilderungen zuläst; es ist ohngefähr das Verhältniß wie zwischen den beiden Gesängen des St. Bernhard, nur daß dort überhaupt die Naturscenen weit mehr vorherrschen.

Nun Adieu, liebster Freund, es ist schon spät und mein Bruder geht morgen sehr zeitig. 1000 Herzliches an Ihre lieben Eltern und Thereschen und NB., ich gehe am Tage nach h. drei Könige wieder nach Rüschhaus, um vorerst dort zu bleiben. Sagen Sie das meinem Thereselchen, auch, daß ich Tages drauf einem Schweinchen den Hals abschneide, also vom Mittwochen nach drei Könige an ihr Würstchen von jedem Kaliber vorsetzen kann, wenn sie nur so brav sein will, zu kommen, d. h. ihr Wort zu halten. Was meinen Sie, gelahrter Mann, sollte die alte Regel „ein Wort ein Mann" nicht auch auf Frauen anwendbar sein? Nun nochmahls grüßen Sie Alle, Vater, Mütterchen, Th[ereschen], auch Felix, den Windbeutel[1]), der mich um den schönen Pfennig bringen will, der schon halb mein war, er ist auch geladen auf ein Würstchen und etliche römische Münzen, dito Mineralien. Adieu. Ihre Annette Droste.

PS. Was die Schopenhauer von Honorar schreibt, geht nicht von mir aus, es ist mir nicht eingefallen, Eins zu verlangen, aber sie hat es wohl vorausgesetzt, da die Schriften ihrer Mutter, wenigstens früherhin, so stark honorirt wurden.

Orig. Prof. Jostes. Schlüter 97. Das Jahr 1838 ist hier beigefügt (im Orig. von anderer Hand mit Bleistift geschrieben), zweifellos richtig, da der Brief Bezug nimmt auf das Schreiben von Adele Schopenhauer an A. 1837 Dez. 12 (gedruckt Schlüter 100).

53. An Sophie v. Haxthausen. — Rüschhaus [1838] Febr. 6.

Rüschhaus d. 6ten Februar.

Ich schicke Dir die Lieder in Gottesnamen per Post, liebe Sophie. Ich habe sie so klein abgeschrieben daß es doch nicht mehr wird als ein etwas dicker Brief. Alle Gelegenheiten giengen fehl, die Fürstenberg ist auch so schnell abgereist, daß sie eher fort war, als ich Deinen Brief erhielt. Ich bekomme nämlich jetzt nur einmahl in der Woche Briefe, weil die Gelegenheiten mit der Bükersche aufgehört haben, die ein paar saubre Streiche gemacht hat, weswegen sie es nicht wagt das Haus zu betreten. So schicke ich Herrmanns alle Woche einmahl um das Nöthige zu holen.

Ich habe die Lieder auf altes durch Feuchtigkeit fleckicht gewordenes Notenpapier schreiben müssen, weil ich kein anderes hatte was so klein und fein war, und nicht gern deshalb expres nach Münster schicken wollte, sie müssen jedoch auf größeres abgeschrieben werden, sonst wür-

---

[1]) Jedenfalls Felix Heitmann, vgl. A. an Schlüter 1837 März 23.

den sie ersten Tages ausgekehrt. Sage August[1]), nebst vielen Grüßen,
die Melodie des veni creator sei in einem andern Tackte als wir sie sonst
gesungen, aber so sei es recht, und mache, mit Begleitung von Blasinstrumenten, großen Effekt. Ich habe es vom Pastoren der Lamberti-
kirche[2]), wo es allein in der Charwoche gesungen wurde, vor den Betrachtungen, die Du auch so manches Mahl mit uns angehört hast. Anfangs
wollte es mir so nur halb gefallen, weil ich mich lange an das Verkehrte gewöhnt hatte, aber wie ich es öfter spielte, und mir wieder so
recht lebhaft erinnerte, welchen feierlichen und imposanten Eindruk es
in der Kirche machte, schlug ich mich doch ganz wieder auf die rechte
Seite. Hätte August es aber lieber anders, so mag er es nur in $^4/_4$ Tackt
setzen. Doch es ist besser, ich setze es ihm drunter, da noch Raum ist.
Ich habe es ihm jetzt drunter gesetzt, auf der ersten Seite, und die beiden ersten Stimmen, die andern beiden richten sich dann darnach. Das
Amen kommt nur hinter die letzte Strophe. Den Text habe ich nicht,
er ist aber, obgleich mit andern Melodien, so bekannt, daß jeder Geistliche ihn geben kann, ich meine sogar er steht im Brevier.

Von Male H[assenpflug] habe ich kürzlich einen Brief, wo sie
schreibt der Ludwig sei noch immer in derselben Ungewißheit in Berlin,
er war aber einige Tage älter als Dein Brief an mich. Ich habe ihr
schon geantwortet. Sie scheint übrigens ganz content, klagt, daß Du
weder kömmst noch schreibst, hat den Kopf ganz voll von den Grünnes,
und scheint nicht zu ahnden wie getheilt die Stimmen darüber sind.
Nur von Onkel Werner denkt sie wohl, daß seine Ansichten ganz ab-
weichen, und ist ganz gerührt, daß er trotzdem die Vertriebenen so herzlich eingeladen.

Vom Erzbischof[3]) kann ich Dir leider Nichts Neues sagen, einmahl
weil ich hier zu abgeschlossen lebe, und dann erfährt man auch überhaubt Nichts, als was in den Zeitungen steht, und ihr selber leßt. Wie
schäbigt es unsern Deputirten gegangen, daß nicht allein Niemand von
der Königlichen Familie, sondern auch kein Minister sie vorgelassen, wirst
Du gewiß wissen. Bocholz[4]) und Landsberg[5]) haben sich, nachdem das
Königliche Haus sie nicht vorgelassen, um die Minister nicht bekümmert,
weil sie einsahn daß es umsonst war, und sich von ihres Gleichen keinen
Affront wollten gefallen lassen, und sie hatten nicht Unrecht. Schmising[6])
aber hat gemeint, er dürfe hier keine Rücksicht auf sich selbst nehmen,
sondern stehe für seine Sache, und es sei jedenfalls gut, wenn die Minister mahl hörten, wie die Eingebornen drüber dächten, und er hatte

---

[1]) A.'s Onkel August von Haxthausen, Bruder der Adressatin.
[2]) Er hieß Beelenherm (1783—1868), Pfarrer an Lamberti seit 1819, Verfasser von Andachtsbüchern.   [3]) Clemens August von Köln.   [4]) Wohl Graf
Dietrich Bocholtz zu Alme, geb. 1797 Febr. 20.   [5]) Engelbert Frhr. v. Landsberg.
[6]) Graf Max Korff gen. Schmising, geb. 1789 Juli 10, Landrat zu Lüdinghausen.

auch nicht unrecht. So hat er so lange sie gepisackt, bis sie ihn vor-
lassen musten. Schade daß sein Rednertalent so gering ist, man durfte
nicht viel davon erwarten, und es hat sich gewiß auch weder glänzend
bewiesen, noch glänzend gewirkt.

Jetzt heist es Hassenpflug würde im Ministerium angestellt, ob das
gut wäre? Kennst Du seine Ansichten über dergleichen? Sehr empfindlich würde es mir sein, wenn er sich auf die Seite unsrer Feinde schlüge,
wegen Malchen, die dann mit Hals und Kragen für ihn stehn würde.
Das wäre mir doch störend, wenn ich auch ihrer Delicatesse zutraue, daß
sie Uns Nichts drüber sagte. Ich denke mir, die Preußen müssen sich
doch einbilden, irgend einen durchgreifenden politischen Grund zu haben,
wornach sie handeln. Mag der König kein großes Licht, und durch
Pietismus und üble Laune noch mehr verdunkelt sein, unter den Mi-
nistern wird es doch wohl hier und da einen schlauen kalten Kopf
geben, der nicht blos drauf los brodelt, und so weiß man nicht, wie sie
dem Hass[enpflug] die Sache in Berlin beleuchten könnten. Ein Minister
sieht durch ganz andre Brillen wie andre Leute, und kein Protestant
hat eine richtige Ansicht von unserm Glauben, sie sehn immer Haupt-
sätze für Nebensachen an, worin wir nur aus Eigensinn nicht nachgeben
wollen. *[Folgen einige kleine Notizen über die Familie Gaugreben usw.].*

Galens[1]) Entlassung ist mir sehr leid. Es freut mich zwar, daß
Anna sich so gut darin findet, und es ist jetzt auch wenig Ehre und
Freude dabei dem König zu dienen, aber ihr Einkommen ist doch nun
sehr gering, und sie sind es beide so gut gewohnt! Ich wollte er würde
im Oesterreichischen angestellt. Wenn ihnen Gott sonst ein Haus voll
Kinder giebt, oder überhaubt nur mehrere Kinder, müssen sie doch wohl
recht nachdenken um mit ihren 1500 Thalern fertig zu werden. Es ist
doch jetzt eine Gewaltthätigkeit in den Schritten der Regierung, sie wartet
nicht mahl auf einen noch so armseligen Vorwand, um Uns zu kränken
wie sie es vermag.

Ich bin hier recht fleißig gewesen, und habe ein größeres Gedicht
in zwei Gesängen geschrieben, die Schlacht im Loener Bruch. Es
kömmt aber nicht viel Schlachterei darin vor, sondern das Ganze ist
mehr ein vaterländisches Stück. Junkmann sagt: „sie sollten es Münsterland nennen". Meine Freunde sagen mir so viel Schönes darüber,
und puhsten mich dermaßen auf, daß ich fürchte der Himmel läst mich
zur Strafe meiner Sünden desto tiefer in den Dreck fallen, wenn die
öffentliche Kritik mahl drüber her kömmt. Adele Schopenhauer hatte
einen Verleger für mich in Jena, ich habe es ihr aber abschreiben

---

[1]) Ferdinand Graf Galen, geb. 1803, Bruder des Stammherrn Mathias,
verm. seit 1835 mit Anna Isabella Gräfin v. Bocholtz-Asseburg. Letztere war
eine Tochter der Gräfin Franziska geb. v. Haxthausen, also A.'s Base.

müssen, weil ich mich schon zu tief mit Hüffer in Münster eingelassen. Sie
war ganz erbittert darüber, meint: „das Obscure der Buchhandlung falle
hemmend auf das Werk zurück" [1]) et cet. Es ist aber nun mahl nicht
zu ändern, und aus Einem Grunde ist es mir auch nicht leid. Es wäre
mir nämlich unerträglich, wenn ein Buchhändler klagte, meine Schreiberei
wäre ihm aufgeschwätzt, und jetzt hätte er Schaden daran. Die beiden
mir früher angetragenen Verleger in Bonn und Cöln kannten weder mich
noch irgend Etwas vom Manuskript, ihre Anträge kamen mir durch dortige Freunde, die ihnen ohne Zweifel gut zugeredet, und in Jena kann
es auch nicht anders zugegangen sein. Hüffer aber hat die Siebensachen
zufällig im Schlüterschen Hause angetroffen, sich zum Durchlesen aus_
gebeten, und sich dann in einem äußerst zierlichen Schreiben mir als
Verleger angetragen, hat auch jetzt, zwar sehr höflich aber bestimmt,
sein Recht festgehalten, als ich, nach Adelens Briefe, das Manuscript zurück zu erhalten versuchte. So darf er mir nie eine Schuld geben, wie
der Erfolg auch sei, das ist mir viel werth. Honorar habe ich jetzt, für
den ersten Versuch, nicht verlangt, obgleich er es zu erwarten schien,
und bin noch ungewiß ob ich Freiexemplare nehmen werde. Da ich ihm
doch nur eine Auflage von 500 [a] Exemplaren gestatten möchte, könnten
es nur wenige sein, und ich weiß schon so Viele die ein Exemplar als
Höflichkeitsbeweis von mir erwarten würden, während es ihnen, im
Grunde, nicht den Brief werth wäre, den sie darauf schreiben müsten,
z. B. Onkel Werner und Laßberg. Der Erste wendete wohl gar ein paar
Stunden dran, mir Alles, vom Ersten bis zum Letzten, so niederträchtig
schlecht zu machen, daß es kein Schwein fressen sollte, Du kennst ihn
darin. Darum möchte ich lieber gar keine Gelegenheit zu dergleichen
geben. Mir sind selbst schon mein Lebelang so viele Bücher von den
Verfassern verehrt worden, und immer hätte ich sie lieber selbst gekauft,
so fatal war mir das Antworten.

Notabene frag doch August mahl, was er von einer Fräulein von
Bornstedt hält, d. h. von ihrer Person, ihre Schriften habe ich selber
gelesen. Sie ist eine Berlinerinn, Convertitinn, hat sich mir als seine genaue Bekannte präsentirt, und ich werde einer nähern Bekanntschaft
nicht ausweichen können, wüste aber doch gern voraus was ich dran
hätte. Sie hält sich in Münster ganz zur Gräfin Stolberg, Kellermann
et cet., hat Pilgerklänge einer Heimatlosen geschrieben, die auf wunderliche Weise zugleich gut und schlecht sind, und jetzt das Leben der hei-

---

[a] *Im Orig. undeutlich, könnte auch 800 gelesen werden, aber im Brief
an ihre Schwester 1841 Juni 30 deutlich 500. Einige Wochen später (Kreiten
IV, 306) nennt sie als Höhe der Auflage 600, in einem Briefe an Schücking
1845 (Th. Schücking 338) wieder 500.*

---

[1]) So der Brief von Adele Schopenhauer an A. 1837 Dez. 12 bei
Schlüter 101.

ligen Katharina [1]), was allgemein gefällt. Vergiß doch nicht mir hierauf
zu antworten. Sie scheint eine grenzenlos lebhafte und phantastische
Person zu sein, hat eine unsterbliche Liebe zu mir gefaßt, und ich be-
nehme mich wie ein schlecht abgerichteter Hund, der ein Pfötchen geben
soll, zehnmal hebe ich es halb auf, und ziehe es dann wieder zurück.
Zuweilen kann sie so gescheut und dabei so grenzenlos gutmüthig sein,
daß mich dünkt ich möchte sie wohl so in Bausch und Bogen nehmen,
und dann wieder scheint mir es geht nie und nie, vor Allem mit Mama.
Es würde aber schwer sein davon abzukommen, da sie sich Schlüters
und Junkmann anschließt, somit zu der Gesellschaft gehört, mit der ich
zumeist verkehre.

Schlüters sehe ich, wenn ich in Münster bin, täglich, sonst nicht,
da das Wetter, oder vielmehr die Kälte, den armen blinden Augen zu
sehr schadet. Ich gehe aber nicht mehr zum Professor, sondern zu der
Mutter und Schwester, mit denen ich dadurch jetzt sehr intim geworden
bin, was ein wahrer Gewinn ist, denn sie sind ganz vortrefflich, und
Thereschen auch ausgezeichnet klug und gebildet. Ich komme oft wenn
der Professor Stunde hat, und sage auch zu andern Zeiten nie daß man
ihn rufen soll, was auch bei Weitem nicht immer geschieht. Junkmann
besucht mich ziemlich oft. Er ist ganz zufrieden bei Sendens, die ihm
durch ihre Gutmüthigkeit und Redlichkeit wirklich lieb geworden sind.
Sein Wohlwollen gegen Th[erese] Schl[üter] steigert sich täglich. Ich
wollte die Leutchen hätten zu leben, es wäre eine ganz nette Ehe. Seine
Gesundheit hat sich wieder etwas gestärkt, doch ist er noch immer sehr
reizbar, und mitunter etwas quer, aber immer gleich brav und gleich bereit für seine Freunde durchs Feuer zu gehn.

Ich ziehe nun bald wieder nach Hülshoff, und Du bist wohl froh
darüber, aber, liebes Herz, was mich zumeist abhält, ist daß man dort
so zu gar Nichts kömmt. Seit ich hier bin habe ich doch das große
Gedicht geschrieben, auch Einiges componirt, und noch dazu ein paar
Strümpfe gestrickt. Siehe, da kann ich mir doch selbst Etwas aufweisen,
wenn ich frage wo meine Zeit geblieben. Aber zu Hülshoff ist man des
Abends müde wie ein Drescher, und hat doch ganz und gar Nichts zu
Wege gebracht, denn wenn ich auch auf meinem Zimmer bin, kann ich
höchstens lesen oder etwas zeichnen, so dringt der Lärm durchs ganze
Haus, und obgleich ich mich immer abschließe, hören die Kinder doch
nicht auf vor meiner Thür zu bollern, da sie vor Langeweile nicht wissen
wie sie den Tag hinbringen sollen, und zuweilen mache ich auch auf,
weil sie immer unten ihr Leid klagen, daß Tante Nette sie nicht haben

---

[1]) Die Pilgerklänge waren 1836 in Berlin erschienen, die Legende von
der gnadenreichen Lebensführung und dem glorreichen Martertode der h. Jungfrau und Martyrin Katharina Münster 1838, mit einem Vorwort von Joseph v. Görres.

will. Denk Dir, Dein letzter Brief, worin Du mir soviel hierüber schriebst, ist nach Hülshoff gekommen, und von Linchen aus Versehn erbrochen. Sie schickte ihn durch Wilmsen, und ließ sagen, sie habe ihn noch nicht auseinander gefaltet gehabt, als sie den Irrthum bemerkt — Gott gebe daß es wahr ist! Auf der ersten Seite stand übrigens Nichts was sie nicht lesen durfte, blos von Hassenpflugs, Grimms und dem Erzbischof. Daß Dir Mymy so gut gefällt freut mich, ich habe es mir wohl gedacht, da ich ja selbst früher oft mit ihr zusammen war. Die Fürstenberg ist mir jetzt im Herzen nicht recht gut, weil ich, unter allerlei Vorwand, nicht mehr bei ihr logire. Sie hat gesagt: „ich sei eine wankelmüthige Person, und meine Entschuldigungen wären Nichts als kür kür". Die Frau muß gar kein Gedächtniß haben. Dort sein kann ich nicht mehr, aber mich ebenso wenig entschließen, einer so alten kranken Frau Vorwürfe zu machen, oder unfreundlich zu sein. So besuche ich sie jedesmahl wenn ich in Münster bin, sie ist im Grunde herzensgut, aber ihre Launen, und was sie dann sagt, ist so, daß man es nicht mit Ehren tragen kann. Nun adieu, antworte mir bald. Deine Nette.

Bei der Bornstedt *a* dient ein Mädchen, was auf der Brede war und Mimmi *b* heist. Sie scheint dort sehr zufrieden, will aber doch fort und Barmherzige Schwester werden. Sie hat eine große Liebe zu Ludowine.

Orig. Meersburg. Der umfangreiche Brief füllt in kleinster aber feiner Schrift nur ein Oktavblatt. Kurze Erwähnung bei Hüffer 170.

54. An die Mutter. — Rüschhaus [1838] Febr. 9. 11.

Rüschhaus d. 9ten Februar.

Ich sollte eigentlich dieses Mahl an Jenny schreiben, aber ob sie Dir gleich den Brief mittheilen würde, so scheint es mir doch zweierlei ob ich ihr oder Dir schreibe. So manche Kleinigkeiten würden Laßberg nicht interessiren. Kurz, es ist zweierlei. Wir sind Alle wohl, die kranken Kinder in Hülshoff wie Du sie verlassen, doch Ferdinand besser, eigentlich nicht krank, aber nach innen etwas armselig. Heinrich ist jetzt sehr hübsch, und wenn man ihn allein hat allerliebst, zwischen den andern Kindern aber ein kleiner Tyrann. Anna wird auch hübscher, und ist sehr gehorsam und ein kleines Hausmütterchen, die schon ordentlich für die Kleinen sorgt, auch ziemlich freundlich, und weiß auch allmählich etwas besser zu sprechen und sich zu benehmen. Ferdinand wie immer, mit seinem Zeichnen kömmt er, was die Kunst betrifft, wenig voran, aber seine Phantasie ist merkwürdig. Wenn ich Abends Geschichten erzähle, so bringt er gewöhnlich nachher Alles zu Papier, und so gut gruppirt, daß man es für unmöglich halten sollte, wenn man es nicht sähe. Max ist ein guter frommer Schlucker, der Einem den Rock vom Leibe geben möchte, und jetzt mein Liebling. Friedrich ist oft verdrieß-

a Am oberen Rande der Vorderseite. b Undeutlich.

lich, schon viel zu groß, um immer so still zu sitzen, darum stößt er sich
ohne Aufhören, bald ans Knie bald an den Arm, und so hört das Geschrei fast nicht auf, und er hat eine Stimme wie ein junger Löwe, ist
übrigens ungeheuer zurück an Geist, spricht undeutlicher wie Thereschen,
man kann ihm nur die allersimpelsten Geschichtchen erzählen, indessen hat
er doch nichts Dummes, nur wie ein Kind von zwei Jahren. Er geht
noch immer, der Arm ist jetzt weniger gut als das Knie. Thereschen
ist wie immer, nur gewachsen, unartig und scheu, wenn man sich lange
nicht um sie bekümmert hat, und allerliebst wenn man sie wieder etwas
an sich gewöhnt. Clemenschen ist ein hübsches dickes frommes Kindchen, sehr freundlich, ohngefähr wie Friedrich in dem Alter, aber gottlob gesund.

Jetzt zu Etwas Anderm. Daß Fränzchen Huebers[1]) Tod Dich sehr
frappiren würde, habe ich wohl gedacht, er ist mir auch nahe gegangen,
und Linchen war ganz wie betäubt davon, da sie erst eben von Hülshoff
gegangen war, wo sie mahl wieder 14 Tage zugebracht. Sie hatte wieder etwas ihre unruhige Laune, wollte umziehn, und war in großer Noth
um ein neues Quartier, doch nicht traurig, sondern nur so gewaltig aufgeregt und lebendig. Drei Tage vor ihrem Tode geht sie Abends zur
Theevisite, tritt in die Gosse, mit Einem Fuße, und ist andern Morgens
etwas heiser. Der Katharr nimmt zwei Tage tüchtig zu, so daß sie am
dritten Fieber hat. Viele Bekannte besuchen sie, zuletzt noch Nettchen
Ketler, und die Bornstedt (Du weißt wohl, die die Pilgerklänge einer
Heimatlosen geschrieben hat). Als sie fort sind, bleibt sie einige Stunden
allein, und als ihr Mädchen hereinkömmt, liegt sie im Sterben. Sie hatte
den Lungenschlag bekommen, und hat leider nicht können versehn
werden, aber sonst fast Nichts gelitten, denn sie ist schon denselben Tag
gestorben. Die Hohenholter Kirche ist ihre Erbinn, von Legaten oder
einzelnen Andenken habe ich Nichts erfahren. Ich habe mehrern Goldschmieden Auftrag gegeben, das Döschen vom lieben Papa nicht in fremde
Hände kommen zu lassen. Linchen meint aber von ihr selbst noch gehört zu haben, daß sie es dem Onkel Stapel[2]) vermacht. Ich glaube
Stapels hatten sich wohl auf mehr Rechnung gemacht.

Heute ist auch der arme Clemens Beckmann begraben, also ein
Armengeld wieder los ... [Folgen Nachrichten über Tod bzw. Krankheit
einiger Bäuerinnen.] In Nienberge sieht es aber betrübt aus. Der arme
Pastor ist jetzt ganz verrückt, die Haemorhoiden sind ihm in den Kopf
geschlagen. Ich sah in voriger Woche den Kaplan, der mir sagte, es sei
kaum auszuhalten; den halben Tag tobe er wie wüthend im Hause um-

---

[1]) Die am 13. November 1837 zu Münster verstorbene Stiftsdame Franziska Freiin von Huber zu Mauer. Im Westfäl. Merkur Nr. 15 vom 18. Januar 1838 ersucht ihr Testamentsvollstrecker um Anmeldung etwaiger Forderungen.
[2]) Reichsfreiherr Ernst Droste, Haupt der jüngeren Drosteschen Linie.

her, und sitze die übrige Zeit ganz stumpf und betäubt im Sessel. Von
Andern habe ich gehört, daß er immer fürchtet festgesetzt zu werden,
und sich dagegen zu wehren meint. Die Bauern, nach ihrer gewöhnlichen schlechten Weise, setzen gleich dazu, „wil dat he nich recht ant
kerspel dohn hädde". Gegen die arme lahme Marianne, die ihren Fuß
schwerlich wieder zurecht bringt, und fast immer das Bett hüten muß,
soll er mitunter sehr empfindliche Reden führen. Sie hat mich bitten
lassen sie zu besuchen, ich habe es aber noch nicht gekonnt, und habe
auch Todesangst daß sie, für ein Kostgeld, nach Rüschhaus ziehn will,
da sie mir, diesen Herbst, erklärt, sie würde auf keinen Fall zu Schonebeks ziehn. Das wär ein harter Onus! Ich könnte zwar doch Nichts
Anderes antworten, als daß ich darin Nichts zu bestimmen hätte, aber
Dir würde es doch auch unangenehm sein abzuschlagen. Ich komme
auf die Idee, weil ich schon von Mehreren gehört habe, daß sie so jammert und fort will, und Schonebeks liegt ihr ja grade vor der Thür.
Ich wollte es blieb so lange schlechtes Wetter daß ich nicht hin
könnte, bis ich Deine Antwort erhalten, ob ich gehn soll oder nicht.
Sie hat es mir schon zweimahl sagen lassen, einmahl durch unsre Leute,
und einmahl durch Höpemanns, und es ist mir selber hart, sie in ihrer
Noth so zu vernachlässigen, aber ich hab mir dies nun mahl in den Kopf
gesetzt. *[Folgen lange weitere Ausführungen über die Familien Schonebek,
Olfers und Höpemann.]*
      Unsere übrigen Bekannten sind gottlob wohl. Mit Felitz ist es
viel besser, der Knoten vergeht, und Werneking, den sie jetzt braucht,
hat mich versichert, es sei nichts als eine verhärtete Drüse ... Tony ist
bei ihrer Mutter, und ziemlich wohl ... nur noch schrecklich traurig.
Cris hat Schulden hinterlassen wie Sand am Meere. *[Folgen ähnliche Angaben wie in dem Briefe an Sophie v. Haxthausen vom 23. Oktober 1837.]*
Dein Geschenk hat sie (Tony) sehr gerührt und gefreut. Sie schrieb
Engel einige Worte und schien sehr bewegt darüber, daß Du Dich ihrer
in ihrer Noth so annimmst. Jetzt hat die Mutter auch endlich eine
kleine Pension bekommen von 400 Gulden, hoffentlich auf Lebenszeit,
aber der König von Holland giebt immer nur auf Ein Jahr, und man
muß jedes Jahr wieder darum einkommen, dann bleibt es aber beim
Alten. Die Braut von Cris ist hergestellt, nur noch sehr traurig, und
Tony findet großen Trost in ihrem Umgange, sie soll sehr sanft und
gut sein.
      Drüke Löchtefelds hat es elend getroffen, und will von ihrem
Manne fort. Kein Ziegel auf dem Dache gehört ihm *[wird länger aus-
geführt]*. Huerlandens sind nun schon eine Weile fort, die neuen Leute
kenne ich noch nicht.
      Du fragst wegen den [!] Erzbischof? Da ihr den Merkur haltet,
weist Du das Hauptsächlichste; es ist eine traurige Lage für Uns. Die
Erbitterung ist schrecklich. Ich war am Tage des Aufstandes in Münster

und die Preußen haben sich schändlich betragen, vorzüglich der General
Wrangel, ein Gegenstück zum Obristen Natzmer [1]). Ich war diesen Abend
zum Thee bei einer Oberregierungsräthin Rüdiger, Tochter der Elise
Hohenhausen, die sich mir durch Nettchen Kettler hatte vorstellen
lassen, worauf man es schicklich fand, daß ich ihr einen Besuch mache.
Ich beredete die Bornstedt, mit der ich zuweilen bei Schlüters zusam-
mentreffe, mit mir hinzugehn und wir drei Frauenzimmer waren allein
hinter dem Theetisch; es war schon spät und die Rüdiger sagte mehrere Mahle: „hören Sie doch, wie das auf den Straßen rennt;" ich sagte
immer: „das ist Nichts, irgendwo ein Peter [2]) oder dergleichen." Mit einem
Mahle hörten wir von Weitem (sie wohnt am Ende der Rothenburg nach
Aegidistraße zu) ein furchtbares Hurrahgeschrei, es kam vom Domhofe
und Markte, wir sprangen an's Fenster und sahen die ganze Rothenburg
und Aegidistraße voll Militär mit gezogenem Säbel. Ich lief auf der
Stelle unten ins Haus, um zu sehn, ob ich Jemand fände, der mich fortbrächte. Der Sohn vom Hause war bereit, und ich zog in gröster Eil
ab, trotz allen Bitten der Rüdiger, die zitterte wie ein Espenlaub. Durch
zahllose Umwege kam ich endlich bei Ahlers an und brauchte fast eine
halbe Stunde dazu. Ich stellte mein Licht zurück, lehnte das Fenster
nur an und blieb nun auf wie Jedermann in dieser Nacht.

Der Anfang des ganzen Tumults war so: Die Gemüther waren
schon durch die Arestation des Erzbischofs auf's Aeußerste erbittert, nun
kam dazu, daß, nachdem kürzlich eine Menagerie aus Münster abgezogen
war, die Militärbehörden die Bude gekauft hatten, um darin bei schlechtem Wetter exerciren zu lassen. Das Volk glaubte aber, es sei geschehn,
um die Rekruten besser heimlich knuffeln zu können. Darüber waren
schon allerlei Kleinigkeiten vorgefallen, einige Plakate an den Bäumen
und der Bude selbst mit dem geistreichen Inhalt „weg mit der Bude"
oder „weg mit den Preußen" et cet. Da dies sie nicht wegblasen wollte,
hatte man mehrmahls Versuche gemacht, die Bude anzuzünden, überhaubt, die Wahrheit zu sagen, wurde den Preußen grad nicht viel guter
Wille gezeigt. Der Adel hatte sich seit der Verhaftung des Erzbischofs

---

[1]) Der Auflauf in Münster fällt auf den 11. Dezember 1837, also fast
zwei Monate vor dem Brief A.'s. Nicht benutzt ist ihre lebhafte Schilderung in
Zurbonsens Aufsatz General von Wrangel und die Münsterschen Dezember-
Unruhen 1837 (Zeitschr. f. vaterl. Gesch. u. Altertumskunde, Bd. 63, 1905,
S. 257 ff.), welcher die Veranlassung und den Verlauf ähnlich schildert, aber
gegen das Verhalten Wrangels nichts einzuwenden findet. Er beruht größten-
teils auf den Denkwürdigkeiten des Generals Eduard von Fransecky (herausg.
von Walter von Bremen 1901), S. 175 ff., der hier als Augenzeuge erzählt.
Viel nüchterner als die Schilderung A.'s ist auch die kurze Darstellung bei
Kappen, Clemens August 171 gehalten. Der Westfäl. Merkur brachte am 14. Dezember (Nr. 298) einen kurzen, anscheinend amtlich beeinflußten Bericht.

[2]) Peter heißen die Münsterschen Straßengesellschaften (z. B. Marktpeter),
die im Winter eine Festlichkeit zu veranstalten pflegen.

gänzlich zurückgezogen; alle Lustbarkeiten waren eingestellt, weder
Soirées noch Klubbälle, und wurden sie eingeladen, z. B. bei Vinke[1]), so
machten sie kein Geheimniß draus, daß die allgemeine Kirchentrauer
ihnen nicht gestatte, sie anzunehmen. Die Gassenbuben waren sehr arg,
sie schnitten den Soldaten Gesichter, sagten, wenn exercirt wurde: „wo
Soldaten sind, mott auck kanoneert weeren" und rollten den Offizieren
Steine an die Füße, und Clemens Hellweg wurde arretirt, weil er einem
Unteroffizier auf der Straße zwei Ohrfeigen gegeben. Den Preußen, besonders den friedlichen Civilisten war höllenangst; sie wagten kaum
Abends aus dem Hause zu gehn, und es gab manche lächerliche Anekdote davon. Nun, an diesem Abend wurde wieder ein Junge attrappirt,
der die Bude anstecken wollte, und heulend und mit Arm und Beinen
sperrend zur Hauptwacht geführt. Mehrere vorübergehende Bürger legten
sich mit guten Worten drein, sagten: „laßt ihn laufen, es ist ja ein
Kind" et cet. Das hielt etwas auf; wer vorüberging, blieb stehn, und bald
stand ein ziemlicher Trupp um die Wache und den heulenden Jungen.
Jetzt wurde den Soldaten bange, der Offizier trat vor und befahl den
Bürgern, auseinander zu gehn, ein lautes Gelächter war die Antwort.
Die Soldaten rückten an (immer nur noch die Wache), die Bürger theilten
sich, ließen sie durch, traten hinter ihnen wieder zusammen und lachten,
So ging es einige Mahl, immer stolzierte die Wache durch, und immer
traten die Bürger wieder zusammen und lachten. Der Offizier procla-
mirte zweimahl ganz laut, daß sie auseinander gehn sollten. Dann lachten
sie noch viel ärger und blieben bei ihrem alten Maneuvre, doch hatte
kein Einziger die geringste Waffe, nicht mahl einen Stock in der Hand.
Sie schimpften auch nicht, sondern lachten blos. Jetzt ließ der Offizier
einhauen, ein paar Bürger wurden verwundet und schrien und nun erhob
sich ein fürchterliches Hurrahgebrüll und „Vivat Clemens August! Nieder
mit den Preußen!" Einige wenige Steine flogen, wie sie grade auf der
Straße lagen, indem kamen die Husaren herangeritten, nach denen die
Wache geschickt hatte; sie hieben ohne Rücksicht rechts und links ein,
die Bürger wurden wüthend, viele liefen fort um Steine zu holen und in
einer Viertelstunde waren mehrere Tausend auf dem Domplatze und
Markt, es war ein gräuliches Gebrüll und Gelächter. Auf dem Domhofe
soll der Steinhagel arg gewesen sein, aber sonst keine Waffe ist zum
Vorschein gekommen, nur immer vor den Soldaten auseinandergelaufen
und hinter ihnen wieder geschrien und gelacht, es war fast auf allen
Straßen zugleich los. Am Bispinkhof, wo die Schlächter und Bäcker
sich versammelt hatten, soll der Lärm sehr arg gewesen sein, aber keiner
hat einen Soldaten zu verletzen gesucht, außer durch Steinwürfe. Durch
die Salzstraße drängten sie zu ganzen Haufen. und immer „Vivat Clemens
August! Nieder mit den Preußen! ajas! ajas! wat möttet sick de Cölnsken

---

[1]) Oberpräsident v. Vincke.

schärmen!" (weil die den Erzbischof hatten fortführen lassen). Indessen wurden die Kanonen aufgeführt, an alle Thore und auch auf dem Domplatze (sie sind aber nicht gebraucht worden). Nun kam Wrangel herbei und wüthete, daß das Militär nicht noch schärfer verfahre. Kein eingeborner Offizier war beordert, es waren nur Preußen, aber unsre Baurenjungens auch dabei, und hauten eben nicht schärfer wie sie musten. Unter den Bogen stand Alles gedrängt voll müßiger Zuschauer, meist Frauen und Kindern. Wrangel wollte, man solle Schwärmattaque commandiren, d. h. alle einzeln auseinander, und dann nach allen Seiten eingehauen, ein paar menschliche Offiziere sollen dagegen Vorstellungen gemacht haben, weil es an Offizieren fehle, um Ordnung zu halten. Wrangel ließ das Mindensche Regiment, was aus lauter Protestanten besteht, vorher herankommen, schickte die Bauernjungens nur in die Nebenstraßen, die kleinen Haufen zu verscheuchen, und übernahm nun selbst das Commando. Ich stand am Fenster, sah die Flüchtigen unaufhörlich vorbei laufen, noch immer schreiend: „Vivat, Hurrah, nieder etc." und die Bauernjungens hinter ihnen her mit gezogenem Säbel, die viel fluchten und in die Luft fochten, aber keinem was thaten. Es war, sobald man den ersten Schrecken über das Gebrüll überwunden hatte, eher lächerlich als schrecklich. Einige Kerls fielen, nah vor meinem Fenster, und schrieen noch auf der Erde: „Vivat Clemens, ajas ajas! de cölnscken ollen wiwer," und die Soldaten blieben so lange zurück in vollem Fluchen und Blitzen mit den Säbeln, bis sie wieder aufgestanden waren und einen guten Vorsprung hatten. Vom Markte her hörte ich wohl ärgern Lärm, dachte aber, es würde auf dieselbe Weise zugehn, als auf einmahl ein schreckliches Jammergeschrei von dort herüberdrang. Wrangel hatte seinen Protestanten befohlen, auf die Weiber und die Kinder einzuhauen, d. h. nicht mit diesen Worten, sondern „Schwärmattaque! Säubert die Colonaden". Ich will Dir nur gleich sagen, daß Niemand getödtet ist, aber eine Menge verwundet, die Soldaten waren wie Tiger, sie ritten in die Hausthüren und hauten in die offenen Zimmer hinein; bei einem Becker sind sie bis an den Küchenherd geritten, und haben dort die Frau und zwei Männer gestochen, die Bürger schäumten vor Wuth, aber sie waren gänzlich unbewaffnet, der Steinvorrath längst zu Ende und so zerstreuten sie sich. Gegen zwei Uhr war Alles vorüber, nur das Militär blieb bis am Morgen in den Straßen aufgestellt, und die Woche hindurch wurde jede Nacht patrouillirt. Du kannst denken, wie die Stimmung seitdem ist, d. h. zwischen der geringern und Mittelklasse, denn unsre angestellten Landsleute aus dem vornehmen Bürgerstande benehmen sich miserable, sie sind kaum dahin zu bringen gewesen, die Klagen derjenigen anzunehmen, die in den Häusern oder doch ganz unthätig und von Weitem stehend, verwundet wurden. Nur achtzehn, die schwer verletzt und wovon zuviel Redens war, als daß sie es hätten ignoriren können, sind verhört worden, und nur zum Schein, denn die Klage ist gar nicht übergeben worden.

Im Ganzen sollen, hauptsächlich bei dem Einhauen untern Bogen, gegen 300 Bürger verletzt sein. *[Zwei Offiziere westfälischer Abkunft]*, die auch nicht . beordert waren, sollen, als es zu arg ward, sich aus eigner Macht, zu Fuße, dazwischen gegeben und den Husaren zugerufen haben: „Wer scharf haut, den steche ich durch;" von die [!] Sache wird aber nicht gesprochen, weil es ihnen Strafe zuziehn könnte. Die Preußen meinen, der Adel habe mit drunter gesteckt und an diesem Abend Geld ausgetheilt; ich brauche Dir nicht zu sagen, wie falsch das ist, indessen sind wir jetzt in völliger Ungnade [1]). Ferdinand Galen hat keineswegs niedergelegt, sondern nur um Versetzung gebethen, und auf der Stelle den Abschied bekommen. Ich wollte, sie machten es mit Allen so, und wir hätten unsre hungrigen Lieutenants Alle wieder, sie kosten doch mehr Zulage, als wenn sie zu Hause wären. Der Adel aus dem Rheinlande und Westphalen hat Deputirte in der Sache des Erzbischofs nach Berlin geschickt, aber Keiner der Königlichen Familie und sogar Keiner der Minister hat sie vorgelassen, obgleich sie sich nur als Privatleute ange- meldet, ob nachher auch als Deputirte, weiß ich nicht, aber jedenfalls sind sie nicht vorgelassen. Von hier waren Bocholz, Eng[elbert] Lands- berg und Max Schmising, die beiden ersten haben, nachdem die Prinzen sie zu sehn verweigert, sich um die Minister nicht bekümmert, da sie schon sahn wie es den Uebrigen ging, und sich von ihres Gleichen keine solche Grobheit wollten gefallen lassen. Schmising aber hat gemeint, er müsse für seine Sache das Aeußerste versuchen, und hat so lange ge- drillt, bis Einer oder ein Paar Minister ihn annehmen müssen. Einer hat ihn erst beim achten Versuch angenommen. Leider ist Schmising kein Hexenmeister, wie wir Alle wissen, und es wundert mich nicht, daß seine Reden keinen sonderlichen Effect hervorgebracht haben. So stehn die Sachen; was es weiter gehen will, weiß Gott, Alles ist in Spannung und Verwirrung; in Paderborn ist auch ein Aufstand gewesen, nach einem Briefe von Sophie schlimmer als in Münster, aber man weiß hier fast nichts davon, obgleich er schon einige Tage vor dem Hiesigen stattfand, so wird Alles vertuscht! [2]) Die Bischöfe von Paderborn und Münster haben seit dem deutlichen Ausspruch des Papstes auch widerrufen, was sie früher unterschrieben, die Regierung ist aber doch so klug, keine Notiz davon zu nehmen. Ehe der Erzbischof eingezogen wurde, hat die Regierung ihm . die Verdopplung seiner Einkünfte angeboten, wenn er

---

[1]) Ganz übereinstimmend E. v. Fransecky, Denkwürdigkeiten 182: „Auf Seiten der preußischen Partei wurde ganz offen behauptet, daß der Adel Geld unter das Volk vertheilt hätte, um es zum Aufstand zu bringen, eine Behaup- tung, die aber unerwiesen blieb und auch später nie erwiesen werden konnte."

[2]) Die Unruhen in Paderborn fallen erst in den Januar 1838, namentlich auf den 8. Der Westf. Merkur Nr. 29 vom 3. Febr. 1838 gibt einen Artikel der Preuß. Staatszeitung wieder, laut welchem sie ganz unbedeutend waren.

nachgeben wollte, denk Dir, wie niederträchtig!" Als dies nichts geholfen, gedroht, daß sie ihm seine Einkünfte entziehn wollte, worauf er
geantwortet, daß er täglich nur 4 gg. brauche und glaube, seine Diöce-
sanen würden ihn nicht verhungern lassen. Dies wurde gleich bekannt
und Unterschriften gesammelt. Fürstenberg unterschrieb sich zu 4000
Thaler jährlich, als schon eine Revenue von 30,000 Th. zusammen war,
sahn sie, daß diese Drohung umsonst sei und zogen ihn ein. Viele haben ihn jetzt besucht: Erbdroste, Plettenberg, Korff, Schmising, Eng. Landsberg, Westphalen, Fürstenberg und viele Andre. Werner wollte auch
hin, aber es hieß neulich, es werde Keiner mehr zu ihm gelassen außer
seine nächsten Verwandten und diese nur in dringenden Familienange-
legenheiten; ob es sich bestätigt, weiß ich nicht, da ich schon seit
4 Wochen wieder hier bin und Nichts erfahren.

Daß in Hinnenburg[1]) Feuer im Dache ist, kannst Du denken. Sie
haben kaum einen andern Gedanken, und Sophie schreibt mir ganze
Briefe davon, wie der beste Theolog und Politiker. Uebrigens zeigt es
sich jetzt, was ich so gewiß wuste, und mir immer vor der Faust ab-
disputirt ist, daß der Erzbischof sich alle seine Umgebungen zu Feinden
gemacht. Die Cölner sind, trotz ihrer Frömmigkeit, so froh ihn los zu
sein, daß sich keine Maus regt, und sogar sein Domkapitel Klagen gegen
ihn eingereicht hat, was freilich schändlich genug, aber doch ein Beweis
seiner Unverträglichkeit ist. Am meisten dauern mich die Hermesianer,
die, so ganz gegen ihren Willen, jetzt als Klagepunkt von der Regierung
gegen ihn angeführt und dadurch vor der ganzen Welt blamirt sind. Sie
sollen es sich schrecklich nah nehmen, und es ist auch nicht anders
möglich. Du weist selbst was für ein frommer und streng religiöser
Mann Achterfeldt ist, und die Anderen sind es auch.

Der Erzbischof wird in Minden anständig behandelt, darf aber Niemanden schreiben, mit Niemanden ein Wort allein reden, und das Haus
nicht verlassen, ohne einen Gensd'armes. Er bitte Alle die zu ihm kommen, doch von Nichts als gleichgültigen Dingen mit ihm zu reden. Mit
demagogischen Umtrieben hat er nichts zu schaffen, das versteht sich,
und wahrscheinlich auch Michelis[2]) nicht, den sie anderwärts, ich weiß
nicht wo, eingesperrt haben. Doch weiß man über den Letzteren wenig,
die Sache wird geheim betrieben, und allerdings wäre es möglich, daß
ein so junger und schwärmerischer Mensch, der grade in der rechten

a *Im Orig.* schäbigt *durchstrichen.*

---

[1]) Auf dem Schloß des Grafen Hermann v. Bocholtz-Asseburg. Sophie
ist jedenfalls A.'s Tante S. v. Haxthausen, Schwägerin des Grafen.

[2]) Eduard Michelis (1813—1855), Kaplan und Sekretär des Erzbischofs
Clemens August, mit dem er 1837 verhaftet wurde. Er wurde zuerst nach
Minden, dann nach Magdeburg gebracht. Kappen, Clemens August, Erzbischof
von Köln 170.

Demagogenzeit auf Universitäten war, damals könnte ein bischen mit ge-
vaterländert haben, was er aber jetzt jedenfalls längst ausgeschwitzt und
vergessen hätte. Es waren damals wohl wenige Studenten, die nicht
irgend eine anstößige Gesundheit mit getrunken hätten, wenn es jetzt
drauf ankäme einen Stein zu suchen, um sie damit zu werfen.

In Hinnenburg geht es übrigens ganz brillant. Mimy [1]) gewinnt aller
Herzen, und namentlich Sophie hat schon ihre Meinung gänzlich geändert,
sie schreibt: Mimy sei natürlich, klug, habe Diderich wirklich lieb, und
suche aller Liebe zu gewinnen durch Freundlichkeit, Anspruchlosigkeit
und ohne zu schmeicheln. Sie leidet jetzt wieder an Zahnweh, Uebel-
keit et cet., und die Freude darüber ist groß. In Bökendorf ist Alles
wohl, und Sophie wieder ganz auf der alten Hacke in Hinnenburg, nur
etwas öfter in Bökendorf als früher. Clemens Metternich ist wirklich mit
der Hartmann versprochen [2]), Phine Böselager hat es Linchen und Werner
förmlich angezeigt. Die beiden Onkel Fritzen sind höchst ärgerlich darüber.
Unser Onkel Fritz, der recht gesund und vergnügt in Münster ist, sagt,
er habe die Familienpackte gesehn, Clemens könne die Güter dann nicht
bekommen, und es werde einen schweren Proceß geben, und der ... "
will seinen Abstand, den er bloß mit der Bedingung einer vollbürtigen
Heurath gethan hat, wieder zurück nehmen. Das wäre eine schöne
Sauce! Schreib aber doch nichts davon nach Bökendorf oder Wehren,
sie scheinen dort nichts davon zu wissen, und der Onkel hat es vielleicht nur im ersten Zorn gesagt, und thut es doch nicht.

Werner Zuidtwick [3]) hat wirklich einen Theil seines Prozesses gewonnen, nämlich was die holländischen Güter betrifft (die übrigen sind
verloren, und der ganze Prozeß überhaubt beendigt), wie viel es aber
macht weiß man noch nicht *[folgen weitere Ausführungen über die Prozeß-
Angelegenheit].*

Therese Metternich [4]) spielt jetzt die antierzbischöfliche, und sie
sind alle wüthend auf sie. Unter andern hat sie einem Mädchen aus
Wehren, die einen Lutherischen heurathen und die der Pastor nicht ohne
das bekannte Versprechen kopuliren wollte, gerathen, es zu machen wie
Onkel Max und Tante Dine [5]), die sie auch als Beispiel angeführt. Sie
treibt sich so überall herum, kömmt aber nicht nach Bökendorf und Hinnenburg, wo es ihr auch lästerlich schlecht gehn würde.

" Ein unleserliches Wort.

---

[1]) Wilhelmine Gräfin v. Bocholtz-Asseburg. Vgl. Brief 1837 Okt. 24.
[2]) Reichsfreiherr Clemens v. Wolff-Metternich zu Wehrden, A.'s Vetter,
heiratete Augusta v. Hartmann am 4. September 1838. Adolphine v. Böselager-
Heessen ist eine seiner Schwestern. [3]) Werner Frhr. v. Heereman-Zuidtwick, Sohn von A.'s Tante Ferdinandine geb. v. Haxthausen. [4]) Älteste Schwester des Frhrn. Clemens v. Wolff-
Metternich, geb. 1801. [5]) Max Friedrich v. Droste, väterlicher Oheim A.'s,
und Bernhardine geb. Engelen.

Den 11ten. Ich bekomme so eben einen Brief von Tony. Sie hat, gottlob, eine Stelle, bittet mich aber noch nicht davon zu sprechen, weil es noch rückgängig werden könnte, was aber nicht wahrscheinlich ist, da sie bereits ja gesagt. Es ist in Breslau, bei einer Gräfin Schaffgotsch mit 200 Thaler Gehalt, nur ein einziges kleines Mädchen von 10 Jahren, und man verlangt nur das Gewöhnlichste von einer Gouvernante, da das Kind durchaus keine Gelehrte oder Künstlerinn werden soll. Gott gebe seinen Segen dazu! Ich bin so froh, als wenn mir Jemand 1000 Thaler geschenkt hätte. Mit ihren Augen ist es übrigens noch nicht gut, sie schreibt mir einige Zeilen, allmächtig groß und weit aus einander, und bittet mich Dir die Nachricht doch mitzutheilen, da sie jetzt keinen ordentlichen Brief schreiben könne, und so ein paar Zeilen nicht so weit auf die Post geben möge.

Werner hat mir nun auch Deinen lieben Brief an Line geschickt. Wie freut ich mich als ich Deine Hand sah! Ach, Mama, komme doch bald, ich habe so ein großes Verlangen danach. Dein Portrait ist noch mein bester Trost, aber es ist doch nur ein Bild. Ich habe jetzt auch einen Rahmen darum bestellt, aber noch nicht bekommen. Früher fiel es mir nicht so unangenehm auf daß es keinen hatte, ich dachte, das Bild ist doch die Hauptsache, aber jetzt kömmt es mir vor, als ob ich Dir einen Rock geben könnte, und ließ Dich nackend gehn. Ich mag Dich nicht so arg drängen zu kommen wegen Jenny, aber ich wollte doch Du wärst einmahl wieder hier. Aber mit dem Abholen sieht es schlimm aus. Werner sagt er könnte nächsten Sommer nicht reisen, weil er kein Geld hätte, da er die Oekonomie anfängt und obendrein arbeitet die Schulden abzutragen, die er bei den vielen Ankäufen hat machen müssen. Onkel Fritz hält sich auch steif, und Felitz kann auch nicht reisen, warum weiß ich nicht, sie hat es mir nur im Allgemeinen geschrieben, und will Dir genauer darüber schreiben. So sehe ich nicht wie das gehn soll. Geld habe ich auch nicht, und will Dir auch sagen warum, Du must es aber Niemand sagen. Sieh! die arme Tony war so in Noth, und ohne ihre Schuld. Denke! Von allen Sachen die ihr Cris geschenkt, so oft er in Münster war, ist nichts bezahlt gewesen. Eine Rechnung war schon sieben Jahre alt, und da sie immer mit gewesen, und Alles selbst ausgesucht, so war Alles auf ihren Namen angeschrieben, und sie müste es bezahlen, wenn sie auch nicht wollte. Du kannst Dir ihre Angst und Elend nicht denken, sie hat Alles hergegeben, ihre schöne schwere Kette von Onkel Ascheberg, ihre schöne Sevigné, aber das war Alles wie ein Kniker im Dom. Engel that auch was sie konnte, und da dachte ich, da sie betrübt und krank dabei war, und nun diese Noth dazu, wenn ich ihr nicht hülfe, so käm ihre Gesundheit gar nicht wieder zurecht. Bitte, Mama, sei nicht böse, ich weiß wohl, daß Du eigentlich nicht willst, daß man Tony zuviel Vorschub thut, damit sie haushalten lernt, aber hieran war sie doch nicht Schuld. Nun habe ich aber wirklich kein Geld, und muß mich freuen, wenn ich dieses Jahr mich ganz still halten und wieder aussparen kann. Bitte, schreib der armen Tony nichts darüber, es macht sie nur noch betrübter. Das Geld will ich wohl wieder aussparen, aber wenn Du mir böse darum wärst, das wäre mir sehr empfindlich.

Anna und Galen sind jetzt in Münster, und logiren bei Mathies Galen, wo man sie, als Märtyrer der guten Sache, auf den Händen trägt, aber wie es in Zukunft gehn will, das mag knapp sein. Die Münzen habe ich endlich bekommen. Brenken hat immer auf Gelegenheit gewartet, ich habe sie erst seit 14 Tagen. Danke der guten Hauserin doch herzlich. Es drückt mich etwas, daß einige ziemlich große Stücke dabei sind, die wohl einen halben Gulden werth sein mögen. Wie geht es dem Seppi? Von dem hast Du mir noch nie geschrieben. Jenny sag doch, die römischen Münzen wären schön, ich würde die Cooperschen Sachen [1] dafür bezahlen, und wenn Pupikofer mehrere zu bekommen wüste, wäre es mir immer lieb, da die Mertens auch so sehr welche dorther zu haben wünscht, und ich an diese immer wieder los werden kann, was mir zuviel ist. Eine so große Summe wird es ja nicht werden, und wenn es auch etwas viel wird, so ist die Mertens ja eine reiche Frau, und hat sie selber bei mir bestellt. Von Brenkens ist diesen Winter nichts in Münster gewesen aber sie waren Alle krank, Brenken [2] und Reinhard [3] hatten sich auf der Reise erkältet, und die Tante Brenken hatte ein Schleimfieber, jetzt sind Alle hergestellt. Es hieß kürzlich für ganz gewiß, Brenken wär mit Adelheid versprochen, Sophie will aber Nichts davon wissen.

Der [a] eingelegte Faden [4] ist die münsterische Elle. Ich lege wahrscheinlich auch noch ein Paar Worte an Luise Streng [5] ein.

Die [b] kleinen Herzchen küsse 1000 mahl von mir, und erzähle mir doch wieder von ihnen. Könnte ich sie doch mahl sehn! Ist denn Röthel wirklich nicht so artig wie Bläule? Das kränkt mich doch.

[c] Ich habe jetzt ein neues Gedicht geschrieben, von der Größe wie das Hospiz auf dem St. Bernard, es heißt „die Schlacht im Loener Bruch" und besingt die Schlacht bei Stadtlon, wo Christian von Braunschweig die Jacke voll kriegt. Man findet es besser als meine übrigen Schreibereien und ich habe einen sehr artigen Brief von Hüffer bekom-

---

[a] *Nachschrift am obern Rande der 4. Seite.*   [b] *Am obern Rande der 1. Seite.*   [c] *Von hier ab nach dem Druck bei Kreiten IV, 286 mit Poststempel* Münster 16. Februar 1838.

---

[1] Die Romane des Amerikaners James Fenimore Cooper.
[2] Wohl Friedrich Freiherr v. B.
[3] Friedrichs Sohn Reinhard v. Brenken, an den der Brief A.'s 1841 Januar 19 gerichtet ist.
[4] Vermutlich als Maß, um ihre Nichten in Meersburg, „die kleinen Herzchen" zu messen.   [5] Später Freifrau v. Rüpplin.

men, der um den Verlag bittet, ich habe ihm denselben auch zugesagt, falls ich es herausgebe. Ich schrieb dies an Adele Schopenhauer und bekam gleich die Antwort, ich möge das ja nicht thun und keinen obs[c]uren Verleger nehmen, das falle auf das ganze Werk zurück; sie habe einen Verleger für mich in Jena, es war aber zu spät[1]). Wenn es herauskommt, muß es bei Hüffer sein, und ich habe noch einen Grund dafür, es wäre mir nämlich unerträglich,. wenn ein Buchhändler hinterher sagte, er hätte dadurch Schaden an meinen Sachen gehabt und es doch nur aus Gefälligkeit für mich übernommen, und das hätte leicht bei Dumont in Köln und auch bei dem Jenenser sein können, da sie ja nie eine Zeile von mir gesehn hatten, und gewiß nur Braun[2]) und Adele zu Gefallen es übernehmen wollten. Hüffer aber hatte es vorher gelesen und dann ganz von selbst den Antrag gemacht und so kann er mir nichts vorwerfen, wie es auch ausfällt. Bitte, liebe Mama, antworte mir doch gleich, ob Du nichts gegen die Herausgabe hast, denn Hüffer hätte es gern gleich zur Ostermesse. Es wäre dann die Schlacht im Loener Bruch, der Barry, des Arztes Vermächtniß und eine Auswahl von kleinen Gedichten, z. B. der Graf von Thal, die Elemente, die Säntislieder, die Weiherlieder, nur einige Wenige, um die größeren Gedichte zu trennen. Sag Laßberg aber bitte nichts davon, das würde ihm ganz verrückt vorkommen. Ich habe auch viele alte Tröster nachgeschlagen, und mir überall Rath's erholen müssen, um damit fertig zu werden. Ich will nur eine ganz kleine Auflage von 500 Exemplaren gestatten, aber dann auch für die erste Auflage kein Honorar nehmen; erlebt es keine zweite, so hat Hüffer auch keinen Profit, erlebt es eine zweite, so weiß ich, was ich bis dahin fordern kann. Zu Freiexemplaren habe ich auch keine rechte Lust, es ist mir immer so lächerlich gewesen, wenn ein Schriftsteller sein eigenes Werk verschenkt. Die Leute müssen freundlich thun und das Ding herausstreichen, das verbittert ihnen das ganze Geschenk. Und dann sind so Viele, die gar keinen Sinn für dergleichen haben, oder Gefallen daran, z. B. N. N.[3]), der sich dann hinsetzen würde und mir ellenlange Briefe schreiben, um mir auseinander zu setzen, wie grundlos schlecht dies alles

---

[1]) Vgl. den Brief Adelens Schopenhauer bei Schlüter 100.

[2]) Bereits 1836 Juli 5 (Kreiten I, 272) schrieb Prof. Braun in Bonn an A., „daß dem Drucke [ihrer Gedichte] von Seiten des Verlags [jedenfalls Dumont in Köln] nichts mehr im Wege steht". 1837 Dez. 12 (Schlüter 100) versprach ihr Adele Schopenhauer, sie wolle die Gedichte „bei einem ordentlichen, bedeutenden Buchhändler anbringen, es ist unter uns Alles bereits abgemacht und besprochen". Wie die Verhandlungen in Köln scheiterten, schildert A. an ihren Schwager Laßberg 1837 März 18. Bei den Verhandlungen mit Hüffer (Aschendorffsche Buchhandlung in Münster) war Schlüter beteiligt. Vgl. A. an Schlüter 1838 Jan. 1 und Schlüter an A. 1838 Jan. 1 (Kreiten I, 297 ff.).

[3]) August v. Haxthausen?

wär. L....[1]) würde es auch nicht gefallen und mich verlegen machen
wegen der Antwort und Beide könnte ich doch nicht übergehen, kurz,
Freiexemplare wären für mich eine wahre Last, bei Jedem müßte ich
einen Brief schreiben, ich kann nicht ohne Schaudern daran denken!
Nein ich mag keine. Bitte antworte mir doch gleich, ob Du etwas gegen
die Herausgabe hast, denn bis Ostern ist kaum noch Zeit, einen Vers zu
drucken und ich bringe den Verlegern einen großen Schaden, wenn sie
es nicht auf die Leipziger Messe liefern können und einen fremden Namen möcht ich nicht annehmen, entweder ganz ohne Namen, oder mit
den Anfangsbuchstaben A. v. D.

    Orig. Baronin Elisabeth v. Droste. Oktavbogen, bis ins letzte Eckchen
in kleinster Schrift beschrieben. Der auf den Aufstand in Münster und den
Erzbischof Clemens August bezügliche Teil, mit einigen Auslassungen und vielen
Fehlern, gedruckt im Westfäl. Merkur Juni 1886 und bei Kreiten IV, 288 ff.;
hier ist als Adressatin irrig Sophie v. Haxthausen genannt; der Irrtum ist wohl
dadurch entstanden, daß der Brief sich mit dem Brief an Sophie vom 6. Februar berührt. Scharfe Bemerkungen gegen die Veröffentlichung der Schilderung der Münsterschen Unruhen in der Rhein.-Westfäl. Zeitung Nr. 160 vom
10. Juni 1886, wo ein Teil der Schilderung wieder abgedruckt ist. Ohne
Zweifel bildet der bei Kreiten IV, 286 gedruckte Brief „an ihre Mutter. Poststempel: Münster, 16. Februar 1838" (Orig. verschwunden) den Schluß des
Briefes vom 9. u. 11. Februar. Kreiten selbst datiert an anderer Stelle bald
16. Februar (I, 300), bald 12. Februar (II[1], 274; in der Gietmannschen Bearbeitung des II. Bandes S. 260 steht 16. Februar). Nun ist es schon schwer glaub-
lich, daß A. einem am 9. u. 11. Februar 1838 geschriebenen Brief an die Mutter
schon mit Poststempel 16. Febr. einen zweiten folgen läßt. Dazu kommt, daß
sie am 15. Februar (mit dem Eingang „obgleich ich mich an Mama schon ganz
ausgeschrieben habe") auch an ihre Schwester schreibt und tags darauf wieder
an ihre Mutter geschrieben haben sollte. Offenbar hat sie den Brief an die
Mutter vom 9. u. 11. nebst dem Nachtrag und dem Brief an ihre Schwester vom
15. zusammen mit Poststempel 16. Februar abgeschickt.

55. An die Schwester. — Rüschhaus [1838 Febr.] 15.

Rüschhaus, d. 15.

    Obgleich ich mich an Mama schon ganz ausgeschrieben habe, so
will ich doch sehn, ob ich noch Etwas zusammenscharren kann, was Dich,
liebe Jenny, interessirt... Meine Amme übersteht den Winter auch
sehr gut ... als ich neulich ein Gedicht schrieb und dazwischen immer

---

    [1]) Jedenfalls ihr Schwager Laßberg, dem ja (vgl. oben) die Mutter nichts
von dem Plan sagen soll. Wie richtig A. ihn taxiert hatte, zeigt Laßbergs
Brief an F. Pfeiffer 1844 Dez. 21 (Briefwechsel zwischen Laßberg und Uhland,
Anhang 288): „Nette's Gedichte gefallen mir nicht! Originalität, Erfindung
und dichterischen Schwung kann man inen zwar nicht absprechen; aber sie
ermangeln der classischen Reinheit der Sprache gar zu ser! und welches Heer
dem nicht Westphalen ganz unverständlicher Provinzialismen! — one ganz
reine, höchst gebildete Sprache kann ich keinen Dichter anerkennen."

innehielt und nachdachte, war sie ganz mitleidig und sagte: „Oh Heer!
wat beduurt se mi, dat se sik so quälen möttet, et is akkroot es wenn
ik so recht schlechte Doddheide spinnen mott, ik möch wull Goorn der-
von hebben, un auk wull gutt Goorn, un et wett doch nix esse Klotte
un Worstbände." Was sagst Du zu diesem Omen? Ich war wie ein
begossener Hund und legte für diesmahl meine Feder ganz still hin. Es
ist jetzt anhaltender Frost hier, seit hl. 3 Könige, nur um Lichtmeß hatten
wir einige Tage Thauwetter, und da war es ordentlich angenehm draußen.
Seit fünf Tagen liegt aber wieder Schnee, doch ist die Kälte jetzt gelind.
In den schönen Tagen war meine Alte so vergnügt, daß sie immer am
offnen Fenster stand, und als grade ein Sonnenstrahl lockte, mit Einem
Mahl anfing zu singen, ohngefähr so melodisch wie ein Blasebalg:

>   Wenn de leive Lechtmiß kümmt heran,
>   Dann geit de fröhliche Tyd an.
>   Dann lacht der wo en Specht,
>   Dann fleutet der wo en Knecht,
>   Dann legt der wo en Hohn,
>   Dann kalft der wo ne Koh,
>   Dann geit alles in vullen flore to.

Es war aber auch wie im März, aller Schnee fort, das Eis so tief
unter Wasser, daß man es gar nicht sah, die Sonne so warm, die
Hühner spatzirten und schwätzten, und die Spechte antworteten sich von
allen Seiten. Nun ist Alles wieder Nichts . . .

Auf hl. 3 Könige haben wir Wilmsen schön gratulirt, was seit
vielen Jahren ins Vergessen gekommen war. Ich hatte ein schönes Car-
men in Knittelversen gemacht. Er war so gerührt daß er Thränen ver-
goß. Es geht ihm schon gut. Denk Dir, neulich bittet er mich um Etwas von meinen ausgefallenen Haaren, und als ich frage wozu? „Zu
einem Bartpinsel, dann würde ich allemahl an die unschuldige Seele und
ganze werthe Familie denken, wenn ich mich rasirte!" . . .

Hier ist jetzt Alles wie im Fieber, Vorgeschichten an allen Ecken.
Vor einigen Tagen soll der Postwagen haben lange auf dem Domhofe
halten müssen, wegen der Menge Truppen, die mit einem Mahl in Luft
zergangen sind. In der Nacht vom 10. auf den 11. haben eine Menge
Menschen um Ein Uhr den Dom erleuchtet gesehen, alle Thüren auf, und
feierlichen Gesang darin (ich weiß nicht ob ein te deum). In Berlin
spuckt die weiße Frau. Am auffallendsten ist die Geschichte vom Prinzen
von Mecklenburg, weil sie nicht nur durch viele Augenzeugen bestätigt,
sondern sogar, zur Verhütung entstellender Gerüchte, dem Militair, auch
in Münster officiell bekannt gemacht worden ist. Der Prinz von Mecklenburg nämlich, Bruder der verstorbenen Königin [1]), war preußischer General

---

[1]) Prinz Karl, Stiefbruder der Königin Luise von Preußen, geb. 1785,
gest. 1837 Sept. 21. Er war Kommandeur des preußischen Gardekorps, seit 1827
Präsident des Staatsrats. Er versuchte sich auch als Theaterdichter.

und ein mauvais sujet. Der Kronprinz hat einmal wegen ihm Arrest gehabt. Die königliche Familie hatte nämlich damals unter sich ein Liebhabertheater errichtet, wo dieser Prinz den Mephistopheles vortrefflich gegeben. Nachher machte der Kronprinz diese Verse auf ihn: „Als Fürst,
als Mensch, als Feldherr schofel, vortrefflich nur als Mephistophel."
Das war lange in Berlin Hauptspaß. Jetzt ist der Prinz im Herbste gestorben, sein Palais stand leer und verschlossen, und grade dabei war
die Hauptwache. Zwischen Zwölf und Eins sieht die Schildwache einen
Mann im Mantel nach dem Palais zugehn, bis an die Thür (ich habe
vergessen zu sagen, daß noch immer eine Ehrenwache vor dem leeren
Hause stand); sie ruft „wer da", der Mann schlägt den Mantel zurück,
tritt recht in den Laternenschein, und es ist der verstorbene Prinz in
voller Uniform, mit allen Decorationen. Die Schildwache ruft die Hauptwache an, der Offizier kömmt heran und erkennt den Prinzen so genau,
daß er „heraus" ruft. Die ganze Wache kommt heraus und erweist dem
Prinzen die militärischen Ehren, der so lange ganz still steht, dann die
verschlossene Thür ohne Schlüssel öffnet und in's Haus geht. Als er fort
ist, kommen sie zur Besinnung, das Haus wird umstellt, und da es Tag
geworden, sorgfältig durchsucht, auch noch mehrere Tage nicht aus den
Augen gelassen. Es hat sich aber nichts ergeben. So ist die Sache
officiell bekannt gemacht, als wahrscheinlicher Betrug, zu einem unbekannten Zweck, der aber noch nicht auszufinden gewesen. Es wurde so
viel dazu gelogen, vorzüglich von Reden die das Gespenst geführt haben
sollte, Prophezeihungen et cet., daß diese Bekanntmachung nöthig gefunden wurde.

Da es überall spuckt, so spuckt es jetzt auch in Hülshoff. Wir
haben aber schon eine ziemlich wahrscheinliche Erklärung dafür. Als ich
dort war, im December Notabene ehe der Frost eintrat, wird Nachts
so gewaltig an die Hausthüre geklopft und gerasselt, daß Linchen die
Mädchen aufstehen läßt, Lisette und Jette. Sie gehn in die Küche um
Licht anzuzünden, da sehn sie, ehe sie dies gethan, daß ein ganz starker
Lichtschein durch die Thürritzen und drunter her, wo der Stein ausge-
treten ist, fällt. Sie fragen „wer ist da?" Statt der Antwort klopft und
rasselt es wieder, so daß sie davonlaufen. Auf der Kinderstube gehn sie
ans Fenster, was sie aber nicht zu öffnen wagen, sondern das Gesicht
dicht an die Scheiben legen. Da sehn sie ein großes Licht, was an der
Mauer hin und her geht und einen hellen Schein wirft, aber Niemand
der es trägt. Endlich vor dem Fenster der Mannsleutestube verlöscht es,
und obgleich sie noch eine Weile warten, kömmt doch Niemand auf dem
Hof zum Vorschein, und sie hören auch keine Schritte. Das ganze Haus
kam in Allarm. Alles wurde durchsucht — nun die wahrscheinliche Auflösung. Der unkluge Benning war den Abend dagewesen, spät fortgegangen, und die Brücke hinter ihm aufgezogen, doch nicht so unmittelbar,

daß nicht ein Augenblick dazwischen war, wo er sich hätte wieder auf
den Hof schleichen, des Nachts diesen Lärm anfangen, dann sich irgendwo verkriechen, und Morgens, wenn die Brücke herunter gelassen, unbemerkt hätte fortschleichen können. Immerhin bleiben es aber schöne
seltsame Umstände, daß 1. kein Hund gebellt, 2. man nicht weiß, woher
er das große Licht hergenommen, was dazu so besonders hell und wunderlich geschienen, und wie man ihn nicht sehn und hören sollte, wenn
er es trug. Kurz es bleibt immer eine schöne und bedenkliche Geschichte,
die man nicht durch Nachgrübeln verderben muß.

Nun habe ich Alles geschrieben, was ich weiß. Doch noch Eins:
Vinke ist zum Bischofe von Paderborn[1]) gereist, um ihn zur Zurücknahme
seines Wiederrufs zu bewegen, er hat sich aber standhaft gehalten. Und
nun adieu, nun bin ich wirklich so leer wie ein ausgestrippelter Darm . . .
Adieu, liebes Herz, Deine Nette.

**Orig. nicht mehr zu erhalten, vermutlich früher in Meersburg, da sich
im Hüfferschen Nachlaß eine auszügliche Abschrift von der Hand der Frl. Hildegund v. Laßberg vorfand. Die Ergänzung der Datierung zweifellos: Der
Monat kann nur Februar sein, da kurz vorher Lichtmeß (2. Febr.) gewesen
ist, und das Jahr 1838 ergibt sich aus der Erwähnung, daß der Prinz von
Mecklenburg „im Herbste gestorben ist" (1837 Sept. 21).**

56. An Schlüter. — Abbenburg [1838] Juli 19.

Apenburg, d. 19. Juli.

So sehr Sie, mein sehr lieber Freund, einen schönen langen Brief,
einen Brief sonder Gleichen verdient hätten, so kurz, flüchtig und schlecht
wird ohne Zweifel derjenige ausfallen, zu dem ich mich jetzt rüste. Ich lebe
hier noch fortwährend wie auf der Heerstraße, bin nie über 2—3 Tage an
Einem Orte, und da meine immer von vorne beginnende Runde mich durch
9 Orte führt, so komme ich an jeden doch hinlänglich spät, um gescholten
zu werden und die kurze Zeit meines Aufenthaltes ausschließlich meinen
temporairen Herrschaften zuwenden zu müssen, um sie zu besänftigen.
Es ist wirklich, wo nicht unangenehm, doch mindestens sehr angreifend
allzuviel Verwandten zu haben, die alle gleiche Ansprüche machen.
Denken Sie! daß ich in all dieser Zeit meiner armen Mutter noch keine
Zeile habe schreiben können! Jetzt ist mein Bruder hier, der diese
Zeilen wohl mitnehmen wird, er ist seit acht Tagen in der Gegend, seit
gestern hier, reist morgen in aller Frühe ab, und ich habe ihn noch keine
Minute allein sprechen können. So gehts hier zu! Fassen Sie sich also
in Geduld, liebster Freund, wie ich es auch thun muß, und sein Sie

---

[1]) Friedrich Clemens v. Ledebur, Bischof von Paderborn 1826—41. Es
handelt sich um den Widerruf der Erklärung in Sachen der gemischten Ehen,
die der Bischof vor dem „Kölner Ereigniß" abgegeben hatte (gedr. u. a. bei
Kappen, Clemens August Erzb. v. Köln 150).

brav und schreiben mir, wenn ich auch nur unregelmäßig antworten kann.

Zuerst meinen innigsten Dank für die Mühe und Plage alle, die Ihnen meine Schriftsteller-Prätensionen zu Wege bringen, Ihnen und dem guten Jungmann, den ich herzlich zu grüßen bitte, da es sehr ungewiß ist, ob ich ihm vorerst werde schreiben können. Auch bei der guten Bornstedt müssen Sie ein Wort für mich einlegen, daß sie nicht allzu böse wird, da ich ihr auf einen langen und herzlichen Brief und sogar auf die Uebersendung ihres letzten Geistesproduktes[1]) noch nicht habe antworten können. Es ist arg! ich komme mir selbst grundschlecht vor, und doch geht es mir, wie den Gästen im Evangelio, mir fehlt die Muße zur Besserung; vergessen Sie ja nicht, sie zu grüßen und zu Gute zu reden, sobald ich einige freie Zeit erwische, werde ich ihr gewiß schreiben. Mit der äußeren Ausstattung des St. Bernhard bin ich sehr zufrieden, sie ist in der That sehr anständig, einen einzigen Druckfehler habe ich gefunden, der aber den Sinn nicht entstellt, und mir somit keinen Kummer macht. Er kömmt vor bei der Scene im Grabgewölbe „So liegen sie und keine Thräne Rann[a] auf die bleiche Wange noch," statt dessen steht „kam auf die bleiche Wange noch". Dieses macht einigermaßen den Eindruck, als erwarte man, daß die Leichen weinen sollten, da hingegen das rann das Hinabträufeln fremder Thränen deutlicher bezeichnet; doch das macht wenig, und ist ohne Zweifel meine undeutliche Schrift Schuld daran. Was mich mehr betrübt, ist, daß ich jetzt überzeugt bin, zuviel gestrichen zu haben, geschrieben sieht alles so lang und breit aus und die Schwierigkeit und Langsamkeit des Entzifferns dehnt es noch mehr; gedruckt steigen sich die Gedanken und Bilder wie einander auf die Schultern und ich fühle, daß ich manchen Situationen nicht die Zeit gegönnt habe in lebhafte Anschauung überzugehn, brevis esse volo, obscura fio; doch es muß schon so bleiben, bis zu einer etwaigen zweiten Auflage.

Hierbei kömmt Savoyen[2]), machen Sie damit, was Sie wollen, lassen Sie es drucken, oder behalten Sie es zu Ihrer eignen Ergötzung, und im ersten Falle verkürzen Sie es, wie es Ihnen beliebt. Ich habe

a Im Druck zweimal kann. *Schon von Hüffer 175 Anm. berichtigt.*

---

[1]) Vermutlich Luise v. Bornstedts 1838 in Münster erschienenes Buch Die gebannte Seele. Eine religiöse Idylle. Nach dem Französischen der Gräfin Hautefeuille frei bearbeitet. Die ebenfalls mit dem Jahr 1838 erschienene Legende von der h. Katharina kann nicht gemeint sein, da Luise v. B. ihr das Buch bereits im Nov. 1837 geschickt hatte (Kreiten I, 316) und A. es schon 1838 Febr. 6 im Briefe an Sophie v. Haxthausen erwähnt. Wenn Schücking (Lebenserinnerungen I, 108) Luise v. B. die âme damnée des Münsterschen literarischen Kreises nennt, so liegt wohl darin eine Anspielung auf den Titel des genannten Buches.

[2]) Der dritte Gesang des Hospizes.

vor einiger Zeit eine Anzahl morgenländischer Gedichte [1]) zur Auswahl an
Jungmann geschickt, weder in Ihrem Briefe noch in dem seinigen wird
deren erwähnt, sie werden doch nicht verloren gegangen sein?

Wegen der geistlichen Lieder ist mir ein kleiner Scrupel gekommen, d. h. wegen Einer Stelle. Wenn ich mich nicht irre, ist das Lied
vom Feste des süßen Namen Jesu mit unter den zum Druck bezeichneten, und jetzt fällt mir hintennach ein. daß in der letzten Strophe Ein
Ausdruck immer großen Scandal gegeben hat, und zwar unter meinen
nächsten Angehörigen, die ich am wenigsten kränken möchte. Es heißt
dort, „und ich soll, o liebster Jesu mein, die Gesunk'ne treulos aller
Pflicht, dennoch deines Namens Erbinn sein" u. s. w. Den Ausdruck
Gesunkne wollten nun alle unpassend und doppelsinnig finden, und
nach dem Sinne, den ich beim Schreiben allerdings nicht geahndet habe,
sie aber als sehr nahe liegend erklärten, kann es ihnen freilich keineswegs angenehm sein, ihn der beliebigen Auslegung eines ganzen Publikums anheim zu stellen; ist der Druck also noch nicht so weit vorge-
rückt, so verändern Sie, ich bitte dringend, die Zeile dahin „ich die Arme,
treulos aller Pflicht" oder wenn Ihnen das nicht gefällt, auf andere beliebige Weise [2]). Ich hasse Nichts mehr als Verdruß im Hause. Ist es
aber schon gedruckt, nun! in Gottes Namen!" Daß die Sterne [3]) nicht
aufgenommen sind danke Ihnen der Henker, ich habe ja noch in der
letzten Stunde unsers Beisammenseins erklärt, daß ich das Lumpending
nicht gedruckt haben wollte, aber Sie machen mit mir was Ihnen beliebt, Sie kecker, übermüthiger Patron! Hätte ich Sie nicht so lieb, so
wollte ich Ihnen jetzt tüchtig die Haare scheeren, die meinigen standen
mir zu Berge bei dem Gedanken, wie wenig daran fehlte, daß mich dieses
verhaßte Geisteskind, dessen ich mich gänzlich glaubte abgethan zu haben,
auf eine so schmähliche Weise wieder an sein Dasein erinnert hatte
Daß die Gräfin [4]) ebenfalls ausgemerzt ist, steht mir ganz wohl an. Sie
werden sich erinnern, daß ich immer behauptet habe, sie stehe dem
durchängig ernsten und einfachen Sinne der ganzen Sammlung zu fern,
und wahrscheinlich ist dieses der Grund, der auch Sie jetzt bestimmt hat.

Die Coelestine [5]) hat mich sehr gefreut, obgleich ich noch nicht
dahin gekommen bin, sie ganz zu lesen. Es gibt hier so viele Freunde
und Verehrer von manchen der Verfasser, daß Einer dem Andern das
Buch aus den Händen reißt, und ich seit dem ersten Tage es noch nicht
wieder in die meinigen habe bekommen können. Gegenwärtig hat es

a *Diese beiden Sätze fehlen im Druck.*

---

[1]) Die Klänge aus dem Orient, Kreiten III, 445 ff.
[2]) Tatsächlich ist die Stelle so geändert worden.
[3]) Gedruckt in den Jugendgedichten bei Kreiten IV, 368.
[4]) Gedruckt ebend. mit dem Titel Der Venuswagen.
[5]) Vgl. A. an Junkmann 1837 Aug. 4.

ein Bekannter von Ihnen und Jungmann, Herr Bartscher[1]), der seit einigen Monaten die Erziehung der kleinen Maria[2]) übernommen hat. Er gefällt uns Allen überaus wohl, durch sein ungewöhnlich bescheidenes und verständiges Aeußere und Benehmen, spricht aber so wenig, daß es wirklich schwer ist mit ihm bekannt zu werden; Ich wenigstens habe noch nicht dazu kommen können, um so weniger da die Familie Hassenpflug fortwährend in Bökendorf ist, und, bei meinen immer kurzen Besuchen dort, meine ganze Aufmerksamkeit und Unterhaltung in Anspruch nimmt. Doch fühle ich mich sehr geneigt die nähere Bekanntschaft eines Mannes zu suchen, der außer, daß seine Persönlichkeit mich schon anspricht, noch ein Freund von Ihnen, Jungmann und dem guten Pastor Reckmann ist. Letzterem haben Sie in Ihrem Briefe keinen Gruß geschickt, was mir sehr leid war, da er so großen Werth würde darauf gelegt haben. Jungmann hat es gethan und Reckmann wurde darüber so roth wie Feuer, vor Freude. Es ist ein gar liebes, kindliches Gemüth, der Reckmann; ich freue mich allemahl wenn ich ihn sehe, und allemahl reden wir von Ihnen und Jungmann, dieses ist eigentlich der einzige Berührungspunkt zwischen uns, aber ein so starker, daß wir uns fast wie alte vertraute Freunde erscheinen. Auch Bartscher ist Ihnen gleich sehr zugethan, und die wenigen Worte, so wir bis jetzt gewechselt haben, waren allemahl über Sie. Ich brauche Ihnen nicht zu sagen, theurer Freund, wie wohl es mir thut, hier zwei Menschen zu haben, die Sie fast so sehr lieben, als ich selber, und denen ich bei Tische nur zunicken darf, wo sie dann schon wissen, daß dies eine stille Gesundheit nach Münster herüber bedeutet. Es gibt doch kein klareres und freundlicheres Band zwischen zwei Menschen, als das Zusammentreffen der Neigung für einen Dritten! Denken Sie meiner auch zuweilen mit den Ihrigen, die mir alle so lieb und nah sind? Ich wollte, ich säh eine recht baldige Abreise vor Augen; so gut es mir hier geht, aber mein Herz sehnt sich sehr nach der Heimath und zudem ängstet mich dies unruhige und doch nichtsthuerische Leben. Wäre Malchen Hassenpflug schon abgereist, so käme ich jetzt mit meinem Bruder zurück; nun aber, wo sie mir zu Liebe hier verweilt, ist nicht daran zu denken. Wenn meine Mutter kömmt, muß ich freilich zurück sein, aber ich fürchte, das verschiebt sich bis zum Herbste; finde ich früher Gelegenheit, so reise ich gewiß, aber ich sehe eben noch keine.

Wegen der Briefe von Vierkant, die Jungmann wünscht, muß ich leider melden, daß die Mühe, so ich mir deshalb gegeben, mit keinem

---

[1]) Vielleicht der spätere Paderborner Domkapitular Ferdinand Bartscher, der (allerdings erst 1882) das Buch Der innere Lebensgang der Dichterin Luise Hensel erscheinen ließ?

[2]) Das Töchterchen Werners v. Haxthausen.

günstigen Erfolge gekrönt worden ist. Mein Onkel Werner und mehrere
seiner Schwestern besitzen zwar deren, und obendrein sehr lange und
geistvolle, können sich aber durchaus nicht zur Bekanntmachung entschließen, da sie zuviel Bezug auf den Gemüthszustand der Correspon-
dentinnen haben; ja, fast sämmtlich wie eine Fortsetzung des Beicht-
stuhls anzusehn sind. Pastor Reckmann sagte etwas Aehnliches über
die Briefe, so er besaß, meinte anfangs noch wohl Auszüge machen zu
können, und hat sich am Ende doch gänzlich losgesagt. Bartscher dagegen versprach mir Einiges einzusenden an Jungmann, und hat, wie ich
meine, auch Wort gehalten.

Nun leben Sie wohl, mein lieber, theurer Freund, grüßen Sie Ihre
lieben Eltern und Thereschen auf's Herzlichste, Jungmann, die Bornstedt,
Onkel Fritz, Lutterbek[1]) und wer sonst freundlich meiner gedenkt. Haben
Sie Gelegenheit dem Herausgeber der Cölestine einen freundlichen Dank
zukommen zu lassen, so vergessen Sie es doch nicht. Mein liebes Malchen Hassenpflug hat sich sehr über Ihren Gruß gefreut und grüßt aufs
Beste wieder. Leben Sie wohl, und erhalten Sie Ihre Freundschaft unverändert Ihrer Nette v. Droste.

> Orig. Prof. Jostes. Gedr. Schlüter 105 mit zwei kleinen Auslassungen.
> Das Jahr 1838 ist im Druck beigefügt, im Orig. ist es mit anderer Tinte ge-
> schrieben. Übrigens ist das Jahr 1838 das richtige, schon wegen des im Briefe
> erwähnten Druckes der Gedichte. Weshalb Hüffer 174 Anm. meint, „manche
> Umstände deuten auf den 19. Juni“, ist mir nicht bekannt. Jedenfalls ist die
> Bemerkung irrig, denn die Antwort Schlüters 1838 Aug. 2 (Orig. Prof. Jostes,
> Kreiten I, 303) sagt ausdrücklich: „Was Sie über das zu viele Streichen in
> Ihrem Briefe vom 19. Juli bemerken“ usw.

57. An die Mutter. — Bökendorf [1838] Aug. 1.

Vgl. unten Anhang.

58. An Frau v. Wolff-Metternich. — [Rüschhaus] 1838 Sept. 16.

Sonntag d. 16ten Septemb. 1838.

Liebe gute Tante! Ich höre Du bist mir böse, daß ich nicht zur
Hochzeit Deines lieben Clemens[2]) gekommen bin, was doch gewiß nicht
meine Schuld war, da mein bester Putz in einem schwarzseidenen
Kleide besteht, was noch obendrein nicht mehr neu ist *[folgt weitere Aus-*
führung über „dies ganz unübersteigliche Hinderniß“. Ihren Plan, auf
einige Wochen nach Wehren zu kommen, müsse sie aufgeben, da ihre Mutter

---

[1]) Johann Anton Bernhard Lutterbeck (1812—82), kurz vorher zum
Priester geweiht in Münster, später Professor der Theologie zu Gießen, beteiligt
an den hermesianischen Streitigkeiten und nachmals an der altkatholischen
Bewegung.
[2]) Clemens v. Wolff-Metternich, Sohn der Adressatin. Vgl. A. an die
Mutter 1838 Febr. 9.

sie ersuche, sogleich nach Rüschhaus abzureisen, um Haus und Garten in
Ordnung zu bringen]. Am meisten leid ist es mir das liebe Wehren, in
dem ich so manche fröhliche Stunde zugebracht, diesesmahl nur im Fluge
gesehn zu haben. Ich hatte mir Rechnung auf so angenehme Tage
dort gemacht, wollte mich mit Euch Allen mahl recht aussprechen, auf
meinem lieben Thurme sitzen, an der Weser spatzieren und Steine
klopfen ... und nun ist es nichts! ... Mama schreibt, daß Tante Dine[1]),
gottlob, sehr wohl in Como angekommen sei. Sie ist in Eppishausen
sehr vergnügt gewesen ... und hat große Freude an Jennys Zwillingen gehabt, die nach Mamas Beschreibung aber auch allerliebst sein müssen, nur
gleichen sie sich gar nicht ... Mir macht es immer große Freude wenn
Zwillinge sich sehr gleichen, und so wäre es mir auch bei diesen lieber;
Jenny dagegen meint, wenn sie viele Kinder hätte so würde sie auch so
denken, jetzt aber, wo der liebe Gott ihr nur zwei gegeben, sei es ihr
so angenehmer, es würde ihr sonst vorkommen, als ob sie nur ein Kind
hätte, jetzt wüste sie doch recht daß es zwei wären. Wie gefällt Dir
der Grund, liebe Tante? In Hülshoff ist Alles noch beim Alten, leider
auch mit den kranken Kindern ... *[Folgen Grüße usw. von]* Deiner alten
Nichte Nette.

[Adresse:] Der Freifrau von Wolf-Metternich gebornen Freiinn von
Haxthausen Hochwohlgeboren zu Wehren.

Orig. Meersburg. Die ausgelassenen Stellen ganz unwesentlich.

59. An Schlüter. — Hülshoff 1838 Dec. 13. 14.

Sonntag, d. 13ten Dec. 38. Hülshoff.

Mein Kommen nach Münster zieht sich durch 1000lei Umstände
so in die Länge hinaus, daß es mir um vieles zu lang wird, bis ich
etwas von meinen lieben Freunden dort zu hören oder zu sehn bekomme.
Sie sind ein unbarmherziger Mensch Schlüter, daß Sie mir auch nicht
eine Zeile schreiben; wenn ich es nicht that, so liegt es daran, daß ich
täglich herüber zu kommen hoffte; Sie werden mir zwar ihrerseits denselben Grund anführen, und ich kann nichts dagegen sagen, als daß mich
sehr nach Nachricht verlangt hat und Sie überaus brav gewesen wären,
wenn Sie dennoch geschrieben hätten. Mir geht es nicht zum besten,
ich leide wieder an Gesichtsschmerzen, was mich auch sehr hindert, so
daß ich höchstens eine halbe Seite in einem Flusse schreiben darf, und
dann wieder meinen hartnäckigen Feind durch Auf- und Abgehen zu be-
schwichtigen suchen muß. Daß unter diesen Umständen an keine ordentliche Arbeit zu denken ist, begreifen Sie; doch arbeite ich wenigstens in
Gedanken, sinne mir allerlei aus zum nächsten Gebrauch und ordne es.

---

[1]) Bernhardine v. Droste geb. Engelen.

Die vielfachen ich möchte fast sagen ungestümen Bitten Malchen
Hassenpflugs haben mich bestimmt den Zustand unseres Vaterlandes wie ich
ihn noch in frühster Jugend gekannt, und die Sitten und Eigenthümlich-
keiten seiner Bewohner zum Stoff meiner nächsten Arbeit[1]) zu wählen. Ich
gestehe, daß ich mich aus freien Stücken nicht dahin entschlossen hätte,
denn fürerst ist es immer schwer, Leuten vom Fache zu genügen, und in
dieser Sache ist jeder Münsterländer Mann vom Fache. Ich erinnere mich,
daß einst ein sehr natürlich geschriebenes Buch in einer Gesellschaft vorgelesen wurde, die einen Soldaten, einen Forstmann, einen Gelehrten und
einen Diplomaten in sich schloß, jeder war entzückt über alles, mit Ausnahme der Stellen, die jedes Fach betrafen. Der Soldat fand Schnitzer
in den Schlachtscenen, der Forstmann in den Jagdabentheuern, der Gelehrte in den philosophischen Tiraden, und der Hofmann in dem Auftreten und Benehmen der gekrönten Häupter; wie soll es mir nun gehn,
der jeder Gassenbube im Lande die geringsten Verstöße nachweisen kann?
Mein Trost ist, daß ich selbst hier aufgewachsen und somit so sehr
Herrin meines Stoffes bin wie keines andern. Schlimmer ist es, daß die
Leute hier zu Lande es noch gar nicht gewohnt sind, sich abkonterfeien
zu lassen und den gelindesten Schatten als persönliche Beleidigung aufnehmen werden. In Paris und London ist es ein Anderes, da haben
sich die Leute einen breiten Buckel zugelegt und die Schriftsteller sind
so frech, daß eine Tracht Prügel ihnen mitunter wahrhaft heilsam wäre.
Denke ich aber an den Nekrolog meines Vetters Droste in Bonn, den der
Professor Braun so glänzend ausstaffirte, daß die ganze Familie davon
einen Nimbus bekam, und doch, unter uns gesagt, kaum argem Verdrusse entgieng, so wird mir überaus bedenklich zu Muthe[2]). Ich weiß
am besten, daß ich meinen Landsleuten weit weniger Unrecht thun, als
viel eher durch zu große Vorliebe und Idealisiren mancher an sich unbedeutenden Eigenschaft mich lächerlich machen werde, und dennoch fürchte
ich gänzlich in Verruf zu kommen, denn Alles kann ich ihnen und
meiner eigenen Liebe nicht aufopfern, nicht Wahrheit, Natur, und die zur
Vollendung eines Gemäldes so nöthigen kleinen Schatten. Wenn Sie,
theurer Freund, die Ausführung meines Vorhabens für gänzlich unthun-
lich halten, so sagen Sie mir es jetzt, wo es noch Zeit ist, ich bitte Sie
darum. Ueber die Form bin ich noch unschlüssig und möchte ihre Meinung hören. Was meinen Sie? Soll ich jene des Bracebridge hall von
Whasington [sic!] Irving[3]) wählen? Eine Reihenfolge von kleinen Be-

---

[1]) Gemeint sind die prächtigen Schilderungen Bei uns zu Lande auf
dem Lande. Vgl. A. an die Schwester 1839 Januar 29.

[2]) Drastische Äußerungen über diesen Familienverdruß im Brief an die
Schwester 1839 Januar 29.

[3]) Washington Irvings Bracebridge-Hall erschien 1823, die deutsche Ge-
samtausgabe 1826—37.

gebenheiten und eignen Meditationen, die durch einen losen, leichten
Faden, etwa einen Sommeraufenthalt auf dem Lande verbunden sind?
Diese Form ist sehr ansprechend und gibt dem Schreibenden große Freiheit, bald erzählend, bald rein beobachtend und denkend aufzutreten,
und außer Whasingthon Irving hat Jouy[1]) sich ihrer fortwährend und
mit großem Beifalle bedient in seinem l'Hermite de la chaussée d'Antin,
l'Hermite de province, l'Hermite de Paris, de Londres, de la Guyane,
aber eben dadurch ist sie etwas verbraucht worden. Oder soll ich eine
Reihe kleiner in sich geschlossener Erzählungen schreiben, die keinen
andern Zusammenhang haben, als daß sie alle in Westphalen spielen
und darauf berechnet sind, Sitten, Charakter, Volksglauben und jetzt verloren gegangene Zustände desselben zu schildern? Dies ist schwieriger,
bedarf weit reicherer Erfindung und schließt alle Meditationen und Selbst-
beobachtungen fast gänzlich aus, dagegen ist es weniger verbraucht, läßt
höchst poetische und seltsame Stoffe zu, die jener andern Form des täglichen Lebens unzugänglich sind und hat den großen Vortheil in keinem
Falle zu beleidigen, da lauter bestimmte Individuen auftreten, noch obendrein zumeist aus dem Bauernstande, als dem mir am genauesten bekannten und auch noch eigenthümlichsten; was sagen Sie dazu? Geben
Sie Ihr Votum ab? Ich will nicht sagen, daß es den totalen Ausschlag
gibt, aber es wird gewiß sehr berücksichtigt werden.

    Von unsern gemeinschaftlichen Freunden habe ich seit Kurzem
wenig gesehen, Junkmann hat mich einmahl in Rüschhaus besucht, er
ist niedergeschlagen, das thut mir weh, und mag nicht arbeiten, wenigstens nichts Poetisches. Das ist mir leid, denn sein Talent ist sehr
groß, wenngleich nicht vielseitig, aber in seiner Art vielleicht unüber-
troffen, und eben jetzt fing er an, dem Rythmus sein gehöriges Recht
angedeihen zu lassen, so daß ich meine, er werde am Ende einen euro-
päischen Ruf erlangen, obgleich nicht durch das, was er bis jetzt geschrieben. Die Bornstedt hat sich, Gottlob, mit meiner Schwägerin befreundet, die Sache ist im besten Gange, und ich weiß sie in Hülshoff
gut untergebracht, wo ich sie immer sehn kann, wenn es, wie ich fürchte,
mit meiner Mutter nicht so glorieus gehn sollte. Ich weiß, Sie sind begierig zu wissen, was ich selbst von ihr denke, jetzt nach längerem Umgange. Hören Sie Schlüter, sie hat Geist, Talente, ein sehr gutes Herz,
und liebt mich wie ich glaube aufrichtig, das ist hinlänglich ihr meine
Theilnahme zu sichern, und ich werde sie nie verlassen, so lange sie
selbst festhält, aber wie Hamlet sagt, that ist the question! denn bei
ihr ist Alles der Phantasie untergeordnet. Dieser überreichen Phantasie
haben Sie es auch zuzuschreiben, wenn sie mich Dinge sagen läßt, woran
ich nicht gedacht, z. B. daß ich den Maltitz[2]) bewundere, der doch

---

[1]) Victor Joseph de Jouy (1764—1846).
[2]) Franz Freiherr v. Maltitz (1794—1857).

grunderbärmlich ist. So grell habe ich mich zwar nicht gegen die
B[ornstedt] ausgedrückt, da sie mir sagte, er sei ihr ein sehr lieber väterlicher Freund, dem sie zu großem Danke verpflichtet sei, und da an gedruckten Schriften doch nichts zu ändern ist; aber ich habe es ihr nicht
vorenthalten, daß er höchst mittelmäßig von Gedanken und höchst flach
und veraltet von Sprache sei, sich nie halten, oder vielmehr gar nicht
aufkommen werde, und daß die Bildung, so er ihr gegeben, ihrem Talent
den größten Schaden gethan habe. Aber Sie kennen die B., sie ruhte
nicht, bis sie unter Hunderten drei oder vier Gedichte fand, die ganz
hübsch waren und sogar eins (von eines Schurken Ehrenwort, was als
lumpiger Bettler erscheint), was ich wirklich piquant fand, da hatte ihre
Seele Ruhe und sie scheint von Allem, was ich gesagt, nur dies behalten
zu haben. Halten Sie es ihr aber nicht vor, es würde sie kränken und
beschämen, daß ich ihrer Aussage so bestimmt widersprochen. Wenn es
mir nicht bald gelingt, nach Münster zu kommen, so wird sie denken,
ich wolle nicht, und böse werden, während doch mein Wille hier gar
wenig in Betracht kammt — aber nach Münster muß ich, ich muß meinem theuersten treusten Freund wiedersehn und mein Mütterchen und
Thereschen.

Es kömmt mir seltsam vor, daß ich Ihnen so nahe bin und doch
so wenig von Ihnen gewahr werde; Ihr seid doch wunderliche Leute!
Oder vielmehr Sie, Sie allein sind ein curioser Gast. Ist unser Briefwechsel denn ein Tanz, wo man nur eintreten darf, wenn die Tour an
Einen kommt? Denn Sie müssen wissen, Junkmann hat mir verrathen,
Sie schrieben nicht, weil ich ihnen eine Antwort schuldig sei: wissen Sie
denn nicht, daß ich oft krank bin, und dabei so faul, wie ein inva-
lider Mops? Muß man so pünktlich und eigensinnig sein mit Leuten,
die uns lieben? Könnte ich's übers Herz bringen, Ihnen böse zu sein,
ich wollte gleich anfangen; nun aber ziehe ich es vor, mich zu bessern,
fein artig zu schreiben und darauf zu studiren, wie ich nach Münster
komme. Bis Weihnachten bleibe ich noch hier, um zur Bescheerung zu
helfen. Am Weihnachtsmontag denke ich nach Rüschhaus zu kehren
und dann wo möglich den ersten hellen Frostmorgen zu einer Tour nach
Münster zu benutzen, wäre es auch nur am Morgen hin und am Abend
zurück. Leider hat noch Jemand mit zu sprechen, mein armer Kopf;
aber heute (am 14.) geht mir's besser wie gestern und ich denke, der
Feind ist im Abmarsche.

Ich habe eine neue Bekanntschaft gemacht, die sich jetzt ganz gut
anläßt, ein Mahler, Namens Sprick[1]), der mich auch so eben gemahlt
hat und zwar schöner, als ich mein Lebtag gewesen, — ob mich dies
nun besticht? Kurz, er scheint mir eine sanfte gemüthliche Natur zu sein,

---

[1]) Vgl. A. an die Schwester 1840 Aug. 22.

hat saure blutarme Tage erlebt und ist eben d'ran, auf den grünen Zweig zu kommen, hat eine Frau und fünf Kinder, die er gränzenlos liebt und sich auf eine rührende Weise mit seinen sehr schwachen Augen für sie abarbeitet. Seine Gedanken sind immer bei ihnen und von keinem andern Dinge spricht er so gern; dies hat mich sehr für ihn gestimmt, wie auch, daß er ein paar arme und von Andern zurückgewiesene Knaben von Talent umsonst unterweist; da kann man wohl sagen, „wenn ein Armer dem andern was gibt, dann lachen die Engel im Himmel"; mich dünkt, ein so guter Zug kann nicht allein stehn. Zudem ist er ein Verwandter Lutterbecks und ein Freund Junkmanns und besitzt also ein Verbrüderungszeichen, was ich nie zurückweisen werde; sonst kenne ich ihn freilich noch wenig, d. h, so viel man Jemanden in etwa 10 Tagen und in Verhältnissen, die ihn nicht berühren, kann kennen lernen, denn ich sah ihn immer nur hier in Hülshoff. Ich bin nur so ausführlich hierüber, um Ihnen eine vorläufige Skizze zu geben, falls Sie mal mit ihm zusammen treffen sollten, was durch Junkmann oder Lutterbeck leicht geschehen könnte; ich glaube, er würde Ihnen nicht mißfallen, denn er freut sich an allem Schönen, Poesie, Musik, besonders sofern es das Gemüth anspricht, was bei ihm durchaus vorherrschend zu sein scheint.

Von meiner lieben Malchen Hassenpflug bekomme ich fleißig Briefe und könnte Ihnen, wären wir nur zusammen, manches Inter[essante]" daraus mittheilen; fast keiner schließt ohne Grüße an Sie, die ich Ihnen hiermit in Bausch und Bogen übermache. Leider bin ich mit Malchen in Allem, was Kunst und Poesie betrifft, [nicht einer] Meinung, da sie einer gewissen romantischen Schule auf sehr geistvolle, aber etwas einseitige Weise zugethan ist; dennoch ist jedes ihrer Worte tief gedacht und sehr beherzigenswerth; sie wird mich aber nie in ihre Manier hineinziehen, die ich nicht nur wenig liebe, sondern auch gänzlich ohne Talent dafür bin, was sie verstockter Weise nicht einsehen will. Sie wissen selbst, lieber Freund, daß ich nur im Naturgetreuen, durch Poesie veredelt, etwas leisten kann. Malchen hingegen ist ganz Traum und Romantik und ihr spuken unaufhörlich die Götter der Alten, die Helden Calderon's und die krausen Märchenbilder Arnim's und Brentano's im Kopfe. So haben wohl nur die vielen Vor- und Gespenster-Geschichten, der mannigfache Volksaberglaube et cet. unsers Vaterlandes sie dahin gebracht, bei meiner Halsstarrigkeit faute de mieux diesen Stoff in Vorschlag zu bringen, und ist das Buch fertig, d. h. wenn Sie mir dazu rathen, so wird es ihr schwerlich genügen. In meinen Gedichten glaubt sie ein gutes Talent auf höchst traurigem Wege zu sehn, namentlich die Schlacht im Loener-Bruch ist ihr durchaus fatal, sie nennt es „eine ganz verfehlte Arbeit auf höchst widerhaarigem Terrain". Sie werden leicht hieraus folgern, daß ihr des Arztes Vermächtniß am meisten zusagt. Da

---

a Durch die Siegelung sind einige kleine Lücken entstanden.

sie mich aufrichtig liebt und Großes mit mir im Sinne hat, so quält sie
mich unermüdet und mit Bitten, die einen Stein erweichen sollten, von
meinen Irrwegen abzulassen. Das ist eine harte Nuß!

Das Papier geht zu Ende und ich muß für dieses Mahl Abschied
nehmen, aber noch Eins, bitte, liebster Freund: Sie sind so nachlässig
mit Ihren Briefen, vergessen so leicht, was alles darin steht und wären,
glaube ich, im Stande, eben diesen aus Versehn die Bornstedt lesen zu
lassen. Fassen Sie es wohl in Gedanken, daß das nicht geschehn darf;
sie würde es mir nie vergeben, obwohl vielleicht wenig Menschen hinter
ihrem Rücken so gut und billig von ihr reden wie ich. Und nun Adieu.
Grüßen Sie Ihren lieben Vater, das Mütterchen, mein liebes Thereschen;
sagen Sie allen, wie sehr mich danach verlangt, sie wieder zu sehn und
erhalten Sie, mein lieber, guter Schlüter, mir Ihre Freundschaft, von der
es Ihnen vollkommen bekannt ist, welchen Werth sie für mich hat.
Ihre Annette Droste-Hülshoff.

[Am oberen Rande der ersten Seite:] Sollten Sie Junkmann, die Bornstedt, Lutterbeck sehn, Allen 1000 Schönes. NB. Sie besitzen ja Freiligraths Gedichte, können Sie mir dieselben leihen?

Orig. Prof. Jostes. Schlüter 112. Die beiden Monatstage (13. u. 14.) im
Orig. deutlich geschrieben, aber der 13. Dez. fällt 1838 auf einen Donnerstag,
während im Datum des Originals Sonntag steht. Einige Sätze über Amalie
Hassenpflug aus einem Briefe Schlüters, anscheinend Antwort auf den Brief
A.'s, bei Kreiten I, 338.

60. An Schlüter oder Junkmann [1838].

Mein Vorhaben, die Epoche der Wiedertäufer zum Stoff meiner nächsten Arbeit zu wählen, beginnt etwas schwankend zu werden, die Katastrophe ist zu gräßlich, auch zu gemein, und die sonst sehr verschiedenen
und interessanten Charaktere der Hauptpersonen verschwimmen zu sehr
in der allgemeinen Raserei; Einer spricht und handelt wie der Andre, es
läßt sich Nichts Individuelles mehr erkennen. Ein etwas früherer Zeitpunkt bietet allerdings höchst günstige Momente dar, z. B. das Schicksal
des Johannes von Wieck[1]), aber sie eignen sich für keine katholische
Feder. Doch möchte ich noch den Kerssenbrock[2]) lesen, der, wenn auch
nicht der glaubwürdigste, doch gewiß der umständlichste und localste Be-
richterstatter ist, wenn ich auch nichts herausdrechseln könnte, als einen
Opernstoff; denn es dauert mich die viele Musik, die ich bereits dazu
componiert habe, darum wünsche ich wirklich lebhaft, noch irgend einen
zugleich poetischen und psychologisch anziehenden Moment zu erhaschen.
Wenn aber der Kerssenbrock mir auch keinen Trost bietet, so mögen

---

[1]) Dr. Johannes van der Wieck, Syndikus von Münster, Führer der lutherischen Ratspartei und Gegner der Wiedertäufer.

[2]) Kerssenbrochs Historica narratio Anabaptistici furoris.

jene Lieder, Märsche et cet. auch vor die Hunde gehen, wie so Manches, was ich geschrieben; blamiren mag ich mich nicht, nicht vor Andern und noch weniger vor mir selber. — Können Sie für mich außer dem Kerssenbrock noch ein anderes Buch erhalten, so möchte ich sehr gern den Münchhausen von Immermann, oder Freiligraths Gedichte lesen.

Schlüter 208, Bruchstück, als Anmerkung zu A.'s Brief an Junkmann 1837 Aug. 4, wo „viel Musik" zu den Wiedertäufern als „bereits fertig" erwähnt wird. Hüffer 156 Anm. setzt das Bruchstück 1838—39, weil in diesen Jahren die verschiedenen Teile von Immermanns Münchhausen erschienen, den A. lesen will. Dazu stimmt der Wunsch, Freiligraths Gedichte (erschienen 1838) zu lesen; in einer (im Druck fehlenden) Nachschrift zu dem Briefe an Schlüter 1838 Dez. 13 heißt es: „Sie besitzen ja Freiligraths Gedichte, können Sie mir dieselben leihen?" Es scheint, daß die auf Freiligrath bezügliche Stelle des Fragments dieser Bitte vorausgeht, das Fragment also vor dem Brief geschrieben ist.

61. An Sophie v. Haxthausen. — Rüschhaus 1839 Januar 27.

Rüschaus (!) den 27ten Januar 39.

So ist der Januar beinahe zu Ende, und es sind fast zwei Monate hin, seit Du, liebes Herz, zuletzt mein altes schwarzes Sopha eingenommen hast, auf dem ich jetzt so einsamlich sitzen muß, und zwar nicht wo Du mich Dir denkst, neben dem Küchenfensterchen, sondern in dem kleinen Zimmer was Marie bewohnte. Theils bekam es mir zu schlecht in der Kälte zu schlafen, und theils war mein Zimmer auch so durchaus zum Fremden- und Wohnzimmer geworden, daß für mich keine Ruhe und Freude mehr darin zu finden war. So habe ich es Maman denn, für den Winter, gänzlich überlassen. *[Folgen Nachrichten über die Kinder in Hülshoff und die reiche Weihnachtsbescherung daselbst.]*

Onkel Fritz befindet sich ganz wohl in Münster, und soll sich dort schon ungemein erholt haben, obgleich ich ihn noch recht mager geworden fand seit vorigen Sommer. Ich glaube heimlich ennuyirt es ihn wohl von Herzen, daß dort Alles so todt ist, vorzüglich weil gar kein Sammelplatz für die Herrn besteht, da Korff und Adolph Böselager beide abwesend sind. Indessen als ein guter Patriot und Erzbischöflicher macht er bonne mine a mauvais jeu, sonnt sich in dem Glanze, den der westphälische Adel durch diese Consequenz erhält, und ist doch auch leidlich zufrieden mit seinem Thereschen was er täglich sieht, und den übrigen Trümmern der Gesellschaft, Sendens, Aschebergs, Kerkerings und was sonst noch an Wittwen, alten Chanoinessen und Domherrn sich zusammen krümmelt. Es giebt ein Lustspiel von Kotzebue „Die respectable Gesellschaft", worin keiner zugelassen wird unter sechzig Jahren, und wo möglich lauter ehrsame, einzeln stehende Personen [1]. Das fällt

---

[1] Einaktiges Lustspiel Kotzebues, das im XI. Jahrgang (1813) des Almanachs dramatischer Spiele erschien.

mir jedesmahl ein, wenn ich in Münster einen Kreis um den Theetisch sehe.

Ich, für meine Person, finde mich dort mehr ehrenreich als amusirt, und halte mich zu Schlüters et Consorten. Schlüters sind immer
die Alten, immer gleich freundlich, gut, unterhaltend, der arme Blinde
oft sehr leidend. Jungmann gespannt und angegriffen durch sein Verhältniß zu Thereschen, was nicht voran und nicht rückwärts geht, da
seine Aussichten sich noch nicht bessern, und er bis dahin sich nicht
äußern darf, obgleich Jeder in der Familie wohl weiß wie es in ihm
steht, übrigens der immer gleiche treue Freund, und mir sehr werth.
Mit Lutterbeck bin ich jetzt auch bekannter geworden, ein braver, kühner,
kräftiger Mensch, vielleicht der Kräftigste von Allen, obgleich nicht der
Geistreichste, doch auch daran fehlt es ihm nicht. Sprick hat sich bereits sehr warme Freunde in Münster erworben, durch seine Sanftmuth
gegen seine heftige Frau, seine Wohlthätigkeit gegen Arme, soweit sein
dünnes Beutelchen es erlaubt, und die Uneigennützigkeit womit er armen Knaben von Talent unentgeltlich Unterricht giebt. Fritz will sich
jetzt auch von ihm mahlen lassen, und mein Portrait, was ich Werner
geschenkt habe, wird überaus ähnlich gefunden, obgleich ich den guten
Sprick durchaus für keinen Hexenmeister halte, wenn Andre es anders
finden, so freut es mich sehr für ihn.

Die Bornstedt überschüttet mich fortwährend mit Briefen und Ge-
fälligkeiten, und ich sehe sie wenn ich mahl (sehr selten) nach Münster
komme, obgleich sie mir, unter uns gesagt, immer weniger gefällt. Ich
fürchte ihre Frömmigkeit ist großentheils Poesie und Phantasie, obgleich
sie wirklich den besten Willen hat, aber sie steckt voll halb berlinischer
halb französischer Schwächen, und erinnert mich unzählige Mahl an die
Gauthiez. Schücking möchte ich gern wohlwollen, da ich weiß, daß er
mich seiner seligen Mutter so ähnlich findet, was ihm in seiner Verlassen-
heit ein großer Trost ist, und mich rührt, und da er zudem ein so rein
moralischer, gescheuter und gelehrter Mensch ist, aber es wird mir schwer,
er ist mir gar zu lapsig, weibisch, eitel, erinnert mich zu oft an August
Wilhelm Schlegel, dessen Carriere er auch wohl machen wird, wenigstens
im Kleinen, da er bereits ein gesuchter Mitarbeiter an allen kritischen
Blättern ist, und seine Recensionen in andern *a* . . . er kömmt gut fort,
und ich brauche mich nicht sonderlich . . . Rüdiger [1]) ist eine niedliche . . . dem Umgange mit dem . . . sie werde Mama sehr gefallen, die
Notabene die Bornstedt gar nicht leiden . . . haben will, und mich

a Hier ein drei Schriftzeilen breites Stück schief ausgeschnitten.

[1]) Elise Rüdiger (1812—1899), an die A. eine Reihe von Briefen gerichtet hat, Tochter der Schriftstellerin Elisabeth Philippine Amalie v. Hohenhausen (1789—1857), vermählt mit dem Oberregierungsrat Karl Friedr. Rüdiger,
später unter ihrem Mädchennamen ebenfalls schriftstellerisch tätig.

dadurch in eine höchst peinliche Lage bringen wird, wenn der Sommer
kömmt, denn bis jetzt war das Wetter nicht darnach, daß man Jemand
einladen könnte. Bei der Rüdiger habe ich noch eine Person kennen
lernen, die mir sehr gefällt, und zum Besuch dort ist, ein altes Täntchen [1]), Schriftstellerin [a] [aus früherer Zeit], verwachsen und so schwächlich, daß, wenn sie mit in der [Gesellschaft sein will, sie sich erst mehrere Stunden vorher legen] muß, sehr klug, sehr blöde und [demütig,
die Freundlichkeit und Güte selbst, hält sich für nichts, nimmt überall
den geringsten Platz ein, und ist doch die Verständigste von Allen. Die
Rüdiger hat sie überaus lieb, und geht sehr nett und kindlich mit ihr
um. Die Bornstedt aber verachtet sie als ein altes Hutzelchen und eine
Person von veraltetem schlechtem Geschmack, was sie in ihrem Uebermuth und Duselei auch gegen die] Rüdiger geäußert, und sich dadurch,
wie ganz billig, eine schlechte Note gemacht hat. Die Bornstedt bat mich,
eigentlich aus reiner Moquerie, die alte Dame doch zu bitten, mir ihr
Bändchen Erzählungen (das Einzige was sie geschrieben) zu leihen, das
mache ihr solche Freude. Ich that es, weil ich sie wirklich zu lesen
wünschte, und fand sie so gut, wie die Bornstedt nie schreiben wird.
Die Erfindung ist zwar unbedeutend und der Styl altfränkisch, aber es
ist eine Einfalt, eine tiefe Wahrheit darin, die wirklich rührt, und ungemein viel Scharfsinn. Im Ganzen erinnert sie mich an Therese Huber [2]),
z. B. die Herrnhutherin Deborah et cet. Ich gab sie Mama, die ganz
ergriffen davon war, und nichts mehr wünscht als das Täntchen kennen
zu lernen, ich glaube sogar sie überwindet sich noch soweit daß sie zu
ihr geht. Als ich der Rüdiger sagte, wie sehr mir sowohl die Person
als das Buch gefielen, traten ihr die Thränen in die Augen, und sie sagte
mir offen, wie hart es ihr gewesen sei, eine Person so en bagatelle behandeln zu sehn, die sie, von ihrer ersten Erinnerung an, so lieb gehabt
hätte. Nachher kam das Täntchen selbst, sie nahm meine Anerkennung
ihres Talents sehr bescheiden auf, wurde feuerroth, und reichte mir ihre
kleinen magern kalten Spatzenfingerchen. Ich wollte Du kenntest sie.
Sie bleibt noch einige Monate bei der Nichte.

Jenny hat kürzlich geschrieben. Sie ist wohl mit den Ihrigen, und
freut sich sehr auf unsern Besuch, den Mama ihr angekündigt hat, aber,

*[a] Die letzten Zeilen des ersten Blattes schief abgeschnitten. Die in [ ]
gesetzten Stellen aus einer auszüglichen Abschrift von Frl. Hildegund v. Laßberg ergänzt.*

---

[1]) Henriette v. Hohenhausen, an die ein Brief A.'s 1840 Jan. 14 gerichtet
ist. Ein Brief von Henriette v. H. an A. 1839 Febr. 12 bei Kreiten I, 317.
An sie gerichtetes Gedicht A.'s und Nachruf bei ihrem Tode (1843) bei
Kreiten III, 164.
[2]) Die Schriftstellerin Th. H. (1764—1829), Tochter des Philologen Heyne,
in erster Ehe mit Georg Forster verheiratet.

Mama wird wohl recht prophezeit haben, daß er um Ostern noch dort
sitzen soll.

Orig. Meersburg. Auf der Rückseite des sehr eng beschriebenen Oktav-
bogens die Adresse an Freiinn Sophie von Haxthausen zu Bökendorf, Poststempel Münster 29. 1. Ganz kurz erwähnt Hüffer 185. Der Brief berührt
sich vielfach mit dem großen Brief an Frau von Laßberg vom 29. Jan. 1839.

62 An die Schwester. — Rüschhaus 1839 Januar 29.

Rüschhaus d. 29ten Januar 39.

Mama will an Laßberg schreiben, und diesen Brief einschließen, ich
glaube aber daß ich ihn auf meine eigne Hand abschicke, denn Mama
ist jetzt zu Hülshoff, von wo aus sie noch nach Stapel, Havixbeck und
Münster will, so denke ich mir kömmt sie in den ersten acht Tagen noch
nicht zum Schreiben, und zudem liebe ich das Einschließen nicht, es hat
schon den Nachtheil, daß die Leute zwei Briefe auf einmahl vom selben
Orte bekommen, was nicht halb so viel Freude macht. *[Es folgen unend-
liche Personalien aus Verwandtschaft und Bekanntschaft, die Kinder in Hülshoff, Stapel, Onkel Fritz, die gesellschaftlichen Verhältnisse in Münster, Tod des
„alten Oer“, Krankheit von Auguste Droste, der Herrn Nagel von Vornholt und
Engelbert Kerkering, Verlobung des Frl. Rump mit Lerin Spießen, die Aschebergs, Familie Galieris usw. Das meiste ohne Interesse für weitere Kreise, daher im folgenden nur Auszüge.]* Wir sind hier gottlob gesund, die kranken
Kinder in Hülshoff bessern sich fortwährend, aber langsam langsam ...
Ferdinand hat sich fast gar nicht verändert, er spricht jetzt mehr, und
man sieht daß er viel Verstand hat, aber lästig ist er über die Maaßen,
will sich immer bemerklich machen, und so wie man sich setzt, springt
er Einem an den Hals. Will man auf und ab gehn, läuft er immer zick-
zack über den Weg, und hat mich schon ein paarmahl zum Fallen gebracht, kurz er kann Einem halb toll machen. Sein Charakter ist nicht
schlimm aber auch nicht angenehm ... Doch ich denke das giebt sich[1]),
unser lieber seliger Ferdinand[2]) war ja, als Kind, auch so nitsch, und
wurde nachher so fromm und mitleidig. Mäxchen hat eigentlich sein
altes Mohrengesichtchen, und ist keineswegs hübsch ... Es ist ein herzens-
guter Schlucker, und unser Aller Liebling. Man hält ihn für ein Bischen
dumm, eigentlich ohne Grund, da er Nichts Dummes sagt oder thut.
Sein todtfrommes Gesicht ist allein Schuld daran. Er hört für sein Leben
gern Geschichten, die ich Abends nach dem Essen zu erzählen pflege, und
ist doch allemahl auf dem Kanapee eingeschlafen ehe ich anfange, was
dann am andren Morgen eine große Betrübniß ist ... Ueber Clemenschens
Schönheit, der Thereschen gleicht, war immer ein großes Halloh. Ich

[1]) Dies hat sich durchaus bestätigt. Später äußert sich A. über das im
folgenden Jahre gestorbene Kind in den wärmsten Ausdrücken. Vgl. besonders
den gleich nach seinem Tode geschriebenen Brief 1840 Nov. 15.
[2]) A.'s früh verstorbener Bruder.

fand es nicht . . . Sehr klug sieht er noch nicht aus, aber unbeschreiblich freundlich, will Alles nachsagen was man ihm vorspricht, und quält
sich dabei, daß er nach jedem Worte noch ein paar Sekunden nach-
zischt, wie eine Gans. Kurz, er hat jetzt eine sehr niedliche Periode.
Ich habe Dir so ausführlich hiervon geschrieben, weil Mamas Geschmack
hierin ganz kurios ist, sie findet hübsch was Andre häßlich, klug was
Andre dumm finden, und umgekehrt . . .

Onkel Fritz ist jetzt in Münster, er ist den ganzen Herbst krank
gewesen, an einem Brustfieber, was nachher einen fatalen Husten und
tägliches verstecktes Fieber zurückließ, so daß er sich gar nicht erholen
konnte. Jetzt ist Alles vorüber und er nimmt wieder sehr zu, was auch
nöthig war, denn er ist erbärmlich mager und schlaff geworden. Seine
Laune ist übrigens vortrefflich, er amusirt sich überall, und so auch in
Münster, was jetzt so todt wie ein Kirchhof ist, denn da der Adel
sich entschlossen hat, bis zur Beendigung der harten kirchlichen Lage
nicht die kleinste Lustbarkeit anzustellen oder mitzumachen, so sind alle
auf dem Lande geblieben. Der Damenklub ist geschlossen, ein
Zeichen vom jüngsten Tage! Sogar die Familien, welche Münster immer
bewohnten, z. B. Korffs haben es verlassen, und eine Kutsche erregt ordentlich Aufsehn, wie in einem Landstädtchen, nur die Familienhäupter
treffen sich fleißig bei Nölken oder sonst wo und führen trostlose beküm-
merte Gespräche und Berathungen. Man hat jetzt Grund zu hoffen, daß
eine friedliche Uebereinkunft zwischen Rom und Preußen stattfinden
werde; es ist auch nöthig, denn das Volk ist sehr aufgeregt und nur
still in der Spannung und Erwartung eines möglichen gütlichen Endes,
innerlich steigt die entschlossene Erbitterung immer mehr. Der Adel
wünscht den Frieden über Alles und trägt viel zur bisherigen Ruhe bei,
obgleich, ohne einen günstigen Schritt von preußischer Seite, das übelste
Ende doch nicht ausbleiben kann, da Nachgeben, unsrerseits, unmöglich
ist. Die Gesellschaft in Münster besteht jetzt, außer Sendens, Aschebergs
und Kerkerings, nur aus dem was sich noch an alten Chanoinessen, Domherrn und Wittwen zusammen krümelt, und ich kann keinen Theezirkel
sehn, ohne an Kotzebues respectable Gesellschaft zu denken . . .

In Wehren ist Jenny sehr krank gewesen, am Brustfieber, aber
wieder hergestellt. Tante Dorly ist jetzt ganz zufrieden mit dem Schwieger-
töchterchen, schreibt in jeden Brief „unser süßes junges Fräuchen" oder
„Clemens sein zartes Täubchen" und giebt sich Mühe mit Hartmanns
auf den besten Fuß zu kommen, was gewiß vernünftig ist. Aber Du
kennst unsre Tante Dorothee, die mit Einer Hand einreißt, was sie mit
der andern baut. So hat sie jetzt ein Trinkglas schleifen lassen, und
zwar in Paderborn, mit dem Spruche „Besser rein altadlich Blut, als
alles Geld und alles Gut". Natürlich ist das bekannt geworden wie ein
Lauffeuer, und Du kannst denken, daß Hartmanns fast vor Gift die Wände

herauf laufen, wenigstens die in Münster, wo ich es auch gehört habe. Zur Entschuldigung hat sie gesagt, „es sei für ihren zweiten Sohn bestimmt, damit dieser es nicht mache wie Clemens". Wie gefällt Dir diese Wendung? Mir fällt der Oesterreicher dabei ein, der Spargel mit den Fingern nehmen wollte, „Verzeihns! i hab gmeint, es sei Spinot . . ."

Die Bewährte und ihre Schwester, der Rittersmann, leben immer in dem alten Style fort, man hört nie daß sie krank, und sieht nie daß sie verdrießlich sind, sie altern auch nicht im Mindesten, haben immer die alte Marianne, die auch nicht älter wird, und sehen jeden Abend die steinalte, ebenfalls unveränderliche Tante Sophie Schmising. Ich weiß nicht wie diese Leute es machen. Ich werde so alt, dick, und unbehülflich wie ein Faß. Wenn ich wüste, daß es am Hause läge, ich ließ Alles hier im Stiche, und würf mich der Bewährten als Mietherinn für Lebenszeit in die Arme. Das bloße Theetrinken dort will die Thür nicht zuthun, denn ihr ganzer Abendcyrkel ist fast ausgestorben, sie allein sitzen wie ein paar Granitfiguren, und erzählen „eine Geschichte vergangener Zeiten". Ach! schöne schöne sonnige Zeiten! Zeiten Putkammers! Neigebaurs! Gaylings! Catts! Kranens! . . .

Louis Plönies lebt jetzt auch in Nienberge, aber in ganz gespannten Verhältnissen mit Schonebeks, die ihn gar nicht sehn. Seine Bürgermeisterei hat er an den Nagel gehängt, seine beiden Töchter den Verwandten der sel. Frau übergeben, und lebt somit, in seinen alten Tagen zum zweiten Mahle Junggesell, von seinen schmalen Renten, umgeben von der schönen Natur, in der bescheidenen Hütte eines Landmannes, der ein edles Herz unter grobem Kittel trägt (id est, bei Eyning vor dem Dorfe). Dies Alles hat er sich so lange vorgesagt, bis sein schwaches Herz von den Reizen der holden Naturtochter Drüke Eyning gefesselt worden ist. Die Heurath wird nächstens sein. Seine Verwandten sind outrirt, und lassen die Töchter nie zu ihm, doch hat er neulich Eine derselben zu Münster auf der Straße erwischt, wie er grade mit der Braut am Arme einher zog, und gesagt: „Komm her und sieh! Dies ist das Fräulein das ich ehlichen werde" . . .

Ich besuche Schlüters noch fleißig, und sie sind mir immer noch gleich lieb. Jungmann ist jetzt Thereschens erklärter Liebhaber, und das bringt ein sehr gespanntes Verhältniß hervor, da Schlüters sie ihm weder ganz ab und noch viel weniger zu sagen wollen. Die Sache steht so, daß Schlüters Jungmann sehr lieb, aber wenig Vertrauen auf sein Fortkommen in der Welt haben, da er kein Vermögen hat, nicht praktisch, und obendrein so kränklich ist, daß eher ein Schwindsuchtscandidat, der mit einigen Dreißigen stirbt, als ein künftiger Rath oder Präsident in ihm zu stecken scheint . . . Sie haben ihm dies Alles unverhohlen gesagt, d. h. bis auf das, was seine bedenkliche Gesundheit betrifft, und er hat es ihnen, um der Aufrichtigkeit willen, verziehn, aber es ist seinem

poetischen Gemüthe eine harte Nuß, und wäre es wohl für Jeden. Thereschen selbst hält sich völlig neutral. Ich glaube daß sie Jungmann
vorzüglich gern hat, und ihn, wenn Alles darnach wäre, mit ganz freiem
Herzen nehmen würde, in der Ueberzeugung nicht anders wie zufrieden
mit ihm sein zu können, et voila tout. Jungmanns Gedichte sind von
Menzel ganz brillant recensirt, obgleich nur in wenigen Zeilen, er sagt
unter Anderem: „wenn es noch einen wahren Dichter giebt, der
fühlt was er schreibt, so ist es dieser". In der That hat Jung-
|mann] auch eine sehr glänzende Phantasie und tiefe Wahrheit des Ge-
fühls, wenn er nur die münsterische Steifheit und Altfränkischheit los
werden könnte.

In Münster hat sich bei der Räthin Rüdiger (einer sehr netten an-
spruchlosen Frau, und Tochter der bekannten Elise von Hohenhausen) ein
kleiner Klubb von angehenden Schriftstellern gebildet, die jeden Sonntag
Abends dort zusammen kommen, um zu deliberiren und einander zu kri-
tisiren. Er besteht aus einer Tante der Rüdiger, Henriette von Hohenhausen (die ein Bändchen sehr hübscher Erzählungen geschrieben), der
Bornstedt, Levin Schücking, Jungmann und meiner Wenigkeit, wenn ich
mahl grade in Münster bin. Der Bornstedt ihre Schreiberei bedeutet
nicht viel, doch verdirbt sie keinen Stoff ganz, ist in alle Sättel gerecht,
und liefert, wie die Verleger es verlangen, bald eine Erzählung, bald einen
Operntext, Gedichte, Heiligenlegenden, aber immer anonym, und hat schon
viel Geld damit verdient. Du hast wahrscheinlich schon was von ihr
gelesen, ohne es zu wissen, denn sie paradirt fast in allen Taschenbüchern
und Journalen. Sie ist Berlinerinn, Convertitinn, und erinnert mich
100 mahl an Tante Dorly, obwohl sie zehnmahl mehr Verstand, und
100 mahl mehr Geist hat. Sie hat mich zu ihrer Herzensfreundinn er-
wählt, ich mag sie aber nicht besonders. Dagegen gefällt mir die Tante
Hohenhausen (nicht zu verwechseln mit Elise von Hohenhausen) ungemein. Sie ist schon alt, bucklich, und äußerst schwächlich, aber die
Güte, Freundlichkeit und vor Allem die Bescheidenheit selbst. Die Bornstedt verachtet sie ihres etwas altfränkischen {und sehr einfachen Styles
halber, und weil sie nichts als ein kleines Bändchen Erzählungen geschrieben, worin auch nicht ein einziger Knalleffekt vorkömmt. Ich aber
weiß wohl, daß ich sehr froh sein würde, wenn ich so gut erzählen
könnte, und daß die Bornstedt in ihrem ganzen Leben nicht so gut
schreiben wird. So halte ich der Bornstedt resolut die Stange, die zuweilen ihren Uebermuth gegen diese liebenswürdige sanfte Person gar
nicht zurückhalten kann, aber wenn sie schweigt, so thue ich es desto
weniger, und bin auch nicht aufs Maul gefallen.

Levin Schücking mußt Du kennen, da er schon früher mit dem
Vikarius Specht in Rüschhaus war. Er ist der Sohn von Katharina
Busch; sein Vater ist . . . endlich nach Amerika gegangen. Levin ist in

Münster geblieben und ernährt sich durch Unterricht im Englischen und
Schriftstellerei. Mit Letzterer ließ es sich anfangs schlecht an, da seine
Gedichte sich keineswegs auszeichnen, und seine dramatischen Produckte
noch weniger (ich vermuthe, daß das Gedicht in einem der letzten Unter-
haltungsblätter „auf eine Gabe von unbekannter Hand" von ihm ist,
wenigstens ist es durchaus sein Styl, den Du daraus abnehmen kannst);
jetzt aber hat er sich seit einem Jahre in das kritische Fach geworfen,
worin er viel Beifall findet und viel Geld verdient, da alle dergleichen
Zeitschriften ihn zum Mitarbeiter haben wollen und stark bezahlen. Er
hat ohne Zweifel das feinste Urtheil in unserm kleinen Klub, und es ist
seltsam, wie Jemand so scharf und richtig urtheilen, und selbst mittelmäßig schreiben kann. Er erinnert mich oft an Schlegel, ist sehr geistreich und überaus gefällig, aber doch so eitel, aufgeblasen und lapsig,
daß es mir schwer wird, billig gegen ihn zu sein. Er soll sehr moralisch
gut, und so gelehrt sein wie nicht leicht Jemand seines Alters, denn er
ist erst in den Zwanzigen. Da hast Du unsre kleine Hecken-Schrift-
steller-Gesellschaft, und es sollte mir leid thun', wenn ich Dich damit
ennuyirt hätte.

Mit meinem Buche gieng es mir zuerst ganz schlecht. Ich war in
Bökendorf mit Sophie und Fritz allein, als es herauskam, hörte nichts
darüber, und wollte absichtlich mich auch nicht erkundigen. Da kömmt
mit einem Mahle ein ganzer Brast Exemplare von der Fürstenberg, an
Alles, was in Hinnenburg lebt, an Frenzchen, Asseburg, Diderich, Mimy,
Anna und Ferdinand, Thereschen, Sophie. Ferdinand (Galen) giebt die
erste Stimme, erklärt Alles für reinen Plunder, für unverständlich, confus
und begreift nicht, wie eine scheinbar vernünftige Person solches Zeug
habe schreiben können. Nun thun Alle die Mäuler auf und begreifen
Alle miteinander nicht, wie ich mich habe so blamiren können.
Sophie, die, wie Du weist, nur zu viel Werth auf der Leute Urtheil legt,
und Einem mitunter gern etwas demüthigt, war unfreundlich genug, mir
Alles haarklein wiederzuerzählen, und war in der ersten Zeit ganz wunderlich gegen mich, als ob sie sich meiner schämte. Mir war schlecht
zu Muthe, denn obgleich ich nichts auf der Hinneburger Urtheil gab, und
auf Ferdinands noch weniger (der erst einige Tage zuvor von Göthe gesagt hatte, „er sei ein Dummkopf und in Einer Zeile von Schillers
„Freude! schöner Götterfunken!" mehr enthalten, als in Allem was Göthe
geschrieben, vorzüglich sei sein Lied vom Fischer der Gipfel des Er-
bärmlichen, was denn der Inhalt sei? — ·ein gemeiner barfüßiger Kerl,
der auf die langweiligste Weise so lange ins Wasser kucke, bis er herein-
plumpe" et cet.) obschon nun, wie gesagt, das Urtheil eines solchen Kri-
tikers mich wenig rühren konnte, so muste ich doch zwischen diesen
Leuten leben, die mich bald auf feine, bald auf plumpe Weise verhöhnten
und aufziehn wollten. Sophie war auch wie in den Schwanz gekniffen

und legte gar keinen Werth darauf, daß nach und nach ganz andre Ansichten aus Münster kamen, sondern sagte jedes Mal: „Es ist ein Glück für Dich, daß Du diesen Leuten ein besseres Urtheil zutraust, als allen Hinneburgern und Ferdinand Galen." Onkel Fritz war der Einzige, den dies gar nicht rührte, und dem das Buch auf seine eigne Hand gefiel; doch wünschte ich mich tausend Mahl von dort weg.

Hier angekommen, fand ich das Blatt gewendet. Die Gedichte wurden hier zwar nur wenig gelesen, da die Meisten sich scheuen, an eine so endlose Zahl Verse zu gehn; aber die es gelesen hatten, erhoben es, ich muß selbst nach meiner Ueberzeugung sagen, weit über den Werth. Es waren bereits, als ich ankam, drei Recensionen heraus. Eine zwar von einem Freunde, Lutterbek, die andere aber von Gutzkow im Telegraphen und von einem Ungenannten, der sich " unterzeichnet, im Sonntagsblatte, und alle drei bliesen so enorm, daß mir ängstlich darüber wurde; denn es nutzt nichts, über sein Verdienst erhoben zu werden; es reizt Andre nur zum Widerspruche, und kommt gewöhnlich ein Eimer kaltes Wasser hintennach. Jetzt schreibt mir Adele Schopenhauer, der ich ein Exemplar geschickt, daß in in Jena großen Beifall finde; sie müsse ihr Exemplar immer ausleihen, und der Buchhändler Friedrich Fromann, bei dem schon viel Nachfrage deshalb gewesen, habe es bei Hüffer bestellt; gegenwärtig schrieben O. B. L. Wolff und Kühne jeder eine Recension darüber, mit der ich würde zufrieden sein können, da sie wüste, daß beide sehr dafür eingenommen wären, obgleich ich keine so allgemeine Lobhudelei erwarten dürfte, wie im Telegraphen, sondern Lob, Tadel und völlige Anerkennung, was mir gewiß auch das Liebste sein würde. Was will ich mehr? Es ist fast zu viel für den Anfang, und ich fürchte, das schlimme Ende kömmt nach.

In Cassel haben es Hassenpflug, Malchen Hassenpflug und Jakob Grimm gelesen. Ersterem hat es gar nicht, Malchen nur theilweise und Jakob sehr gefallen. Malchen schrieb mir seine eigenen Worte: „die Gedichte seien sehr gewandt in der Sprache, voll feiner Züge und vom Anfange bis zu Ende durchaus originell". Lege es mir nicht für Eitelkeit aus, daß ich Dir das Alles so wiederschreibe. Wen soll es denn interessiren und freuen, wenn es Dich nicht freut? Ich habe doch noch Verdruß und Verlegenheit genug, denn jetzt, wo das Ding einen guten Fortgang hat, interessiren sich alle dafür, auch die Bökendorfer (id est Werner, August, Ludowine und Malchen Hassenpflug), und jeder Narr maßt sich eine Stimme an über das, was ich zunächst schreiben soll, und zwar mit einer Heftigkeit, daß ich denke, sie prügeln mich, wenn ich es anders mache, oder nehmen es wenigstens als persönliche Beleidigung auf. Und doch sagt der Eine schwarz und der Andre weiß. Die münsterschen Freunde ermahnen mich, „um Gotteswillen auf dem Wege

" *Folgt ein undeutliches Zeichen.*

zu bleiben, den ich einmal mit Glück betreten, und wo meine Leichtigkeit in Vers und Reim mir einen Vortheil gewähren, den ich um keinen
Preis aufgeben dürfe". Malchen H. und die Bökendorfer dagegen wollen,
ich soll eine Art Buch wie Brace-Bridge-Hall schreiben und Westfalen
mit seinen Klöstern, Stiftern und alten Sitten, wie ich sie noch gekannt,
und sie jetzt fast ganz verschwunden wären, zum Stoffe nehmen. Das
läßt sich auch hören, aber ich fürchte, meine lieben Landsleute steinigen
mich, wenn ich sie nicht zu lauter Engeln mache. Ich denke an Brauns
Nekrolog auf Clemens Droste [1]), der eine reine Lobhudelei war und doch
Joseph Droste [2]) so aufbrachte, weil darin stand: „vorzüglich die Mutter
(Tante Dine) [3]) habe sich mit unablässiger Sorgfalt seiner Erziehung gewidmet", woraus Joseph zu verstehn glaubte, der Vater sei ein dummer
Esel. Wo man so urtheilt, was ist da für Vernunft und Billigkeit zu erwarten? Thunlicher scheint es mir, eine Reihe Erzählungen zu schreiben,
die alle in Westphalen spielen, und so alles Verlangte in sich schließen,
ohne daß man grade zu sagen braucht: dies soll ein Bild von Westphalen
sein, und der Westfale ist so und so. Dann, meine ich, wird Keiner
(wie hier die Leute wohl etwas schweren Begriffs sind) es auf sich beziehn, sondern nur auf die Personen der Erzählung; auch kann ich dann
von dem gewöhnlichen Gange der Dinge abgehn, kann Vorgeschichten
und dergleichen mit einem Tone der Wahrheit erzählen, während ich sie,
in der andern Form, nur als Volksglauben erwähnen darf. Doch ist die
Form von Bracebridge (eigentlich dieselbe, die Jouy in seinen vielen Her-
miten, de Londres, de Guyane, de la chaussée d'Antin, de Paris et cet.
braucht) bei Weitem die angenehmste, sowohl zum Lesen als zum
Schreiben, weil sie so mannichfaltig ist und auch eigne Beobachtungen
und Meditationen, kleine lächerliche Vorfälle et cet. zuläßt, was
sehr amusirt, man öfter lesen kann, und auch mehr eignen Geist
voraussetzt, als Erzählungen, die, sie mögen so gut und charakteristisch
sein, als sie wollen, doch selten Jemand zweimal liest, weil der Abstich
vom ersten Mahle zu groß ist, wenn die Spannung auf den Ausgang
fehlt. Dagegen finden die Leute zwischen so kurzer Waare immer
allerlei, was sie selbst schon gedacht und beobachtet haben, und deshalb
zwanzigmahl lesen können, weil es ihnen den angenehmen Eindruck
macht, als hätten sie es selbst geschrieben. So hat jede Ansicht ihre
günstige Seite, und jeder meiner unberufenen Präceptoren Recht. Aber
mag ich nun thun, was ich will, so stelle ich Einige zufrieden und stoße

---

[1]) Das Bonner Wochenblatt (Nr. 68 und 69 vom 23. und 26. Aug. 1832)
enthält mehrere Gedichte auf den Tod des Professors Clemens Droste. Der
Braunsche Nekrolog war dort nicht zu finden.

[2]) Jüngerer Bruder des Professors Droste, Arzt. Den Familienverdruß
über Brauns Nekrolog erwähnt auch A. an Schlüter 1838 Dez. 13.

[3]) Bernhardine geb. Engelen, Gattin des Hrn. Max Friedrich v. Droste.

die Uebrigen vor den Kopf. Am Besten wär es vielleicht, ich thät etwas
ganz Anderes, versuchte mich z. B. in einem Drama. Dagegen hat noch
Niemand geredet, denn Keiner hat daran gedacht, und ich meine zuweilen, dazu hätte ich die meiste Lust und würde mir auch am Besten
gelingen. Es müste aber kein geschichtliches noch romantisches
Thema sein, sondern ein Charakter- und Sittengemälde, etwas Geschichtliches könnte freilich zum Grunde liegen. Ich weiß nicht, was ich
thue, und will vor Allem Niemanden mehr um Rath fragen, denn
je mehr Köpfe, je mehr Meinungen, und je mehr piquirte Leute in
Zukunft.

Wie es mit unsrer Reise zu Dir, liebe Jenny, im nächsten Frühling aussehn wird, ist noch sehr zweifelhaft, und legen sich uns allerlei
fatale Hindernisse in den Weg. Werner wird schon nicht mitkommen
können, es fehlt ihm an Geld und Zeit, und an beiden ist die neue
Oekonomie schuld (die sich übrigens ganz gut anläßt). Ich habe ebenfalls kein Geld, da ich in diesem Jahre starke und unvorhergesehene
Ausgaben gehabt habe, zuletzt noch mein Portrait wovon Dir Mama geschrieben hat, was zwar sehr ähnlich sein soll und um einen wohlfeilen
Preis gemacht, aber doch ein Kniestück ist, so daß es acht Louisd'or
aus meinem schon sehr dünnen Beutel gezapft hat. Ich bin so geldlos,
daß ich alle meine Rechnungen bis zum ersten Mai muß stehn lassen,
und auch das Kostgeld für mich und meine Alte. Was ich dann bekomme,
wird kaum hinreichen dies zu decken, und dann habe ich nichts mehr
zu fordern bis zum August. So sehe ich nicht ab, wie ich die Reise
möglich machen soll. Wären Sophie und ich noch allein, so könnten
wir Alles möglichst wohlfeil einrichten, aber nun haben sich uns zwei
Reisegefährtinnen angeboten, die wir nicht mit Fug ausschlagen können,
und die unsre Ausgaben doch fast verdoppeln würden *[folgen weitere Ausführungen über diesen Punkt]*.

Statt dieses Briefes hätte ich eigentlich einen an Laßberg schreiben
müssen, dem ich seit so langer Zeit, daß ich nicht daran denken mag,
Antwort schuldig bin. Aber da Mama ihm dieses Mal schreiben will,
habe ich es doch für klüger gehalten, bis zum nächsten Male zu warten,
damit Du doch jetzt auch was kriegst. Du denkst wohl nicht, was mich
zumeist abhält, ihm zu schreiben? Die Furcht, daß er meine Handschrift
nicht lesen könne, und sich daran ärgern werde. Er schreibt viel zu
schön, sowohl was die Schrift als was den Styl betrifft, als daß ich
mich nicht etwas scheuen sollte, ihm mit meinen Kladden vor Augen
zu kommen, doch will ich mir nächstens ein Herz fassen. Grüße ihn
tausendmal aufs Herzlichste von mir, und sage ihm, ich wäre doch im
Herzen eine treue Schwester, wenngleich eine faule Schreiberin. *[Folgen
allerhand kleine Personalien, die unmusikalischen Kinder in Hülshoff, Jennys
„Bekannte aus dem Bauernstande" usw]*.

[Meine]^a Alte ist diesen Winter wohler als gewöhnlich, sie sitzt mir eben jetzt gegenüber, mit der Brille auf ... in ihrer alten Handpostille, und meint, ick schreef mi no stump daut an de Frölen Jenny ... sie hat mir diesen Morgen geklagt, dat er so wat rores infallen wör, wat ik de frölen Jenny ... nu wör et er alle wier ut den dutligen kopp kuemen. Doch soll ich Dir sagen, „du möchtest doch ... klein küsken von klotheide indoen, dat de kinner eere püppkes do in leggen können, dat wör ihr ... wenn se do wör, wull se et wull terechte maken, dat et up glauben gutt würde". Sie spricht täglich von ... ihr größtes Verlangen ist, die Kinder noch vor ihrem Ende zu sehn. Dein Geschenk hat sie ungeheuer gefreut, und sie zeigt ... den schönen üppigen Doek von de Frau von Latzberg. Sie erzählt noch so eben, wie Du mahl aus dem Bette aufgestanden wärest, und ihr zurecht geholfen hättest, als sie auf Deinem Zimmer „in düstern bedwoellen wör", und behauptet, Du wärst ein „ächt gutt mensk". Auf Weihnachten hat sie von mir ein paar schwarze Strümpfe, Kaloschen bekommen, ferner ein uraltes Bagdadkleid, woraus sie sich einen neuen Rock gemacht hat, und ein bleiernes Kreuz mit bronzirten Heiland, was sie „dat sülwene krüz und den goldenen leiwen heere" nennt. Grade eben sagt sie mir, daß ihr „dat rore" wieder eingefallen ist, nämlich „sie läßt euch Beiden ein glückseliges neues Jahr wünschen, und da Maria Lichtmeß so nahe wäre und Du Maria und Laßberg Joseph hieß, so wolle sie Gott bitten, daß ihr einen so frommen Ehstand führtet wie die Beiden und auch in der Kindererziehung sie zum Beispiel nähmt". Wilmsen hält sich noch ziemlich gut, und hat alle seine Haare noch, aber schneeweiß, auch^b ... Zähne noch, grade wie der gute selige Papa. Er frägt mich jedes Mahl, wenn er hier ist, ob ich nicht bald an Dich schreibe und bittet um „seinen unterthänigsten Respeckt". Es wird ihm doch allmählich sehr schwer alle Woche im Winter den elenden Weg im Winter von Hülshoff hieher zu machen, aber er thut es immer getreulich, so verklummert und armselig er auch ankömmt¹). Nun adieu, liebe Jenny, schreibe ich auch selten, so schreibe ich desto mehr auf einmahl, und kann mit jenem Holländer sagen, der nur mit Einer, aber sechspfündigen Wachskerze illuminirte: „Ir heeren lotet yu nich schrikken, et is maar eenen, maar et is en Dicken." 1000 Grüße an alle Bekannten, die Kinder küsse ich. Deine Nette.

Ich^c bitte, liebe Jenny, wenn Du Laß[berg] diesen Brief mittheilen solltest, bitte ihn ja, daß er nie in irgend einem Briefe, nach Hülshoff,

a Durch die Siegelung ist das auf der Innenseite beschriebene Couvert beschädigt, ein Stück abgerissen, wodurch eine Reihe kleiner Lücken entstanden ist. b Kleiner Riß. c Diese Nachschrift am Rande der zweiten Seite.

¹) Auch das Erinnerungsgedicht an Wilmsen Sit illi terra levis! gedenkt der „schlimmen Wege, rauh und weit, Die Du gewandelt manche Winterwende, Um des Altares heil'ge Gnadenspende Zu tragen mir in meine Einsamkeit".

Bökendorf oder an Mama, auf irgend etwas anspielt, was ich geschrieben.
Ich lasse mich so ganz gehn, vielleicht zu sehr, aber es ist nur für
Dich, oder, wenn Du es gut findest, für Laß[berg] mit, aber für Euch
Beiden allein.

> Orig. Meersburg. Poststempel der Adresse „Münster 3. 2. 11—12“. Der
> ungewöhnlich lange Brief besteht aus drei Stücken, einem Oktav-Doppelblatt,
> einem einfachen Oktavblatt und dem zugeschnittenen Blatt für die Adresse,
> dessen Innenseite den Schluß des Briefes enthält; auch die minimalen Ränder
> sind noch mit Nachschriften, Grüßen usw. bekritzelt. Die Schrift äußerst klein,
> auf jeder Seite rund 60 Zeilen zu etwa 30 Silben. Das Stück über den lite-
> rarischen Klub bei Elise Rüdiger mit Datum gedruckt bei Hüffer 184. Um-
> fangreiche Auszüge aus dem einfachen Blatt hat Hüffer mitgeteilt Deutsche
> Rundschau XXIV (1898) S. 186—188; hier ist übersehen, daß dieses Blatt die
> Fortsetzung des Doppelblattes bildet, daher die ungenaue Datierung Dezember
> 1838; die auf Levin Schücking bezügliche Stelle, ebenfalls mit Datierung De-
> zember 1838, schon früher von Hüffer mitgeteilt in der Beilage zur Münchener
> Allg. Ztg. Nov. 84 vom 25. März 1886.

63. An Sophie v. Haxthausen. — Hülshoff 1839 April 25.

Vgl. unten Anhang.

64. An Prof. Schlüter. — Rüschhaus [1839 Januar?] Donnerstag Abend.

Rüschhaus, Donnerstag Abend.

In Eil nur zwei Worte, liebster Freund. Es ist hier heute ein
solches, ich kann sagen, Gedränge von Besuchen gewesen, als noch nie
in den zwölf Jahren, die wir hier sind; fünf verschiedene und mitunter
zahlreiche Gesellschaften sind hier zufällig zusammengetroffen, und wenn
ich Ihnen sage, daß eine derselben aus meinem Bruder, Schwägerin und
7 Kindern bestanden, so können Sie denken, wie ich mich abgeäschert
habe. Jetzt sind Alle fort bis auf zwei Personen, die über Nacht bleiben;
Mama hat aber sehr Kopfweh, und ich darf ihr die Anstrengung der
Unterhaltung höchstens auf Minuten überlassen. Ob Sie, lieber Schlüter,
den polnischen Parnaß[1]) absichtlich oder zufällig hier gelassen, weiß ich
nicht, jedenfalls habe ich den Vortheil daraus gezogen, ihn zu lesen und
es ist mir angenehm gewesen, obgleich der letzte Voivode[2]) mir um
Vieles bedeutender erschien; doch liegt dies zum Theil an der Form,
die dem Uebersetzer zur Last fällt, der nicht nöthig hatte, in der Vorrede mit seinem Abändern der Versmaße so dicke zu thun; sie scheinen
mir mitunter sehr unglücklich gewählt. Mein Onkel Fritz ist in Hülshoff

---

[1]) Der polnische Parnaß, oder eine Auswahl der schönsten Gedichte aus
den vorzüglichsten polnischen Dichtern, übers. von Jul. Mendelson. 1. Lieferung,
Kurze Gedichte von Adam Mickiewicz. Leipzig 1835.

[2]) Mickiewicz, Herr Thaddäus, oder der letzte Sajasd in Lithauen. Uebers.
von R. O. Spazier. Leipzig 1836.

und kommt übermorgen (Samstag) früh uns abzuholen dorthin; ob wir dann nach 2 bis 3 Tagen zurückkehren oder erst nach 8 oder 10, davon weiß ich noch so wenig als von meinem Tode, und meine Mutter weiß es auch nicht; es kommt darauf an, was der Onkel wünscht, und was er übel nehmen könnte. Bitte, theilen Sie dieses doch denjenigen unserer Freunde mit, wie Sie dazu Gelegenheit finden, damit Niemand umsonst den Weg nach Rüschhaus macht. J. [1]) habe ich es heute durch Fr. v. Wrede wissen lassen und denke, der trifft wohl mit den Meisten zusammen. Adieu, mit alter treuer Anhänglichkeit Ihre Annette.

Gedr. Schlüter 197, Orig. verschwunden. Die ungefähre Zeit ergibt sich aus der Bemerkung „in den zwölf Jahren, die wir hier (in Rüschhaus) sind". Da der Tod des Vaters, der den Anlaß zur Übersiedelung nach Rüschhaus gab, am 25. Juli 1826 erfolgte, wird der Brief 1838—39 zu setzen sein. Etwa Januar 1839 anzunehmen, veranlaßt der Umstand, daß A. in Briefen vom 27. und 29. Januar 1839 die Anwesenheit des Onkels Fritz in Münster erwähnt.

65. An Amalie Hassenpflug. — Rüschhaus 1839 Juli 1.

Rüschhaus d. 1sten July 39.

Ich schreibe Dir in einer höchst gedrückten Stimmung, Male, denn ich soll Etwas thun, — und will es nun endlich auch — was mir in sich selbst überaus zuwider ist. Ich soll Jemanden empfehlen, und zwar bei Deinem Bruder, nicht zu einem Amte, dazu hätten mich keine zehn Pferde gezogen, sondern zu einer Stelle als Privatsecretair, wenn, was der Himmel gebe! noch eine solche vacant ist. Ich bin gewiß, daß Dein Bruder jetzt von allen Seiten angegangen wird, ich bin auch gewiß, daß ihm dieses ein Gefühl von Ungeduld, ja selbst von Misachtung geben muß, und Du fühlst, wie schwer es mir wird, mich einem Manne gegenüber, den ich achte, selber so zu stellen. Doch — ich kann nicht anders. Abschlagen wäre hier, meinerseits, der grausamste Egoismus. Wie wenig mich persönliche Neigung hierbei treibt, weißt Du sogleich, wenn ich Dir sage, daß Levin Schücking das hier in Rede stehende Subject ist. Seine Lage ist in diesem Augenblicke um vieles verschlimmert worden, da ihm, nachdem er sich mehrere Jahre mit dem preußischen Landrechte gequält, der Eintritt in preußische Dienste abgeschlagen worden, weil er ein Ausländer (Hannoveraner) ist [2]). Es war eine Thorheit von ihm, des Andenkens seines . . . nach Amerika ausgewanderten Vaters halber, nicht in seinem Geburtslande dienen zu wollen; aber er büßt sie doch schwer und ist nun ganz rathlos. Wie seine Persönlichkeit ist, kannst Du in einigen meiner früheren Briefe nachlesen, wo ich gesagt habe, wie leid es mir

[1]) Vermutlich Junkmann.

[2]) Wie Schücking (Lebenserinnerungen I, 160) erzählt, wurde „etwa im Jahre 1838" sein Immediatgesuch um Zulassung zum preußischen Justizdienst „kurzweg" abgeschlagen.

sei, für einen Menschen, der im Grunde so vortreffliche Eigenschaften
habe, und den alle seine Freunde so sehr liebten, durchaus kein eigentliches Wohlwollen fassen zu können, weil das Eitle und Zuversichtliche
in seinem Wesen mich immer wieder zurückstoße, wenn das Erfahren
einer recht noblen und ehrenwerthen Handlung von ihm mich auch noch
so günstig gestimmt habe. Ich habe Dir gesagt, wie hoch alle seine ehema-
ligen Mitschüler und Universitätsfreunde seine Kenntnisse anschlagen (ob juri-
stische oder sonstige, weiß ich zwar wirklich nicht, und habe in diesem
Augenblicke keine Gelegenheit mich danach zu erkundigen), wie die
Strengsten seine Moralität rühmen, wie vortrefflich er sich gegen seine
unglückliche Mutter benommen hat, und wie er noch jetzt, wo er vom
Unterricht in der englischen und französischen Sprache leben muß, sich
jeden Heller abdarbt, um seine kleinen Geschwister zu unterstützen. Daß
er, trotz einem kleinen Anstriche vom Gecken, einen scharfen klaren Verstand hat und trotzdem, daß man ihn nach seinem zierlichen Aeußern
für einen gebornen Courmacher halten sollte, doch im Grunde Niemand
in der Welt weniger daran denkt, habe ich Dir auch schon früher
gesagt, — kurz, ich habe Dir eigentlich alles Nöthige schon gesagt und
bin froh darüber. Thue mir die Liebe, Male, und schreib Deinem Bruder
darüber, aber gleich auf der Stelle, denn solchen Plätzen geht es wie
reichen Bräuten, man muß früh bei der Hand sein. Hörst Du! Thu mir
die Liebe und schreib sogleich, noch diesen Abend. Schreib alles,
was ich Dir jetzt und auch schon früher geschrieben habe; Du weißt,
es ist dasselbe, und ich habe es jetzt nur mehr zusammengedrängt, zur
bessern Uebersicht. Du hilfst vielleicht einem Menschen zu einer kleinen
Versorgung, der jeden erübrigten Groschen auf eine Art anwenden wird,
die man achten muß. Zur Sekretairstelle macht ihn vorzüglich fähig
eine gute Handschrift, seine Fertigkeit in der englischen und
französischen Sprache, seine Rechtlichkeit, und, obwohl er über
Kunstgegenstände et cet. oft lauter wird als es mir gefällt, doch übrigens
eine Verschwiegenheit, die fast an Verschlossenheit grenzt. Hat er
nun wirklich die bedeutenden Kenntnisse, die ihm allgemein zugeschrieben
werden, so könnte es ja auch wohl kommen, daß er späterhin zu etwas
Besserem tauglich gefunden würde; wo nicht, nun, so ist er doch wenigstens aus der Not und wird seiner Stelle keine Schande machen. Das
Bischen hochmütige Wesen wird sich unter Deines Bruders Augen in
der schnellsten Schnelligkeit verlieren, deß bin ich gewiß! Wahrscheinlich
kömmt er gar nicht damit zum Vorschein, doch mußt Du diese Schattenseite auch anführen, denn ich mag mit keiner Art Hehlerei zu thun haben, was übrigens auch beim Ludwig vergebens wäre, dessen Augen
wohl finden können, was auch nicht vor den Tag kömmt. Schreib doch
gleich, es ängstet mich, daß während dem Hin- und Herschreiben die
Stelle besetzt werden könnte, und es wäre viel vernünftiger von mir gewesen, wenn ich dem Ludwig gradezu selber geschrieben hätte, aber

einmahl konnte ich mich nicht dazu entschließen, und dann meinte ich
auch es müsse ihm unangenehm sein, mir etwas persönlich abzuschlagen,
was er mir gewiß ungern abschlägt. — Wenn es nöthig ist, noch etwas
von Schückings näheren Verhältnissen zu sagen, diese sind so: sein
Vater war Amtmann in dem kleinen hannöverischen Städtchen Sögel,
an der münsterischen Grenze ... Levin war der älteste von mehreren
Kindern, und seiner sehr braven Mutter einziger Trost, für die er that
was er konnte, und auf der Universität sich Alles abdarbte, um ihr heimlich wieder ein paar Nothpfennige zustecken zu können. Der Vater ...
nahm eine andere Frau ... der Vater ... gieng nach Amerika, die Frau
kehrte zu den Ihrigen, die Kinder wurden bei Verwandten untergebracht,
und Levin, dem zum Doctor-Examen das Geld, und, wie ich meine, auch
noch etwas an der vorgeschriebenen Studienzeit fehlte, kam nach Münster,
um sich dort durch Unterricht das Nöthige zusammen zu sparen. Dies
hat ihm aber bis jetzt nicht gelingen wollen, da es hier so viele französische Sprachmeister giebt, und zum Englischen fast Niemand Lust hat,
auch seine Geschwister, die, bei selbst unbemittelten Leuten untergebracht, sehr kümmerlich gehalten werden, ihm zuviel von seinem Erwerb
hinnehmen. Dies ist nun Schückings kurze und betrübte Geschichte.
Daß er Katholik ist, habe ich noch vergessen zu sagen, und auch daß er,
seit zwei Jahren, hier und dort in den Journalen aufgetaucht ist, was
vielleicht Deinem Bruder einen ungünstigen Eindruck machen wird, da
man nun mahl dergleichen für untergeordnete Geschäftsleute nicht liebt;
doch muß ihm die Tendenz seiner, sehr gut aufgenommenen Aufsätze
(im Telegraphen et cet.) wieder zu Gunsten reden, da er als offner Gegner
des religieusen und politischen Liberalismus gegen Gutzkow und Consorten zu Felde gezogen ist[1]). Jetzt habe ich aber auch alles geschrieben,
was von ihm zu sagen ist, und wüste, um tausend Thaler, kein Tüttel-
chen Gutes oder Schlimmes mehr aus mir heraus zu klauben. Deine
Sache ist es nun, Malchen, Alles getreulich nachzuerzählen, und zwar
sogleich, denn es würde mir doch sehr hart sein, wenn ich mir, beim
Mislingen, vielleicht meine Umwege und im Grunde doch egoistische
Scheu als den Grund angeben müste.

    Nun mir dieser Stein vom Herzen ist, kann [komm?] ich denn
endlich zu Dir ...

    Orig. Meersburg. Oktavbogen, der größte Teil des zweiten Blattes ab-
geschnitten, so daß der Schluß fehlt.   Auf der Rückseite noch ein Teil des
Poststempels: ... nst ... 1 ...   Der Brief ist also noch am selben Tage in
Münster aufgegeben worden.   Ein Teil des Briefes mitgeteilt von Hüffer in der
Beilage zur Münchener Allg. Ztg. Nr. 84 vom 25. März 1886, erweitert Hüffer 193.

---

    [1]) Anders stellt Schücking selbst (Lebenserinnerungen I, 110) sein Ver-
hältnis zu Gutzkow dar.   Doch nennt er in einem Brief an A. (Briefe 8) Gutz-
kows Telegraph „ein Organ von allerhand ultraliberalen Ansichten, die ich
nicht als Redakteur gutheißen und in die Welt senden mag".

66. An die Schwester. — Rüschhaus 1839 Juli 7.

Rüschhaus d. 7ten July 39.

Diesen Brief erhältst Du, liebe Jenny, durch die Bornstedt, von der ich Dir schon soviel geschrieben habe, daß ich Nichts mehr hinzufügen will — sie ist da! sieh sie Dir nun selber an! Die Tante, Frau von Bismark, kenne ich nicht, doch hat sie Mama und Wernern recht gut gefallen. Zweierlei muß ich jedoch noch bemerken, 1. daß die Tante noch protestantisch ist, und 2. daß die Damen, als Bekannte und Bothen von Uns, doch wahrscheinlich irgend eine freundliche Einladung von Euch erwarten, z. B. wenn sie Morgens kommen zum Mittagsessen, oder wenn Nachmittags, zum Bleiben über Nacht. Ich mochte Maman dies nicht sagen als sie Dir schrieb, aber ich bin gewiß, sie würden sehr bestürzt und schlipsterten abziehn, wenn es nicht geschähe, denn die Bornst[edt] hält sich für meine Intima und denkt Du würdest sie mit offnen Armen empfangen. Beide sind von sehr guter Familie, die Tante (Witwe) auch in recht stattlichen Verhältnissen und wohlhabend, die Andre Letzteres freilich nicht, aber doch von sehr guter Familie, sehr brav, und hat Alles für unsern Glauben aufgeopfert, was wir doch ehren müssen. Die Bornst[edt] wird Dir haarklein Alles von Uns erzählen, was sie weiß, denn sie hat eine gute Gabe dazu, und Du wirst mehr aus ihr herausbringen, als aus Werner, der nun auch recht bald kömmt, aber dem man, wie immer, die Neuigkeiten mit einer Winde aus dem Halse ziehn muß. Frag ihn nur aufs Blut aus, wenn er kömmt, sonst erfährst Du Nichts. Sag mir, warum schreibst Du gar nicht? Mama ist sehr besorgt deshalb, da sie meint, Du hättest wegen des Leinens gleich antworten müssen, und denkt sich gleich das Schlimmste (ich aber nicht, da Schreibfaulheit eine Sache ist die ich vollkommen begreife). So hat sie vorgestern wieder einen Brief an Dich abgeschickt. Du bekömmst jetzt so viel Nachrichten auf einmahl, daß ich denken würde mir wäre und würde Alles weggefischt, wenn ich nicht meine eignen kleinen Andepöle hätte, die ich allein ziehe . . . *[Folgen Nachrichten über die Krankheit von Felitz Böselager.]* Jenny Hüger, diese schwächste und albernste aller Kreaturen, ist vor einigen Wochen barmherzige Schwester geworden, aber schon wieder fortgelaufen. und jetzt bei Uns, verkehrter und wetterwendischer als je, nur ist sie durch das thätige Leben aus ihrer Apathie gerüttelt, und das Seufzen ihr nicht recht natürlich mehr. Ich glaube, wenn Jemand nur eine recht resolute und lustige Manier mit ihr annähm, daß sie denken könnte, „nicht seufzen sei keine Schande“, sie würde in Kurzem wieder eine ordinaire Münstermamsell werden, die ins Liebhaberconcert und Klübbchen ging et cet. Aber ihre Freunde sind leider alle edle Seelen, die um keinen Preis Mangel an Delicatesse und hohes Mitgefühl zeigen möchten, so schrauben sie sie selber auf und sind dann steinunglücklich darüber. Sie ennuyirt sich hier wie ein Hund, findet das Landleben über die Maaßen triste, und spricht doch immer vom „Sinne für die Einsamkeit, den ihr Gott gegeben". Sie macht mich oft ungeduldig zum Platzen, denn sie ist grade wie Caroline. Je dümmeres Zeug sie macht, je erhabener kömmt sie sich vor. Die Vorsteherin der Barmh[erzigen] hat sie gebethen, doch etwas länger auszuhalten, weil dieser schnelle Austritt dem Rufe des Klosters schade, sie sagte mir aber: „Nein, Fr[äulein] Nette! Das wäre Schwäche gewesen! und schwach! o, Fr[äulein] Nette! schwach das bin ich nicht! Gott hat mir Stärke gegeben, wie kaum Männerbrust sie trägt!" Ist das nicht zum Speien? Ich erzähle ihr zuweilen stundenlang das tollste Zeug, dann will sie sich todtlachen und ist ganz „de olle Jenne". Auf einmahl verdreht sie dann die Augen, und sagt weinerlich: „O Fr[äulein] Nette! Wie machen Sie es, daß ich auf Minuten meinen Schmerz vergesse!" Wenn Mama herein kömmt, ist aber Alles verdorben, denn ich bin die Einzige, vor der sie es wagt keine schöne Seele zu sein. Die Langeweile bringt sie fast um, sie fällt aus einer Flitze in die andre, will bald in dieses Hüttchen ziehn, bald in jenes Zimmrrchen — in den letzten acht Tagen haben ihre Freunde drei Quartiere aufsagen müssen, von denen sie, eins nach dem andern, ganz entzückt war und schon gemiethet hatte. Nun will sie gar in Rüschhaus bleiben, wenn wir fort sind, aber da will ihr Mama einen Stock vorstecken, und hat deshalb an Thereschen Sprickmann geschrieben. Sie hat nun auch wieder einen geistlichen Freund, Kaplan Neuwöhner, einen sanften, etwas empfindsamen Mann, Freund des seligen Paßmann, um dessentwillen er sich ihrer annimmt, aber schon beseufzt, was er sich für ein Kreuz aufgeladen hat. Sie wollte zu ihm ins Haus, dagegen hat er sich aber gesetzt, übrigens läuft er sich für sie die Beine ab.

In Stapel ist Alles beim Alten, und Phine jetzt hier, bis Montag, wo Mama und ich mit Onkel Fritz nach Apenburg abreisen werden — es heist auf sechs Wochen, wird aber wohl Herbst drüber werden. Onkel Werner kömmt im October zurück, und will den Winter in Cassel sein. Ich habe hier eine Gouvernante für sie annehmen müssen. *[Folgen Mitteilungen über die neue Gouvernante Angelica Perard, und ihre Vorgängerin Gauthier. Dann Nachschriften über die Frau Clemens Metternichs, Tante Ketler, die Fürstenberg.]* Uebrigens ist sie *[die Fürstenberg]* allerdings jetzt ziemlich verlassen. Der Adel bleibt, seit der erzbischöflichen Geschichte, Winters auf dem Lande . . . Der Erzbischof ist noch immer sehr krank . . . der Kronprinz war kürzlich in Münster; und ist sehr gut empfangen, da man glaubt, er stehe auf unserer Seite . . . *[Folgen Mitteilungen über den Tod der „Bönersche", dann werden verschiedene Verlobungsgeschichten sehr eingehend behandelt.]*

Du schreibst, ich solle Dir die vorzüglichsten Rezensionen über mein Buch mittheilen? Liebes Kind, gelesen habe ich selber nur zwei, Eine im Mindner Wochenblatt, von Fr. v. Hohenhausen, die Andre im Telegraphen, von Levin Schücking, der seit zwei Jahren anfängt, Aufsehen in der kritischen Welt zu machen. Beide waren freilich brillant genug, wollen aber doch die Thür nicht zu thun, da die Eine von einem Frauenzimmer, die Andre von einem Bekannten ist. Dagegen schreibt mir Adele Schopenhauer, das Buch habe in Weimar und Jena furore gemacht, Kühne und O. B. L. Wolff hätten so eben Recensionen beendigt, die in den nächsten Nummern der gelesensten Tagblätter erscheinen würden (was ohne Zweifel geschehn ist, aber nicht bis Münster kömmt). Adele hatte sie schon gelesen, und theilte mir den Inhalt ongefähr mit, den ich Dir abschreiben will (Du must mich aber nicht auslachen, daß ich von mir selber so blase, wenn ich es verringern wollte, so erführest Du ja die . . .ᵃ nicht). Es heißt darin: „Diese Gedichte leisteten, was man von einer Frauenfeder nicht habe erwarten dürfen, [man] müsse bewundern, wie naturkräftig und treu die Schilderungen seien, wie himmlisch die Naturbilder, wie kühn [und] groß die Bewegungen [in] diesem Ideen- und Bildermeere. Die Schlacht im Loener Bruch sei eine P[erlenschnur?] vollkommen schöner Ein[zelh]eiten, von einem einzigen wahren warmen Gefühle aneinander geh . . . Ferner (sagt Adele) heiße es von den geistlichen Liedern: „Schon diese allein, worin Ich nur Ich sei, und [an] Byron erinnere, müsten meinen schriftstellerischen Ruhm sichern. Jedem der sie lese, müsse die kahle [Dürre?] des Pseudo-Catholicism, z. B. in den sogenannten Klosternovellen, recht fühlbar werden, und er[kennen] was ächte religiöse Kraft und Einfalt sei.“ Ferner schreibt sie auf ihre eigne Hand: „Ihre Ballade entzückt die Leute, doch wundert man sich, daß Sie die Handgriffe, die eigentliche Kunst des Schriftstellers noch nicht gründlich inne zu haben, und dieses enorme Talent noch nicht von bewußter Willkühr geleitet zu werden scheine.“ Dann schreibt sie noch: „Sternberg ist entzückt, ebenso ist es Ottilie (Göthe), doch hier ist es ja Jedermann.“ Sieh! nun habe ich Dir Alles Gute geschrieben, Schlimmes stand nicht darin (im Briefe nämlich), doch zweifle ich nicht, daß die Recensionen auch Tadel enthalten. Ich bitte, lies dies aber Niemanden vor, denn vorerst ist es schon lächerlich, daß ich es selber schreibe, wird noch lächerlicher, wenn das Herauskommen der Recensionen vielleicht durch einen Zufall bisher verzögert wäre, und würde enorm lächerlich und fatal sein, wenn die Herrn vielleicht, bei späterer Durchsicht, Eins oder Anderes gestrichen hätten, so daß ich mit Dingen prahlte, die gar nicht darin ständen, aber so waren die Recensionen wenigstens in dem Augenblicke als Adele mir darüber schrieb.

Auch Freiligrath, der neulich in Münster war, ließ mir sagen — doch ich will es Dir umständlich erzählen. Freiligrath war denn in Münster und erhielt durch Schücking eine Einladung in unser Kränzchen. Ich war den Tag dunsch und wollte nicht kommen; Freiligrath ließ auch absagen und machte statt dessen sich einen lustigen Abend mit einigen

ᵃ *Im Folgenden eine Reihe kleiner Lücken, entstanden durch die Siegelung.*

jungen Leuten. Am andern Tage kam Schücking ganz affairirt und ge-
heimnißvoll zu mir, mir tausend Grüße von Freiligrath zu bringen; „er
lasse mir sagen, meine Gedichte seien wunderschän, und er hätte viel
darum gegeben, mich kennen zu lernen; nun ich aber absagen lassen,
möge der Henker das ganze Kränzchen holen". Ich freue mich, ihn
nicht gesehn zu haben, er muß ein completer Esel sein. So ein Laden-
schwengel braucht wahrhaftig nicht zu thun, als ob unser Kränzchen ihm
die Schweine hüten müste![1] Sein schneller und gigantischer Ruhm hat
ihn ganz rapplicht gemacht. Man weiß doch auch bei Euch von ihm?
Hier in Norddeutschland sind die Leute ganz wie betrunken von seinen
Gedichten; schön sind sie auch, aber wüst. Junkmann hat er besuchen
wollen, ihn aber nicht gefunden, der guten Rüdiger hingegen für ihre
Höflichkeit nicht mahl durch einen kurzen Besuch gedankt. Sag der
Bornstedt ja nichts hiervon, d. h. von dem was Schück[ing] mir gesagt,
es muß natürlich vor ihr ein tiefes Geheimniß bleiben, denn sie ist schrecklich ehrgeizig und würde mir ehe eine Million gönnen, als einen bestimmten Vorzug in litterarischer Hinsicht. Ich weiß Dieses, und erzähle
ihr daher immer von Leuten, denen ihre Schriften gefallen haben, und
sie mir dagegen immer von Solchen denen meine nicht gefallen haben,
freilich mit dem grösten Bedauern und Exclamationen über schlechten
Geschmack, aber sie erzählt es mir doch! Dir wird sie es auch so
machen, gieb nur Acht! Und doch ist sie so überaus gutherzig und hat
mich wirklich lieb, aber dies ist stärker als sie, ihr Ehrgeiz ist wirklich
krampfhaft. *[Folgen Grüße usw.]* Deine Nette.

[Am Rande der ersten Seite u. a.:] Wenn Du findest, daß ich in diesem Brief von meinen eignen Gedichten zu viel Schönes gesagt habe, so
must Du bedenken, daß Du ja selber von mir verlangt hast, zu wissen,
was mir Gutes darüber zu Theil geworden.

Orig. Meersburg. Auf der Rückseite des Oktav-Bogens die Adresse, ohne
Poststempel, der Brief ist also anscheinend wirklich durch Luise v. Bornstedt über-
bracht worden. Die auf Freiligrath bezügliche Stelle mitgeteilt bei Hüffer 196.

67. An Herrn de Noel in Köln. — Rüschhaus [1839] Juli 8.

Rüschhaus d. 8ten July.

Wundern Sie Sich nicht gar zu sehr, wenn sie meine Handschrift
sehen, werther Herr De Noel, sonst machen Sie mich confus, denn ich
habe eine Bitte an Sie. Zwei Damen, und zwar zwei sehr artige und
gescheute Damen, Frau von Bismark und deren Nicce, Fräulein von Bornstedt sind nämlich auf dem Punkte eine Rheinreise, bis in die Schweiz
hinauf anzutreten, und haben mich zu diesem Zwecke um einige Briefe

---

[1] Freiligraths Besuch in Münster „im Sommer 1839" erwähnt auch
Schücking Lebenserinnerungen I, 114. Von der Episode, die A. erzählt, sagt
er nichts.

gebethen, die ihnen nützlich sein könnten, um bei ihrem überall nur
kurzen Aufenthalte, gänzlicher Unbekanntschaft, und Mangel an männ-
licher Begleitung, nicht vielleicht gerade das Merkwürdigste zu versäumen. An wen soll ich mich nun in Cöln wenden? Der kleine Kreis
meiner genaueren Bekannten ist größtentheils zerstreut — dreizehn Jahre
haben viele Veränderungen hervorgebracht — ich kenne dort jetzt wenige
genauer, und weiß Niemanden, an dem ich mich mit größerem Vertrauen
auf die Erfüllung meiner Bitte wenden möchte, als Sie, lieber Herr de
Noel, dessen Güte bei ähnlichen Gelegenheiten ich wiederholt habe rühmen hören, und dessen Freundlichkeit mir ja selber genugsam bekannt
ist. Ohne Sie werden die Damen schwerlich zurecht kommen, da sie
nur kurze Zeit bleiben können — etwa Einen Tag, denke ich mir —
und somit, wenn sie die rechte Stunde versäumten, die nächste günstige
Gelegenheit nicht würden abwarten können. Wollten Sie, werther Freund,
ihnen also hierin die nöthige Anweisung geben, wann z. B. die Haupt-
kirchen geöffnet, und was das zu sehen Merkwürdigste darin sei, so
würden Sie überaus verpflichten Ihre ergebene Dienerinn und Freundinn
Annette v. Droste-Hülshoff.

PS. Daß mein Onkel Werner im vorigen Herbste sehr krank war,
werden Sie wohl schon wissen, vielleicht aber noch nicht, daß er jetzt,
Gottlob, so weit wieder hergestellt ist, als es seine überall schwächliche
Constitution irgend gestattet. Er hat sich vorm Jahre in Bayern angekauft, wo er eben jetzt den Sommer zubringt, wird aber im Octobre
wieder in Bökendorf eintreffen. Seine Frau und Töchterchen sind wohl.
Wenn Sie Jemanden von den Geyers, Groten, oder die Docktorinn König
sehn sollten, so bitte ich meine herzlichsten Grüße auszurichten.

Abschrift in Hüffers Nachlaß. Auszug Hüffer 82. Das Jahr 1839 ist
ganz sicher, da A. gerade Tags vorher in dem Briefe an ihre Schwester den
Besuch der beiden Damen ankündigt.

68. An Schlüter. — Abbenburg 1839 Aug. 22. 24.

Apenburg, 22. Aug. 1839.

Aus einem gestern erhaltenen Briefe von Junkmann sehe ich, daß
Sie, mein sehr lieber Freund, zuerst ein Schreiben von mir erwarten,
während ich meinerseits das Gegentheil verabredet glaubte. Daß uns
dieses Mißverständniß indessen zu so langem Schweigen veranlassen
konnte, scheint beinahe unbegreiflich, aber so geht's, wenn man wartet,
und von jedem Tage hofft, er sei der letzte der Unruhe und Ungeduld;
so kommt einer zum andern, und am Ende sind's Wochen und Monate.
Haben Sie derweil der Post so ungeduldig entgegengesehn, und meiner
so oft und herzlich gedacht, als ich Ihrer, so bin ich gern zufrieden, und
Ihrer Zuneigung gewiß genug. Wir leben hier so still, so ganz ohne
Abwechselung und Vorfälle, daß ich eben nur Ihnen und wenigen Andern

schreiben kann, die es zufrieden sind, wenn ich mich selber gebe; wer Neuigkeiten erwartete, müßte die Zeit bedauern, die über dem Lesen vergangen. Zwei Oncles, meine Mutter und ich für gewöhnlich, zwei oder dreimal eine Tante zum Besuch, voila tout! was können sich da für große Begebenheiten entwickeln!

Ich lebe hier wie in Rüschhaus und habe sogar auch mein altes schwarzes Kanapee, auf dem ich sitze oder liege, (man kann es nennen, wie man will,) und schreibe, meine alten Lateiner, in denen ich vor dem Aufstehn lese, und mein Frühstück auf der Stube, wie ich es gewohnt bin. Draußen nebelt's und regnet's seit 14 Tagen, so stört mich die Gegend nicht und ich habe wirklich schon ein paar Mal in Gedanken nach meinem Küchenfensterchen gesucht, was aber freilich nicht zu finden war. Wären Sie hier oder schrieben fleißig, oder ich hörte auch nur oft von Ihnen, wie in Rüschhaus, so würde ich dieses Mahl weniger vom Heimweh leiden als gewöhnlich, aber wie es jetzt ist, bin ich doch sehr froh, ein paar Monate hinter mir zu haben. Münster, „das ist so'ne wunderschöne Stadt", drinn wohnet so mancher brave (aber dieses Mal nicht Soldat, sondern) Professor und was zu seinem nichtsnutzigen Anhange gehört. Grüßen Sie doch Alle, Alle, Ihre lieben Eltern, mein Thereschen, Junkmann, Lutterbeck. Sie glauben kaum, wie ich sie Alle entbehre. Ihr habt mich so verwöhnt durch Eure Persönlichkeit, und noch mehr durch Eure Liebe, hier will mich Niemand für was Besonderes halten, ist das nicht kläglich?

Nächstens giebt es aber einen Feiertag im Kalender, Malchen Hassenpflug kömmt, wann weiß ich nicht genau, doch darf ich schon in den nächsten Tagen anfangen, sie zu erwarten; das ist doch wohl ein Fest! Mein Schreiben wird dann sehr unterbrochen werden, freilich auf die angenehmste Weise; dennoch ist es nicht gut, denn ich habe " erst kürzlich angefangen und bin eben recht im Zuge; vor dem Regenwetter kam ich zu Nichts, die Oncles fanden mich so stark und kurzathmig geworden und waren ernstlich besorgt; so mußte ich mich fast den ganzen Tag in freier Luft bewegen, und allerdings ist meine Brust Gottlob um vieles freier geworden. Seit 14 Tagen jedoch bin ich fleißig und wie gesagt recht im Zuge, so daß das „Geistliche Jahr" sich hoffentlich früher schließen wird, als das Jahr neununddreißig. An der nöthigen Stimmung fehlt es mir nicht in so vielen einsamen Stunden, denn die Oncles gehen ihren Geschäften nach und Mama erleichtert sich die Abwesenheit von Hause durch häufiges Briefschreiben, obwohl die Antworten so sparsam einlaufen, daß wir fast ohne Nachricht sind. Ich lese auch zuweilen oder durchblättere vielmehr, und was? die alten Romane von Walter Scott — freilich ist's verlorne Zeit, aber sie haben für

    a Die Worte dann sehr *bis* habe *fehlen im Druck, eine Zeile des Orig. ist überschlagen.*

mich einen individuellen Reiz; fünfzehn Jahre sind es nun hin, als diese
Bücher zwei Winter nach einander in unserm nun so gesprengten Fa-
milienkreise täglich Abends vorgelesen wurden, und seitdem habe ich
sie nicht wieder angesehn; wie viel wurde darüber nicht gesprochen,
disputirt? Jeder hatte seine Lieblinge, Hunde und Vögel wurden nach
den Helden benannt. Ich begreife nun sehr wohl, wie manche mit so
scheinbar schlechtem Geschmacke an den Schriftstellern ihrer Jugend
hängen können, die ihnen Unwiederbringliches in der Erinnerung wiedergeben. Es liegt etwas sehr Herbes im Vergehen, in der Unmöglichkeit
Vergangenes auch nur für Augenblicke wieder ganz herzustellen. Ich
erinnere mich, daß ich als Kind meinen seligen Vater fragte, „ob er im
Himmel auch seinen Leberflecken auf der Hand haben würde?" er antwortete, „dort wären wir glänzend von allen Flecken rein, und wenn er
seinen Körper wieder annehme, werde er sein wie mit 23 Jahren". Ich
wollte mich damals wohl todt weinen, daß ich statt meines lieben Vaters
einen ganz fremden jungen Menschen finden sollte; das ist albern, und doch
ein sehr natürliches Gefühl.

D. 24ten Ich war einen Tag abwesend bei meiner Cousine Asseburg,
um dort die Frau von Fürstenberg zu sehen, von der ich vieles von
Hause zu hören hoffte. Sie war aber seit drei Monaten auf Reisen und
wußte weniger als ich; es wird mir doch lang, bis ich unsere guten
Haiden wiedersehe! Malchen ist auch noch nicht hier. Der Asseburg
(gebornen Westerholt) ist ein münsterisches Gesicht auch wie ein frischer
Trunk, so zufrieden sie sonst ist. Die Glückliche hält den Merkur, wir
studirten zusammen die Beilagen, und lasen mit Entzücken die Worte
„der Bogen, der Prinzipalmarkt, Lücke, Beberdick", unter den Schell-
fischen und Häringen. Besseres fand sich für dieses Mal nicht. Die
Fürstenberg war sehr leidend bei dem kalten Wetter und eilt nach Haus,
ich habe sie gebeten, nicht nur alle Bekannten namentlich, sondern sogar jeden Pflasterstein zu grüßen; wenn sie Ihnen also etwa begegnet
und bringt keinen schönen Gruß, so liegt es nicht an mir.

Heute ist es endlich mal wieder warm, das unnütze Hospitanten-
volk, die Fliegen machen einen beinahe todt, und mein Onkel Fritz zieht
den ganzen Tag mit einer sehr eleganten Fliegenklatsche umher; auf der
einen Seite steht zierlich gestickt „Sieben auf einen Schlag" auf der andern „Zwei Fliegen mit einem Klopp"; wenn das nicht Sieg bringt, so
weiß ich es nicht. Dieser Onkel ist ein so passionirter Fliegenjäger, daß,
wenn das Wild zu dünn wird, er Thüren und Fenster öffnen und mit
Borstbesen und Tüchern Neues hineintreiben läßt; wir nennen ihn nur
den Domitian.

Neulich passirte hier ein lächerlicher Vorfall. Der hiesige Rentmeister ging Abends mit der Haushälterin (Frau Schröder) spazieren,
plötzlich hört er einen Schuß im Gebüsch, springt hinein, und findet den

Wilddieb mit noch rauchendem Gewehre, was er ihm sogleich abfordert.
Jener setzt sich zur Wehr, nun ruft der Rentmeister „Frau Schröder,
Frau Schröder". Der Dieb wird blaß und giebt sogleich sein Gewehr ab;
nachher sagte er: „ja! ick hedde my nich so geschwind gievwen, ober es
he reip „Arquebushair, Arquebushair", do merkte ik wull, dat he de
Gensdarmen by sick hadde." Das Wilddieben und Holzstehlen geht überhaupt noch seinen alten Gang, noch ärger das Contrebandiren über die
Lippische und Braunschweigische Gränze; man kann nach Sonnenunter-
gang nicht spazieren gehen, ohne Banditengesichtern mit Säcken zu begegnen, die Einen scheu ansehen und dann voran traben, was die Beine
vermögen. Vorgestern in der Nacht hörten wir Geschrei und Schießen
vor unserer Pforte. Am Morgen waren überall Wege durch's Korn getreten, wo die Schleichhändler geflüchtet, auch niedergestampfte Flecke
hier und dort, als ob zwei gekämpft; weiter haben wir nichts erfahren.
Getödtet ist somit wohl Niemand, verwundet wahrscheinlich Einer
oder der Andere, aber das bleibt still; Niemand bekümmert sich darum,
grade wie vor sechszig Jahren. Man muß gestehen, daß Volk und Gegend
hier unendlich romantischer sind als bei uns, doch wollen wir lieber behalten, was wir haben.

Hierbei fällt mir meine Erzählung ein. Ich habe jetzt wieder den
Auszug aus den Akten[1]) gelesen, den mein Onkel August schon vor
vielen Jahren in ein Journal rücken ließ und dessen ich mich nur den
Hauptumständen nach erinnerte. Es ist schade, daß ich nicht früher
drüber kam; er enthält eine Menge höchst merkwürdiger Umstände und
Aeußerungen, die ich jetzt nur zum Theil benutzen kann, wenn ich die
Geschichte nicht ganz von neuem schreiben will. Vor Allem ist der
Charakter des Mörders ein ganz anderer, was zwar an und für sich nicht
schadet, aber mich nöthigt, mitunter das Frappanteste zu übergehen, weil
es durchaus nicht zu meinem Mergel passen will. Das Journal wird
mir übrigens nicht schaden, es ist gar nicht aufgekommen und schon
nach drei Monaten Todes verblichen, auch zwanzig Jahre darüber hingegangen. Herr Carvacchi[2]) ist der einzige Mensch, der sich dessen erinnert, weil einer seiner Bekannten (Herr Straube aus Cassel)[3]) es
herausgab; so fürchte ich die Vergleichung nicht, die sonst jedenfalls

[1]) Der Aktenauszug (Geschichte eines Algierer-Sklaven. Von A. Freiherrn v. Haxthausen) aus der Göttinger Wünschelruthe abgedr. von Hüffer,
A. v. Droste und ihre Novelle Die Judenbuche, in der Monatsschrift f. d.
Gesch. Westdeutschlands VI (1880) 373 ff. Nach „einer vielfach verbesserten
und ergänzten Abschrift" Augusts v. Haxthausen gedr. bei Kreiten IV, 114,
vgl. 17.   [2]) Über Geheimrat Karl Carvacchi, geb. 1791, ein Mitglied des
Rüdigerschen Kreises, vgl. Schücking, Lebenserinnerungen I, 107. Raßmann 60.
[3]) Die einzige Stelle in den Briefen, an welcher A. Straube seit dem
Abbruch ihres Verhältnisses zu ihm nennt. Vgl. die Bemerkungen zu dem
Briefe an Anna v. Haxthausen 1820.

zu meinem Nachtheile ausfallen würde, denn einfache Wahrheit ist immer
schöner, als die beste Erfindung.

Die geistigen Lieder werden, wie mich dünkt, ohngefähr den
frühern gleich, doch glaube ich wird es mir immer schwerer werden,
einige Mannigfaltigkeit hinein zu bringen, da ich mich nur ungern und
selten entschließe, Einiges aus dem Texte selbst in Verse zu bringen; er
scheint mir zu heilig dazu und es kömmt mir auch immer elend und
schwülstig vor, gegen die einfache Größe der Bibelsprache. So bleibe ich
dabei, einzelne Stellen auszuheben, die mich zumeist frappiren und Stoff
zu Betrachtungen geben. Ich freue mich darauf Ihnen das Fertige vorzulesen, sie sind doch dieses Mal fast mein ganzes Publikum. Wollte
Gott, ich könnte die Lieder herausgeben, es wäre gewiß das Nützlichste,
was ich mein lebelang leisten kann und das damit verbundene Opfer
wollte ich nicht scheuen, hätte ich nur an mich zu denken, aber es
geht nicht!

Von Junkmann erhielt ich kürzlich einen Brief; am Anfange desselben wollte er eine große Reise machen, auch Bartscher besuchen,
gegen das Ende aber schon nicht mehr, ich glaube nun, er bleibt ganz
zu Hause, bis er nach Coesfeld muß, ich werde ihn sehr entbehren. So
wird Alles auseinander gerissen! Wenn man eben meint man hätte was,
so ist man wieder darum, es ist wirklich betrübt! Ich werde ihm nächstens antworten. Vorläufig grüßen Sie ihn herzlich, auch Lutterbeck und
sagen Sie diesem, ich erwartete einen Brief von ihm.

Ich bekomme hier wenig Briefe, doch erhielt ich einen sehr freundlichen von der guten Rüdiger, die ganz froh und stolz ist, Sie jetzt zuweilen bei sich zu sehen. Ich glaube, mein lieber Freund, Sie haben da
eine sehr gute Wahl getroffen; diese Frau hat wenig Blendendes, nimmt
aber immer mehr ein durch Verstand, höchst poetischen Sinn und eine
unbegrenzte Herzensgüte, sie ist mir allmählich sehr lieb geworden. Von
der Bornstedt schrieb sie mir auch sehr brillante Dinge und meinte, ihre
Reise gleiche einem Triumphzuge, Gott gebe, daß nur Etwas davon zu
ihrem reellen Nutzen ausschlägt, dann will ich froh sein; mir selber hat
die Bornstedt noch nicht geschrieben.

Der Pastor Reckmann hangt und verlangt nach einigen Zeilen von
Ihnen, d. h. nicht an ihn gerichtet, so hoch versteigen sich seine Wünsche
nicht, sondern an mich, wo er dann vom Innern etwas mitgetheilt erhält, und die Adresse selber lesen darf. Der Mann hat Sie über die
Maßen lieb und wenn Sie sich seiner nur nicht so schmählich wenig er-
innerten, würden Sie ihn auch lieb haben; er besitzt einen reinen und
regen Geist und eine Frömmigkeit, die kein Opfer scheut. Seine Pfarre
ist schlecht dotirt, seine Gemeinde die verkommenste im ganzen Lande;
dennoch hat er bessere Stellen ausgeschlagen, weil er nicht von den
armen, verwilderten Menschen lassen will, obschon er fast nichts als Un-

dank erntet und sich blaß und mager grämt. Sie müssen ihn ja grüßen, liebster Freund, wenn Sie mir antworten, was aber NB. bald
geschehn muß, denn in drei Wochen können Sie mir hoffentlich Alles
selber sagen; länger [als] bis zur Mitte September werden wir doch wohl
nicht ausbleiben. Wie froh will ich sein, wenn ich wieder neben Ihnen
sitze, Ihre Hand halte und aus Ihrem eignem Munde höre, daß Sie
meiner gedacht; ich weiß es zwar auch wohl so, wie sollten Sie nicht?
Mein allertheuerster Freund. ich denke ja so viel an Sie; was mir Gutes
zukommt, ein hübsches Buch, ein schönes Lied, Alles freut mich nur
halb, weil ich es Ihnen nicht mittheilen kann. Was meinen Sie, Schlüter,
sollte ein so klares Freundschaftsverhältniß wohl getrübt werden können?
Ich meine durchaus nicht. Schlechte Streiche wird ja keines von uns
machen, und Schwächen und Mißverständnisse können uns nichts mehr
thun; ich denke, wir haben auf einen guten Grund gebaut, den einzigen,
der nie einsinken kann. Ich stelle mir oft so lebhaft vor, wie ich die
Treppe heraufkomme und Sie mich schon am Schritte kennen, Sie sitzen
am Tische, Thereschen Ihnen gegenüber mit dem Strickzeuge, Mütterchen
kommt durch die Alkoventhür und Ihr freut Euch Alle miteinander eben
so gut wie ich; sogar der Vater zeigt sich in der Saalthür, wenn er
meine Stimme hört und ruft: „Ei, siehe da, Fräulein, willkommen!"
Wären wir erst so weit, aber drei Wochen laufen schnell hin; wenn Gott
uns am Leben läßt, kömmt Alles grade so; bis dahin muß ich mich nun
an das halten, was mir auch hier Gutes und Freundliches geschieht, denn
die Oncles sind sehr gütig gegen mich und Malchen ist auch wahrhaftig
kein Lump! wenn sie nur erst hier wäre! Das ärgert mich am meisten,
daß Ihr Euch gegenseitig nicht kennt, obgleich ich wohl den Kürzern
dabei ziehe und am Ende etwas drüber sein könnte.

Von Hülshoff hören wir nichts, mein Bruder schwitzirt in Tyrol
und der Schweiz umher und meine Schwägerin scheint uns gänzlich an
den Nagel gehängt zu haben; hörten wir zuweilen nicht etwas durch
Andere, wir könnten denken, sie wären alle mausetodt; nun aber ist
dieses nicht wahrscheinlich, da sie noch zuweilen in Münster sichtbar
werden. Von meinen Bekannten in Münster müssen Sie mir etwas
schreiben, denn ich weiß nichts, außer daß die arme Felitz Böselager
sehr elend sei und ihr Uebel schrecklich um sich greifen soll; dies allein
trübt mir den Gedanken an die Rückkehr. Wir werden gewiß viel um
sie sein, die langjährige Freundschaft meiner Mutter und auch schon die
Lage ... ihr gegenüber[a] bringt das mit sich, und es ist sehr schwer
munter und unterhaltend sein ... wenn man lieber laut weinen möchte.
Gott gebe ihr Geduld und kein allzu langes und hartes Leidenmüssen.
Zum Glück täuscht sich meine Mutter noch über diesen Zustand und
hält ihn, so ehrlich wie die Böselager selbst, für ein Drüsenübel[b]; der

[a] *Durch die Siegelung zwei kleine Lücken entstanden.*   [b] *Der Satz* und
hält *bis* Drüsenübel *fehlt im Druck.*

Himmel lasse sie dabei, sie hat die B. so sehr lieb und auch außerdem gar keine Gabe, ihre Gefühle zu verbergen. Auch mit Paula Stolberg (F. v. Ketler) soll es schlimm stehn, und die Rückenmarkschwindsucht nicht mehr zu verkennen sein[a]. Die Gräfin Stolberg hat doch Hartes zu tragen, der Verlust von Eltern, Mann, Geschwistern hat wohl jede sehr alte Frau getroffen, aber seine Kinder so vor sich hinsterben sehn, ist außer dem Laufe der Natur und trifft doppelt hart, weil unerwartet.

Uebermorgen fahren wir zu meiner Tante Ludowine in's Klösterchen[1]), wo ein Vetter Haxthausen[2]) seine erste Messe lesen wird. Ueberhaubt werden wir von jetzt an wohl wenig zu Hause sein, da mehrere der bisher abwesenden Verwandten auf ihren Gütern eingetroffen sind und drei Wochen kaum hinreichen werden, noch Jedem das Seinige an Besuche zukommen zu lassen. Nach Kassel soll ich auch noch mit Malchen, dazu wird es aber schwerlich kommen und das schadet auch nicht; ich will sie lieber drei Tage hier haben, als zehn in Kassel in einem fremden Hause und meine Zeit in Besuchen versplitternd.

Man treibt mich zum Schließen, unter dem Fenster steht mein Onkel Fritz, ruft wie ein Nachtwächter und hält einen Hammer hoch über sich; das bedeutet, ich soll in die Luft und Versteinerungen losklopfen; denn Gehen soll nicht genug sein, wie der Doctor sagt, sondern körperliche Anstrengung im Freien. Wie verkehrt und eigensinnig doch die menschliche Natur ist! Ich habe dies Steinklopfen mit Passion getrieben, so lang es eigentlich Niemand recht war; heimlich fortgestohlen habe ich mich, um im Steinbruche zu pickern, Essen und Trinken habe ich darüber vergessen und nun muß man mich treiben, wie den Esel zur Mühle. Kein wahreres Sprichwort als „des Menschen Wille ist sein Himmelreich", aber auch fast kein schlimmeres; in der Theorie lautet es noch ganz noble und freisinnig, in Praxi aber ist es aller Thorheit und Inconsequenz Ursprung. Ad vocem Theorie,. so halte ich hier auch sehr weise Reden und hoffe damit bei der That herzukommen; wären andere nicht klug an meiner Statt, ich setzte mich erst recht fest nieder, seit die Bewegung decretirt ist. Mich dünkt, ich begreife jetzt recht gut, wie ein Mann seine Frau müde wird, da sogar meine Liebe zum Steinbruch den Zwang nicht hat überleben können.

O weh! da kömmt der Onkel wieder her, ich dachte er sei in's Feld gegangen und da schreit er wie ein Zahnbrecher; ich muß im Ernst aufhören. Grüßen Sie doch Ihren Onkel Gräver von mir, und Lutterbeck muß den guten Sprick grüßen. Dieser Brief enthält wenig, aber „Ein Schelm der mehr giebt als er hat", Einsamkeit und Regenwetter sind schlechte Ingredienzen um Spiritus daraus zu ziehen. Einem Andern

a Der ganze Satz fehlt im Druck.

[1]) Auf der Brede bei Brakel.   [2]) Werner, Sohn des Onkels Moritz.

möchte ich kaum so kommen; aber Sie würden auch das Scherflein der Wittwe nehmen, weil es gut gemeint wäre. Zum dritten Mal — „Hohoh Nette!" nun ist es aber die höchste Zeit. Leben Sie wohl, mein liebster, bester Freund, gedenken Sie meiner und antworten Sie bald. Hören Sie? ganz bald, in den nächsten Tagen, mich verlangt sehr darnach. Ihre Annette Droste-H.

PS. Der Rüdiger schreibe ich morgen, oder doch ganz nächstens.

Orig. Prof. Jostes. Abgangsstempel „Brakel 27. 8.", Ankunftsstempel „29. 8.". Gedruckt mit einigen Auslassungen Schlüter 128. Schlüter beantwortete diesen Brief am 30. Aug. 1839, mit interessanten Bemerkungen über Luise Bornstedt, Elise Rüdiger, Beranger, Schleiermachers Festpredigten (Orig. Prof. Jostes. Ein kleines Stück gedruckt bei Kreiten I, 334 Anm.). — Auf A.'s Aufenthalt in Abbenburg 1839 wird sich wenigstens zum Teil die merkwürdige „Erinnerung an Annette von Droste-Hülshoff" beziehen, welche P. Konrad Schulte 1907 im August-Heft des Hochland veröffentlichte. Die Erzählerin „stand als Kind von etwa fünfzehn Jahren auf dem Gute Haxthausen hinter Brakel in Dienst". Gemeint ist Abbenburg, denn als „unser gnädiger Herr" erscheint „Fritz" (von Haxthausen), der auf Abbenburg wohnte. Auch A.'s Mutter wird als anwesend genannt, wie in dem vorstehenden Briefe an Schlüter, während sie in dem Abbenburger Briefe an Schlüter 1838 Juli 19 als abwesend erwähnt wird. Wie P. Schulte mir 1908 mitzuteilen die Gütehatte, lebte die Erzählerin, Frl. Luise Meller, noch damals, 85jährig, in Asseln; „mit etwa 16 Jahren war sie bestimmt schon in andere Dienste abgegangen". Mithin ist ihre Erzählung etwa 70 Jahre zurück zu datieren. Dazu stimmt, daß die „Erinnerung" Levin Schücking als erwachsen behandelt: Er war geboren 1814, und A., die ihn allerdings schon früher gekannt hatte, erwähnt ihn zuerst in dem Briefe an ihre Schwester 1839 Januar 29.

69. An Wilhelm Junkmann. — Abbenburg 1839 Aug. 26.

Apenburg, 26. August 1839.

Ihren Brief, lieber J[unkmann], habe ich erhalten, und beantworte ihn auch, obgleich Sie es kaum zu wünschen scheinen; doch das irrt mich nicht, da ich Ihre schroffe Weise kenne, und wohl weiß, daß Sie es deshalb nicht minder gut mit Ihren Freunden meinen. Wollte Gott, ich könnte Ihnen nur auch dieses Gefühl von Billigkeit gegen jene einflößen, die uns Beiden so werth sind. Ihr Brief hat mich traurig gemacht, und mir wieder deutlich gezeigt, wie wenig jede gewonnene Ueberzeugung hilft, wenn die nöthige Ruhe und gute Stimmung fehlt, sie festzuhalten und ihrer froh zu werden. Was die gegenwärtige Gährung hervorgebracht hat, kann ich zwar leider nicht wissen, habe aber die moralische Gewißheit, daß theils Mißverstehn, und theils Zufälligkeiten ohne Arg, wieder wie immer die Hauptrolle dabei spielen; um so mehr wünsche ich gegenwärtig zu sein, wo ich dann durch Hören von beiden Seiten ganz gewiß sogleich in den Stand gesetzt sein würde,

allen Ihren düsteren Gedanken ein Ende zu machen[1]). Daß ich nun so
entfernt sein muß, ist allerdings schlimm; denn Niemand besitzt so sehr
die Gabe als Sie, an seinen eig'nen Verhältnissen das Gute zu übersehen,
und das Schwierige zu einer imaginären Größe zu steigern. Jetzt kann
ich weiter nichts sagen, als: Versuchen Sie es einmal, alles als wohlge-
meint und unverdächtig anzunehmen, was Sie jetzt feststehend aus dem
Gesichtspunkt der Verdächtigkeit ansehen; versuchen Sie es aus eigner
Kraft, nur eine Stunde lang, und Sie werden mit Verwunderung fühlen,
um wie Vieles leichter und natürlicher es Ihnen von der Hand geht, als
Ihre bisherige Richtung, jenes unglückliche Grübeln und Klauben am
Bestgemeinten, dem Sie sich ergeben haben. Muß ich nicht sogar fürchten,
diesen meinen Brief mißverstanden zu sehn? und doch meine ich, J[unk-
mann], meine Freundschaft für Sie müßte über allen Zweifel hinaus sein.
So Gott will, treffe ich noch vor Ihrer Abreise ein, denn ich möchte Sie
sehr gern noch vorher sehn, wiewohl ich auf Ihre Besuche rechne, so
oft Sie auf länger als einen Tag nach Münster kommen. Ich darf es
Ihnen nicht erst sagen, daß Sie mir überall fehlen werden. Mein Umgang ist zu beschränkt, als daß nicht ein Freund wie Sie sehr hart vermißt werden müßte. Auch meine Mutter war Ihnen vom Anfange her
überaus gewogen, und das ist in meinen Verhältnissen von großem
Werth. Schreiben Sie nur zuweilen, wenn Sie Zeit haben, darum bitte
ich sehr.

Es geht mir hier schon recht wohl, und wir leben diesmal (unge-
wohnter Weise für diesen Ort) sehr still. Sie glauben nicht, wie wohl
es mir thut, nach der Aussicht auf ein halbes Vagabundenleben und der
Scheu davor, in diese tiefe Ruhe gekommen zu sein. Tränke ich nicht
Brunnen, und müßte deshalb spazieren rennen wie ein Postpferd, so
wollte ich fleißig sein, daß Ihr alle eure Freude daran haben solltet; auch
so bin ich es ziemlich und das „geistliche Jahr" rückt brav voran. Man
spannt hier wieder alle Stricke an, mich zum Humoristischen zu ziehen,
spricht von Verkennen des eigentlichen Talentes u. s. w. Das ist die
ewige alte Leier hier, die mich denn doch jedesmal halb verdrießlich,
halb unschlüssig macht. Ich meine, der Humor steht nur Wenigen und
am seltensten einer weiblichen Feder, der fast zu engen Beschränkung
durch die (gesellschaftliche) Sitte wegen, und nichts kläglicher als Humor
in engen Schuhen. Für jetzt kann ich überall wohl gar nicht daran
denken; heute eine Schnurre und morgen wieder ein geistliches Lied, das

---

[1]) Vermutlich beziehen diese Sätze sich auf das „gespannte Verhältnis"
Junkmanns zur Familie Schlüter, von dem A. in dem Briefe an ihre Schwester
1839 Jan. 29 spricht, d. h. auf die jahrelang schwankende Frage seiner Ver-
lobung mit Therese Schlüter. Für die Beziehung auf Therese beruft sich Bertha
Pelican (A. v. Droste-H. 1906 S. 102 Anmerk.) auf „persönliche Mitteilungen
Schultes" (Geheimrat A. Schulte in Bonn), was dieser mir bestätigt.

wäre was Schönes! Solche Stimmungen ziehen sich nicht an und aus
wie Kleider. obwohl Manche das zu glauben scheinen.

Von der B[ornstedt] habe ich gestern einen Brief erhalten, der
ganz in Seligkeiten schwimmt. Sie war grade bei meiner Schwester in
M[eersburg] als sie schrieb[1]) und malt mir den Bodensee mit so glänzenden
Farben, daß ich wirklich nahe daran war, ihn lieb zu gewinnen, was nach
so langer Bekanntschaft und eingewurzeltem Vorurtheil doch seltsam gewesen wäre. In M[eersburg] selbst war ich zwar noch nie (so oft ich
es von Weitem gesehen), in Constanz aber desto öfterer, und der allerdings sehr reizende See machte mich immer traurig, weil ich den Rhein
so durchfließen sah nach Deutschland und Westfalen hinüber. Daß die
arme B[ornstedt] viele Freude auf ihrer Reise hat, gönne ich ihr herzlich,
nur fürchte ich, wird ihr Kerker ihr nachher um desto enger vorkommen,
und von allen diesen flüchtigen Bekanntschaften am Ende kein reeller
Nutzen bleiben, worauf ich doch für sie immer am meisten denke; ich
glaube, daß ich mir den Kopf mehr über die Sache zerbreche, als sie
selber in ihrem fröhlichen Muth.

Wären Sie hier, lieber Freund, ich glaube, es würde Ihnen gefallen; eine so tiefe Ruhe, denn die Ökonomie-Gebäude liegen ziemlich weit ab und mein Onkel Fritz führt nur eine kleine Jung-
gesellen-Wirthschaft. Das Haus ist angenehm angefüllt mit alterthümlichen Gegenständen, wunderschönen geschnitzten Schränken und Möbeln,
alten Kunstuhren, Familienbildern, und so still, daß man den ganzen Tag die Heimchen zirpen hört. Ungefähr zweihundert Schritt
vom Hause (nach der stillen Seite) ein sehr hoher und breiter Lauben-
gang, in der Mitte abgebrochen, wo eine herrliche alte Linde steht, mit
steinernem Tisch und Bänken drum her. Dies ist der Ort, wo ich meinen guten Onkel zuweilen betrüge und ganz ruhig schreibe, während er
mich durch Feld und Wald rennend glaubt, um mir die überflüssige
Körpermasse abzulaufen. Da höre ich in der Welt Gottes Nichts, als die
Schafglocken in der Ferne und das Gesumme der Insecten, und sehe
nichts, als das grüne Laub, den Sonnenstrahl durch die Zweige und die
Fliegen auf meinem Tische spazieren. Am liebsten ist es mir in der
Dämmerung, wenn das Gewölbe lebendig wird, und die Blätter anfangen
zu discurriren. Wahrhaftig, J[unkmann], es wäre recht was für Sie; ich
weiß, Sie brächten jeden Abend ein Gedicht zu Hause so gut, wie Sie es
Ihr Lebenlang gemacht.

Zwischen meinen geistlichen Liedern ist mir eines, ohne meinen
Willen, ganz demagogisch geworden. Der Onkel nennt es einen geistlichen Marsch; der Evangelientext war Schuld daran. Da sehen Sie, wie

---

[1]) Den Besuch der Bornstedt in Meersburg hatte A. der Schwester 1839
Juli 7 angekündigt.

man noch jeden Augenblick die Bibel verkehrt auslegen kann! Ich werde
wohl ein anderes dafür machen müssen [1]).

Wenn ich vorhin bei einer Stelle sagte [2]), Sie möchten sie Niemanden mittheilen, so verstehe ich doch S[chlüter], Th[ereschen] und die
Mutter nicht darunter. Diesen mögen Sie aus dem Briefe vorlesen so
viel Ihnen selber gut dünkt.

Ich muß jetzt auf ärztlichen Befehl fleißig Steine klopfen, was
ich nicht halb so gern thue, wie früher freiwillig. Doch zuweilen
klopfe ich mich wieder in den Eifer hinein und habe meine Freude und
Bewunderung an den Schalthieren und Pflanzen, die den Worten des
Psalmisten zum Trotz („der Mensch verdorret wie eine Blume des Feldes")
ihr zerbrechliches Dasein durch Jahrtausende erhalten haben. Es wird mir
zuweilen ganz wunderlich, wenn ich manche Stengel und Muscheln genau in der Form, wie sie damals der Augenblick verborgen hat, wieder
hervortreten sehe, gleichsam in ihrer Todeskrümmung [3]). Ich wollte, ich
träfe einmal auf ein lebendiges Thier im Stein. Was meinen Sie, wenn
ein Mensch mal so aus seiner viertausendjährigen Kruste hervorkriechen
könnte? Was müßte der nicht fühlen und was zu fühlen und zu denken
geben? Seltsam bleibt es mir immer, daß man nicht wenigstens versteinerte Menschen findet, auch niemals ein Zeichen menschlichen
Fleißes. Doch finden sich wohl hundert versteinerte Bäume, aber nie
auch nur ein Stückchen Holz, was Spuren der Bearbeitung trüge. So
scheint es wohl ausgemacht, daß Alles einer präadamitischen Erdperiode
angehört, die jedoch der spätern sehr ähnlich gewesen sein muß, nur
gewaltiger in allen Formen und ohne die Krone der Schöpfung.

Eine halbe Stunde von hier liegt Hellesen [4]), ein sogenanntes
Vorwerk von Apenburg, was ich oft zum Ziel meiner Spaziergänge
mache, weil es gerade die rechte Entfernung hat, um eine Tour daran
abzulaufen. So ein Vorwerk ist ein trauriges und doch romantisches
Ding. Mitten im endlosen Felde, nichts als lange Scheuern und Stal-
lungen und daran gebaut zwei kleine Kämmerchen, wo zwei Knechte
jahraus jahrein Winter und Sommer verbringen, ohne Monate lang
etwas anderes zu sehen außer dem Eseljungen und seine Thiere, die
ihnen zweimal im Tage das oft hartgefrorene Essen bringen, was sie dann

---

[1]) Am ersten paßt diese Charakteristik noch auf das Lied am 5. Sonntage nach Ostern: „Erwacht! Der Zeitenseiger hat Auf die Minute sich gestellt", mit dem Verse: „Doch nur die Masse schützt das Land".

[2]) Vorher ist davon keine Rede, der Brief scheint also bei Schlüter nicht
vollständig mitgeteilt zu sein, was allerdings aus dem Druck nicht zu ersehen ist.

[3]) Derselbe Gedanke in der Mergelgrube: „Ha, auf der Schieferplatte
hier Medusen" usw.

[4]) Das Vorwerk Hellesen war zwei Jahre vorher gebaut worden. Über
die Autorschaft der Knittelverse zur Grundsteinlegung vgl. die Bemerkung zu
dem Briefe an Ludowine von Haxthausen 1820 Januar.

auf ihrem Oefchen aufwärmen. Das Vorwerk verlassen dürfen sie niemals, nur eben Sonntags abwechselnd zum Gottesdienst, denn sie haben
große Oeconomieschätze zu bewachen. Wie schläfrig und langweilig
mögen sie über die Schneefläche ausschauen nach ihrem Eliasraben! Da
hätte einer Zeit, heilig oder gelehrt zu werden. Jetzt ist's ganz hübsch
dort, das Feld voll Leben, auf der einen Seite brüllt das Vieh, auf der
andern Seite schwirren die Sensen, und eine halbgefüllte Scheuer giebt
mir ein Ruheplätzchen auf Heubündeln und Garben, gerade wie ich es
mag. Das wäre wieder etwas für Sie, und es ist jammerschade, daß Sie
nicht hier sind. Auch ein Gehölz giebt's hier, genannt der Vogelsang,
ziemlich weit vom Hause, so hübsch in der Wildniß, was ehemals angelegt war. Jetzt aber müssen Sie sich durch Dornen und Gestrüpp arbeiten und stehen dann plötzlich in einem großen Rund von alten Eichen,
mit einer Bank drunter, da sitzt man auch wie verzaubert. Zum Ueberfluß steckt ein Eulennest im hohlen Baume, wo es unaufhörlich drinnen
knackt und prustet. Länger [als] bis zur Dämmerung bleibe ich nie dort,
denn dann wird das Eulenvolk zu lebendig, und das Durchbrechen in's
Freie, wo man oft in Schlingpflanzen und Dornen gefangen ist, daß man
sein Lebtag nicht wieder herauszukommen meint, hat im Dunkeln was
wirklich Grauserliches; ich glaube, man könnte sich ungeheuer erschrecken,
wenn nur ein Vogel aufflatterte.

Jetzt haben Sie alle meine Apenburger Freuden und Herrlichkeiten,
die zwar nicht weit her, mir aber doch genug und lieber sind als Manches, was Andere so nennen. Uebrigens ist es jetzt das erste Mal, daß
sich mir Apenburg von dieser Seite zeigt. In den vorigen Jahren war es
übermäßig belebt, von einem Schwarm von Verwandten und Freunden,
die Alle ausgeflogen sind. Doch sie kehren allmählig zurück. Wahrscheinlich werde ich hier nie wieder eine ähnliche Zeit verleben, um so mehr
freut es mich, daß ich diesmal dazu gekommen. Wäre mein gutes
Rüschhaus nicht, was zwar nicht so schön aber mir doch noch heim-
licher ist, und könnte ich hier Alle, die mir lieb sind, so um mich herstellen wie dort, ich würde mich weniger fortsehnen, als je anderwärts.
Aber jetzt! „Et gieft men een Mönster!" Adieu lieber J[unkmann].
Grüßen Sie Alle auf's Herzlichste von mir, S[chlüter], R[üdiger], Schücking,
Besser[1]), Lutterbeck, Sprick. Die B[ornstedt] ist wohl noch nicht zurück,
sonst ihr meine besten Grüße, sie soll eine schöne, lange Epistel haben,
wenn sie nur erst wieder stabil geworden ist. Sie aber bitte ich, jedes
geschriebene Wort so wohlmeinend und freundschaftlich aufzunehmen,
als es mir aus dem Herzen gekommen ist. Mit unveränderten Gesinnungen Ihre Annette Droste v. Hülshoff.

Nach dem Druck bei Schlüter 140—147, die bei Schlüter nur durch die
Anfangsbuchstaben bezeichneten Namen habe ich in [ ] ergänzt. Ein Bruch-

---

[1]) Mitglied des Kränzchens bei Elise Rüdiger.

stück in Nr. 176 der Frankf. Ztg. vom 28. Juni 1900, irrig als Brief an Levin
Schücking bezeichnet; richtig gestellt durch Cardauns (Köln. Volksztg. Nr. 588,
vgl. 589, vom 29. Juni) und H. Hüffer (Frankf. Ztg. Nr. 180 vom 2. Juli 1900).

70. An Wilhelm Junkmann. — [Rüschhaus] 1839 Nov. 17.

Den 17. November 1839.

Obgleich Ihre beiden Briefe, lieber J[unkmann], so kurz waren, daß
sie zusammen noch nicht für Einen ordentlichen gelten können, so will
ich doch überaus brav sein und wie Gotthed sagt: „Auf weißem Grunde
führen die Feder wohlgespitzt." Sie sehen, ich habe Belesenheit und
zwar im Neuesten und Besten. Es ist doch entsetzlich, was man damals
für Poesie hielt! Doch das gehört nicht hierher. Ich lebe hier jetzt
ziemlich einsam und war, seit ich zurück bin, erst einmal und nur auf
einen Tag, so kurz wie sie jetzt sind, in Münster; so habe ich meinen
Bekannten nicht viel mehr als „guten Tag" und „Adieu" sagen können
und bin lange nicht mal rund gekommen. S[chlüter]s fand ich wohl und
sehr freundlich, konnte aber nur zum Mittagessen, als dem längsten
der vorkommenden Besuchstermine bei ihnen sein, wo, wie Sie denken
können, das Gespräch sehr allgemein war. Ihrer wurde herzlich gedacht
und ich erfuhr dort, daß Sie Weihnachten nach Münster (ungezweifelt
auch nach Rüschhaus) kommen würden, worauf ich mich (werden Sie
aber nicht zu eitel) denn doch einigermaßen freue, nur müssen wir vorher Verabredung treffen, denn es bedarf einiger Vorkehrungen meinerseits. Sonnabend Nachmittags (vor Weihnachten) gehen wir immer nach
Hülshoff, theils der Bescheerung theils der Messe wegen, die uns an den
vier Hochzeiten hier im Hause nicht erlaubt ist; bin ich aber einmal dort,
so wird es immer anders und später mit der Rückkehr, als ich gedacht.
Sollten Sie also einige Tage vor Weihnachten nach Münster kommen,
so wäre dies die beste und sicherste Zeit uns zu sehen, und es wäre
meiner Mutter, die Sie herzlich grüßt, sowohl als mir sehr lieb, wenn
Sie dann bei uns übernachten wollten, da die Tage doch jetzt so gar
nichts mehr sind, wenn man nicht den Abend zu Hülfe nimmt. Können
Sie aber nicht vor den Feiertagen loskommen, so lassen Sie mich es
wissen und ich spedire mich dann gleich am ersten oder mindestens am
zweiten Feiertage wieder hieher, trotz aller Gegenreden.

Vor 8—10 Tagen war Ihre Schwester Anna[1]) hier nebst einer
Freundin, ein uns höchst angenehmer Besuch; wenn sie nur öfter käme!
Wir kommen vortrefflich zusammen aus und ich halte Anna für eine
sehr kräftige und bedeutende Natur voll Leben und Sinn für Alles, was
dessen werth ist; ich hoffe, sie gewöhnt sich hieher, wie früher schon
Jemand aus Ihrer Familie. Der B[ornstedt] ihre Passion zu mir scheint

---

[1]) Ihre Verheiratung (mit dem Kaufmann Anton Melchior Schulte) erwähnt A. an Schücking 1842 Oktober (Th. Schücking 122).

stark abzunehmen, sie war nur einmal hier und schreibt nie mehr, während früher fast täglich die duftigsten Rosenblätter von Münster nach Rüschhaus flatterten; ob sie mich blos durch die Zeit müde geworden, oder durch die neuen Reisebekanntschaften abgezogen wird, lasse ich ruhig dahin gestellt, bin, aufrichtig gesagt, froh, daß dies Verhältniß einen Gang eingeschlagen hat, wo meine trockene münster'sche Natur besser Schritt halten kann, und bleibe ihr gut und, wo ich kann, behülflich wie zuvor; sie ist mir sogar lieber und angenehmer als in jenem fieberhaften Zustande, denn sehr freundlich und mir zugethan zeigt sie sich doch fortwährend[1] . . . Ein Schriftsteller um's liebe Brod ist nicht nur Sclave der öffentlichen Meinung, sondern sogar der Mode, die ihn nach Belieben reich macht oder verhungern läßt; und wer nicht gelegentlich sein Bestes und am tiefsten Gefühltes, Ueberzeugung, Erkenntniß, Geschmack verleugnen kann, der mag nur sich hinlegen und sterben, und der Lorbeer über seinem Grabe wird ihn nicht wieder lebendig machen.

Ich bin diesen Sommer sehr fleißig gewesen und habe an dem ,geistlichen Jahr' dermaßen nachgearbeitet, daß ich bei meiner Abreise mit der laufenden Zeit gleich war und dem Jahresschluß bedeutend vorzueilen hoffte. Seitdem bin ich in Rückstand gekommen; theils war ich krank, theils anderweitig verhindert, hatte auch allmählig einen babylonischen Thurm von unbeantworteten Briefen aufwachsen lassen, der zwar nicht bis an die Wolken, aber doch fast über meinen Muth reichte; mir ward ordentlich schwarz vor den Augen. Jetzt trage ich daran ab, als gälte es das tägliche Brod, und fange schon an Grund zu sehen. So denke ich bald wieder ans eigentliche Werk zu kommen und dann mit Gottes Hülfe den Cyclus doch vor dem Sylvestertage geschlossen zu haben. Es ist ein größeres Unternehmen als ich gedacht, da Alles, was S[chlüter] bisher hatte, nur von Neujahr bis Ostern reichte. Dennoch meinte ich, Gott weiß nach welcher duseligen Ansicht, das Meiste bereits gethan, und hätte schwerlich den Muth zum Anlaufe genommen, wenn ich die Höhe des Berges erkannt, der vor mir lag. Für spätere Arbeiten habe ich noch keine Pläne und will auch nicht daran denken, bevor ich diese beendigt, da es sich immer fester in mir gestellt hat, daß sie nur zu einer Zeit erscheinen darf, wo mein ganzes irdisches Streben mir wohl thöricht erscheinen wird und dieses Buch dann vielleicht das Einzige ist, dessen ich mich dann freue; darum will ich auch bis ans Ende meinen ganzen Ernst darauf wenden, und es kümmert mich wenig, daß manche der Lieder weniger wohlklingend sind als die früheren; dies ist eine Gelegenheit, wo ich der Form nicht den geringsten nützlichen Gedanken

---

[1] Hier ist bei Schlüter eine Lücke angedeutet. Die folgenden Sätze dürften an Bemerkungen über die Schriftstellerei der Bornstedt anknüpfen.

aufopfern darf. Dennoch weiß ich wohl, daß eine schöne Form das Ge-
müt aufregt und empfänglich macht und nehme so viel Rücksicht darauf,
als ohne Beeinträchtigung des Gegenstandes möglich ist, aber nicht mehr.

Die B[ornstedt] soll seit Kurzem sehr hübsche Gedichte gemacht
haben, von denen sie mir aber keines mitgetheilt. Sie wünschte mit
einem Stuttgarter Blatt (ich glaube das Morgenblatt) [1] in Verbindung zu
treten. Mein Schwager Laßberg übernahm dies, und es gelang auch zum
Theil, obgleich nicht so vollständig als wenn Schwab noch der Redacteur
gewesen wäre, doch sind einige ihrer Gedichte aufgenommen und somit
der Verkehr eingeleitet; ich denke, dieses kann ihr von Nutzen sein,
nicht nur in pecuniärer Hinsicht, sondern auch in Beziehung auf ihre
Stellung.

Sp[rick] [2]) habe ich noch nicht gesehen. denke aber heute, wo ich
auf einige Stunden nach Münster fahre, ihn aufzusuchen und mein und
Ihr Päthchen in Augenschein zu nehmen. Ich fürchte, er hat noch immer
wenig Beschäftigung. Um Neujahr, wenn die Familien vom Lande gekommen sind, werde ich versuchen ihm Zeichenstunden zu verschaffen,
und hoffe doch wenigstens Etwas auszurichten; bis dahin kann ich nichts
machen, da meine Bekanntschaft unter den übrigen Bewohnern Münsters
zu gering ist. Ich halte ihn für einen Mann von ausgezeichneter Herzensgüte, und meine auch, sein Unterricht müsse gut und gründlich sein;
nur hat er es darin versehen, daß er zu Anfang einen Preis für die
Stunde setzte, den man in Münster nicht gewohnt ist. Jetzt will er ab-
lassen, aber seine Scholaren haben sich anderweitig versorgt und wollen
nicht zum zweiten Male wechseln; so muß es darauf an, neue für ihn
zu gewinnen. Reckmann dagegen hat mir die schönsten Grüße aufgetragen, und [er] hoffe auf einen Ausflug nach Münster fürs nächste Jahr.
Das sind so Pläne, an denen er sich freut, die aber schwerlich realisirt
werden, da sein Janhagel von Pfarrkindern ihm allzeit über und über zu
thun macht, so daß immer Einiges (gewöhnlich leider Schlimmes) im
Werke ist, um deßwillen er sich nicht entfernen mag. Ich bewundere
seine Geduld und wahrhaft martyrergleiche Aufopferung, mit der er
fortwährend an diesen Mohren wäscht. Am betrübendsten ist der starke
Zusatz von Heuchelei im dortigen Volkscharakter, so daß der arme
R[eckmann] selten weiß, wie er mit Einem dran ist, und mitunter gerade
die gröbsten und verstocktesten Verbrechen unversehens von Jenen an
den Tag kommen, an denen er bisher noch seinen besten Trost gehabt.

---

[1]) Ein Gedicht von L. v. Bornstedt, Vergessenheit, ist gedruckt im Stuttgarter Morgenblatt Nr. 246 vom 14. Okt. 1839.

[2]) Der Maler Sprick, dessen traurige finanzielle Lage in A.'s Briefen
wiederholt eine Rolle spielt. Sein Töchterchen Maria war A.'s (und Junkmanns) Patenkind. Über seinen Tod vgl. ihren Brief an ihre Schwester
1842 Sept. 5.

So sah ich ihn einmal ganz blaß und zitternd vor Bewegung, weil er in der Nacht zu einer sehr frommen Familie gerufen worden, wo Eltern und Kinder daran waren, sich halb todt zu schlagen und einander die größten Schändlichkeiten vorzuwerfen. Und als er in seiner Aufregung, den Weg durch's Dorf zu vermeiden, durch seine eigene Wiese ging, fand er sie voll Vieh's, was mehrere Familien, die sich bei ihm in den Ruf vorzüglicher Ehrlichkeit zu setzen gewußt, regelmäßig jede Nacht hineintrieben. So steht es dort, es ist schrecklich! Aber rührend, wie bei R[eckmann] Frömmigkeit und reine Liebe immer verklärter hervor- tritt. Ich fühle die tiefste Ehrfurcht vor ihm, und seine Gegenwart gibt mir jedesmal, wenigstens für Augenblicke, das Gefühl der Selbsterkenntniß, an dem es mir leider sonst oft sehr mangelt. Möge Gott ihn erhalten! Die Alten sind schwerlich zu retten, aber die Kinder wachsen doch unter seiner Lehre auf; Gott wird nicht jedes Samenkorn auf dem Felsen verdorren lassen. Ich schreibe in diesem Briefe allerlei durch- einander, Klatscherei und Ernstes. Vergeben Sie mir das Erstere, ich meine doch Niemanden zu nahe getreten zu sein, und dachte Sie in der Ferne recht hungrig auf Nachrichten von Allen, mir wenigstens war oft so.

Eine Rezension meiner Gedichte in der Kölner Zeitung kann mich eben nicht stolz machen[1]). Es ist doch auffallend, wie der Gegenstand anhaltender Beschäftigung auf den Menschen wirkt. Vor einem Jahre würde mich dieses Blatt wahrscheinlich verstimmt haben, jetzt kam ich mir wie eine Todte vor und habe es ohne den mindesten Eindruck aus der Hand gelegt! Ich wollte, das könnte so bleiben; aber mit dem letzten Federstriche am ‚geistlichen Jahre‘ wird das irdische Jahr wohl alle seine wilden Quellen wieder über mich strömen lassen. Möge mir nur der allgemeine Eindruck bleiben! Auf den partiellen rechne ich nicht; dazu ist mein Inneres noch lange nicht mürbe genug. Beten Sie für mich, daß ich nicht gar zu unreif weggenommen werde; es hat große Gefahr! Der heftige Blutandrang nach dem Kopfe nimmt von Jahr zu Jahr mehr überhand, und ich zweifle kaum an einem plötzlichen Ende. Doch darf ich plötzlich nennen, was ich Jahre lang voraussehe?

So lassen wir Gottes Gnaden verkommen.

Beten Sie für mich und somit Gott befohlen.

Nach dem Druck bei Schlüter 148—154, die dort nur durch Anfangs- buchstaben bezeichneten Namen in [ ] ergänzt.

------

[1]) Köln. Ztg. Nr. 302 vom 29. Okt. 1839; der Rezensent äußert sich im ganzen günstig, spricht aber auch von „mädchenhafter Unbefangenheit, un- reifem Dilettantism, einer weichlich tändelnden (!) religiösen Richtung“. Aus- zug bei Hüffer 181.

71. An Elise Rüdiger. — [1839? Rüschhaus] Samstag, Abends.

Abschrift von Frl. Hildegund v. Laßberg. Der Brief gehört offenbar in eine Zeit, wo sich das enge Verhältnis zu Elise und ihrer Tante Henriette v. Hohenhausen erst anbahnt. Letztere schreibt 1839 Febr. 12 (Kreiten I, 317 Anm.) noch in sehr förmlichem Tone, während der Brief A.'s an sie 1840 Jan. 14 schon weit innigere Beziehungen voraussetzt.

72. An Henriette von Hohenhausen. — Rüschhaus 1840 Januar 14.

Abschrift von Frl. Hildegund v. Laßberg, am Schluß anscheinend unvollständig. Bruchstücke gedr. Hüffer 189. 247.

73. An Schlüter. — [Rüschhaus] 1840 April 26. 28.

Sonntag d. 26. April 40.

Ich höre Nichts von Ihnen, ich sehe Nichts von Ihnen, und noch dazu jetzt, wo „Es ist die Zeit nun, daß im Wald der Nachtigallen Lied erschallt", folglich die Zeit, wo man am wenigsten der mindestens geistigen Nähe werther Personen entbehren kann; so muß ich wohl schreiben, nicht damit Sie etwas erfahren. trägster aller Freunde, sondern mir selbst zu Liebe, da auf einen Brief doch in der Regel eine Antwort zu erfolgen pflegt. Wüßten Sie, wie schön es jetzt so recht draußen ist (nicht vor ihrem Mauritz-Thore, wo die halbe Stadt promenirt, allen Staub lebendig. und alle Vögel stumm macht,) sondern hier, so recht auf dem Lande, wie voll Frieden und Sonnenschein, Lerchenwirbel und Nachtigallgesang, Sie schlügen doch der Lombard[1]) ein Schnippchen und schlichen sich sacht, wie der Fuchs von der Hühnersteige, zum Neuthor hinaus. Ich wäre übrigens längst zu Ihnen gekommen, mein gutes, sehr liebes Professorchen; Sie können nur denken, daß es mir wunderlich vorkömmt, Ihnen so nahe und doch seit Monaten so getrent zu leben, aber so wie die Bauern sagen: „et ligt my an de Macht", ich darf meinen miserabeln Kopf, respective Gesicht, der Erhitzung einer so starken Fußtour nicht aussetzen und von Fahren ist seit Monaten keine Rede gewesen, so gut ich aufgepaßt habe. In den Ostertagen, wo wir hier im Hause keine Messe haben dürfen, war ich in Hülshoff zum ersten Male in diesem Jahre und allerdings auf meinen Füßen hingegangen, was mir aber auch nicht besonders bekommen ist. Da hörte ich einmal Glocken läuten von Nach Münster fahren und war bei der Hand wie ne Schuhbürste, aber „vox faucibus haesit", da sich dies hoffnungsreiche Gespräch als einen Wortwechsel auswies, ob die bereits eingeschriebenen Passagiere wohl Raum im Wagen hätten.

---

[1]) Die Geheimrätin Karoline Lombard geb. Stündeck, Übersetzerin französischer Werke von Malebranche, Ozanam, St. Martin. Raßmann 203.

Könnten Sie übrigens auf einige Zeit hier sein, das überträfe Alles an Annehmlichkeit. Zwar fehlen dem Jahre noch die Früchte frisch vom Strauche gepflückt, die vollständige Belaubung und der fast berauschende Duft, mit dem späterhin Rosen, Siryngen, Gewürzstrauch und Reseda die Luft füllen werden, aber doch verbreitet das junge Laub einen höchst lieblichen Geruch. Ich war gestern Abend bis zehn im Garten, Sie glauben nicht, wie mild es war, wie duftig, dabei so sternenklar wie im Winter; ich saß auf der Bank am Hause, ließ mir von den Nachtigallen vorsingen, von der Luft zuwehen und war ganz und gar Sibaritisch gestimmt.

Warum ist man wohl so ungeneigt zu poetischen Arbeiten in so höchst poetischen Momenten? Ich denke wohl, weil der Genuß den regelrechten Gedanken nicht aufkommen läßt. Ich thue gar nichts; seit Beendigung des geistlichen Jahres, also seit drei Monaten, sind zwei Balladen das Einzige, was ich geschrieben; doch liegt dies wohl zum Theil daran, daß ich, des seit zwanzig Jahren bis zum Ekel wiederholten Redens über Mißkennung des eignen Talents müde, mich zu etwas entschlossen habe, was mir im Grunde widersteht, nämlich einen Versuch im Komischen zu unternehmen. So dränge ich dann jeden Trieb zu Anderm gewaltsam zurück und scheue mich doch vor jener gleichsam bestellten Arbeit, wie das Kind vor der Ruthe; nicht daß ich meine, sie werde völlig mißlingen; es fehlt mir allerdings nicht an einer humoristischen Ader, aber sie ist meiner gewöhnlichen und natürlichsten Stimmung nicht angemessen, sondern wird nur hervorgerufen durch den lustigen Halbrausch, der uns in zahlreicher und lebhafter Gesellschaft überfällt, wenn die ganze Atmosphäre von Witzfunken sprüht und Alles sich in Erzählung ähnlicher Stückchen überbietet. Bin ich allein, so fühle ich, wie dieses meiner eigentlichen Natur fremd ist und nur als reines Produkt der Beobachtung unter besonders aufregenden Umständen in mir aufsteigen kann. Zwar, wenn ich einmal im Zuge wäre, würde meine Gesellschaft auf dem Papiere mir vielleicht die Gegenwart wirklicher und die bereits niedergeschriebenen Scherze die Anregung fremder ersetzen; aber eben zum Anfange kann ich nicht kommen und fühle die größte Lust zum Gähnen, wenn ich nur daran denke. Zudem will mir noch der Stoff nicht recht kommen, einzelne Scenen, Situationen, lächerliche Charaktere in Ueberfluß, aber zur Erfindung der Intrigue des Stücks, die diesen bunten Kobolden festen Boden geben muß, fehlt mir bishin, ich weiß nicht, ob die Lust oder das Geschick. Wenn ich darüber nachdenken will, so überschwemmt mich eine Fluth von tollen Scenen, die an sich gut genug wären, auch nützlich sein könnten, aber sich unter einander reimen wie: „Ich heiße Hildebrand und setze meinen Stock wohl an die Müüre". Muß ich nun daraus schließen, daß es mir an „Schanie" fehlt? So schlecht will ich doch noch nicht gleich mit mir umgehn. Man sagt ja, daß Erkenntniß

immer Anfang der Besserung ist; nun, da kann die Besserung bei mir
nicht weit sein. Ich fühle mich doch heute weit aufgelegter als seit
lange und es kann treffen, daß ich mich nach Beendigung dieses Briefes
flinkweg an die Arbeit mache.

Wir haben nämlich nicht mehr den 26ten, sondern bereits den
28ten, und ich legte vorgestern die Feder weg, weil es allen Anschein
hatte, daß ich als gestern nach Münster fahren und mehrere Tage dort
bleiben würde. Nun nichts daraus geworden ist, muß ich mich wieder
an Dinte und Papier halten und Schücking mag Ihnen morgen diese
Zeilen mitbringen. Wieder auf das Lustspisl in spe zu kommen, so habe
ich noch mancherlei Scrupel. Vorerst kann ich, wie jeder Schriftsteller
(wenigstens sollte), nur schreiben, was ich, wenn auch unter andern Verhältnissen und in andern Formen gesehen. So werden meine Personen
immer Westphalen bleiben und sich, trotz aller Vorsicht, hier und dort
individuelle Züge einschleichen, d. h. nicht gerade Geschehenes, aber
Manches, wobei einem dieses oder jenes Individuum unwillkürlich einfällt.
Daß ich dieses auf's Aeußerste zu vermeiden suchen würde, brauche ich
Sie, liebster Freund, nicht zu versichern; aber ich glaube, daß darin Niemand für sich stehn kann, da das wirklich Gehörte und Gesehene seinen
Einfluß nothwendig geltend macht, gegen unsern Willen, und in der That
auch das Einzige ist, was zu solchen rein objectiven Arbeiten befähigt.
Dann sind die Schwächen der gebildeten Stände selten ganz harmlos,
sondern haben zumeist einen Zusatz von Verkehrtheit, der mich leicht
Bitteres könnte sagen lassen, was doch ganz gegen meine Absicht ist,
da ich nur dem Humor und keineswegs der Satyre zu opfern gedenke,
obwohl das Letztere, wenn es aus den ächten Gründen und mit dem
ächten Ernste geschieht. wohl das Edlere ist, weil das Nützlichere; doch
schließen mich sowohl mein Charakter als meine persönliche Lage von
dieser Art zu wirken aus.

Soll ich mich nun den niedern Klassen zuwenden? Das Landvolk
zum Stoffe wählen mit seinen duseligen Begriffen, seltsamen Ansichten,
lächerlichen Schlußfolgen und anderseits praktischem Verstande in manchen Dingen, Schlauheit und nationellem Humor? Obwohl sich hierbei
außer dem Vergnügen des Lesers nicht wohl ein anderer Zweck absehn
ließ, so wäre dieser Stoff nicht nur der bei weitem reichere und frischere,
sondern auch der sowohl meinem Talente als Erfahrungen angemessenere,
da ich zwischen Bauern aufgewachsen bin und selbst eine starke Bauern-
Ader in mir spüre. Auch ganz harmlos wäre dies, da sich Niemand den
Kopf zerbrechen wird, ob ich Klas oder Peter gemeint; nur meine ich,
mit dem Dialekte schwinde das Salz aus der Speise; denn der Bauer
paßt nicht seine Gedanken der Sprache an, sondern er hat gemodelt und
modelt fortwährend die Sprache nach dem augenblicklichen Bedürfnisse,
und grade das gibt ihr das unnachahmlich Naive, was in der Uebertragung

Einem wie Schnee unter den Händen zerrinnt, was man mit Verdruß
inne wird, so oft man versucht, einem Ausländer eine ächt vaterländische
Anekdote verständlich zu machen, wo einem der Kabliau allemal zum
Stockfisch wird. Dennoch muß ich die Idee meiner Onkel Haxthausen,
ein Lustspiel im vaterländischen Dialekte zu schreiben, gänzlich ver-
werfen; wer wird es verstehn? Nicht mal der Eingeborne, da ihm die
Buchstabenfügung zu fremd und manche Laute mit den vorhandenen
Mitteln gar nicht wiederzugeben sind, viel weniger der Ausländer, der
sich doch keinen Sprachstudien ergeben wird, um das Lustspiel einer
obscuren Scribentinn zu lesen. Doch paßt alles Gesagte nur auf den
Dialog, folglich zunächst die dramatische Behandlung; zur bloßen Beobachtung und Darstellung durch einen Dritten, z. B. wie in Bracebridge-hall,
geben jene Volksklassen gewiß den frischesten und auf keine Weise hin-
dernden Stoff, doch vom Dramatischen ist ja eben die Rede. Ich gestehe
Ihnen, lieber Freund, daß meine Neigung mich, auch in diesem Fache,
weit mehr zu einer, wenn nicht tragischen, doch ernsten und einen tiefern
psychologischen Zweck im Auge haltenden Behandlung triebe, aber ich
habe es mir mal anders vorgenommen; mißlingt der Versuch, so haben
meine Plagegeister ja den Beweis in Händen, daß der Irrthum auf ihrer
Seite war.

        Ich habe Sie über Gebühr lange aufgehalten, liebster Schlüter, mit
einem Gegenstande, der es doch nicht werth ist. So sagen Sie mir
lieber, ob es denn gar nicht möglich wäre, daß Sie mal herauskämen?
Verreist denn die Lombard niemals? Diese Frau gefällt mir sehr wohl
und würde gewiß auch meiner Mama gefallen, nur fürchte ich, mit einmal Sehen wäre dies nicht abgethan. Die Lombard hat allerdings etwas
Edles und Gewinnendes in ihrem Aeußern, was des Eindrucks bei meiner
Mutter auch nicht verfehlen würde, aber zugleich etwas sehr Feines und
sogar einigermaßen Gemessenes, sie hat eine durchaus vornehme Haltung,
ihre Sprache ist langsamer, ihr Accent reiner, ihre Ausdrücke gewählter,
als man es hier gewohnt ist, und ich fürchte, selbst meine Mutter wird
sich zuerst genirt mit ihr finden und für's erste Mal zwar mit dem Gefühle der Achtung und Anerkennung von ihr scheiden, aber doch nicht
ohne eine gewisse Scheu vor dem nähern Umgange einer Person, in
deren Gegenwart sie sich glaubt fortwährend zusammen nehmen zu
müssen. Ich meinerseits halte diese Frau für völlig einfach und durchaus
den Kern der Schale vorziehend und weiß, daß auch meine Mutter dieses
sehr bald fühlen würde, aber wenn der erste Versuch mißlingt, so wird
es schwer, ja fast unmöglich sein, den zweiten herbeizuführen, darum
scheue ich mich vor dem ersten. Ich wollte, daß alle diejenigen, die
meiner Mutter die Lombard so als den Extrakt aller feinen und eleganten
Bildung dargestellt haben, statt dessen lieber ein Vater unser gebetet hätten,
das wäre besser für sie und für uns; denn es ist doch hart, daß dieses

Geschwätz so schwer hindernd eingreifen muß in den Umgang mit]" Menschen, die sich so herzlich gut, ja, wenn ich von mir selbst schließen darf, ich wohl sagen [kann], die sich bereits unentbehrlich geworden sind.

Nicht wahr, Ihr vermißt mich zuweilen? Alle mit einander? Sie, mein liebster Freund, und mein Mütterchen und Thereschen auch? Mir fehlt Ihr überall, bei einem guten Buche, beim Clavier, zumeist in der freien treibenden Frühlingsnatur, wo die Gedanken und Gefühle uns gleichsam über den Kopf wachsen; wie hundertmal denke ich da: „könnte ich das mit Schlüter durchsprechen! wären jetzt Schlüters hier!" Mein guter liebster Freund, warum mögen wir uns wohl so oft mit einander disputiren, da es am Ende doch immer herauskömmt, daß wir eigentlich von Anfang an in einem Schiffe gewesen? Ich glaube, wir thun es, unsern Scharfsinn zu üben und uns das Vergnügen einer gründlichen Beleuchtung zu verschaffen; denn sonst mögen wohl wenig Menschen so zusammen stimmen, wie wir, und wenn wir Vier zusammen sind, Mütterchen, Thereschen, Sie und ich, so kommt es mir vor wie eine Aeolsharfe, wo alle Saiten auf einen Ton gestimmt sind und deshalb, obgleich sie nach ihrer verschiedenen Stärke oder Zartheit verschieden von der Luft vibrirt werden, doch immer einen vollkommen guten Akkord geben müssen. Wie selten ist es, sich so zusammen zu finden! und um wie viel fester soll man deshalb halten, was Einem die besondere Gunst des Geschicks geschenkt! Ihr andern drei seid schon von Gottes Hand zusammengestellt, aber ich muß darnach sehn, daß mir nicht durch eigne Schuld oder Zufälligkeiten genommen oder doch vermindert wird, worauf ich keinen andern Anspruch habe, als den meiner herzlichsten Anhänglichkeit. Ich werde Ihnen jetzt wieder öfterer schreiben, da das Herüberkommen sich in eine Länge zieht, die ich mir gar nicht vorgestellt habe. Im Mai komme ich indessen ganz sicher, denn dann ist Adele Schopenhauer hier, die ich jedenfalls nach Münster führen muß, auch zu Ihnen, wenn Sie es erlauben. Benutzen Sie indessen die wöchentliche Herüberkunft unseres Freundes Schücking etwas besser und lassen mir zuweilen etwas Ausführliches sagen, ich bekomme selten mehr als einen simplen Gruß. Und nun adieu, tausend Liebes an Ihre lieben verehrten Eltern und mein Thereschen. Adieu, mein theuerster Freund. Ihre Annette Droste.

[Am oberen Rande der 3. Seite:] Könnte Thereschen nicht wenigstens mahl allein kommen? z. B. mit Lutterbek? Oder Anna Junkmann? Davon würde wohl nichts verlauten. Lutterbek scheint uns übrigens ganz an den Nagel gehängt zu haben, grüßen Sie ihn dennoch.

Orig. Prof. Jostes. Gedr. Schlüter 164 mit einigen kleinen Auslassungen.

a Ein paar kleine Lücken infolge der Siegelung.

74. An Schlüter. — [Rüschhaus] 1840 Mai 19. 20. 22.

Dienstag d. 19ten May 40.

Heute ist in Münster alles los wie im Carneval, die Hülshofer sind auch dort, meine Mutter in Hülshoff, so will ich mir denn auch an diesem Tage der allgemeinen Fröhlichkeit ein Vergnügen machen und Ihnen schreiben, mein sehr lieber Freund. Draußen ist's dunklig und feucht, auch in meinem Zimmer kalt, dämmerig und keineswegs behaglich, wohin soll ich mich denn besser flüchten, als zu Ihnen, wo es mir noch immer warm und wohl zu Muthe geworden ist.

Ich habe die letzten acht Tage in stündlichem Warten auf Adele[1]) und deshalb sehr träge und unbequem verbracht, da ich die üble Eigenschaft habe, nichts unternehmen zu können, wenn ich Jemanden erwarte, d. h. so stündlich erwarte; ich meine es sei nicht der Mühe werth anzufangen und habe auch nicht die nöthige Ruhe. Was sie abhält, weiß ich nicht, aber wohl, daß jeder Tag den sie noch ausbleibt nicht durch einen späteren zu ersetzen ist; da sie zu einem bestimmten Termin unabwendbar wieder in Weimar sein muß, so betrübt mich diese Verzögerung, denn es ist wohl das letzte Mal, daß wir in diesem Leben zusammenkommen. Bis Weimar ist ein gar weiter Weg und unsere beiderseitigen gelegentlichen Reisen zu Verwandten oder Freunden können uns immer nur mehr auseinander, aber nie zusammen führen. Ich habe die Meinigen in Westphalen, Hessen, am Rhein, in der Schweiz; sie die ihrigen in Kiel, Danzig; diesesmal mußte sie nach Bonn, um ihre Angelegenheiten abschließlich dort zu ordnen, wo sie 13 Jahre lang mit der Mutter gelebt, ohne doch mit Jemanden auf den Fuß zu kommen, daß dieses eine spätere Reise veranlassen könnte; so sehe ich sie noch einmal, und dann — wie Gott will! Ihr Ausbleiben beunruhigt mich, da ich sie wirklich lieb und außerdem viel mit ihr durchlebt habe, zu zweien Malen ein ganzes ereignißvolles Jahr; für manche Todte oder für immer Ferne war sie mir noch der einzig vorhandene Faden, an den ich meine Erinnerungen knüpfen konnte; so wird mit ihrem gänzlichen Scheiden mir ein großes Stück Vergangenheit erst recht zur Vergangenheit, zu jener dämmerigen, grauen, wo man nichts mehr hört, durch nichts mehr erinnert wird an Dinge, die Einem dann sehr bald einer steinalten Zeit anzugehören scheinen.

Mittwochen. So weit war ich gestern, als ein Bote mit der Nachricht von Adelens Ankunft in Münster mich höchlich erfreute und überraschte; sie schreibt: „Vielleicht bin ich eben so früh bei Ihnen wie diese Zeilen, denn ich erwarte jede Minute den bereits bestellten Wagen."

---

[1]) Adele Schopenhauer. Freundliche Schilderung in einem Briefe von Sophie v. Haxthausen 1840 Juni 4. (Auszug bei Kreiten I, 369). Auch im Tagebuch Schlüters (ebend.) wird der Besuch erwähnt.

Ich sprang auf vom Schreibtische und wohin? vor den Spiegel! ja, lieber
Schlüter, der Panther kann seine Flecken nicht ablegen und kein Frauenzimmer die Eitelkeit, ich dachte, daß wir uns seit 4 Jahren nicht gesehen und wollte mich doch gern ein wenig reputirlich präsentiren, aber, o
Himmel! welche babylonische Verwirrung, zwar nicht in, aber auf meinem Kopfe! jedes Haar schien auf dem Punkte, mit seinem Nachbar
handgemein zu werden, und mein blauer Tibet? dieser treue Freund durch
wechselvolle Jahre, ich schaute ihn an mit Blicken, in denen die kläg-
liche Frage muß gelegen haben, „ob er denn wirklich je jung und schön
gewesen?" und es war mir, als hörte ich einen ziegenhärnen Seufzer
flüstern: „Weit in nebelgrauer Ferne." Die Kürze der Zeit bedenkend,
that ich mein Möglichstes, dennoch hatte ich es nicht weiter, als vom
halben Negligée zum völligen gebracht, als Adele ankam. Ich habe mich
doch sehr gefreut.

   Freitag. Es ist nichts mit diesem Briefe, ich soll ihn nicht vollenden, meine Mutter ist noch immer nicht von Hülshoff zurück, Adele
folglich einzig auf meine Unterhaltung angewiesen und obendrein ist es
so kalt, daß wir heizen müssen, was uns noch näher und unausgesetzter
zusammenbringt, und in Gegenwart Anderer kann ich keine oder nur die
gleichgültigsten Briefe schreiben, weil es mir immer zu Muthe ist, als
guckten sie mir über die Schulter; so auch jetzt, wo Adele am Ofen sitzt
und ihr Hals, obwohl er eine anständige Länge hat, doch bei weitem nicht
bis zu mir herüber reicht. Aber ich kann nichts Nutzes schreiben und
mit Unnützem ist Ihnen nicht gedient. So will ich denn schließen und
Sie bitten, erstens, mit diesem schlechtesten aller Briefe Geduld zu haben
in Betracht der Umstände und meines festen Fürsatzes nächster und vollständiger Besserung; zweitens, die lieben Ihrigen auf's herzlichste zu
grüßen und drittens die Einlage Ihrem Mütterchen zu geben, das mich
lieb behalten muß, wenn ich gleich ihre lieben Zeilen in diesem Augenblicke nicht beantworten kann, denn ich bin todtmüde, da es fast Mitternacht ist, total vernagelt bin ich auch, confus und wirblich, als hätte ich
einen Kreisel im Kopfe, das macht alles der Sandmann, aber bin ich
Ihnen in meinen vernünftigen Stunden gut genug gewesen, so müssen
Sie mich auch in meinen dummen tragen und ich sage noch einmal
meinen Kinderspruch her: „Die Lieb' ist groß, die Gabe ist klein, auf ein
andermal, hoffe ich, soll es besser sein." Das mag für den Brief und die
Einlage gelten, und nun Gott befohlen, lieber liebster Freund, wenn ich
auch nicht viel Gedanken mehr habe in meiner Dusligkeit, so weiß ich
das doch, daß ich Sie herzlich lieb habe.   Ihre Annette Droste Hülshoff.

   P. S. Wäre nicht morgen in aller Frühe Gelegenheit nach Münster
und dächte ich nicht, es eilte mit der Einlage, so würde ich Ihnen diesen
Wisch nicht schicken; nun aber haben Sie Nachsicht, liebster Freund.

Orig. Prof. Jostes. Gedr. Schlüter 173.

75. An die Schwester. — 1840 Aug. 22.

Samstag d. 22ten August 40.

Ich habe Dir, nach meiner faulen Manier, lange nicht geschrieben, alte Jenny, und nun muß ich gleich mit etwas Unangenehmem anfangen, nämlich daß ich Mama nicht werde nach dem lieben Meersburg begleiten können, weil ich durchaus kein Geld habe. Mama ist halbweg böse darüber und meint es läge an meinem guten Willen, weil sie nicht weiß und nicht wissen darf, wie blutarm ich jetzt grade bin, sonst kriege ich noch einen tüchtigen Rabuff dazu, daß ich mein Geld auf die Zäune hänge *[folgt weitere Ausführung dieses Themas, die auszüglich wiedergegeben ist].* Wirklich habe ich, seit ein paar Jahren, auch sehr beschwerliche Abnehmer, Leute denen mit ein paar Thalern nicht geholfen ist, und die mich, aufrichtig gesagt, dermaßen aussaugen, daß ich mir oft das Nöthigste nicht anschaffen und an meine Liebhabereien natürlich nicht das Geringste verwenden kann . . . Vorerst sitzt der Maler Sprick in Münster, mit Frau und sechs Kindern, wovon das jüngste mein Päthchen ist, und die Leute verhungern beinah . . . Er hat auch ganz gewiß die Schwindsucht und kann schon lange kein lautes Wort mehr reden. Da ich sie nun gut kenne und zuweilen hin gehe, so kann ich das unmöglich so ansehn, und lasse dann, wenn ich merke, daß es zu elend steht, von Zeit zu Zeit ein kleines Oelportrait mahlen [1]), das Stück zu 2 Louisdor, damit sie sich so hinschleppen, bis, wozu alle Hoffnung ist, der Kunstverein im Herbste Spricks (zu Aller Verwunderung) sehr schönes Oelbild, Abrahams Opfer, gekauft hat, was jetzt bald fertig ist. Dann ist vorerst geholfen und er kömmt dann auch in Ruf — ich aber komme bis dahin zu einem sehr leeren Beutel, da ich, unter uns gesagt, dieses Jahr schon 5 Bilder habe mahlen lassen . . . Dann wohnt im selben Hause mit uns in Münster ein armer Theolog und Schützling von Junkmann, dem ich auch nicht habe umhin können 20 Thaler zu geben, und Engels in Geldern will auch verhungern und thut einen Nothschuß nach dem anderen. Das ist noch lange nicht Alles, und nicht viel mehr wie die Hälfte von dem, was ich mir dieses Jahr für dergleichen habe abknappen müssen, denn ich bin jetzt mit so vielen frommen und wohlthätigen Leuten in Verbindung, daß ich nur immer die Hand in der Tasche haben muß . . . Bleibt nur vor Allem im Frühling nicht aus, dann gehn die Monate bis dahin noch wohl so hin, aber dann macht doch um Gottes Willen Ernst,

---

[1]) „Um 1840 saß A. einem Maler Sprick zu Münster zu einem kleinen, ebenfalls viel zu wünschen lassenden Oelportrait, welches sie mir schenkte und das in meinem Besitz ist." So Schücking in der Einl. zu den Ges. Schriften von A. v. Dr.-H. I, 50. Kreiten I, 514 und Jostes (im Euphorion VIII, 805) unterscheiden das Spricksche Bild von dem im Besitz der Familie Schücking befindlichen Portrait.

Du kannst denken wie wir darnach verlangen. Wilmsen und die alte
Amme, die immer meinen sie erlebten das nächste Jahr nicht, waren
sehr betrübt, als sie hörten, daß ihr die Reise aufgegeben. Ich denke
das treibt Dich auch etwas an, denn Du siehst sie gewiß doch gern noch
mahl, und sie sind wirklich nur Leute von Einem Tage, wenn nicht grade
krank, doch ungeheuer gealtert und kühm geworden.

Ich glaube Mama wird nun schon sehr bald reisen [folgt Notiz über
Besuch des Herrn Gaugreben, der „nicht genug rühmen kann, wie niedlich
die Kinder und vor Allem wie hübsch Gundel und wie klug Hillala ist —
die lieben Thierchen! ich habe schon so oft davon geträumt, daß sie hier
wären, wenn es doch endlich wahr würde!" *Dann eine längere drollige
Beschreibung, wie die Kinder in Hülshoff Französisch lernen bei der neuen
Bonne Madame Lecontour,* „einige Vierzig alt, artig, lebhaft, eigensinnig, sehr
hübsch gewesen, voll Ansprüche wie alle Französinnen und ewig belei-
digt, aber wie es scheint brav und sehr resolut"]. Die arme Madame hat indessen noch langweilige und mühsame Tage, obwohl Linchen
ihr Bestes thut und mit ihren zwei Brocken Französisch wie wild darauf
los arbeitet. Du solltest sie mahl hören! „O Madame, je vous prie, don-
nez moi — Dinges — sais pas — avec deux jambes — Scheere —
couper!" Es ist zum Todtlachen! Bei so geringen Mitteln will der beste
Wille denn doch nicht reichen, und Madame ist zuweilen in heller Verzweiflung. „Ah, grace au ciel! Mad. Annette! venéz, venéz [sic!]! je me
debatte et je me fatigue a me faire comprendre. Ah! ah! je suis tout
a fait en nage" ... Von den übrigen Kindern kann ich wenig sagen,
da sie sich, seit meinem letzten Briefe, nicht verändert haben, außer dem
armen Ferdinand, der seit einigen Monaten wie ausgetauscht ist, und
einen so nachdenklichen feinen Verstand und so liebenswürdigen weichen
Charakter entwickelt, daß er jetzt bei Weitem der allgemeine Liebling
ist ... aber er hat die Schwindsucht im höchsten Grade, und wird wohl
nicht bis zum Winter kommen. Gottes Wille geschehe! er nimmt gewöhnlich das Beste.

Vicktorinens[1]) Tod hat Dir Mama geschrieben, die Trauer darüber
ist sehr groß ... Es hat sich etwas Sonderbares bei ihrem (Viktorinens)
Tod zugetragen. Als Karl in der letzten, oder einer der letzten Nächte
bei ihr wacht, sieht er mit einem Mahle, nachdem er zuvor eine Weile
nicht hingesehn, an ihrem Bette ganz deutlich einen Mann stehn, in einer
Art Jesuiten-Tracht, der sich über sie beugt und fortwährend zu ihr
spricht, aber leise. Karl sieht eine ganze Weile starr hin, und es bleibt
immer, sodaß er Alles, Kleidung, Figur, genau beschrieben hat. Mit
einmahl verschwindets wie ein Nebel. Karl geht ans Bett, Vicktorine schläft,
wird aber grade wach und sagt: „Kurios! es war mir als wenn eben

---

[1]) Viktorine v. Twickel, wie sich aus dem folgenden ergibt. Sie starb,
wie Jostes (Euphorion VIII, 787) festgestellt hat, am 22. Juli 1840.

Jemand die ganze Zeit zu mir gesprochen hätte." „Wer denn?" fragt
Carl. Sie sagt: „Ich weiß es nicht, aber er sagte, ich sollte den Husten
zurückhalten und etwas trinken." Ob er mehr gesprochen, sagte
sie nicht, und Carl mochte ihr auch nichts von der Erscheinung sagen,
um ihre Nerven nicht aufzuregen. Alle meinen aber, es sei Vicktorinens
Beichtvater aus dem Schönschen Institute gewesen, zu dem sie ein so
großes Zutrauen gehabt, und den sie oft grade so beschrieben. Ob dieser
nun lebt oder todt ist, wissen sie nicht ... *[Folgen Mitteilungen über das
Grab und den Besuch, den Annettens Schwägerin, Frau Lina v. Droste-Hülshoff,
bei Viktorinens Mutter, Frau v. Twickel, gemacht. Dann einige Personalnotizen,
am Ende der Seite mitten im Satz abbrechend].*

... in seinem Hildesheim[1]) sitzt, dann kann er so wenig rutschen
wie gewisse Leute, die ich, um die Familie zu schonen, Daphnis und
Chloe nennen will[2]). Noch eine Neuigkeit. Theobald Oer ist Bräutigam,
von einer gewissen Marie, weiter habe ich nichts erfahren können. Ich
habe es von der Looz gehört, die ihren Familiennamen und übrigen Verhältnisse nicht kannte, aber „er sei glücklich, in der Ueberzeugung, daß
seine Marie ihn aus Liebe heurathe und sich an sein Uebel gar nicht
stoße", so hat er irgend Jemanden geschrieben.

Herr Wilmsen läßt Dir seinen „unterthänigsten Respect" sagen;
und Du mußt ihm durchaus einige Zeilen antworten, er hat heute [Sonn-
tag] wieder bitterlich drüber geseufzt, „daß sich Fräulein Jenny wohl
nicht würde gefallen lassen, um einige Reihen an ihn zu schreiben".
Vergiß es doch nicht wieder, wir haben ihm schon so oft vorgelogen,
daß Du geschrieben, „im nächsten Briefe wolltest Du auch dem guten
H. Wilmsen antworten" et cet. Meine Alte läßt Dir sagen, „se wull eislike geerne so lange lerven, biis de Frau von Latzberg do west wör,
over se wör bange, et gönge ehr miß". Ich habe jetzt auch ihr Portrait,
sehr ähnlich, und große Freude daran. Es ist Eins von den kleinen Oelbildern die Sprick gemahlt hat, Mama hat es gesehn (von den Uebrigen
kennt sie Mehrere nicht) und meint, Sprick hätte es mir geschenkt, was
auch wahr ist, aber ich habe es hintennach bezahlt. Sie sitzt in ihrem
gewöhnlichen Anzuge und Stellung, beide Arme auf den Tisch gelegt,
fast wie Grimms Mährchenfrau[3]), uud es ist ein allerliebstes Genre-Bild.

---

[1]) Gemeint ist jedenfalls A.'s Onkel Karl v. Haxthausen, Domherr in Hildesheim.   [2]) Der griechische Schäferroman Daphnis und Chloe, angeblich
von Longos verfaßt, war seit dem 16. Jahrhundert in einer Menge von Ausgaben,
Übersetzungen und Bearbeitungen verbreitet. 1832 war die deutsche Übersetzung von Dr. Jacobs erschienen. Die „gewissen Leute", die mit dem Schäfer-
paar verglichen werden, sind natürlich Laßberg und Jenny.   [3]) Die Frau Vieh-
männin, eine Bäuerin aus Zwehren bei Kassel, die den Brüdern Grimm Beiträge
zu den Kinder- und Hausmärchen lieferte. Ihr Bild, von dem Maler Ludwig
Emil Grimm gemalt, ist neuerdings reproduziert in der von R. Steig besorgten
32. Auflage der Märchen (1906). Ein der Beschreibung A.'s entsprechendes
Bild der Amme, auf Holz gemalt, wird auf Schloß Meersburg aufbewahrt.

Nun zu dem was Du über Schücking schreibst. Ich habe ihm die
mögliche Aussicht auf jene Beschäftigung, die der liebe Laßberg so freundlich für ihn ausgesonnen, mitgetheilt, und er hat mir geantwortet, „er
verstehe das Provenzalische allerdings, und habe diesen Zweig der mittelalterlichen Litteratur mit Liebe studirt, so viel er davon in Händen bekommen können, doch hätten ihm nie vorzüglich seltne Sachen und Manuscripte zu Gebothe gestanden, und so könne er sich wohl für Einen
ausgeben, der zum Uebersetzen et cet. zu gebrauchen wäre, ob er aber
zum eigentlichen Forschen Gelehrsamkeit, und vor Allem die zum Vergleichen und Schließen hinlängliche Belesenheit des in diesem Zweige
Vorhandenen besitze, daran zweifle er. Doch habe er sich allerdings in
die Sprache sowohl wie den Geist jener Zeit, und namentlich jenes Landes, mit großer Vorliebe hineinstudirt, und es käme darauf an, wie viel
man von ihm erwartete. Er sei jung, und habe sich selbst mühsam alle
kleinen Quellen aufsuchen und eröffnen müssen" et cet. Kurz, er sprach
sehr bescheiden, wie Jemand der sich scheut neben viel ältern und er-
fahrenern Männern laut zu werden, aber doch sich bewußt ist, daß er
wohl hierin etwas leisten könnte, wenn man ihn auf den rechten Fleck
stellte und ihm die nöthigen Quellen zu Gebothe ständen. Wenn also
dergleichen Arbeiten wirklich vorgenommen werden, so glaube ich wenigstens versichern zu können, daß er sich an Nichts geben wird, was
er nicht auch glaubt mit Ehren vollführen zu können. Ueberhaubt, wenn
ihr Lieben etwas für ihn thun könnt, dann ist das ein wahrhaft christ-
liches Werk, denn er vergeht täglich mehr, wie ein stehendes Wasser,
und Caravachi sagte noch vor einigen Tagen, wer ihn vor zwei Jahren
gekannt, müßte über die Veränderung erschrecken. Eine Stelle an einer
Bibliothek, wenn auch nur eine untergeordnete, wäre das Wahre für ihn,
da könnte er sich nach Herzenslust satt studieren und würde gewiß was
Tüchtiges leisten. Auch zum Privatsecretair irgend einer bedeutend ge-
stellten Person wäre er seiner vielseitigen (auch juristischen) Kenntnisse,
seiner Fertigkeit in der französischen und englischen Sprache und seines
zuverlässigen Charakters wegen, gewiß sehr zu empfehlen. Das ist nicht
mein Urtheil, sondern das von gescheuten und kenntnißreichen ältern
Männern, z. B. vom Ober-Regierungsrath Rüdiger, der für einen ausgezeichneten Mann und Staatsbeamten gilt, und ihn sehr schätzt. Uebrigens
hätte August ihn bei einem Haare angebracht, bei der regierenden Gräfin
zu Stolberg-Werningerode, als Privatsecretair, wo er sich in die Geschäfte
und Verhältnisse des Ländchens hineinstudiren, und dann die vacante
Justizrathstelle erhalten sollte, die so lange für ihn losbleiben sollte. Die
Gräfin hatte schon zugesagt, da sie aber kinderlose Wittwe ist und nach
ihrem Tode Alles an Agnaten übergeht, die schon jetzt zu Allem ihre
Stimme geben, so wollten diese nicht, daß die Stelle (als Justitzrath) so
lange unbesetzt bliebe, und hatten auch schon einen Protegé dazu in
Vorschlag, so konnte sie es nicht durchsetzen. Es war mir sehr leid!

So eben lese ich aus der Zeitung, daß Leopold Stolberg[1]) todt ist, am Schlage, — jetzt hat die Gräfin Stolberg fünf ihrer Kinder verloren und mit Paula[2]) steht es auch schlimm. Die muß immer auf dem Sopha liegen, vor Rückenschmerzen, Husten et cet. Früher schob man es auf ihre Umstände, nun ist das Kind aber über ein halbes Jahr alt, und Nichts bei ihr gebessert *[folgen einige kleine Personalien].*

Die Bornstedt ist wohl, noch immer in Entzücken über Euch und Meersburg, und in diesem Jahr unvernünftig stark geworden, mit mir in die Wette . . .

Und nun adieu, dem lieben Laßberg 1000 Herzliches, die kleinen Mädelchen küsse ich, und Du must nur fortfahren, ihnen fleißig von mir zu erzählen, dann haben sie mich lieber, wenn sie kommen. Adieu. Deine Nette.

    Orig. Meersburg. Unvollständig erhalten, ein Oktavblatt und ein auf der inneren Seite eng beschriebener Umschlag mit Poststempel 24. 8. Der mittlere Teil, wahrscheinlich ein ganzes Oktavblatt, fehlt. Aus dem ersten Teil hat Hüffer 224 Auszüge gegeben, den Schluß (Umschlag) erwähnt er, ohne den Zusammenhang mit dem ersten Teil zu erkennen, an anderer Stelle (196) mit dem irrigen Datum 24. August 1839.

76. An August v. Haxthausen. — Rüschhaus [1840] Aug. 29.

Vgl. unten Anhang.

77. An die Schwester. — Rüschhaus [1840] Sept. 2.

Rüschhaus d. 23ten Sept.

    Mama reisst noch heute ab, und ich benutze den Augenblick wo sie schreibt, um einen Brief an Dich, liebe Jenny, der vor ihr ankommen soll, wenigstens anzufangen. *[Folgen Mitteilungen über die Reisedispositionen der Mutter.]* Sie hat wieder ihren eigenen Wagen, und fährt mit Extrapost. Du hast hieraus schon abgenommen, liebe Jenny, daß ich nicht mitkommen kann, obwohl Du mich sogar auf Deine eignen Kosten dort haben willst, was mich recht gerührt hat. Du bist doch ein guter Haus, daß Du so viel an mich wenden willst, und ich danke Dir herzlich dafür. Glaub' mir nur, es ist keine Plaisirlichkeit, weswegen ich hier bleibe, es ist wegen den *[sic!]* armen kleinen Ferdinand *[folgen Mitteilungen über den hoffnungslosen Zustand ihres Neffen Ferdinand in Hülshoff].* Ich denke also den Winter über in Hülshoff zu sein, und mich mit Luisen bei ihm ab-

---

    [1]) Graf Leopold Stolberg-Stolberg, Sohn des bekannten Grafen Friedrich Leopold, starb am 9. August 1840. Vgl. A. an ihre Mutter 1841 Januar 5. Er war Kreishauptmann zu Salzburg.

    [2]) Pauline, jüngste Tochter des Grafen Friedrich Leopold, die 1828 den Freiherrn Nagel von Itlingen († 1832) und 1838 den Freiherrn Wilderich von Kettler heiratete, einen Bruder des späteren Bischofs von Mainz.

zuwechseln. Es ist eine harte tour, und ich scheue ungeheuer davor,
aber es muß doch geschehn ... Es ist ein Schicksal! Und der Junge
grade der Ausgezeichneteste, und jetzt auch der Netteste von Allen, so
fromm und nachdenklich! Er ist diesen Frühling mit so großer Andacht
zur ersten Beicht gegangen, daß man fürchtet es habe ihm geschadet,
und nachher sagte er: „er wollte, daß er alle Tage beichten dürfte, sonst
wäre ihm angst, daß er doch nicht gut würde, und immer wieder sün-
digte". Seitdem ist das Kind ganz umgewandelt, und so liebenswürdig
daß es Einen rührt ... Ich finde es weniger traurig, wenn er jetzt, so
fromm und unschuldig, und ohne seinen Zustand einzusehn, stirbt, als
einige Jahre später. Doch genug hiervon. Mich dünkt Du kannst hiernach wohl überzeugt sein, daß ich lieber zu Dir käme, als zu dieser
harten tour hier bleibe. Ich war auch so auf den [sic!] Punkt zu kommen, denn Mama hatte mir wirklich angebothen, mich umsonst mitzunehmen, und damals glaubte ich Ferdinand wäre besser, aber seit ich
genau weiß wie es steht, kann ich nicht daran denken fortzugehn.

   [Es folgen Instruktionen für die weitere Korrespondenz. „Ich werde
in Zukunft in die Briefe an Dich immer ein loses Blatt einlegen, um
darauf zu schreiben, was nicht Jedermann lesen soll, denn ich weiß wohl,
daß Mama sie der ganzen Welt vorlesen wird, nicht allein die an Sie, sondern auch die an Dich, und daß es sie verdrießen würde, wenn Du sie
ihr verweigertest." Ankündigung zweier Damen zum Besuch in Meersburg,
„keine Verwandte, aber gute Bekannte". Die französische Gouvernante in
Hülshoff. Unterbringung von drei jungen Dienstmädchen, die Tante Ludowine
geschickt hat.]

   Nachmittags. Mama ist vor einer halben Stunde fortgereisst.
Gott schütze sie! Ich lasse sie doch immer mit großer Angst reisen, obwohl sie, Gottlob, stärker ist wie wir Alle. Ich bitte Dich, Jenny, laß
es doch im Frühlinge nicht so weit ins Jahr hinein schlören ehe ihr
kommt. Es ist eine traurige Sache daß wir so weit von einander wohnen, und nie Alle zusammen sind. Ich bin nun allein, und gehe einem
trübseligen Winter entgegen, doch es ist mir mahl von Gott auferlegt,
und ja auch mein eigner freier Wille. Das soll sich aber nicht auf Mamas Fortgehn beziehn, obwohl mir das auch hart ist, ich läugne es nicht,
sondern auf den kleinen Ferdinand. [Es folgt eine Menge kleiner Personalien,
Todesfälle, Verlobungsangelegenheiten usw. Nahe gegangen ist ihr der Tod von
Bella Wiemar, „sie war sehr liebenswürdig, und hat mir allein den Aufenthalt zu Arçen[1]) so angenehm gemacht". Annette hat ein Gedicht gemacht auf „das selige Stanzchen", die Tochter von Joseph Droste[2]). Auf der
dritten Seite eine große Lücke, da die Hälfte des zweiten Blattes mit der auf der
vierten Seite stehenden Adresse ausgeschnitten ist. Dann weiter:]

---

   [1]) Näheres über den Aufenthalt A.'s bei der Familie v. Wymar auf Schloß
Aerssen bei Venlo Kreiten I, 207.
   [2]) Gemeint ist das Gedicht „Die Mutter am Grabe" bei Kreiten III, 435.

... ungefähr wie in Stapel oder Bökendorf. Liebe Jenny, ich habe Maman einige niedliche Kupferstiche nach Overbeck für Dich mitgegeben, vier, und ein fünftes niedliches Bildchen, eine heilige Familie. Sie haben nicht viel Werth, aber sind doch ganz allerliebst. Und dann einen Kalender, Coelestine, in dem meine „Pfarrers Woche" abgedruckt ist, nebst Gedichten von Junkmann und der Bornstedt, leider keine besondern. Ueberhaupt ist das Taschenbuch nicht besonders, aber ich denke er freut Dich doch, der bekannten Namen wegen ... Die „Bernhard" unterschriebenen Gedichte sind auch von Junkmann und die Grillen recht hübsch. Sternberg[1]) ist auch aus Münster, Arzt, und soll ein sehr gescheuter Mensch sein, der jetzt von Münster fortgezogen ist, weil er Lisbetchen Doors heurathen will, was dort nicht gut für ihn anging, wo sie so lange als Bauern- und Wirthsmädchen gelebt, und das Publickum mit ihren Spässen unterhalten hat. Doch ich glaube er schreibt nicht unter seinem Namen — richtig „Jakob" das ist er, und der große geistliche Sonettenkranz von ihm, den Viele sehr schön finden, ich so so.

Meine Amme schickt Dir auch eine schwarze Mutter Maria, und Laßbergen einen desto bunteren goldig blanken Joseph, um den sie mit großem Fleiße und noch größerer Kunst eine herrliche Einfassung von Kattun und rothen Papiersternen gemacht hat. Ich habe hinter beide eure Namen und den ihrigen schreiben müssen. Auch Fußmatten für die Kinder schickt sie, die Eine von Schilf, die Andere, da ihr das Material ausgegangen war, von Heede, was sie zwar selbst nicht ganz so schön aber desto wärmer findet, „et wör besonders gutt vör de kinner de föötkes drup te setten, wenn se ens den Schnuwen hädden". Wilmsen hat sich ungeheuer über Deinen Brief gefreut, und den ganzen Tag nichts gesagt wie „Unschuld Unschuld", und „die Reihen würden von mir aufbewahrt werden". Notabene kannst Du mir nicht wieder eine so schöne Mundharmonika versorgen, wie mir Laßberg in Eppishausen geschenkt? *[Folgt längere Ausführung über diesen Wunsch.]* Notabene verbrenne diesen Brief doch oder lege ihn gut fort, es steht so Vieles darin was nicht für Mama paßt. Sprich lieber wenn sie da ist gar nicht oder nur ganz oberflächlich davon, sonst will sie ihn sehn und das geht doch nicht. Am Besten ists Du verbrennst ihn. Adieu, 1000 Herzliches an den lieben Laßberg. Daß ich alle seine Herrlichkeiten dieses Mahl nicht sehe geht mir durch die Seele, besonders die Münzen, aber es ist nun mahl so und ich muß dieses mit hinnehmen, zu dem übrigen Unangenehmen was mein Hierbleiben hat. Die Kinderchen küsse ich, die kriege ich nun auch ein halbes Jahr später zu sehn! Es geht Alles quer. Adieu, Deine Nette.

Orig. Meersburg, durch Ausschneiden eines halben Blattes unvollständig. Das fehlende Jahr bestimmt sich schon durch die Erwähnung des kranken kleinen Ferdinand, der im Winter 1840 starb, vgl. Briefe an Betty v. Haxthausen 1840 Dez. 12, an die Mutter 1841 Januar 5 usw.

[1]) Dr. med. Sternberg, geb. 1807, wirkte als Arzt in Bocholt.

78. An Ludowine v. Haxthausen. — Rüschhaus [1840] Nov. 2.

Rüschhaus d. 2ten Allerseelentag. spät.

Ich schreibe Dir in größter Eile, liebste Ludowine. Es betrifft
Emilien, die seit 14 Tagen wieder hier ist, und der ich jetzt einen andern guten Dienst aufgetrieben habe. *[Der Brief verbreitet sich, auch in
einer Nachschrift, sehr eingehend über die Angelegenheiten verschiedener Dienstmädchen.]* Die Kindermädchen in Münster sind jeder Verführung ausgesetzt, und es macht wenig Unterschied ob sie gute oder schlechte Herrschaften haben, da sie fast den ganzen Tag sich selbst überlassen sind,
und unterm Bogen oder auf dem Domhofe, Schloßgarten, Wall mit den
Kindern herumziehn, in Gesellschaft von andern Mädchen ihres Gleichen,
die in der Regel alle nicht viel werth sind, und sich nur aufs Kokettiren
mit den Herrn legen, die sich besonders auf diese Mädchen spitzen, und
unter dem Vorwande mit den Kinderchen zu sprechen mit ihnen anzu-
binden suchen, wie man alle Tage sehn kann, wenn man in Münster
ist . . . Ich kann Dir nicht sagen wie mir Mama an allen Ecken fehlt,
viel mehr wie das vorige Mahl, es wird mir ordentlich schwer in ihr
Zimmer zu gehn, und kömmt mir jetzt so öde und verwaißt hier vor,
daß ich schon deswegen nach Hülshoff gehn würde, wenn mich auch
nicht andre Gründe dazu bestimmten. Der arme kleine Ferdinand ist
übrigens, nach seiner Art, sehr wohl, obschon freilich noch immer armselig. Wer weiß, Gott erhält ihn vielleicht, und ich kann es nicht lassen
Hoffnung zu fassen, obgleich ich mir sagen muß, daß sie eigentlich thöricht ist, da der Arzt doch noch wenige oder gar keine hat . . .
Deine Nette.

[Adresse:] Dem Freifräulein Ludowine von Haxthausen Hochwohlgeboren zu Brede.

**Orig. Meersburg. Poststempel Münster 3. 11. Das fehlende Jahr zweifellos
1840, da dieselben Dienstbotenangelegenheiten in dem Briefe Annettens an ihre
Mutter 1841 Januar 5 wiederkehren.**

79. An Ludowine v. Haxthausen. — Hülshoff 1840 Nov. 15.

Hülshoff d. 15ten November 40.

Ich schreibe Dir in einem sehr betrübten Augenblicke, liebste Ludowine. Wir haben uns in den letzten Wochen Alle über den Zustand
unsers lieben kleinen Ferdinands getäuscht, der wirklich etwas stärker
zu werden schien. Statt dessen war es nur ein ungesundes Anschwellen.
Samstag als ich kam (den 7ten) gieng er noch umher, aber mit ganz ge-
schwollenen Füßen, Dienstag stand er nicht mehr auf, vor großer Schwäche,
und verlor allen Appetit, beichtete aber denselben Tag mit großer Andacht und empfing die heilige Oelung. Von da an lag er, ohne Schmerzen noch Beklemmung, und ganz verständig, aber immer schwächer, so

hin bis gestern Morgen, wo er um zwölf Mittags, fast ohne daß man
es merkte, eingeschlummert ist. Werner und Lina sind gefaßt, aber
doch sehr betrübt, und wir Alle sind es, denn das Kind war so sehr lieb
in den letzten Jahren. Gott hat es gegeben, Gott hat es genommen, es
ist jetzt wohin es gehört, mit seinem frommen reinen Sinne, das sagen
wir uns Alle vor, aber die Natur verlangt ihr Recht. Ich freue mich daß
ich noch habe diese acht Tage hier sein und thun können was ich vermochte. Zu dem Kinde kam ich zwar nicht viel, von dem war Line mit
aller Ueberredung nicht wegzubringen. Werner ist weit angegriffener
wie Line, und es wäre ihm ungeheuer schwer geworden, wenn er Euch
und nach Meersburg die Nachricht hätte schreiben müssen. Ich habe
ihm also Beides abgenommen, da ich doch an Jenny, und auch Dir wegen
Emilie schreiben mußte, und ich hoffe Du bist nun so gut und läßt es
die andern Oncles und Tanten wissen, vorzüglich Fritzen, der ihm zuweilen schreibt und sich nach dem Kinde erkundigen könnte, als wenn
es noch lebte, was Wernern sehr betrübt machen würde.

Nun muß ich Dir wegen Emilien sagen *[folgt sehr eingehender Bericht über einige Schützlinge der Adressatin, die als Dienstmädchen untergebracht sind]*.

Von Maman habe ich vor einigen Tagen wieder einen Brief, den
Carl Laßberg[1]), der in seine Garnison nach Mainz gekehrt ist, bis dort
mitgenommen hatte. Er lag in einer Schachtel mit Geschenken für
das selige Ferdinändchen, an denen das arme Dinge sich noch zuletzt
sehr gefreut hat. Auch ein Brief an Sophie war darin, den ich sogleich
zur Post gegeben habe, aber ohne ihr dabei zu schreiben. Ich konnte
es in dem Augenblicke nicht, es war nicht möglich, ich hatte den ganzen
Tag die Kinder auf meinem engen Zimmerchen (da die Kinderstube und
auch Wohnstube zu nah am Krankenzimmer lagen), das Kleinste auf dem
Schooße und die Andern wie Kletten an mir hängend, bis Abends zu
Tische, und nachher war ich froh mich nur in mein Bette legen zu
können. Ich denke Sophie nimmt es mir nicht wie eine Unfreundlichkeit
auf, ich will ihr auch nun schreiben sobald ich kann.

In Mamas erstem Briefe war eine kleine Beschreibung der Reise.
Onkel Moritz hatte sie bis Coblenz gebracht. Auf dem Dampfboote war
er von einem Offiziere, der ihn an der Sprache für einen Westphalen erkannte, auf plattdeutsch angeredet worden. Es fand sich daß es ein
Hauptmann Walter, in österreichischen Diensten, Freund von Carl Laßberg und aus Soest gebürtig, war. In Coblenz sah Mama Gretchen, die
sehr erfreut und herzlich gewesen sei. Bis Mainz hat der Hauptmann
ihren ritterlichen Beschützer gemacht, und dort fand sie Carln L[aßberg]
am Ufer, was er seit drei Tagen fast nicht verlassen hatte. Dieser habe
auf der weitern Reise (die sie von da aus in ihrem eignen Wagen, mit

---

[1]) Sohn Josephs v. Laßberg aus früherer Ehe.

Extrapost machte) aufs Beste für sie gesorgt, und sie habe sich um nichts zu bekümmern brauchen. Als Kammerjungfer hat sie Mathilden mit, die im Herbste bei der Merode fortgegangen ist, aber, wegen allerlei Auseinandersetzungen ihres Bräutigams mit seinen Geschwistern, vor dem Frühlinge nicht heurathen kann. Mama ist sehr zufrieden mit ihr, die Merode hat sie so gut eingelehrt, daß sie jetzt überaus geschickt und brauchbar ist und Mama Mariechen nicht vermißt, was viel sagen will. Den 6ten, Abends 7 Uhr. sind sie zu Meersburg angekommen. Laßberg und Jenny waren ihnen schon seit mehreren Tagen weit entgegen gegangen, dieses Mahl wohl eine Stunde weit, und eben sehr müde zu Hause gekommen, als sie das Klopfen am Thore hörten. Jenny rief zum Fenster hinaus „wer ist da?“ Mama antwortet „hup hup!“ und hört Jenny rufen „sie sinds! sie sinds!“ und nun stürzt Alles die Treppe hinunter, die Kinder im Galopp voran, und die Freude ist sehr groß. .

Von den Kindern schreibt Mama, daß sie allerliebst seien, niedliche Figürchen, wie die Heesenschen Kinder, von Gesicht nicht so regelmäßig wie diese, aber doch niedliche freundliche Gesichterchen, und überaus fromm und gehorsam, besonders Gundel, die ungeheuer an Malchen erinnere. Hillala sei um zehn Procent klüger, aber weniger gehorsam und herzlich, doch in Vergleich mit andern Kindern auch Dieses noch sehr. Gelernt haben sie noch nichts, wissen aber eine Menge biblischer Geschichten, und viel vom Schutzengelchen. Laßberg ist viel jünger geworden und ganz vortrefflicher Laune, und Carl wie vernarrt in die kleinen Schwesterchen.

Im zweiten Briefe steht nichts, was Euch interessiren könnte, außer daß damals (22ten October) die Schweiz schon schneeweiß vor ihnen lag. In Meersburg hatte es noch nicht geschneit, war aber so kalt, daß die großen Zimmer kaum lauwarm zu machen waren, und Mama meint, ich wäre dort längst erfroren. Jenny und Laßberg wusten aber nichts davon, eben so die Kinder, die den ganzen Tag braun und blau von Kälte, aber so lustig wie Kanarienvögel wären. Sonst enthält der Brief nur Erkundigungen nach jedem einzeln, in Hülshoff, Rüschhaus, Bökendorf, Apenburg, Brede et cet., kurz nach Allem, und eine Masse von Aufträgen für Hülshoff und Rüschhaus.

Was Du mir von Sophie und Werner[1]) schreibst, macht mich recht betrübt, besonders das Letztere, denn mit dem Augenübel der guten Sophie wird es doch wohl so vorübergehn, hoffe ich, wenn sie sich schont, da sie zwar immer schwache Augen, aber ich doch nie gehört habe, daß sie Anlage zu einem eigentlichen Augenübel hätte. Aber mit Wernern — nun, er steht in Gottes Hand, wie wir Alle, ohne dessen Willen kein Sperling vom Dache fällt. Liebe Ludowine, ich habe gestern an einem Sterbebette gestanden, und heute wohl zehnmahl bei der Leiche.

---

[1]) Geschwister der Adressatin.

So lege es mir nicht verkehrt aus, wenn mir heute das Leben wie Nichts vorkömmt, und der Tod kein Uebel, weder für mich noch Andre. Nur die rechte Disposition, darum laß uns bethen, für uns, für Andre und namentlich für Werner, der dem Ziele näher scheint wie wir. Ich will schließen, liebes Herz, das Schreiben wird mir heute sauer, ich habe nur Einen Gedanken und Ein Bild vor Augen, und es wird mir schwer auf etwas Anderes einzugehen. Adieu, Liebe, Deine treue Nette.

PS. 1000 Grüße an Agnes, Therese, Minna. Wegen der Therese [1]) Schücking habe ich nochmahls mich an die Kleudgen gewandt, wieviel sie denn eigentlich Kostgeld verlangt. Der Bruder will sehn ob er es ersparen kann, da er Paulinen nicht bei der Stiefmutter lassen darf und sonst nirgends mit ihr hin weiß, wo sie zugleich ganz sicher aufgehoben ist und sich weiter ausbilden kann. Grüße doch auch Alle in Bökendorf, Hinneburg et cet. von mir. Ich bin todtmüde und herunter, wie wir Alle hier.

Wegen der Lieder für August ist nun schon zweimahl nach Bochold geschrieben, und immer noch keine Antwort. Bitte, sage ihm das doch, damit er nicht denkt, es liege an meiner Nachlässigkeit.

Orig. Meersburg. Oktavbogen, sehr schön und deutlich beschrieben, auf der 4. Seite die Adresse an Ludowine v. Haxthausen zu Brede, Poststempel Münster 19. 11. Etwas ausführlicherer, aber auch noch gekürzter Druck von W. v. Scholz in der Berliner Frauenrundschau V, Heft 4 vom 27. Jan. 1904 S. 119, mit kleinen Fehlern in einigen Namen (Doctor Grüver, Botendorf, Himburg statt Gräver, Bökendorf, Hinneburg).

80. An Betty v. Haxthausen. — Hülshoff 1840 Dec. 12.
Vgl. unten Anhang.

81. An die Mutter. — Hülshoff 1841 Jan. 5.

Hülshoff den 5ten Janu[ar] 41.

Ein glückseliges neues Jahr, meine liebe Mama, Dir, und der lieben Jenny, und Laßberg, die Kinderchen nicht zu vergessen. Wir sind Alle, gottlob, wohl, und so ziemlich in dem alten train, obwohl unser kleines Jüngelchen uns, wie Du denken kannst, noch überall fehlt [2]). Werner studirt fleißig ein altes Document nach dem andern, was ihn beschäftigt und zerstreut. Linchen ist auch gottlob wohl, wird aber ungeheuer stark und unbehülflich, und plagt sich soviel mit den Kindern herum, daß ihr nicht zu vielen andern Gedanken Zeit bleibt. Ich habe aber zu meiner Freude bemerkt, daß sie sich jetzt sehr mit dem Tragen und sich auf

---

[1]) Schreibfehler statt Pauline, wie es gleich darauf heißt. Paul Schückings (Vater des Schriftstellers) zweite Frau (1832) war Ottilie Gesina Brück aus Osnabrück. Haus-Chronik der Familie Schücking 38. 39.

[2]) Ihr kurz vorher verstorbener Neffe Ferdinand. Vgl. Brief an Ludowine v. Haxthausen 1840 Nov. 2.

den Leib liegen lassen der Kinder in Acht nimmt, wo ich mich früher oft über geängstigt habe. Heinrich wächst ungeheuer, Du wirst Dich verwundern, Mama, ich glaube er ist gewiß schon zwei Fingerbreit gewachsen, seit Du fort bist, und ist eigentlich gar kein Kind mehr, sondern ein junger Mensch, will auch schon etwas fürstellen, macht zuweilen französische Conversation mit Madame, und kömmt alle Tage ein oder zweimahl in mein Zimmer, um äußerst weise Reden zu führen, ist aber dabei ein sehr guter Junge. Anna ist wie immer, gutmüthig et cet., nur spielt sie nicht mehr, und hat diesen Weihnachten zum ersten Mahl keine Puppe, und überhaupt nichts von Spielsachen bekommen, ich sehe auch nicht, daß sie die alten mehr hätte, sondern sie näht, stickt Pantoffeln et cet., ganz wie ein erwachsenes Frauenzimmer, und sieht auch beinahe so aus, denn ihre Figur formirt sich sehr, was mir leid ist, weil ich fürchte sie wird nun nicht groß, sondern eine Art Figur wie Fanny oder Marie Stapel bekommen. Mit Madame [1]) und ihr geht es etwas besser, sie haben sich jetzt ziemlich an einander gewöhnt. Madame sieht wohl ein daß wir ihr die Wahrheit gesagt, und das Meiste natürliches Phlegma und Unbehülflichkeit bei Anna ist, was sie für bösen Willen genommen, darum ärgert sie sich nicht mehr darüber, und Anna mag jetzt Madame auch so ziemlich leiden, — es geht so so. Ueber Max, Thereschen und Clemens kann ich nicht viel sagen, sie wachsen gut, sind aber übrigens vollkommen unverändert, sowohl an Gesicht als Manieren, und ich glaube, Du wirst nicht mehr Veränderung daran finden, als wenn sie Schuhe mit Absätzen angezogen hätten. Max noch immer ein guter Schlucker, ein subtiles Jüngelchen, sehr kindisch, und schläft auf dem Kanapee ein. Thereschen, ein kleiner dicker Stempel, hübsch, zuweilen spröde, im Ganzen doch zuthunlicher seit Kurzem. Clemens spricht noch nicht viel deutlicher, wird auch noch nicht scheuer, sondern hat alle seine alten niedlichen Manierchen, er lügt nie, und wird ganz aufgebracht, wenn man ihm die Unwahrheit sagt, was man bei Kindern so leicht thut, besonders wenn sie alles in die Finger nehmen, wo man dann sagt: „Laß stehn! Es ist nichts darin!" So hatte das Linchen neulich von einer Schachtel gesagt, in dem Augenblicke wo er sie schon verkehrt aufmachte, und den ganzen Inhalt auf die Erde warf. Sie wollte ihn ausschmälen, aber da kam sie schön an: „Du Hügensack! Schäme Dich! Das habe ich nich hewußt, daß Mutter en Hügensack is." Wir brachten nur geschwind was Anderes aufs Tapet, daß er es vergaß. Friederich hat sich, seit Kurzem, doch heraus gemacht. Sein Beinchen ist zwar noch krumm, aber doch heil, und thut ihm gewöhnlich nicht weh, nur bei Wetterveränderung hat er einen Barometer darin, ein Art Ziehen wie Rheumathismus, doch nicht stark. Ich glaube Carl Twickel hat das auch,

---

[1]) Die französische Bonne auf Hülshoff, Madame Lecontour. Vgl. Brief an die Schwester 1840 Aug. 22.

und überhaubt Alle, die irgend ein besonders schwaches Glied haben,
das läßt sich auch noch tragen. Sonst sieht er, nach seiner Art, gut
aus, und ist, in jedem Betracht, viel mehr Wernüll in ihn gekommen,
ließt auch schon ziemlich, so daß er, zu seinem Vergnügen, kleine Geschichten lesen kann. Möhrchen ist sehr freundlich, und würde jetzt
allerliebst sein, wenn er nicht so oft Ausschlag, schlimme Augen et cet.
hätte. Er erkältet sich leicht, verdirbt sich auch leicht den Magen, was
dann gleich auf eine solche Weise sich nach Außen wirft, was auch das
Beste ist, aber ihn doch für den Augenblick weniger niedlich macht.

Weihnachten waren die Kinder ganz glückselig. Heinrich bekam
einen ganzen Jagdapparat, ein neues Gewehr, Jagdtasche, Pulverhorn,
Hagelbeutel, Peitsche und Kuppel, sonst Kleidungsstücke. Anna ein gol-
denes Uehrchen und auch Kleidungsstücke, eine schwarze Kaputze mit
Pelzrand, einen einfachen grauen Winterhut, Pelzhandschuh, Schnupf-
tücher, Nachthauben, ein tägliches Kleid, ein paar Schürzen. Mäxchen
und die Uebrigen alle viel Kleidungsstücke, aber doch auch Spielsachen,
worunter ein Kasten mit Klötzchen zum Bauen und zwei Kinderflinten jetzt
eine lächerlich wichtige Rolle spielen. Denk Dir, jeden Abend wird ein
großes Schloß gebaut, was dann Heinrich, Max und Werner à la tete
mit den Flinten niederschießen. Es geht sehr langsam, da die Klötzchen
so schwer sind, daß jedes wohl zwanzig mahl muß getroffen werden,
ehe es nur auf die Seite rückt, dann ein lautes Geschrei „er hat sich bewegt! er hat sich bewegt!“ oder „er hat sich rund umgedreht!“ Ich muß
zuweilen vor Lachen aus dem Zimmer gehn, wenn ich meinen soliden
Bruder so triumphiren höre, als wenn er wenigstens eine Sau geschossen
hätte. Aber Werner ist wie toll darauf, er kömmt Abends eine halbe
Stunde früher herunter, um das Schloß recht kunstgerecht mit aufstellen
zu helfen, und damit es gleich nach Tische angehn kann. Ich wollte Du
sähst ihn mit seiner Kinderflinte, roth vor Hast um den Kopf — es ist
unbeschreiblich lächerlich. Line meint das Plaisir würde den ganzen
Winter vorhalten.

Madame [1]) hat auch eine schöne Haube bekommen, einen gestickten
Kragen et cet. Wittower [2]) ein sehr hübsches Dejeunée mit Goldrand. Er
freute sich sehr darüber, da sie ihm an dem, was er vor ein paar Jahren
in der Lotterie gewonnen und in Gebrauch genommen, beim Waschen in
der Küche allerlei zerbrochen hatten, worüber er ungeheuer ärgerlich war.
Mit diesem soll es aber nicht so gehn! Das will er wegschließen! Madame
hingegen sagte kein Wort, ich glaube sie hat ganz was anderes erwartet,
etwa ein schönes seidenes Kleid oder desgleichen. Sie hielt zwar gut Contenance und zeigte keine üble Laune, aber auch mit keiner Silbe daß es sie
freute. Sie ist doch eine kuriose Person, zwar nicht schlimmer wie andre Fran-

---

[1]) Madame Lecontour.
[2]) Der Hauslehrer auf Hülshoff. Vgl. Brief an die Mutter 1837 Okt. 24.

zösinnen, gescheut, andächtig, und wer es gut mit ihr stehn hat, kann sie um den Finger wickeln, giebt auch sehr guten Unterricht, aber sonst voll Wunderlichkeiten. Sie versteht noch kein Wort deutsch, und giebt sich auch gar keine Mühe es zu lernen. So sitzt sie bei Tische wie die Ritterinn von der traurigen Gestalt, und wenn nur das Wort Frankreich oder Paris genannt wird, meint sie es gehe über sie her, steht zuweilen auf, und geht fast weinend hinaus. Ich passe jetzt immer auf und über- setze ihr das Gesagte, dann ist es gut — aber wer kann immer dahinter sitzen? Zum Glück hat ihr Zorn oder Kummer keine weiteren Folgen, nach einer Stunde ist Alles vergessen. Dennoch lamentirt sie noch mit- unter, als ob sie jede Stunde aus dem Hause laufen wollte, aber fünf Minuten darauf lacht sie wieder, daß das ganze Haus schallt. Kurz sie ist eine ächte Fransösinn, eine verbesserte Gauthiez, denn sie lügt nicht, und sucht ihren vermeintlichen Feinden und Beleidigern nicht zu schaden. Unter diesen steht Wittower obenan, der bei Tische beständig die Politik aufs Tapet bringt, und wohl zwanzigmahl Paris und Franzosen sagt. Ich kann aber doch nicht sagen, daß ich sie gar nicht möchte, sie ist im Grunde gutmüthig, etwas Haß ist zwar in ihr, aber er wurzelt nicht tief, man kann ihn ihr jedesmahl für eine Zeitlang wieder ausreden, und sie ist gar nicht rachsüchtig.

Für eine Französinn darf man auf nichts Besseres rechnen, wie ich jetzt auch leider an der Perard sehe. Denke Dir, vor etwa 14 Tagen erhalte ich zwei Briefe zugleich, einen von Tante Betty, den andern von der Perard, die jetzt beim Abschiede auf Leben und Tod an einander sind, von wegen der Moneten, und sich Beide auf mich unglückliche Person berufen, weil ich die Perard angenommen. *[Folgt eingehende Dar- stellung des verwickelten Streitfalls, wobei auf den Brief A.'s an die Tante Betty v. Haxthausen 1840 Dez. 12, Kreiten IV, 299, verwiesen wird.]*

Tante Dine[1]) ist jetzt in Herstelle, und es ist bisher so gut ge- gangen, daß sie gar nicht wieder nach Kemperfeld ziehen will. *[Folgt eine lange Reihe Nachrichten von Verwandten und Bekannten, die nur auszüg- lich mitgeteilt werden können.]*

Die arme Gräfin Stolberg[2]) muß doch schrecklich viel erleben! Es sind jetzt wieder drei Trauerfälle in der Familie. Du weißt, Leopold[3]) war mit einer Ungern-Sternberg verheurathet, und sie erwarteten jetzt

---

[1]) Bernardine v. Droste, Witwe des Onkels Max Friedrich v. Droste.

[2]) Gräfin Sophie von Stolberg-Stolberg, Witwe des bekannten Konver- titen Friedrich Leopold.

[3]) Leopold Stolberg, Sohn der Gräfin Sophie, war verheiratet mit Chri- stiane Gräfin Sternberg-Manderscheid. Die Angabe, er sei vor vier Wochen gestorben, ist falsch; wohl Schreibfehler statt „vor vier Monaten". A. erwähnt seinen Tod (1840 Aug. 9) schon in dem Brief an ihre Schwester 1840 Aug. 22. Seine Frau starb 1840 Dez. 22, drei Tage nach der Geburt eines Kindes (Franz Joseph). Die betr. Daten im Genealog. Jahrbuch des deutschen Adels für 1844 (Stuttgart) S. 264.

das erste Kindchen; vor vier Wochen legt sich nun Leopold hin und
stirbt (ich glaube an einem Nervenfieber) und die Frau erschreckt sich
so darüber, daß sie gleich nach ihrer Niederkunft (vor etwa 14 Tagen)
ein Entzündungsfieber bekömmt, und nach ein paar Tagen todt ist. Das
Kindchen lebt. Die Gräfin will es, sobald es drei Jahre alt ist, zu sich
nach Braunau nehmen und erziehen. Den dritten Fall weißt Du vielleicht
schon, nämlich daß Philippinens Sohn Bodo Stolberg [1]) zu Würzburg, wo
er studierte, so unglücklich im Duell erschossen ist. Die Kugel ist mitten
durchs Herz gegangen ... Bodo hat vor dem Duell an seinen Vater geschrieben, „daß dieser Mann ihn seit lange auf alle mögliche Weise zu
reitzen suche, so daß er jetzt nicht mehr ausweichen könne; er habe die
feste Ueberzeugung, daß er fallen werde, und bitte seinen Vater ihm
diesen Schritt zu verzeihen und für ihn zu bethen" ... Man ist nun
zweifelhaft, ob, da Bodo minorenn gestorben ist, die Güter Andreas oder den
sämmtlichen Brebecker Seitenverwandten und Philippinens Verwandten
zufallen werden. In diesem Falle giengen sie in noch mehrere Theile
wie die Calenberger, Imbsens, Fürstenbergs, Scheden, Böninghausens in
ihren zahllosen Zweigen, alle kriegten ihr Theil davon und man kann
sagen, sie würden auseinandergehn wie Schaum, und Andreas auf ziemlich pauvren Fuß gesetzt werden, mit seiner vornehmen Frau und seinen
acht Töchtern. Das sind doch wohl Schicksale!

Die Räthin Druffel [2]), bei der Philippine war, ist auch gestorben, ich
glaube an keiner besonderen Krankheit, sondern Du weißt, wie sie ...
immer so kümmerlich und zehrungsmäßig war, ich glaube daran ist sie,
so nach und nach, aufgezehrt.

Clemens Romberg ist bestohlen durch einen Hausdieb, 3000 Reichsthaler sind aus seinem Schreibtisch gekommen, mit Hülfe eines falschen
Schlüssels ... Denke Dir, es hieß überall, unserm Werner seien die
3000 Reichsthaler gestohlen — nein, gottlob, der arme Schlucker hat
seine paar Pfennige noch!

Ich habe kürzlich einen Brief von Malchen Hassenpflug erhalten.
Die Leiden ihrer armen Mutter sind endlich geendigt, sie ist am achtzehnten December sehr sanft und gottergeben gestorben. Ludwig [3]) mit
den Kindern war da. Sie hatte seit 24 Stunden beständig geschlummert,
und wurde mit einmahl mit hellem Bewußtsein wach. Ludwig las ihr
darauf, auf ihren Wunsch, ein geistliches Lied vor; dann ging er hinaus
die Kinder zu hohlen. Als er fort ist, bittet Malchen die Gretchen [4]),

---

[1]) Bodo Stolberg, geb. 1818 Juli 4, Enkel des Grafen Friedrich Leopold,
Sohn Andreas Stolbergs aus seiner ersten Ehe mit der Gräfin Philippe v. Brabeck.

[2]) Gattin des Medizinalrats Franz Ferd. v. Druffel.

[3]) Der bekannte kurhessische Minister Ludwig Hassenpflug, Sohn der
Verstorbenen.   [4]) Wohl Margarethe Verflassen, die Freundin Amalie Hassenpflugs, aus deren Feder ihre Biographie (Gretchen Verflassen von A. H. Hannover 1870) stammt. Vgl. Hüffer 253. 302.

die Litanei vom süßen Namen Jesu zu bethen; als sie ungefähr an der
Mitte sind, thut die Mutter einen tiefen Athemzug und ist hin. Malchen
schreibt, Ludwig wolle sie und Hanne durchaus mitnehmen, sie könne
aber unmöglich jetzt gleich in den Tumult hinein; die Hausmiethe gehe
noch bis Ostern, so lange denke sie mit Hanne in Cassel zu bleiben,
Gretchen mit ihnen; dann möchte sie, wenn es Dir recht sei, gern auf
einige Wochen nach Rüschhaus kommen, um uns noch einmahl zu sehn,
da es damit in Zukunft wohl vorbei sein werde, von da noch zur Anna
nach Hannover und dann in Gottes Namen nach Berlin, wenn es nicht
anders sei. Es ist mir recht betrübt, daß wir nun so für immer getrennt sein sollen, Dir gewiß auch, liebe Mama, Du hast sie doch auch
gern. Aber wenn sie erst in Berlin sitzt, dann ists vorbei, da sie, wie
Du weißt, kein Geld, und in ganz Cassel keine verwandte Seele hat, um
derentwillen ihr allenfalls Ludwig das Geld zu einer so enormen Reise
geben würde . . .

　　Wie es mit Jenny Hüger geht, weiß ich in diesem Augenblicke
nicht recht. Ich gestehe, daß ich mich etwas vor ihr hüte, denn was
soll ich anfangen? Ich habe ihr damals alles geschickt was ich hatte,
das wird aber längst auf sein; jetzt fange ich eben an, wieder ein Bischen
zu Blute zu kommen, soll ich mich denn wieder gleich bis aufs Hemd
ausziehn? Und das wird doch davon kommen, wenn sie mich erwischt . . .

　　Mit den Bredenschen Kindern [1]) gehts verschieden. Marian behält
die Degnersche auf keinen Fall. Sie hat einen andern Dienst dafür gehabt, Maria hat aber, bei dem Examen, so dumm geantwortet, immer
„das kann ich nicht", daß diese Leute sie nun nicht wollen. Schmälen
hilft nicht, unser Mariechen hat sie schon ein paarmahl herunter gemacht
wie einen Lumpen, dann schweigt sie muckstille, sieht ganz dähnsch aus,
und es bleibt Alles beim Alten. Ludowine ist aber gar nicht so schrecklich in Noth darüber wie ich gedacht, sondern schreibt mir, „ich möge
sie nur zurück schicken, sie habe dort etwas für sie im Werke". Die
wird also Ostern wieder absegeln. Emilie hat es prächtig getroffen. Die
frommen Grävers betrachten sie nicht wie eine Magd, sondern wie eine
angenommene Waise . . . Was Marie anbelangt, so will ich schreiben was
ich weiß. Werner brachte von Havixbeck die Nachricht mit, daß Mathilde nichts mit ihr anfangen könne, und eigentlich steinunglücklich sei.
Dagegen ist Lisbetchen nun neulich in Billerbeck gewesen, und hat Marien dort gesehn, die sie nicht wieder erkannt, so eine Dame sei sie geworden: Lange Locken, ein schönes Kleid und einen schönen Mantel von
brochirtem Merinos, Beides geschenkt bekommen (ob von Mathilde oder

---

[1]) Das heißt mit den Zöglingen des „Klösterchens" auf der Brede bei
Brakel, in dem die Tante Ludowine v. Haxthausen waltete. Über das miß-
glückte Dienstmädchen Maria verbreitet sich A. in einem wenige Tage später
geschriebenen Briefe an Ludowine (Kreiten, Charakterbild 345 Anm.).

Merode weiß ich nicht). Sie sei oben drauf gewesen, höchst zufrieden, gesprächig, kurz eine ganz andre Person, und vollkommene Dame. Qu'en dites-vous? . . .

Ich muß auch meine Schuld bekennen, daß ich an Ludowine wegen Kressibuechers Geldangelegenheit noch nicht geschrieben habe. Du glaubst nicht, wie ich mich kürzlich mit Schreiben abmartyrisiren müssen, schon allein wegen der Bredenschen Kinder, und der Hüger habe ich in der letzten Zeit gewiß ein' Dutzend Briefe fabriziren müssen, und Du weißt wie sauer es mir wird. Ich habe seit Kurzem gar nichts Andres thun können, und zuweilen bis zwölf Uhr in der Nacht dabei gesessen, denn nun Du fort bist wendet sich Alles und Alles an mich, jetzt soll aber der Brief an Ludowine und der an Thereschen Sprickmann die Ersten sein . . .

In Stapel ists beim Alten, Luise in Münster, von Marie hört man nichts. Johannes scheint seine Freierei vorläufig aufgegeben zu haben . . .

In Havixbeck [1]) geht es insoweit noch gut. Die Alten sind gesund und jetzt ziemlich über Vicktorinens Verlust getröstet, aber der arme Franz ist um seine Stelle in Rheda. Du weißt ein Genie war er nie, und wir wunderten uns immer, daß er noch so gut ans Brod gekommen war. Die Sache hat sich aber so verhalten. Mit ihm in Rheda war ein Düesberg, ein sehr geschickter Mensch, der den Franz gern hatte und ihm überall durchhalf. Der ist nun leider fort, und seitdem hat mein Fränzchen nicht ein noch aus gewußt und sich so darin zu gebruddelt, daß er halb, aus Desperation, seinen Abschied gewünscht, halb man ihm unter den Fuß gegeben hat darum nachzusuchen. So kann man es nehmen wie man will, als ob er abgedankt oder man ihn abgedankt. Die Eltern wissen nichts davon, und meinen, er sei auf Urlaub in Havixbeck. August [2]) ist furchtbar unzufrieden in Cöthen, seit der protestantischen Regierung [3]), Hipochonder wie ein Uhu, und will nur den Eltern den Kummer nicht anthun, abzudanken. Erinnerst Du Dich, daß ihn Mengersen [4]) Stryx Bubo nannte? So ist Carl [5]) der Einzige, der es eigentlich zu etwas gebracht hat.

Es heißt in Münster allgemein, Max Schmising werde Antonie Senden heurathen. Therese Schm[ising] soll es sehr wünschen, weil sie eine gute freundliche Schwiegertochter in ihr erwartet, und Tönchen doch auch ein hübsches Vermögen hat. Es ist übrigens nur ein Gerücht und noch nichts Gewisses daran.

Daß Ferdinand Galen jetzt Regierungsrat ist, weißt Du, und alle Leute machen sich einander und ihm weiß, daß das ganz schön und passend sei, weil alle Leute an seiner Menage bei Mathies und in Hinnen-

---

[1]) Bei der Familie v. Twickel.   [2]) Jägermeister des Herzogs v. Anhalt-Cöthen, geb. 1798.   [3]) Die protestantische Regierung bestand schon seit 1830, wo Herzog Heinrich seinem katholisch gewordenen Bruder Ferdinand als Herzog von Anhalt-Cöthen gefolgt war.   [4]) Graf v. Mengersen.   [5]) Landrat zu Warendorf.

burg ein Aergerniß nahmen und sich freuen, daß das ein Ende hat.
Mathies hat wieder ungemein generös gehandelt, das Haus, das die selige
Mama bewohnte, aufs Prächtigste einrichten lassen und ihm übergeben.
Anna soll doch wirklich froh sein, ihre eigne Wirthschaft zu haben. Mit
Ferdinand hat es übrigens schon Rangstreitigkeiten gesetzt, bei einem
Dinée [!] von Vinke. Da hat Ferdinand, als ehemaliger Gesandter, seinen
Platz über den andern Regierungsräthen, gleich nach dem Präsidenten
verlangt. Vinke hat das angenommen und ihn auch so setzen wollen,
da haben sich aber die andern Herrn in die Kante gesetzt, und behauptet,
sein ehemaliger Gesandter gehe sie nichts an, jetzt sei er Regierungsrath,
und zwar der Allerjüngste, und so komme ihm bei einem, ihrer Corpo-
ration gegebenen Dinée grade der allerunterste Platz zu. Vinke hat es
also machen müssen wie der Mann im Evangelio, und sagen: „Freund,
rücke etwas herunter!" Doch ist es nicht so ganz arg geworden, die
meisten der Herrn haben die Sache fallen lassen, aber ein paar der Aelte-
sten und Hartnäckigsten haben sich doch triumphierend über ihn gedrängt. Es hat ihn schändlich geärgert; das hätte es mich auch gethan,
aber ich hätte mich dem nicht ausgesetzt.

Hier hat das Nervenfieber schrecklich grassirt. Bei Degeners war
es arg. Therese war eben so weit daß sie bei zwei Stöcken gehn konnte,
als der Vater und älteste Sohn wieder ganz am Ende lagen. Der Vater
ist noch sehr erbärmlich, obwohl frei vom Fieber, und man glaubt, daß
er die Schwindsucht habe. Die Högemannsche ist zu ihm gegangen und
hat ihm gesagt: „Vedder, se hebt my segt, et wör stump met yu vörby,
över mi dücht gy sind noch so misz nich, gy seit noch so glau ut de
augen." Worüber er sich sehr gefreut hat. Die Andern sind hergestellt,
aber noch ungeheuer schwach, und können fast nichts thun, so daß
die arme Degenersche doch wirklich elend daran ist mit ihrer wahnen
Maria. Auch Beckmanns ältester Sohn, in oder bei Nienberge, ist am
Fieber gestorben, und der Leibzüchtner. Viele meinen die Frau müste
wieder heurathen, Andre die älteste Tochter.

Dann ist noch ein schrecklicher Fall passirt. Der Mann in Hüer-
lenders (Junker oder Brockmann) ist, mit einem durchgetretenen Brette,
vom Balken gestürzt, und fast auf der Stelle todt gewesen. Die Frau
hört in der Stube, wo sie spinnt, den Fall — es war dunkel, sie hat
aber noch kein Licht — sie kömmt auf die Diele und frägt Eine (ich
weiß nicht wen) die im Stalle sitzt und melkt: „Wat was dat?" „O,"
sagt die, „et is en Brett herunner stort." In dem Augenblick stößt die
Frau an ihren Mann mit dem Fuße und hört das Aechzen. Sie tappt in
die Küche, zündet Licht an, was ihr noch mehrere Mahle ausgeht, wie sie
grade auf die Diele tritt. Als sie endlich kömmt, thut er noch ein paar
Athemzüge und ist todt, die ganze Diele mit Blut beschwemmt. Er hat
ein ungeheures Loch im Kopfe gehabt. Herrmann ist gleich hingegangen

ihn auszukleiden und zu wachen. Alle Leute interessiren sich sehr für die Frau, die sehr fromm sein soll. Es sollen viel Schulden da sein, und man meint es sei am Besten daß sie abziehe. Hüerlender hat sich doch ordentlich hierbei betragen. Er hat den (wie ich übrigens jetzt höre ganz jüdischen) Pachtcontract sogleich aufgehoben (wenn sie will nämlich), und man meint, er werde ihr sogar von dem bereits Schuldigen Manches erlassen, obwohl es ihm eigentlich jetzt knapp werden und er sich, mit den Häuserspeculationen, etwas darin zu gebruddelt haben soll.

In Rüschhaus gehts schon gut. Jede Woche einmahl kömmt Einer hieher (Herrmann oder Marie) und bringt mir Nachrichten. Meine Alte ist, wie gewöhnlich im Winter, etwas kühm, aber doch nicht schlimmer wie die andern Jahre. Es hat hier Neujahr angefangen zu schneien, ist nochmahl wieder weggethaut, und gestern und heute gewiß wieder ein paar Fuß hoch gefallen, doch ists nicht sehr kalt. Deine Blumen in Rüschhaus leben und Marie versorgt sie. Mit dem Garn das habe ich bestellt, Lips Schnider muß es machen. Linchens Weber kann nur ganz grobe Sachen für die Leute machen, das Feinere läßt sie Alles in Münster machen. In Rüschhaus ist das erste Schwein am 15ten Decembre geschlachtet, und hat grade 200 Pfd. gewogen, das andre wollen sie noch 14 Tage leben lassen, da es so gut zunimmt. Marie hat für 1 r. 18 Silb. Ungel durch das Schmalz gekauft. Ich schicke hier auch das Maaß von den Kindern, mit Knoten nach der verschiedenen Größe. Heinrich läßt sagen, die Knoten wären ihm alle an seiner Größe gestohlen, das hätte noch wohl einen Fingerbreit gemacht. Jennys Briefe habe ich besorgt, und sehe eben, in ihrem Brief, daß sie von Steuer schreibt die Lohkampf abziehn soll. Er hat aber nur 10 Silb. für den Stempel abgezogen — muß sie denn Steuer geben? Ich sehe auch, daß wir das Geld bewahren sollen.

Adieu, liebe Mama. Alle grüßen herzlich. Wilmsen weinte vor Rührung, als ich ihm eure Briefe vorlas, und hat mich seitdem schon 10 mahl an „unterthänigsten Respect" erinnert. Der lieben Jenny, Laßberg, den Kindern 1000 Liebes. Ich küsse Dir die Hand und bitte Dich, alle Freunde, besonders Gaugrebens, Emilie, und Strengs zu grüßen von Deiner gehorsamen Tochter Nette.

[Am oberen Rande der ersten Seite:] Liebe Mama, laß Jenny Dir diesen Brief doch vorlesen, ich sehe mit Schrecken daß Du ihn nicht wirst lesen können, weil das Papier so durchgeschlagen ist. *[Am oberen Rande der dritten Seite:]* Die Schreysche hat das elende Kindchen verloren, Burgemeisters, der Tante in Nienberge geht es wie gewöhnlich.

[Adresse:] Der Freyfrau von Droste-Hülshoff, gebornen Freyinn von Haxthausen Hochwohlgeboren zu Meersburg am Bodensee. Ueber Frankfurt am Mayn und Stuttgart. *[Poststempel* Münster 10. 1.].

Orig. Baronin Elisabeth v. Droste-Hülshoff. Der sehr lange Brief füllt nur einen Oktavbogen und die innere Seite des mit der Scheere zurecht geschnittenen kleinen Couverts. Feine aber überaus kleine Schrift, auf einer Seite stehen 50—60 Zeilen zu 30—40 Silben.

81. An Ludowine v. Haxthausen. — Hülshoff 1841 Jan. 16.

Hülshoff, 16 Jan. 41.

Liebste Ludowine! Mit der Marie das geht nicht ... *[folgt längerer Bericht über untergebrachte Dienstmädchen, ohne irgendwie erhebliches Interesse.]*

Kreiten I, 345 Anm. Der Schluß fehlt. Über dieselben Mädchen berichtet A. an ihre Mutter 1841 Januar 5.

82. An Freiherrn Reinhard v. Brenken. — Hülshoff 1841 Januar 19.

Hülshoff 19 Januar 41.

Wenn ich Ihnen, lieber Reinhard, für Ihr freundliches Geschenk noch immer nicht gedankt habe, so müssen Sie das den Umständen zu Gute halten. Sie wissen wahrscheinlich schon, daß mein armer Bruder vor wenigen Wochen seinen zweiten Knaben, durchaus das talentvollste aller seiner Kinder, verloren hat, und einer solchen Catastrophe geht immer, zumahl bei langwierigen Krankheiten, zuletzt eine so traurige und sorgenvolle Zeit vorher, daß eine unordentliche Briefschreiberinn deshalb wohl auf einige Nachsicht rechnen darf. Wahrscheinlich hatte ich mich bei dieser Gelegenheit erkältet, denn ich habe seitdem ununterbrochen an einem Rheumathismus gelitten, den ich erst seit einigen Tagen als völlig abgemacht ansehn kann, und der auch sehr auf die Augen wirkte, so daß ich in all dieser Zeit meiner guten Mutter nur ein einziges Mahl wenige Worte habe schreiben können.

Ich denke, Sie halten mich jetzt für entschuldigt, und nehmen freundlich meinen Dank auf für das allerdings merkwürdige Zeichen der voran geschrittenen Geistescultur. Wissen Sie aber wohl, lieber Reinhard, daß, so sehr diese Gedichte die Spuren einer geringen Entwicklung an sich tragen, der Verfasser doch nicht ohne Talent ist? Denken Sie sich ihn mit allen Vortheilen einer sorgfältigen belletristischen Ausbildung, z. B. als den Sohn eines Berliner Staatsraths, da wollten wir sehn, ob er nicht ganz hübsche Sachen zum Vorschein brächte! Freilich steckt wohl eben kein Goethe oder Schiller in ihm, aber doch vielleicht ein Hölty [a], Salis et cet. Der bekannte Schriftsteller und Kritiker Levin Schücking, dem ich diese ohne Pflege aufgeschossenen Producte zeigte, war ganz derselben Meinung. Ein poetisches Gemüth ist ihm gar nicht abzusprechen, sowie eine natürliche Hinneigung zum Einfachen und wirklich Gefühlvollen, nur gehemmt durch eine gemeine Erziehung und noch mehr durch einen nachträglichen Anstrich von falscher Bildung, den sich der arme

[a] *Orig.* Holty.

Schelm mühsam genug mag angeeignet haben. Es ist unglaublich wie viel die Umstände thun. Nehmen wir nur die Dichter aus der ersten Hälfte des vorigen Jahrhunderts, Uz, König, Cronegk — wer kann sie noch lesen? Und doch waren sie unzweifelhaft ursprünglich Leute von Talent, und nur in die Strömung eines falschen Geschmacks gerathen.

Von Meersburg erhielt ich vor vierzehn Tagen die letzten Nachrichten. Damals war Gottlob Alles wohl dort, und die Kälte noch nicht so groß, ein Umstand, nach dem ich mich immer erkundige, denn der Himmel weiß, wie es mich gefroren hat vor fünf Jahren in der Schweiz. Doch ists am See immer gelinder, und meine Mutter schreibt schon vor acht Wochen, daß die Schweiz seit vierzehn Tagen schneeweiß vor ihr liege. Gott segne mir unser Westphalen!

In Berg war meine Mutter noch ganz kürzlich auf vierzehn Tage und wie immer sehr gern und vergnügt dort, obwohl die arme Emma die ganze Zeit über an Zahnschmerzen gelitten, ohne sich jedoch dadurch in ihrer gastlichen Freundlichkeit im Geringsten hindern zu lassen. Fräulein von Haisdorf[1]) ist den ganzen Sommer über in Meersburg erwartet worden, allein vergebens, da ihre Fürstin fortwährend leidend war und so sich der Urlaub von einer Woche zur andern verschob, bis endlich die rauhe Jahreszeit einen definitiven Strich durch die Rechnung zog. Es ist mir leid um meiner Schwester willen, die sich sehr auf die Haisdorf gefreut hatte, und würde mir noch mehr leid sein, wenn ich eben dort gewesen wäre, denn ich kenne diese Cousine Therese noch nicht, und Alles was ich über sie höre ist wohl geeignet, mir ihre Bekanntschaft erwünscht zu machen.

Jetzt muß ich mich noch eines Fehlers schuldig bekennen, lieber Reinhard, zwar nur eines Gedächtnißfehlers, der mir aber doch äußerst unangenehm ist. Ich habe nämlich den Inhalt Ihres Auftrages oder Wunsches, den Ring betreffend, rein vergessen, aber so rein, daß ich mein Gedächtniß martern mag wie ich will, er kömmt nicht wieder an den Tag, und ich gestehe, daß dieser Umstand und die Hoffnung, den Deserteur noch zu erwischen, und so des Bekenntnisses meiner schmählichen Vergessenheit überhoben zu sein, wohl mit zu meinem langen Stillschweigen beigetragen hat. War's eine römische Antike? Oder ein Rococo? Oder ein bestimmter, mir bezeichneter Ring? Lieber Reinhard! Lassen Sie Sich die Mühe nicht verdrießen meinem treulosen Gedächtnisse nachzuhelfen, und ich werde dann wahrscheinlich sehr bald im Stande sein, meinem Versprechen nachzukommen. Zugleich erfahre ich dann auch, wann wir die Freude haben werden Sie hier zu sehn, und auch wie es in Bonn steht, vor Allem im Hause meines Onkels — ich bin in einer schmählichen und crassen Unwissenheit darüber, und hätte doch

[1]) Therese H., anscheinend Gesellschafterin auf dem Fürstenbergischen Schlosse Heiligenberg. Vgl. A. an die Mutter 1841 Okt. 26 (Anhang).

16*

gar gern Nachrichten. Bringen Sie dort meine besten Grüße, und, bitte, vergessen Sie meiner auch nicht, wenn Sie nach Erpernburg schreiben. Adieu, lieber Reinhard. In der Hoffnung bald etwas von Ihnen zu hören, meines werthesten Neffen wohl-affectionirte Tante. Annette v. Droste-Hülshoff.

[Adresse:] Dem Freiherrn Reinhard von Brenken. Hochwohlgeboren in Bonn.

Orig. Max Freiherr von und zu Brenken (Wewer). Zwei Seiten des Oktavbogens kalligraphisch beschrieben, auf der Rückseite die Adresse. Abgangsstempel Münster 22. 1. Ankunftsstempel 24. 1. Der Adressat ist ein Sohn Friedrichs v. Brenken, der in zweiter Ehe 1839 Sept. 9 die Cousine A.'s, Maria geb. v. Haxthausen heiratete. Reinhard, geb. 1818, studierte 1839—41 in Bonn, starb 1870 als Landrat des Kreises Büren und Mitglied des Herrenhauses. Vgl. oben S. 163.

83. An Schlüter. — Rüschhaus [1841] März 23.

Rüschhaus, Dienstag 23. März 40.

Ich habe immer gehofft nach Münster kommen und Ihnen, mein liebstes Professorchen, die beiliegende kleine Arbeit selbst überreichen zu können; aber die Grippe, diese neue, sich jährlich bei uns breiter machende Intrusa hat mich gepackt, und obwohl sie nach ihrer Art nicht länger geblieben ist, als um grade vollständig Besitz zu nehmen, so hat sie mir doch eine höchst gênante Garnison auf dem Halse gelassen, einen unausstehlichen stickartigen Husten, der mich ganz herunter bringt und, wie bei der paderbörnischen [1]) Springprozession, immer nach zwei Schritten zur Besserung wenigstens einen wieder rückwärts führt. Wirklich, es ist langweilig über die Maßen; wenn ich ein paar Tage lang glaube, etwas besser zu sein, darf ich nur einmal einen Schritt in die Luft thun und ich bin wieder so weit wie vorher. Die Aequinoctialzeit trägt auch wohl dazu bei; kurz, ich muß mich in Geduld geben und meine vollständige Besserung vom Wetter erwarten. Könnte ich anhaltend schreiben, so wollte ich nach dem verflixten Husten nicht viel fragen, aber dieser treibt mir das Blut stark zu Kopfe und vermehre ich dieses noch durch Bücken, so bekomme ich arges Kopfweh, statt daß ich jetzt nur leidliches habe.

Ich bin seit etwa acht Tagen wieder in meine Staaten eingezogen, bei so blankem Sonnenschein, Lerchenwirbeln und Schneeglöckchen über den ganzen Rasen, daß ich dachte, bald, bald kann mein lieber Freund sein Wort halten und mit Thereschen einige Tage so recht in pace mit mir zubringen; erinnern Sie sich wohl, daß ein gewisser, etwas vergeßlicher Mann mir das versprochen hat? Heute regnet's zwar, indessen wir gehen dem Frühlinge und guten Wetter entgegen; bitte, behalten Sie es hübsch in Gedanken und lassen Sie nicht Ihre Folianten damit durch-

---

[1]) So im Orig. Schlüters Ausgabe hat sie in die Echternacher Springprozession verwandelt.

gehen, daß hier Jemand sitzt, der sich ungeheuer darauf spitzt, Sie mal
so ganz auf seine eigne Hand zu bewirthen.

Junkmann macht mir auch Hoffnung zu einem Besuche in der
Charwoche. Ich erhielt kürzlich einen Brief von ihm, dessen Hauptinhalt
eine Sache betraf, die Sie auch interessirt und worin Sie oder Ihr lieber
Vater mit einiger Auskunft vielleicht sehr behülflich sein können. Es
betrifft nämlich die sehr beschränkte Stellung der gelehrten Institute unserer Provinz, sonderlich der Gymnasien, sowohl was die Besoldung der
Lehrer, als auch die Hülfsmittel, z. B. Bibliothekreventien angeht. Junkmann wünschte nun, ich möge, da das Schulwesen einen der Gegenstände
dieses Landtages ausmacht, meinen Bruder und Onkel August Haxthausen
für diesen Zweig desselben zu interessiren und zu einem besondern Vortrage hierüber zu bewegen suchen. Leider war ich bereits hier und
krank, als der Brief ankam, wußte auch, daß die Herren vom Landtage,
um desto gründlicher zu gehn, die verschiedenen Gegenstände des Vor-
trags unter sich zur genaueren Untersuchung vertheilt hatten und meinem
Bruder das Schulfach nicht zugefallen war, mein Onkel August dagegen
nicht mal als Deputirter, sondern nur zufällig sich in Münster aufhielt;
doch schrieb ich beiden sogleich und bat sie herüber zu kömmen. Der
Onkel kam am nächsten Tage, ging mit großem Interesse auf Junk[manns]
Ansichten ein und versprach mir sowohl mit meinem Bruder als einigen
Andern über die Sache zu reden und sie hoffentlich zum Vortrage zu
bringen; doch seien hierzu weit bestimmtere Angaben erforderlich, als
Junk[mann] mir geliefert, der nur so circa einen Ueberschlag von den
Einkünften der Coesfelder und Recklinghauser Gymnasiallehrer gemacht
hatte. Ich habe ihm deshalb gestern geschrieben und um genauere Auskunft gebeten; die über Coesfeld kann er mir wohl geben, die über Recklinghausen vielleicht nicht so auf der Stelle, und über Münster ist es doch
klüger, sie direct von dort zu holen. Könnten Sie, lieber Freund, mir
also angeben, was jeder Lehrer und der Director an Gehalt beziehen?
Daß die Bibliothek jährlich nur 100 Thaler hat und deshalb die Lehrer
genöthigt sind, sich den größten Theil der nöthigen Werke selbst anzu-
schaffen, schrieb Junk[mann] schon, so wie über den Tod Kalthofs[1]) und
anderer ausgezeichneten Männer, von denen für Wissenschaft und Religion viel wäre zu erwarten gewesen und die recht eigentlich verküm-
mert sind, so daß die gelehrte und selbst die religieuse Litteratur jetzt
fast gänzlich in den Händen der Protestanten sei und auch bleiben werde,
bis eine in jedem Betrachte bessere Stellung den Katholiken Muße und
Muth gebe, hierin zu leisten, wessen sie so sehr fähig wären et cet. Der
Brief war der Art, daß, nachdem ich einige sich nicht hierauf beziehende
Stellen entfernt hatte, ich ihn in den Händen meines Onkels lassen konnte,

---

[1]) Joh. Heinr. Kalthoff (1803—39), Privatdozent für orientalische Sprachen
an der Akademie zu Münster und Lehrer des Französischen am dortigen Gymnasium.

nicht um ihn vorzuzeigen, — was mir immer von einem an mich gerichteten Privatschreiben unangenehm wäre und ich mir deshalb auch
ernstlich verbeten habe, — sondern um dem Gedächtnisse sowohl als
Eifer meines Onkels nachzuhelfen, da die triftigsten und auf den Onkel
am meisten Eindruck machenden Gründe für die Sache in demselben enthalten sind; nur die Angaben sind zu unbestimmt. Könnten Sie, liebster
Freund, mir nun außer über Münster auch einige Nachrichten über andre
Gymnasien der Provinz, z. B. Recklinghausen, Warendorf verschaffen, so
könnte das sehr förderlich sein; es bedarf durchaus keiner weitläufigen
Auseinandersetzung, nur ganz schlicht der richtigen Angabe der Gehälter. Sind einige Gymnasien besser dotirt als andere, so schadet das
auch nichts und würde durch den Contrast den Geringeren zu Gute kommen und anregen, sie den bessern gleich zu stellen. Sehr erwünscht
wäre es, wenn man anführen könnte, daß irgend protestantische Gymnasien, z. B. Hamm, besser gestellt wären, was die Sache den katholischen Landtagherrn zu einem Ehren- und dem Könige zu einem Billig-
keitspunkte machen würde, dem er sich nicht wohl entziehen könnte.
Können Sie mir etwas hierüber berichten, so thun Sie es doch baldmöglichst, damit wir nicht zu spät kommen. Leider wird mein Onkel
in diesen Tagen abreisen, oder ist vielleicht schon abgereist, da ihn
durchaus nothwendige Geschäfte abrufen, doch kann ich darauf rechnen,
daß er bereits das Nöthige oder vielmehr ihm Mögliche in der Sache
gethan, und werde die mir zukommenden Nachrichten gleich nach dem
Empfange mit einem stimulirenden Briefe an meinen Bruder senden. Gott
gebe guten Erfolg! Wir wollen wenigstens das Mögliche thun.

Sie werden schon gehört haben, lieber Schlüter, daß ich wieder den
Kummer gehabt, einen und zwar den letzten meiner Vaterbrüder, den
Onkel Stapel[1]) zu verlieren. Es ist mir sehr hart, dieses meiner Mutter
schreiben zu müssen, die es sich gewiß ungemein nahe nehmen wird.
Sie hatte diesen Schwager sehr gern und hing außerdem an ihm als dem
letzten, mit dem sie noch die früheren Zeiten Hülshoff's besprechen
konnte, die ersten Jahre ihrer Ehe, als das Land noch bischöflich war,
die Onkel als junge Domherrn fleißig zur Jagd kamen et cet. Sie hängt
unbeschreiblich an diesen Erinnerungen, die mit Gestalten bevölkert sind,
die damals theils jung, theils mindestens noch rüstig waren, und von
denen nun auch die letzte zu Grabe gegangen ist, so daß sie wirklich
jetzt Niemanden mehr hat, der das Andenken ihrer besten und fröhlich-
sten Jahre theilt. Ich scheue recht vor dem Briefe, den ich ihr schreiben
muß, dennoch freuet es mich, daß sie in der Schweiz sitzt, und die Eindrücke von Allem, was uns diesen Winter betroffen hat, nur aus der
zweiten Hand erhält. Es ist auch fast zu arg gewesen; erst die Leiden

---

[1]) Freiherr Ernst Konstantin v. Droste-Stapel, geb. 14. März 1770, heiratete 1801 Maria Theresia v. Kerkerinck zu Stapel.

und der Tod des Kindes [1]), dann den guten Herrn Wilmsen todt im Bette
zu finden, und nun dieses! Noch liegt eine junge Frau aus der Nähe von
Hülshoff, die meine Mutter sehr fleißig besuchte und gesund verlassen
hat, in den letzten Leiden der Schwindsucht, und ich werde Mama nicht
eher etwas davon schreiben, bis der Himmel sich ihrer erbarmt und sie
zu sich genommen hat; wäre sie hier, sie gieng gewiß wöchentlich hin
und brächte sich vollends ganz herunter. So weiß der liebe Gott immer
am besten was uns gut ist. Ich war so übel aufgeräumt über diese
Reise, sie schien mir so überflüssig, und fast thöricht, und nun zeigt
sich's daß sie fast nothwendig war.

Mein Mütterchen kommt im Mai wieder, unfehlbar, wie sie
schreibt, selbst wenn meine Schwester nicht mitkommen sollte, was leider
seit Kurzem anfängt etwas zweifelhaft zu werden, und immer zweifel-
hafter, je mehr die Zeit eines nothwendigen Entschlusses heranrückt. Ich
habe es wohl gefürchtet, mein Schwager hat einen sehr lebhaften Geist,
aber einen leider allmählich sehr abnehmenden Körper, darum baut er
gern Schlösser in die Luft; kömmt's aber darauf an, ihnen ein solides
Fundament zu geben, dann hat er die Gicht im Arm oder Bein, oder
Husten und der Weg scheint ihm dreimal so lang als vorher. Es wäre
mir äußerst leid, wenn er es jetzt so machte, auch um der guten Mama
willen, die dann einen traurigen Einzug hält und die Lücken überall
fühlen wird, die sonst wohl durch Jenny und die Kinderchen ziemlich
ausgefüllt worden wären. Aber es wird nicht anders werden, ich sehe
es schon kommen und muß nur sorgen, unser kleines Rüschhaus mit
Blumen und Aufräumen in möglichst freundlichen Zustand zu setzen, damit es ihr wenigstens hier nicht öde vorkömmt. Ich habe zu diesem
Zwecke jetzt einen grundgelehrten Gärtner hier, der alle Blumennamen
kennt und verkehrt ausspricht, so höre ich draußen Sägen, Hämmern,
gewaltig räsonniren und bedaure nur, daß ich an's Zimmer gebannt bin
und mich auf sein „Schanie" allein verlassen muß.

Wissen Sie wohl Professorchen, daß ich jetzt ernstlich Willens bin,
ein ellenlanges Buch im Geschmacke von Bracebridge-hall auf Westphalen
angewendet zu schreiben, wo auch die bewußte Erzählung von dem er-
schlagenen Juden hineinkommt? Das Schema zum ersten Theile, Münsterland betreffend habe ich schon gemacht, und das ist für mich ein großer
Schritt, denn eben dies Ordnen und Feststellen der wie Ameishaufen
durcheinander wimmelnden Materialien macht mir immer zumeist zu
schaffen, und habe ich das überwunden, geht's in der Regel sehr schnell.
Nun aber ist mir mit meiner Grippe und Apendix vorläufig ein Schlagbaum vorgefallen und ich muß mich gedulden, oder vielmehr ungedulden,

[1]) Ihres Neffen Ferdinand. Vgl. Brief an Ludowine v. Haxthausen
1840 Nov. 15.

denn nun ich mal angefangen, brennt's mir wie auf den Nägeln und ich
möchte lieber Tag und Nacht schreiben, als vielleicht noch drei Wochen
die Hände in den Schoos legen und Daumen drehn, oder die Wolken
studiren. Aber das Schreiben will noch ganz und gar keine Art haben;
es ist als ob die gebückte Stellung den Reiz in der Kehle vermehrte,
auch das Blut steigt zum Kopfe und die Thränen laufen mir aus den Augen,
wie eben jetzt, so daß ich längst hätte aufhören sollen. Ich will und
muß auch aufhören, aber erst noch wegen meines Buchs in spe. Es wird
drei Abtheilungen enthalten, und den verbindenden Faden giebt der Aufenthalt eines Edelmanns aus der Lausitz bei einem Lehnsvetter im Münsterlande (erste und stärkste Abtheilung)[1]), der dann mit dieser Familie
ihre Verwandten im Paderbornischen besucht (zweite Abtheilung) und
durch's Sauerland zurückkehrt, wo sie auch einige Zeit bei Freunden und
entfernteren Verwandten verweilen (dritte und kleinste Abtheilung). Diese
sind die drei hervorstechendsten Provinzen Westphalens, und zudem die
Einzigen, wo ich hinlänglich eingebürgert bin, um festen Grund unter
mir zu fühlen. Es werden alle normalen Charaktere, Sitten, Institute
(z. B. Damenstifter, Klöster), Sagen und Aberglauben dieser Gegenden
darin vorkommen, theils geradezu in die Scene gebracht, theils in den
häufig eingestreuten Erzählungen; ich hoffe Gutes von dem Buche, bin
aber keines Menschen Beifall weniger gewiß als des Ihrigen, da Sie einen
entschiedenen Widerwillen gegen Hexen, Spuk und Vorgeschichten haben
und von Allem diesen darin vorkommen wird, zwar natürlich fast allein
in sagenhaften Erzählungen, also nicht als krasse Unwahrscheinlichkeit
stoßend. aber ich weiß, Sie mögen dergleichen in keiner Gestalt. Es ist
mir leid, etwas schreiben zu müssen, wobei ich nicht, wie es mir einmal eine liebe Gewohnheit geworden ist, denken kann, was mein Schlüter
dazu sagt, oder wo es vielmehr ein zweifelhaftes Resultat gibt, wenn ich
es denke; doch kann ich nicht anders, da diese Dinge zu eng mit dem
Volkscharakter verknüpft sind, und ich hoffe durch Anderes in dem Buche
meinen liebsten Freund zu versöhnen, und zur Nachsicht mit dem nicht
Ansprechenden zu stimmen.

Nun muß ich aber in der That aufhören, ich habe mich ganz zu
Schanden geschrieben, und weine, als wenn ich rohe Zwiebeln schnitte.
Adieu, mein guter, lieber, liebster Freund, 1000 Herzliches an Vater,
Mütterchen und mein Thereschen und lassen Sie mich doch wissen, ob
ich bald Hoffnung habe, Sie hier zu sehn, ich sehne mich herzlich darnach. Wir haben in dem letzten Jahre so gar wenig von einander gehabt,
ich meine so in recht ungestörter Ruhe und Stille, unter Gottes blauem
Himmel und grünem Laubdach. Sonst habe ich mich freilich die ver-
schiedensten Male sans façon an Ihren Tisch und hinter Ihren Ofen gesetzt, aber jetzt muß ich Sie auch mal selbst ordentlich bewirthen, das

---

[1]) Das Fragment Bei uns zu Lande auf dem Lande.

geht nicht anders. Wäre Thereschen nur hier, wir wollten schon alles
überlegen und einrichten, daß Sie sich ganz wie zu Hause fühlen sollten.
Bitte, denken Sie wenigstens mal mit einem guten Willen darüber nach,
es wäre mir eine so gar große Freude. Adieu, Adieu. Ihre Nette.

Orig. Prof. Jostes. Schlüter 155. Das Datum im Orig. Dienstag (Montag
durchstrichen) 23ten März 40 (3 in 23. mit dunklerer Tinte an Stelle einer anderen Zahl, anscheinend 2). Kreiten I, 373 bemerkt richtig, der Brief gehöre
ins Jahr 1841, „wie die Antwort Schlüters ausweist"; in der Tat ist ein Brief
Schlüters (Orig. Prof. Jostes), der die Gehälter einer Reihe von Gymnasial-
lehrern angibt und auch sonst wiederholt auf diesen Brief A.'s Bezug nimmt,
1841 März 28 datiert. Aus gleichem Grunde berichtigt Kreiten IV, 591. Diesem
Briefe Schlüters sind entnommen die Stelle bei Kreiten IV, 7 (mit Jahr 1840,
berichtigt IV, 591) und das umfangreiche Stück I, 376. Zu demselben Ergebnis
kommt Hüffer 233 Anm. Bestätigt durch den Umstand, daß der 23. März tatsächlich 1841 auf einen Dienstag fiel, 1840 auf einen Montag.

84. An die Schwester. — Rüschhaus 1841 Juni 30.

Rüschhaus d. 30. Juny 41.

Da Du, liebe Jenny, auf Deinen Brief sehr bald Antwort zu haben
wünschest, so habe ich mich selber bei den Ohren genommen und auf
meinen schwarzen Kanapee hinter den „Magonyclörden" Tisch gesetzt,
wo ich heute wenigstens ein gutes Stück Brief zu zwingen gedenke.
Leider kann meine Auskunft nur bei Weitem nicht so vollständig sein,
als Du sie wohl erwartest ... Für die Ueberschickung der Recension[1]
danke ich herzlich. Schücking sagt, wenn sie ganz ohne Unterschrift
sei, so sei sie am wahrscheinlichsten von dem Herausgeber des Blattes,
Theodor Hell; seine Mitarbeiter pflegten sich zwar auch selten zu nennen,
aber doch mit einem Anfangsbuchstaben zu bezeichnen. Es geht mir
sonderbar mit meinen Gedichten. Ich bekomme eine vortreffliche Recension nach der Andern, diese ist schon die sechste, und Einige der Andern sprechen sich noch vortheilhafter aus wie diese, und doch verkauft
sich das Buch so schlecht, daß die kleine Auflage von 500 Exemplaren
noch nicht vergriffen ist. Wie ich das reimen soll, weiß ich nicht; wüßte
ich nicht mit Gewißheit, daß diese Recensionen bis auf Eine von fremden Litteraten sind, ich dächte meine Freunde schrieben sie, um mir
Spas zu machen. Adele erschöpft sich in den schmeichelhaftesten Klagen,
daß in Weimar und Jena meine Gedichte so gesucht würden und nirgends

---

[1] Gemeint ist eine sehr anerkennende verspätete Besprechung in den
Blättern für Literatur und bildende Kunst (Beiblätter zur Dresdener Abendzeitung), herausg. von Th. Hell, Nr. 45 vom 5. Juni 1841. Franz Pfeiffer
schickte sie 1841 Juni 11 abschriftlich an Laßberg, der sie dann offenbar an
A. weitergegeben hat. Hüffer 181. Übersendung der Besprechung an A.'s Verleger erwähnt diese 1841 Juli 20 (Kreiten IV, 305). Abgedruckt ist sie bei
Kreiten I, 309.

zu bekommen wären. Beträfe es nicht mein eignes Buch, so würde ich antworten: „Wenn Eurer denn so Viele sind, weshalb veranlaßt ihr nicht einen Buchhändler es zu bestellen?" Ueberhaubt wundert mich schon, daß an den Orten, wo die Recensionen erscheinen, diese keinem dortigen Buchhändler Lust machen, es doch auch mahl mit dem Werkchen zu versuchen. Freilich sind diese Orte sehr entfernt, das Porto wird bedeutend sein und allen Vortheil hinnehmen, da Niemand mit meinem Verleger (Hüffer) anderweitige Connexionen hat und größere Sendungen erhält, denen diese beigefügt werden könnte. Grüß den lieben Laßberg herzlich von mir und sage ihm, wie sehr ich mich freue auf den prächtigen Christianus veridicus. Ich will Dir gestehn, daß ich diese ganzen sechs Jahre darnach gesucht und allen Antiquaren Commission gegeben habe, denn er ist eigentlich mein Ideal von einem Buche und ich begreife kaum, wie Laßberg sich davon trennen kann. Es jammert mich ordentlich und verbittert mir meine Freude, daß er ihn nun nachher nicht mehr hat . . . Ich habe jetzt eine Erzählung [1]) fertig, von dem Burschen im Paderbörnischen, der den Juden erschlug, von der Junkmann aber sagt, die Paderbörner würden mich auch todtschlagen, wenn ich sie herausgäbe, und jetzt vollende ich den Cyclus der geistlichen Lieder, die aber auch nicht der Art sind, daß sie herauskommen können. Sonst wäre Beides schon gut gerathen.

Orig. früher jedenfalls in Meersburg, jetzt nicht mehr zu erhalten, vorstehender Druck nach einer auszüglichen Abschrift von Frl. Hildegund v. Laßberg. Kurze Erwähnungen Hüffer 181. 247.

85. An August v. Haxthausen. — Rüschhaus 1841 Juli 20.

Vgl. unten Anhang.

86. An Schlüter. — Rüschhaus 1841 Sept. 19.

Rüschhaus, d. 19ten Septemb. 41.

Obwohl ganz begraben in Kleidern und Papieren, und in all dem Tumulte, der einer Abreise vorherzugehn pflegt, kann ich doch unser gutes Ländchen nicht auf mehrere Monate verlassen, ohne meinem liebsten Freunde Lebewohl zugerufen zu haben. Es ist nämlich nach vielem Hin- und Herschwanken, wobei ich mich zuletzt für völlig passiv erklärt und alles dem Willen Gottes und meiner Mutter überlassen habe, endlich festgesetzt, daß ich meine Schwester nach Meersburg begleiten, den Winter über dort bleiben, und im Frühlinge von meinem Bruder wieder abgeholt werden soll; und bereits übermorgen brechen wir auf. Den Ausschlag haben zwei Dinge gegeben, erstlich, daß meine arme Schwester mit dieser

---

[1]) Die Judenbuche.

Reise, nach der sie sechs Jahre verlangt hat, vom Schicksal arg in den
April geschickt worden ist, da ihre Kinder schon auf dem Herwege die
Steinblattern bekommen haben, und noch zur Stunde kaum hergestellt
sind, so daß das arme Blut, die ihrem Herzen mal recht was zu Gute
zu thun und alle Verwandte nah 'und fern zu besuchen gedachte, nun
vom ersten bis zum letzten Tage, (zwei Tage in Hülshoff, wo sie auch
Münster passirte, abgerechnet), hier in Rüschhaus hat sitzen müssen wie
angenagelt, und obendrein ein panischer Schrecken wegen der Ansteckung
nebst mancherlei andern Zufälligkeiten grade die Liebsten und Nächsten,
um derentwillen sie gekommen war, verhindert haben, sie hier aufzusuchen; namentlich hat sie von der ganzen Haxthauser Verwandtschaft,
die, mit Kindern und Enkeln, über achtzig Köpfe stark ist, nur zwei zu
sehn bekommen. Das ist ein trauriges Resultat so lang genährter Hoffnungen! und meine Begleitung soll nun als einziger Ersatz dafür eintreten. Dann hat mein bekannter Aequinoctialhusten, an dem ich wieder
einige Wochen sehr gelitten, und den meine Schwester noch nicht mit-
erlebt hatte, diese so arg geängstiget, und sie hat der guten Mama einen
so argen Floh darüber ins Ohr gesetzt, daß eine Luftveränderung als
durchaus nöthig für mich erklärt worden ist.

Kurz, es ist mal so! ich reise mit! und bemühe mich, der Sache
die angenehmste Seite abzugewinnen, da mir doch mal die Qual der
Wahl nicht geworden ist; auch soll der Aufenthalt in Meersburg um
vieles angenehmer sein als der in Eppishausen, schon des einträchtigen,
friedlichen Wohnens unter Glaubensgenossen und im Schutze geordneter
Gesetze wegen, was man dort so drückend vermißte, und dann ist diesseits des Sees „das Land was meine Sprache spricht", was man drüben
wahrlich nicht sagen kann, wo selbst Menschen aus den gebildeteren
Ständen, z. B. die Frauen der dortigen Aerzte und Pfarrer sich einbil-
deten, wir sprächen englisch, und man also noch vereinzelter steht,
wie hier zu Lande eine französische Familie, die wenigstens überall ihren
Glauben und Gottesdienst blühen sieht. Gott bewahre mich vor dem
Heimweh; ich habe es das vorige Mal auf eine arge Weise gehabt,
indessen werde ich doch keine Viertelstunde allein sein können, ohne
daß meine Gedanken in Rüschhaus, Hülshoff, Münster wären; um so
mehr, weil ich abreisen muß ohne irgend wo Abschied nehmen zu können,
da die Reise mich schon vor sechs Jahren sehr angriff und, da ich seitdem um Vieles immobiler geworden bin, dieses jetzt wohl noch mehr
thun wird, weßhalb Mama und Jenny darauf bestehen, daß ich mich nicht
vorher durch vieles Umherlaufen und Fahren abmatten soll; sie behaupten,
es überall für mich gut gemacht zu haben; damit ist mir aber nicht geholfen und der nicht genommene Abschied thut mir weit weher, als ein
wirklicher. Ihre lieben Eltern bekomme ich auch nicht mehr zu sehen,
was mir gewiß nicht am Wenigsten schmerzlich ist.

Sehr verlegen bin ich wegen der Bornstedt, von der mir heute unsere Botenfrau, die wegen häuslicher Arbeiten die ganze Woche durch
nicht in Münster war, einen schon vier Tage alten Brief gebracht hat,
worin sie mich ersucht, die Frau anzuschicken, weil sie mit ihr noch
herüberkommen wolle, mich zu sehn. Ohne Zweifel ist sie nun tief verletzt, daß ich noch nichts von mir hören lassen, und doch kann ich's
nicht dadurch wieder gut machen, daß ich sie bitte noch morgen zu
kommen, als den letzten Tag, wo wir noch hier sind und den die Familie meines Bruders hier zubringen will, zum letzten Zusammensein mit
meiner Schwester vor wahrscheinlich langjähriger Trennung. Auch meine
Mutter und die beiden Bökendorfer Tanten würden mir was Schönes
sagen, wenn ich ihnen diesen Tag so verderben wollte, und meine Hoffnung, Jennyn zu einem kurzen Aufenthalte in Münster bei uns'rer Durch-
fahrt zu bewegen, ruht auch auf schwachen Füßen, da sie mir dieses
schon vorgestern, wie ich Ihrer lieben Eltern wegen den Wunsch äußerte,
abgeschlagen hat, weil die Kinder weder in der Morgen- noch Abendkühle
fahren dürften, und deshalb die vorgesetzten Tagereisen doch kaum zu
bewältigen seien. Ich werde dieses Alles der Louise[1]) schreiben, und
bitte Sie dann auch zu meinen Gunsten zu reden, wenn sie doch vielleicht noch übel nehmen sollte, was, grade bei meinem kaum herge-
stellten Verhältnisse zu ihr, mir so äußerst fatal ist, nicht vermeiden
zu können.

Junkmann und Annchen[2]) habe ich zu meiner Freude in dieser
Zeit zwei Mal gesehen und es sind diese fast die einzigen, von denen
ich ordentlich habe Abschied nehmen können. Lutterbeck habe ich leider
nicht mehr gesprochen und einen Auftrag, den ich Junkmann an ihn gab,
war dieser nicht sicher ausrichten zu können, da Lutterbeck verreist war.
Jetzt möchte ich Sie also wohl damit beladen, da er doch vor Ihrer Zurückkunft von Gräfrath schwerlich wird in's Werk zu stellen sein, er betraf Spricks[3]), und daß, (da leider wie ich höre Spricks Gesundheit wieder
sehr schlecht sein soll) im Falle während meiner Abwesenheit Hülfe
dringend nothwendig werden sollte, ich meiner Mutter den Auftrag
gegeben habe, meinen für diesen Fall eingegangenen Verpflichtungen
nachzukommen. Junkmann habe ich gesagt, Lutterbeck möge mir alsdann schreiben, es ist aber besser so, sowohl der geringern Verzögerung
wegen, als auch weil meine Mutter doch schon so halb um meine Beziehungen zu Spricks wußte, mein Bruder aber (dem ich sonst hätte
schreiben müssen) nicht, und ich auch wünsche, daß er sie nicht erfahre,
weil es ihn wahrscheinlich übel gegen Spricks stimmen würde. Ich hätte
Lutterbecken selbst geschrieben, aber sehe keine Möglichkeit, die Zeit zu
erübrigen. Meine Mutter verreist übrigens in vierzehn Tagen, und wird

---

[1]) Luise v. Bornstedt.   [2]) Junkmanns Schwester.
[3]) Vgl. an die Schwester 1840 Aug. 22.

wohl erst in 7—8 Wochen zurück kommen (sie geht nach Apenburg),
doch hoffe ich, die Sache hat Zeit bis dahin. Mama meint Spricks würden sich überhaupt noch durchschlagen, da sie jetzt von allen Seiten
Hülfe hätten, Zurmühlen ihnen erlaubt habe, alles nöthige Gemüse aus
seinem Garten zu holen, noch Andere ihnen allerlei Proviant zuschickten
und, wie sie gehört habe, die beiden ältesten Knaben ihnen abgenommen
und versorgt werden sollten. Sei dem, wie ihm wolle, und machen Sie
Lutterbecken, ich bitte, meine Bestellung, er wird die Lage der Dinge
immer kennen und wissen, ob und was nöthig ist. Auch meinen freundlichen Gruß an Lutterbeck, Ohm Fritz, und Alles Liebste und Herzlichste
an mein Mütterchen und den lieben Vater.

Ich bin so confus vor Eil, daß ich mich sehr zusammen nehmen
muß, um einige Gedankenordnung in diesem Briefe beizubehalten. Gott
lohne Euch Allen Eure Liebe und Treue gegen mich, ihr gutes, liebes
Schlütervolk; wenn ich bedenke, daß ich so weit weg muß, ohne Euch
noch gesehen zu haben, so möchte ich gleich Alles wieder aus dem
Koffer reißen. So Gott will auf ein fröhliches Wiedersehen und eine noch
liebere Zeit, als wir bisher zusammen verlebt haben! Muß ich Ihnen
sagen, wie viel meine Gedanken jetzt bei Ihnen sind, liebster meiner
Freunde? Junkmann wird mir fortwährend von Ihrem Befinden Nachricht
ertheilen, und ich schreibe Ihnen, sobald ich mich ein wenig von meiner
Reise erholt habe; wie manchmal werde ich über den See weg nach
Norden schauen! Und doch bin ich keine ächte Westphalinn; denn mir
sind es unendlich mehr die Menschen wie das Land, und könnte ich alles
Liebe um mich versammeln, dann möchte ich es wohl in Sibirien aushalten. Komm ich wieder, so bringe ich Euch Allen Etwas mit, wäre
es auch nur ein Kriställchen oder eine Versteinerung, Ihnen, Thereschen,
den Eltern. Es ist eigen, wie das Bewußtsein der Nähe wirkt, wenn
man auch nicht zusammenkömmt; wer weiß, ob wir von hier bis Ostern
öfter als zwei oder drei Mal zusammen gekommen wären, und doch liegt
es mir so schwer, daß ich nun nicht können werde, wenn ich möchte.
Wir haben uns in diesem letzten Jahre so selten gesehen, daß es mich
gereut, wenn ich nur daran denke, aber Fahren kömmt selten an mich,
und vom Gehen bin ich leider so abgekommen, daß der Weg nach Münster
für mich mehr ist, als für einen rüstigen Fußgänger eine zehnstündige
Tour. Ich hoffe, die reine und milde Seeluft, verbunden mit gutem Ent-
schlusse, werden auch dieses herstellen.

Zu arbeiten denke ich auch drüben fleißig, mein angefangenes Buch
über Westphalen zu vollenden, und die geistlichen Lieder zu feilen und
abzuschreiben; das Nöthige dazu steckt schon tief unten im Koffer, und
an Zeit und Ruhe wird es mir nicht fehlen, da Jenny mir, auf meine
Bitte, ein ganz abgelegenes Zimmer in ihrem alten, weiten Schlosse, wo
sich doch die wenigen Bewohner darin verlieren wie einzelne Fliegen,

einräumen will, einen Raum so abgelegen, daß, wie Jenny einmal hat
Fremde darin logiren und Abends die Gäste hingeleiten wollen, sie alles
in der wüstesten Unordnung und die Mägde weinend in der Küche getroffen hat, die vor Grauen daraus desertirt waren. Ist das nicht ein
poetischer Aufenthalt? Wenn ich dort keine Gespenster und Vorgeschichten schreiben kann, so gelingt mir es nie. Ich glaube übrigens,
auf dieses Werk werden Sie, mein Freund, sehr influiren, d. h. das Andenken an Sie, denn ich freue mich schon jetzt darauf, es Ihnen vorzulesen, und dieses wird mir unter dem Schreiben beständig in Gedanken
liegen. Sagen Sie nicht (wie Sie zu thun pflegen), daß ich mich Ihren
Ansichten immer heterogen stelle. Das Disputiren und Aufbrodeln ist so
eine schlechte, stöckische Manier an mir, und ich habe nachher, ganz im
Stillen, oft Manches nach Ihrer Angabe verändert. Auch bin ich oft nur
so verkehrt, wenn ich, grade mit Hinsicht auf Ihr Urtheil, es meine so
recht nach Ihrem Geschmacke getroffen zu haben, und es läuft mir dann
so elendig kahl ab, daß Sie meinen hoffnungsvollen Sprößling ohne weiteres für einen Schablunter erklären. Von meinem Westfalen ("Bei uns
zu Lande auf dem Lande" ist sein eigentlicher Titel,) hoffe ich aber ein
Erfreulicheres; ists doch unser liebes Ländchen, und unser beiderseitiges
Hängen an ihm schon ein gar starker Einigungspunkt. An dem bisher
Fertigen glaube ich schon manches zu sehen, was guten Fortgang ver-
heißt, und nur einen hervorstechenden Fehler, zu große Breite an manchen Stellen; aber dagegen weiß ich Rath, habe ich doch den dritten
Gesang meines St. Bernhard gestrichen, und von dem ersten fast die
Hälfte. Das Streichen und Feilen muß aber erst nach Vollendung des
Ganzen geschehen, während der Arbeit macht es muthlos und unterbricht
auch die poetische Stimmung zu sehr. Ich werde überhaubt immer zu
breit, da mich die momentane Aufgabe jedesmal ganz hinnimmt und mir
somit die Gabe fehlt, Nebendinge sogleich als solche zu erkennen und zu
behandeln. Als Gegengewicht ist mir jedoch die Gabe des allerent-
schlossensten Streichens geworden und ohne dieses würden meinem Pegasus längst Eselsohren gewachsen sein.

Ich wollte, ich säße nur erst an meinem Seeufer und schrieb. Die
letzten Tage vor dem Abschiede sind nur eine Körper- und Gemüthsqual
und von einer Reise habe ich nie Freude, da ich leider das Fahren nicht
vertrage und schon eine Stunde nach der Abfahrt die Sehnsucht nach
dem Abendquartiere mein fixer Tagesgedanke wird. Sie schreiben mir
doch nach Meersburg, mein liebstes Professorchen? Es würde mir sehr
betrüben, wenn Sie es nicht thäten und Sie haben mir ja damals in die
Schweiz geschrieben, wo wir uns nicht halb das waren, was wir uns
jetzt sind. Die Adresse ist: „Meersburg am Bodensee, über Frankfurt
am Main und Stuttgart."

Die arme Bornstedt liegt mir doch sehr im Sinne. Ich habe wenig Vertrauen auf ihren Schweizer [1]), der so selten schreibt, auf alle ihre Geschenke nie eine kleine Gegengabe schickt, seine Aussichten immer ins Ungewisse schiebt, den sie nur auf der Reise als ebenfalls Reisenden einige Stunden gesehen hat, und nicht das Geringste von ihm weiß, als was er selbst für gut befunden hat ihr zu sagen; ich fürchte, zu einer Verbindung noch im Herbste, wie sie sich das träumt, kömmt es keinen Falls und sie wird diesen Winter Ihres Trostes und Ihrer Freundlichlichkeit zuweilen sehr bedürfen, da ein längeres Schweigen seinerseits oder auch ein Brief voll Bedenklichkeit und Aufschieben (was gewöhnlich nach tausend schönen Worten und Betheuerungen der „langen Rede kurzer Sinn" ist) sie immer in die nerveuseste Spannung versetzt. Gott lenke Alles zum Besten!

Ich muß schließen. Eine meiner Tanten kömmt soeben von ihrem Ausfluge zurück und ich muß zu ihr. Gott segne Sie, mein theurer, theurer Freund und führe uns im Frühling fröhlich wieder zusammen. Wie es jetzt scheint, werde ich doch ziemlich früh zurückkommen, sobald das Wetter meinem Bruder die Reise zuläßt, um Ostern etwa. Meinem Thereschen, was wohl diesen Brief lesen wird, alles Liebste und Herzlichste, und nochmals allen, dem Vater, der Mutter, dem Ohm Fritz, Lutterbeck, Junkmann, wenn Sie ihn sprechen, und der Bornstedt (obwohl ich ihr noch zu schreiben denke) meine herzlichsten Grüße. Behalten Sie mich lieb, wie bisher, denn ich achte und liebe Sie vom Grunde meiner Seele. Adieu. Ihre Nette Droste.

Orig. Prof. Jostes. Gedr. Schlüter 177. Auf der 4. Seite die Adresse an Schlüter „in Gräfrath". Poststempel Münster 20. 9.

87. An die Mutter. — Meersburg [1841] Oct. 26—29.

Vgl. unten Anhang.

88. An die Mutter. — Meersburg [1842] Jan. 26.

Meersburg, den 26ten Januar.

Wir haben jetzt seit drei Wochen feste Schneebahn hier, liebste Mama, und diese weiße Decke, die nicht wanken und weichen will, erinnert mich doch etwas an die Schweiz, obwohl es nicht sehr kalt dabei ist, ich glaube in den härtesten Tagen nicht zehn Grad; zuweilen kommen sogar ganz laue Winde, die bei uns Thauwetter bringen würden, hier aber immer eine neue Lage Schnee. Mit meiner Gesundheit geht es noch immer verhältnißmäßig sehr gut, obwohl mich dieses Winterwetter natürlich etwas zurücksetzt, und zuweilen wieder ein wenig Be-

---

[1]) Über den Bräutigam Luisens v. Bornstedt vgl. an die Schwester 1843 Februar 19.

klemmung et cet. bringt, wenn ich aber bedenke, wie es in den beiden
letzten Wintern war, wo ich wochenlang den schrecklichen Husten und
Auswurf mit Fieber hatte, so kann ich mein jetziges Befinden nicht genug rühmen. Ganz verlieren werde ich die Schwerathmigkeit in
meinem Alter wohl nicht und so z. B. beim Steigen wohl immer etwas
beengt bleiben, aber es wird doch so werden, daß es mich wenig genirt
und ich alt genug dabei werden kann. Meine Spaziergänge habe ich
bis vor acht Tagen regelmäßig fortgesetzt, seitdem ist es aber so glatt
geworden, daß ich in einem Tage wohl 7—8 Mahl gefallen bin; nun
habe ich mir die Terrasse vom Fasser rein fegen lassen und spaziere
dort täglich einige Stunden, was mir, faute de mieux, auch recht gut
thut. Wir leben hier so still fort, sind, Gottlob, Alle gesund, und Jeder in seiner Art sehr fleißig. Laßberg (der diesen Winter fast gar nicht
hustet, und immer guter Laune ist) schreibt seine Manuscripte ab, und
bringt wirklich dicke Bücher zu Stande. Jenny plagt sich mit ihren
Blumen und mit den Kindern, denen sie Lesen und Schreiben beibringt.
Ich habe schon einen ganzen Wust geschrieben, August[1] würde sich
aber ärgern, wenn er hörte, daß es meist Gedichte sind, von denen ich
gegen Ostern wohl einen neuen dicken Band fertig haben werde, während
das Westphalen nur langsam voran rückt *[folgt eine Menge Kleinigkeiten
über Clavierspiel und ersten Unterricht der Meersburger Kinder, sowie über die
große Weihnachtsbescheerung.]*

Den 28ten. Ich bin gestern den ganzen Tag vom Physikus Scheppe
und seiner Frau in Beschlag genommen worden. Am Morgen waren sie
hier, um meine Münzen und geschnittenen Steine zu besehen und Nachmittags waren wir zu ihnen geladen. Er war schon einige Male hier um
Jennys Muscheln zu ordnen und numerieren und Jenny wünscht sehr, ihn
zu einem Art Hausfreund zu acquiriren, da sie ihn nicht nur sehr gern
hat (ebenso wie unsern Schatz Hufschmid), sondern auch behauptet, er
sei voll Kenntnisse und der Einzige in Meersburg, dessen Umgang Laßberg wirklich freue und unterhalte. Es scheint auch so, denn so oft er
kömmt mit seinen dicken Folianten unterm Arm, packt ihn Laßberg sogleich und läßt ihn oft gar nicht wieder los, so daß aus dem eigentlichen
Zwecke des Kommens, (Botanisiren, Muscheln- und Mineralien-Bestimmen)
nichts wird. Er ist ein großer Freund für Jenny und ihr nur leid, daß
sie den Doctor Kraus schon zum Hausarzt hat. Scheppe und ich sind
auch dicke Freunde und haben uns werthvolle Geschenke an Versteinerungen
und Schneckenhäusern gemacht, denn er kriecht ebenso wie ich am See
und in den Weinbergen umher und ist lange vor mir gekrochen, so daß
die Meersburger an diese neue Art von Vierfüßlern gewöhnt sind, was
mir jetzt gut zu statten kömmt, denn es fällt Keinem ein, etwas Besonderes darin zu finden, die Höflichsten bleiben sogar stehn und geben mir

---

[1] August v. Haxthausen.

die Stellen an, wo seltene Sorten zu finden sind und wo der Physicus
und Herr Jung auch gesucht hätten *[folgt längere Stelle über die Verlobung
der „Fräulein Anna aus dem Institut"]*. Wir waren gestern recht munter
zusammen *[nämlich in einer kleinen Gesellschaft bei Scheppe]* und es wurden
so viele Gespenstergeschichten erzählt, daß wir vor Grausen kaum nach
Hause kommen konnten. Der Physicus war ungläubig und erzählte lauter
Stückchen, die sich kahl auflösten, aber auch an sich unbedeutend waren,
Kessels hingegen gaben die prächtigsten Beiträge, meistens aus eigner
Erfahrung, daß Einem die Haare zu Berge standen, sie haben unter Anderm ein berüchtigtes Spuckhaus bewohnt, und sind so geplagt worden,
daß sie nach drei Monaten ausziehn mußten. Ein anderes Mahl waren
sie lange zum Besuch in einem Schlosse, wo die Bewohner, besonders
der Hausherr und seine Frau, häufig doppelt gesehn wurden und Einem
in den abgelegenen alten Gängen begegneten mit brennenden Lichtern
in der Hand, während sie doch ganz ruhig in der Wohnstube saßen und
lasen oder strickten. Ist das nicht schön? Ich gehe zuweilen zu Kessels
oder den guten Klosterfrauen, deren freundliche und verständige Unterhaltung mich sehr anspricht, sonst zu Niemanden, denn ich habe keine
Zeit, da der Nachmittag fast ganz mit Spatzierenlaufen hingeht und ich
Morgens auch sehr spät an die Arbeit komme; bis es so warm im Zimmer geworden ist, daß ich aufstehn kann, und bis ich dann meine
Strümpfe gestopft, gefrühstückt, mich angekleidet, und einen kleinen Besuch bei Jenny und den Kindern gemacht habe, ist es immer schon halb
elf oder zehn, und ich muß jede Minute zu Rathe halten, wenn ich diesen
Winter was Ordentliches zu Stande bringen will. Jeden Abend um acht,
wenn wir schon Alle im Speisezimmer sind, Laßberg aber noch seine
Parthie erst ausspielt, lese ich Jenny und Schücking vor, was ich den Tag
geschrieben; sie sind Beide sehr zufrieden damit, aber leider von so
verschiedenem Geschmacke, daß der Eine sich immer über das am meisten
freut, was dem Andern am wenigsten gelungen scheint, so daß sie mich
ganz confus machen könnten und ich am Ende doch meinen eigenen Geschmack als letzte Instanz entscheiden lassen muß.

Mit Schücking geht es sehr gut hier, er hält sich sehr still, hat
gar keine Bekanntschaft in der Stadt, und kömmt den ganzen Tag nicht
von seinen Büchern fort, außer gleich nach Tische, wo er den Weg zum
Frieden einmahl auf und ab läuft, um sich Bewegung zu machen. Seine
Gesundheit hat sich, gottlob, sehr gebessert, woran, außer dem Clima,
wohl auch die gute Kost und Sorgenfreiheit großen Antheil haben. Laßberg scheint ihn lieb zu haben, und unterhält sich bei Tische fast ausschließlich mit ihm, scheint aber auf seine Gedichte und sonstigen belletristischen Arbeiten keinen großen Werth zu legen. Jenny hat ihn auch
gern, weil er fleißig ist, und gar keine Last im Hause macht. Kurz ich
muß es doch für ein Glück rechnen, daß er hieher gekommen ist, obwohl

ich selbst sehr wenig von ihm habe, und mir auch gleich wohl eingefallen ist, ob die Bornstedt, die verdrehte Person, nicht darüber raison-
niren würde. Indessen ich habe die Sache nicht gemacht, habe auch
nichts daran ändern können, würde es auch auf keinen Fall gethan haben,
sondern wäre eher selbst zu Hause geblieben, als daß ich den armen
Schelm um diese vielleicht einzige gute Zeit in seinem Leben gebracht
hätte, wo er auch noch Bekanntschaften macht, die ihm vielleicht voran
helfen können. Uhland kennt er nun schon und Maurer-Constant[1]), einen
berühmten und reichen Mann aus Schaffhausen, der im vorigen Monate
mit Frau und Tochter hier war, auf einen Nachmittag; dann war neulich
Reuchlin[2]) aus Lindau hier, ein ebenfalls berühmter, sehr lebhafter und interessanter Mann, zwar nur protestantischer Pfarrer in Lindau, aber bekannt und angesehn im markgräflichen Hause zu Salmansweiler[3]); er war
nur auf einen Nachmittag da, will aber öfters wiederkommen.

Auch Wessenberg[4]) erwarten wir nächstens und ich glaube, er wäre
schon da gewesen, wenn Laßberg ihn nicht hätte bitten lassen, ihm den
Tag vorher wissen zu lassen, was denn so umständlich aussieht, und zurück hält. Laßberg stellt Schücking Jedem vor, bringt sie ins Gespräch
mit einander, und redet selbst gut von ihm, sodaß ich mir die heim-
liche Hoffnung mache, daß sich hier etwas für ihn findet, und er gar
nicht in die frühere klemme Lage nach Münster zurück muß.

Nun muß ich Dir noch sagen, daß wir jetzt hier ein brillantes Liebhabertheater haben, und schon zweimahl gespielt worden ist, zuerst um
Neujahr, der Wildfang, dann am vorigen Montage, das Alpenröschen. Die
ersten Liebhaber sind: Lina Honstetter (Bürgemeisters Tochter) und ein
gewisser G. . . .[a] Beide spielten mit viel Gewandtheit. wie gemachte
Schauspieler, nur war sie in der zweiten Rolle gar zu naiv . . . und doch
auch etwas zu häßlich für „ein Alpenröslein". Sehr gut und wirklich
. . . len Herr . . . le, in komischen Rollen, und die Schwester der Zollcon-
troleurinn als böse Fre [Fee?] . . . machte in . . . Stücken einen Landjunker,
zuerst einen alten, dann einen jungen, ganz vor . . . trefflich, und . . .
übertrieben. Dann spielten noch Herr Vogel, zuerst als Invalide, dann
einen . . . kretär . . . Apotheker, einen Bedienten, auch gut. Scheppe
einen Unteroffizier, mittel- . . . mäßig. Die . . . kennst Du glaube ich

*a Durch die Siegelung sind zwei Löcher entstanden. Daher eine Reihe
kleiner Lücken.*

---

[1]) Wohl derselbe Maurer-Constant, der seit 1839 die Nachträge zu Johannes v. Müllers Werken herausgab.

[2]) Der Historiker Hermann Reuchlin (1810—1873).

[3]) Sitz des Markgrafen Wilhelm von Baden und seiner Gemahlin, einer
württembergischen Prinzessin.

[4]) Der frühere Constanzer Generalvikar und Bistumsverweser Ignaz v. W.
(1774—1860).

nicht. Die Decorationen sind ganz hübsch, ein Garten mit Illum ... eine Schweizergegend, ein Kirchhof, ein paar hübsche Zimmer, Gewitter, Sonnenaufgang, Alles ganz ordentlich, fast wie in Münster. Ein ganz artiges Orchester von sechzehn Personen, die in den Zwischenacten Ouverturen aufführten, aus Jean de Paris, der Schweizerfamilie, Figaro et cet. [1]). Der Preis 24 Kreuzer. Das Local, der Rathhaussaal gedrängt voll, da Alles aus der Umgegend zuströmte. Auch die Fürstinn Salm war da, und klagte daß ihr Constantin krank sei, an geschwollenem Halse. Das arme Ding sah kümmerlich aus, und erinnerte mich etwas an ihre selige Schwiegermutter.

Nota bene weißt du wohl, daß die Fr. v. Kessel die Stieftante von allen den Brentano's ist? Bettina, Clemens et cet.? sie hat es mir gestern erzählt. Des alten Brentano erste Frau war auch eine geborne Brentano, die zweite die la Roche, und die dritte ihre Schwester [2]). Sie kannte alle die Kinder sehr gut, hatte aber nichts von ihren Werken gelesen, weil sie sie noch nicht hatte bekommen können. Das sind auch ein Paar von den Schriftstellern, die bei uns so großes Aufsehn machen und hier in Oberdeutschland so gut wie garnicht bekannt sind. Wie mich dünkt, sprach sie von ihrer Schwester als ob sie noch lebte, und sagte auch, sie habe sich immer mit den Stiefkindern sehr gut vertragen, obwohl Einige davon älter gewesen wie sie. *[Folgen kleine Notizen: Emmas (v. Gaugreben) Befinden bessert sich langsam. Ausflug nach Constanz geplant. Caroline krank].*

Liebe Mama, Du schreibst in Deinem letzten Brief Nichts von meiner Alten, ich hoffe doch daß sie noch am Leben ist? Bitte, schreib' doch das nächste Mahl von ihr. Hat sie auch Weihnachten etwas bekommen? Sag ihr, daß ich sie herzlichst grüße, und sie sehr lieb hätte, und sie möchte für mich bethen, daß mir diese Reise, wozu ich mich so schwer entschlossen hätte, nun auch aus dem Grunde hülfe, und ich wieder gesund würde.

Nachmittags. Das Wetter ist heute so köstlich, daß ich mich wieder heraus gemacht habe, und komme so eben von Deisendorf, halb blind von dem Widerschein der Sonne im Schnee, und todtmüde, denn

---

[1]) Auf diese Aufführungen bezieht sich A.'s Gedicht Das Liebhabertheater (Kreiten III, 222), in dem Decorationen (Park, Gewitter, Sonnenaufgang) und Orchester erwähnt werden.

[2]) Auch nach den Feststellungen von R. Steig (Arnim und Brentano 10. 349) war die erste Frau Peter Anton Brentanos, Paula Maria Walpurga, „eine geborene Brentano", nicht, wie man anderswo (z. B. Diel-Kreiten, Clemens Brentano I, 8) liest, „eine Holländerin". Die zweite Frau war bekanntlich Maximiliana Laroche, die Mutter von Clemens und Bettina. 1795 schloß er eine dritte Ehe mit Friederica Anna Ernestina v. Rotenhoff, die nach seinem Tode einen Herrn v. Altenstein heiratet (Steig a. a. O. 15. 20). Die Frau v. Kessel muß danach eine geb. v. Rotenhoff gewesen sein.

ich bin immer nur in Einem Rutschen geblieben, aber doch ist mir
frischer zu Muthe als wenn ich auf der Terasse perpendikelt habe. Heute
Mittag war ein gelehrter Herr aus Coburg hier, ein Herr Fromann [1]), der
aussieht wie ein wunderliches altes Portrait, mit über den Teller geschnittenen Haaren und daumdicken Augenbrauen, sonst, wie mich dünkt,
eine gutmüthige harmlose gelehrte Seele. Wir· haben uns mit den Nibelungen zu Tische gesetzt und sind damit aufgestanden.

Was Du mir von Tangermanns [2]) Sehnsucht nach mir schreibst, ist
mir etwas betrübt, da ich fürchte, noch manches Jahr für ihn mein
Beutelchen ziehn zu müssen, denn die höchstens 60—70 Thaler, die er
später durch Silentien verdienen kann, wollen noch lange die Thüre nicht
zuthun, selbst wenn Rombergs, wie im vorigen Jahre, 40 Thaler zugeben.
Ich hoffe also auf eine angenehme Unterbrechung für mich. Wenns aber
nicht anders ist, und er gradezu mit der Bitte herauskömmt, so gieb ihm
soviel Du meinst, etwa — doch ich überlasse es ganz Dir. Adieu, liebste
Mama, 1000 Grüße an Alle, die Hülshoffer, meine Alte, Marie, Herrmann, Lisbetchen. Ich küsse Deine lieben Hände. Deine gehorsame
Tochter Nette.

[Am oberen Rande der ersten Seite:] Viel Schönes an Madame, ihr
Gedicht auf unsre arme Anna hat mir sehr gefallen, es ist recht herzlich,
und doch nicht übertrieben. Auch Wittower viel Schönes. Luise ist
wohl fort? 1000 Grüße an den lieben Onkel Fritz.

[Adresse:] Der Freyfrau von Droste-Hülshoff, gebornen Freyinn von
Haxthausen. Hochwohlgeboren zu Rüschhaus bey Münster in Westphalen.
Durch Frankfurt am Mayn und Cöln. *Poststempel* Meersburg 29. Jan.

Orig. im Besitz der Baronin Elisabeth v. Droste. Oktavbogen, auf der
4. Seite die Adresse. Auszüge Kreiten IV, 315.

89. An Levin Schücking. — Meersburg 1842 Mai 4. 5.

Warum sie ihm noch nicht geschrieben hat. Besuche. Die „Bibliothekar-
stelle" bei Laßberg. Elise Rüdiger. Sehnsucht nach Schücking. Sein Gedicht
auf die Meersburg. Erscheinen der Judenbuche. Recension über Schückings
Dom zu Köln. Wessenberg. Ausflüge. Über Beicht und Communion.

Gedruckt Th. Schücking 40. Antwort auf den „Ellinger Brief" (S. 41),
d. h. auf den unvollständig bekannten Brief Schückings aus Ellingen 1842
April 12 (Th. Schücking 36).

[1]) Der Germanist Georg Karl Fromman (1814—87) ein geborener Koburger.
[2]) Wilhelm Tangermann, geb. zu Essen 1815 Juli 6, Geistlicher und
Schriftsteller, 1872 altkatholischer Pfarrer in Köln, wo er in hohem Alter starb.
In seiner über ein halbes Jahrhundert später erschienenen Schrift Morgen und
Abend (Leipzig 1895) erwähnt er, daß er A. zuweilen mit Junkmann in Rüsch-
haus besucht habe.

90. An Levin Schücking. — Meersburg 1842 Mai 25--27.

Verlagsanerbieten. Besuch Bernhard Meyers. Bevorstehende Abreise. Tod Werners v. Haxthausen und der Generalin v. Thielmann. Frohnleichnam in Meersburg. Laßberg. Der Maler Stiele. Ihre Sammlungen. Die Judenbuche. Schückings Gedicht Westfalen. Elise Rüdiger. Luise v. Bornstedt. Junkmann.

Gedruckt Th. Schücking 66. Antwort auf Schückings Brief vom 13. Mai (ebend. 62).

91. An Levin Schücking. — Meersburg 1842 Juni 13.

Eingehende Erwägungen, ob er die Redaction der Freiburger Zeitung übernehmen soll. Abreise von Meersburg verzögert.

Gedr. Th. Schücking 83.

92. An Levin Schücking. — Meersburg 1842 Juli 7.

Gesichtsschmerzen. Manuscriptsendung. Abreise. Nachrichten aus Münster. Bothe und Albert Schott.

Gedr. Th. Schücking 89.

93. An die Mutter. — Rüschhaus 1842 Aug. 24.

Vgl. unten Anhang.

94. An die Schwester. — Rüschhaus 1842 Sept. 5. 7.

Rüschhaus, d. 5ten Sept.

Obwohl es schon ziemlich spät ist, und die Dämmerung nah, will ich doch wenigstens anfangen, Dir, liebes Herz, zu schreiben. Ich bin denn am Tage vor Mariä Himmelfahrt [1]) wieder hier angelangt. In Bonn gieng es mir sehr gut, Pauline [2]) that ihr Möglichstes mir Freude zu machen. Man sprach dort (in Bonn, nicht bei Paulinen) fast von nichts als von dem neuen Gestirn, dem Erzbischof Geißler [3]) *[sic!]*, in den Jedermann ganz verliebt, und der gute Clemens August darüber rein in Vergessenheit gerathen ist. Du sollst sehn, nach ein paar Jahren nimmt Niemand mehr Notiz von ihm und von dem was er gelitten, und während er in der Geschichte gleichsam mit goldenen Buchstaben verzeichnet wird, ist es seinen Zeitgenossen jetzt schon einerlei, ob er lebt oder todt

----

[1]) Also am 14. August.

[2]) Die Witwe ihres Vetters Clemens v. Droste.

[3]) Der Kölner Koadjutor (seit 1841) Johannes Geißel (1796—1864), später (1845) Erzbischof von Köln und (1850) Kardinal.

ist. Seine Verwandten, bei denen der Ehrgeiz auch nicht ganz aus dem Spiele geblieben war, machen freilich eine Ausnahme, und sind ganz outrirt, z. B. Nettchen Böselager [1]), bei der ich den Hausgeistlichen von Fürstenberg-Stammheim traf, der ebenfalls Feuer und Flammen spie. Doch läßt sich nicht läugnen, daß Geißel sich bis jetzt sehr gut beträgt, und vorzüglich unendlich leutseliger, und in den Details seines Amts — Anhören der Pfarrgeistlichen und Schulbeamten, und Abstellen ihrer Beschwerden — viel zugänglicher ist, als Droste.

Während ich in Bonn war, wurde das kleine Gäßchen, was zu Paulinen führt, neugepflastert, und man kam auf römisches Gemäuer, was den Prof. Braun veranlaßte in Paulinens Garten nachgraben zu lassen . . . ein römisches Bad war aufgedeckt [2]) *[folgen Einzelheiten über die ersten Ergebnisse der Ausgrabungen].*

Die Mertens fand ich sehr leidend, an ihren Hamerhoidalübeln, und sie wird sich wahrscheinlich einer Operation unterwerfen müssen, aber prächtige Sachen sah ich bei ihr. Ihre römische Münzsammlung ist jetzt so"groß, daß sie sie weder übersehen, noch vieles mehr acquiriren kann, auch das etwa Acquirirte wie ein Tropfen in's Meer fällt, deshalb ist auch ihre beste Freude daran hin. Geschnittene Steine hat sie 1200, da Mertens ihr vor drei Jahren die größte Privatsammlung in Deutschland angekauft hat. Es sind eine Menge wunderschöner darunter, doch verhältnißmäßig wenig Camoeen, und prächtige Dolche! 8 oder 10, alle mit silbernen oder agatnen, jaspisnen et cet. Heften, von der schönsten Arbeit, getrieben, geschnitten, mit Edelsteinen besetzt. Ihren Mann fand ich sehr elend, er sah gelb und aufgeschwemmt aus, war unbeschreiblich verdrießlich und klagte sehr. Zu ihrer Ehre sei's gesagt, daß sie recht besorgt um ihn war, und viel Geduld hatte, wollte Gott, sie hätte es früher gehabt! jetzt wollte es nicht ausreichen, er sagte: „ich will mich ärgern, das bekömmt mir gut", und das Haus war, wie seit lange, ein gränzenlos trübseliger Aufenthalt. Am Abend meiner Abreise ging ich nochmals hin, er war ungewöhnlich aufgeräumt, sagte, er fahre noch denselben Abend nach St. Thomas bei Unkel, einer ihm gehörigen Fa-

---

[1]) Nettchen v. B. (der wirkliche Vorname ist Bernhardine) war eine Nichte des Erzbischofs. Vgl. Bemerkung zu dem Brief A.'s an ihre Mutter 1837 Januar 12.

[2]) Die Bonner Jahrbücher des Vereins von Altertumsfreunden im Rheinlande II, 41 (1843) enthalten einen November 1842 datierten Bericht von Braun. Nach demselben „hat die Umpflasterung der Voigtsgasse, welche vom Rhein her den Belderberg hinaufführt, im Monat August d. J. (also 1842) zu Nachgrabungen Veranlassung gegeben. Zwischen der Gartenmauer des Hrn. Thormann und dem großen Tore, welches in den Garten und zu dem Hause der Frau v. Droste führt, fanden sich Fragmente römischer Ziegel . . . Ein beträchtlicher Teil des v. Droste'schen Gartens hat ehemals römische Gebäude getragen." Die Vermutung, es handele sich um ein römisches Bad, bespricht Braun sehr zurückhaltend; später (ebend. IV, 114) läßt er sie ganz fallen.

brick, der sein Compagnon und Schwiegersohn Esser (Theresens Mann) vorsteht, und nahm sehr herzlichen Abschied von mir.

Zu Hause gekommen fand ich ein Billet von Simrock's Frau (Trautchen Ostler) des Inhalts: ihr Mann sei von einer Reise zurückgekommen, und wünsche sehr meine Bekanntschaft zu machen, weshalb er, wenn ich Morgen mit dem frühesten Dampfboot fahre, mich bis Düsseldorf begleiten wolle, später könne er nicht, da er noch denselben Abend nothwendig in Coblenz sein müsse. Da dieses nun gar nicht mit meiner Berechnung übereinstimmte, und ich die Nacht und bis den folgenden Nachmittag hätte in Wesel liegen müssen, ging ich lieber sogleich zu Simrocks [1]). Trautchen sah recht glücklich aus, und Simrock, ein langer, schwarzer, zugleich lebhaft und düster aussehender Mann von einigen Dreißigen, war überaus freundlich und herzlich und erkundigte sich mit dem höchsten und ehrfurchtsvollsten Interesse nach Laßberg. Ich beschrieb ihn so ungefähr, dann seine Meersburg, sein häusliches Leben, und habe wohl nie einen aufmerksameren Zuhörer gehabt. Dann fragte ich, ob ich Laßberg von ihm grüßen solle? Er wurde ganz rot und sagte, „dies wage er kaum". Doch schicke ich den Gruß, der gewiß aus einem vollen Herzen kömmt!

Am andern Nachmittag um vier fuhr ich nun mit dem Dampfboot ab, was die Nacht durchfuhr bis Wesel. Kaum waren wir im Gange, als ich einen Passagier zum Andern sagen hörte: „Haben Sie schon von dem Unglücke gehört? Herr Mertens ist diesen Morgen in St. Thomas in seinem Bette tot gefunden worden, die Frau ist in Plittersdorf und weiß es noch nicht." Du kannst denken, wie ich mich erschreckte; ich wandte mich an den Herrn, der aber selbst nichts Genaueres wußte. Die Nachricht war soeben in Bonn angekommen. Auf dem Dampfboot fand ich Niemand, dem ich mich hätte anschließen können, und saß so still vor mich hin. Wie es Nacht wurde, wollte ich in den Pavillon; der Marqueur wollte ihn aber nicht aufschließen, wenn ich ihm nicht einen Thaler gäbe; da wurde ich ärgerlich und blieb die ganze Nacht auf dem Verdecke. Mehrere Damen machten es wie ich; die meisten schliefen auf Stühlen und Bänken; ich saß mit offnen Augen wie ein Hase, und befand mich doch in der wunderschönen Mondnacht besser, wie damals auf unserer Herreise auf den kalten, harten Brettern. Um zehn waren wir in Düsseldorf; da lag das Schiff zwei Stunden still, was mich gräulich

[1]) Der Dichter und Germanist Karl Simrock (1802—76). Ähnlich, aber eingehender berichtet A. über ihr Zusammentreffen mit Simrock im Brief an Schücking 1842 Sept. 11 (Th. Schücking 108). Mit Gertrud Ostler (geb. 1804), Tochter des Oberforstmeisters O., war S. seit 1834 verheiratet. Düntzer (in Pick's Monatsschrift f. rhein.-westf. Geschichtsforschung II, 503) schreibt den Namen Oster, jedoch berichtigt III, 186. Nach N. Hocker, Karl Simrock (1884) S. 32 war er Förster zu Röttgen (bei Bonn), wohl ehe er Oberforstmeister wurde.

ennuyirte. Am morgen sehr früh waren wir in Wesel, wo ich gleich auf
die Schnellpost stieg und noch vor Eins in Münster anlangte. Meine Gesellschaft war nicht ganz übel, ein stattlicher Schulze, ein Pastor und
eine ganz nette alte Madame.

Ich stieg bei Ahlers [1]) ab, von wegen Tangermanns. Ahlers stand
grade in seinem Empfangzimmer und machte vor einem gedrängten Audi-
torium von Schustern und Schneidern den Cicerone aller der Gold und
Silber blitzenden Livréen, die an den Wänden umher hiengen.

Den 7ten. Ich fahre fort, wo ich vorgestern aufgehört, und sage
Dir nur, daß Alles wohl und Mama noch in Apenburg ist, damit Du nicht
ungeduldig über meinen Brief wirst. Also die Livréen waren überprächtig
[folgt liebevolle Beschreibung der Livreen für die „Königs-Fete"]. Herr Ahlers
. . . sagte: „Sie können es gar nicht denken, was das den Adel kostet.
Das Fest 10 000 Thaler, und der Putz für die Damen! und die Livreen
kommen Jedem auch in die Hunderte!" Mir ward es grau vor den
Augen, und vollends schwarz, als er auf zwei der schönsten zeigte, und
mit erhobener Stimme und besonderem Nachdruck sagte: „und die
sind für meinen Herrn hier, den H. von Hülshoff". Es waren eine
Jägeruniform und eine andre, weiß mit Silber, und schwarzen Plüsch-
hosen, noch reicher wie die andern, und viel geschmackvoller besetzt.
Man sah, daß Ahlers sein Meisterstück hierfür aufgespart hatte. Ich
machte es wie Abraham a Sancta Clara empfiehlt: „hier laß einen Seufzer
fahren, und wenn Du kannst noch einen", und dachte Werner würde
ihm wenig Dank dafür wissen.

Ich blieb die Nacht incognito in Münster bei Ahlers, und sah Niemanden als die Rüdiger und Schlüters, wo ich erfuhr, daß Tangermann [2])
noch in Münster sei, aber am nächsten Morgen nach München abreisen
wolle und dann daß der arme Sprick [3]) todt sei. Es war ihm in Belgien
sehr schlecht gegangen, er hatte kaum das trockene Brot verdient, aus
Schonung aber seiner Frau in Hohenholte, die wieder ihre Niederkunft
erwartet, immer heiter und hoffnungsvoll geschrieben und auch zuweilen
ein paar Thaler geschickt, die er sich mit Hungern abdarbte. Diese, und
alle Bekannte, begriffen aber nicht, warum er so wenig schickte, da er
doch so gloriös schrieb, und der arme Schelm hat die bittersten Nach-
reden von Leichtsinn und schlechter Sorge für die Seinigen tragen müssen.
Endlich hat die Frau, aufgebracht hierüber, das gute Leben mitgenießen
wollen und ist ihm unerwartet mit den Kindern nachgekommen, in sein
elendes Dachstübchen, wo kaum ein Stuhl und ein Bett war, und er hat

---

[1]) Schneider Ahlers, in dessen Haus auf der Salzstraße die Drostesche
Familie eine Mietwohnung hatte   Hüffer 18 Anm.
   [2]) Vgl. zu Brief 1842 Januar 26.
   [3]) Vgl. die Briefe 1839 Nov. 17 und 1840 Aug. 22. Spricks tragisches
Ende schildert A. ganz ähnlich in einem Briefe an Schücking (Th. Schücking 112).

vor Schrecken auf der Stelle einen Blutsturz bekommen und ist nach
einigen Tagen todt gewesen. Nun sitzt sie da mit s e c h s Kindern und
das s i e b e n t e erwartend, und es heißt, sie würde wieder nach Münster
kommen, weil sie dort gebohren ist und also auf Unterstützung von der
Stadt Anspruch machen kann. Es steht sehr zu befürchten, daß ihr
Mariechen (mein Päthchen) mir jetzt zufallen wird, eine furchtbare Last
für mich, und über meine Kräfte *[folgen längere Betrachtungen über diese
Möglichkeit].* Etwas werde ich aber jedenfalls wohl bluten müssen.

Am andern Morgen gieng ich zu Fuße nach Rüschhaus. Die
Rüdiger brachte mich ein Streckchen auf den Weg, sonst allein, nahm
am Pannekotten ein paar Weißbrödchen mit, fand am Schlagbaum vor
den langen Kämpen den alten Kortenkämper, der ... mir die schreck=
liche Nachricht mittheilte, daß der alte Henrich Jan zu Hülshoff, nachdem
er den ganzen Sommer „verstreut" gewesen, sich vor 14 Tagen an der
schönen alten Buche am Haidteich erhenkt habe ... Er war einige Tage
besonders tiefsinnig gewesen ... Es ist eine traurige Geschichte, und der
einzige Trost dabei, daß er, allen Anzeigen nach, den ganzen Sommer
schon verrückt gewesen ist [1]).

In Rüschhaus kam ich recht mal a propos, und die Leute sahen
mich fast scheel an, da sie zu meiner Ankunft hatten recht putzen und
fegen wollen, und grade das Haus unter Wasser stand. Nur meine Alte
weinte vor Freude und konnte nicht genug fragen nach „Frölen Jenne
und Herr von Latzberg un de Kinnerkes". Es war ihr eine große Freude,
daß die Kinder auf ihren Matten saßen, und auch ihr Häfele damit zu-
deckten. Sie sieht sehr gut aus, befindet sich auch auffallend gut, bis auf den
Schwindel, der noch sehr zugenommen hat, so daß ich ihr jetzt Abends
in's Bett helfe, damit sie nicht mit Tisch und Lampe hineinfällt und
Alles in Brand steckt.

Ich hatte gleich nach Hülshoff geschickt und am andern Tage schon
kam Werner, sah wohl aus, klagte aber über Augenschwäche, und war
überhaupt sehr betuckt und nachdenklich über die großen Kosten der
bevorstehenden Königsfete. Er hatte gleich anfangs mitunterschrieben und
gemeint, Keiner würde sich ausschließen, wo es dann Jedem nicht sehr
hoch gekommen wäre; statt dessen hatten sich manche geweigert, sogar
sehr Reiche, z. B. Brenken, der geantwortet, „er habe jetzt vier Söhne

---

[1]) Die eingehende hier gekürzte Schilderung zeigt Ähnlichkeit mit dem
Selbstmord des Friedrich Mergel in der Judenbuche. Vgl. besonders die Stelle
in A.'s Brief: Ein Neffe des Selbstmörders, Jans, „kömmt schreiend wieder.
„Der Ohm ist in die Buche gestiegen, und kann nicht wieder heraus." O! sagt
Meister Const[ans], der soll wohl herauskommen. „Ne ne!" sagt Jans, „er
hängt ganz fest, die Beine herunter." Jetzt laufen Alle hin ... er war aber
rein todt." Man wäre versucht, einen Zusammenhang anzunehmen, wenn nicht
der Druck der Judenbuche im Stuttgarter Morgenblatt (April bis Mai 1842,
Hüffer 247) früher fiele als der Brief.

außer dem Hause zu unterhalten, das koste ihm zuviel et cet.", so daß die Ehre des Festes auf den g a n z e n Adel fällt, das Bezahlen leider aber nur auf W e n i g e. Zum Glücke geht es nicht in gleiche Theile, sondern wird nach dem Steuerkataster repartirt und das Antheil des Erbdrosten kömmt allein über tausend Thaler. Werner rechnete sich zu einem me-lancholischen Troste immer vor, was er gethan, um übrigens möglichst wohlfeil davon zu kommen, wie er nur einen Jäger und Kutscher, die meisten Andern aber noch einen oder gar zwei Bedienten dazu montiren lassen. Wie er für Linchen, da die Königinn wahrscheinlich nur einen Tag Cour halten würde, auch nur e i n elegantes aber ganz einfaches weißes Atlaskleid mit Spitzenbesatz gekauft habe, während die meisten Damen, zur Vorsicht, z w e i Kleider, so kostbar sie nur zu haben — Viele Gold und Silberstoffe — aus Paris kommen lassen ... Er fragte mich sehr kleinlaut, ob ich auch kürzlich Geld brauche? Ja wohl brauchte ich Geld, denn ich war ganz abgebrannt, sagte ihm aber, ich würde mich noch wohl eine Weile so durchschlagen.

Er war kaum fort, und ich spatzierte in der Allee, wer kömmt her-an? Herr Tangermann. *[Folgt eine rührende Beschreibung, wie sie beide „auf Kohlen" gesessen, er, weil er sich genirt, von ihr Geld „für seine Eltern" zu verlangen, und sie, weil sie keins hat. Jenny Hüger hat ihren Besuch ange-meldet, aber sie ist ausgewichen, denn sie kann Jenny Hüger nicht nach Rüsch-haus einladen, und hat auch kein Geld für sie].* Ach Gott! was ist es doch für ein Elend so viele Abnehmer zu haben, denen man nur mit Louis-doren kommen darf, und doch nichts Reelles nutzt! Was waren das für glückliche Zeiten, wo man mit einer für 16—17 Thaler gekauften Kuh einer ganzen Familie aufhelfen, oder mit 10 Thaler Lehrgeld die ganze Zukunft eines Menschen sichern konnte, statt das jetzt Alles ins Fass der Danaiden muß! Marcus, der arme Student, den Ludowine uns zugeschickt hat, war auch schon hier, und hat keinen Heller fürs nächste Semester. Ich zeigte ihm meinen leeren Beutel, versprach aber gute Dinge für die Zukunft. Ists nicht betrübt, daß dieser der Einzige ist (von den Vor-nehmen), dem ich gern gebe und wo ich es für gut angewendet halte? Da er, obzwar durchaus kein Licht, doch Anlage zu einem sehr würdigen Geistlichen hat. Den andern Allen gebe ich aus falscher Scham, und habe durchaus kein Verdienst davon.

Zwei Tage nach meiner Ankunft kam Werner wieder mit Onkel Carl [1]), der zum Feste gekommen war, und ich fuhr mit ihnen nach Hüls-hoff. *[Folgen sehr eingehende Mitteilungen über die Entwickelung der Hülshoffer Kinder, die für dieselben mitgebrachten Geschenke, sonstige Familiennachrichten u. s. w.].* Die Luft hier hat mir anfangs nicht zusagen wollen, ich habe aber meine Spaziergänge so consequent fortgesetzt, daß ich mich jetzt

---

[1]) Karl v. Haxthausen, Domherr in Hildesheim.

wieder durchgebissen habe. Die Feten in Münster sollen superb gewesen sein, doch sagt Julie, die gestern hier war, bei der Adelsfete sei es so voll gewesen, daß alle die schönen Toiletten umsonst gewesen, und man ebenso gut im Unterrocke hätte hingehn können, wenn man nur ein paar Federn auf dem Kopfe gehabt hätte. Nur die verheuratheten Damen sind vorgestellt, und die Königinn hat mit Jeder ein paar Worte gesprochen, und mit jedem verheuratheten Herrn einen Polonaisengang gemacht, sowie der König mit jeder Frau. Das Papier ist zu Ende. Adieu liebes Herz, 1000 Liebes an Laßberg, und 1000 Küsse an die Kinder.

Deine Nette.

Der König hat den kleinen Landsberg gefragt: „Willst du mir auch mahl dienen?" — „Ja, jetzt wohl, aber sonst nicht." — „Warum nicht?" — „Weil Du den guten Erzbischof gefangen hieltest." Engelbert stößt den Jungen an, da sagt der König: lassen Sie ihn, ich höre gern die Wahrheit. Die Königin hat den alten Senden, der sich hinter die Andern versteckt hatte, selbst zum Tanz geholt, was natürlich sehr gefallen hat.

Ich habe wieder einige sehr gute Recensionen bekommen, über die einzelnen Sachen, die Eine in der „Revue", wo meine „Judenbuche" sehr herausgestrichen und dem Besten, was je in der Art geschrieben, an die Seite gesetzt wird, eine zweite in der Recension des Musenalmanachs, wo Gutzkow meinen „Geyerpfiff" sehr heraushebt, und mich ein ganz außerordentliches episches Talent nennt und noch eine dritte. Qu'en dites vous? Ich komme wirklich auf, woran ich eigentlich schon ganz verzweifelt hatte. Meine neuen Gedichte sind bald fertig.

Von Schücking habe ich seit gestern die erste Nachricht[1]), er ist wohl, aber wieder auf Reisen gewesen, und schreibt mit großer Liebe von Laßberg, der ihm seinen Oettinger geschickt, den er erst am 27ten erhalten. Ich hoffe, er hat doch schon darauf geantwortet? Die Fürstin ist sehr elend.

Orig. Meersburg. Eng beschriebenes Oktavblatt, auch die Ränder mit Nachrichten voll gekritzelt, die oben nur teilweise wiedergegeben sind. Auszüge bei Hüffer 267—271. Der Brief berührt sich mehrfach mit dem großen Reisebericht A.'s an ihre Mutter 1842 Aug. 24.

95. An Elise Rüdiger. — Rüschhaus [1842] Sept. 10.

Abschrift in Hüffers Nachlaß nach dem von Frau Rüdiger erhaltenen Original. Wie Hüffer beifügt, „ergibt das Jahr sich unzweifelhaft daraus, daß der Brief auf Schückings Brief aus Ellingen vom 29. August Bezug nimmt. Sie schreibt, wie sie ankündigt, am 11. September an Schücking." Das Datum lautet „Samstag d. 10. September", was für 1842 richtig ist.

---

[1]) Gemeint ist Schückings Brief aus Ellingen 1842 Aug. 29 (Th. Schücking 93), der Laßbergs Sendung erwähnt. Es handelt sich um „Ein schön alt Lied von grave Fritz von Zolre, dem Oettinger," das Laßberg 1842 herausgab.

96. An Levin Schücking. — Rüschhaus 1842 Sept. 11 und 12.

Verabredet regelmäßigen Briefwechsel. Sehr eingehend über Elise Rüdiger, welcher er Briefe und Portrait zurückschicken soll. Beiträge für Schücking. Edelmüthige Rache an Luise v. Bornstedt. Annette wird berühmt. Simrock. Fraling. Freiligrath. (Nachschrift). Luise Michels. Sibylla Mertens nach dem Tode ihres Mannes. Tod des Malers Sprick. Ansprüche an ihre Kasse. Tangermann. Junkmann. Luise v. Bornstedt. Nachrichten aus Meersburg. Der Maler Stiele. Dringende Ermahnungen wegen Schückings Stellung. Sehnsucht nach ihm. Reuchlin.

> Gedr. Th. Schücking 97 ff. Was dort S. 111 folgt, ohne Datum, „wahrscheinlich einige Tage später geschrieben", ist ohne Zweifel lediglich N a c h - s c h r i f t zu dem Briefe vom 11. Sept., denn wie dieser stellt er sich als A n t - w o r t auf Schückings Brief an A. 1842 Aug. 29 (Th. Schücking 93) dar. S. 111 heißt es: „Adelen [Schopenhauer] habe ich noch nicht schreiben können und muß erst ihre Adresse abwarten"; offenbar Antwort auf Schückings Frage (S. 96): „Wie geht's Adelen? Grüßen Sie recht herzlich, wenn Sie schreiben." Auch die Ratschläge über Schückings schwierige Stellung beim Fürsten Wrede (S. 116) sind offenbar durch Schückings Andeutungen im Brief vom 29. August (S. 96) veranlaßt. Am 11. Sept. (Th. Schücking 98) verabredet A. mit Schücking monatlichen Briefaustausch, sie will ihre Briefe „jeden 15. zur Post schicken"; da nun ihr nächster genau zu datierender Brief (Th. Schücking 119) Mitte Oktober geschrieben ist und den „letzten Brief von der Mitte September" erwähnt (S. 131), muß der undatierte Brief als Nachschrift betrachtet werden. Daß er in den September fällt, beweist auch der Satz (112), sie werde an Sibylla Mertens „in den nächsten Tagen schreiben", was am 29. Sept. geschehen ist. Der Ausstellungsort ergibt sich unmittelbar aus S. 116.

97. An Sophie v. Haxthausen. — Rüschhaus 1842 Sept. 23. 24.

Vgl. unten Anhang.

98. An Sibylla Mertens. — Rüschhaus 1842 Sept. 29.

Rüschhaus den 29. Sept. 42.

Daß ich Deinen Brief, mein gutes Herz, so spät beantworte, hast Du selbst veranlaßt, indem Du mir (aus St. Thomas) von den vielen zunächst bevorstehenden Wirren und Geschäftstouren schriebst und auf einen nächstens folgenden Brief verwiesest, der mir anzeigen sollte, wenn Du wieder zur Ruhe gekommen. Hierauf habe ich nun gewartet, um meinen Brief und die kleine Sendung nicht der Gefahr des Verlorengehns in dem Wirrwarr auszusetzen. Geschrieben hast Du nun zwar nicht, jedoch denke ich mir Dich wieder zu Hause und in einer Stimmung, wo das Andenken Deiner Freunde anfängt in Dir wieder aufzuleben; Du hast jetzt allerdings eine schwere Stellung, die alle Deine Zeit und Kräfte in Anspruch nimmt, aber doch mindestens eine unbehinderte, was, weniger für Dich als für diejenigen denen jetzt alle Deine Pflichten gehören, so viel werth ist, daß man kaum wagen darf über das Schicksal zu murren, auf welchem ergreifenden und traurigen Wege es dieses auch herbeigeführt hat. Dennoch traust Du mir wohl zu, daß mein erstes Gefühl aufrichtiger Kummer um einen Mann war[1]), den ich so voll Lebenshoffnung verlassen hatte, und der sich mir immer geneigt und nach seiner Weise freundlich gezeigt hat, mein zweites aber war der erleichternde Gedanke, welche Leiden auf ihn gewartet hätten, wenn sein Uebel den gewöhnlichen langsamen Gang verfolgte, — für den Brustwassersüchtigen giebts nur noch eine Hoffnung, die welche an Mertens erfüllt worden ist. Liebes Herz, Du hältst mich wohl für gefühllos, aber ich habe am selben Uebel Leidénde auf eine andre Weise sterben gesehn, und kann mich seitdem nur erleichtert fühlen, wenn Jemand dem ich wohl will diesem entgeht, — ich selbst bin mich leider einer ähnlichen, wohl nicht mehr zu unterdrückenden, Anlage bewußt, und nur die Hoffnung, daß meine Vollblütigkeit mich, vor der völligen Ausbildung, ebenfalls einem raschen schmerzlosen Ende zuführen wird, erhält mich bei dieser Aussicht einiger Maaßen aufrecht.

Genug hiervon, Billchen, meiner Theilnahme bist Du gewiß, und mit den Ausdrücken derselben, die doch nichts ändern, wahrscheinlich bis zur Ermüdung überhäuft; reden wir von der Gegenwart wie sie nun einmahl ist. Ich denke mir Du wirst jetzt das ganze Geschäft wohl Rudolphen übergeben, und Gustaven zurückkommen lassen. Schreib mir doch ausführlich über alles, Du weißt wie es mir am Herzen liegt Dich möglichst ruhig und kummerlos zu wissen. Ich habe es lange verlernt schöne Worte zu machen, aber ich denke sehr viel an Dich, und folge dem Gange Deines Schicksals mit Sorge und Liebe. Wirst Du, nach wie vor, Sommers in Plittersdorf Winters in Bonn bleiben? Wie macht sich die Theilung des Vermögens, da ihr Gütergemeinschaft hattet? Kömmt nicht Adele[2]) jetzt vielleicht auf einige Zeit zu Dir, da dem, wenigstens von einer Seite, nichts mehr im Wege steht, und Wolf ja ihr ganzes Zutrauen hat? Ich bin nicht ruhig bis ich, wenn auch nur durch einige Zeilen, erfahren habe wie Dir jetzt ist, und wie Deine Zukunft sich gestaltet.

Von Tante Betty[3]) habe ich kürzlich Nachricht, sie ist wohl, aber außer sich über alle die zahllosen dummen Streiche des armen seligen Onkels, die sie jetzt möglichst zu neutralisiren hat, alle die Anschaffungen und Bauten zu unausführbaren Zwecken, die hundert angeknüpften Fäden, die zu nichts führen, und nur mit Schwierigkeit und vielfachen Nach-

---

[1]) Über den Tod des Herrn Mertens vgl. Brief 1842 Sept. 5 an die Schwester und Brief an Schücking (Th. Schücking 112).

[2]) Adele Schopenhauer.

[3]) Betty v. Haxthausen, die Witwe des 1842 gestorbenen Onkels Werner v. H.

theilen aufgelöſt werden; dennoch bleibt sie mit den bayerischen (bezahl-
ten) Besitzungen, dem Reste ihrer eignen Güter, und den 130000 Reichs-
thalern, die ihr aus den Haxthausenschen Gütern theils bezahlt theils
vorläufig verzinst werden, immer eine recht reiche Frau . . .

Den 8ten. Es ist als ob dieser Brief nicht fort sollte, so stellt sich
ihm Alles in den Weg, Besuche, eignes Uebelbefinden, und das meiner
guten Mutter, die jetzt häufig an einer nerveusen Aufregung leidet, die
sich vorzüglich durch Herzklopfen äußert, was sie nöthigt tagelang das
Bette zu hüten, und mich sehr besorgt machen würde, wenn nicht die
Aerzte sich so sehr beruhigend darüber äußerten, und sagten „es sei als
Unbequemlichkeit betrachtet schlimm genug, übrigens aber gar nichts,
nicht mehr als Zahnweh oder desgleichen" — Gott gebe es! Ich bin
leicht aprehensiv, leichter für Andre als für mich, und wenn meine Mutter
einmahl in das eigentliche hohe Alter getreten ist, wo ein Hauch den
Menschen umwehen kann, dünkt mich werde ich keine ruhige Stunde
mehr haben. Ich selbst befinde mich leidlich wohl, anfangs wollte mir
das hiesige Clima gar nicht mehr zusagen, und ich bin einige Wochen
lang recht herunter gewesen, jetzt macht es sich, und ich nehme mit
Geringem vorlieb, da ich an wirkliche Gesundheit seit zwanzig Jahren
nicht mehr gewöhnt bin. Ich lebe nach der alten Weise still vor mich
hin, gehe täglich auf ärztlichen Befehl einige Stunden spatzieren, amüsire
mich mit meinen Sammlnngen, bekomme nun und dann durch meine
münsterischen Freunde etwas neue Litteratur zu Augen, und schreibe mitunter ein paar Zeilen, entweder zu Verstärkung eines Bands Gedichte,
der übrigens schon ziemlich dickleibig ist, oder eines prosaischen Werks,
wo allerdings noch die größere Strecke vor mir liegt. Wegen der Wahl
eines Verlegers bin ich noch sehr schwankend, und möchte daß Jemand
mit einem entscheidenden Rathe durchgriff. Cotta, bei dem Schücking,
wenn nicht ohne mein Vorwissen, doch gegen meinen Wunsch, angefragt
hat, hat sich nicht abgeneigt bezeigt, und sein Verlag wäre freilich der
glänzendste und zur Verbreitung geeigneteste, doch möchte ich lieber einen
Verleger vorziehn der sich mir selbst angebothen hat, und deren sind drei.
Zuerst mein alter Verleger, die Aschendorfsche Buchhandlung in
Münster, die mir aber doch zu obscur ist[1]), dann Velhagen und Classing

---

[1]) Der Wortlaut könnte die Auffassung erwecken, als habe der „alte
Verleger" sich für den neuen „Band Gedichte" „angeboten", doch ist der Satz
zweifellos auf die erste Ausgabe der Gedichte zu beziehen, für die sich Herr
Hüffer, der Inhaber der Aschendorffschen Buchhandlung, nach A.'s eigenem
Zeugnis (vgl. oben S. 151) „als Verleger angetragen" hatte. Dies auch für die
zweite zu tun, hatte er keinen Anlaß, da bekanntlich die erste nicht entfernt
abgesetzt wurde. 1846 Juli 1 schreibt A. ihrer Schwester ausdrücklich, Hüffer
habe von ihrer Absicht, eine zweite Auflage zu veranstalten, keine Ahnung
gehabt. Die Dichterin hatte anscheinend ohne Kenntnis der einschlagenden ge-
setzlichen Bestimmungen mit einem neuen Verleger (Cotta) angeknüpft. Das

in Bielefeld, eine noch junge aber großartig auftretende Firma, die bereits
in großen Massen verlegt, und wohl deshalb den Vorzug verdiente weil
ihr mehr an mir gelegen scheint wie den Andern, und sie, da ich ihren
Brief nicht beantwortet habe, sich seitdem schon zweimahl an einen
meiner Bekannten gewandt hat, mit der Bitte ihren Antrag zu unterstützen, sodaß sie sich nie beklagen dürfte, falls der Absatz ihrer Erwartung nicht entspräche, was mir viel wert ist. Endlich hat mir nun noch
Adele, vor zwei Jahren, von einem dortigen (in Weimar oder Jena)
Buchhändler geschrieben, der Alles von mir übernehmen wolle, Poesie
oder Prosa, wie es sich vorfände, ob auf ihr Zureden oder freiwillig weiß
ich nicht. Damals habe ich wenig darauf geachtet, weil ich nichts zu
geben hatte, und seitdem ist mir die Adresse verloren gegangen, doch
will ich nochmahls darüber an Adelen schreiben, und mich dann schnell
entschließen, da bis zur Ostermesse doch etwas erscheinen muß, und ich
bei dem einmahl gewählten Verleger gern bleiben möchte.

Verzeih, gutes Herz, diese lange Brühe über Dich so wenig Interes-
sirendes, es ist eben ein Schriftstellerfehler, der kleinen wie der großen,
immer um ihr eignes Lichtstümpfchen zu spatzieren.

Von den Haxthausen hat mir Mama jetzt recht vieles erzählt. Die
Bonner Tante [1]) lebt ganz stolz und selig in ihrem Guido, dem improvi-
sirten Erbherrn und Epouseur, nebenbei aber ziemlich gelangweilt in dem
wahrlich nicht öden Bökendorf, was mir als Landsitz immer zu unruhig
und umschwärmt gewesen ist. Dennoch weiß sie die Zeit kaum todt zu
schlagen, und sitzt den ganzen Tag auf einem Lehnstuhle unter der Gallerie, um sich in dem Wirthschaftsgerenne und dem Lärm des Dorfs eine
Art Straßengeräusch zu träumen. Mit ihrem Blindwerden ists Gottlob
nichts (Langeweile! sagt Carl). Um die Haushaltung bekümmert sie
sich nicht. Sophie [2]) hat Alles unter Händen, und soll vortrefflich wirth-

---

Erscheinen der neuen (erweiterten) Ausgabe führte dann zu mehreren Briefen
der Aschendorffschen Buchhandlung an Cotta (12. November 1844 ff.), welche
mir die Abschriften aus den Kopiebüchern gütigst übersendet. In dem letzten
Brief (16. Dezember 1844) wird angezeigt, daß „wir mit dem Fräulein von
Droste die nöthige Vereinbarung getroffen haben". Hüffer beschränkte sich,
unter Verzicht auf „den Buchhändlerpreis für alle noch vorräthigen Exemplare", auf eine bescheidene Schadloshaltung und hat die der Dichterin recht
peinliche Angelegenheit in durchaus einwandfreier und vornehmer Weise geordnet. Die Bezeichnung „obscur" rührt ursprünglich von Adele Schopenhauer
her, aus deren Brief ihn A. (vgl. oben S. 151) schon früher zitierte. Für den
Mißerfolg der ersten Ausgabe die „Obscurität" des Verlags verantwortlich zu
machen, geht schon deshalb nicht an, weil seit ihrem Erscheinen erst wenige
Jahre verflossen waren; der „glänzende" Cottasche Verlag hat nicht weniger
als 17 Jahre gebraucht, bis er (1861) eine neue Auflage veranstaltete.

[1]) Gattin des Onkels Moritz v. Haxthausen, geb. Sophie v. Blumenthal.
Guido ist ihr ältester Sohn.

[2]) Sophie v. Haxthausen, A.'s Tante. Karl und Fritz sind ihre Brüder.

schaften. Fritz lebt in seinem angenehmen Epicuraeismus fort, unter
Rococo und Verschönerungen, die ihn frohgelaunt und jung erhalten, so
wie Carl auf ähnliche Weise in Hildesheim, wo er in seinen zwei Gärten
die Möglichkeit von Dahlien zieht, und außerdem sammelt was sich nur
sammeln läßt, Gemälde, Kupfer, Münzen, Waffen, Edelsteine, Antiken,
Gemmen, gemahlte Scheiben, und alle Arten Rococo. Beide sind in
zehn Jahren nicht um ein Fältchen gealtert, und es würde Dich, die
Du so viel jünger bist, nothwendig mit verjüngen, wenn Du eine Weile
mit ihnen zusammen wärst, mir wenigstens macht es immer diesen
Eindruck.

Anna [1]) wäre schon recht glücklich, wenn sie nicht die einzige
heiter gestimmte und halbweg gesunde Person ihres Hauses wäre. Die
Arnswaldte sind ein kränkliches, hypochondrisches Geschlecht, Arnswaldt
selber entschieden brustleidend, ob lungensüchtig oder bloß astmathisch
ist den Aerzten selbst nicht klar, aber er muß schon seit zwei Jahren
den größten Teil der Nächte sitzend durchwachen, und zieht aus einem
Bade in das andre. Von den sieben Kindern ist immer eins oder das
andre krank. Der Papa Arnswaldt so Hypochonder daß es oft in fixe
Ideen übergeht, wo er dann glaubt bei seinen 400000 Reichsthaler Vermögen und großen Minister-Pension dazu dem Bettelstab nah zu sein.
Annas Gesundheit hat auch durch schwere Geburten und vieles Nachtwachen sehr gelitten, sie ist nicht krank aber schwächlich, und dennoch
sehr vergnügt, weil sie ihren Mann anbethet und von der ganzen Familie
wieder angebethet wird. Ein schwer zu verwindender Kummer bleibt aber,
daß alle ihre Knaben (vier) protestantisch werden. Als sie Arnswaldt
heurathete, war er so katholisch gestimmt, daß sie darauf rechnete ihn
schon in den Flitterwochen zum Uebertritt zu bringen, und deshalb wegen der
Kinder nichts in Anregung brachte, um seine Familie nicht zu brusquiren.
Sie hat sich aber schmählich verrechnet, Arnsw. ist wieder ein strenger,
und seit der (!) Cölner Wirren sogar ein harter intoleranter Protestant
geworden, der nur mit sehr bittern Gefühlen dem Landesgesetze weicht,
was die drei Töchter der mütterlichen Religion zuspricht. Daß dieses
heftige Spannungen zwischen ihm und den Haxthausen gesetzt hat kannst
Du denken. In den letzten Jahren wurde sein Haus nicht betreten. Eine
schwere Niederkunft und Krankheiten haben jedoch auch hier die
Vermittler gemacht, und seitdem verkehren sie ganz freundlich zusammen
auf neutralem Terrain, mit gegenseitiger Vermeidung alles Anstößigen.
August Haxthausen ist in Berlin sehr gut aufgenommen und wieder in
seine frühere Wirksamkeit gesetzt worden, sitzt jetzt in Apenburg unter
Aktenstößen.

------

[1]) Anna v. Arnswaldt geb. v. Haxthausen, A.'s Tante.

Dine Zuidtwick [1]) war auf ihrer Rückreise aus Italien in Neuhaus, und hat sich dort so von Betty einnehmen lassen (die auch wirklich, um alte Eindrücke zu neutralisiren, bei Abrechnungen aus der Zeit wo die Zuidtwick in Bökendorf wohnten, sich recht genereuse soll benommen haben) daß sie sich den andern keineswegs versöhnten Gemüthern mit ihrer heftigen Vertheidigung fast feindlich gegenüber gestellt hat, und eben jetzt wieder in Bayern ist. Ihre Schwiegertochter ist gesegnet, und erwartet, da sie sich sehr übel dabei befindet, mit großer Spannung ein Mädchen zu ihren drei Buben. Mit der Wirthschaft geht es jetzt recht gut, und das häusliche Verhältniß ist überhaubt glücklich.

Sonntag den 9ten. Ich muß diesen Brief unerwartet schließen. Gestern Abend brachte mein Bruder seinen ältesten Sohn zum Abschiede her, und morgen in aller Frühe gehts nach Bedburg. Ihnen gebe ich dieses Paketchen mit, und da Mama sogleich nach Hülshoff fährt, wo sie noch die Messe hören will, bleibt mir keine Zeit zu Allem was ich Dir noch hätte sagen mögen. Das einliegende Buch besorge doch ja, mit einem freundlichen Gruße, an Simrock, dem Manne der Ostler, vergiß es aber ja nicht; es ist einer der wenigen Abdrücke die Laßberg von einem sehr geschätzten Manuskripte in seinem Besitze hat machen lassen, die er nicht in den Buchhandel giebt, und überall außer dem meinigen erst zwei Exemplare davon verschenkt hat. Simrock wünschte es sehr, und wollte es mir in acht Tagen zurück senden, sage ihm aber er möge es nur vorläufig bis zu einer günstigen Retour-Gelegenheit behalten. Ich würde es ihm sogar gern schenken wenn ich dürfte, aber darin ist Laßberg sehr eigen. Bitte, gieb es dem Simrock auf eine etwas verbindliche Weise, da ich seiner Frau, die ich so gut kenne und sehr gern habe, jetzt nicht wohl einige Zeilen dazu schreiben kann, wie ich Willens war.

Die griechischen Münzen [2]) scheinen mir denn doch ächt, sie sind aber leider sehr klein, viel kleiner als ich mir einbildete, indessen das Sprichwort sagt „Wer giebt was er hat, der ist werth daß er lebt". Weiß ich irgend mehrere aufzutreiben, so erhältst Du sie. Adieu, liebes Herz, antworte mir, bitte, recht bald, ich bin sehr gespannt und unruhig Deinetwegen. Grüß meine liebe Betty herzlich, und erhalt mir Deine Liebe. Mit alter Treue Deine Nette.

---

[1]) Ferdinandine v. Heereman-Zuidtwick geb. v. Haxthausen, A.'s Tante.
[2]) Wegen dieser Münzen ist es zu einem schweren Zerwürfnis mit Sibylla Mertens gekommen, welches diese durch eine eigene Reise nach Münster beilegte. Eingehende Mitteilungen gibt A. an Schücking 1843 Mai 11 (Th. Schücking 195). Vgl. den nach der Versöhnung geschriebenen Brief A. an Sib. Mertens 1843 Mai 24.

P. S. Ich habe der Mama so viel von Deinen wunderschönen
Sorten Viola tricolor erzählt, daß sie vor Verlangen nach einigen Samen-
körnern stirbt. Kannst und magst Du mir ein Paar davon zukommen
lassen? Gelegenheit nach Münster giebts ja so oft.

**Orig. Prof. Wendelstad in Düsseldorf. Kleiner Oktavbogen, sehr eng be-
schrieben, die letzte Seite fast frei.**

99. An Levin Schücking. — Rüschhaus 1842 Oct. 10 [?] bis 14.

Es geht ihr jetzt gut. Dankbare Erinnerung an ihr Zusammensein
mit ihm. Hat seine Tante in Münster besucht. Schlüter. Junkmann und
Therese Schlüter. Inniges Verhältniß zu Elise Rüdiger. Material für
Schückings Deutschland. Luise v. Bornstedt. Annettens Gedichte. Ein-
dringliche Ermahnungen wegen seiner delikaten Stellung. Ihr Stillleben.
Allerlei Personalien.

**Gedruckt Th. Schücking 119 mit Datum „10 (?)ten October 1842". Er
kann an diesem Tage begonnen sein, der Schluß dagegen ist nicht vor dem
14. Oktober geschrieben, denn „morgen ist ihr [ihrer Mutter] Namenstag",
nämlich Theresia (15. Okt.).**

100. An Levin Schücking. — Rüschhaus 1842 Nov. 15—17.

Schlüter. Elise Rüdiger. Leutenant Düring. Luise Delius. Nanny
Scheibler. Schnittger. August v. Haxthausen. Nachrichten von Meersburg. Dank für sein Geschenk. Luise v. Bornstedt. Brief von Adele
Schopenhauer mit Verlagsvorschlägen. Ihr Geschenk für ihn. Gedichte
von Freiligrath. Schückings Merlin.

Gedr. Th. Schücking 132.

101. An Elise Rüdiger. — Rüschhaus 1842 Nov. 22.

**Abschrift von Frl. Hildegund v. Laßberg. Kurze Erwähnung Hüffer 264
Anm. 2. Das Datum (Cäciliatag Dienstag d. 20. Nov. 42) ist in 22. Nov. zu
ändern, da 1842 der Cäciliatag (22. Nov.) tatsächlich auf einen Dienstag fiel.**

102. An Elise Rüdiger. — Rüschhaus [Ende 1842] Sonntag.

**Abschrift von Frl. Hildegund v. Laßberg. Die ungefähre Zeit ergibt sich
aus dem Umstande, daß A. die Rückkehr der Luise v. Bornstedt aus der Schweiz
nach Münster noch bezweifelt, welche sie im Brief an Schücking 1842 Dez. 27
als sicher annimmt. Dazu stimmt, daß der Brief mehrere Erscheinungen im
Morgenblatt bespricht, die sich dort Juni bis August 1842 abgedruckt finden.**

103. An Levin Schücking. — Hülshoff 1842 Dec. 27—29.

Veränderungen bei Schlüters. Die Bornstedt kommt wieder! Möchte
ihr trotz alledem helfen. Der Spiritus familiaris. Arbeiten von Schücking.

Das Drama der Mathilde v. Tabouillot. Fraling und die Schauspieler. Hat Prosper (Schückings jüngerer Bruder) in Schückings Namen ihr eigenes Reißzeug geschenkt. Herr Cherouit, der neue französische Löwe. Nanny Scheibler und deren Schwester. Die Lombard und die Bornstedt. Adele Schopenhauer krank. Luise v. Gall.

Gedr. Th. Schücking 146.

104. An Levin Schücking. — Rüschhaus 1843 Febr 15. 16.

War sechs Wochen krank. Familie Schlüter. Die Bornstedt. Cherouit verheirathet. Mama Hohenhausen. Seine prekäre Stellung beim Fürsten; zukünftige Stellung. Sehr ernste Ermahnungen wegen seiner Zöglinge. Langs Memoiren. Tennyson. Schückings Syndicus von Zweibrücken, mit feinen Winken. Seine Skizzen für das Neunzehnte Jahrhundert. Luise v. Gall; mütterliche Ermahnungen. Gedichte von Schwarz.

Gedr. Th. Schücking 161.

105. An die Schwester. — [1843 Februar] 19.

Allein zu lesen! D. 19ten. Wegen Verone will Mama nicht gern daß an Mathilde geschrieben wird, sondern will Marie direct zu Malchen schicken, was gestern oder heute geschehn sollte, jetzt aber durch den Schnee vereitelt ist. Sobald es indessen möglich ist, hoffentlich in den nächsten Tagen schon, geht sie hin, und Du bekömmst im nächsten Briefe ausführliche Nachricht.

Von der Bornstedt kann ich Dir eine lange Cantelaine erzählen. Sie schreibt zuweilen ihrer letzten Hauswirthinn, Madame Glaß, und vor 6—8 Wochen kamen lamentable Briefe, „sie sei in Luzern jetzt eben so melancholisch wie in Münster, die Schweizer seien geldgierige Leute, und die Verwandten ihres Nikolaus[1]) thürmten Hindernisse auf, er selbst aber halte fest in treuer Liebe". Gleich darauf ein zweiter Brief. „Es sei ein Familienrath gehalten, und da man herausgebracht, daß sie kein bestimmtes Einkommen besitze, werde wohl aus der Heurath nichts werden können, und sie nach Münster zurückkommen." Du kannst Dir den allgemeinen Schrecken nicht denken! Es war wirklich lächerlich! Wo man nur einem Bekannten begegnete, da hieß es gleich: „Um Gotteswillen, haben Sie's gehört? Die Bornstedt kömmt wieder!" Denn manche Leute, die noch in Gutem von ihr geschieden waren, in der festen Meinung hoch

---

[1]) Weiter unten wird er Baron Rutimann genannt. Wohl „der bewußte Saumaige", der „ganz anders heißt" und in A.'s Brief an Schücking 1842 Nov. 15 (Th. Schücking 138) in sehr unschmeichelhaften Wendungen behandelt wird. Ebenda schärfste Äußerungen über Luise v. Bornstedt und köstliche Schilderung, wie Werner, A.'s Bruder, derselben über ihre „Ohrenbläserei" die Leviten liest.

bei ihr im Brette zu stehn, hatten seitdem erfahren, wie schlecht oder
wenigstens erbärmlich geringschätzig sie von ihnen gesprochen hatte,
und waren wüthend, (denn sie verachtet, als ächte Berlinerinn, uns stu-
piden Westphalen aus Herzensgrund, und obwohl sie jedem in's Gesicht
schmeichelte, konnte sie es doch nie aushalten, wenn Jemand gelobt wurde,
und platzte dann jedesmahl mit ihrer klatrigen Meinung heraus). Zu
gleicher Zeit schrieb sie einen impertinenten Brief an den Gouverneur
(General Pfuhl)[1] welcher mit unserm Könige in Neufchatel gewesen
war, wo sich ihm plötzlich die Bornst[edt] als alte Bekannte von Münster,
und jetzt Braut eines Baron Rutimann vorgestellt, und ein Lobgedicht
auf den König zur Ueberreichung eingehändigt, was er auch besorgt, und
ihr dafür ein Geschenk von hundert Thalern verschafft hatte. Jetzt schrieb
sie ihm: „Er hätte seine Sachen schön ausgerichtet! Was ihr lumpige
100 Thaler helfen könnten! Für ein solches Gedicht hätte sie wohl
eine Pension erwarten dürfen, und es liege nur an ihm, daß sie sie nicht
bekommen! Unter diesen Umständen würde wohl aus ihrer Heurath
nichts werden, und sie nach Münster zurückkommen." Alles war in trübseliger Erwartung, da kömmt vor 14 Tagen ein ganz glorieuser Brief an die
M. Glaß: „Die Schweizer seien Geldmenschen, und man könne also denken, wie es einer armen Poetin ergangen sei. Das ganze kleine Luzern
habe auf dem End gestanden, und sie genug zerrissen und verklatscht,
wegen ihres muthigen Schrittes selbst herüber zu kommen, jetzt aber sei
ein goldner Schleier über sie geworfen, da die Tante Bismark schriftlich
versprochen, sie zur Erbin einzusetzen, und sie lebe jetzt, hochgeehrt, in
der haute volée der Gesellschaft, werde auch nicht nach Münster kommen,
sondern für den Winter nach Paris zur Gräfin Beaucarmée[2] (derjenigen,
die sie auf dem Dampfboot kennen gelernt, und bei der ... Nichte[a] früher
war) gehn, die sie im Frühling nach Luzern zurückbegleiten werde. Ihr
Nikolaus sei ein herrlicher Mensch, obwohl ihn alle Philister für einen
Erztaugenichts ausschrien, weil er Tage lang im Gebirge umherstreifte,
mit den Briefen einer gewissen deutschen Poetin in der Tasche. In Luzern
sei eine schatzreiche Witwe, die ihn mit Gewalt heurathen wolle, er
bleibe ihr aber treu, et cet." ... Wenn der Artikel mit der Tante

a Der Name mit anderer Tinte sorgfältig überstrichen.

---

[1] Ernst Heinrich Adolf v. Pfuel (1779—1866), seit 1838 kommandierender
General des 7. Armeekorps in Münster, Gouverneur von Neufchatel, wohin er
1842 das preußische Königspaar begleitete.

[2] Den Pariser Aufenthalt Luise von Bornstedts bei der Gräfin Bocarmé,
„der Mutter des durch die Anwendung des Nikotin so bekannt gewordenen
Giftmischers" erwähnt, aber zum Jahre 1845, Rosenthal, Konvertitenbilder
1. Band, 2. Abth. (3. Aufl. 1892) S. 29. Hier auch die Notiz, von Paris sei
sie nach Deutschland zurückgekehrt zur Pflege einer Tante, „von der ihr
einst eine Erbschaft zufallen sollte, was jedoch nicht geschah." Vermutlich die
Tante Bismarck.

aber wahr ist, glaube ich doch beinahe, daß aus der Heurath was wird. Es wird ihr schlecht genug gehn, aber sie will's ja mit Gewalt! Jedenfalls sind wir sie vorläufig los.

. Von Schücking habe ich kürzlich Nachricht. Die Wirthschaft in Mondsee [1]) ist ein Greuel vor Gott, und das Erste, was ihnen bei ihrer Ankunft entgegen gebracht worden, ist ein neues Kind der Maitresse gewesen, worüber ein Jubel gewesen, als wäre ein Erbprinz geboren. Die Prinzessin Marie [2]), die gleich nach der Mutter [3]) Tode mit ihrem Onkel Adolph (Vaters Bruder) [4]) nach Paris gereißt ist, will der Vater jetzt auch nach Mondsee in diese Wirtschaft haben, und hat deshalb geschrieben. Sie hat in der Antwort flehentlich gebeten sie damit zu verschonen, worauf der Fürst ganz wüthend geantwortet: „wenn sie nicht von selbst käme, würde er sie holen lassen, und zwar durch die Maitresse". Zugleich hat er ihr Vorwürfe gemacht, daß sie dieser keinen Neujahrsbrief geschrieben. Schückings einziger Trost ist die Gouvernante der kleinsten Prinzeß [5]), eine ältliche Person, die noch nicht lange dort ist, und dies Wesen ebenso verabscheut wie er. Das ist Alles schrecklich! Dennoch habe ich Schücking (gegen Laßbergs Ansicht) gerathen, keine Catastrophe herbei zu führen, bis er wenigstens einige Hoffnung zu einem andern Stück Brod hat, sich aber aus allen Kräften darum zu bemühen [6]). Ich will auch mein Möglichstes thun, und gleich Morgen an Male Hassenpflug schreiben, ob Grimms (die ihn ja kennen und sehr lobten) ihm nicht ein Aemtchen bei der Bibliothek verschaffen können. Auch an August [7]) will ich schreiben, auf die Gefahr hin, daß ihn der Brief nicht mehr trifft, und Tony will mit der Esterhazy (Marie Plettenberg) [8]) sprechen, ob sie ihn irgendwo in Oesterreich als Hofmeister recommandiren kann, oder vielleicht selbst nehmen. Das sind Alles weitläufige Aussichten! Aber man muß sein Bestes thun, und hoffen, daß Gott den armen Schelm nicht verlassen wird. Ich fürchte nur daß die Sache mahl unerwartet bricht, da ich sicher glaube, daß der Fürst Schücking im Grunde nicht ausstehn kann, da dieser sich in steifster Entfernung hält, und z. B. ausgeschlagen hat, sich Abends zum Thee bei der Maitresse einzufinden. Hoffentlich hälts aber noch so lange hier, bis sich irgend eine Aussicht

[1]) Auf dem Schloß des Fürsten Karl Theodor Wrede, dessen Kinder Schücking unterrichtete. Über die dortigen Zustände äußert A. sich auch in späteren Briefen in den schärfsten Wendungen.
[2]) Die älteste Tochter des Fürsten, Walburga Maria, damals fast 17 Jahre alt.
[3]) Amalie Gräfin v. Thürheim, starb 1842 Nov. 2.
[4]) Prinz Adolf, geb. 1810.
[5]) Emma Sophie, geb. 1831.
[6]) So A. an Schücking 1843 Febr. 15 (Th. Schücking 165).
[7]) August von Haxthausen.
[8]) Die Reichsgräfin Marie von Plettenberg-Miethingen, vermählt 1833 mit dem Grafen Nikolaus Franz Esterhazy.

für Schücking aufgethan hat, denn das frühere Hungern, sich halb todt Quälen, und doch in Schulden gerathen ist doch auch eine schreckliche Perspective, und hätte es noch ein Jahr gedauert, so hätte er sterben oder wie ein Schelm aus Münster laufen müssen. *[Folgen Notizen über eine Geldangelegenheit, eine Familienpräbende, auf deren Stiftung ihre Mutter aber bereits verzichtet habe, allerhand Personalien, die meisten Namen mit anderer Tinte sorgfältig überstrichen, eingehende Mitteilungen über den* „jungen Braun", *der* „die Stelle bei Laßberg wünschte". *Doch möge sie die Stelle noch etwas offen halten,* „denn wenn es plötzlich mit Schücking brechen sollte, so würde dies wahrscheinlich noch in Mondsee geschehn, wo sie bis July bleiben, und dann möchte ich doch diesem armen Schelm die Gelegenheit vorläufig unterzukriechen am liebsten gönnen"].

Mit meinen Gedichten bin ich bald im Reinen, und glaube selbst, daß es mir gut damit gehn wird. Sternberg strich neulich (im Morgenblatt) einen andern neuen Dichter gewaltig heraus und schrieb am Ende, „kurz, seine Gedichte verdienen denen der Frau Annette v. Droste und Lenaus würdig an die Seite gesetzt zu werden" [1]). Das ist ehrenvoll genug für mich, denn Lenau ist doch sehr berühmt, und manche stellen ihn noch über Freiligrath.

[Am Rand der zweiten Seite:] Cotta hat sich gegen Schücking garnicht abgeneigt gezeigt, meine Gedichte zu verlegen, und nur vorher das Manuscript zur Einsicht verlangt, was ich ihm schicken werde, sobald es fertig ist.

Mama läßt Dich bitten ihr bald zu schreiben, und ja das Maaß der Kinder zu schicken.

[Am Rande der ersten Seite:] Du mußt meinen Brief nur nach allen Enden umwenden, sonst übersiehst Du etwas, denn ich habe alles vollgekleckst oben und unten. Ich meine besonders das andre Blatt.

Orig. Meersburg. Einzelnes Oktavblatt, Beilage zu einem anderen Brief, wie aus der Form und aus der Schlußbemerkung hervorgeht. Ohne Adresse, Anrede und Überschrift. Kurze Erwähnung bei Hüffer 271 mit Datum „d. 19. [November 1842]". Hüffer datiert ihn zwar auch in einer handschriftlichen Bemerkung zur Abschrift (in seinem Nachlaß) 19. November 1842, mit Hinweis auf den „Brief Annettens an Frau Rüdiger vom 20. November 1842", offenbar weil es in letzterem heißt: „Ich habe gestern an Jenny geschrieben", aber hier ist zweifellos ein anderes Schreiben gemeint und unser Brief vom 19. drei Monate später anzusetzen. Er steht nämlich in engster Beziehung zu dem Brief Annettens an Schücking 15. Februar 1843. Hier heißt es (Briefe hrsg. von Theo Schücking 165) mit Bezug auf Schückings Stellung beim Fürsten Wrede: „Ich würde zu einer so halsbrechenden Katastrophe nicht rathen, bevor es Ihnen gelungen ist, sich irgend eine Aussicht zu eröffnen; dahin aber muß freilich aus allen Kräften gearbeitet werden." Damit vergleiche man die Stelle

---

[1]) Im Stuttgarter Morgenblatt war eine solche Besprechung nicht zu finden. Vielleicht handelt es sich um eine gelegentliche Erwähnung in einer der Korrespondenzen des Morgenblatts.

in dem Brief vom 19.: „Ich habe Schücking gerathen, keine Catastrophe herbeizuführen, bis er wenigstens einige Hoffnung zu einem andern Stück Brod
hat, sich aber aus allen Kräften darum zu bemühen." Auch die Stellen über
die Bornstedt lassen klar erkennen, daß beide Briefe aus derselben Zeit stam-
men. Der Familienrat wegen der Heirat der Bornstedt, der nach dem Briefe
vom 19. vor 6 bis 8 Wochen stattgefunden hat, wird auch in dem Schreiben
Annettens an Schücking vom 27. Dezember 1842 (Theo Schücking 148) erwähnt
und hier („vor vierzehn Tagen") in den Dezember 1842 gesetzt. Selbstver-
ständlich könnte schon deshalb der Brief vom 19. nicht im November geschrieben sein.

106. An Levin Schücking. — Münster 1843 April 24—26.

War zwei Monate sehr krank, noch jetzt sehr elend. Das schwind-
süchtige Mariechen in Rüschhaus. Elise Rüdigers Tante todt. Wärmstes
Lob Elises; deren Verhältniß zu Schücking. Die Bornstedt. Allerlei Personalien. Luise v. Gall. Er soll „den Druck des Westfalens" (jedenfalls
„Bei uns zu Lande auf dem Lande") inhibiren, da sie sonst großen Verdruß bekommen werde.

Gedr. Th. Schücking 175. Der Brief wurde nicht vor dem 26. April
abgeschlossen, da sie (S. 179) „schon den dritten Tag schreibt".

107. An — ? — Hülshoff 1843 Mai 9.

Fr. Cohens (Bonn) Katalog 99 (von 1900) enthält folgende Notiz:
„287. Droste-Hülshoff, Annette Freiin von, Dichterin. L. a. s. „Annette." Hülshoff, 9. Mai 1843. 2 p. pl. 8". Eng geschrieben. Selten. Schöner Brief freund-
schaftl. und literar. Inhalts". Weitere Nachforschungen blieben ohne Ergebnis,
obwohl dieselben von der Cohenschen Buchhandlung in jeder Weise unterstützt wurden.

108. An die Mutter [Hülshoff 1843 Mai 10].

Liebste Mama!

Herrmann will gern gleich wieder fort, also nur in Eil zwei
Zeilen.

1 Daß ihr mich nicht haben wollt, ist freilich schimpferlich, aber
nicht zu ändern. Ich bleibe also bis Sonntag, werde aber womöglich
auf einen Mittag herüberkommen, um die gute Engel doch zu sehn.

2 Werner ist mit Markus Herüberkunft ganz zufrieden und ladet
ihn hiermit freundlichst ein.

3 Ich selbst aber bin etwas zweifelhaft, und kömmt es darauf an,
ob Markus noch Ferien hat und sein Hiersein als einen Besuch rechnet,
oder ob ich ihn Tag für Tag bezahlen muß. Mein Kranksein hat mich
nämlich gehindert die Correctur der Gedichte zu vollenden, und jetzt habe
ich, seit zwei Tagen, etwas Husten und ziemliches Halsweh, so daß ich

nicht sehr lange in einem Stücke dictiren darf. Kömmt Markus nur zum
Besuch, so werden wir wahrscheinlich doch noch Vieles zu Stande
bringen, was mir nachher von großer Erleichterung ist, und ich bezahle
ihn dann nach Maaßgabe der Arbeit. Sonst wäre es mir doch etwas
empfindlich wenn z. B. das Halsweh so zunähm, daß ich wenig oder gar
nicht dictiren könnte, und doch wie für das Ganze bezahlen müste. Ich
hoffe indessen es ist auf die erste Manier, denn außer den Ferien
könnte Markus ja wohl gar nicht kommen, und er sitzt dann doch jedenfalls angenehmer und wohlfeiler hier wie in Münster, und Vieles werden
wir doch auf jeden Fall abschreiben können. Mein Husten war am Tage
nachdem wir Uns bei Wittowers gesehn furchtbar stark. Ich schrieb
gleich an Bönninghausen, und nahm vorgestern Abend das erste Pulver,
wornach der Husten gleich bedeutend abnahm, gestern Abend das zweite,
und nun ists mit dem Halsweh auch viel besser.

Der Brief von Schücking, den ich gestern erhalten habe, ist sehr
kurz, und nur eine besorgte Anfrage wegen meines Stillschweigens, bestätigt aber daß er gegen das Ende Mays von Mondsee abgeht, und —
was mich sehr freut — Hoffnung hat die Stelle eines Redacteurs der
Augsburger Zeitung zu bekommen. Ich würde Dir den Brief schicken,
wenn er nicht bereits fort wäre, nach Münster für die dortigen Freunde.
Adieu, liebste Mama, Herrmann steht auf heißen Kohlen. 1000 Herzliches an die liebe Engel und Tony, wenn ich kann, komme ich gewiß
noch Engel zu sehn. Deine gehorsame Tochter Nette.

Auch Phine[1]), Mariechen, meine Alte nicht zu vergessen, ich
grüße Alle.

[Von der Hand der Mutter beigefügt]: Nur ein paar Worte. Nette
ist in Hülshoff, sie wollte heut wieder kommen, es ist aber zu voll,
dies schrieb ich ihr diesen Morgen, Du siehst sie ist ziemlich wohl.
Adieu, altes Herz, ich küße Dich und die Kinder. Den 16ten hei-
rathet Phinchen Ascheberg einen Herrn von Quernheim. Tonie reiset den
27ten dieses ab.

Orig. Meersburg. Auf einer Abschrift bemerkt Hüffer: „Annette befand
sich in Hülshoff, schreibt an die Mutter in Rüschhaus; die Mutter hat die
Nachschrift beigefügt, dann wahrscheinlich den Brief nach Meersburg geschickt."
Ein ebenfalls auf der Abschrift notierter Vermerk Hüffers („vgl. Schücking an
Annette 1. Mai 1843") gab mir den Wink für die genaue Datierung: Den Brief
Schückings vom 1. Mai 43 (Theo Schücking 183) erhielt A. am 9. Mai (ebend.
187), mithin muß der Brief an die Mutter („der Brief von Sch., den ich ge-
stern erhalten habe") am 10. Mai geschrieben sein.

---

[1]) Phine Ascheberg? Vgl. unten die Nachschrift der Mutter. Der Stamm-
sitz der Herrn v. Quernheimb liegt im Osnabrückschen.

109. An Levin Schücking. — Hülshoff 1843 Mai 11.

Es geht ihr besser. Reisepläne. Lange sehr ernste Mahnungen
wegen seines Verhältnisses zu Luise v. Gall. Luise v. Bornstedt und die
Lombard. Besuch von Sibylla Mertens. Poetischer Nachruf Elise Rüdigers für ihre Tante (Henriette v. Hohenhausen). Der Aufsatz über
Westfalen werde doch nicht in ein Journal gekommen sein? Er möge
sie in seinen Briefen nicht duzen.

Gedr. Th. Schücking 187. Antwort auf Schückings Brief vom 1. Mai
(ebend. 183).

110. An Sibylla Mertens. — Rüschhaus 1843 Mai 24.

Rüschhaus 24. May 43.

Du wirst aus meinem langen Schweigen schon geschlossen haben,
lieb Herz, daß es mit der Besserung sehr langsam zugegangen ist. Warum
ich Dir nicht durch Andre habe Nachricht geben lassen? Weil ich
gern zu Dir wollte, lieb Kind, und dachte: „Habe ich erst durch eine
fremde Hand aufschreiben lassen, so ists rein aus damit." Du weißt,
wie es mit diesen Nervenübeln geht, zuweilen so gute Tage, daß man
denkt: „Noch eine Woche crescendo, und ich kann Wind und Wetter ein
Schnippchen schlagen", und dann ist mit einem Mahle wieder alles
nichts! Du begreifst, daß unter diesen Umständen, bei meiner großen
Schwäche, die Meinigen (denen sonst, auf Ehre! die Sache ganz recht
gewesen wäre) mich nicht fortlassen wollten, da mir ohnedies noch die
Anstrengung zweier Reisen bevorsteht, und begreifst auch, daß ich ihnen
nicht die Gelegenheit geben wollte Alles rein abzumachen.

Jetzt muß ich dies leider selbst thun, denn die Zeit ist hin, und
wir müssen gleich nach Pfingsten nach Bökendorf. Sei meinem Mütterchen nicht böse, liebe Billa, sie hat Dich jetzt sehr lieb, hätte mich sehr
gerne zu Dir gelassen, aber es gieng wirklich nicht, ich wurde immer
empfindlicher gegen die äußere Luft, jede Veränderung der Atmosphäre
machte mich hundekrank, und noch jetzt, bei der Bökendorfer Reise, wird
große Rücksicht darauf genommen werden; wir reisen keinen Falls als
bei ganz beständigem Wetter.

Ich kann nicht sagen, Billchen, wie es mich freut daß Du so gerne
hier warst [1]; die Leute verdienen es aber auch um Dich. Alles denkt
Deiner mit Liebe und einer Art Sehnsucht, Alles läßt Dich grüßen, Tony,
die Wrede, Haindorf, das ganze Landsberger Personale, Grävenitzen. Alle
vereinigen sich in dem Wunsche Dich auf längere Zeit in Münster zu
haben. Ich denke, Du richtest Dich auch noch mahl darnach ein. Glaub

---

[1] Über den durch diese Reise beglichenen Streit vgl. die Bemerkung zu
dem Briefe A. an Sib. Mertens 1842 Sept. 29.

mir, solche einfache Menschen, die weder Dein Geld noch selbst eigentlich Deine Talente suchen, sondern Dich nur persönlich so gar gern
haben, sind gewiß die zuverlässigsten, und Du kannst nie in den Fall
kommen, durch eine noch glänzendere Erscheinung in Abnahme zu gerathen. Das macht mir meine Landsleute gerade so lieb, dieser Mangel
an arrière-pensées, an sogenanntem „Aufschlagen" mit brillanten Gestalten,
was nur bis zum Aufgang der nächsten Sonne Stich hält, giebt ihnen in
meinen Augen einen unschätzbaren Werth.

Darum komm, mein Liebchen, sobald Italien Dich los läßt, auch
meine Hoffnungen auf Wiedersehen müssen sich zunächst hierauf gründen.
Ach Gott! Das ist eine endlos lange Zeit, und ich zerbreche mir fortwährend den Kopf wie sie abzukürzen wäre. Wenn ich nach Bonn
komme bist Du nicht da, weder auf der Hin- noch Rückreise. Wenn ich
in Meersburg bin (etwa von Ende Septembers bis zum nächsten May oder
Juny) steckst Du wahrscheinlich in Rom oder Neapel, oder kömmst Du
vielleicht im Frühjahr, wo es dort doch überheiß ist, nach Mayland,
Genua, Florenz zurück? In diesem Falle gelänge es mir vielleicht Dich
auf 8—14 Tage besuchen zu können, notabene wenn Du häuslich eingerichtet wärst, sonst geht es natürlich nicht an, und ich würde nach zwei
bis drei Tagen wieder zurückkehren müssen, was doch, nach so weitem
Wege, eine allzu kurze Lust wäre. Liebes Herz, lass' uns dem Glück
vertrauen; wir verleben Beide die nächsten zwölf Monate en voyageur,
da wird man oft wunderlich verschlagen, und kann caramboliren eh
man's denkt. Laß nur unsern Briefwechsel nicht einschlafen, damit wir
immer wissen wo wir uns zu suchen haben. Deine Briefe addressirst du
vorläufig fortwährend nach Rüschhaus, da mein Befinden (obwohl seit
Kurzem bedeutend besser) den Zeitpunkt der Abreise noch sehr ungewiß
macht, nachher erhältst Du meine jedesmahligen Adressen, so wie ich
die Deinigen erwarte.

Alte Billa, wie froh bin ich, daß jetzt Alles zwischen uns wieder
rein und fest ist, ich habe Deine Liebe so schwer und bitter verloren
gegeben, soll ich mich denn jetzt nicht freuen? Indessen ist uns doch
eine schöne unwiderbringliche Zeit darüber verloren gegangen, und dergleichen darf nicht wieder kommen. Es kömmt auch nicht, diese Ueberzeugung trage ich in mir, und Du gewiß auch. Wenn nur die schwarzen
Südländerinnen meine blonde Figur nicht allzu sehr verschatten! Indessen
ich denke „da bin ich mahl was Extra's — variatio delectat".

Wir haben jetzt eine hübsche Stapel hier, das ist doch ein Meer-
wunder! Jeder der sie zum ersten Mahle sieht proclamirt ihre Schönheit, und damit ists all, denn auf die Dauer verdümmlicht sich das Gesicht dermaßen, daß man sich prügeln möchte sie je hübsch gefunden zu
haben; und doch ist sie nicht dumm, und nur der unglückliche schläfrige
Familienzug richtet alle Theilnahme zu Grunde.

Warum ich Dir dies schreibe? Weil ich gar nichts anderes weiß,
mir ist seit zwei Monaten nicht für eines Hellers Werth passirt. Ich
habe nichts aquirirt, habe nur die ordinärsten Leute, unter den ordinärsten
Umständen, gesehn, nicht mahl ein viel besprochenes Buch gelesen,
worüber ich mein Licht könnte leuchten lassen, kurz, ich habe, wie die
Seelen in der Vorhölle [a], weder Lust gehabt, noch auch sonderliches Leid,
außer meinen Krämpfen und ein paar Eseln von Abschreibern, denen ich habe
mein Geld umsonst geben, und die Abschriften in den Ofen stecken müssen.
Jetzt steht meine Hoffnung auf ein ziemlich gebildetes Fräulein, dem ich
allenfalls Intelligenz genug zutraue, nicht statt der „Rüden" die „Räder"
bellen, und Thränen statt „in die Wimper" in „den Winter" steigen zu
lassen. Halt meine Münsteraner nicht deshalb für dümmer wie sie sind;
Niemand kann meine Pfote lesen, ich muß alles dictiren, wo dann die
abgebrochenen Zeilen häufig keinen Sinn für den armen Schreiber haben,
den mein, Manchem undeutliches, Organ ohnedies hinlänglich verwirrt.
Morgen kömmt die Demoiselle, gehts auch mit dieser nicht, so weiß ich
keinen andern Rath, als dem St. Matthäus seinen Engel abzuborgen, der
in den fast zweitausend Jahren, wo er ihm das Dintenfaß hält, doch wohl
etwas in der Litteratur wird profitirt haben. Ernstlich, der Handel ist mir
sehr verdrießlich, und ich sehe ein eigenhändiges Abschreiben vor Augen,
was mit der Schneckenpost gehn, und mich dennoch sehr angreifen wird.
Zum Glück haben Jenny und Schücking mir in Meersburg schon ein gutes
Stück vorgearbeitet, säh' ich das Ganze vor mir, so ließ ich die Hände in
den Schooß fallen, und nähm' statt des Lorbeers mit der Schlafmütze vorlieb.

Lieb Herz, mir liegt fortwährend die Frage nach Deinem Befinden
auf der Zunge, und die Scheu Dich unangenehm zu berühren drängt sie
zurück; aber ich muß doch wissen wie es steht. Nach Deinem Briefe
schienst Du ziemlich wohl, und ein gewisser Entschluß vorläufig verschoben
oder aufgegeben zu sein. Bitte, antworte mir nur mit zwei Worten hierauf. Ich weiß Du denkst ungern daran, aber meine Unruhe um Dich
zwingt mich indiscret zu sein. Auch über Deine Kinder mußt Du mir
recht ausführlich schreiben, ich muß fortan wieder alle Deine Sorgen und
Freuden teilen, wie früher. Wahrlich, Billa, unser Verständigen mit einander, das Wiedereintreten des alten innerlich belebenden Verhältnisses
hat mir so wohl gethan, daß ich ihm allein die bessere Wendung meiner
Krankheit zu verdanken glaube. Vorher ließ ich mich sinken, jetzt kämpfe
ich gegen den Strom, und werde seiner, wenn auch langsam doch sichtlich, Meister. Ich bin zwar heitern leicht befriedigten Gemüths, aber doch
zu einer gewissen Apathie geneigt, die mich dann auch körperlich erschlafft,
und Du hast mir die liebste und heilsamste aller Aufregungen gegeben, die
auch nachhaltig wirkt, und, in diesem Grade, nur von Dir ausgehen konnte.
Alte Billa, freuts Dich auch, daß Du mich wieder gesund machst?

[a] *Ursprünglich:* Die armen Seelen im Fegefeuer.

Von hier kann ich Dir wenig schreiben. Die Rüdiger ist noch immer
sehr traurig und herunter, da durch das viele Nachtwachen die Sache
auch bei ihr körperlich geworden ist [1]), und, wie gewöhnlich, der Schade
sich erst nachträglich zeigt. Sie geht umher wie eine Gesunde, mag sich
aber hüten, daß sich nicht ein dauerndes Nervenleiden bei ihr festsetzt,
zwei Monate unausgesetzter Angst und Ueberanstrengung sind fast zu
viel für ein Körperchen wie das ihrige.

Landsbergs sind fort. Die Grävenitz sehe ich selten, sie ist aber
wohl, und dachte, in der letzten Zeit, an nichts wie das Pferderennen,
wo es Epouseurs (möglicher Weise) für ihre Anna regnen wird. Die
arme Grävenitz dauert mich, sie war als Frau eines Generals in sehr guter
Lage, und muß sich jetzt mit einer schmalen Pension behelfen, Vermögen
ist nicht da, und Anna nach ihrem Tode durchaus auf die Freigebigkeit
der Verwandten angewiesen. Wie natürlich daß sie ihr ein Sort zu machen
wünscht! Nur sollte sie es nicht so klar heraus sagen, dann geschieht
es am wenigsten, und diese Offenheit macht ihrem Charakter mehr Ehre,
als ihrer Menschenkenntniß.

Tony läßt Dich herzlich grüßen. Sie reist am 30ten von Münster,
wird am 31ten in Cöln ankommen und den 1ten Juny dort bleiben. Ihre
Gesellschaft ist ein Fräulein von Ketler, Schwester der verwittweten Re-
gierungsräthin Haß, auf der Syboldstraße [2]), und dort ist Tonys Wohnung
zu erfragen. Notabene so ists bis jetzt ausgemacht, da aber die Ketler
keine Eil, Tony dagegen, die wahrscheinlich in einer Reihe von Jahren
nicht wieder herkömmt, hier herum viele Freunde und Verwandte hat,
die doch alle Abschied nehmen wollen, so kann, noch in den letzten
Stunden, etwas eintreten, was sie nöthigt einen oder zwei Tage zuzugeben.
Sie will deshalb nicht, daß ich Dir etwas hierüber schreibe, und Du darfst
auch in der That ihretwegen nicht nach Cöln kommen, aber ich denke,
der Zufall könnte euch vielleicht an einem Tage hinführen, und da würde
es Euch doch freuen einander zu sehn. Sollten Dich also um diese Zeit
Geschäfte ohnedies nach Cöln führen, so vergiß nicht auf der Syboldstraße nachfragen zu lassen.

Liebes Herz, Du hattest mir versprochen, Dich nach dem Preise
eines Kreuzchens mit den Leidenswerkzeugen, in Rubinglas emaillirt, zu
erkundigen, was Dir ein Bonner Goldschmidt gezeigt, scheinst aber darauf
vergessen zu haben. Bitte, thu es jetzt, wenn es ist wie ich meine, so
muß es klein, zum Tragen passend sein, und aus etwa zehn oder elf
Steinchen bestehen. Auf dem mittleren gewöhnlich Christus am Kreuze

---

[1]) Bei der Pflege ihrer Tante Henriette v. Hohenhausen, deren Tod
(1843 April 21) A. im Briefe an Schücking 1843 April 24 (Th. Schücking 176)
mit wärmster Teilnahme erwähnt.

[2]) Eine Syboldstraße hat es in Köln nie gegeben. Schwerlich die
Thieboldsgasse.

oder die Madonna mit dem Kinde, auf den übrigen die Werkzeuge, Hammer und Zange, Nägel, der Hahn et cet. Die Steinchen sehn aus wie Granaten, sind aber Rubinglas, die Werkzeuge sind erst hinein gravirt, und dann mit Emaille ausgefüllt, die bald grau, bald weiß, bald (was freilich am Hübschesten) mehrfarbig ist. Ich liebe diese Kreuzchen sehr, und sie scheinen früher nicht selten gewesen zu sein, da man die einzelnen Steinchen hier und dort bei den Goldschmieden vorfindet, es hat mir aber nie gelingen wollen ein Ganzes zusammen zu bringen, außer einmahl, wo ich es fertig kaufte, und nachher an meinen Schwager verschenkte, weil er noch verliebter darin war als ich. Bitte, sieh Dich darnach um, aber schreib mir den Preis eh Du es kaufst, ich darf mich in keine großen Empletten einlassen, da die Schweizerreise bevorsteht. Deine Antwort kann ich noch hier erhalten, da wir, wie ich eben von Mama höre, doch wohl vor dem elften Juny nicht fortkommen werden.

Notabene kennst Du den Dichter Kinkel? Und ist dieser mit der Mathieu verlobt?[1]) Die Rüdiger hatte etwas desgleichen gehört, kennt aber Beide nicht. Ist denn die Mathieu Wittwe? Wenn etwas daran ist, so laß Dich die Mühe nicht verdrießen, mir ausführlich darüber zu schreiben. Du weißt, ich kannte die Hannchen Mockel, und interessirte mich damals für sie, ihrer Talente halber; nachher habe ich freilich tolles Zeug genug über sie gehört. Hat der Kinkel zu leben? Wie sind seine Verhältnisse? Seine Persönlichkeit? Und wie macht sie sich jetzt? Ist ihre Stellung in Bonn gut und ehrenvoll? Leben ihre Aeltern noch? Ich denke, sie ist eben nicht sehr für die Ehe gemacht, und sollte sich freuen mit einem halben Ohre davon gekommen zu sein.

Von Adelen [2]) habe ich ziemlich neue Nachrichten, nur wenige Zeilen, eine bloße Anzeige ihrer Ankunft in Jena, der eigentliche Brief sollte nächstens folgen. Berlin hat ihren Erwartungen nicht genügt, und sie wird es nicht zum bleibenden Aufenthalt wählen. Von Schülers Benehmen spricht sie sehr lobend, und er scheint täglich mehr Gewalt über sie zu gewinnen, daran ist eben nichts zu ändern. Ihr Befinden ist leidlich, doch ohne entschiedenes Uebergewicht zur Besserung. wollte Gott ich hörte einmahl etwas Erfreulicheres! Diese Crise ihres Körpers und Gemüths ängstet mich mehr, als ich mir selbst gestehn mag.

Nun, lieb Herz, muß ich Dir Lebewohl sagen, doch nicht ohne zuvor die sehr herzlichen Grüße meines Mütterchens zu überbringen, das dich jetzt ernstlich lieb hat, sehr viel von Dir spricht, und die schwarzen Erdflecke, aus denen Deine Weinstöcke kommen sollen, täglich so ängstlich betrachtet, als wären es schwangere Frauen, die über die gehörige

---

[1]) Gottfried Kinkel hatte gerade zwei Tage vorher (1843 Mai 22) die geschiedene Frau Mathieux, geb. Johanna Mockel, geheiratet. Eine „scherzhafte Gratulation" der kürzlich verheirateten Frau Mathieux an A. (1833 Januar 2) erwähnt Kreiten I, 140.

[2]) Adele Schopenhauer, die gemeinsame Freundin.

Zeit gehn — da ist noch kein Keimchen zu sehn! Muß das so sein?
Nochmals adieu, antworte mir doch bald, ich freue mich so wenn ich
einen Brief von Dir bekomme. Mit alter Treue Deine Nette.

Schreib mir doch was die Hermesianer [1]) machen, man hat ihnen
ja ihre Stellen genommen. Sind sie noch in Bonn? Oder wo sonst?
Bekommen sie Pension? Achterfeld hat Vermögen, aber Vogelsang wenig,
und Braun gar keins und leider viele Bedürfnisse. [a]

Orig. Prof. Wendelstad in Düsseldorf. Auf der 4. Seite die Adresse:
„Der Frau Mertens gebornen Schaaffhausen in Bonn. Über Düsseldorf und
Cöln a. R." Poststempel: „Münster 25. 5. 11—12."

111. An Levin Schücking. — Abbenburg 1843 Juni 24—30.

Glückwunsch zur Verlobung. Dringende Bitten, nicht leichtsinnig zu
heirathen. Beispiel Freiligraths. Köstliche Beschreibung der guten Stimmung bei Schlüters. Junkmanns Spleen-Anfall. Luise v. Bornstedt. Schlüters
interessanter Vorleser. Antrag zur Mitarbeiterschaft von der Dresdener
Abendzeitung. Wie stehts mit dem Verlag bei Cotta?

Gedr. Th. Schücking 206. Antwort auf Schückings Brief 1843 Juni 3—5
(ebend. 199, zuerst veröffentlicht im Hannov. Courier 1884 Sept. 10), der nicht
bloß „vermutlich am 3. oder 4. Juni 1843 begonnen wurde": Das Datum
für den Beginn ergibt sich aus den Eingangsworten „Seit vier Tagen bin ich
hier" (in Darmstadt) verbunden mit dem Tag der Ankunft in Darmstadt, 30. Mai
(S. 202). Fortgesetzt wurde Schückings Brief am zweiten Pfingsttage (S. 201),
also 5. Juni.

112. An Sibylla Mertens. — Abbenburg 1843 Juli 5. 11.

Abbenburg d. 5. July 43.

Mir ist wieder ganz miserabel gewesen, sonst hätte ich Deinen lieben
herzlichen Brief längst beantwortet, meine alte Billa. Jetzt hat sich mir der
Krankheitsstoff wieder auf den Kopf geworfen, der mir den ganzen Tag
summt und siedet wie eine Theemaschine. Ohr- Zahn- Gesichts-Schmerz.
Ich möchte mich zuweilen, wie jener Halbgeköpfte (Kindermährchen von
Grimm) bei den Haaren nehmen und mein weises Haupt in den Fisch-
teich unter meinem Fenster werfen, wo es ihm wenigstens kühl werden
würde. Erwarte also nur confuses Zeug in diesem Briefe, denn ich bin
halb simpel vor Duseligkeit, und muß bei jeder dritten Zeile aufsprin-
gen, um das Blut sinken zu lassen. Heute ists doch besser wie seit
vier Wochen, und Du magst nur denken daß ich Dich lieb habe, sonst
brächten mich noch keine zehn Pferde zum Schreiben. O Gott, wie
wohl thut so ein Moment der Linderung! Und doch risquire ich ihn

[a] *Dieser Abschnitt ist auf den Rand der ersten Seite geschrieben.*

---

[1]) Die drei hermesianischen Professoren.

gleich an Dich, eine Größe der Liebe die nur von gleichfühlenden Ohren
— respective Zähnen — gewürdigt werden kann.

Hier würde es mir sonst recht gut gehn, Alles ist freundlich, Gegend,
Haus, Wetter und Menschen. Haben wir kein Siebengebirge so haben
wir doch sehr anmutige Hügel mit prächtigen Steinbrüchen, wo ich heraus hämmern könnte, was mein Herz nur verlangt, und statt eigentlicher
Parks wenigstens doch hübsche Spatzierwege durch Laub- und Nadelholz,
und einige sogar imposante Baumhallen, wo ich sehr gern arbeiten möchte,
aber ich bin die arme Seele im Fegefeuer, die aus ihrem Fenster-
loche alle Welt in Abrahams Schooße sieht, und dabei nur an „einen
Tropfen für ihre glühende Wange" denkt.

Den 11ten. Du siehst, mein gutes Herz, daß meine Entschuldigungen
keine leere Spreu sind. Ich habe wieder sechs gezwungene Rasttage
ohne Rast machen müssen. Aber genug hiervon. Zahnschmerzen hat
ein Jeder gehabt, und kann sie sich ohne Beschreibung hinlänglich vorstellen.

Hier geht es sehr unruhig zu, und doch nennt man es „eine Wind-
stille". Fritz und Carl sind nämlich seit sechs Tagen verreißt (ins Sauerland) und die Zuidtwick ist gar auf unbestimmte Zeit in Berlin, als Chape-
ronne und Pflegerin der kranken Maria Asseburg, die dort den Schönlein[1])
brauchen soll. Das arme Ding litt an Gott weiß was, aß und schlief gut,
wurde dick und fett, aber immer schwächer, immer Rückenschmerzen,
und zunehmende Unfähigkeit ihre Glieder zu gebrauchen. Die Aerzte
hieltens für Rückenmarkschwindsucht, Schönlein ist andrer Meinung, und
seine Kur scheint glänzende Fortschritte zu machen. Gott gebe es! Die
Tante Asseburg[2]) ist so schon halb todt vor Angst, ich glaube sie würde
die Maria nicht überleben.

Was Du mir von Deinen Verhältnissen schreibst, alte Billa, hat mich
betrübt und sehr gerührt. Ach, das Mein und Dein! Es ist doch wirklich ein Scheidewasser, was Alles in der Welt zersetzt! Ich hoffe dieser
Brief findet Alles besser wie der Deinige es verlassen hat, jedenfalls bist
Du rein aus dem Geschäftsschlamme hervorgegangen, denn Deine Vorschläge waren doch gewiß großmüthig genug, und ich habe Dich dafür
in Gedanken so fest an mich gedrückt, wie Du es in der Wirklichkeit
schwerlich würdest gelitten haben, Du Noli me tangere!

Gutes Herz, wärst Du hier, es wäre doch, trotz aller Schmerzen,
charmant in Abbenburg. Ich habe ein nettes heitres Quartier, unter
den Fenstern eine hübsche Blumenterasse mit Springbrunnen, und allerlei
reizende Plätzchen in der nächsten Umgebung, z. B. gleich vor mir einen
Eichwald, mit großem Teiche und Insel darin, wo eine gewaltige Linde
ihre Zweige fast auf den Boden senkt, und es sich auf den Sitzen gar

---

[1]) Johann Lukas Schönlein (1793—1864), der Leibarzt des Königs von
Preußen.
[2]) Franziska Gräfin v. Bocholtz-Asseburg geb. v. Haxthausen.

anmuthig über dem Wasser träumen läßt. Dann noch eine andre, etwas entferntere Anlage, die sehr gut unterhalten, aber von Niemanden besucht wird. Da wäre Alles unser Eigen, Baumhallen, Sitze, das hübsche Zelt, blos für uns Zweie, um es nach Belieben mit den Bildern unsrer Liebsten zu bevölkern, oder zu einer Robinsons-Einsamkeit zu machen. Ich werde leider täglich mehr zur Fledermaus, zwischen Licht und Dämmerung, das ist meine rechte Zeit, und übrigens — allein oder zu zweien, was dar-über ist vom Uebel, und ich möchte immer, wie ein travestirter Hamlet, sagen: „Träumen, Träumen! Vielleicht auch Schlafen!" In dem Letzteren bin ich aber viel mäßiger geworden, wie meine Nerven denn überall sich bedeutend stärken, oder vielmehr, seit sie sich in die Ohren und Zähne verkrochen haben, das Uebrige freier lassen.

Seit zwei Tagen bin ich ganz allein in Abbenburg, Mama ist in Wehren bei der Metternich[1]), und übermorgen muß ich auch hin. „Hier laß einen Seufzer fahren, und wenn Du kannst noch Einen," sagt Abraham a sancta Clara. Ich bin nicht gern in Wehren. Alles ist mir zu rusch-lig dort, und vollends die Tante selbst ein wahrer Ameishaufen, Alles Leben und Verwirrung, Handlungen, Worte, und wie es mit den Gedanken aussieht, das mag ich den meinigen gar nicht zumuthen zu untersuchen, Du würdest sie gradeswegs für verrückt erklären, und doch ists nur eine tolle Phantasie in einem sehr schwachen Kopfe, die vor fünfzig Jahren den letzten Zügel zerrissen hat, und seitdem en carriere durchgeht.

Der sehr gute und gescheute Onkel ist Landrath, und erschöpft seine Strenge und Kraft täglich so sehr in Berufsgeschäften, daß ihm nachher nichts fürs Haus übrig bleibt, und er nur froh ist Abends seine Glieder ein wenig auf dem Kanapee strecken zu können. Dennoch ist diese Ehe nicht unglücklich, denn der Onkel, dessen Gefühle nie das kleinste joli peché versplittert hat, liebt sein einziges os de mes os, sieht wirklich nur die Hälfte ihrer Verkehrtheiten und drückt über die andre seine sehr schönen tiefblauen Augen zu — es hat doch seine großen Vortheile einen unschuldigen Mann zu heurathen!

In Hinnenburg (bei Asseburgs) ists steifer wie je, da fast alle Kinder fort sind (verheurathet oder auf Schulen), mir aber unangenehmer, weil mir eine Allonge Perücke lieber ist wie eine moderne Haartour. Ein wohlwollendes Ceremoniel ist erträglich, ja, als echtes Rococo mitunter ergötzlich, aber die vornehme Langeweile neuerer Zeit macht Einen todt. Die Tante dauert mich. Sie war von allen Haxthausen die kopfleerste, aber gemüthlichste. Denk Dir, in dieser doppelten Beziehung, jetzt ihren Abgrund von Langeweile! Sie bringt ihre Zeit damit zu nach ihren Kindern zu jammern, und besonders auf jedem Plätzchen, wo Maria gesessen, täg-lich ein gewisses Quantum von Thränen zu opfern, es ist rührend und

---

[1]) Dorothea v. Wolff-Metternich, geb. v. Haxthausen, Tante A.'s.

ennuyant zugleich. Ich war noch nicht auf längere Zeit dort, jetzt, dieses Heil steht mir noch bevor.

Sophie[1]) macht sich vortrefflich in Bökendorf, die liebenswürdigste Hausfrau, und ich habe mich, im Uebermuthe des Gefallens, verleiten lassen, ein tägliches Herüberkommen zu versprechen, was mich jetzt mitunter höllisch genirt, es ist immerhin eine halbe Stunde Weges, durch Wasserlachen oder Sonnenbrand keineswegs angenehm, und jedenfalls geht mir der halbe Tag damit hin. Die andre Hälfte hat auch ihre unabweislichen Unterbrechungen, und ich komme eben zu nichts, weder an Arbeit noch Ruhe.

Die Tante von Bonn[2]) habe ich nur kurze Zeit gesehn, und sehr gealtert gefunden, sie ist seit vierzehn Tagen in Erpernburg, bei den Brenkenschen Kindern, da Maria mit ihrem Manne eine Schweizerreise macht. Sie (die Tante) schickt sich hier so so — d. h. schlecht genug — das Ausfallen ihrer Theevisiten und Commeragen hat ihr ein Loch ins Herz gemacht, und sie stirbt (unter uns) vor Langeweile. Mit diesem Stadtjammer habe ich nur wenig Geduld, übrigens dauert sie mich, denn die Verhältnisse sind allerdings noch so unsicher und gespannt, daß eine arme leere Seele wie sie nothwendig alle Haltung darüber verlieren muß. Meine Stellung ihr gegenüber war höchst peinlich, sie nahm meine Besuche gänzlich für sich allein, die Andern ebenfalls, und Keiner wollte ein Billiges nachlassen, so giengs mir wie dem Esel um den sich zwei Herrn stritten, und wurde ich nicht leiblich zerrissen, so mag es doch moralisch mitunter geschehn sein, und ich habe gefühlt, daß es keine schwerere Last giebt, als die man auf beiden Schultern trägt.

Bei den jungen Zuidtwicks war ich noch nicht, höre aber daß dort Alles grünt und blüht, und immer brillantere Nachrichten von Malchen einlaufen, die in ihrem Galitzien rund wie eine Nudel sein soll, und königlich vergnügt. Allerdings war sie durch Verwöhnung und reines Phantasieleben für die Welt gänzlich verdorben, und namentlich gewöhnt, eine Rolle zu spielen, was sie nun in ihrem Klosterstiften und Regieren durchführen kann, also — Jedem das Seinige!

Anna Arnswaldt[3]) ist glücklich wie immer, und wie immer ohne Grund. Ihr Mann ist fortwährend krank (jetzt im Bade zu Eilse)[4]), ihre Kinder werden mühsam aufgepäppelt, und Eins oder das Andre liegt immer in Gefahr. Ihre Schwägerinn ist halb, und ihr Schwiegervater fast bis zur Verrücktheit Hypochonder, und doch wird sie alle Jahre dicker, und der Mund steht ihr nur zum Lachen. Glückliches Temperament! Sie denkt noch herüber zu kommen, wenn ein Zeitpunkt eintreten sollte, wo keines der Kinder krank, sondern Alle bloß erbärmlich sind.

---

[1]) Sophie v. Haxthausen, Tante A.'s.
[2]) Die Witwe Moritz v. Haxthausens, Sophie geb. v. Blumenthal, deren Tochter Marie Luise seit 1839 mit dem Freiherrn Friedrich v. Brenken auf Erpernburg verheiratet war.   [3]) Anna v. Arnswaldt, geb. v. Haxthausen, A.'s Tante.
[4]) Eilsen bei Bückeburg.

August Haxthausen ¹) ist in Petersburg, und wird nach Asien gehn. Beides in königlichem Auftrage, aber welchem? Das wissen wir selber nur halb, und es ist besser nicht darüber zu reden, obwohl dieses Geschäft das innerlich ehrenwertheste ᵃ ist, dem er sich je unterzogen, aber auch das gefährlichste. Wäre ich bei Dir, würde ich Dir mehr darüber sagen. Er ist furchtbar verwegen, im Guten wie im Schlimmen, und keine Gefahr ist so groß, der wir ihn nicht jetzt ausgesetzt glauben müssen.

Von Tante Betty ²) hören wir wenig, doch hat Marie Brenken sie jetzt auf der Reise gesehn, sie soll wohl aussehn, rührig und sehr freundlich sein, und hat mit größer Liebe und Sehnsucht von den hiesigen Verwandten gesprochen. Das ist nun recht schön, aber wenig übereinstimmend mit dem Umstande, daß sie alle (nicht bloßen Geschäfts-) Briefe dieser lieben Verwandten unbeantwortet läßt, und dadurch namentlich die arme Sophie, die gern mit der ganzen Welt in Frieden lebte, schwer betrübt. Maria soll sehr hübsch und einnehmend sein. Von unsern münsterischen Bekannten weiß ich selber nichts.

Meine kleine Rüdiger kann sich noch immer nicht erholen, und wird uns wahrscheinlich auf einige Wochen an den Bodensee begleiten. Ich freue mich darauf. Ihr Gemüth ist so frisch, so was die Franzosen novice nennen, daß ich weiß ihre Begeisterung wird mir Alles wieder verjüngen, was mir alltäglich geworden ist. Und wenn auch nicht, es ist ein so dankbares Geschäft, Einem Freude zu machen der es versteht sich an jedem Blatte zu freuen, und ein so lohnendes Gefühl einen Kranken wieder zurecht zu bringen. Das hast Du diesen Frühling ᵇ auch erfahren, mein altes treues Herz.

Mit Dir reißte ich freilich am Allerliebsten, sehe aber nicht ein wie es zu machen wäre. Die Rüdiger, die Mama wenig kennt, und s e h r genirt mit ihr ist, kann ohne mich die Reise nicht mit Nutzen machen, und seit sich die Krankheit unserer Kammerjungfer immer mehr als entschiedene Schwindsucht herausstellt, darf ich es Mama gar nicht zumuthen, die Reise ohne meine Aushülfe mit einem neuen Mädchen zu machen. Ein Ausweg wäre noch da. Die Rüdiger wünscht sehr Bonn, wo ihr einziger Bruder lebte und begraben liegt ³), genauer als blos durchreisend kennen zu lernen (den Ort nämlich, denn mit den Menschen hat er nicht in Verbindung gestanden). Da Mama, die Moritzens ⁴) Tod noch immer nicht

ᵃ ehwertheste Hs.   ᵇ *Verbessert aus* Winter.

---

¹) August v. Haxthausen, Bruder der Mutter. Er reiste im Auftrage des Zaren, sodaß nicht abzusehen ist, weshalb das „Geschäft" so „gefährlich" gewesen sein sollte. Die wissenschaftlich sehr bedeutende Frucht der Reise waren mehrere zum Teil umfangreiche Werke.

²) Die Witwe Werners v. Haxthausen.

³) Karl v. Hohenhausen starb als Student in Bonn zu Anfang der dreißiger Jahre.

⁴) Moritz v. Haxthausen.

verwinden kann, sich nun gewiß nicht dort aufhalten wird, so könnte ich
diesen Vorwand ergreifen, um mit der Rüdiger etwa acht Tage voraus-
zureisen, die ich dann zwischen Dir und Paulinen [1]) (mit möglichstem
Uebergewicht nach Deiner Seite) theilen könnte. Nur müßte ich dann
die Rüdiger mitbringen dürfen wohin ich selbst gieng, da ein Aufenthalt
im Gasthofe nicht nur an sich höchst trübselig, sondern wohl für ihre,
wahrscheinlich streng zugemessenen, Reisemittel zu erschöpfend wäre.
Daß Du, lieb Herz, sie gern auf einige Tage beherbergen würdest, dessen
bin ich gewiß. Ob Pauline? Ich fürchte es fehlt ihr an Raum, da selbst
mein Zimmer mir nur vom Professor Braun überlassen wurde. Zudem
ist sie sehr umständlich, menschenscheu und kennt die Rüdiger gar nicht
— es wird nicht angehn. Wenn Du die Rüdiger auf die ganzen acht
Tage nach Plittersdorf nehmen könntest, und in dieser Zeit (während
meines Aufenthalts bei Pauline) ein oder zweimahl nach Bonn bringen,
so wäre das hinlänglich, und in der übrigen Zeit würde uns ihre Gegenwart nur angenehm sein, denn sie ist als Gast sehr liebenswürdig, heiter,
dankbar, überaus anspruchslos, und ergötzt sich an Allem und Jedem.
Antworte mir doch hierauf, lieb Herz, denn ich thue keine Schritte bei
Paulinen, bis ich weiß, daß Du, aus irgend einem Grunde, nicht kannst.
Natürlich gilt Alles dieses nur, wenn es mir gelingt die ganze Reise hinlänglich früh in den Gang zu bringen. Wir müssen schon mit dem Anfange September wieder fort sein, damit Du ruhig packen kannst. Ob
mir dies gelingen wird, weiß ich nicht — es liegt noch zu weit hinaus
— aber ich wüste doch gern vorläufig, ob ich darauf hinarbeiten darf.

Tony Galieris hat neulich geschrieben. Sie ist bei der Mutter, wo
die häuslichen Verhältnisse keineswegs angenehm sind, so schreibt sie
denn ziemlich trübselig. Eine Stelle hat sie noch nicht, rechnet aber mit
Zuversicht für den Herbst darauf. Ich wollte, ich könnte ihre Hoffnungen
theilen, sehe aber vor, hinter, zu den Seiten, überall nichts. Doch ist
sie ein zu gutes Exemplar von einer Gouvernante, als daß sie nicht endlich ankommen sollte, aber wahrscheinlich mit der Treckschuit, statt per
Extrapost. Sie hat länger in Cöln verweilt als ihre Absicht war, und
immer gehofft der Zufall werde Dich hinführen. Ich habe sie doch recht
gern, ihr Charakter ist durchaus noble und sehr wahr, zwei Eigenschaften,
die man zu selten findet, um ihretwillen nicht Manches zu übersehn. Ich
wünschte nur sie hätte ihren ersten Debut in weniger glänzenden Umgebungen gemacht, sie muß sich noch von Manchem entwöhnen, ehe sie
anderwärts paßt, ich denke, der Aufenthalt bei der Mutter wird ihr gut thun.

Wenn Du mir schreibst, lieb Herz, so addressire doch hieher, nach
Abbenburg, über Paderborn und Brakel. Wir bleiben noch etwa vierzehn
Tage, vielleicht wirds länger, aber das ist ungewiß, und zu viel Unruhe

---

[1]) Die Witwe ihres Vetters Prof. Clemens v. Droste.

und Durcheinandertreiben hier, als daß ich auf sicheres Nachschicken
später kommender Briefe rechnen möchte. Kannst Du binnen dieser Zeit
nicht schreiben, so adressire später jedenfalls nach Rüschhaus, ich fürchte
zwar daß die Briefe dort liegen bleiben, denn ich habe, seit ich hier bin,
auch nicht einen einzigen erhalten, der nicht direct adressirt wäre, aber
sie können doch nicht verloren gehn oder in unrechte Hände fallen.

Wegen des bewußten Kreuzchens bin ich Deiner Meinung, es ist
viel zu theuer. Hier giebts eben nichts zu acquiriren, obwohl ich sehr
darauf gerechnet hatte. Nur Versteinerungen kann ich mir aus den Felsen
schlagen, sehr hübsche, aber immer dieselben, da hat der Spaß denn
auch bald ein Ende. Mein Onkel Carl hat früher römische Münzen gesammelt, und sucht sie jetzt los zu werden, die Denare und Bronze aber
nur zusammen und dann theuer genug, die Goldmünzen läßt er einzeln
ab, das Stück zu 5 Reichsthaler. Diese hätte ich gern gesehn, und Dir
dann auch das Verzeichniß geschickt, aber sie liegen achtzehn Stunden
von hier, in seinem Schreibtische zu Hildesheim. Vielleicht reißt er in
dieser Zeit noch einmahl hin, und wird sie dann mitbringen, ich glaube
aber schwerlich daß es dazu kömmt.

Mama leidet noch immer an ihrem Herzklopfen. Wäre sie hier,
Du bekämst Grüße, so schön wie sie sie selten verschickt, Du hast einen
ungeheuren Felsen bei ihr im Brette. Dann steht Adele noch sehr gut,
auch die Rüdiger, et voila tout. Im Ganzen habe ich Unglück mit meinen
Freunden, und muß mich oft sehr abäschern bittre Pillen zu vergulden,
oder vielmehr Eispillen, denn anzüglich wird mein Mütterchen freilich
nie, aber unser Geschmack läuft in der Regel aus einander wie ein Gabel-
zweig. Nun Gottlob, daß ich Euch Drei wenigstens frei lieb haben darf!
Mein guter Blinder läuft auch noch so halbwege mit durch, und um die
Andern ists mir nicht so viel.

Alte Billa, weißt Du wie lange wir uns schon lieb haben? Im
Herbste werden es achtzehn Jahre, und ich darf schon, eine ehrwürdige
Anciennität in Anspruch nehmen. Vergiß das nicht zwischen Deinen
Schwarzaugen, deren Freundschaft kaum trocken hinter den Ohren ist.
In sieben Jahren können wir unsere silberne Hochzeit feiern. Mit sil-
bernen Haaren? Ich nicht, ich bin blond, „ewig jung und ewig schön",
ein geborner Schimmel [a], aber Du, schwarzer Rappe, magst Dich nur tüch-
tig aufheitern, wenn Du nicht endlich wenigstens ein Scheck werden willst!

Ach! ich schreibe dummes Zeug, und wozu bist Du anders da als
um es zu lesen? Wozu hat man Freunde, als um ihnen aufzutischen womit
man andern Leuten nicht kommen darf? Also, mein kleiner schwarzer
Araber, wir wollen die sieben Jahre richtig ableben, und — wenns gelingt — noch fünf und zwanzig dazu, bis zur goldenen Hochzeit, um
Alles nachzuholen was wir uns in den achtzehn Jahren mitunter haben

[a] *Ursprünglich stand da:* wie eine alte weiße Katze.

ab Handen kommen lassen, allen Mitschmerz, alle Mitfreude, nicht wahr,
mein gut Herz? Ich wollte, wir hätten jetzt wieder ein paar von den
Bonner Wochen, die wir so schändlich verschleudert haben.

Adieu, lieb Kind, schreib bald, und sag' mir doch auch etwas von
Adelen. Ich will ihr zwar selbst in den nächsten Tagen schreiben, aber
da sie mit mir auf derselben langen Bank zu liegen pflegt, erwarte ich
durch Dich schnellere Nachrichten als direct von ihr. Will das Uebel
noch immer nicht weichen? Mir wird doch todtangst bei der Sache!
Was hat Wolf jetzt? Und ists möglich, daß die Knoten so sitzen bleiben
können ohne Verschlimmerung? Bitte, sag' mir Alles was Du weißt,
Gutes und Schlimmes. Ich muß mich weit mehr abängsten, wenn ich
nicht weiß wie es steht! Adieu, schone Dich nur ja, daß Du mir nicht
auch ordentlich krank wirst, ich glaube ich hielt es nicht aus, Dich in
Gefahr und dann weit weg zu wissen. Grüß Deine Frauen und Mädchen
von mir. Deine treue Nette.

Levin Schücking ist verlobt [1]), mit einem Fräulein Louise von Gall,
in Darmstadt, die ganz hübsche Novellen in's Morgenblatt schreibt. Weißt
Du etwas von ihr, so theile es mir doch mit, ich weiß nichts [a].

Es ist ein garstig Gesicht Das hier als Gratulante spricht [b].

Orig. Prof. Wendelstad. Alle vier Seiten des Oktavbogens sehr klein bis
ins letzte Eckchen beschrieben.

113. An Elise Rüdiger [Sommer 1843].

Unvollständige Abschrift von der Hand Elise Rüdigers in Hüffers Nachlaß. Ein Bruchstück gedr. Hüffer 292. Richtig bemerkt eine handschriftliche
Notiz Hüffers: „Die Zeit ergibt sich aus einem Briefe [Annettens] an Frau
von Laßberg vom 18. Juli 1843" — hier wie dort begegnet die Angabe, man
habe ihr ein hohes Honorar angeboten mit der Befugnis, noch mehr zu fordern.

114. An die Schwester. — Abbenburg 1843 Juli 18. 19.

Abbenburg d. 18. July 43.

Wir sind jetzt schon eine hübsche Zeit hier, liebste Jenny, mich
dünkt wenigstens vier Wochen, obwohl ich bekanntlich eine sehr confuse
Zeitrechnerinn bin. Uebrigens bin ich jetzt allein hier, mit Onkel Fritz,
Mama sitzt in Wehren. Ich war auch dort und bin vor vier Tagen zurückgekommen. *[Eine Menge kleiner Familien-Nachrichten und sonstiger Personalien, zum Druck nur einzelnes geeignet].* Malchen Zuidtwick ist in Galitzien und richtet dort ein neues Kloster ihres Ordens ein. Sie ist gesund wie eine Nuß und seelenvergnügt, findet Galitzien sehr schön, und

*a Dieser Abschnitt auf dem Rand der ersten Seite.   b Diese Worte auf
einem beigelegten Zettelchen.*

---

[1]) Schücking hatte Anfang Juni 1843 A. seine Verlobung angezeigt
(Th. Schücking 199).

das Reisen kömmt ihr so sehr wie Nichts vor, daß sie ganz ernsthaft
meint, es könne wohl zuweilen die Eine oder die Andere von den Tanten
oder Cousinen auf acht oder vierzehn Tage sie besuchen kommen. So weit
haben wir Reisestümper es doch noch nicht in der Verachtung des Raumes gebracht! Ludowine lebt auf dem alten Fuße fort und fühlt keine
Lücke, obwohl ich nicht begreife, wie sie, für gewöhnlich, so allen ihr
gleichstehenden Umgang entbehren kann. Ihre Gehülfinnen sind vortreffliche Personen, aber selbst die Lehrerinn (Agnes) doch nicht über die
Bildung eines gewöhnlichen Schuljüngferchens hinaus, und die Andern
ordinaire Mägde, so nett und brav sie sonst sind. Neulich waren ihrer
Zweie, Agnes und Minna, auf einen ganzen Tag in Böckendorf. Da haben
wir uns doch abgequält, Sophie und ich, sie zu unterhalten, daß uns der
Schweiß ausbrach, und saßen doch die meiste Zeit auf dem Trocknen.
Du glaubst nicht wie klein ihr Ideenkreis ist, viel kleiner wie bei einer
andern Magd, die doch wenigstens weiß wie es im Kirchspiel aussieht. Das
Klösterchen, der Erzbischof, voila tout. Alles übrige sind ihnen böhmische
Dörfer, und sie haben auch nicht das geringste Interesse dafür. Wir
waren Abends so müde als wenn wir gedroschen hätten. Aber Ludowine verliert selbst täglich mehr das Interesse für Anderes als Klosterstiften und Convertiten machen, und trägt beständig eine solche Last von
Briefen ihrer Mitverschwornen bei sich, die Du alle lesen mußt, daß nichts
Anderes zur Sprache kommen kann. Ich tadle sie deshalb nicht, es ist
recht, seinen Beruf mit ganzer Seele zu ergreifen, aber mir, die einen
entschiedenen Widerwillen gegen Convertiten hat, ists peinlich . . .

19ten. Mama ist noch nicht wieder da . . . August [1]) ist in Petersburg und wird wahrscheinlich die asiatischen Provinzen Rußlands bereisen,
in einem ehrenvollen aber höchst gefährlichen Auftrage. Vielleicht ist
er schon dort, denn er hat lange nicht geschrieben, worüber ich mich
etwas ängstige, die Andern aber nicht [a].

. . . nach Norderney abgereißt. Mimy ist sehr mager geworden,
und leidet immer . . . Sie war so freundlich und herzlich, und ich habe
innerlich betrübt von ihr Abschied genommen. Beide Kinder gleichen
ihr frappant, und doch hat Clementinchen so viel einzelnes Schönes, daß
sie gewiß recht hübsch werden wird. Der Junge ist garstig, sieht aus
wie eine fromme Dogge, und ist das beste Kind von der Welt. Ich traf
in Haynhausen den Joseph Stolberg [2]), der sich kindisch freute, noch mehr
wie er hörte daß Mama in Abbenburg sei, wohin er übermorgen kommen

*a Der Rest der 2. Seite, etwa 10 Zeilen, ist abgeschnitten, wodurch auch
das entsprechende Stück der 1. Seite fortgefallen ist. Ebenso die oberen zwei
Drittel des 2. Blattes.*

---

[1]) Ihr Onkel August v. Haxthausen.
[2]) Joseph Theodor, geb. 1804, Sohn des Grafen Friedrich Leopold. Leopold ist sein verstorbener älterer Bruder.

wird, um ihr seine Frau und beiden Töchterchen vorzustellen (von Driburg aus, wo sie baden). Gott gebe, daß Mama nur wieder hier ist! Du weißt doch daß er Westheim gekauft hat, und dort lebt? Er hängt an den Hülshofer Erinnerungen mit einer Liebe die Einem freuen muß, sprach so gerührt vom lieben seligen Papa, und daß Er und Leopold, als sie sich zum letzten Mahle gesehn, beide gesagt, daß wenn man sie frage wo El Dorado liege, sie schnurstracks auf die Hülshofer Backöfen losfahren würden et cet. Kurz, er ist ein sehr gemüthlicher Mensch, und Jedermann hier zu Lande hat ihn gern ...

   ... Fürsten, wo er ... weisen, oder ihm seine Entlassung zu ... geworden, hatte gesagt: „er wolle sich die Sache überlegen" ... sich gewinnen könne, weder sich von seinen Kindern, noch von seinem jetzigen ... müsse er Sch[ückings] Entlassung annehmen[1]), obwohl sehr ungern, da er ihn achte und wohl zu schätzen wisse" et cet. In Folge dessen ist Sch[ücking] am 23ten May von Mondsee abgereist, über München nach Augsburg, von wo ihm allerdings kurz zuvor eine Redacteurstelle bei der allgemeinen Augsburger Zeitung angetragen war, hat dort sich von den Verhältnissen dieser Stelle genauer unterrichtet, ist dann über Darmstadt, von wo er mir schrieb[2]), zu einem Besuch nach Freiligrath (St. Goar) gereist, und denkt im August seinen neuen Beruf in Augsburg anzutreten, vorläufig zur Probe, weil er seiner eignen Fähigkeiten zu dieser, fast gänzlich politischen, Laufbahn nicht sicher ist. Doch hofft er sich hinein zu finden. Es ist nicht die Redacteurstelle en chef, sondern die des zweiten Redacteurs, scheint aber doch ein gutes Brod zu sein, denn er ist sehr erfreut darüber, obwohl er in der Eil (er schreibt aus dem Gasthofe zur Traube) versäumt hat mir den Betrag des Gehaltes anzugeben. Der ganze Brief ist flüchtig, ein wahrer Reisebrief, doch unterläßt er nicht, sich sehr herzlich nach dem „unvergeßlichen" Meersburg zu erkundigen und 1000 Grüße dorthin aufzutragen. Gott gebe, daß dieser Nahrungszweig ein wirklich grüner und fruchtreicher für ihn wird! ... Mit dem Abschreiben meiner Gedichte geht mirs schlecht. Niemand kann meine Hand lesen, ich muß Alles dictiren, und da giebts Fehler über Fehler. Jetzt habe ich mich selbst dran gegeben, und, Alles zusammen gerechnet, von Dir, mir, den Abschreibern, bin ich doch schon weit hinein. Anträge bekomme ich von allen Seiten, jetzt wieder aus Dresden von der Redaction des Abendblatts, d. h. als Mitarbeiterinn beizutreten, wo mir, als gewöhnliches Honarar, 3 Louisdor p. Bogen ge-

---

[1]) Schücking hatte ihr seine Entlassung durch den Fürsten Wrede am 1. Mai angezeigt (Th. Schücking 183).

[2]) Offenbar Schückings Brief an A. 1843 Juni 3, datiert „Darmstadt Zimmer Nr. 21 in der Traube", in welchem er A. seine Verlobung anzeigt (Th. Schücking 199). Mit Auslassungen gedruckt, von dem „unvergeßlichen" Meersburg ist im Druck nicht die Rede.

nannt werden, ich könne aber drüber hinaus fordern, so viel ich wolle, es solle einzig von mir abhängen, et cet. Adieu, 1000 Liebes an Laß-berg und die Kinder. Deine Nette.

Orig. Meersburg, nur stark die Hälfte vorhanden. An den Rändern noch einige unbedeutende Nachschriften. Ganz kurze Erwähnung Hüffer 275.

115. An Elise Rüdiger. — Rüschhaus 1843 Sept. 4.

Rüschhaus, Montag 4. September 1843.

Ich bin heute allein, mein Liebchen, und so träge, daß ich mich höchstens zu einer angenehmen Anstrengung entschließen kann, was soll ich da Lieberes wählen als Ihnen zu schreiben? Sehr ernst und eigen gestimmt bin ich auch; denn ich habe gestern und heute bis Mittag Papiere durchgesehen und verbrannt, und damit manches Stück Vergangenheit hinter mir geworfen, was freilich schon seit Jahren mit Gras bewachsen, doch unter dem Lesen wieder so frisch aus dem Grabe stieg, daß ich wollte, ich hätte lieber blind zugebrannt, dann wäre es mir wenig gewesen — jetzt ist es mir wie ein halber Mord. Man liest alte Briefe so selten und thut für seine Ruhe wohl daran; denn es giebt nichts Schmerzlicheres. Die Toten bekommen wieder Seele und Leib, wir müssen sie zum zweiten Mahle begraben, und die Lebenden, älter und kälter geworden, sehen uns so frisch und jugendwarm an, berühren so hundert kleine längst vergessene Stichworte, bei denen uns doch einmahl das Herz gewaltig geklopft hat, daß wir über sie und uns weinen möchten, daß wir mitein-ander so ledern geworden. Was ist aus meinen Jugendfreundinnen ge-worden? Die eine Hälfte ist ganz in Haus-Wirtschaft, Mann und Kindern aufgegangen, die andere jetzt grämliche alte Jungfern, an denen weder Götter noch[a] Menschen Freude haben können und in denen nicht mehr Poesie ist wie in einer getrockneten Pflaume. Es ist doch gut, wenn man die Leute nicht so früh kennen lernt! Das Verblühen des sowohl körperlichen als geistigen Jugendduftes ist gar zu schmerzlich mit zu er-leben, und am Ende wüßte man doch mit den jungen Dingern nichts an-zufangen, wenn sie wieder so neben Einem ständen, und wäre weit ent-fernt sich mit ihnen zu liiren. Euch drei, die ich noch habe, Sie mein Bestes und Liebstes, Adele und Male Hassenpflug, habe ich, Gottlob, in meiner Reife kennen gelernt, die lange vorhalten kann, hoffentlich für immer, obwohl Sie eigentlich hierbei sehr zu kurz kommen können. Denn Sie sind gar jung gegen mich, und es kömmt vielleicht uns Beiden eine Zeit, wo Sie, selbst noch im Besitz aller Fähigkeiten, mich als eine arme bröcklichte Ruine nur mit Mitleid und Nachsicht ansehen und dabei mehr leiden werden als ich selbst. Mir ists mit Manchem so gegangen. Mein armer lieber Sprickmann! Doch genug hiervon! Laßt die Zeit kommen wie den Tod! Der obendrein vielleicht früher kömmt und die

[a] *Druck* und.

ganze Jeremiade überflüssig macht; aber mir war nun mahl so zu Muthe, und gegen Wen soll ich mein Herz entladen, wenn nicht gegen Sie, mein anderes Ich, oder vielmehr meine abhanden gekommene Hälfte, da Sie gerade alles haben, was mir fehlt und was mir so wohl thut, als eine Art von Eigentum in Ihnen an mich zu schließen. Gleichgültig bin ich Ihnen vorgekommen? Lieb Lies! Das Herz hätte mir springen mögen, daß ich Sie wieder hatte in meinem eignen Rüschhaus (in dem für uns[a] so viele Geister umgehen) und daß ich dabei denken mußte, vielleicht noch einmal s o, und nachher, was Gott will, und ein rundes Jahr so gnädig ist, uns übrig zu lassen. Aber ich werde leicht schroff, wenn sich die Bewegung in mir zum Unerträglichen steigert. Ich kann Ihnen nicht sagen, wie mir ist! Ich genieße jedes Abendrot, jede Blume im Garten wie eine Sterbende. Die letzte Schweizerreise hat mich zu viel gekostet! Wären Sie nur die drei Wochen noch hier! wir wollten keine Minute verkommen, keinen Schmetterling unbemerkt fliegen lassen und für ein ganzes Jahr vorausleben. Es ist heute recht herbstlich, die Sonne bereits untergegangen und hat nur ein paar schlechte gelbliche Streifen in den grauen Regenwolken hinterlassen, in meinem Zimmerchen dämmert's, daß ich kaum die Feder mehr sehen kann, und die Eichen draußen rauschen so feucht und schaurig, daß Einem grauen sollte, und doch dünkt mich, ich wüßte mir nichts Lieberes als hier — hier — nur hier! wenn's auch nie anders wäre! Ich muß aufhören, lieb Herz, es ist wirklich ganz finster. Mama und Hanne Hassenpflug können jeden Augenblick zurückkommen, und die Bückersche hat mir eben durchs Fensterchen hinaufgerufen, daß sie erst übermorgen geht, also besser, ich zünde kein Licht an, um Sie, mein armes Herz, noch weiter in meine wunderliche Stimmung zu verwickeln, sondern strecke mich auf mein Kanapee und träume noch ein wenig im Dunkeln, bis es lebendig im Hause wird — es wird mir doch nicht lange mehr so wohl! Adieu, lieb Lies, bis morgen.

Dienstag. Meine Hausgenossen sind gestern ausgeblieben, ob sie noch in Hülshoff stecken oder in Münster, vielleicht bei Ihnen, weiß Gott. Sie hatten beide Touren vor, wollten aber gestern Abend damit fertig sein. Die Hanne macht hier bonne mine à mauvais jeu, ich glaube, sie findet Rüschhaus schauderhaft einsam, und hat sich wohl unter einem Landleben so nahe bei Münster ganz was Anderes gedacht, eine Art Gartenhausparade, wo man die ganze Stadt vorüber und die halbe hinein ziehen sieht. Zudem hat sie sich mich wie mit einem Lichterkranz gelehrter Freunde umsteckt gedacht, wo sie ihre Lampe nicht übel zu leuchten lassen hoffte, und so oft ich in Abbenburg eines Bekannten erwähnte, war gleich die Antwort da: „mich sollte wundern, wie i c h mich zu dem passen werde!" Ich dachte: „Du lieber Gott!" war aber zu faul ihr zu sagen, daß wir wie auf einer verwünschten Trauminsel wohnten, wo

[a] *Druck* und.

nur Sie zuweilen als Meteor über die See streichen. Nun sieht die arme
Seele den ganzen Tag aus, als wäre sie zu fest geschnürt, und macht
bei jedem Hundegebell Rechtsum auf dem Stuhle, in Erwartung der
Abentheuer, die nicht kommen — ich hoffe, jetzt in Münster kommt ihr
noch eins oder anderes Interessante zu Gesicht, sonst wird sie ihr Post-
geld bitter bereuen.

Wie machen es doch Manche, trotz aller Jahre und Täuschungen
(die Hanne ist nicht arm an beiden) so frisch zu bleiben? So voll Streben,
Unruhe, Freude an Plänen, Erfolgen? Im Grunde sind sie doch zu be-
neiden, und wir thun unrecht, an Aelteren unangenehm zu finden, was
uns doch an der Jugend rührt und freut. Geistesfrische sollten wir in
jeder Gestalt ehren und wollen sie doch durchaus nach den Jahren modi-
fiziert[a] haben, die Jugend soll ihr Feuer nach außen sprühn, das Alter
es nach Innen wärmen und leuchten lassen, die Jugend streben, das Alter
das Erstrebte grün und lebendig erhalten. Ob diese Forderungen gerecht
sind? Manche haben im Alter noch so blutwenig gefunden (oder behalten
können), daß die Gabe, mit immer neuer Freude und Sehnsucht zu suchen,
nur eine Billigkeit des Schicksals ist, die wir ihnen gern gönnen und sie
eher darum bewundern sollten. Ich höre Stimmen, die der Mama, jetzt
die der Hanne, und fühle mich so roth werden, als hätte sie mir über
die Schulter in den Brief gesehn; ich muß hinüber, sonst kömmt sie
hier und ertappt mich gleichsam in flagranti.

5 Uhr. Die Hanne ist strahlend von guter Laune, entzückt von
Ihnen, von Münster, von Hülshoff und jedem einzelnen Kinde darin, meine
gute Mama glückselig darüber, und läßt sich zum zehnten Male alles
Liebe und Schöne wiederholen, was sie an ihren Enkelchen entdeckt hat,
so kann ich einige Minuten stehlen, um dieses Blatt auszufüllen. Ich
war im Garten, mein Liebchen, um Ihnen eine andre weiße Rose, und —
denken Sie! — es ist keine mehr da, der Sturm in der vorigen Nacht
hat die letzten entblättert. Es war mir so unangenehm, fast ängstlich,
daß ich Ihnen beinahe die kahlen Stengel mit einigen grünen Blättern
gepflückt hätte, aber das kam mir doch gar zu trübselig vor. Ich denke,
in Meersburg finden wir immerblühende Rosen, und ich gebe Ihnen dann
die frischesten vom Strauche, der Sommer und Winter gleich ist, wie
unsere Liebe ja auch, nicht wahr, mein Herz? Ich habe mir vorgenommen, diese Reise mit Ihnen recht aus dem Grunde zu genießen, nämlich
als Reise mit Ihnen, sonst ist mir der Weg fast überbekannt, sonderlich bis Coblenz, wo ich sonst bei meinen öfteren Besuchen am Rhein
meiner armen Thielemann so oft entgegengefahren bin. Das ist auch
eine düstre Stelle in meinem Leben. Ich muß Ihnen nochmahl recht
von der Thielemann erzählen. Ich habe sie sehr lieb gehabt, ihr hinsichtlich meiner Geistesbildung sehr viel zu verdanken, und doch denkt

---

[a] *Druck* medissirt.

jedermann nur an ihre späteren, freilich jahrelangen gestörten Stimmungen
und vergißt, was sie war, solange sie ihrer mächtig blieb. In mir soll
ihr wenigstens eine treue Erinnerung bewahrt bleiben.

Für das Buch danke ich Ihnen — es ist eben die Sand! schön und
wahr im Einzelnen, excentrisch im Ganzen. Melchiors „Candeur" beschränkt sich wieder darauf, daß er sich bisher ohne Liebe blos mit
schlechten Weibern umher getrieben, und die letzten Scenen sind empö-
rend durch seinen fast teuflischen Egoismus, den aber, wie ich glaube,
die Sand gar nicht herausgefühlt, sondern vielmehr in ihm das Muster
eines tiefen naturkräftigen Gemüths aufzustellen geglaubt hat — als ob
selbst der Gottesläugner, im Augenblick vor der Vernichtung, nichts Tie-
feres und Gewaltigeres zu fühlen hätte, als die Wuth der Sinnlichkeit.
Doch das ist ächt französisch. Mouny Robin dagegen wäre als Thatsache
höchst psychologisch merkwürdig, als Erfindung ist's zu nüchtern, fast
läppisch, und dem, was Gutes der Art im Deutschen vorhanden ist, gar
nicht zu vergleichen. Dieses Gebiet scheint den Franzosen nicht zugänglich, sie verstehn nicht selbst halb zu glauben, während sie schreiben,
darum werdens nur craße, aus dem Ermel geschüttelte Erfindungen, die
nur wirken wie schlechte Decorationen oder, wo sie glaubwürdig bleiben
wollen (wie hier), nüchterne Beobachtungen, wo sie selbst den Schleier
so verdünnen, daß Jeder das Licht im Kürbiskopfe dahinter sieht. Der
Deutsche legt dagegen (wenigstens die Neueren) gewöhnlich Etwas
von ihm nur halb Bezweifeltes zum Grunde, Etwas das ihn beim Erzählen
mit einem Schauer überrieselt hat, und dieser Schauer, dieses Schwanken
zwischen — geistigem Einfluß? unerklärte Naturkraft? unabsichtliche
Täuschung? — läßt er auch über seine Leser herrieseln. Hier ist unser Reich, was wir nur mit den Engländern und Schotten theilen.

Vivat die Bückersche! sie hat noch ein Röschen unten am Strauch
entdeckt und mir soeben die Botschaft mitgetheilt. Die Frau hat doch
poetischen Sinn! So erhalten Sie denn doch eins, zwar bei recht mattem
trübem Abendroth gebrochen, aber sonst ein recht frisches Blümchen für
unsere schlechten Zeiten. Wissen Sie, daß ich mich kindisch darüber
freue? oder vielmehr, wissen Sie, daß ich mitunter sehr abergläubisch
bin, und es mir fast war, als würden Sie mich nicht wiedersehn, weil
meine für Sie bestimmte Herbstrose so unerwartet abgefallen? Diese
aber ist sogar erst halb aufgebrochen. Adieu, mein Lies, mein altes
treues Herz, und NB die Hauptsache hätte ich beinahe vergessen: richten
Sie sich doch so ein, daß wir gegen den 20ten oder 21ten abreisen können.
Das Nähere muß freilich noch besprochen werden, und ich denke mahl
mit der Hanne herüber zu kommen. Können Sie mir wirklich ein Kleid
und einige Kragen in Ihrem Koffer mitnehmen? Ich weiß sonst nicht,
wohin damit. Adieu, adieu, gute Nacht für heute und guten Morgen für
die Stunde, wenn Sie diesen Brief lesen. Mama und die Hanne grüßen
herzlich. Ihre treue Nette.

Grüße an Schlüters, an Nanny und Luischen, ich hoffe, Alle noch
zu sehen. Junkmann und Annchen ja nicht zu vergessen.

Nach dem von Elise Rüdiger überlassenen Orig. mitgeteilt von E. Mentzel
(Frankfurt) im Feuilleton der Frankf. Ztg. Nr. 205 Erstes Morgenblatt vom
25. Juli 1896; „die Schreibweise und die Interpunktion des Originals wurden
genau beibehalten, obwohl es vielleicht das Verständnis des Inhalts erleichtert
hätte, wenn zuweilen anstatt eines Kommas ein Punkt gesetzt worden wäre".
Einige Schreib- oder Druck-Fehler verbessert in dem Auszug bei Kreiten I, 420.

116. An Elise Rüdiger. — Meersburg 1843 Nov. 18.

Meersburg den 18ten November 43.

Sie sind jetzt wohl g a n z g e w i ß wieder in Münster, lieb Herzchen,
und so gehe ich denn an meine liebste Beschäftigung, die Ihnen zu
schreiben. Ich bin indessen noch keinen Tag von Ihnen getrennt gewesen, alle Nachmittage um drei (außer vorgestern, wo es hart regnete)
habe ich an unserem Strande gesessen, der mir durch Sie so lieb geworden ist, daß keine andere Erinnerung neben Ihrem lieben Gesichtchen
dort ein Haar breit Raum findet [1]). Es hat mich ein paarmahl selbst
überrascht, wenn beim zufälligen Zurückblicken mir Einer meiner alten
Lieblingsplätze in's Auge fiel, wie ich so alle Tage dran her trotte, als
wärens Laternenpfähle oder Rebstöcke. O vanitas vanitatum! Ich habe auf
unserm Kiesgrund noch schöne schöne Dinge gesehn, und das Herz hat mir
ordentlich geblutet daß Sie nicht da waren — zweimahl ein Alpenglühen,
wogegen das frühere gar nicht in Betracht kam, die ganze Alpenkette
wie rothes Eisen, und sonst noch prächtige mir ganz fremde Beleuch-
tungen, z. B. einmahl die Kuppen der Berge ganz dunkelviolett, der Fuß
ebenfalls, und um die Mitte ein breiter Wolkengürtel, in dem das Abendroth den brennendsten Purpur wiederstrahlte, und der wie ein Lavastrom
in allen Tinten wallte, es war unbeschreiblich schön und fremdartig!

Auch der See hat noch ein paarmahl sein Bestes gethan an Grüne
und Schmelz, und einen Sturm habe ich erlebt, o einen Grospapa aller
Stürme, und habe Gott gedankt daß ich ihn allein überstehen mußte. Es
war in der zweiten Woche noch Ihrer Abreise, ich hatte einen langen
Spatziergang, weit über Haltenau hinaus. gemacht, und mich eben zum
Rückwege gewendet, als ein wahres Teufelswetter losbrach, ohne Regen
nur Sturm, aber um Berge zu versetzen. Bei jedem Ruck faßte er mein
dickes wattirtes Kleid, und wollte mich über die Mauer reißen, so daß
ich gleich bergan in die Reben flüchten mußte, wo ich mich kümmerlich
an den Pfählen fortlavirte bis Haltenau, und dort wie ein verunglückter
Luftballon ins Haus mehr plumpste als flatterte, nämlich mit halbem
Ueberstürzen, was sich wahrscheinlich mehr mitleidswerth als graziös mag

---

[1]) Elise war am 3. Oktober 1843 mit A. nach Meersburg gekommen und
zehn Tage geblieben. Hüffer 275.

ausgenommen haben. Die dicke Rebfrau konnte auch mit ihrem „b'hütis
Gott! b'hütis Gott!" gar nicht aufhören, und meinte, sie würde jetzt „um
fünf Gulden nicht über die Mauer nach Meersburg gehn". Was half das
Alles? Ich mußte doch nach Hause, obwohl das Wüthen draußen mit
jeder Minute ärger wurde. So gieng ich wieder los, und versuchte als
letzten Ausweg mich gleich den Berg hinauf zu arbeiten, wo ich, schlimmsten Falls, doch nur bis in die nächsten Rebpfähle geschleudert werden
konnte — freilich, wenn's mit Vehemence geschah, immer gefährlich
genug, und zudem hätte ich, wie Sie wissen, Klippenwände passiren
müssen. Vielleicht war's gut, daß der Versuch mislang, es war keine
Möglichkeit, bei jedem Schritt höher konnte mich der Wind derber
packen, ich mußte mehr kriechen als gehn, und bei jedem Ruck nieder-
hocken, um nicht weggerissen zu werden, also wieder bergab! Doch
blieb ich zwischen den Reben, etwa dreißig Fuß über dem Mauerwege.
Es war eine gräuliche Arbeit — ich habe über eine Stunde gebraucht —
die meiste Zeit saß ich in einem Klümpchen dicht zusammen, und wartete die Pausen der Stöße ab, um dann zehn oder zwölf Schritte voran
zu arbeiten.

Was wir zusammen erlebt haben, kann Ihnen nicht mahl einen
schwachen Begriff davon geben, aber der See war unbeschreiblich schön,
so durchsichtig und in allen Farben wechselnd, wie ich davon vorher
keinen Begriff gehabt. Die Sonne warf durch Wolkenlücken ein präch-
tiges falsches Licht darauf, und ich wurde fast geblendet durch das
Blitzen der Springwellen, die unter mir wie eine endlose Reihe Fontainen
aufstiegen, und zwar nicht wie wir es kennen nur diesseits der Mauer,
sondern wenigstens vierzig Fuß höher, weit über mir und meinen Reb-
stöcken, niederplatschten, so daß ich nach ein paar Minuten keinen trocknen Faden mehr am Leibe, und mein Rock sich in einen gefüllten Schwamm
verwandelt hatte, der mich niederzog wie Blei. Ich kann Ihnen sagen,
Elise, daß ich froh war, als ich das Thor über mir und meine bedenkliche Fahrt sich in eine klatrige durch die Unterstadt verwandelt hatten.
Noch einmahl hatte ich einen schweren Stand, die Stiegen hinauf, wo der
Wind wieder alle Macht hatte, und besonders auf der langen, schmalen
Brücke über den Mühlrädern, wo ich einmahl keinen andern Rath wuste,
als mich platt hinzuwerfen, und doch wohl herabgeweht wäre, wenn nicht
der Müller, der auch grad genöthigt war die Brücke zu passieren, mich
am Boden festgehalten und dann auch die letzte Stiege hinaufgeleitet
hätte. Als ich ins Schloß kam, schnatternd, und einen nassen Streifen
hinter mir lassend wie ein geschwemmter Hund, ward ich auch empfangen
wie ein armer Hund. Es mislang mir in mein Zimmer zu schlüpfen,
Laßberg stand zufällig im oberen Flur und erhob ein solches Geschrei:
„Um Gotteswillen! wo kommen Sie her! was haben Sie gemacht! was
denken Sie auch!" daß ich gleich auf eine sehr unerwünschte Weise en

famille gerieth. Mama war anfangs wirklich böse, glaubte mir aber doch
sogleich, daß ich bei ganz leidlichem spatzierfähigem Wetter ausgegangen
sei. Laßbergen konnte ich mich nicht begreiflich machen, er war tauber
wie gewöhnlich, und ich habe ihn mitten in seinen Exclamationen über
meine Unvernunft müssen stehn lassen, denn mich fror erbärmlich. Jenny
sagte nichts, aber sie bestellte sogleich einen heißen Krug und Thee,
nahm mich dann beim Arm und brachte mich in meinem Zimmer zu
Bette. Meinen dicken Rock habe ich acht Tage lang nicht anziehn können, so lange hat er auf dem Boden trocknen müssen. Da mir das Abentheuer nicht geschadet hat, ists mir doch lieb den See einmahl in seiner
tollsten Laune gesehn zu haben, um so mehr da es nur für einmahl im
Leben ist, denn ein anderes Mahl werde ich mich hüten! Ich mag die
Lachsforellen und Gangfische viel lieber essen, als von ihnen gegessen
werden, und es würde mir sogar nur wenig Trost bringen, wenn statt
ihrer meine Lieblinge die Möven mich aufpickten. Am nächsten Tage
hörten wir von vielem Unglücke am See, einem untergegangenen Schiffe
und einigen einzeln Verunglückten. Und mit dieser Trübsal muß ich für
heute schließen, denn es schlägt eben acht. Gute Nacht, lieb Herz, bis
morgen, ich wollte Sie träumten von mir.

Den 19ten. Guten Morgen, altes Lies, es ist Sonntag, und ganz
heimlich unser Beider Namenstag dazu. Ich glaube nicht, daß im Schlosse
Jemand daran denkt, aber ich habe schon im Bette daran gedacht, d. h.
an Sie, mein Lies, und Ihnen, bien ou mal, ein Stück Novembermorgen-
Poesie zum Frühstück gebraten[1]). Da haben Sie die Schüssel wie sie
ist! Noch mit unabgewischtem Rande, aber gut gemeint, und jedes Wort
wahr darin. Ach, ich habe mich wieder so arg nach Ihnen gesehnt, daß
es ganz unausstehlich war, und ich mir fast einbildete ich sei krank
und könne nicht in die Kirche gehn, förmlich bei den Ohren habe ich
mich dazu nehmen müssen, und merke doch nun, daß mir eigentlich
nichts fehlt als Sie.

20ten. So weit war ich gestern, als vor meiner Thür ein wunderliches Getöse losbrach, ein heilloses Katzenconcert von falschen Stimmen, verdorbenen Maultrommeln, und ich glaube auch ein paar Topf-
deckeln. Vivat Elisabeth! Wir haben tüchtig gelacht, und ich bin sehr
hübsch beschenkt worden, Mineralien, griechische Silbermünzen, ein
Dampfboot als Schreibzeug, zwei Mundtassen, ein geschliffenes Glas.
Aber mit dem Schreiben war's vorbei, ich mußte meine besten Lümpchen
anlegen, und mich droben fast krank essen in Kuchen, und duselig trinken
in Gesundheiten. Wenn sie den Leuten so gut bekommen wie sie mir
schlecht geschmeckt haben, so wirds heuer einige Methusaleme geben.
Ich wollte eben auch die Ihrige ausbringen, als Laßberg rief: „Silentium!

---

[1]) Nämlich das Gedicht an Elise zum Elisabethstag, bei Kreiten III, 199.

unsere liebe Freundin, die sehr werthe Frau Elisabeth Rüdiger, gebohrne
von Hohenhausen, Vivat hoch!" Sie glauben nicht, welch enormen Klotz
von Steine Sie hier im Brette haben. Solange man Sie auf der Reise
vermuthen muste, ist den ganzen Tag nach dem Wetter geguckt worden,
und Ihre Epistel hatte ich noch nicht halb durchlesen, als die Kinder
schon an die Thür klinkten: „Vater, Mutter und Grosmutter ließen mich
bitten ich möchte doch kommen, mit dem Briefe von der Urgroßtante."
Unter dem Vorlesen sagte Laßberg bei jeder interessanten Bekanntschaft
oder guten Aufnahme: „Recht so! recht so! so muß es sein!" und Jenny
lächelte so vergnügt als wäre es ihr selbst geschehn. Aber Sie, Lum-
pus, haben meine Mama gar nicht grüßen lassen — ich glaube nicht,
daß es in dem Durcheinander von Vorlesungen bemerkt worden ist, denn
Jeder gab sein Antheil zum Besten, aber das nächste Mahl denken Sie
doch daran.

So eben sehe ich Ihren Brief durch: Den Fürsten Salm [1]) kenne
ich wohl, er ist der Stiefenkel der Fürstin Galitzin, wohnte vor circa 25
Jahren in Münster, und hieß damals Prinz Lachs. Von seinen Studien
hat er nicht sonderlich profitirt, Laßberg weiß nicht recht was mit ihm
reden, und läßt deshalb das nachbarliche Verhältniß ein wenig einduseln.
Jenny mag ihn aber wohl, als eine freundliche dienstbereite Seele. Seine
Frau, eine geborne Hohenlohe, ist sehr nett. Daß Ihnen Schotts [2]) gefallen, ist nicht mehr wie recht und billig, aber eifersüchtig auf die Jette
bin ich doch nicht — sie sitzt in ihrem Stuttgart, und ich komme zu
Ihnen, das gibt mir zwei Drittel Profit. Den Pfeiffer [3]) mir als Satyriker
vorzustellen, geht über meine Phantasie hinaus, ich kenne ihn nur schüchtern wie ein Espenblatt, kann mir aber denken, daß eine heitre Laune
seinem ehrlichen Gesichte sehr gut steht. Und Ihr Zündel ist ein Stock-
narr, aber Ihre ganze Rückreise so glücklich und brillant wie möglich
gewesen, die Bornstedt würde wenigstens einen Cölner Dom damit
bauen. Sie kehren reich an den freundlichsten und ehrenvollsten Erinnerungen zurück, die Ihnen, geringsten Falls, manchen Moment erheitern,
und vielleicht als Anknüpfungspunkte dereinst noch dauernd angenehm
und nützlich werden können. Ich kann nicht sagen wie es mich freut

---

[1]) Constantin von Salm-Reifferscheidt-Krautheim vormals Bedbur, geb.
1798, verm. 1826 mit Prinzessin Charlotte zu Hohenlohe, geb. 1808. Seine
Eltern waren Fürst Franz Wilhelm und Prinzessin Franziska zu Hohenlohe.
Ersterer war in zweiter Ehe verm. mit Marianne (Mimi), der Tochter der bekannten Fürstin Amalie von Galitzin; A. bezeichnet richtig den Fürsten Constantin als deren „Stiefenkel". Er wohnte auf dem benachbarten Schloß Hersch-
berg. Vgl. Hüffer 265.

[2]) Die Familie Albert Schott, die A. 1842 auf der Rückreise von Meersburg in Stuttgart besucht hatte. Vgl. den Brief an ihre Mutter 1842 Aug. 24
(Kreiten IV, 321).

[3]) Der Germanist Franz Pfeiffer.

Ihnen zu der Reise zugeredet zu haben! Laßberg und Jenny lassen Sie
aufs Herzlichste zur Widerholung derselben einladen, und je länger Sie
bleiben können, je lieber wird es ihnen sein. Was meinen Sie zum nächsten Sommer, wo wir im Juni oder anfangs Juli zurückkreisen? Es wäre
sehr lieb und schön, und hier schien es Ihnen auch plausible, aber Zeit
und Ort ändern die Ansichten leider zuweilen. Haben Sie Aussichten auf
hinlängliche Münzsorten, oder schaut Ihr Auge ins „endlose Leere"? Antworten Sie mir doch hierauf, lieb Herz.

Hier giebt's auch manches neue Gesicht, und mitunter grundge-
lehrte, aber nicht Eins darunter wo ich die Feder um ansetzen möchte,
und selbst die Namen dieser lateinischen und Nibelungen-Steckenreiter
würden Ihnen fremd sein. Persals[1]) wollen seit vier Wochen täglich
kommen, und ich soll dann einen wunderherrlichen Contra-Alt hören (die
Tochter, Philippa)[2]), hierauf bin ich anfangs sehr neugierig gewesen, aber
es währt mir zu lange, ich habe mich müde gewartet.

Jetzt muß ich Ihnen auch sagen, daß ich seit acht Tagen eine
grandiose Grundbesitzerin bin. Ich habe das blanke Fürstenhäuschen[3]),
was neben dem Wege zum Frieden liegt — doch dort waren Sie nicht,
aber man sieht es gleich am Thore, wenn man zum Figel geht — nun
das habe ich in einer Steigerung nebst dem dazu gehörenden Weinberge
erstanden, und wofür? Für 400 Reichsthaler. Dafür habe ich ein kleines
aber massiv aus gehauenen Steinen und geschmackvoll aufgeführtes Haus,
was vier Zimmer, eine Küche, großen Kelter und Bodenraum enthält, und
5000 Weinstöcke, die in guten Jahren schon über zwanzig Ohm Wein gebracht haben. Es ist unerhört! Aber keiner wollte bieten, dieses unglückliche Jahr bringt nur Verkäufer hervor. Gottlob ists kein armer
Schelm, dem ich es abgekauft, sondern der reiche Grosherzog von Baden,
dem dies vereinzelte Stückchen Domaine lästig war. Früher gehörte es
den Bischöfen von Constanz, und der letztverstorbene ließ dies artige
Gartenhaus bauen, wo er manchen Tag soll gespeißt haben.

Die Aussicht ist fast zu schön, d. h. mir zu belebt was die Nah-
und zu schrankenlos was die Fernsicht betrifft. Es ist der höchste Punkt
dieser Umgebungen, gleich am Fuße des Hügels zwei sich kreuzende
Chausseen, tiefer Stadt und Schloß Meersburg, die hier ganz niedrig zu

---

[1]) Über die englische Familie Pearsal, die das Schlößchen Wartensee bei
Rorschach bewohnte, vgl. Hüffer 278, Kreiten I, 442 und III, 413, wo auch
das zuerst von Schücking veröffentlichte Gedicht an Philippa Pearsal wieder
gedruckt ist. Den von Hüffer 359 erwähnten Brief Philippas an A. kann ich
bei Kreiten, den Hüffer zitiert, nicht finden.

[2]) Eine anmutige Schilderung Philippas entwirft A. an Luise Schücking
1844 Febr. 29 (Th. Schücking 282).

[3]) Eingehende Beschreibung des „Fürstenhäuschens" gibt A. in den Briefen
an Schücking 1843 Dez. 14 (Th. Schücking 220) und an Sophie v. Haxthausen
1844 Januar 11 (Kreiten IV, 329).

liegen scheinen; als nächste Punkte darin (etwa tausend Schritt entfernt)
und sich wunderschön präsentirend, rechts das alte Schloß, links das Seminar, von dem Nachmittags der schöne Chorgesang so deutlich aufsteigt,
daß keine Note verloren geht; tief unten der See mit seiner ganzen
Rundsicht, die Insel Mainau, Constanz, Münsterlingen, das Thurgau,
St. Gallen, auf der einen Seite nur durch die Alpen beschränkt (von
denen ich hier noch die ganze Tyroler Kette als Zugabe habe), von der
andern durch die höchsten Kegel des Hegau's. Es ist eigentlich wnnder-
bar schön, und die Meersburger halten dieses Fürstenhäuschen (auch der
Hindelberg genannt) für eine unschätzbare Perle. Mir ist's aber fast zu
viel und zauberhaft und wie ich so droben die ganze Gegend controlliren
kann, jeden Bürger der auf die Gasse oder auch nur ans Fenster, jeden
Bauern der in seinen Hofraum tritt, so komme ich mir vor wie der Student von Salamanka, dem der hinkende Teufel die Hausdächer abgehoben
hat, und mir ist beinahe sündlich zu Muthe. Vom Häuschen bis zur
Chaussée hinunter führt eine Steintreppe mitten durch die Reben, die
ich zum Laubengange machen und auf der Hälfte, mittelst zweier Aus-
biegungen, mit ein paar niedlichen versteckten Ruhbänken versehen will.
Unten ist die Treppe schon durch ein hübsches Gatterpförtchen verschlossen. Ich habe nichts zu thun als die nächsten Rebenreihn auf-
ranken zu lassen, und die kleine Rotunde in der Mitte zu besorgen, wozu
ich nur drei oder vier Weinstöcke wegzunehmen und die dahinterstehen-
den zu benutzen habe, in zwei Jahren kann Alles dicht und schattig sein.
Was sagen Sie dazu?

Die Reben hat der alte Bischof mir aufs Beste gewählt, Burgunder,
Traminer, Gutedel et cet. und die eine (Sonnen-)Seite des Abhangs bringt
solchen Wein als Laßberg Ihnen vorgesetzt, die andere geringeren. So
kann ich also in guten Jahren auf zehn Ohm vortrefflichen und eben so
viel mittelmäßigen Wein rechnen. Grad hinter dem Hause, wo der
Schatten desselben den Reben sehr schadet, will ich diese ausroden, den
Boden gleich machen und eine kleine Blumenterasse, nicht groß genug
zum Spatzierengehn, aber angenehm fürs Auge, mit lange und reichlich blü-
henden Blumen, Georginen, Rosen, Levkojen et cet. bepflanzen lassen. O,
Sie sollen sehn, ich mache ein kleines Paradies aus dem Nestchen! Schade,
daß ich meine meiste Lebenszeit 200 Stunden davon zubringen werde!
oder vielmehr Gottlob, daß der heimische Boden und ich uns immer einander treu und sicher bleiben, und mir doch, falls mir von Zeit zu Zeit
die hiesige Luft wieder nöthig würde, bei allen denkbaren Wechselfällen
ein niedliches Chez moi nicht fehlt.

Nun will ich Ihnen auch das Innere des Hauses beschreiben. Man
geht mit einer hübschgeschweiften etwa acht Stufen hohen Steintreppe
in den untern Stock, der nur das Paradezimmer und die Küche enthält.
Ersteres ein Gemach von angenehmer Größe, mit einem Erker, in den der

Kanapee mit Tisch und einigen Stühlen hinlänglich Raum haben und das
übrige Zimmer unbeengt lassen. Man sitzt dort wie in einem Glaskasten,
ein Fenster im Rücken und zwei zu den Seiten, aber Besuchenden wird
es himmlisch scheinen, der Aussicht wegen. In dies Zimmer tritt man
unmittelbar von der Treppe. Die Küche daneben (wo ich einen zweiten
Eingang werde brechen lassen) ist klein, doch nicht bis zur Unbequemlichkeit, und es läßt sich mit wenigen Gulden einrichten, daß das Heerd-
feuer zugleich den hübschen Kachelofen des Zimmers heizt, was im Winter
sehr angenehm und im Sommer durch Oeffnung der Fenster nach der
jedesmaligen Schattenseite und Ladenschließung der übrigen leicht zu
paralisiren ist, da mein Kochheerd doch nicht allzu lange und stark brennen würde und bei winterlichen Besuchen nothwendig nachgeheitzt werden müßte; doch würde das Zimmer immer trocken und eine gelinde
Temperatur darin erhalten werden, die die Besuche gleich hinein zu
führen erlaubte.

Aus der Küche führt eine Wendelstiege und Fallthür in den oberen
Stock, meine eigentliche Dachshöle (oder Schwalbennest), Alles mit Zier-
lichkeit gemacht, die Stiege hübsch gewunden, die Fallthür wie Getäfel
geschnitzelt und sich in die Wand fugend, sodaß sie bei Tage nicht bemerkt, sondern für eine Verzierung gehalten wird. Nachts, wenn sie geschlossen ist, paßt sie (mit der andern Seite) sehr genau in den Fuß-
boden, und macht die kleine obere Entrée zu einem artigen Zimmerchen,
wo im Hintergrunde hinter anständigem weißem Vorhange das Kammer-
jungfernbett verborgen sein, und diese auch in Sommertagen ihre Nätherei
am Fenster beschicken kann. Hieran stößt dann mein eigentliches Quartier, ein heizbares Wohnzimmer, etwa um ein Drittel größer wie Ihr
Cabinetchen, und ein Schlafzimmerchen, grade groß genug für das Nöthige, Bett, Waschtisch, Schrank, und noch einigen Raum zu freier Bewegung. Sagen Sie selbst, Elise, was bedarf ich mehr? Auch fällt mir
eben ein, daß ich statt des Eisenofens im Wohnzimmer ja einen Kachelofen kann mauern lassen, der das Kammerjungfernzimmer mitheitzt, so
daß ich diese zu keiner Zeit um mich zu haben brauche.

Der Keller geht unters ganze Haus her und ist sehr gut, so wie
der Bodenraum unterm Dache überflüssig geräumig, und es ließ sich dort
leicht ein Verschlag herrichten, wo ich, der Sicherheit wegen, meinen Winzer
könnte schlafen lassen, einen Mann, der sonst in der Stadt wohnt, und
außer der Besorgung der Reben für ein Gewisses nicht in meinem Dienste
steht, aber dann gern für eine Kleinigkeit zu Bestellungen und sonstiger
Aushülfe bereit sein würde. Einen Brunnen habe ich nicht, aber ein
Bleichplätzchen, und nicht hundert Schritte vom Hause eine Quelle, die
Winter und Sommer fließt. Kurz, ich sage Ihnen, es ist allerliebst. Laßberg sagt: „Je mehr man es untersucht, je besser wird es." Dach, Gemäuer, Fußböden, Thüren, Alles im besten Stande, von den Fensterläden

nur zwei etwas schadhaft, aber in den Fenstern selbst vieles zu repa-
riren, und dieses die einzige etwas bedeutende Ausgabe. Lieb Lies, ich
habe Sie gewiß ermüdet mit meiner neuen Freude, wo Sie Sich doch
nicht recht hinein denken können. Zu etwas Anderem.

Mein baumlanger Neffe Carl (Jennys Stiefsohn) ist seit sechs Wochen
hier, sein Regiment steht in Prag, und nächsten Montag muß er uns
wieder verlassen. Er ist Hauptmann, noch um ein Jahr älter als ich,
und der wahre Typus eines österreichischen Offiziers, nennt Mama ganz
fromm Grosmutter und mich Tante, die gutmüthigste Seele von der Welt,
schenkt für sein Leben gern, besonders den Stiefschwesterchen, in die er
ganz wie verliebt ist. Uebrigens kann man ihn nicht grade einen Ueber-
flieger nennen, und seine Kenntnisse und Liebhabereien sind nur rein
militärisch, kurz, in der Art habe ich gar keine Ressource an ihm, sehe
ihn auch nicht anders wie bei Tische. Dennoch sehn wir ihn alle gleich
ungern abreisen, da er der beste Stiefverwandte ist den der Himmel uns
hätte geben können, und weit entfernt diese späte und unerwartete Ver-
minderung seines Vermögens zu bedauern, den letzten Rock ausziehn
würde, um Jenny und den Kindern zu helfen, wenns Noth thät. Wir
haben am 4ten November seinen Namenstag gefeiert, nach unsern besten
Kräften, Laßberg und Jenny mit sehr schönen Geschenken, wir andern
mit kleinen aber gutgemeinten. Auch die Kinder brachten ein Trinkglas und eine Mundtasse, trugen Kränzchen und sagten ein paar Verse
her. Das freute ihn am allermeisten, er war feuerroth, dem Weinen
nahe, und sagte: „Gott segne die klein Mädele, daß sie den alte Bruder
so lieb habent."

D. 22ten. Dieser Brief wird steinalt und schwerlich lange vor dem
jüngsten Tage ankommen. Wir haben einen Besuch, dem jeder sein
Schärflein an Zeit und Unterhaltung bringen muß, den Prinzen Ernst von
Hessen-Barchfeld[1]), Laßbergen befreundet, und für einen Prinzen ungenant
genug, aber doch mehr als andre. Er ist ein großer starker Mann,
zwischen 40 und 50, äußerst gutmüthig von Physiognomie und Benehmen,
hat nur Ein Bein, das andre hat er als russischer General-Feldmarschall
verloren, darauf seinen Abschied genommen und leidet noch immer sehr
an dem Stumpfe. Die Bekanntschaft mit Laßberg hat sich vor einigen
Jahren in Ueberlingen gemacht, und in den folgenden Bade-Saisons befestigt. Die Berührungspunkte Beider sind mir nicht klar, da der Prinz
kein Alterthümler zu sein scheint. Mich dünkt, es ist reines gegenseitiges
persönliches Wohlgefallen. Wie lange er bleiben wird ist ungewiß, da
er Carls Rückkunft abwarten will, der grade einen Ausflug in die Schweiz
macht. Mama ist ein Bischen unglücklich darüber.

---

[1]) Ernst von Hessen-Philippsthal-Barchfeld, Sohn des Landgrafen Adolf,
jüngerer Bruder des Landgrafen Karl, war 1789 Jan. 28 geboren, damals also
schon 54 Jahre alt. Er starb 1850.

Liebste Elise, ich schließe hier einen Brief Settchens[1]) an ihr Fräulein bei, den ich Sie nach dem Stapelschen Hof zu besorgen bitte, der
ganz nah am Cathagen liegt, in der kleinen Mauergasse, die von dort auf
die Kuhstraße führt. Auch läßt meine Mama Sie, nebst 1000 herzlichen
Grüßen, ersuchen, doch beim Schneider Ahlers (auf der Salzstraße) sagen
zu lassen, daß uns sehr nach Briefen von Hülshoff verlangte, und daß sie
dies doch dorthin bestellen möchten. Und nun adieu, mein altes liebes
Herz, Grüße an alle Lieben, Schlüters, Jungmann, Nanny, Luischen, Ihren
Herrn Gemahl ja nicht zu vergessen. Den beiden Erstgenannten schreibe
ich ganz gewiß, sobald ich nur erst durch die Abschrift meiner Gedichte
bin, die sich, Gottlob, sehr dem Ende nähert. Ich bin in Gedanken täglich unter Euch, und Sie, mein Lies, müssen die dritte Stunde nicht vergessen, da ich sie so treu inne halte. Wenns Wetter zu arg wird, will
ich mich wenigstens ans Fenster stellen, was auf den See geht. Adieu,
adieu. Ihre treue Nette.

[Am Rande der 3. und 2. Seite:] Liebste Elise, s i e g e l n Sie doch
Settchens Brief, ehe Sie ihn zum Stapelschen Hofe schicken, vergessen
Sie es ja nicht, er wird sonst vom Ersten Besten geöffnet, und das arme
Ding hat nachher tausend Verdruß. Sie dankt unterthänigst für Ihren
freundlichen Gruß, und hat sich sehr darüber gefreut.

[Am Rande der 1. Seite:] Jetzt fälls mir ein, Sie waren ja doch im
Frieden, wir haben dort saure Milch zusammen gegessen, und die Aehnlichkeit der Gundel mit den Ledebuers ausgefunden, also haben Sie meine
berühmte Domäne auch liegen gesehn, falls Sie die Augen nicht vor der
Pracht niedergeschlagen haben, ungefähr auf halbem Wege, links, ganz hoch.

Zuerst gedruckt in den Deutschen Monatsblättern von H. und J. Hart
(Bremen 1878) I, 23. Dann mit schönem Faksimile bei E. Arens, A. v. Droste-
Hülshoffs sämtl. Werke I, Einl. LXV ff. Einige kleine Fehler nach dem Faksimile berichtigt. Orig. Leipziger Univ.-Bibl., Kestnersche Sammlung (Mitteilung
von Hrn. Dr. K. Boysen in Leipzig).

117. An Levin Schücking. — Meersburg 1843 Dec. 14.

Hat das Fürstenhäuschen gekauft. Nachrichten aus Münster. Junkmann und Therese Schlüter. Luise v. Bornstedt in Luzern. Scharf über
Wolfgang Menzel als Recensenten. Schriften von Frau Schücking.
Schückings Schloß am Meere. Soll nie seine westfälische Eigenart ganz
verlieren. Stillleben in Meersburg. Naturpracht. Verlagsverhandlungen.

Gedr. Th. Schücking 219. Ein Bruchstück schon bei Schücking, Ges.
Schriften von Annette Dr.-H. I, 43 Anm. Ist Antwort auf Schückings Brief
vom 2. November (Th. Schücking 215).

---

[1]) Im Druck bei Arens irrtümlich Nettchen, das Faksimile zweifellos
Settchen. Es ist Lisette Kappelhoff, „eine treue Dienerin der Frau v. Droste".
Hüffer 286.

118. An Levin Schücking. — Meersburg 1844 Januar 8.

Dank für sein Geschenk. Gegengabe. Will doch lieber durch ihn mit Cotta verhandeln, als durch Laßberg. Darf ohne ihre Zustimmung Nichts an ihren Gedichten ändern, worüber sehr ernste und eingehende Vorhalte.

Gedr. Th. Schücking 232.

119. An Sophie v. Haxthausen. — Meersburg 1844 Januar 11. 12. 14.

Vgl. unten Anhang.

120. An Levin Schücking. — Meersburg 1844 Jan. 17.

Schickt das Manuscript der Gedichte. Will nur drei Freiexemplare. Beiträge für das Morgenblatt. Personalien.

Gedr. Th. Schücking 244.

121. An Luise Schücking. — Meersburg 1844 Jan. 17.

Begleitschreiben zum Pantoffelgeschenk. Freut sich auf ihren Besuch.

Gedr. H. Groß, Deutsche Dichterinnen und Schriftstellerinnen in Wort und Bild (Berlin 1885) I, 239. Th. Schücking 242.

122. An Levin Schücking. — Meersburg 1844 Febr. 6.

Der Verlagsvertrag mit Cotta. Eingehende Antwort auf Schückings Anmerkungen zu ihren Gedichten.

Gedr. Th. Schücking 249.

123. An Levin und Luise Schücking. — Meersburg 1844 Febr. 6. 7.

Nachträge zu dem anderen Brief vom 6. Februar. Wegen des Verlags mit Cotta hat Schücking ganz freie Hand. Varianten zu den Gedichten. Herzliche Worte an Luise Schücking. Dankt Levin für die Autographen. Junkmann. Personalien aus Meersburg. Laßbergs hohe Meinung von ihm. Nochmals Cotta.

Gedr. Th. Schücking 262.

124. An Luise Schücking. — Meersburg 1844 Febr. 29. März 4.

Erster großer Brief an Luise. Verlag mit Cotta. Der Poet und der Philister in Schücking. Die Meersburger Landschaft. Die Fürstin Salm. Miß Philippa Pearsall. Varianten zu den Gedichten. Vorschläge für den Besuch in Meersburg.

Gedr. Th. Schücking 276.

125. An Levin Schücking. — Meersburg 1844 März 24.

Begreift das Schweigen seiner Frau nicht. Bevorstehender Besuch Elise Rüdigers und ihrer Tante in Meersburg, der nicht mit Schückings Besuch zusammenfallen dürfe.

Gedr. Th. Schücking 291.

126. An Levin Schücking. — Meersburg 1844 April 17.

Ist krank gewesen. Hat Zimmer für ihn gemiethet. Schickt ihm einige Gedichte. Druckfehler in der Cotta'schen Ausgabe ihrer Gedichte.

Gedr. Th. Schücking 295.

127. An Luise und Levin Schücking. — Meersburg 1844 Juni 20.

Frau Schücking's Erzählung im Morgenblatt. Aufführung des Schwarzburgers in Oldenburg. Dank für die Geschenke. Hat eine Statue des h. Bruno gekauft. Laßberg. Reisepläne. Honorar von Cotta.

Gedr. Th. Schücking 303.

128. An August v. Haxthausen. — Meersburg 1844 Aug. 2.

Vgl. unten Anhang.

129. An Levin Schücking. — Rüschhaus 1844 Sept. 29.

Ist Abends vorher in Rüschhaus angekommen. Wechsel zur Bezahlung des Meersburger Ankaufs. Frau Schückings bevorstehende Niederkunft. Guido Görres und seine Frau in Meersburg. Heilung der Johanna Droste v. Vischering.

Gedr. Th. Schücking 312.

130. An die Schwester. — [Rüschhaus 1844 Sept. 30.]

Ich sollte Dir eigentlich einen schönen langen Brief schreiben, meine alte Jenny, weiß aber nicht ob ich es fertig bringe, denn ich habe mir auf der Reise, wahrscheinlich Nachts auf dem Rhein, ein rheumatisches Kopfweh geholt von dem mir die Augen überlaufen. Unsre Reise ist sehr gut und schnell von Statten gegangen, obwohl sie etwas fatal anfing. *[Folgt Bericht, wie von Mamas Medizingläschen der Pfropfen losgeht, es gibt einen fürchterlichen Geruch, und ihrer Begleiterin Settchen wird es arg übel].* Den ersten Tag passirte uns nichts Erzählenswertes; wir hielten nur an, um Pferde zu wechseln, und hielten Mittag im Wagen von Euerm Proviant. Es war schon sehr finster, als wir in Schramberg [an]kamen. Der Regen hatte aufgehört, aber dicke Wolken ließen den Mond nur wenig durchkommen, sodaß die Berge und Felsen sich riesenhaft vergrößerten, und das Städtchen mit seinen rotglühenden Schmelzöfen und

den vielen weißleuchtenden Lampenglocken in den langen Fabriksäälen
sich wirklich feenhaft ausnahm. Dort riet uns der Postmeister dringend
ab, im Finstern über Wolfach zu gehn, da der erste Teil des Weges über
schmale Klippenwände führe, und erst vor einigen Tagen dort ein großes
Unglück geschehn, und ein Wagen mit Menschen und Pferden Nachts in
den Tobel gestürzt sei. Das war uns doch zu viel und verlangten wir
es auch gar nicht, sondern fuhren nach Hornberg und machten dort, da
der Regen wieder in Strömen goß, unser erstes Nachtquartier. Am andern
Morgen kamen wir etwa eine halbe Stunde vor Abgang der Eisenbahn in
Offenburg an. Die Eisenbahn machte uns diesesmahl gar keinen ängstlichen
oder seltsamen Eindruck mehr, aber einen höchst langweiligen, ganz als
wenn man auf schlechten Wegen langsam voran zuckelt, überall aufgehalten wird und gar nicht voran kömmt. Auf dieser Bahn müssen
nämlich die Schienen nicht gut gelegt sein; sie stößt bedeutend, und das
ewige Anhalten bei den Stationen erhöht noch den Eindruck von schlechten
Wegen und Langsamkeit, obwohl es pfeilschnell geht, und wir nur etwa
fünf Stunden bis Mannheim brauchten.

Ohngefähr die letzte Hälfte des Weges über hatten wir einen
Berliner Baron in unserm Wagen, der von Trier und Johanna Droste[1])
anfing, die Sache „entsetzlich" fand, „man habe ihr ein Stückchen vom
heiligen Rocke eingegeben" et cet. Man sah deutlich, daß er den Erzbischof für stark beteiligt bei der Sache hielt. Desto verlegener wurde
er, als wir ihm den wahren Hergang der Sache erzählten, und er merkte
wie bekannt uns die Familie sei, er überschlug sich fast vor Zorn über
die öffentlichen Blätter, die es wagten eine Sache so zu entstellen, und
that uns nachher alle mögliche Höflichkeit an, lief z. B. wie ein Courier
voraus an den Rhein um uns Billetter zu lösen (obwohl er selbst in
Mannheim blieb), da der Eisenzug ungewöhnlich spät ankam, eines andern
Wagenzugs halber, der sich uns anschließen sollte und uns lange warten
ließ. Am Rhein angekommen fand sich, daß das Schiff, mit dem wir
fahren sollten und was für diesen Abend das letzte war, Schaden genommen hatte und nicht fahren konnte, so mußten wir denn nothgedrungen in Mannheim bleiben.

Abends im Bette revidirte Mama unsre Kassen und fand daß ihr
das Geld ausgehn würde, wenn sie über Trier gieng, auch fürchtete sie
sich überhaubt vor der Reise, vor der wahrscheinlichen Schwierigkeit Quartier zu bekommen, und was sonst Alles für Elender wenig gereißten Frauen-
zimmern bei solchem Volksandrange leicht zustoßen können, und so gab

---

[1]) Johanna, Tochter (geb. 1825) des Grafen Max Droste zu Vischering.
Ihre Heilung von einer Lähmung spielt eine große Rolle in dem Zeitungs- und
Flugschriften-Streit, den die Trierer Wallfahrt zum h. Rock (1844) veran-
laßte. Eingehend berichtet über den Vorgang A. an Schücking 1844 Sept. 29
(Th. Schücking 314).

sie dann diesen Plan auf, und wir fuhren am dritten Tage den Rhein
hinauf" bis Düsseldorf, wo wir Abend um halb Elf ankamen. Ich bekam
schon sehr bald mein Kopfweh, bin vom Anfang bis zum Ende des Weges
im Wagen geblieben, und habe nichts gesehn, als die schöne Aussicht, das
schöne Gesicht einer englischen Herzogin, die grade neben mir auch in ihrem
prachtvollen Wagen saß, ihren Mann zur Seite, ein Buch in der Hand,
aber geschwind das Fenster aufzog, als ich einmal hinsah, und seitdem
wie angenagelt im Fond zurückgelehnt saß und nur einen Zipfel ihres
Buchs sichtbar werden ließ, in dem zuweilen ein Blatt umgeschlagen
wurde, und dann die Matrosen, und unter ihnen Einen, der sehr schön
jodelte. Unter unserm Wagen [1]) krabbelte es beständig, besonders seit es
dunkelte sind wohl zwanzig Menschen drunter gekrochen. Wenn ich heraus sah und schalt, hieß es „sie besähen die Ritterlanzen", und es wurde
dann für eine Zeitlang ruhig, am andern Morgen fand sich jedoch, daß
sie den Radschuh mit sammt der Kette gestohlen hatten. Es war nur
ein Glück, daß wir keine Berge mehr passiren mußten. *[Folgt Beschreibung
der Wagenfahrt von Düsseldorf über Dorsten und Dülmen nach Münster, mit
allerhand kleinen Personalien].*

Bei Rüschhaus angekommen fanden wir Niemanden als Mariechen,
die uns die Pforte mit den Worten öffnete: „Um Gotteswillen, gnädige
Frau, wie berumpeln Sie mich!" *[Schückings Brief ist in Hülshoff erwischt worden, als er schon eingepackt war, um nach Meersburg zu wandern].*
Schücking hat die Bücher mit Buchhändlergelegenheit abgesendet, den
Brief mit dem Wechsel aber direckt geschickt. Ich habe den Wechsel
sogleich endossirt, und er geht morgen mit diesem Pakete zugleich
zur Post. Bitte, bezahle', sobald Du das Geld hast. doch sobald wie
möglich, damit ich von dem eckligen Verzinsen loskomme. Ich sehe
übrigens aus Schückings Briefe, daß seine Frau wirklich gesegnet ist, und
daß Pauline schon seit einigen Wochen bei ihnen sein muß [2]). *[Folgen
Notizen über einige der Hülshoff'schen Kinder].* Meine liebe Alte habe ich
leider sehr elend gefunden, und fürchte, sie überlebt den Winter nicht,
sie ist um Neujahr auf der Treppe gefallen, hat sich in der Seite verletzt,
und seitdem ist es mit ihrem Gehen nichts mehr, man muß sie in's Bette
hinein und hinausheben, dann krückelt sie sich an zwei Stöcken wohl
einige Schritte fort, aber so erbärmlich, daß es Einem durchs Herz geht.
Auch ihr Gesicht fand ich ungemein verfallen, und erschrack sehr darüber,
weil ich es für Krankheit hielt, es kömmt aber daher, daß sie einige
Oberzähne verloren hat. Sie weinte vor Freuden als wir ankamen, und

" *Sie! Merkwürdiger Weise ist das richtige* herunter *durchgestrichen!*

---

[1]) A. und ihre Mutter reisen mit Postpferden in eigenem Wagen, der von
Mannheim bis Düsseldorf mit dem Rheindampfer befördert wird.

[2]) A. beantwortet Schückings Brief 1844 Sept. 29 (Th. Schücking 312).
Pauline ist Schückings Schwester.

fast ihr erstes Wort war eine Frage nach Dir und den Kindern. Ueberhaubt ist sie in den zwei Tagen, seit wir hier sind, wieder viel munterer
geworden, und sieht auch besser aus, vielleicht hilft die Freude ihr noch
einmal auf. Sie läßt Dir sagen: „sie bethe täglich, daß Gott Dir und
Laßbergen Gesundheit, und den Kindern Verstand, Gedächtniß und Gottes-
furcht geben möge." Und nun adieu, lieber alter Hans, ihr fehlt mir
mehr als ich es sagen oder darüber nachdenken mag, wenn ich nicht
ganz traurig werden soll. Adieu, 1000 Liebes an Laßberg und die Kinder,
auch an Amalie, und einen Gruß an die Köchin, Mariechen, und Auguste.

Deine treue Nette.

P. S. Und jetzt zur Hauptsache, nachdem Mama meinen Brief
durchgelesen hat, wie sie mir voraussagte daß sie thun würde, damit wir
nicht dasselbe schrieben. Du kannst denken, wie verblüfft ich wurde,
als Mama auf einmal in Mannheim erklärte sie wolle nicht nach Trier.
Ich hätte nun gern auf der Stelle die zwei nöthigen Briefe geschrieben,
den an M. K.[1]), und einen an Euch zur Benachrichtigung, aber es war,
als wenn es nicht sein sollte. Ich ließ mir überall in den Gasthöfen ein
eignes Zimmer geben und bekam jedesmal Eins, was durch eine Verbin-
dungsthür mit dem von Mama zusammenhing, so daß sie gemeinschaftlich
benutzt wurden. Hier angekommen habe ich aber auf der Stelle an M.
geschrieben, ganz nach der Vorschrift Laßbergs, ohne den Souverain zu
nennen, die Sache nicht als Antrag (zu dem Laßberg nicht ermächtigt sei),
sondern nur als Anfrage über seine Geneigtheit, sich vorschlagen zu lassen,
behandelnd, und der Brief muß jetzt schon bald in Trier sein. Ich habe
auf möglichst baldige Antwort (direct an Laßberg, dessen Adresse ich bei-
fügte) gedrungen, fürchte jedoch sie könne durch M.'s Abwesenheit verzögert werden, da die Rump uns gesprächsweise erzählte, „er pflege
grade um diese Jahreszeit wohl kleine Visitationsreisen zu machen, die ihn
jedesmahl für einige Tage abwesend hielten, so daß es leicht hätte treffen
können, daß er das Vergnügen uns in Trier zu sehn hätte entbehren
müssen, et cet.". Indessen habe ich wenigstens meinen Auftrag so gut
ausgerichtet als es mir möglich war, und den allerersten freien Augenblick dazu benutzt. So denke ich wird Laßberg mir verzeihen, wenn
durch Hindernisse, die zu beseitigen nicht in meiner Macht stand, nicht
Alles so prompt geht, als ich es selber von Herzen wünschte.

Die[a] beiden von Schücking geschickten Exemplare meiner Gedichte
sind von meinen Freiexemplaren genommen, deren Anzahl Cotta, gene-
reuser Weise, auf sechzehn erhöht hat.

   a Am oberen Rande der ersten Seite:

---

   [1]) Weihbischof Müller von Trier? Aber weshalb denn M. K., während
es später bloß M. heißt? Vermutlich handelt es sich um die Besetzung des seit
1842 vakanten Erzstuhls von Gnesen-Posen, auf welchen kurz darauf Leo v.
Przyluski erhoben wurde. Johann Georg Müller wurde 1847 Bischof von Münster.

Orig. Meersburg. Auszüge Hüffer 284 ff., der den undatierten Brief „Anfang October 1844" setzt. Dazu stimmt nicht ganz, daß er A. am 27. September in Rüschhaus ankommen läßt, und daß A. schreibt: „in den zwei Tagen seit wir hier sind". Nach eigener Angabe (Brief an Schücking 29. Sept. 44, Theo Schücking 312) kam A. am Abend des 28. Sept. an; ihr Brief an Jenny müßte mithin am 30. Sept. oder allenfalls am 1. Okt. geschrieben sein.

131. An Verleger Cotta in Stuttgart. — Rüschhaus 1844 Oct. 30.

Ew. Hochwohlgeboren haben mich so freundlich beschenkt, daß ich Ihnen längst meinen herzlichen Dank würde ausgedrückt haben, wäre die Ankunft der Büchersendung nicht durch Umstände dermaßen verspätet worden, daß dieselbe erst seit wenigen Tagen in meinen Händen ist. Ihr Geschenk mußte mich um so mehr freuen, da meine kleine Bibliothek bis jetzt noch keins der übersandten Werke enthielt, und ich mehrere derselben, namentlich Lenau's und Zedlitzens Gedichte, bereits in Münster, wo der Buchhandel sich fast ausschließlich nur mit norddeutschen Producten befaßt, vergebens zu erhalten gesucht hatte.

Als ich im Spätsommer vom Bodensee in meine Heimath kehrte, hoffte ich über Stuttgart zu kommen und dort Ew. Hochwohlgeboren persönliche Bekanntschaft zu machen; Umstände haben unsre Reiseroute geändert, doch bleibt mir dieses Vergnügen hoffentlich vorbehalten, da Familienverhältnisse mich wahrscheinlich nach einem oder zwei Jahren wieder denselben Weg führen werden. Bis dahin möge ein freundliches Geschäftsverhältniß das persönliche Wohlwollen begründen ohne welches eine jede Art von Verkehr peinlich ist, und mit welchem ich bereits die Ehre habe mich zu unterzeichnen Hochachtungsvoll

Annette, Fr. v. Droste-Hülshof.

Rüschhaus (bei Münster) 30. October 44.

Orig. Prof. Dr. Kirschkamp in Bonn. Oktavbogen, nur die erste Seite sehr sorgfältig beschrieben. Die fehlende Adresse ergibt sich unmittelbar aus dem Inhalt (Stuttgart, Geschäftsverhältniß). Bestätigt durch den Brief A.'s an Schücking (Th. Schücking 325): „Ich habe Cotta'n für sein Büchergeschenk schriftlich gedankt; es hat mich auch wirklich sehr gefreut, namentlich Lenaus Gedichte."

132. An Levin Schücking. — Rüschhaus 1844 Oct. [?] 31.

Peinlicher Zwischenfall mit dem Buchhändler Hüffer. Der arme Junkmann. Nachrichten von Luise v. Bornstedt in Paris. Frau v. Hohenhausen. Lenau's Unglück.

Gedruckt Th. Schücking 319. Trotz der genauen Datierung des Drucks „Rüschhaus den 31ten (letzten) October 1844" muß der Brief allem Anschein nach auf einen späteren Tag verlegt werden. Es ist kaum denkbar, daß A. in der Nachschrift eines Briefes vom 31. Okt. bemerkt: „Ich habe Cotta'n vor etwa drei Wochen oder vierzehn Tagen für sein Büchergeschenk schriftlich gedankt", nachdem sie gerade Tags vorher diesen Brief an Cotta

geschrieben hatte. Zudem heißt es S. 323: „Ich habe Münster noch nicht gesehn, außer im Mondschein, als ich vor drei Monaten um Neune durchfuhr;
Alles der Husten in Schuld, den ich vom Dampfboot mitbrachte." Das kann
sich nur auf die Rückkehr von Meersburg, Ende September 1844 beziehen, und
die „drei Monate" würden also auf Ende Dezember hinweisen. Es liegt nahe,
irrige Auflösung von „X ber" in Oktober statt Dezember anzunehmen, aber dann
erhebt sich eine andere Schwierigkeit: Am 20. Dezember 1844 (Th. Schücking
326) zeigt Schücking ihr die Geburt des ersten Söhnchens an; am 25. Dezember
erhält A. diese Anzeige (Brief an ihre Schwester 1844 Dez. 20 — 1845 Jan. 4);
1845 Febr. 14 (Th. Schücking 329) klagt Schücking, A. habe „noch nicht einmal gratulirt", und am 5. März (ebend. 332) entschuldigt sich A. mit dem Bemerken: „Schreiben konnte ich schon seit dem November nicht mehr." Da ist
es ausgeschlossen, daß sie am 31. Dezember an Sch. einen langen Brief geschrieben haben sollte, in dem sie sich u. a. angelegentlich nach Sch.'s Frau
erkundigt, ohne über die am 25. Dezember eingelaufene Geburtsanzeige ein
Wort zu sagen. Das in der Nachschrift erwähnte „schreckliche Unglück mit
Lenau" gibt keinen Anhaltspunkt, da der offenbar gemeinte Ausbruch der Tob-
sucht bei Lenau schon in der Nacht vom 12. auf 13. Oktober 1844 erfolgte. —
Über die Vorwürfe gegen den Buchhändler Hüffer vgl. die Feststellungen von
H. Hüffer Deutsche Rundschau XXIV (1898) 83 Anm.

133. An Sophie v. Haxthausen. — Rüschhaus [1844 Nov.] 15.

Rüschhaus d. 15ten (Freitag).

Liebste Sophie. Mama, die gestern ihr Herzklopfen gehabt hat,
sitzt, noch etwas matt, auf dem großen Zimmer, Onkel Fritz neben ihr,
ist gestern Abend angekommen, und will heute noch vor Tisch wieder
fort. Es sieht also mit dem Schreiben schlecht aus, und doch mag ich
den Kutscher nicht abziehn lassen, ohne mindestens einen Gruß Dir,
meine liebe alte Sophie, und all den Lieben herüber zu schicken. Daß Du
nicht mitgekommen bist ist recht betrübt, aber ich begreife Deine Gründe,
und wir müssen uns mit dem Frühling trösten, der doch auch nicht ewig
ausbleiben und Uns endlich wohl Alle wieder zusammen führen wird. Ach!
es ist doch nirgends besser, als so recht mitten unter den Verwandten!
obwohl ich in Meersburg auch ein zufriedenes Jahr verlebt habe, aber
ohne Mama und Jenny hätte ich doch das Heimweh tüchtig gekriegt.
Mama ist, Gottlob, wohl, ihr Herzklopfen seit den drei oder vier letzten
Malen nur sehr schwach und fast unbedeutend gewesen, nur dieses Mahl
ist es durch die Erschütterung bei Fritzens Ankunft wieder stärker eingetreten, aber doch gar nicht zu vergleichen mit früher ... Der Erzbischof [1])
ist wieder in Münster, wie es scheint angegriffen und kränklich, aber Niemand weiß eigentlich etwas darüber, denn er hat sich sogleich wieder in
seine Stube eingeschlossen, und Onkel Fritz, der gestern Mittag bei Nölken
fast alle seine Bekannten (die dort wegen der Jagdbestimmungen versammelt

---

[1]) Clemens August von Köln, der 1844 nach Rom gereist war. Über sein
zurückgezogenes Leben in Münster vgl. Kappen, Clemens August 215 ff.

waren) getroffen, und auch die wenigen Uebrigen, z. B. Fritz und Wilhelm Böselager, noch in der Eil aufgesucht hat, hat von Keinem etwas darüber erfahren können — der Erzbischof will nun mahl lebendig todt sein!

In Hülshoff ist Alles wohl, auch hier, Mariechen sehr viel besser, aber meine Amme entsetzlich kränklich geworden. Als ich erst ankam kam es mir vor als könnte sie keine drei Wochen mehr leben. Seit ich zurück bin ist sie indessen sehr wieder aufgelebt, und ich hoffe sie noch einige Jahre zu behalten. Ich selbst bin auch viel wohler, habe mir aber doch, wie immer, bei dem Uebergang vom reinen in dies feuchte Clima einen widerwärtigen Husten nicht ganz vom Halse halten können, jedoch viel geringer wie in den vorigen Wintern, was ich wohl großentheils den „geestliken Beenen“ zu verdanken habe, die jeden Samstag über unsre langen Kämpe stakeln, mit anderen Worten: Wir haben jetzt jeden Sonntag Messe im Hause, von Seminaristen, jede Woche einen andern. Das ist unangenehm, und umsonst thun sie es auch nicht, aber die Gesundheit geht doch über Alles, und bis jetzt sind die Herrn noch immer sehr leidlich gewesen, freundlich und bescheiden. Wir werden indessen das ganze Seminar durchmachen, da diese Stationen halb eine Vergünstigung (des Gewinns wegen) halb eine Last sind, die allen gleich zu Theile werden soll ... Bleib mir gut, alte Sophie, ich habe Dich so von Herzen lieb. Deine Nette.

Orig. Meersburg. Der Brief muß geschrieben sein zwischen der Rückkehr von dem „zufriedenen Jahr in Meersburg“ (Ende September 1844) und dem Tode der Amme Annettens (Februar 1845, vgl. Brief an Schücking 1845 März 5, Th. Schücking 332); in dieser Zeit aber fällt nur im November 1844 der 15. des Monats auf einen Freitag.

134. An die Schwester. — Rüschhaus 1844 Dec. 20 — 1845 Januar 4.

Rüschhaus d. 20ten Decem. 44.

Obwohl das Paket erst in einigen Tagen fortgeht, will ich doch schon anfangen Dir, liebste Jenny, zu schreiben, da mir wieder leicht übel beim Bücken wird, so bringe ich doch nach und nach etwas fertig. Wir sind hier im Ganzen wohl, sonderlich Mama ... Sie ist auch so kregel, daß sie fast jede Woche nach Münster geht, und dann selten unter zwei bis drei Tagen wiederkömmt ... und wohl anderthalb Stunden braucht alle ihre Aventüren zu erzählen. Du siehst daß wir Gottlob Ursache haben uns ihres Befindens zu freuen, Gott erhalte sie dabei. Auch in Hülshoff ist Alles wohl *[der größte Teil des Briefes besteht aus einer Menge von Familiennachrichten und sonstigen kleinen Personalien. Nur Einzelnes kann herausgegriffen werden].*

Weihnachtsmontag [Dec. 23]. So lange habe ich abbrechen müssen. Ich bin wieder am Quackeln mit meinem Befinden, und will morgen an Bönninghausen schreiben ... Galen kömmt nach Cassel (als

Gesandter), was eigentlich vom Pferde auf den Esel ist, und ich las neulich in einer Zeitung (weiß nicht mehr welcher) einen höhnischen Artikel aus Berlin darüber, wo es hieß:, „die Versetzung des Grafen Galen errege Verwunderung, es heiße, er sei für seine Stelle in Stockholm nicht passend gefunden worden et cet.‘ Ob das nebenbei wahr ist weiß ich nicht, aber jedenfalls ist Galen nicht entlassen worden, sondern hat selbst um Versetzung gebethen, weil Anna nicht wieder ins dortige Clima zurück darf, und die Eheleute sonst hätten getrennt leben müssen. Jedoch scheint ihm der neue Posten nicht recht anzustehn, und er soll sich unter der Hand sehr um unsre (Du weißt doch daß Vinke todt ist?) [1]) Oberpräsidentenstelle bemühn. Vinke's Tod hat gar keine Sensation gemacht. In denselben Tagen starb die gute Marianne Rump [2]) in Münster, als sie zum Besuch bei Engelbert und Alex war (die näheren Umstände will Dir Mama schreiben), und dies nahm die allgemeine Theilnahme so in Beschlag, daß Vinke starb und begraben ward, ohne daß ein Hahn darnach krähte. Ueber seinen Nachfolger giebts desto mehr Gerede, Clemens Metternich [3]), Adolph Spiegel [4]), Bodelschwingh, Duesberg und allerlei fremde Berliner Namen wurden genannt. *[Folgen einige Personalien, die, weil nicht kontrollierbar, gestrichen wurden].* Jetzt las ich vor einigen Tagen im Merkur, von Berlin aus, „es sei sehr wahrscheinlich daß der bisherige (Ober?) Präsident der Rheinprovinzen, ein Herr von Schaeper diese Stelle erhalten werde‘ [5]), also ein ganz Fremder. Das ist vielleicht ebenso gut. Für einen Verwandten oder Bekannten wäre es eine sehr haikliche Stellung gewesen, und er hätte sie schwerlich ohne Verdruß und Nachrede durchhalten können. Denke Dir, Vinke soll gar kein Vermögen hinterlassen haben, außer dem der seligen Frau, was ihren Kindern gehört, so daß die zweite Frau mit ihrem Häufchen Kinder (Notabene er hat n i c h t in die Witwenkasse gesetzt) jetzt ganz von der Gnade des Königs und dem guten Willen der Stiefgeschwister abhängen. Die Stiefgeschwister sind aber auch nicht reich, da der Mutter Vermögen in Theilung geht und ihrer Viele sind, also sonderlich die Söhne, solange sie nicht angestellt werden, wenig mehr als zu ihrem eigenen Auskommen haben. Kurz, die Lage der Fr. v. Vinke ist um wenig besser als die ihrer Vorgängerinnen, Thielemann, Heister et cet. Ich habe Vinke immer für einen ältesten

---

[1]) Ludwig v. Vincke war 1844 Dez. 2 in Münster gestorben.

[2]) Der Zivilstand des Westf. Merkur Nr. 294 vom 8. Dezember 1844 erwähnt den am 1. Dezember erfolgten Tod der Witwe M. v. Rump, geb. Freiin v. Kerkerinck-Borg. Sie starb einen Tag vor Vincke.

[3]) Der wiederholt in den Briefen genannte Vetter, Sohn der Tante Dorothea.

[4]) Adolf Freiherr v. Spiegel zu Peckelsheim, geb. 1809, Landrat des Kreises Warburg, † 1871.

[5]) Er wurde wirklich Oberpräsident von Westfalen.

Sohn und Gutsbesitzer gehalten, er ist aber ein jüngerer Sohn, und hat wenig oder nichts von Hause.

Mama war neulich bei Caroline Wintgen ... Vorher war Mama bei den Schwestern (Dine und Rosine), hatte ihnen versprochen wieder zu kommen, und fand dann die verunglückte Dichterin, Frau v. Thabouillot[1]), dort. Das war sicher eine abgeredete Karte, denn die Thabouillot setzt alle Segel an mich kennen zu lernen ... es ist aber fehl geschlagen. Mama hat die Th. sehr hübsch gefunden, in dem Genre von Julchen Droste, nur viel hübscher, auch sanft und angenehm, aber sie hat es zu gut machen wollen, hat gesprochen wie ein sentimentales Buch, hat mich übermäßig gelobt, und endlich eine lange Zeitung hervor gekriegt, aus der sie ein Gedicht von mir mit vielem Pathos vorgelesen hat. Das war der rechte Weg! Mama hat indessen freundlich mit ihr gesprochen, sie aber nicht eingeladen, und sagte mir nachher, „die Thabouillot scheine ihr eine gute unschuldige Frau, aber sehr genant, und ich möge ihr lieber aus dem Wege gehn". Mir ists ganz recht, denn ich bin gewiß die Th. würde mich ganz aussaugen, an Beutel, Geist und Körper. Sie ist nämlich blutarm, und muß sich und ihr Kind allein mit Schriftstellern ernähren, kann nichts Anderes, hat keine Kenntnisse zum Unterrichtgeben, und kein Geschick zum Arbeiten, und macht ganz wässerige miserable Gedichte ... Du siehst, wohin eine Bekanntschaft mich führen würde. Es wäre eine zweite Spricksche Geschichte, nur noch schlimmer, denn dort wurde nur mein Beutel in Anspruch genommen, und hier würde ich mich noch halb todt arbeiten müssen, um ihre Zeitschriften im Gange zu halten (natürlich umsonst), und an nichts Eigenes Ordentliches mehr denken können. Ich will ihr gern aus der Ferne helfen, etwas Beiträge liefern, auch, wenns mahl so weit gekommen ist, sonstige Unterstützung, aber die Pflichten einer Freundin sind für mich in diesem Falle zu schwer. Notabene der Fraling[2]) hat seine Poesie an den Nagel gehängt, ist wieder ein Bauer geworden, hat sich vom Rhein eine fremde, aber kluge arbeitsame Frau mitgebracht, und Alles soll gut gehen. Die Eltern sind überglücklich und haben das fette Kalb geschlachtet, d. h. eine tüchtige Hochzeit gegeben, zu Ehren der Wiederkunft des verlorenen Sohns ...

Von Tony haben wir kürzlich Briefe. Sie ist sehr zufrieden, viel zufriedener wie in Schlesien, auch gesund. Die Gräfin Renesse sei eine nicht sehr gebildete aber freundliche vernünftige Frau, mit der sie auf

---

[1]) Notizen über Mathilde v. Tabouillot geb. Giesler, geb. 1817, bei Raßmann 339. In dem Briefe A.'s an Levin Schücking 1842 Dec. 27 eine köstliche Schilderung der Erstaufführung ihres Dramas Oithono oder die Tempelweihe. Auch später begegnet sie im Briefwechsel mit Schücking 1845 März 5 (Th. Schücking 237). Ihre Schwägerin gleichen Namens war eine Schwester von A.'s Freundin Nanny Scheibler (Th. Schücking 154).

[2]) Sehr scharf urteilt über ihn A. an Schücking 1842 Sept. 11 (Th. Schücking 109), wo einige Notizen über ihn.

dem angenehmsten Fuße stehe, das Kind etwas verwildert aber gut . . .
Jenny Höger war kürzlich hier . . . Auch diese ist verwandelt, hat das
weinerliche Wesen ganz abgelegt, und ist bloß ein Bischen empfindsam
geblieben . . .

Jetzt komme ich erst zu meinem Rebberg, der für mich doch eine
Hauptsache ist. Daß ich mich über den unerwarteten Ertrag gefreut habe
kannst Du denken! Alle Deine Anordnungen und Vorschläge scheinen
mir auch sehr gut, besonders spitze ich mich auf die Luschkaschen Reben,
kaufe sie doch ja, wenn sie nicht gar zu unvernünftig hoch kommen . . .
Müßte ich nicht die verflixte erste Kaufsumme fortwährend verzinsen, so
wäre noch wohl etwas von dem Cottaischen Gelde übrig geblieben, aber
nun darf ich leider nicht darauf rechnen, und muß vielleicht gar zusetzen.

26ten. Ich mußte gestern aufhören weil mir übel wurde, und bekam
gleich darauf einen triumphirenden strahlenden Brief von Schücking [1]), datirt
vom 20ten: Am vorigen Abend um 7 Uhr hatte er einen jungen Sohn
bekommen, und ist außer sich vor Freude und Hofart. Er findet das
Kind schon jetzt wunderschön, schreibt: „es gleiche Luisen, habe schwarze
Löckchen mitgebracht, und sie hätte ihm gleich nach dem Bade eine
Scheitel gemacht. Es sei groß, dick und fett, habe lange Hände, Füße
und Ohren, werde somit in die baumlangen Galls schlagen, und er sei
der Einzige von allen seinen schriftstellernden Freunden der einen Jungen
habe, und noch dazu so einen Staatskerl! was ihm gewiß schrecklich viel
Neid zuziehn werde. Er verlangt auch, ich solle sogleich ein Gedicht an
das Kind machen. Kurz, er steht beinahe auf dem Kopfe vor Freude . . .

Wenzelo soll sich jetzt sehr gut haben, und seit einem Jahre nicht
betrunken gesehn worden sein, aber seine wunderliche Freundschaft mit
der alten ehrsamen Jungfer setzt er fort. Settchen (die auf einige Tage
hier ist) hat ihn schon zweimal dort getroffen, in einem Lehnsessel, breit
hinterm Kaffeetisch, mit großen Holzschuhen an den Füßen, und ihm
gegenüber „Schnydria cum Scheeris" mit ihrer Lehrlinginn, beide aus
Leibeskräften den Faden ziehend. Ich hätte mich todt gelacht! Er hat
mit ungeheurer Theilnahme nach Allem gefragt, besonders von den Kindern
und meinem Weinberge gar nicht abkommen können. „Donner no mohl,
en Wienberg!!! do mott ik auk no hen!"

Den 4ten. Ich muß meinen Brief gleich abschicken, da Mama mir
eben sagt, „daß das ganze Paket an Dich sich noch etwas verzögern
und Du deshalb unruhig werden könntest, in höchstens acht Tagen werde
aber das Uebrige nachkommen". Ich will sehn ob ich bis dahin einige
Zeilen an die Fürstin [2]) und wo möglich auch an Lottchen Ittner und
Philippa fabriciren kann, ich habe leider wieder die Fatalität daß längeres
Bücken mich so übel macht. Grüße alle Drei herzlich, und besonders

---

[1]) Schückings Brief gedruckt Th. Schücking 326.
[2]) Die Fürstin Salm.

danke der guten Fürstin für ihr Gedenken an mich. Ich freue mich außerordentlich auf ihre Zeichnungen. Meine Gedichte möchte ich ihr gar zu gern schicken, weiß nur nicht recht wie? Das Buch ist so dick, und wird selbst Deinem Pakete zugefügt das Hauptporto machen, und warte ich damit bis zur Absendung meiner Kiste, die sich sehr in die Länge ziehn wird, da ich bei diesem dunkeln Wetter weder mein Daguerrotyp aufnehmen, noch an den nach mehreren Seiten versprochenen Ausschneidereien arbeiten kann, so werden die Gedichte darüber steinalt, und sie hat sie zehnmal gelesen. Ich weiß noch nicht wie ich das mache.

Ich hoffe, Cotta hat keinen Schaden an mir; wenigstens sind einige Stimmen von Gewicht für mich aufgetreten, in der Allgemeinen Zedlitz (Du kennst von ihm die nächtliche Parade)[1]), und jetzt schreibt mir Schücking, daß nächstens eine von Kühne (wohnt in Weimar) eingerückt werden würde. Dieser ist jetzt der berühmteste unter den Rezensenten und sehr streng, deshalb würde ich nichts besonders Gutes erwarten, aber Schücking kündigt es mir doch so vergnügt an! Man muß sehn was es giebt! In unserm Merkur bin ich nun gar über alle Berge herausgestrichen worden und dachte sicher, es hätte ein Freund es gethan; jetzt weiß ich aber, wer es ist, ein schlesischer Literat, Kynast, der sich seit einigen Wochen in Münster aufhält[2]). So habe ich wenigstens, was mir zu Theile wird, von keiner Seite persönlicher Vorliebe zu danken. In Berlin scheinen die Gedichte sehr gut fortzukommen; Onkel Fritz sagt, August habe geschrieben, sie machten dort furore. Du weist aber, wie August die Taschen immer voll Mandeln und Rosinen hat, und ihm wird auch jeder das Beste darüber sagen; doch scheints jedenfalls gut zu stehn, wenn man auch zwei Drittel subtrahiert. Wie es hier steht, weiß ich nicht recht. Die Preußen sind allerdings auf meiner Seite, aber das sind arme Teufel, die sich ein Exemplar durch die ganze Stadt umleihen, und somit wenig profitable für Cotta, und der Adel nimmt, wie ich glaube, noch immer blutwenig Notiz von mir und ließt überhaupt niemals Gedichte. Doch sind die in allen Buchhandlungen hier noch vorhanden gewesenen Exemplare bereits vergriffen, aber die Herren haben wahrscheinlich auch miserabel wenig kommen lassen, z. B. Deiters, wie ich weiß, nur acht Exemplare. Indessen wird wenigstens Coppenrath wohl einen größeren Vorrath gehabt haben, da dieser das Buch als bei ihm in Niederlage angekündigt hatte. Man muß abwarten, wie früh oder spät eine zweite Auflage nöthig wird, dies ist der einzige Probierstein der nicht täuschen kann ...

---

[1]) Gemeint ist natürlich Josephs v. Zedlitz berühmte Napoleons-Ballade Nächtliche Heerschau. A. kannte das Gedicht durch W. Swets,' der es ihr auf ihren Wunsch 1830 schickte (Kreiten I, 177).

[2]) Die eingehende, sehr anerkennende Besprechung steht im Westf. Merkur Nr. 310 vom 28. Dez. 1844. Am Schluß wird kritische Fortsetzung in Aussicht gestellt, die aber in den Nummern der beiden folgenden Monate nicht zu finden war.

1000 Liebes an Laßberg, und an meine guten kleinen beiden Stümp-
chen. Ach Gott, wie oft denke ich an die Kinder! und an meinen Thurm!
Man darf sich nicht so darin zulassen, aber es ist traurig seine Vorliebe
so zwischen zwei Orte getheilt zu haben, die doch nie zusammen rücken
können. Adieu, alter Haus, grüße alle die noch an mich denken, H. Hufschmid ja nicht zu vergessen, auch Amelie und Alle im Hause. Deine Nette.

Denk *a* Dir, Adele Schop[enhauer] ist in Rom, bei der Mertens, die
wahrscheinlich immer dort bleiben wird, da sie Plittersdorf und ihr Haus
in Bonn hat zum Verkauf aussetzen lassen.

Wenn *b* Laßberg dem Pfarrer Moosbrücker schreibt, so möge er
doch in meinem Namen für die Autographe danken. Ich gratulire auch
Herrn Flink, und Grüße an Jungs, Herrn Decan, H. Apotheker und Strengs.
Glückseliges neues Jahr!

Meine *c* Alte ist sehr schwach, denkt aber täglich mit großer Liebe an
Euch. Sie sagt: ik kann minen Brill nich afwisken, sunder an de Kinner
to denken, watt hebt de mi dat alltit so demödig dohn. Gottlob leidet
sie nicht, nimmt aber sehr ab.

Orig. Meersburg. Ein kleines Stück Hüffer 293.

135. An die Fürstin Salm. — [Rüschhaus, Ende 1844 oder Anfang 1845].

Meine teure Fürstin! Obwohl mir seit einigen Tagen, in Folge
einer Erkältung, wieder recht unwohl ist, so kann ich doch dies Paket
nicht abgehen lassen, ohne mich Ihnen, meine gütige Freundin, wenigstens mit einigen Zeilen zu vergegenwärtigen. Ich denke so viel an Sie
und höre nun durch meine Schwester, daß Sie auch an mich denken,
daß Sie von mir reden und sogar für mich zeichnen. Sie sind doch gar
zu lieb! und ich wollte, ich könnte Ihnen recht etwas Liebes wieder thun.
Würden die Tage nur heller, daß ich mit meinem Ausschneiden voran
käme oder wenigstens mein Daguerrotyp könnte aufnehmen lassen. Jetzt
mache ich mir vorläufig die Freude, allerlei dummes kleines Zeug für Sie
zusammen zu bringen, damit Sie überall an das Nettle erinnert werden
und auch sehen, wie es überall an Sie gedacht hat. Wäre das Paket an
Jenny größer, so würde ich manches hineinschmuggeln, aber nun kann
ich nur einige Küpferchen unterbringen. Bitte, lassen Sie mich doch
wissen, welche darunter der guten Fr. v. Katzmann gefallen, damit ich
ihr dieselben später schicke. Es zieht sich mit meiner Kiste ungebühr-
lich in die Länge, namentlich einiges, was ich mir für Laßberg wünschte,
weiß ich noch gar nicht aufzutreiben.

Sehr gern hätte ich Ihnen, theure Fürstin, jetzt gleich meine Gedichte geschickt, die längst für Sie bereit liegen, aber das Buch ist gar

a Am oberen Rande der 4. Seite. *b Am oberen Rande der 3. und 2. Seite.*
c Am oberen Rande der 1. Seite.

zu dick und könnte das eigentliche Paket wie eine Feder auf den Rücken
nehmen, und nun fürchte ich, bis die Kiste ankommt, sind Ihnen die Gedichte schon steinalt. Ich habe dies an Jenny geschrieben in der Hoffnung, Laßberg werde auf den glücklichen Gedanken kommen, Ihnen sein
(gleich von Stuttgart geschicktes) Exemplar, was gewiß noch neu und
sauber wie aus dem Laden ist, zu Füßen zu legen, wofür er dann das
Kistenbuch an sich nehmen könnte — ob er es merken wird? Ihn geradezu darum bitten mag ich nicht. Jenny hat auch ein Exemplar, was
aber schon vielfach verliehen und besudelt ist. Nur Sie sollten es nicht
sehen, damit mein Geschenk nicht allen Effekt verliere, und nun schwätze
ich selbst aus der Schule.

Meinem lieben Mütterchen geht es, Gottlob, sehr wohl. Ihr Herzklopfen
ist freilich noch immer auf Tag und Stunde da, aber so gelinde, daß man
es kaum Leiden, kaum noch eine Unbequemlichkeit nennen kann, und
übrigens ist sie kerngesund und steckt mich armen Tropf zehnmal in die
Tasche. Doch will ich nicht klagen; ich muß mich wohl sehr in acht
nehmen, habe alle Augenblicke etwas weg, aber ernstlich krank hat mich
dieser Winter doch noch nicht gemacht, was ich von wenigen seiner
Vorgänger sagen kann.

In den Herbstferien war mein Neffe von Bedburg mit dem Sohne
des dortigen Direktors Säul[1]) hier, und da habe ich Sie recht herge-
wünscht, damit Sie selbst hörten, wie die beiden Knaben von Ihrem Polly
sprachen, was er für ein gar gutes, herziges Kind sei. Ich hätte gar
nicht nöthig gehabt, ihn ihrer Fürsorge zu empfehlen, doch habe ich es
auch hieran nicht fehlen lassen, und beide haben mir mit merkwürdig
väterlichem Anstande ihr Bestes versprochen. Sie gehören nämlich beide
zu den sogenannten Tutoren der Anstalt, denen die Aufsicht über die
Anderen anvertraut ist.

Und nun, meine theure Fürstin, muß ich Ihnen für diesmal Lebewohl sagen, es geht eben heute unendlich schlecht mit dem Schreiben,
mir ist durch und durch catharreux zu Muthe, und aufrichtig gesagt
denke ich mir diese Zeilen als halbes Gemeingut (d. h. in Meersburg
überreicht und vielleicht dort theilweise vorgelesen), was mich nicht wenig
genirt. Darf ich aber mit Sicherheit nur auf Ihre lieben gütigen Augen
rechnen, so fürchte ich, erhalten Sie das nächste Mal eine längere Epistel,
als Ihnen sie zu lesen Geduld bleibt. Bitte, antworten Sie mir doch
einige Zeilen, damit die Correspondenz in den Gang kommt, denn ich ver-
spreche mir gar große Freude davon. Sie werden mich noch als eine
arge Schwätzerin kennen lernen und eine ausgezeichnete Schlechtschreiberin,
denn heute nehme ich mich zusammen, und dies ist (Gott sei's geklagt)

---

[1]) Genauer Seul, Direktor der „Ritterakademie" (Adelsgymnasium) zu
Bedburg bei Köln.

meine Paradeschrift. Empfehlen Sie, ich bitte Sie, mich gütigst Ihrem
Herrn Gemahl und der Prinzeß Auguste [1]). 1000 herzliche Grüße an
meine liebe Katzmann und Frl. Adele. Fanny und Lori dürfen mich
nicht vergessen, und Sie, meine theure Fürstin, müssen ohne Gnade lieb
behalten Ihre Annette Droste-Hülshoff.

Kreiten I, 445 „aus der Kladde" (identisch mit dem „von Frl. Elisabeth
Weber in Nieheim mitgeteilten Original?" Vgl. ebend. 446). Irrig setzt Kreiten
den Brief in den November 1845. Daß er „jedenfalls aus dem Winter nach
dem Erscheinen der Gedichte stammt", ist ja richtig, aber die Gedichte erschienen eben bereits 1844. Der Brief berührt sich aufs engste, teilweise sogar
im Wortlaut, mit dem Brief an die Schwester 1844 Dez. 20, der auch „einige
Zeilen an die Fürstin" in Aussicht nimmt.

136. An Levin Schücking. — Rüschhaus 1845 März 5.

War recht krank. Das Pathenkind. Krankheit und Tod ihrer alten
Amme. Junkmann. Heirath Schnittgers. Schlüters Sonnette. Luise v.
Bornstedt. Erzählung der Tabouillot. Auftrag für Dräxler-Manfred. Brief
von Dr. Boas. Auseinandersetzung mit Buchhändler Hüffer. Recension
ihrer Gedichte von Assessor Kynast. Adele Schopenhauer. Prosper Schücking.

Th. Schücking 332. Antwort auf Schückings Brief vom 14. Februar
(ebenda 329).

137. An Elise Rüdiger. — Rüschhaus 1845 April 9.

Abschrift in Hüffers Nachlaß nach dem von Frau Rüdiger übersandten
Original.

138. An Sophie v. Haxthausen. — Rüschhaus 1845 April 23. 24.

Vgl. unten Anhang.

139. An Johanna Hassenpflug. — Rüschhaus 1845 April 27.

Rüschhaus d. 27. April 45.

Deine Zeilen, meine liebste Hanne, haben mich sehr gefreut, als
Nachricht von Dir, als Zeichen Deines Andenkens, und endlich als Beweis
der Dir so eignen großen Freundlichkeit, mit der Du jedem gern nur
Angenehmes und Liebes mittheilst. Mama und ich haben nach Empfang
derselben den Abend in Gedanken mit Dir zugebracht, d. h. nicht Deinen
wirklichen Casseler Abend, sondern einen Rüschhausischen, wie wir deren
mit Dir so vergnügt durchlebt. Wann sieht mein schwarzer Kanapee
Dich mahl wieder? er ist vor Kummer und Sehnsucht so grau geworden,
daß wir ihn haben müssen renoviren lassen, aber schwarz ist er wieder
geworden, wie den [so!] überhaupt Rüschhaus einer der unveränderlichsten

---

[1]) Die älteste Tochter der Fürstin. Kreiten I, 479.

Orte ist, und wo man den Flug der Zeit am wenigsten gewahr wird.
Doch hat mir dieses Jahr etwas genommen, was ich sehr schwer ver-
misse, meine gute Alte (Du wirst Dich ja ihrer erinnern), die vor zwei
Monaten der Schlag, den sie aber noch mehrere Tage mit vollem Bewußtsein und gottlob schmerzlos überlebte, in eine bessere Welt geführt
hat, wo gewiß ein guter Platz für sie bereitet war. Du begreifst, liebste
Hanne, daß dieser Verlust mir sehr nahe geht, ich war seit vielen Jahren
an sie gewöhnt, und ihre Treue hat auch jede Liebe und Andenken wohl
verdient, so ist es mir denn auch als hätte ich eine nahe Verwandte
verloren [1]).

Sehr erschreckt hat mich Gretchens Tod [2]), besonders Malens wegen,
denn ich selbst habe Gretchen wenig gekannt, obwohl sehr geschätzt.
Aber für Male, die sich so schwer anschließt, ist sie wahrscheinlich nie
zu ersetzen. Die Rüdiger hat durch ihre Tante gehört, Male werde zunächst nach Cassel kommen. Ist dem so, so bitte laß mich doch gleich
ihre Ankunft wissen. Ich möchte ihr gar zu gern schreiben und weiß
sie nicht aufzufinden. In den nächten vier Wochen trifft Deine Nachricht
mich noch hier, gegen das Ende Mays aber beziehn wir unsern Sommeraufenthalt in Apenburg.

Ich gehe diesem Sommer nicht ohne Sorge entgegen. Onkel Fritz
ist sehr unwohl, sein Magen ungemein geschwächt, und obwohl ich auf
endliche Heilung hoffe, so gehn doch gewiß noch Monate darüber hin,
und er hat noch manchen trüben kranken Tag vor sich, wo uns selber
mit bange werden, und das sonst so liebe Apenburger Leben sich trübselig genug ausnehmen wird. Gottlob, daß wir wenigstens da sind! Einsamkeit wäre jetzt Gift für ihn, obwohl Unruhe ein noch schlimmeres,
aber wir sind, wie Du weißt, stille Leute, am liebsten zu Hause, und auf
unserm Zimmer knüselnd. Ich lebe jetzt einsamer als je. Junkmann

---

[1]) In rührenden Worten hat A. an Schücking 1845 März (Th. Schücking
333) berichtet, wie sie die Alte zu Tode gepflegt.

[2]) Gretchen Verflassen war am 2. April 1845, noch nicht 37 Jahre alt,
gestorben. Eingehend berichtet über die letzten Lebenstage dieses Engels der
Barmherzigkeit ihre Freundin A. H. (Amalie Hassenpflug), Margaretha Verflassen 223 ff. Annette wird das edle Mädchen kennen gelernt haben, als es in
den dreißiger Jahren zusammen mit Ludowine v. Haxthausen in St. Anna
(vgl. Brief 1837 Juli 29) wirkte. In einem Briefe an Sophie v. Haxthausen
1845 (Kreiten IV, 344) gibt A. ihrer Genugtuung Ausdruck, daß Amalie Hassenpflug ihre Freundin „nicht mehr lebend getroffen — sie hätte ihr gewiß zugeredet, katholisch zu werden, und sicher ohne Erfolg, was dann für Malchens
ganzes Leben eine quälende Erinnerung gewesen wäre". Amalie selbst erzählt (Marg. Verflassen 226), sie sei zu spät gekommen „aufgehalten durch die
vom Wasser zerstörten Wege". An anderer Stelle (197) betont Amalie, daß die
Freundin „jede Einwirkung verschmähte, ja mit einer Art Aengstlichkeit mied,
welche nur entfernt an Bekehrungsversuche zum Katholicismus gemahnt hätten,"
was dann sehr eingehend ausgeführt wird.

ist fort, in Bonn, wird von da nach Berlin gehen, um zu promoviren,
und dann hoffentlich nicht nach Münster zurück, wo nichts für ihn zu
machen ist. Lutterbeck auch fort, Professor in Gießen[a]; der Maler Sprick
todt. Mein guter Blinder (Schlüter) vergebens operiert und seitdem so
lichtscheu, daß er sich gar nicht mehr so weit bis zu uns hinaus wagt;
Schücking wohl für immer in Süddeutschland fixirt, sehr glücklich in
seiner Ehe und seinem nagelneuen Söhnchen. So ist mein alter Kreis
gänzlich gesprengt, und es hat mir bisher an Zeit und Gesundheit, folglich
auch wohl an Lust gefehlt, mir einen neuen zu bilden, obwohl dieses,
wenn ich mahl das Bedürfnis fühlen sollte, nicht schwer werden wird;
denn es giebt viele sehr gescheute und nette Leute in Münster, und
jedermann macht gern bei schönem Wetter kleine Landparthien.

So hat meine liebe Rüdiger zwei Freundinnen, Nanny Scheibeler
und Luise Delius, die mir beide (jede in ihrem genre) sehr gefallen, und
von den wenigstens die Letztere (die besser zu Fuße ist) sich wahrscheinlich bei uns einbürgern wird. Uebermorgen erwarten wir sie zum ersten
Mahle, sie ist unbeschreiblich sanft und, obwohl in den dreißigen, ge-
müthsfrisch wie mit sechzehn Jahren. Nanny ist ernster, lebhafter, sehr
gescheut, aber schwächlich, und durch eine gichtkranke Mutter gänzlich
an's Haus gefesselt, so darf ich auf diese nur für Münster rechnen, wohin
ich jetzt selten komme. Doch fühle ich durchaus keinen Mangel an Gesellschaft, ich stecke immer über und über in Arbeiten, und meine
Rüdiger ist mir mehr wie zehn Andre, sie kömmt zuweilen, schreibt oft und
jeder ihrer Briefchen macht mir einen heitern Tag, ich habe sie sehr
lieb. Uebermorgen kömmt sie auch, eben mit Luischen und ihrer Tante
Minna Ochs[1]), auf deren Bekanntschaft ich mich recht freue, und die
mir mahl recht gründlich von Dir, liebe Hanne, erzählen soll. Du glaubst
nicht wie seltsam es mir vorkömmt, Dich im Rüdigerschen Verkehr
immer „Jeannette" nennen zu hören, d. h. wenn Elise mir Einzelnes aus
ihren Briefen mittheilt. „Jeannette Hass. war hier", „Jeannette sagt".
Das ist mir wie ein Echo aus meiner Backfischzeit, das ich längst, längst
verhallt glaubte, und ich meine wieder den Onkel August mit seinem alt-
deutschen Kragen und langen Haarspießen zu sehn, der sich aber eigentlich mit der „Jeannette" auch nur verschnappte, und Dich schon damals
durchaus zur „Johanna" promoviren wollte, denn Du gehörtest stark mit
zu den Zierrathen seiner poetischen Walhalla. Louis Grimm hatte ihm
damals einige leicht kolorierte Damenskizzen in altdeutscher Tracht (eigentlich Trachtenskizzen, das übrige sollte offenbar den Kleidern nur Haltung
geben) geschenkt, worunter er uns Eine als dein vollkommenes Ebenbild
bezeichnete. Die gute Person war sehr lang und schmal, mit sehr langem

[a] *Orig. hat den Schreibfehler* Siegen.

---

[1]) Elise Rüdigers Mutter war eine geb. v. Ochs. A. erwähnt Minna v.
Ochs im Briefe an Schücking 1844 März 24 (Th. Schücking 292).

scharfgeschnittenem Gesichte, wodurch denn Salomo völlig aus dem Felde
geschlagen wird, der nicht zugeben will, daß man seiner Person eine
Elle zusetzen könne *[Erkundigungen nach den Grimms]*. Vor Allem liegt
mir aber doch Male am Herzen, und ich kann es nicht erwarten genauere
Nachricht über sie zu bekommen. Sie ist gewiß sehr angegriffen! Das
arme Ding! Es ist dumm, wenn man sich so aus der Correspondenz
kommen läßt, man ist nachher so ungeschickt und rathlos wenn man
wieder anknüpfen möchte, und nun so Vieles dazwischen liegt was man
nicht weiß. Antworte mir doch bald liebe Hanne. Die Zeit läuft schnell
und immer confuser, daran sind die Eisenbahnen Schuld, man kömmt
auseinander, leiblich und geistig. Gottlob daß das Hangen an Erinnerungen mit den Jahren zunimmt, sonst müßte es eine schreckliche Zerfahren-
heit geben. Drum antworte bald, liebste Hanne, ehe die Zeit uns packen
kann, Deiner Nette. *[Folgen noch Grüße und Erkundigungen. Adresse:]* An
Fräulein Johanna Hassenpflug in Cassel. D. E.

> Orig. Meersburg. Auszüge Hüffer 28. 295.

140. An ihren Bruder Werner. — Abbenburg 1845 Juli 5.

Vgl. unten Anhang.

141. An Levin Schücking. — Abbenburg 1845 Aug. 25.

Schickt ihm Gedichte. Viel Besuch. Verspricht weitere Beiträge.
Will im Frühjahr nach Meersburg. Anfrage August v. Haxthausen's
wegen seines russischen Reisewerkes.

> Gedr. Th. Schücking 347.

142. An Elise Rüdiger. — Rüschhaus 1845 Nov. 11—14.

Langer interessanter Brief, Abschrift von Hildegund v. Laßberg. Die
Sätze über Freiligraths Leipzigs Todten bei Hüffer 306.

143. An Karl v. Haxthausen. — Rüschhaus 1845 Nov. 22.

Vgl. unten Anhang.

144. An die Schwester. — Rüschhaus 1845 Dec. 6.

Rüschhaus d. 6ten December 45.

Liebste Jenny! Diesmahl nur einige Zeilen in fliegender Eil.
*[Es folgt eine Geldangelegenheit und eine Menge kleiner Personalien, aus denen
nur einzelnes Mittheilung verdient]*. Mama ist gottlob wohl und wenigstens
vier Tage in jeder Woche zu Münster bei dem armen Onkel Fritz, der
zwar jetzt nicht sehr leidend, aber, wie ich fürchte, um desto gefährlicher
ist. Was ihm fehlt, kann ich nicht erfahren, und Mama läßt mich nur
selten hin; aber er nimmt sehr ab, sieht sehr gelb aus, die Beine schwellen

ihm stark, und obwohl man mir die Lage der Dinge eigentlich verbergen will, weil ich mich diesen Sommer etwas zu stark bei ihm angegriffen habe und deshalb jetzt nicht hin soll, so merke ich doch wohl, daß es gefährlich mit ihm steht. Wie Gott will! Aber ich werde ihn doch sehr schwer verlieren; wir hatten uns in den letzten Jahren so aneinander gewöhnt, und er war wirklich in Abbenburg immer die Freundlichkeit und Güte selbst gegen uns. So oft Mama auf einige Tage hier ist, geht Werner so lange hin; es wäre am Besten sie ließen mich auch nur hin, ich wäre dann ruhiger als jetzt . . .

Daß ich so viel Glück mit meinem Rebberg habe, ist prächtig, und die Aquisition des Gartens gefällt mir ebenfalls sehr; ich fange jetzt an, eine ordentliche potente Grundbesitzerin zu werden! Es ist mir nur ärgerlich, daß Werner mir die kleine Donation [1]) noch immer nicht in Ordnung gebracht hat, er hat so viel Anderes zu thun, immer den Kopf so voll Geschäfte, und ist dadurch oft so vergeßlich und zerstreut, daß man ihm die Nase aus dem Gesichte stehlen könnte ohne daß er es merkte. Sobald ich aber jetzt wieder auf einige Tage in Hülshoff bin, soll er mir das Ding fertig machen, so lange ich da bin, sonst kömmt es nicht dazu. Geld bringe ich im Frühjahr mit, soviel ich zusammenkratzen kann, um wo möglich die Gartenschuld zu tilgen. Schreib mir nur wie viel Du zugelegt hast . . .

Onkel Carl ist seit einigen Jahren den ganzen Sommer in Herstelle und hat sich dort allerliebst eingerichtet, auf ein paar Zimmern, ganz am Ende des Ganges, wo er ganz für sich ist, und alle seine Liebhabereien und Knüseleien um sich hat. Er hat wunderhübsche Anlagen gemacht, die ganze Klippe entlang, überall wo der Felsen vorspringt Terassen mit Bänken, wo nur irgend Boden genug war, oder aufgefahren werden konnte, Bäume gepflanzt, wo hierzu nicht Erdreich genug, blühende Sträucher, und wo noch weniger, wenigstens Blumenbeetchen angelegt, oder einzelne Blumenstöcke und Rankengewächse in die Felsritzen gepflanzt. Die Balkone haben hübsche Balustraden, entweder gemauerte oder Eisenstakete, kurz das Ganze ist schon jetzt sehr hübsch, und wird immer schöner werden. Er hat mir drei sehr schöne Gemälde halb verkauft, halb geschenkt, eine Magdalena und zwei Landschaften mit vielen Figuren. Auch habe ich jetzt die zwei Blumenstücke mit den vielen Insekten und rothen Pilzen (Du weißt wohl, Laßberg hat ein paar ähnliche) vom Onkel Fritz eingetauscht, und endlich ist auch die Susanna (die Prof. Braun mir vor zwei Jahren, ohne daß ich sie vorher gesehn, bloß auf den Ruf, in Bonn eingekauft hat, und die jetzt angekommen) sehr gut ausgefallen, und so habe ich denn in diesem Jahre sechs vor-

---

[1]) Die Schenkung ihres Meersburger Weingütchens an die Zwillingstöchter ihrer Schwester. Ein sehr umfangreiches Konzept von A.'s eigner Hand im Besitz der Baronin Elisabeth v. Droste.

treffliche Gemälde bekommen. Ich würde meinem eignen Urtheile hierin
nicht trauen, aber Alle, die sie gesehn (unter Andern die Mahlerin Wen-
ning) sind ganz entzückt davon und können mein blindes Glück nicht
begreifen. Die Magdalena soll entweder von Franz Mieris oder von van
der Werf sein, die Landschaften ein paar ganz vorzügliche Niederländer,
die Susanna italiänisch, aus der Schule des Correggio, und die Blumenstücke von demselben Meister den mir Laßberg nannte, und dessen Namen ich zum zweiten Mahle vergessen habe — ist das nicht prächtig? ...

Sophie schreibt mir: Clemens Metternichen habe die Königin von Preußen selbst gesagt, daß wieder zwei Stifter für Töchter adlicher Familien in
Westphalen errichtet werden würden, ein protestantisches in Soest und
ein katholisches in Nottuln. Die Chanoinessen müssen sich aber mit
dem Unterrichte der Jugend beschäftigen.

Von Schücking habe ich kürzlich Briefe. Er wohnt jetzt in Köln, rede-
girt [so!] das Feuilleton der Cölner Zeitung und das Rheinische Jahrbuch
und bekömmt für Ersteres von Dümont Schauberg 1000 Thaler, für letzteres
auch einige hundert Thaler Gehalt; seine Aufsätze werden ihm extra sehr
gut bezahlt, sodaß er sich (ausgenommen daß der Name Cotta brillanter
klingt als Dümont) eigentlich jetzt reichlich so gut steht als in Augsburg.
Doch ist seine Frau sehr ungern von dort, wo ein sehr angenehmer Kreis
von Litteraten bestand, der in Cöln gänzlich fehlt, fortgegangen. Es
scheint Schücking habe das Heimweh bekommen. Er selbst spricht sich
nicht klar darüber aus, aber aus einem Briefe Louisens scheint es hervor zu gehn. Er ist den ganzen Sommer leidend gewesen, und hat Seebäder
in Ostende genommen. Junkmann und mehrere Andre aus Münster haben
ihn in Cöln gesehn, sehr mager und blaß, aber von der besten Laune
und noch immer entzückt von seiner Louise und seinem kleinen Lothar.
Er soll sich kindisch freuen, Westphälinger zu sehn, und überhaupt in
seinem Wesen ganz unverändert sein.

Adieu, liebste Jenny, ich hätte Dir über alles Dieses viel umständ-
licher und allerlei, was Dich wohl interessirt hätte, schreiben können, aber
die Zeit drängt. Soeben sagt mir Mama, die während meines Schreibens
von Münster gekommen ist (wo sie den guten Onkel immer in demselben
Zustande, wenig leidend, aber bedenklich aussehend und sehr schwach,
verlassen hat[1]), daß sie des lieben Laßbergs Docktordiplom nicht habe
an Brenken et cet. schicken können, Onkel Fritz habe es nicht abgeben
wollen, es solle zum ewigen Andenken in's Haxthausische Archiv, und
sie habe ihm nicht widersprechen mögen. Liebe Jenny, wir halten
jetzt Alle die neuntägige Andacht für ihn, und es haben sich so viele

---

[1] Fritz v. Haxthausen starb wenige Tage später, nach Hüffer 308 am
8. Dezember. A. schrieb seinen Totenzettel (an Sophie v. Haxthausen 1846
Jan. 19). Über die letzte Zeit vor seinem Tode vgl. A. an Schücking 1846
Febr. 7 (Th. Schücking 357).

Menschen angeschlossen, fast Alles was vom Adel in Münster ist, und auch viele vom Bürgerstande, Herrschaften und Domestiquen. Du glaubst nicht wie beliebt er ist, jetzt sieht man es erst recht. Willst Du vielleicht auch die Andacht halten, da wir Alle es thun? Ich lege Dir für diesen Fall ein Zettelchen bei, das mußt Du, neun Tage hintereinander, täglich einmal bethen, und binnen dieser Zeit einmal beichten und communiciren. Das ist Alles. Adieu, liebes Herz, 1000 Liebes an Laßberg von Mama und mir, die Kinder küssen wir herzlich — wären wir erst in Meersburg! Gottlob greifen die Strapazen Mama aber gar nicht an, sie sieht recht wohl aus und stellt sich auch Alles von der besten Seite vor. Adieu Deine Nette.

[Am oberen Rande der ersten Seite:] Hast Du auch meinem Rebmann im Herbste eine kleine Zulage gegeben? Er hat es wohl verdient; denn seinem Fleiße habe ich doch gewiß zumeist den guten Ertrag zu verdanken.

    Orig. Meersburg. Oktavbogen, der mittlere Teil der 4. Seite für die Adresse verwendet. Auszüge Hüffer 302. 307.

145. An die Mutter. — Hülshoff 1845 Dec. 28.

Hülshoff. Weihnachtssonntag 45.

    Liebste Mama. Hierbei kommen die sechs von Tante Dine gewünschten Bildchen. Zu den Todtenzetteln können wir Dir aber leider nicht verhelfen *[Folgen Mitteilungen über Todtenzettel von Max Padberg und Nette Merveldt, pekuniäre Angelegenheiten, Weihnachtsbescherung der Kinder in Hülshoff].* Wittower[1]) stand die beiden letzten Tage über beinahe auf dem Kopfe vor Eifer mit seinem Weihnachtsbaum, an dem ich aber dennoch nichts Neues habe entdecken können, außer einigen auf einen Faden gereihten und um die oberen Zweige gehängten Sternen von Pappdeckel, mit Goldpapier überzogen, die er sehr grandios „den Sternhimmel" nennt. Er ist um Weihnachten immer noch glückseliger als die Kinder selbst. Heinrich[2]) hat geschrieben. Er ist, Gottlob, ganz wieder wohl, dagegen Herrmann Seul jetzt an der Reihe. Beide halten sich sehr zum Philippsschen Hause[3]), was Wernern auch das liebste zu sein scheint. Von Görres und Arens[4]) schreibt er nur daß sie gesund seien ... Deine gehorsame Tochter Nette.

    Orig. Meersburg. Die Mutter hat den Brief mit einigen Zeilen versehen und dann an Frau von Laßberg adressiert. Poststempel Münster 14. 1, also mehrere Wochen später abgeschickt.

146. An Fürstbischof Melchior v. Diepenbrock [1845].

(Vgl. unten Anhang).

---

    [1]) Der Hausgeistliche von Hülshoff.
    [2]) A.'s Neffe (Sohn ihres Bruders Werner), der mit dem jungen Seul in München studiert.   [3]) Professor George Phillips (1804—72).
    [4]) Professor Ludwig Arndts (1803—78).

147. An einen ungenannten Geistlichen. — Rüschhaus 1846 Januar 2.

Rüschhaus d. 2ten Jan. 46.

Ew. Hochwürden geehrte Zuschrift ist mir erst gestern, wo ich
nach 14 tägiger Abwesenheit heimkehrte[1]), zu Händen gekommen, und
ich beeile mich um so mehr dieselbe zu beantworten, da . . . offenbar
ein Mißverständnis obwaltet. *[Bedauert, für Engagement einer jungen Dame*
als Gouvernante bei der Fürstin Salm geborne Hohenlohe nichts tun zu können.]
Es ist mir um so mehr leid Ew. Hochw. nicht dienen zu können, da ich
Ihnen für ein sehr liebes Geschenk verbunden bin. Wäre die Zahl derjenigen, die gleich Ihnen dem Geiste reine und nahrhafte Speise bieten,
größer, die Gegenwart würde glücklicher, und der Blick in die Zukunft
weniger trübe sein. Leider ist die Zahl der — ich will nicht sagen Uebel-
wollenden (denn wissentliches Uebelwollen sollte man nicht zu rasch und
häufig voraussetzen), aber Uebelwirkenden nur zu groß. Die Literatur ist
in leichtsinnigen [?] und durchweg jugendlich unreifen Händen, und es
thut Noth, daß die Wenigen,[a] denen der Ernst des Lebens bereits die
große Verantwortlichkeit ihrer Aufgabe deutlich gemacht hat, noch zusammen halten. Möge der Himmel hiezu seinen Segen geben. Diese
Zeit bedarf eines mächtigen [?] Segens, denn sie liegt unter einem
schweren Fluche [?]. Ew. Hochwürden nochmahls für Ihre werte Gabe
dankend, bedauere ich herzlich sie Ihnen nicht wenigstens durch Erfüllung
eines Wunsches vergelten zu können, und wünsche nur eine recht baldige
Gelegenheit das Verfehlte nachzuholen. Mit ausgezeichneter Achtung Annette.

Original-Konzept im Besitz der Baronin Elisabeth v. Droste. Quartblatt
mit vielen zwischen die Zeilen geschriebenen Änderungen, teilweise unleserlich.
Auf der andern Seite Adresse an „Freiin Annette von Droste-Hülshoff zu Haus
Schonebeck [d. h. Rüschhaus, früher im Besitz der Familie v. Schönebeck] bei
Münster. Hierbei ein Päckchen F. v. H. bezeichnet". Auf dem Siegelrest ist
noch ein F. zu erkennen. Poststempel Coesfeld 15. 12. Da A. für die Übersendung eines Buches dankt, so liegt die Annahme nahe, daß das Konzept die
Antwort auf einen Brief ist, dem ein das Buch enthaltendes „Päckchen" beige-
geben war. Dazu stimmt auch das Datum 15. 12. Anscheinend ist also der Adressat
F. v. H. und in Coesfeld zu suchen. Die literarischen Betrachtungen berühren sich
mit dem Schreiben an Fürstbischof Melchior v. Diepenbrock 1845 (Kreiten IV, 346).

148. An Sophie von Haxthausen. — Rüschhaus 1846 Jan. 19.

Rüschhaus d. 19ten Januar 46.

Du bist gewiß recht unruhig, altes Herz, daß Du so gar nichts von
uns hörst. Sei nicht böse, wir sind, wie Du denken kannst, noch etwas

---

a *Folgen am Ende des Blattes einige nur z. T. zu entziffernde Sätze, welche*
offenbar durch die im Text folgende, am oberen Rande des Blattes stehende Fas-
sung ersetzt worden sind.

---

[1]) Sie hatte die Weihnachtstage in Hülshoff verbracht, von wo der Brief
an die Mutter 1845 Dec. 28 datiert ist.

herunter, und haben auch seit unserm traurigen Verluste[1]) schon so viele
andre Unruhen und Schrecken gehabt (die sich doch, Gottlob, alle zum
Guten gewendet haben), daß es war als wenn wir gar nicht ordentlich
zur Besinnung kommen sollten. Werner wurde von einem Hunde gebissen,
den er für toll hielt, hat sich die Wunde ausbrennen lassen, wir waren
Alle voll Angst, endlich wurde der Hund aufgefunden, und ist gottlob nur
ein gewöhnlicher bissiger Hund. Heinrich wurde krank in München, am
Schleimfieber, besserte sich, bekam einen Rückfall, besserte sich wieder,
und bekam dann den zweiten Rückfall, so schlimm, daß man ihn ins
Hospital der barmherzigen Schwestern bringen mußte. Du kannst denken
wie uns dabei, so dreihundert Stunden entfernt, zu Muthe sein mußte.
Jetzt ist vorgestern ein Brief von ihm selbst gekommen, und er ist Gottlob über das Schlimmste weg[2]). Es ist ein Glück daß Mama ein so
leichtes Blut hat, und immer nur das Beste hofft und denkt, so hat sie
denn auch beide Vorfälle sehr leicht genommen, aber ich gehöre zu den
Schwarzsehern, und war so verduselt von der immerwährenden Angst,
daß es mir unmöglich war einen zusammenhängenden Brief zu Stande
zu bringen.

Den Denkzeddel für den lieben seligen Onkel habe ich jetzt gestern
geschrieben, und Mama nimmt ihn heute mit nach Münster, sucht selbst
die Bilder bei Deiters aus, und läßt dann Beides, Bilder und Zeddel, bei
Deiters, damit der Druck sogleich beginnen, und wir Dir hoffentlich schon
nach einigen Tagen das Paket schicken können. Für die hiesigen Verwandten und Freunde behalten wir dann einen Theil zurück. Mama will
aber nicht, daß Du, gutes Herz, die Ausgaben bestreiten sollst, und Du
mußt ihr den Trost lassen, dem Andenken des lieben seligen Onkels
diesen Beweis ihrer Liebe noch selbst zu geben. Ich habe den Zeddel nur
kurz gemacht, die langen schwülstigen Zeddel waren mir immer zuwider, und
in diesem Falle, der mich so nahe angeht, schienen sie mir unerträglich.
Ich habe aber doch Alles gesagt, wie lieb ihn alle Menschen hatten, und
wie sehr er es verdiente, und auch ein kleines Gebet hinzugefügt. Für
diejenigen, die ihn gekannt und lieb gehabt haben, ist es gewiß grade
recht so, und für Andre, die aus bloßer Neugierde über solche Zeddel her-
fallen, werden sie ja nicht geschrieben.

Liebe Sophie, liebes Herz, mache Dir doch keine unnöthigen Vorwürfe. Hast Du seine Krankheit nicht recht eingesehn, und bist zuweilen
etwas ungeduldig geworden, so war das ja ganz natürlich, da Grasso die
Sache so leicht zu nehmen schien, aber in Deinem Betragen gegen ihn
hast Du es Dir nie merken lassen, Du hast ihn nie gekränkt. Glaub

---

[1]) Nämlich seit dem Tode des Onkels Fritz v. Haxthausen, Bruders der
Adressatin.

[2]) Lebhafte Schilderung des Unfalles und der Krankheit in dem letzten bekannten Briefe, den A. 1846 Febr. 7 an Schücking gerichtet hat (Th. Schücking 357).

es mir nur, ich war ja so lange immer dabei, und kann das jetzt besser beurtheilen als Du in Deiner Betrübniß, wo Du meinst, er hätte Dir die Gedanken zuweilen aus dem Gesichte lesen können, was doch nicht der Fall war, sondern Du warst immer freundlich und voll Rücksicht; aber dergleichen Gedanken kommen immer, wenn man Jemanden so Lieben verloren hat. Es gereut mich jetzt auch bitter, daß ich zuweilen gesagt habe er sei übler Laune, während ich seinen Zustand doch viel besser einsah als Du. Wir wollen jetzt um so fleißiger für ihn bethen, liebes Herz, und dürfen uns trösten, daß wir ihm damit eine größere Liebe erzeigen, als wir ihn durch unsre augenblickliche Ungeduld, die er ja nicht gemerkt hat, haben beleidigen können.

Ich wollte Du wärst erst hier, altes liebes Ding, wir sehnen uns recht herzlich nach Dir, und Mama, die so eben zur Hausthüre hinaus geht (nach Münster), hat mir noch zuletzt aufgetragen doch ja recht nachzustöckern damit Du kämst. Male ist uns natürlich auch außerordentlich lieb, kommt nur ja recht bald. Mama ist, gottlob, recht wohl, wenn auch noch sehr still, aber ihre Gesundheit hat nicht gelitten, vielmehr hat die Gewalt, mit der sie sich hat über ihre Nervenschwächen wegsetzen müssen, (vielleicht auch die Erschütterung) ihr wohlgethan, und sie hat die letzten 6—7 Mahl ihr Herzklopfen in so geringem Grade gehabt, daß sie sich nicht mal deshalb gelegt hat.

Ich bin jetzt wieder homöopatisch, der fatale Knoten hat sich fast ganz verloren, aber dafür ist mir seit 14 Tagen das linke Ohr fast ganz zugeschwollen, es brausst mir darin wie ein Mühlenwehr, und ich begreife jetzt wohl, weshalb taube Leute gewöhnlich so einfältig sind, ich bin auch halb simpel. Sonst bin ich diesen Winter ungewöhnlich wohl, und habe gar keinen Husten.

Jenny hat kürzlich geschrieben, sie ist außerordentlich betrübt, kann sich noch gar nicht in unsern Verlust finden, und hält jetzt nachträglich mit Laßberg die neuntägige Andacht, da, wie sie schreibt, die Fürbitte der Mutter Gottes der Seele gewiß noch heilsamer sei, als sie es dem Körper hätte sein können. Uebrigens ist sie, mit Mann und Kindern, wohl, hat aber wenig Anderes geschrieben.

Du schreibst daß die Hacke zu Tante Dorly kömmt. Mama hatte schon den Plan, sie nach Stapel zu bringen, wo sie vielleicht eine große Wohlthat gewesen wäre, denn dort ist eine zugleich getreue und resolute Person höchst nöthig. Johannes hat den besten Willen zur Ordnung und Sparsamkeit, aber in die Details der Haushaltung kann er doch nicht so eingehn, die Leute sind einmal verwöhnt, und so kann er es, trotz aller Bemühungen, zu keiner durchgreifenden Reform bringen. Da wäre die Hacke vielleicht die Rechte gewesen, d. h. wenn sie es nicht müde geworden, und nach dem ersten halben Jahre fortgegangen wäre. Doch da Dorly sie engagirt hat, ist das jetzt Alles einerlei, es ist auch nur eine Idee von Mama.

So eben kömmt der Jäger von Hülshoff und bringt einen neuen Brief von Heinrich[1]) an seinen Vater. Die Besserung geht voran, aber sehr langsam, er hat zwar nur wenig Fieber mehr, und auch wenig Schmerzen, ist aber äußerst matt, und kann noch nichts nehmen als ein wenig dünne Suppe. Er schreibt, „der Arzt wundere sich, daß sich noch kein Apetit einstellen wolle, und frage täglich sehr angelegentlich darnach". Das macht mich doch besorgt. Ach Gott! was ist das doch für eine traurige angstvolle Zeit von allen Ecken! Doch genug hiervon! Wir stehn in Gottes Hand, und müssen uns dabei beruhigen, wenn es uns auch schwer wird.

Mit der Marie Arnswaldt das ist auch ein Leiden, und ich möchte um Alles nicht, daß Anna sie grade in dieser Zeit verlöre, aber ich denke, Gott, der Keinem mehr auflegt als er tragen kann, und „den Wind für das geschorene Lamm mildert", wird sie nicht so hart prüfen. Grüße die liebe Anna herzlich von mir, sowie die Male. Der gute Onkel Carl braucht mir nicht zu schreiben, es ist genug, daß ich weiß daß er meinen Brief erhalten hat. Ich habe gute Aussicht in Stapel ein Paar Bilder, die er sich wünschte, eintauschen zu können, schreib' ihm aber nichts davon, ich möchte ihm gern eine unerwartete Freude damit machen, und weiß zudem ja noch nicht sicher ob ich sie bekomme. Um Augusts Lieder habe ich mich natürlich in dieser Zeit nicht kümmern können, will mich aber jetzt mahl wieder danach umhören. Grüße August doch auch recht sehr von mir.

Ist es bei Euch auch so mildes Wetter wie hier? Die Schneeglöckchen haben schon ganz dicke Knospen, mit den Blumen im Munde, und die Weidenkätzchen schon zum Theil ihre braunen Käppchen abgeworfen. Wenn das so fort geht steht im Februar Alles in Blüthe, Gott behüte uns dann nur vor einem kalten März und April!

Wir haben hier jetzt jeden Sonntag Messe, bekommen aber selten denselben Seminaristen zweimal, was sehr unangenehm wäre, wenn wir es nicht bisher noch so glücklich mit lauter bescheidenen unterrichteten jungen Leuten getroffen hätten. So sind der Samstag Abend und der Sonntag immer sehr aufheiternd für Mama, denn diese Herrn unterhalten sie entweder ganz nach ihrem Geschmacke von kirchlichen Gegenständen, oder hören mit großem Interesse ihre Erzählungen von den alten Stiftern an. Ich freue mich deshalb auch immer wenn das Hundegebell sie anmeldet, komme aber nicht eher wie bei Tische zum Vorschein, um ja keine Störung zu machen.

In Hülshoff sind sie mit der neuen Bonne bis jetzt sehr zufrieden, sie weiß zwar blutwenig, wie alle Fransösinnen, hat aber vielen Tackt, ein stilles bescheidenes Wesen, eine gute Art mit den Kindern umzugehn, spricht ein schönes Französisch, und ist sehr fleißig. Wenn es so bleibt

---

[1]) Ihr Neffe Heinrich v. Droste, Student in München.

können sie von Glück sagen, aber mit Französinnen kann man sieben
Scheffel Salz essen, und kennt sie doch noch nicht, wie wir an der
Gauthiez gesehn haben.

Meine gute Rüdiger schreibt fleißig, ist aber, mitsamt ihrem Manne,
sehr mißvergnügt in Minden, und sie arbeiten aus allen Kräften von dort
weg zu kommen. Ihr Haus beschreibt sie düster und melancholisch wie
einen Kerker. Es ist dasselbe was der Erzbischof bewohnt hat[1]), und sie
meint, jetzt bedauere sie den armen Mann erst recht, und fühle seine
Hippochondrie ordentlich mit. Ich bekam gestern noch einen Brief von
ihr, wo sie eben von einem ganz kurzen Ausflug nach Berlin rückgekehrt
war. Sie hat dort Grimms besucht, die sie äußerst freundlich empfangen,
und sich sehr herzlich nach uns Allen erkundigt haben. Auch Bettinen[2])
hat sie aufgesucht, die fast den ganzen Besuch über nichts gethan hat
als Schimpfen, auf die Katholiken, die Westphalen und besonders den
westphälischen Adel. Als die Rüdiger das nicht so geduldig hingenommen,
sondern ihr tüchtig darauf gedient hat, hat sie endlich abgebrochen, und
angefangen zu prahlen, daß die Lichtfreunde sich so viele Mühe gegeben,
sie an ihrer Spitze zu bekommen, sie wolle aber nicht et cet. Kurz, sie
muß sich nicht besonders liebenswürdig gemacht haben.

Nun adieu, liebe alte Sophie, ich hätte Dir gern länger geschrieben,
aber es geht mir wie Dir: Alle meine Bekannten, die auch sonst nicht
schreiben, haben mich jetzt mit Briefen überschüttet, ich habe einen
ganzen Berg vor mir, und weiß nicht wie ich durchkommen soll. Komm
doch sobald Du kannst. Deine treue Nette.

Adele[a] sitzt noch immer in Rom, und schreibt ein Buch nach dem
andern, aber keine Briefe, wenigstens mir keinen, und ich kann noch
immer ihre Adresse nicht bekommen. Schückings Frau erwartet ihre
zweite Niederkunft. Junkmann ist in Bonn, und soll jetzt ganz gesund sein.

Orig. im Besitz der Baronin Elisabeth v. Droste-Hülshoff. Adresse in
der Mitte der 4. Seite: „An Fräulein Sophie v. Haxthausen. Hochwohlgeboren
zu Bökendorf. Durch Paderborn und Brakel." Poststempel Münster 22. Januar. Auszüge mit kleinen Abweichungen, in veränderter Reihenfolge, bei
Kreiten IV, 352. Der Satz 353 „Bei sehr vielem Trüben in der Familie, wegen
Krankheiten, sagt sie" steht natürlich nicht im Original.

149. An Elise Rüdiger. — Rüschhaus 1846 Januar 26. 30.

Abschrift v. Frl. Hildegund v. Laßberg.   Erwähnt Hüffer 307.

   [a] *Nachschrift am oberen Rande der ersten Seite.*

---

[1]) Nämlich das Haus des Kaufmanns Vögeler. Kappen, Clemens August 169.
[2]) Bettina v. Arnim, die Schwester Clemens Brentanos.

150. An Levin Schücking. — Rüschhaus 1846 Febr. 7. 11.

Dank für sein Buch. Junkmann. Tod des Onkels Fritz v. Haxthausen. Allerhand Familien-Malheur. Gratulirt zum Töchterchen. Assessor
Kynast. Lecture. Schlüterchen und seine Sonnette. Die alte Mama und
der alte Laßberg.

Gedr. Th. Schücking 355. Der zweite Teil (von 358 an) ist Antwort auf
Schückings Brief vom 6. Februar (ebend. 353).

151. An Schlüter. — Hülshoff 1846 [April 13—15].

Hülshoff, Ostermontag 46.

Mein liebster, theuerster Freund!

Wie beschämt muß ich vor Ihnen stehen! und bin doch im Grunde
nicht halb so schlimm als ich aussehe, vielmehr hat das Bestreben, es
wenigstens hinternach recht gut zu machen mich erst vollkommen in die
Seife der scheinbaren Undankbarkeit gebracht. Wie hat mich schon Ihr
erster Brief [1] erfreut und gerührt, ein Brief, so liebevoll und komisch zugleich, daß er hätte den Leichtsinnigsten weinen und den Traurigsten
lachen machen können. Traurig war ich allerdings noch etwas, als
Nachwehe einer eben überstandenen schweren Zeit, und unwohl dazu, als
er mich aus meiner Apathie aufrüttelte. Da mir nun das Schreiben bei
einer argen rheumatischen Eingenommenheit des Kopfes, an der ich
schon seit Monaten leide, schwer wird, konnte ich nur in sehr unter-
brochenen Absätzen antworten und näherte mich bereits bedeutend dem
Schlusse, als die unheilvolle Geschichte des Bankdirectors [a] ausbrach,
hoffentlich hat das Gerücht ihre Folgen übertrieben, aber die ersten Nachrichten lauteten so gefährlich, ich hörte so viele bekannte Namen nennen,
daß ich mir Münster nur als einen Ort der Verstörung dachte, wohin
nichts unpassender kommen könnte, als ein scherzhafter Brief; so zerriß
ich den meinigen. Ihnen scheint dieses vielleicht übertrieben; aber man
nannte mir Freunde Ihres Hauses, Theisings, Lutterbecks, als hart Ge-
troffene. Gottlob haben die späteren Gerüchte den früheren eine, auch
wohl ein paar Nullen gestrichen und das Unglück in verdrießliche, aber
doch zu überwindende Verluste verwandelt.

Nun kam Ihr Paket, Brief und Buch [2]. Ach liebster, treuster meiner Freunde! wie gütig von Ihnen und wie beschämend für mich! Ich
nahm mir auch gleich vor, die Syry [3] zu besingen, möge sich mir nun

a Schlüters Druck fügt hier den Anfangsbuchstaben B. bei, fehlt im Orig.

---

[1] Schlüters Beschwerde über ihr hartnäckiges Schweigen, 1846 März 23,
gedr. Kreiten I, 464. Orig. Prof. Jostes.

[2] Schlüters Brief 1846 April 2, gedr. Kreiten I, 465. Beigelegt war
Friederike Bremers Buch Innerhalb Dalekarlien.

[3] Vgl. Schlüters Brief 1846 April 2. Über die Ausführung der Idee
vgl. Hüffer 314.

das richtige Verständniß eröffnen oder auch nicht, nur um Ihnen zu zeigen,
wie gern ich Ihren Wünschen nachkomme. Das Buch ist äußerst interres-
sant, ich glaube auch in Ihre Auffassung völlig eingegangen zu sein, fand
auch sehr bald den Rahmen zu einer poetisch-religieusen Darstellung, von
der ich mir selber Gutes versprach, und nun, denken Sie sich, will die
Sache doch gar nicht rutschen. Ich habe mich in dermaßige Weitläuftig-
keiten verhaspelt, daß die circa hundert Verse, zu denen ich es bis jetzt
gebracht habe, nur wie ein kleines Hügelchen sind, eben hoch genug,
mir den Umfang des Berges zu zeigen, den ich übersteigen soll. Zudem
habe ich ein falsches Bild gewählt, unpassend an sich und noch mehr
hemmend als falsch. Ich lasse Syry und Bettina[1]) als zwei Feuerrosen-
Knospen im Garten der Poesie träumen, erwachen, die sie umgebenden
Eindrücke von Kunst und Natur, heidnischer und religiöser Begeisterung
in sich aufnehmen oder zurückstoßen, die bestimmendsten Erscheinungen
ihres Lebens bildlich an ihnen vorüberschreiten, endlich die eine den Al-
tar schmücken, zuerst als Blüthenzweig, nach vergangner Blüthe als Dor-
nenkrone am Fuße des Cruzifixes niedergelegt, die Andere ihre Brust dem
heidnischen Helios so weit öffnen, daß seine Strahlen das Wurm-Ei darin
ausbrüten, was ihr nachher am Herzen nagt, und sie zuletzt, nachdem
ihr Helios untergegangen, als nackten Dornstrauch erscheinen, der in
seinem Grimm die Kleider der Pilger zerreißt, die dem nie verlöschenden
und in der Nacht doppelt glänzenden ewigen Lichte der Kapelle zuwallen,
von der sie sich ausgeschlossen fühlt. Das lautet gut, aber zwei Rosen,
ob auch Feuerrosen, sind ein viel zu mildes und vor Allem durch ihr
Gefesseltsein am Strauche viel zu hemmendes Bild für zwei Feuerseelen;
sie können weder fliegen, noch jubeln, noch rauschen, nur duften, ein
wenig im Winde flattern und die, auch nothwendig in einen sehr engen
Umkreis gebannten Erscheinungen in sich aufnehmen; und welches Blu-
menbild könnte z. B. Syrys rührendes, rein menschliches Verhältniß zu
ihrem Vater wiedergeben? Kurz, meine hundert Verse kann ich in den
Kamin schreiben und nur von vorn in ganz veränderter Form anfangen.
Darauf kann mein Professorchen aber nicht warten, oder vielmehr ich
kann es mir nicht gefallen lassen, so lange bei ihm für einen miserabeln
Lumpen zu gelten. Die regelmäßige Samstags-Gelegenheit nach Münster
(ich bin nämlich in Hülshoff) liegt zwar noch in blauer Ferne, aber es
schießen hier häufig über Nacht unregelmäßige aus dem Boden, wo es
dann gilt die Gelegenheit schnell beim Schopfe fassen; denn von einem
langen „Vorgesehen" ist keine Rede. Also nochmals meinen herzlichsten
Dank für die Mittheilung des sehr interessanten Buches und meinen viel,
viel innigeren für die Liebe, die, wie es in dem besten aller Bücher heißt,
„nicht irrt, nicht zürnt, noch hadert"[2]). Kommt Ihnen die Anführung
einer Bibelstelle bei dieser Gelegenheit wie eine Art Profanation vor?

---

[1]) Bettina v. Arnim.   [2]) I Corinth. 13, 4.

von nächster Hand Unterrichteten bezeichnen, und sie dann nicht nur
mit alle den Flecken, von denen ich sie mit Recht zu reinigen suchte,
sondern auch mit allen Zuthaten einer des Juif errant würdigen Phantasie
an den Pranger gestellt. Dies ist mein direktester Antheil an seiner
Schuld, mein indirekterer, aber noch schädlicherer ist, daß ich ihn in
mehrere Familien und bei so manchem einzelnen Freunde, den ich für
sein Fortkommen zu interessiren wünschte, eingeführt, mich für seinen
Charackter verbürgt, und ihm dadurch Gelegenheit gegeben habe, sich die
piquantesten für einen Roman brauchbarsten Persönlichkeiten zu merken
und zu diesem Zwecke anderwärts sie betreffende Particularitäten aufzu-
lesen, natürlich je krasser und unwahrscheinlicher desto mehr Hoffnung
auf litterarischen Erfolg! Schlüter! ich bin wie zerschlagen. O Gott, wie
weit kann Schriftstellereitelkeit und die Sucht, Effekt in der Welt zu
machen, führen! selbst einen sonst gutmüthigen Menschen; denn das bleibt
Sch., die Gerechtigkeit nöthigt mich, dies selbst in diesem schweren Moment
anzuerkennen. In seinem letzten Briefe konnte er mir Geld für einige
Gedichte im Feuilleton schicken. Seine Zeilen strahlten von Freude hierüber, und das war kein Betrug. Er liebt mich, er liebt Sie, er liebt
Westphalen überhaupt, und hat bei seinem Buche an nichts gedacht, als
dem Eugene Sue den Rang abzulaufen; aber er ist verloren, denn er hat
die einzige Stütze fahren lassen, an der wir uns von unsern Fehlern und
Schwächen aufrichten können. Man hat Ihnen die Wahrheit gesagt, er
schlägt vor der Kirche die Zunge aus, und hier findet keine Entschuldigung
statt, höchstens eine: „Herr vergieb ihm, er weiß nicht, was er thut."
Lassen Sie uns für ihn bethen, Christi Blut ist auch für ihn geflossen,
und Gott hat tausend Wege, die Verirrten zu sich zurück zu führen, oft
durch Noth und Kummer, und die sehe ich, bei Sch. Lust am Glanze
und der Unhaltbarkeit seines Talents in nicht zu weiter Ferne voraus.
Ich bin sehr bewegt und mag für jetzt nicht weiter schreiben.

    Dienstag 14ten. Ich habe mit meinem Bruder gesprochen und
bin jetzt viel ruhiger. Er hat eher als ich um Buch und Gerücht gewußt
und mich nur nicht damit betrüben wollen, da er sich den Zusammenhang
sehr leicht selbst heraus gefunden. Ob er sich Anfangs geärgert hat, weiß
ich nicht, jetzt ließ er sich nichts merken, meint: eben das überwiegend
Crasse und Unwahre darin könne nur allgemeine Indignation erregen und
keinem der Angegriffenen schaden, ebensowenig könne, wenn auch einzelne
harmlose Umstände als von mir erzählt erkannt würden, ein vernünftiger
Mensch diesen Glauben auf die übrigen entstellten und ehrenrührigen
ausdehnen, eine Ungerechtigkeit könne leider nur zu lange Stand halten,
aber eine Albernheit zerfalle in sich selbst, und dieses sei eine Albernheit. Ich kann die Sache nicht so leicht nehmen, bin aber doch viel
ruhiger, nun es von dieser Seite ohne Verdruß abgegangen ist, denn
Werner kränkelt seit Monaten, und ich fürchtete sehr den Einfluß des

Aergers. Uebrigens warnte er mich vor auffallenden Schritten, selbst vor
weitläufigen Erörterungen gegen Freunde. Stillschweigen und den Nebel
verrauchen Lassen sei das Beste, er, der Nebel, werde schon von selbst
sinken, wogegen ein einziges, am unrechten Orte wiederholtes Wort mir
eine giftige Feder auf den Hals hetzen könne, eine Lage, der ein Frauenzimmer sich nie aussetzen dürfe. Wo man nicht von dem Buche rede,
solle ich auch nicht davon anfangen, wo ich aber darnach gefragt werde,
mein Urtheil als Christin und Westphälingerin frei und streng aussprechen
und im Uebrigen jedes Verhältnis zu Schücking so schnell und vollständig
als möglich, aber nicht gewaltsam auflösen. Ich werde sonach unsre,
ohnedies fast entschlafene, Correspondenz völlig liegen lassen, keine Beiträge mehr in's Feuilleton schicken und bei unserer Reise nach Meersburg
ein Dampfboot wählen was in Cöln nicht anhält, so ist die Auflösung von
selbst da und die Verjährung folgt ihr auf der Ferse. So muß ich Sie auch
bitten, liebster Freund, den Inhalt dieses Briefes Niemanden mitzutheilen.
Selbst Ihre geprüfte achtungswerthe Freundinn, die Räthin Lombard [1]),
kann ich hiervon nicht ausnehmen, obwohl ich sie sonst für verschwiegen
wie das Grab halte, aber sie kömmt oft nach Bonn, und ich halte ihr
Rechtlichkeitsgefühl für zu stark, um sie nicht der äußersten Versuchung
auszusetzen, wenn es dort über mich hergienge, und Bonn ist sehr nahe
bei Cöln, bei dem jetzigen Verschwinden alles Raumes fast wie derselbe
Ort. Selbst Münster ist von Cöln jetzt nicht entfernter als früher Telgte.
Vergessen Sie das nicht, liebster Freund. Was ich selbst nöthigen Falls,
d. h. wenn ich direkt mit Fragen angegriffen werde, über diesen Punkt
sagen werde, ist mir selbst noch nicht recht klar, jedenfalls die Wahrheit,
aber wahrscheinlich nicht weiter als die Frage gradezu verlangt. Ich
habe eine 75jährige Mutter zu schonen und bin defshalb entschlossen,
jedem Anlasse zu Klatschereien (und der liegt in jedem Hin- und Her-
reden) möglichst aus dem Wege zu gehn.

Nachmittags. Ich komme von einem Spatziergange, die Luft ist
so blau, die Vögel so fröhlich, Gottes Segen quillt so reichlich aus den
Schollen, wer sollte sich da nicht beruhigt und in seiner Hand wohlge-
borgen fühlen! Nichts mehr von Odiosis! ich würde Sie sehr um Verzeihung bitten, Sie damit belästigt zu haben, wäre dies nicht grade der
eigentlichste Kern der Freundschaft, daß sie auch das Leid des Freundes
nicht missen will, so wenig wie seine Freuden, oder wenn nicht der
Kern doch die ihm zunächst liegende, ihn umschlingende Faserhülle;

[1]) Diese Charakteristik (vgl. auch an Schlüter 1840 April 26) paßt nicht
ganz zu dem Verhältnis der beiden Damen. Hüffer (311, in dem Auszug aus
dem Brief des Assessors v. Kynast) bezeichnet die L. als „eine der Dichterin
nicht eben gewogene Dame", und an andern Stellen (Th. Schücking 157. 194)
äußert sich A. über sie ziemlich abfällig. Wie die L. 30 Jahre später über A.
sich ausgesprochen, mag man in ihrem von Jostes (Euphorion VIII, 808) mitgeteilten Briefe an Schlüter nachlesen.

22*

der Kern heißt freilich anders, ein Glauben, ein Hoffen, ein gemein-
sames Wirken. Ich sehne mich recht mal wieder zu Ihnen, mein
Freund, aber obschon ich mich sonst nicht übler befinde als früher,
in manchem Betrachte sogar besser, so bringt mir doch jede etwas an-
haltende Bewegung, z. B. von Ihrem Hause bis an Mauritzthor einen
Kopfschmerz zuwege, der nicht nachläßt, bis ich eine Nacht drüber geschlafen, und dies wiederholt sich täglich; ich habe es wochenlang nach
einander versucht, wogegen ich nur höchst selten Kopfschmerz habe, wenn
ich mich ruhig verhalte und auch dann wird er nur durch längeres
Bücken herbeigeführt; so ist es kein unvermeidliches, aber ein auf den
leisesten Ruf bereitstehendes Uebel, was Körper und Geist in sehr empfindliche Schranken absperrt. Fällt aber, so lange ich hier bin, eine Fahrgelegenheit nach Münster vor, so komme ich doch, und wär es auch
nur auf die eine liebe Elf-Uhr- oder noch liebere Mittagsstunde; mich
verlangt so, Eure lieben treuen Gesichter wiederzusehn, Euch Alle, den
Vater, Mütterchen, Thereschen, NB. diese drei sind von der bedungenen
Zurückhaltung völlig ausgenommen; es ist keiner unter den Ihrigen, zu
dessen Liebe und Discretion ich nicht das allervollkommenste Zutrauen hätte.

Sie sagen, ich habe Ihnen seit Jahren keine Blumen vom Gewürzstrauch geschickt? freilich nicht, aber wo war ich seit Jahren, wenn er
blühte? aber jetzt sollen Sie sehn, ob ich nicht daran denken werde!
Ich habe auch an Sie gedacht, als unsre ersten Schneeglöckchen aufgiengen
und damals zu meinem Verdrusse erfahren, daß man sich in Münster
schon mit Sträußern, groß wie Heubündel, schleppte. Ich habe immer
sehr viel an mein Professorchen gedacht und bin seit Kurzem häufig veranlaßt worden, mehr als je an eben dasjenigte zu denken, welches da bleibt
wie es ist und wahrlich sehr wohl daran thut, nicht wandert, nicht mean-
dert, am wenigsten sich gänzlich verandert. Wüßten Sie, mein Freund,
wie mich der Gedanke an Sie aufrichtet und erfrischt, es müßte Sie doch
sehr freuen. Adieu für diesesmal, ich werde Ihnen fortan gewiß so oft
schreiben, als mein armseliger Kopf es irgend zuläßt und auch das Gedicht
nachträglich einschicken, hoffentlich ein neues, wo nicht, wenigstens das
alte [1]). Tausend Liebes an Thereschen und die lieben Eltern, Gott segne
Euch Alle. Mit aller Treue Eure Annette.

Wie[a] lange ich noch hier bleibe, ist unbestimmt, acht Tage können
wohl daraus werden; sobald ich wieder zu Hause bin, erfahren Sie es
durch die Bothenfrau.

Ich[b] bitte Thereschen, diesen Brief meinem Freunde vorzulesen,
wenn er allein ist.

a Am oberen Rande der vierten Seite.   b Am oberen Rande der ersten Seite.

---

[1]) Schlüter fügt im Druck bei: „Ueber Paulus, Römer 8, von der har-
renden Kreatur." Gemeint ist das Gedicht von der ächzenden Kreatur, ver-
öffentl. von Hüffer in der Deutschen Rundschau XXIV (1898) 177.

Mittwochen 15.[a] Nun fährt Werner heute nach Münster, und nun kann ich doch nicht mit, sondern muß hier sitzen und einen Besuch erwarten der vielleicht ausbleibt — das ist doch verdrießlich!

Orig. Prof. Jostes. Unvollständig Schlüter 186, unter Weglassung der auf Schücking bezüglichen scharfen Stellen. Ergänzt von Happe im Regensburger Deutschen Hausschatz 1891 Nr. 16 S. 252, mit Lücken, die auch durch die weiteren Ergänzungen durch Jostes (Literar. Rundschau 1894 Nr. 6 S. 194) nicht ganz ausgefüllt werden.

152. An Elise Rüdiger. — [Rüschhaus Frühjahr 1846].

Abschrift des Briefchens von Frl. Hildegund v. Laßberg. Die Jahreszeit ergibt sich direkt aus dem Inhalt (Pfingsten als bevorstehend erwähnt), als Jahr kommt nur 1846 in Betracht: 1845 April 9 schreibt A. noch an Elise nach Münster, 1846 Januar 26 nach Minden, wobei sie Elisens Besuch in Münster, der auch in dem Briefchen als bevorstehend erwähnt wird, voraussetzt.

153. An Schlüter. — [Rüschhaus 1846 Mai].

Ich erscheine etwas klatrig vor meinem Freunde, noch immer ohne Buch und Gedicht, aber doch mit Blüthen vom Gewürzstrauch, den ersten, die sich in der lauen Mailuft wirklich voll Duft gesogen haben, ein Ergebniß, was bis gestern vergeblich auf sich warten ließ. Fräulein Hüger wird Ihnen gesagt haben, wie bunt es hier im Hause aussieht; mein armer Pegasus schaut betrübt aus dem Stallfenster und wartet auf Raum und stille, klare Luft zum Auffluge. Selbst diese Zeilen schreibe ich Morgens im Bette, denn wenn ich aufgestanden bin, gehöre ich keine Minute mir selber mehr an. Eine Parthie Besuche ist indessen abgereist, die andere reißt heute und nimmt Brief und Schächtelchen bis Münster mit, dann treten wieder stille Tage ein, und ich darf auf einen Besuch der Muse hoffen. Sehr gern behielte ich bis dahin die Christoterpe[1]), und hoffe, sie sei Ihr persönliches Eigenthum oder das eines liebenswürdigen sanftmüthigen Freundes, der mich weder auf den Blocksberg wünscht, noch gar den Verdacht unredlicher Aneignung in sich aufkommen läßt; eilt es aber mit dem Buche, so bitte ich nur um zwei Zeilen, abzugeben bei Ohrendorfs auf der Jüdefelder Straße, und mein weiblicher Merkur wird Flügel an die Holzschuhe schnallen, um Ihren Winken desto schleuniger nachzukommen.

Ich erhielt gestern einen mir peinlichen Brief von Gottfried Kinkel aus Bonn, er beabsichtigt, den so oft fehlgeschlagenen Versuch eines „rheinischen Jahrbuchs"[2]) wieder aufzunehmen und bittet mich, West-

[a] *Am oberen Rande der dritten und zweiten Seite.*

---

[1]) Taschenbuch geistlicher Poesien von Knapp. Schlüter 211.
[2]) Das „Rheinische Jahrbuch" kam zustande unter dem Titel Vom Rhein. Leben, Kunst und Dichtung. Herausgegeben von G. Kinkel. Jahrgang 1847

phalen darin vertreten zu helfen, beruft sich auf unser beiderseitiges nahes
Freundschaftsverhältniß zu Junkmann, übergeht gänzlich, daß ich seine
protestantisch gewordene Frau (die Johanna Mockel) früher sehr genau
gekannt habe [1]) und zeigt eben hierdurch, für wie aufgebracht er mich
(mit Recht) über diesen Schritt hält. Kurz, sein ganzer Brief ist der Art,
daß er einerseits durch dringende Bitte, sehr bescheidene Anforderungen
und kräftiges Fürwort mir das Abschlagen fast unmöglich macht und
anderseits den Verdacht katholischer Craßheit, die den Zorn über die
Verfehmte auf ihren unschuldigen Mann, der doch rein als litterarischer
Unternehmer auftritt, ausdehnen könnte, durchscheinen läßt, so daß ich,
eben im Interesse unserer religieusen Stellung, ihm ganz gewiß etwas
schicken würde, hätte ich mir nicht selbst den Weg verbaut dadurch,
daß ich, um mit dem Cölner Feuilleton auf eine unanstößige Art aus einander zu kommen, dem Dumont auf seine Bitte um fernere Beiträge (die
nicht unbeantwortet bleiben konnte, da Geld beilag, dessen Empfang angezeigt werden mußte) geantwortet, „daß eine größere Arbeit mich vorläufig schwerlich zu kleineren Gedichten oder Aufsätzen, wie das Feuilleton sie verlange, werde kommen lassen". Schicke ich nun dem Kinkel
etwas, so liegt meine Abneigung gegen das Feuilleton völlig und die gegen
seinen Redacteur wenigstens halb am Tage. Schicke ich nichts, so bin
ich, und mit mir die katholische Parthei, ebenfalls bittern Folgerungen
ausgesetzt und komme mit meinem größeren Werke (was mich übrigens
wirklich beschäftigt), schwerlich durch, da Kinkel leider durch Junkmann
Kunde von Manchem noch Unedirten erhalten hat. Wissen Sie mir Rath
zu geben, liebster Freund? Ich fürchte, ein guter ist hier schlimmer
als theuer, nämlich gar nicht zu finden, doch wüste ich gern, welches
von beiden Uebeln Sie für das geringere halten. Von Junkmann schreibt
Kinkel, daß er soeben von Berlin zurückgekehrt sei mit gestärkter Gesundheit und hoffnungsreichen Aussichten.

Liebster Freund, die Botenfrau läßt sich soeben sehn und frägt
Bestellungen nach; so gebe ich ihr diese Zeilen mit, lieber als dem
Bauern, der die Tanten nach Münster bringt. Es ist ein miserables Zed-
delchen, halb schlaftrunken wie die frühe Stunde und flüchtig wie die
wenigen Minuten, die mir zum Schreiben gestattet sind. Nehmen Sie
für diesmahl so vorlieb und denken sich selbst alle die Liebe und Dankbarkeit hinzu, die für Sie und die Ihrigen wahrlich warm genug in mei-

---

enthält Schückings „Charakteristik" der Dichterin (vgl. ihren Brief an ihren
Bruder 1846 Okt. 24) und von Beiträgen der Dichterin die Gedichte Der sterbende General und Sylvesterabend (S. 335. 337).

[1]) Eine Gratulation der damaligen Frau Mathieux an A. vom 2. Januar
1833 erwähnt Kreiten I, 140. Die gerichtliche Scheidung von dem Kölner Mu-
sikalienhändler Mathieux erfolgte am 1. Mai 1840, die Trauung mit Kinkel in
der Wohnung des protestantischen Pfarrers Wichelhaus zu Bonn am 22. Mai
1843. J. F. Schulte, Johanna Kinkel (Münster 1908) 25. 45.

nem Herzen liegt. Adieu, Adieu *a*, nächstens ein Mehreres. Ihre treue
Freundin Annette. PS. Die Rüdiger erwarten wir gegen den 18ten hier
in Rüschhaus. Wann kommt denn die Frau von Hardenberg?[1]) Ich
möchte sie so gerne einmahl wiedersehn! 1000 Liebes an Vater, Mutter,
Thereschen. Jedermann redet mir von dem bewußten fatalen Buch, ich
weiß mich mit meinen Autworten kaum durchzuschlagen.

Orig. Prof. Jostes. Unvollständig Schlüter 192, wo das im Original feh-
lende Datum Rüschhaus 1846 richtig ergänzt ist. Das Jahr ergibt sich aus der
(im Druck fehlenden) Anspielung auf das „bewußte fatale Buch", d. h. Schückings
Roman die Ritterbürtigen, der Monat aus der „Mailuft", und zwar wird der
Brief, da A. ihre Freundin Elise Rüdiger „gegen den 18." erwartet, in der er-
sten Hälfte oder Mitte des Monats geschrieben sein. Der Ort endlich wird im
Briefe genannt. Die große Lücke in der Mitte des Briefes ist (mit einer kleinen
Auslassung) ausgefüllt worden durch Happe im Deutschen Hausschatz 1891
Nr. 16 S. 253.

154. An Karl v. Haxthausen. — Rüschhaus 1846 Juni 25.

Rüschaus [!] 25ten Juny 46.

Liebster Herzensonkel! Endlich kann ich Dir die beiden Bilder
schicken! Gottlob! Ich bin so froh endlich etwas zu haben wovon ich
sicher weiß daß Du es Dir gewünscht hast! Der Christus ist noch sehr
gut erhalten, die Madonna freilich ungeschickt restaurirt, aber übrigens
doch ein liebliches Gesicht. Ich habe die Bilder nicht gekauft sondern
eingetauscht, und somit die große Freude sie Dir, liebster Herzensonkel,
schenken zu können, als kleines Dankeszeichen für alle die Liebe und Güte
die Du mir, so lange ich denken kann, bewiesen hast. Denn als G e g e n -
g e s c h e n k kann ich sie gar nicht rechnen, da bin ich so tief in Deiner
Schuld, daß ich mein Lebtage nicht heraus komme. Jetzt wieder die drei
prächtigen Elfenbein-Schnitzeleien! Sie sind wunderschön! Ich kann
nicht an meinem Glasschrank vorübergehn ohne davor stehn zu bleiben.

Ich nehme sie auch mit nach Hülshoff, sowie meine Muscheln,
Münzen und geschnittenen Steine, denn Notabene ich gehe nicht mit nach
Meersburg, so äußerst fatal es mir auch ist Mama allein mit Marie reisen
zu lassen, aber ich k a n n nicht, und Mama will es deshalb auch nicht.
Ich bin krank, obwohl wenig leidend, weniger als sonst, aber es sind
Umstände da, die durchaus beseitigt werden müssen. Ich kann z. B. gar
nicht gehn, nicht zweimal unsern kleinen Garten entlang, ohne daß mir
das Blut dermaßen zu Kopfe steigt, daß ich zu ersticken meine, und
F a h r e n geht auch nicht viel besser, eine Stunde Weges (z. B. von hier
bis Hülshoff) ist hinlänglich daß ich mich dann gleich zu Bette legen muß
und die ganze Nacht wie im Fieber liege. Ich habe wohl schon lange

a Dahinter noch ein unleserliches Wort, anscheinend sehe.

---

[1]) Über die Frau v. Hardenberg, Tochter Friedrich Leopolds v. Stolberg,
vgl. Schlüter 212.

gemerkt, daß ich nicht reisen konnte, mochte es aber nicht sagen, und
Mama merkte es auch, und mochte es ebenfalls nicht sagen, damit ich
nicht denken sollte, sie wünsche meine Begleitung nicht, bis wir neulich
in Hülshoff den armen Werner so sehr leidend an seinem Kniee [1]) fanden,
und, leider, leider! mit sehr geringer Aussicht auf völlige Herstellung,
dabei so niedergeschlagen und aprehensiv, und so ganz ohne Aufheiterung *a*
(da Line den ganzen Tag über ihre Geschäfte hat), daß die Sache dort
von allen Seiten zur Sprache kam und ausgemacht wurde, daß ich statt
nach Meersburg zu ihm nach Hülshoff gehn solle, um ihm, wo möglich,
die Grillen etwas zu vertreiben, und zugleich selbst eine ordentliche
homöopathische Cur zu unternehmen, da in Meersburg kein Homöopath
ist. Ich sah wohl ein, daß die Andern Recht hatten, und daß ich auch
sonst wahrscheinlich auf der ersten Tagereise liegen bleiben würde. So
ist es denn ausgemacht, obwohl mir sehr hart, daß ich Mama am 30ten
allein muß abreisen lassen. Indessen sehe ich deutlich daß ihr damit ein Stein
vom Herzen gefallen ist, und sie nicht gewußt hat wie sie mich heil überbringen sollte. Sitze ich übrigens (wie jetzt eben) auf meinem Kanapee,
so thut mir auch kein Finger weh, und ich hoffe deshalb, Bönninghausen
wird mich schon wieder zurecht flicken.

Der arme Werner muß auch still sitzen, aber mit großen Schmerzen.
Die Kniescheibe ist ihm bei dem Falle auf dem Eise locker geworden, jetzt
hat sich Wasser dazwischen gesetzt. Er braucht zwei Aerzte, Clövekorn
und den berühmten Wörlitz. Beide finden die Sache sehr bedenklich, d. h.
nicht als lebensgefährlich, aber sie scheinen zu fürchten, daß er nie wieder
ordentlich ans Gehen kömmt. Das wäre doch schrecklich traurig! Jetzt
versuchen sie das Wasser durch spanische Fliegen herauszuziehen, die er
immer von Neuem auflegen und das Knie beständig wund erhalten muß.
Gott gebe daß es hilft, er leidet sehr daran!

Ich werde sehr bald hingehn. Bin ich auch sonst zu Nichts dort
nütze, so kann ich doch bei ihm sitzen und mit ihm von seinen alten
Documenten und sonstigen Liebhabereien reden, und so viel gehen als
nöthig ist um ihm seine kleinen Bestellungen zu machen kann ich doch
auch noch. Es ist nun einmal mein Schicksal, daß ich von Einem Kranken
zum andern muß, ich thue es auch gern, und es schadet mir auch nicht.
Ich stelle mir vor, die gute Line hat noch wenig Zutrauen auf meine
Hülfe, weil ich sonst in Hülshoff ziemlich eselhaft bin, d. h. mich den
ganzen Tag auf meine Güter zurückziehe und blos zum Essen erscheine,
aber jetzt ist das ein Anderes, und ich will wenigstens mein Bestes thun.
Das arme Ding hat seine schwere Last mit den neun Kindern, der großen
Haushaltung, und jetzt dem kranken Manne dazu, aber sie weiß ihre Zeit

a Die Worte und Hülfe *sind durchstrichen.*

------

[1]) Infolge eines Sturzes auf dem Eise. Vgl. weiter unten und A. an
Schücking 1846 Febr. 7 (Th. Schücking 358).

gleichsam zu verdoppeln, thut mehr wie drei andere, und ist dabei immer heiter und gelassen. Ich habe sie recht lieb, und glaube sie hat mich auch gern, obwohl wir blutwenig mit einander verkehren, und wer es nur so ansieht, denken sollte wir machten uns nichts aus einander. Das macht die Verschiedenheit unsrer Beschäftigungen, und weil ich mich nicht in Sachen mischen mag, worin keine Hausfrau gern Einmischungen hat, wenn man ihr nicht zugleich von großer Hülfe sein kann, und dazu bin ich leider zu ungeschickt. Aber wenn ich mir auch auf der ganzen Welt eine Schwägerin aussuchen könnte, so nähme ich doch unsre alte Line.

Von Deinen Pettschaften habe ich bis jetzt noch keine weiter verkauft, es kommen zu wenig Menschen hieher, und der Kaufmann Meiners in Münster, der selbst elende kleine Agathstängelchen, mit silbernen Plättchen unten, fast zu gleichem Preise verkauft, und dem ich die Deinigen im Ganzen anbot, fand sie zwar sehr preiswürdig, fürchtete aber sie nicht absetzen zu können, da sein Hauptabsatz unter dem mittleren Bürgerstande und diesen das Versenden nach einer Schleiferei viel zu umständlich und kostbar sei, während ein Graveur in Münster ihnen in der Geschwindigkeit und für ein paar Groschen ein paar Buchstaben in die silbernen kratzt. Ich könnte die Deinigen jetzt recht gut den Bildern beipacken, aber da ich nach Hülshoff gehe, wo es immer von Besuchen wimmelt, hoffe ich sie dort noch unterzubringen. Geht dies nicht, so fallen ja häufig genug Gelegenheiten vor, sie Dir nach Bökendorf oder auch direct nach Herstelle zu besorgen.

Chodowieckys bekomme ich noch für Dich, und es ist mir höchst ärgerlich, daß ich sie nicht gleich mitschicken kann — bloße Schlodderei! aber nicht von meiner Seite. Die Wintgenschen[1]) habe ich aufgegeben. Engel Wrede, die vor einigen Wochen hier war, rieth mir davon ab, da die Frau v. Wintgen sehr argwöhnisch sei, und wenn sich Jemand um die Kupfer melde, gleich glauben würde es stecke wenigstens ein Königreich darin, und ich wolle sie über den Löffel barbieren. Dagegen bot sie mir selbst ganz umsonst eine Menge an, die in ein paar Dutzend alten Kalendern steckten, und die sie in den nächsten Tagen ausschneiden und mir schicken wolle. Sie hat es aber vergessen, und ist darüber nach Cleve gereist, nun muß ich warten bis zum Winter, dann giebt sie sie mir ganz sicher, denn sie macht sich gar nichts daraus. Weißt Du auch daß August mir eine von seinen russischen Nonnenarbeiten (die Du gewiß kennst) geschenkt hat? Die Auferstehung Christi. Das Bild war sehr ruinirt, Vieles daran losgeleimt, zerbrochen, zerdrückt, aber ich sah gleich ein, daß ich es wieder zurechtbringen würde, und nun ist es wunder, wunderschön geworden! Eine wahre Pracht! Wenn ich wieder

---

[1]) Nämlich die Chodowieckis der „Frau von W., einer Holländerin", von denen A. an ihren Onkel schon 1845 Nov. 22 schreibt (Kreiten IV, 350).

nach Bökendorf komme, will ich dem August das Seinige (was ebenso
gelitten haben soll) auch zurecht machen. Bis dahin jammert es mich
ordentlich, daß ich ein so schönes habe, und er nur ein zerbrochenes.

Den 26ten. So eben kommt Sophiens Brief an, und die Schachtel
für mich. Lieber, lieber Onkel! Wie reich machst Du mich! Wenigstens
zwei Drittel meiner ganzen Muschelsammlung sind allein Dein Geschenk,
und meine prächtigen Seegewächse fast sämmtlich. Ich habe die neuen
Muscheln gleich gewaschen mit Seife und einer weichen Bürste, und nun
sind die Farben erst recht heraus gekommen, sie sind wunderhübsch!
Wie groß und wohlerhalten ist die Davidsharfe, und das Ohr sehe ich
zum erstenmahle unverkalkt, in seiner schönen natürlichen Marmorfarbe.
Auch die Schnecken sind sehr schön und fehlten alle noch in meiner
Sammlung. Mama meint, ich wäre ganz aufgepustet vor Hochmuth und
Plaisir über alle meine Raritäten. Das wäre schlimm! Ich bin ohnedies
dick genug. Aber kömmst Du denn nicht mahl um meine Sachen anzusehn? Nach Neuhaus gehst Du doch nicht — „Spiegelberg, ich kenne
Dir!" Aber bis hieher dazu köntest Du Dich doch noch wohl resolviren!
Wie würden Werner und Line sich freuen. Von mir sage ich nichts. Adieu,
liebster Onkel, ich weiß nicht wo Du diesen Verschlag öffnen wirst, was
dann aber von lieben Verwandten zugegen ist, grüße 1000 mahl von Deiner
dankbaren Nichte Nette. Mama läßt noch 1000 mal grüßen.[a]

Orig. Baronin Elis. v. Droste. Seinem Inhalte nach kann der Brief nur
an Karl v. Haxthausen gerichtet sein, ebenso wie der Brief vom 22. Nov. 45 (bei
Kreiten IV, 350 irrig „an Werner v. H."), mit dem er sich eng berührt.

155. An die Schwester. — 1846 Juni 30. Juli 1.

Den 30ten.

Liebste Jenny, ich bin krank, kann gar nicht schreiben, und muß
doch, seit 14 Tagen, über meine Kräfte. Zwei Briefe an Dich, wovon
ich an dem einen zwei, an dem andern vier Tage mich geplagt hatte,
habe ich zerreißen müssen, weil unterdessen Alles anderst eingerichtet
worden war. Nun kann ich aber nichts mehr, und da Mama selbst kömmt,
kann sie Dir auch von allen Verwandten und Freunden zehnmal umständ-
licher selbst erzählen. Ich schicke Dir also für dieses mal nur dieses
wunderliche Blatt, was die inwendig vollgeschriebene Adresse Eines der
Briefe war, und allerlei enthält, was ich sonst abschreiben müste, und
mich wirklich in diesem Augenblicke gar nicht capable dazu fühle.
[Folgen Mitteilungen über die Verhältnisse der Familie Gaugreben].

Wie leid es mir thut, nicht nach dem lieben Meersburg zu kommen,
Dich, Laßberg und die lieben, lieben Kinder nicht sehn zu können, brauche
ich Dir nicht zu sagen; aber die Gründe sind überwiegend und lassen
mir keine Wahl. Gebe Gott, daß die homöopatische Kur unsern Hoff-

a Der letzte Satz am oberen Rande der ersten Seite.

nungen entspricht und meine Gesundheit endlich eine glückliche Wendung nimmt. Geschieht dies jetzt nicht, so muß ich mich drein ergeben, meine Unbequemlichkeiten bis an mein Grab zu tragen, und bin dann auch mit Gottes Willen zufrieden. Die erste Zeit werde ich noch wohl hier bleiben, um wenigstens die ersten Pulver recht in Ruhe wirken zu lassen, dann aber nach Hülshoff gehn, zu dem armen Werner, der nach meiner Ansicht recht miserabel da unten sitzt zwischen all dem Kinderlärm und doch, wenn er oben ist, Niemanden hat der ihm zur Hand geht. Mama hat wenig fiducit zu meiner Pflege und meint, wir würden zu viel disputiren; aber wenn ich auch bei Gesunden oft zu wenig Rücksichten nehme, so glaube ich doch nicht, daß man mir dieses bei Kranken nachsagen kann. Er scheint auch sehr zu wünschen daß ich komme. Gefährlich ist sein Uebel indessen gewiß nicht, lebensgefährlich wohl sicher nicht (da es nicht von innen heraus sondern durch einen Fall entstanden ist). Aber hoffentlich wird es auch keine bedeutenden Spuren zurücklassen, aber ich fürchte eine sehr langsame Kur. Bis zum Frühling sind wir indessen hoffentlich Beide so weit, daß ich reisen kann, und ich will es alsdann gewiß nicht an Fleiß fehlen lassen, mich nach einer Gelegenheit umzuhören, wäre es auch nur für einen Theil des Weges, etwa bis Coblenz oder Mainz. Ich mache mir nichts daraus eine gute Strecke allein zu reisen, gebe meinen Koffer auf die Post und nehme nur den Reisesack mit. Was kann mir dann Großes begegnen? höchstens, daß ich einmal das Dampfboot versäume und ein paar Stunden im Gasthofe auf das nächste warten muß, das wäre doch noch nicht alle Welt! Für den guten H. Hohbach will ich thun was ich kann. Es kommen jetzt immer so viele Herren Wernern zu besuchen, da werde ich oft Gelegenheit finden mein Netz für ihn auszuwerfen. Gundels[1]) Blümchen hat mich sehr gefreut. Das närrische kleine Ding! sie wird gewiß sehr gut zeichnen lernen! Ich schicke der Fürstin [2]) mein Daguerrotyp [3]), und hätte Dir auch so gern Eins geschickt, aber Mama wollte es nicht, sie findet sie gar zu abscheulich. Ich hatte deren vier machen lassen, und da Du nun keines haben sollst, habe ich der Fürstin das beste geschickt. Unsre Köchin sagt „Et likt gans akkroot, over o Herr! wat bedröwet!!" und der Amme ihr Caspar sagt: „Et is to einsam, vierl to einsam!!" Danke H. Hohbach doch für die Zeichnung, die mich sehr gefreut hat. Mein gutes Häuschen! wenn man es so ansieht, sollte man denken man könnte stehenden Fußes hinein ziehen, aber wenn man darin ist! „Und die Welt war ohne Licht (respective Fenster) und leer!"

Den 1sten July. Mama hat ihr Herzklopfen, worauf sie mit der Abreise gewartet hat, wird also noch heute fortgehn, und ich muß eilen

---

[1]) Ihre kleine Nichte Hildegund v. Laßberg.
[2]) Die Fürstin Salm.
[3]) Es ist das bei Hüffer zu S. 292 reproduzierte Bild.

diesen Brief in den Koffer zu bringen. Gott! wie wunderlich kömmt es
mir an, daß ich sie muß so allein reisen lassen, und gar nicht mitkomme
nach Meersburg, worauf ich das ganze Jahr schon meine Plane und Ein-
richtungen gemacht hatte! Ich bin recht betrübt! bitte, mache doch daß
Mama mir bald schreibt. *[Folgen Grüße]*.   Deine Nette.

Die verlangten Noten erhältst Du hierbei ... Ich habe, bei dem
Durchplundern der Noten, auch noch zwei Blätter gefunden, die zu den
Minneliedern von Regnart gehören. Ich fürchte nur, Laßberg wird verdrießlich wenn er sie sieht, weil das Buch schon gebunden ist, oder will
es deshalb ganz neu binden lassen. Könntest Du sie nicht heimlich ein-
pappen lassen? Es sind wie Du siehst die beiden äußersten Enden, das
erste und letzte Lied, und deshalb von dem pluddrigen Buche abgefallen. Mache nur nicht viel Reden davon, es wäre nicht gut, wenn Laßberg Jung die Lieder zeigte. Das beikommende Andenken von Onkel
Fritz mußt Du ja nicht gering achten, die Böckendorfer haben das Beste
geschickt was sie hatten, denn der Onkel hatte sich seit lange ganz in's
Rococo gesetzt, selbst seine Stöcke, Dosen, Pfeifen, Messer, Alles suchte
er Rococo zu bekommen, und hat verordnet, daß hiervon nichts weggegeben, sondern Alles im Senioratshause bewahrt werden soll. Die wenigen hübschen Sachen aus früherer Zeit hatte er längst weggegeben oder
vertauscht, so war wirklich gar Nichts da zum Verschenken, und dies
Etui das einzige Reputirliche. Die Tanten glauben Euch somit ein großes
Geschenk zu machen, und haben sich selbst mit zerrissenen Brieftaschen
et cet. beholfen. Ich schicke auch eine Schachtel mit allerlei Kleinigkeiten für die Fürstin. Sie hat mir so viel geschenkt, und ich muß mich
endlich etwas revangiren. Auch habe ich ihr schon mehrere Male von
den Sächelchen geschrieben, die ich für ihr Glasschränkchen sammelte
und mitbringen wollte, daß es wie Windbeutelei aussieht, wenn ich nun
nichts schicke, da ich, wenn ich im Frühjahr kommen sollte, und dann
meine geschnittenen Steine und Münzen mitbringe, in meinem Koffer kein
Platz bleibt. Sage ihr doch, ich hätte noch mehreres für sie, und auch
ein paar Kleinigkeiten für die Katzmann, aber dieses Mal keine größere
Schachtel unterbringen können. Das alte Buch mit den paar Bildern ist
das unglückliche, immer vergessene Buch für Stanz ... Von den zwei
Exemplaren meiner Gedichte ist das Eine ebenfalls für die Fürstin ...
Das Andere ist für mein liebes Lottchen Ittner ... Bitte, liebe Jenny,
besorge doch, daß Alles an den rechten Mann kömmt, und schicke mir
doch die Berechnung, was Du im Weinberge und für den Garten für
mich ausgelegt und durch den Verkauf des Weines noch nicht gedeckt
ist, damit ich es das nächste mal Deiner Pension beilege, denn leider
kann ich Dir mit Mama kein Geld schicken, da ich den armen Werner,
dem es schon so schwer wird, die nöthige Summe für Mama aufzubringen,
mich jetzt unmöglich entschließen kann zu mahnen. Wäre ich mitgereißt,

dann wär es ein Anderes, dann hätte er mir natürlich Geld geben
müssen. Sollte Dir übrigens Mama das Geld vorschießen, und Du es ihr
im Herbste aus dem Ertrage des Weines wieder abzahlen können, so
wäre mir das für dieses mal wohl lieb. Ich habe diese zwei Jahre sehr
schwere Ausgaben gehabt. Hüffer hatte Wernern nämlich, als er ihn
fragte „ob die 1ste Auflage meiner Gedichte bald vergriffen sei?" dies
nur aus Höflichkeit bejaht, ohne zu ahnden, daß ich eine zweite veranstalten wollte. Nun bin ich im vorigen Jahre genöthigt gewesen, wenn er
mich nicht verklagen sollte, den ganzen Rest der alten Auflage (für 63
Thaler) ihm abzukaufen[1]), und in diesem Jahre habe ich als Pathen-
geschenk für die kleine Elisabeth 100 Thaler für sie in die Versorgungs-
anstalt eingesetzt. Das sind große Posten für mich, und Du kannst denken, daß ich dabei nichts Weiteres habe zurücklegen können. Sollte
dieses Jahr aber ein vorzügliches Weinjahr werden, und Vortheil dabei
sein den Wein liegen zu lassen, so thue dies ja, denn wenn ich es
recht bedenke kann ich Dir in ein paar Monaten das Geld doch wohl
schicken. Die großen Ausgaben sind ja nun verschmerzt und kommen
nicht wieder. Schicke mir nur die Berechnung.

**Orig. Meersburg. Mit der Schere geschnittenes Kuvert, innen und
außen beschrieben, auf der Außenseite quer geschrieben „An Frau von Laßberg".
Auszug Hüffer 315.**

156. An Schlüter. — [1846 Juli?]

Mein liebster Freund!

Ich habe die drei Flaminier schon rein verzehrt, mit Ausnahme
eines großen Theils der Psalmen, die mir in der unmetrischen aber wörtlichen Uebersetzung, wie ich sie seit so vielen Jahren gekannt und verehrt
habe, nun einmahl mehr zu Herzen gehen. Der Marcus Antonius[2]) ist
ein großes Dichtergenie, obwohl peinlicher Nachahmer, wie alle die sich
in eine so graue Zeit wagen (mag diese sich nun germanisch, griechisch,
römisch, oder anderartig nennen), für deren feinere Verhältnisse und Sitten
uns nur so wenige Data zu Gebothe stehn, neben denen rechts und links
Alles grauer Nebel und jeder Tritt nebenher ein muthmaßlicher Fehltritt
ist, oder wenigstens dafür gehalten werden würde, da nur wenige es bedenken, daß die Alten doch Menschen waren wie wir, und, wo nicht
Sitte oder Gesetz ihren Gefühlen und Handlungen eine uns entschieden
fremdartige Richtung gaben, man doch wohl mit dem alten folgerechten
Gang des Menschen-Herzens und -Handelns nicht so leicht fehlgreifen würde.

---

[1]) Vgl. oben S. 270 und A. an Schücking 1845 März 5 (Th. Schücking 338).
[2]) Hüffer 360: Hr. Dr. Eschmann macht mich darauf aufmerksam, daß
Schlüter die Bemerkungen A.'s in die Vorrede seines Buches: „Marcus Antonius Flaminius und seine Freunde, Mainz 1847" aufgenommen hat.

Die Römischen Poeten hatten übrigens (fast wie die Musiker der alten strengen Schule) sich in sehr hemmende Formen abgesperrt, wo man, selbst bei den größten Genien, oft das Anschlagen der Flügel an die Schranke durchfühlt; für gewisse Gefühle gehörten gewisse Redensarten, für manche Dinge gewisse stehende Vergleiche, sogar manche Substantiva hatten ihre unabwendbaren Adjectiva; der Reif ist immer cana, die Aepfel immer roscida et cet. et cet., so wie jedes grausame Herz gefragt wird, ob Felsen es geboren oder eine lybische Tiegerinn es gesäugt habe, und so wie es schwerlich einen derselben gibt, der nicht mehr als einmahl, um auf seine ländlichen oder poetischen Beschäftigungen zu kommen, uns erzählt, „daß er sich nicht damit abgebe, den Lauf der Gestirne, die Ursachen der Jahreszeiten, den Grund der Ebbe und Fluth oder (als Variante) die Kriege der Könige zu ergründen“. Ein Uebelstand, der nicht nur manchen schönen Vers, aus dem wir sonst noch hätten lernen können, verzehrt, sondern auch wirklich jeden Nachahmer, dem es um getreues Copiren zu thun ist, zwingt, sich desselben Leistens zu bedienen, wenn man ihn nicht als Bönhasen erkennen soll, was dann freilich seine Gedichte weder kurzweiliger noch origineller macht. In diesen Nothstall hat sich nun Marcus Antonius fast zu geduldig sperren lassen, namentlich den Tibull zu unablässig vor Augen gehabt; um so mehr muß man die Kraft eines Talents bewundern, das sich den abgetretensten Pfaden fügend, doch in jeder Bewegung seine Eigenthümlichkeit, seine hohe Lieblichkeit und den Glanz einer Phantasie, die jene seiner Vorbilder weit übertrifft, geltend zu machen weiß. Sie haben Recht, lieber Freund, er steht nicht nur den Besten der alten Dichter gleich, sondern er erreicht fast bei jedem Anlaufe das Beste, was jenen nur ausnahmsweise gelungen ist, d. h. in dem von ihm gewählten Fache, was freilich nicht das Allerhöchste ist, und dann nur, wenn er seinen Pegasus nicht ins Joch der Lobhudelei und endloser Bekomplimentirungen spannt, eben auch ein Nothstall, seiner Zeit angehörend, und nicht zu umgehen. Unter all dem Lieblichen sind aber doch die Hirtengedichte das Lieblichste; die des Virgil (freilich auch seine schwächste Seite) machten sich geradezu hölzern dagegen. Tibull hat Stellen, die ihnen gleich kommen. I. Buch 1. u. 10. Eleg., II. Buch 5. Eleg. aber nur Stellen, Uebergänge zu Anderm, dennoch — doch ich muß aufhören, ich schreibe mich sonst rein zu Schanden, obwohl mir übrigens doch täglich merklich besser wird. Vivat mein Homöopath! nur das Gehen, das Gehen, das will noch nicht. Adieu, theuerster Freund, wann kommt Ihr denn, Ihr liebes Volk? Laßt mich nicht so gar lange warten; ich freue mich so sehr auf Euch. Liebster Professor! liebstes Thereschen! mir ist ganz anders zu Muthe, seit ich Euch wiedergesehn habe, ich war doch recht niedergeschlagen und nun bin ich fröhlich! und auch hinsichtlich meiner Gesundheit so hoffnungsreich! und eigentlich ohne hinlänglichen Grund, denn das Bedenkliche bei der Sache ist und bleibt doch die Engbrüstigkeit und die bin ich keineswegs los! aber freundliche Gesichter und freundliche Reden aus liebem Munde haben eine große Macht. Adieu, Ihr Lieben, Guten, Vater, Mütterchen, Thereschen, mein Professorchen allemahl oben an! Eure treue Nette.

PS. Morgen geht es an die Lusiade! N. B. was ich wegen der Novelle der Schücking gesagt, behaltet doch für Euch. Mir ist natürlich nichts lieber, als wenn andere Leute es nicht merken.

Orig. Prof. Jostes. Schlüter 124. Das bei Schlüter beigefügte Jahr 1839 ist zweifellos falsch, da an einer bei Schlüter fehlenden Stelle von „der Novelle der Schücking" die Rede ist. Das kann natürlich nicht vor der Verheiratung Schückings mit Luise v. Gall (1843 Okt. 7) geschrieben sein. Hüffer 312 setzt den Brief bestimmt in den Juli 1846.

157. An Schlüter. — [Rüschhaus 1846 August].

Mein lieber, gelehrter Freund!

Sollte ich Ihnen wirklich eigenmündig Veranlassung gegeben haben zu glauben, ich könne den Leonidas in der Ursprache lesen? oder trägt die große, geistige Elle die Schuld, an der, wie der Fuchs beim Messen den Schwanz, so Sie den glänzenden Schweif Ihr[er] eignen Vielwissenschaft zugeben? Sed non cuivis contingit adire Corinthum! Ich kann elendiglich wenig Griechisch, in meinen besten Glanz- und Uebungsjahren kaum über die Fibelschützerei hinaus und jetzt wieder schmählich dahin zurückgesunken. Kurz, ohne den großen Trost der lateinischen Erläuterungen würde ich kaum begriffen haben, wo die Glocken hangen und bin auch jetzt noch bei Manchen nicht ganz sicher darüber. Von einem eigentlichen Urtheile kann also nicht die Rede sein, doch haben mir manche der Gedichte des Tarentiners einen etwas vagen Begriff von Schönheit gegeben, und zugleich die Erinnerung erweckt, als habe ich viele derselben vor langen Jahren in einer sehr guten Uebersetzung gelesen. Das Buch hieß „Tempe", eine sehr schöne Auswahl von Weihgedichten, Distychen, lauter kleines Volk, alle aus dem Griechischen; zwei dicke Octavbände; Verfasser quasi anonym, d. h. mit zwei Buchstaben bezeichnet. Mein Onkel Werner hat es in meinen Kinderjahren in die Hülshofer Bibliothek gestiftet. Ich las es damals und merkte doch schon, daß es schön sei, seitdem ist es mir aber aus den Augen und Gedanken gekommen; sollte es sich noch vorfinden, so schicke ich es Ihnen, wenn ich dort bin; es wird Sie doch zu lesen freuen.

Damit Sie nun nicht wieder in solche extravagante Ideen von meiner Gelehrsamkeit verfallen, will ich Ihnen meine Sprachkenntnisse (leider zumeist Unkenntnisse) darlegen: Latein können Sie mir immer schicken, Französisch natürlich auch, das ist ja jetzt so unerläßlich, wie früherhin schlichtweg Lesen und Schreiben. Holländisch werden Sie mir nicht schicken, sonst das verstehe ich auch. Italiänisch und Englisch? schlecht! schlecht! doch Letzteres etwas besser. Ich habe in beiden Sprachen keinen Unterricht erhalten, sondern mir nur selbst so ein wenig

zurecht geholfen und bin jetzt seit länger als zwanzig Jahren ganz außer
Uebung und Dictionar. Doch schlage ich mich durch eine leichte italiä-
nische Prosa noch allenfalls durch, wie ich vor Kurzem an den „Verlobten"
des Manzoni erprobt habe; Poesie aber, besonders mit veralteten Ausdrücken und ungewöhnlichen Constructionen, ist für mich jetzt fast gänzlich
ohne Genuß. Mit dem Englischen steht es etwas besser und ich nehme
es noch allenfalls mit einem Poeten auf, doch werden mir immer hier
und dort Worte fehlen, und ich kann dann nur mit betrübtem Seufzen
nach der Stelle sehn, wo ehemals ein Dictionar gestanden. Sehen Sie,
liebster Freund, so mangelhaft sieht es bei mir aus, und ich mag meine
Halbkenntniß nur ganz geheim halten und im Stillen doch hier und da
ein kleines Profitchen daraus ziehn.

　　　Nachmittags 6 Uhr. Liebster Schlüter, ich war grade recht
schreiblustig und im Zuge, da kam mein Bruder, blieb bis diesen Augenblick, und nun muß ich alle meine schönen Gedanken binnen behalten
und das Paketchen schleunigst zur Bothenfrau besorgen. Ich schicke
Ihnen vier Exemplare meiner früheren Ausgabe, verlangen Sie noch mehrere, so lassen Sie es mich nur wissen. Mein Bruder treibt sehr auf
meine Herüberkunft; über 14 Tage, höchstens drei Wochen, werde ich
nicht mehr zögern dürfen; wenn Sie mir also wirklich das Muschelbuch[1])
leihen wollen, so bitte, schicken Sie es mir jetzt; später in Hülshoff wäre
es mir zwar auch noch angenehm und nützlich, aber der Hauptzweck,
das Ordnen meiner Sammlung, müßte dann wegfallen. An den Jacopeo
da Todi[2]) werde ich gewiß denken. Tausend Liebes an Ihre lieben Eltern und mein Thereschen. Es erleichtert mir den Abschied von meiner
geliebten Einsamkeit ungemein, daß ich von Hülshoff aus viel leichter
zu Euch kommen kann. Das Gedicht[3]), was ich das Ihrige nennen möchte,
da es ja einzig für Sie geschrieben wird, hoffe ich Ihnen noch vor Ihrem
Ausfluge schicken zu können. Es bedarf dazu nur einer einzigen völlig
freien Stunde, unbehindert von Beklemmung oder Kopfweh, und die sind
freilich jetzt seltne Vögel und Niemand weiß, wann sie kommen. Adieu,
mein liebstes Professorchen, Adieu, ich werde gedrängt zu schließen. Mit
alter Treue Eure Nette.

　　　Orig. Prof. Jostes. Schlüter 121, wo der undatierte Brief vermutungsweise 1839 angesetzt ist. Richtig angesetzt von Hüffer Deutsche Rundschau XXIV
(1898) 177. Offenbar in Rüschhaus geschrieben, da sie von „Abschied von ihrer
geliebten Einsamkeit" spricht, vor dem 21. August, da von diesem Tage Schlüters
Antwort (Prof. Jostes) datiert ist.

---

　　　[1]) Schlüter 211: „Ein Band der alten, bescheidenen Naturgeschichte von
Hellmuth in neun Bänden."
　　　[2]) Schlüter 211 verweist auf die Ausgewählten Gedichte Jacopones da
Todi, die er 1864 mit Storck in Übersetzung erscheinen ließ und fügt bei: „Es
gelang der Dichterin nicht, das äußerst seltene Buch aufzutreiben."
　　　[3]) Nach Schlüters Anmerkung das Gedicht von der schmachtenden (genauer „ächzenden") Creatur. Vgl. A. an Schlüter 1846 April 13.

158. An Sophie v. Haxthausen. — [1846 August.]

Rüschhaus d ª.

Liebste Sophie. Ich muß doch gegen Dich, altes Herz, mahl wieder ein Lebenszeichen geben, obwohl mir das Schreiben recht sauer wird, denn ich bin eigentlich tüchtig unwohl schon vor Mamas Abreise, weshalb ich denn auch nicht mit konnte, da ich schon, wenn ich nur nach Hülshoff fuhr, den ganzen folgenden Tag zu Bette liegen mußte. Mama merkte es nicht so, und reiste ganz wohlgemuth ab, und das war mir auch recht lieb, denn ihr in der letzten Zeit so vermehrtes Herzklopfen kam doch gewiß von alle dem Trübseligen in diesem letzten Jahre, und sie mußte durchaus mahl in ganz andre Umgebungen. Gottlob hat sie die Reise sehr gut überstanden. Die erste Nachricht davon, durch einen Brief Jenny's, hat Euch Linchen mitgetheilt, nun habe ich vorgestern einen Brief von Mama selbst, vom 17ten datirt erhalten. Sie hat ihr Herzklopfen unter Weges nicht gehabt, und sich überhaubt bis Freiburg gar nicht angegriffen gefühlt, was sie denn so courageus gemacht hat. daß sie, statt einen Hauderer zu nehmen, sich auf die Schnellpost gesetzt hat, und zwei Tage und eine Nacht durchgefahren, aber dann auch tüchtig herunter in Meersburg angekommen ist. Doch hat dies weiter keine Folgen gehabt, als daß ihr Herzklopfen das nächste Mal etwas zu früh gekommen ist, sonst scheint sie munter und sehr lebendig und aufgeschickt mit Allem in Meersburg. Marie, die ein Briefchen an mich beischloß, schreibt dasselbe, was mich doch ganz beruhigt hat, denn Mama selbst klagt nicht leicht.

Jenny und Laßberg waren bei ihrer Ankunft im Bade zu Ueberlingen, was Mama wohl wußte, denn Jenny hatte es ihr geschrieben und gebethen ihre Abreise bis zu ihrer Zurückkunft zu verschieben. Weil aber schon alles gepackt oder zum Theil schon fortgeschickt war. mochte Mama nicht länger warten und überraschte (da Ueberlingen auf dem Wege liegt) die Beiden, wo dann große Freude gewesen und Jenny auf einige Stunden mit nach Meersburg gefahren ist, dann aber zurück, und ich glaube, es war Mama recht lieb, daß sie sich in der ersten Zeit ganz ungenirt in Meersburg ausruhn, und ebenso ungenirt ihren alten Bekanntschaften, die Laßbergen nicht Alle angenehm sind (namentlich meine arme liebe Salm nicht), nachgehn konnte, was sonst immer Umwege braucht. Die Salm hat sich auch gleich eingestellt, und Mama ist nach einigen Tagen zu ihr hinausgefahren, und hat sich beide Male prächtig amusirt. Das hat sie doch erst weg, und das freut mich! Du mußt aber nicht denken, als legte Laßberg Maman etwas in den Weg, sie wird vielmehr auf Händen getragen, aber es bleibt doch immer ein drückendes Gefühl, einem Hausherrn Leute, von denen man weiß daß er sie nicht

ª *So in der Abschrift, das Datum fehlt.*

mag, zu stark in's Haus zu gewöhnen, so daß er sie nachher, wenn man
fort ist, nicht wieder los werden kann, und insoweit ist die Verschiedenheit unseres und seines Geschmacks allerdings mitunter peinlich. Seit
dem 12ten sind die Badenden nun wieder zurück, Laßberg sehr wohl nach
dem Bade, Jenny aber mit einem abscheulichen Husten, der sie schon
seit zwei Monaten plagt und von einer Art Grippe zurückgeblieben ist.
Zum Glück haben sie dort einen sehr geschickten Arzt, der ihr etwas
verschrieben und ihr eine spanische Fliege auf die Brust gelegt hat, wonach es denn seit zwei Tagen um vieles besser war. Ich weiß nicht,
wie jetzt alle Leute so kränkeln, man kommt gar nicht aus der Sorge
heraus!

Mit Werners Knie ist's doch, Gottlob, jetzt um vieles besser, aber
sie haben den armen Schelm tüchtig gequält ... schon deshalb hätte ich
mich nicht zur Abreise entschließen können, denn mir war ganz bange
bei der Sache, und ich dachte bei ihm in Hülshoff zu bleiben (wo auch
schon ein Theil meiner Garderobe ist), fuhr aber noch einmal mit Mama
hieher, um die letzten Tage vor der Reise noch mit ihr zusammen zu
sein, wo ich dann so unwohl wurde, daß ich wohl einsah, daß ich ihnen
in diesem Zustande in Hülshoff nur zur größeren Last sein müßte, denn
ich bin wirklich nicht viel besser dran wie Anno 29, wo Du, gutes Herz,
mich in Münster so getreu gepflegt hast, nur daß ich gar nicht aprehensiv bin, was denn auch macht, daß die Beängstigungen viel schneller
vorübergehn. Leider ist Bönninghausen die ganze Zeit über verreist gewesen, und ich habe erst gestern das erste Pülverchen nehmen können.
Sobald ich besser bin, gehe ich wirklich nach Hülshoff, aber eher nicht,
denn ich kann jetzt gar kein Geräusch vertragen, und hier ist's so schön
stille und ich langweile mich gar nicht, sondern z e i c h n e in den besseren
Stunden, und möchte so gerne ein kleines Buch mit eigenen Composi-
tionen für August zu Stande bringen. Er hat mich immer so zum
Zeichnen angetrieben, darum denke ich, es freut ihn vielleicht. Grüße
ihn herzlich von mir, sowie auch die andern Lieben, Dine, Ludowine,
Luise, Alle. Deine Nette.

Abschrift in Hüffers Nachlaß, mit einer Notiz von Hüffers Hand:
„[9. August] Poststempel Münster"; ursprünglich scheint „19. August" da gestanden zu haben, und so wird auch der Brief in einer handschriftlichen Übersicht Hüffers datiert, an anderer Stelle (Hüffer, Annette 316) dagegen 9. August.
Allem Anschein nach ist der Brief erst einige Zeit später, nachdem er geschrieben wurde, zur Post gegeben worden, denn „vorgestern" hat A. den ersten Brief der am 1. Juli nach Meersburg abgereisten Mutter erhalten, „vom
17. [Juli] datiert", und „gestern" hat sie „das erste [homöopathische] Pülverchen" genommen, das zweite aber nahm sie (laut Brief an ihre Schwester vom
7. August) am 6. August.

159. An die Schwester. — Rüschhaus 1846 Aug. 7.

Rüschhaus d. 7ten August 46.

Liebste Jenny. Seit ich zuerst Deinen, und dann der lieben Mama Brief erhielt, hat es mir wie ein Stein auf dem Herzen gelegen daß ich antworten müste, und habe es doch nicht gekonnt, denn ich bin tüchtig krank gewesen, und hatte noch dazu meinen Homöopathen nicht, der auf längere Zeit verreißt war. Jetzt ist er seit 14 Tagen wieder da, und sein erstes Pulver hat mir wieder wunderbar gut gethan. Gestern habe ich das zweite genommen, was mich tüchtig angreift, ich denke desto besser wirkt es nachher! Liebe Jenny! Du schmählst mich so aus, und es war doch wirklich nicht so unvernünftig, daß ich hier blieb, da ich recht gut fühlte was mir in den Gliedern lag. Glaub' nur, ich habe eine tüchtige tour abgemacht in diesen fünf Wochen, fast so arg wie damals (Anno 29) in Münster, und was hätte ich nun ohne Bönninghausen anfangen sollen, da ich schon so unglücklich darüber war, daß ich ihn nicht gleich haben konnte! Gleich nach dem Einen Pulver habe ich das Fieberhafte ganz verloren, und Apetit und Schlaf bekommen. Wäre ich nur den Schleim aus dem Halse los, und könnte wieder gehen, dann wäre ich hergestellt. Ich zweifle aber nicht daß das auch bald nachkommen wird. Die Ruhe thut auch viel! Du glaubst nicht wie still ich hier lebe. Niemand weiß recht ob ich hier oder in Hülshoff bin, und so bleibe ich ganz ungestört, was mir sehr recht ist, denn wenn man krank ist, kann man sich nicht damit abracken [!] die honneurs zu machen. Die Hülshöfer Kinder waren einmal hier, öfter nicht, denn ich habe ihnen alle meine Stachelbeeren nach und nach geschickt. Werner war zweimal zu Wagen hier, gestern das letzte mahl. Er war sehr freundlich und sah gut aus. Wegen seines Kniees geben die Aerzte die beste Hoffnung. *[Folgen eingehende Mitteilungen über sein Knieleiden].*

Die betrübte Nachricht von Wilhelm Asseburgs Tode habt ihr ohne Zweifel schon durch Werner. Er ist nur fünf Tage lang krank gewesen, an der Gallenruhr. August Mannsberg, der auch in Groswardein ist, hat ihn zum Tode vorbereitet und gesorgt, daß er mit den heiligen Sakramenten, durch den Domprobst Hohenlohe, versehen ist *[laut der eingerückten Todesanzeige handelt es sich um Wilhelm Asseburg, Leutnant im K. K. Ulanen-Regiment Fürst Schwarzenberg, † 29. Juni im 26. Lebensjahre].*

Unsers blinden Bischofs[1]) trübseliges Leben ist denn auch beendigt. Heute wird er begraben, und unser Jennchen ist deshalb nach Münster. Besonders kranker als sonst ist er vorher nicht gewesen, nur so immer schwächer geworden, und zuletzt ausgegangen wie ein Licht.

---

[1]) Caspar Max Droste zu Vischering, † 1846 Aug. 3. Georg Kellermann (1776—1847) wurde als sein Nachfolger gewählt, starb aber noch vor der Weihe schon nach wenigen Monaten.

Man hat dies in der letzten Zeit täglich erwartet, und doch ists allen Leuten
nun ganz wunderlich und betrübt, daß er wirklich fort ist. Ueber seinen
Nachfolger hat man noch gar keine bestimmten Ahndungen. Der Dom.
probst und Generalvikar Melchers [1]) macht sich wohl große Hoffnung darauf,
aber man wünscht ihn nicht. Er ist kein übler Mann, auch sehr be-
wandert in den Geschäften und von guten Grundsätzen, aber zu schlau
und eitel, als daß man so den rechten nöthigen Respeckt vor ihm haben
könnte. Den Dechant Kellermann wünschen sehr Viele, andre meinen,
seine Gesundheit sei nicht fest und seine Gewandtheit nicht groß genug,
die Geschäfte würden ihn erdrücken. Der Adel säh wohl Niemanden lieber
als Wilhelm Kettler [2]), und bedauert nichts mehr, als daß er nicht zehn
Jahre früher Priester geworden ist, und schon die eine oder andre
Dignität erlangt hat. Aber da wird wohl Nichts zu machen sein, aus einer
Kaplanei auf den bischöflichen Stuhl ist doch ein gar zu großer Schritt!
Kurz, man weiß halt noch Nichts, und während die Andern sich hinter
den Ohren kratzen und überlegen, wird Melchers wahrscheinlich die nöthigen Schritte thun und an einem schönen Tage Bischof sein.

Der Oberpräsident Schaper kömmt auch fort, und wir wissen auch
schon wen wir wieder bekommen: Den Minister Flotwell [3]). Dies wird
Maman interessiren, denn ein Zögling und großer Liebling Flottwells war
im letzten Jahre viel in Rüschhaus. Er heißt Kühnast und ist Assessor.
Mama kann Dir von ihm erzählen. Er war intimer Freund im Rüdigerschen Hause und machte den Postillon d'amour zwischen mir und der
Rüdiger, auch wie sie fort war brachte er mir wöchentlich Bücher und
Nachrichten, und war grade im Hause als Mama abreiste. Am nächsten
Tage schickte er mir einen ganzen Ballen Bücher, nebst einigen Zeilen,
woraus ich sah daß er darauf rechnete seine wöchentlichen Gänge fortzu-
setzen. Dies war mir aber gar nicht recht, da ich Eremit zu werden
dachte, ich schickte ihm also nach einigen Tagen seine Bücher zurück,
mit der Bitte mir keine wieder zu schicken, da ich nach Hülshoff zöge.
Seitdem habe ich nichts mehr von ihm gesehn noch gehört. Jetzt wird
er aber eine wichtige Person in Münster und die rechte Hand des neuen
Oberpräsidenten werden, d. h. wenn er nicht versetzt wird, woran er
grade arbeitete, da Manches vorgefallen war, was ihm den Aufenthalt
dort verleidete. Er ist ein guter, kluger und sehr geschickter Mensch,
aber interessant nicht besonders.

---

[1]) Der Onkel des späteren Kölner Erzbischof Paulus M., Franz Arnold
(1765—1851), Generalvikar schon 1826, Dompropst 1846. Während der Sedis-
vakanz war erKapitular-Vikar. Raßmann 208. Der Satz, er werde „die nöthigen Schritte thun und an einem schönen Tage Bischof sein," hat sich nicht
bestätigt.

[2]) Der nachmalige Bischof von Mainz, damals Kaplan in Beckum.

[3]) Eduard Heinrich v. Flottwell (1786—1865), seit 1844 preußischer
Finanzminister.

Sobald Mama abgereist war, brach hier umher das Nervenfieber aus
*[folgen verschiedene Krankheits- und Todesfälle, langer Bericht über einen Brand
in der Nachbarschaft usw.].* Sage Mama'n doch, die Thabouillot sei vorläufig aus Münster fort, in Düsseldorf (oder Elberfeld) mit ihrem Kinde
zum Besuch bei einem sehr reichen und sehr von ihr eingenommenen
Onkel, einem Kaufmann, bei dem sie förmlich das Amt eine. Rechnungs-
führers verwaltet ...

Nachmittags. Jennchen ist vom Begräbniß des Bischofs, dem
gleich die feierlichen Exsequien gefolgt sind, zurück. Er ist im Dom,
zwischen den alten Bischöfen, begraben. Sie kann nicht aufhören von
der unzählbaren Menschenmasse, und überhaupt der großen Feierlichkeit.
Denk Dir, unser Werner ist auch mitgegangen, und hat die ganze Le-
vitenmesse ausgehalten! Soviel sollte er seinem Knie doch nicht bieten.
Gesprochen hat sie ihn nicht. Linchen hat sie nicht gesehn, „sie hätte
die Damen nicht untereinander kennen können, sie wären Alle überein
pechschwarz gewesen" ... Gestern ist der Weitzen eingefahren, sechs
kleine Fuder, er scheint sehr vollkörnig. Der Roggen ist schon zu Hause,
drei Fuder, die Körner etwas klein, das Stroh sehr lang. Der Flachs
steht prächtig, Aepfel bekommen wir ziemlich viele. Sage Mama, die
beiden kleinen Kätzchen hätten wir verschenkt, das dreifarbige an Korten-
kempers, aber schon wieder ein neues Tricolörchen, von der jüngsten
Tricolor-Madame. Gott! welche Hitze! Heut um 7 schon 21 Grad, und
um 12 27. Das wird ein gutes Weinjahr geben! Aber wäre es dann
nicht Schade, den Wein von der Trotte zu verkaufen? Wegen des Geldes
brauchst Du es nicht, das will ich wohl besorgen, wenn ich nur weiß
wie viel es sein muß; wenn es nämlich sonst vortheilhafter ist, den Wein
in guten Jahren aufzulegen, ich verstehe das nicht. *[Folgen noch einige Erkundigungen und Grüße]* von Deiner Nette.

Orig. Meersburg, Oktavblatt, sehr schön und deutlich geschrieben, auf
der Rückseite die Adresse. Poststempel Münster 8. 8. Erwähnt Hüffer 317.

160. An Schlüter. — Rüschhaus 1846 Aug. 28.

Rüschhaus den 28ten August 46.

Liebster Freund!

Ich bin auf dem Punkte nach Hülshoff auszuwandern. Mein guter
Bruder will es so und hat Recht daran; denn so verführerisch, ich möchte
sagen, betäubend lieblich mein Klausnerleben auch ist, so ist es doch
allerdings nicht geeignet, Jemanden, der sehr an den Nerven und noch
mehr an Apprehensionen leidet, wieder zurecht zu helfen. Also in Gottes
Namen! Ich schicke den Helmuth mit vielem Dank zurück; er hat mir
viel genützt, so geschwind er sich von der Sache abmacht; denn mein
Wissen war hier wieder gar arges Stückwerk, ohne Ordnung und System
rein Aufgeschnapptes! und es hat mich sehr gefreut, endlich einmal etwas

wenn auch Kurzes, doch Gründliches darüber zu lesen. Die beiden Lateiner nehme ich mit, ich stecke mitten darin, in Beiden, und sage jetzt
kein Wort darüber, nur so viel: Beide haben ihren Werth, aber Einer
derselben macht mich halb närrisch vor Vergnügen. Was für ein liebes,
liebes Thierchen von einem Buche! aber welches[1]) sage ich nicht.
Sollten Sie es nicht errathen? ich kann mir nicht denken, daß wir nicht
denselben Geschmack hätten. Liebster Freund, Sie sehen, wie unmöglich
es mir ist, ein Paket an Sie ohne einige Worte herzlichen Grußes abgehn
zu lassen, mag meine Zeit auch noch so beschränkt und das Schreiben,.
wie hier, durchaus unnöthig sein. Ich schreibe Ihnen, als würden Sie
diese Zeilen in einer Stunde lesen, und weiß doch, daß sie in ihrem ver-
schlossenen Zimmer noch 8—10 Tage Quarantaine halten und wahrscheinlich mit dem zweiten die Lateiner enthaltenden Pakete zugleich in den
Hafen Ihrer Hände einlaufen werden; aber ich wünschte die Bücher vor
meiner Abfahrt abzusenden, da in Hülshoff nur wöchentlich einmal (Sams-
tags) regelmäßige Gelegenheit, und der Bothe dann oft schwer bepackt
oder doch mit Commissionen überladen ist; und, wie gesagt, ein Packet
an Sie, ohne ein beschriebenes Blättchen darin, kommt mir wie ein halber
Verrath und eine ganze Unmöglichkeit vor. Adieu, liebster bester Freund,
meine Rosse stampfen und schnauben. Ich befürchte einiges Heimweh
nach Rüschhaus; es bleibt hier gar Vieles zurück, viel Erinnerungen, viel
Träume, mein ganzes liebes Zusammenleben mit mir selbst unter blauem
Himmel und Waldesgrün; und dann, was wird aus Thereschens und
meinem schönen Zweisiedler Projeckt? und aus dem zweiten Besuche
meines Professorchens, auf den ich mich so gefreut? Sie zweifeln wohl
nicht, daß, wenn es bei mir gestanden hätte, noch vierzehn Tage zuzu-
setzen, ich gewiß alle Stricke dazu würde angespannt haben; aber ich
habe meinen guten Bruder schon so oft mit Ausflüchten heimgeschickt,
daß ich selbst fühlen muß, es geht nicht mehr ohne wirklich ernstliche
Verletzung seiner Liebe und Geduld. Mein Trost ist fortan die fast
wöchentliche Fahrgelegenheit nach Münster, wo ich mich denn doch mitunter werde einschmuggeln können. Adieu, liebster Freund, Allen 1000
Liebes von Eurer Annette.

    Orig. Prof. Jostes. Gedr. Schlüter 194. Antwort auf den Brief Schlüters
1846 Aug. 21 (Orig. Jostes).

161. An Schlüter. — Hülshoff 1846 Sept. 5.

Hülshoff, 5. Sept. 1846.
    Mein liebster Freund!
    . . . Ich bin in Hülshoff und recht krank, an Allerlei, am plagend-
sten an meinem nervösen Kopfweh, das seit sechs Tagen völlig Ueber-

---

    [1]) Nach einer im Orig. von anderer Hand beigefügten Bemerkung „Deliciae
veris von dem Jesuiten Bissel, beschreibende und erzählende Elegien in Duodez".

hand genommen hat. Ich kann Ihnen deshalb für dieses Mal nur die Hand drücken und weiter nichts. Alles Andere, Brief und Gedichte, später gern und vollständig. Betet doch ein wenig für mich, Ihr meine Lieben. Der Schmerz nimmt mir so oft die Gedankenklarheit zum brünstigen Gebete, wenn ich es grade am Nöthigsten hätte. Adieu Vater, Mutter, Therese und Christoph, mein liebster, mein bewährtester Freund. Ich habe Euch sehr lieb, das wißt Ihr wohl, aber schreiben kann ich heut nicht mehr. Eure treue Nette.

Bruchstück Schlüter 200.

162. An Werner v. Droste-Hülshoff. — Meersburg 1846 Oct. 24.

Meersburg 24ten Oct. 46.

Wie hast Du, lieber Bruder, nur einen Augenblick denken können, ich sähe Dein Bestreben mich über meine Aprehensionen wegzubringen, und dadurch meine Genesung zu beschleunigen, für einen Mangel an Theilnahme an! Nein, alter Junge, so verkehrt kann ich mein Lebtage nicht werden; ich sah Deine Absicht recht gut ein, und auch wohl daß Du Mitleid mit meinen wirklichen Leiden hattest, obwohl Du sie für ungefährlicher hieltest als ich. Ich bin denn nun hier in den Händen desselben geschickten Arztes der Jenny so gut hergestellt, und von dessen Arznei Mama bei ihrem letzten Herzklopfen große Linderung verspürt hat — zwei Dinge die mir allerdings Zutrauen einflößen. Ich habe auch schon zwei Flaschen Medizindreck herunter, und mehrere fatale Umstände, z. B. das Fieber Abends, die Nachtschweiße, sind bereits darnach verschwunden, und das allgemeine nerveuse Unbehagen ist auch sehr gemildert. Der Doctor hat jetzt nur noch mit meiner Engbrüstigkeit, Husten und Schleimandrang zu kämpfen. Er sucht dieses mein Hauptübel durchaus nicht in der Lunge, sondern in einer beständigen Schwäche und bei jeder Gelegenheit eintretenden Entzündung der Schleimhäute, wozu dann noch Schwäche des Unterleibes und der Nerven käme. Auch die Milz scheint er (wie Böninghausen und Grasso) im Spiel zu glauben, denn er griff gleich nach derselben Stelle und fragte, ob ein Druck dort mir weh thue, und als [ich] dies bejahte, sagte er, auf meine Nachfrage: „dort liege die Milz". Sonst aber spricht er mich von jedem örtlichen Uebel frei. Ich muß mich vorläufig sehr still halten, und darf fast gar nicht an die Luft, Beides um die Luftröhre nicht zu reizen; später wenn die Entzündung gehoben ist, soll ich mich allmählich an mehr Bewegung gewöhnen [1]).

Meine Magenschmerzen hatte mir der Eilwagen schon fast ganz fortgerüttelt als ich in Bonn ankam, mir dagegen aber ein abscheuliches Kopf-

---

[1]) Näheres über ihre Krankheit, den Aufenthalt in Bonn und die weitere traurige Reise nach Meersburg, wo sie am 1. Oktober ankam, berichtet A. an Elise Rüdiger Febr. 1847, umfangreiche Auszüge bei Hüffer 318 ff.

weh gebracht, woran ich acht Tage in Bonn festgelegen und viel ausgestanden habe. Ich konnte Dir, lieber Bruder, deshalb auch nicht schreiben,
so gern ich gemocht hätte. Als sich dieses zuletzt ziemlich verloren,
machte ich voran. Der erste Tag bis Mainz war miserabel, ich hatte fortwährend Fieber, mußte mich in Mainz die ganze Nacht erbrechen, und
hätte ich nicht schon alle Karten bis Freiburg voraus genommen gehabt,
so würde ich sicher nach Bonn rückgekehrt sein, im Glauben ich könne
die Reise nicht machen. So aber reute mich mein Geld, und ich ließ
mich in Gottes Namen voran rumpeln, was denn auch besser gieng als
ich gedacht, da auf dem Dampfboot eine eigene Cajüte für Kranke, mit
ganz breiten Kanapees, war, wo ich mich ausruhen konnte, so wie ich
folgenden Tages auf der Eisenbahn, mit Hülfe eines guten Trinkgeldes
und der späten Jahrszeit, wo Wenige mehr reisen, einen Waggon ganz
für mich allein erhielt, wo ich mich auf einem Sitze für vier Personen
ausstrecken konnte. Die letzte Tour, von Freiburg aus, war zwar sehr
beschwerlich, aber es war auch die letzte, und in Meersburg das Bett
für mich in der Spiegelei schon gemacht, da, sonderbarer Weise, Jenny
und Laßberg mich grade an diesem Tage erwartet hatten, obwohl ich
ihnen nicht geschrieben.

Ich fand Laßbergen ungemein wohl aussehend und munter, und
auch Jennyn sieht man keine Spur ihrer Krankheit mehr an, so wie sie
sich auch selbst ganz genesen fühlt. Mama sah aus wie immer und
hatte auch ihr Herzklopfen in gleichem Grade, entschloß sich aber mit
mir zugleich jenen geschickten Arzt (den Brunnenarzt in Ueberlingen) zu
berathen, wo ihr dann, bei dem letzten Anfalle, seine Medizin so wohl
gethan hat, daß schon nach vier Stunden Alles vorüber war. Du kannst
denken wie glücklich sie ist, und wie froh wir Alle! Wenn's nur Stand
hält! Der Arzt hält ihr Uebel für gänzlich ungefährlich, rein nerveus.

Wir haben hier eine schöne Weinerndte gehabt, hätten aber fast
das Doppelte haben können. Der Stadtrath (selbst lauter Rebenbesitzer)
hatte nämlich, aus übermäßiger Gierigkeit, um die Trauben zur möglichst
höchsten Reife gelangen zu lassen, den Anfang der Lese fast um drei
Wochen später als die Umgegend angesetzt, obwohl alle weißen Trauben
schon überreif waren, und der erste Regentropfen sie zum Faulen bringen
mußte. So sind die weißen Trauben fuderweiß verfault. Da wir nun
keine eigene Kelter haben, musten wir uns mit in diese Unvernunft
schicken. Ich hatte zudem das Unglück, beim Ziehen der Nummern, wie
man nacheinander zum Keltern zugelassen wird, fast die letzte Nummer
zu ziehen, bin somit noch über vierzehn Tage später als diejenigen die
den Anfang machten, und habe bedeutenden Schaden gelitten. Als meine
Trauben noch alle gut und schon völlig reif waren, wurde der Ertrag
von Sachverständigen auf 30 Ohm angeschlagen, 14 weißen und 16 rothen,
und zudem, sagte man, werde selbst der weiße Wein in diesem Jahre

so delikat werden, daß ich ihn, schon gleich von der Kelter, würde für mindestens 35 Gulden verkaufen können, was dann allein 490 G. gebracht hätte. Statt dessen wurden meine weißen Stöcke wahre Moderhaufen, wo man nur hinrührte flog weißer Staub auf, als wenn man einen Puffer zertritt. 7 Ohm giengen gänzlich verloren, 7 machte ich noch aus elenden halbfaulen Trauben, so schlecht daß ich anderthalb Ohm von meinem prächtigen Rothen muste dazwischen laufen lassen, um ihn noch mit knapper Noth zu 19 G. per Ohm zu verkaufen, so daß ich aus diesen 7½ Ohm und den sämmtlichen Trebern nur die Summe von 171 G. gelöst habe.

Nun aber zu meinem Rothen. Dieser hatte nicht durch den Regen gelitten, da die Trauben damals noch nicht überreif waren, dagegen waren sie, durch das nachfolgende lange Hängen, nicht nur überreif sondern ganz schrumpflich geworden, so daß sie beim Keltern statt 16 nur noch 12½ Ohm Saft gaben, der aber in diesem Jahre der allerbeste in Meersburg gewachsene Wein ist, theils eben des späten Kelterns wegen, theils weil ich die letzten 1½ Ohm nicht dazwischen genommen, sondern zwischen den weißen habe laufen lassen, so daß mein sämmtlicher rother Wein Vorlauf ist. Ich habe ihn aufgelegt in einem Fuderfaß, und den übrigen Ohm zum Auffüllen daneben. Er ist so zuckerhaltig, daß sich an der Mostprobe gar kein Grad mehr zur Bezeichnung seiner Süßigkeit vorfand, und man sagt mir, in ein paar Jahren müste ich wenigstens 70 G. für den Ohm haben. Da hätte ich meine 700 G. in einmal wieder heraus! d. h. ich habe freilich Nichts davon, aber es freut mich doch wenn das Rebgütchen etwas anwächst, weil es doch das Einzige ist, was ich den hiesigen Kindern hinterlasse.

In Bonn habe ich Niemanden gesehn außer Junkmann. Schücking ließ, zu meiner großen Freude, nichts von sich hören noch sehn, obwohl er in Cöln war, und ein Artikel über „meine Ankunft, und wahrscheinlich längeren Aufenthalt in Bonn" in seiner eignen Zeitung stand. Wegen meiner „Charackteristik" [1] von seiner Hand, in Kinkels „rheinischem Jahrbuche", wovon Dir Heinrich wird gesagt haben, habe ich nur erfahren, daß das ganze Buch bereits gedruckt, und also nichts mehr daran zu ändern war, und mich dann nicht weiter darum bekümmert, denn obwohl ich voraussetze, daß die Charakteristik vortheilhaft für mich, und eine persönliche Vergütung für die Ritterbürtigen sein soll, so hat sich doch Sch. als zu tacktlos erwiesen, als daß ich nicht immer Verdruß fürchtete, wo er sich irgend um mich bekümmert.

Notabene Du wirst von Bonn einen Verschlag mit drei Oelbildern erhalten. Die zwei größeren und schöneren hat mir Professor Braun,

---

[1] Es handelt sich um Schückings Aufsatz „Annette v. Droste. Eine Charakteristik", gedr. in Kinkels Jahrbuch Vom Rhein 1847 S. 235—248. Genaueres über die Charakteristik in den Auszügen aus dem Brief A.'s an Elise Rüdiger bei Hüffer 320. 321. Sie ist sehr anerkennend, allenfalls hätten einige politische Wendungen A. unangenehm berühren können.

der sie eben aus der Auction der bedeutenden Schmitzischen Sammlung
in Cöln erstanden hatte, für einen Spottpreis überlassen, und das dritte,
unbedeutendere (den Hexenmeister, der den Scorpion verbrennt) dazu geschenkt. Hebe sie mir doch gut auf, und sage mir wie sie Dir gefallen?
Sulpice Boisserée, der jetzt in Bonn wohnt, fand sie gut. Noch muß ich
Dir sagen, daß unser lieber Heinrich[1]) auf dem Wege bis Bonn so vortrefflich für mich gesorgt hat, ich hätte es von einem eignen Sohne nicht
besser erwarten können. Gott wird auch die Verheißungen des vierten
Gebotes an ihm in Erfüllung gehen lassen. Adieu, liebster Werner. 1000
Liebes an Line und die Kinder. Sorge doch, daß Line sich jetzt Etwas
schont, sie denkt immer zu wenig an sich selbst, das gute Herz. Eure
treue Nette.

Orig. im Besitz der Baronin Elisabeth v. Droste-Hülshoff.

163. An Elise Rüdiger. — 1846.

... Schlechtes zu schicken; er ist es nicht anders gewohnt, und
erfährt nie von Wem die Almosen kommen, die ihm seine Verwandten
procuriren, das ist eine Bedingung die gewöhnlich von den Damen gemacht wird — und wenn Sie nichts haben, so ist es auch gut; indes
darf uns Beiden kein graues Haar darum wachsen, nur geben Sie dem
Bothen dann einen mündlichen Bescheid; denn einen schriftlichen verdiene ich nicht auf diesen Wisch, der keineswegs als Antwort gelten soll
auf Ihren lieben guten langen Brief. Adieu, mein Herzchen, ich kann
und kann nicht mehr vor Müdigkeit. Ihre treue Annette.

Faksimile des Fragments bei H. Groß, Deutsche Dichterinnen und Schriftstellerinnen in Wort und Bild (Berlin 1885) I, 240.

164. An Elise Rüdiger. — Meersburg 1847 Febr. 4—16.

Abschrift von Frl. Hildegund von Laßberg. Umfangreiche Auszüge
Hüffer 318 ff. Hiernach Die Droste, Briefe, Gedichte, Erzählungen (1909) 150.

165. An die Mutter. — [Meersburg 1847 Nov. 9].

Lebhafte Schilderung der Erregung in den schweizerischen Sonder-
bundskantonen unmittelbar vor dem Ausbruch des Sonderbundskrieges.
Im Übrigen familiären Inhalts.

Hüffer hat, wie aus einer Notiz in seinem Nachlaß hervorgeht, diesen
letzten mir bekannten Brief der Dichterin im Original in Händen gehabt. Erwähnt ist derselbe m. W. nirgendwo. Das Original war bis jetzt nicht zu
beschaffen, voraussichtlich erfolgt der Abdruck unter den Nachträgen.

---

[1]) Der Sohn ihres Bruders.

168. An Elise Rüdiger?

. . . sind. Und nun leben Sie wohl, meine theure gütige Freundinn, ich darf wirklich nicht mehr schreiben, so groß meine Lust dazu
ist. Bleiben Sie mir gut, ich kann Ihre Liebe nicht mehr entbehren, sie
gehört bereits zu denjenigen Besitzthümern, die ich mit aller Kraft vertheidigen möchte, aber Sie denken nicht daran sie mir zu nehmen, das
weiß ich, warum sollten Sie auch? Ich bin Ihnen ja so recht herzlich
zugethan. Nochmahls adieu. Ihre Annette v. Droste.

Orig. Leipziger Univ.-Bibl., Kestnersche Sammlung. Bruchstück, Teil
eines Briefbogens. Gütige Mitteilung von Hrn. Dr. K. Boysen in Leipzig. Die
Vermutung, daß der Brief an Elise Rüdiger gerichtet ist, beruht nur auf dem
Umstande, daß das Bruchstück neben dem großen Brief an Elise Rüdiger vom
18. Nov. 1843 das einzige Autograph Annettens in der Kestnerschen Sammlung ist.

Anhang[1].

(13). An Frau v. Wolff-Metternich. — Hülshoff 1821 Sept. 22.

Hülshoff, 22. Sept. 21.

Ich habe jetzt sehr wenig Zeit, denn der Onkel Max hat mir ein selbstverfaßtes Werk über den Generalbaß geschenkt[2]. Eine Abschrift, denn es ist nicht im Druck — was folgt daraus? daß ich aus Dankbarkeit das ganze Werk von Anfang bis zu Ende durchstudiere und auswendig lerne! Ich kann nicht sagen, daß ich es ungern thäte, oder daß es mir schwer würde, da ich schon manche andere Werke über den Generalbaß kenne, aber ich muß doch fast meine ganze Zeit daran setzen. Außerdem wird jetzt fleißig hier im Hause gearbeitet. Jenny spielt und singt mit großem Eifer, da sie glaubt, in ihrer Abwesenheit manches verlernt zu haben. Tony[3] und Elise[4] malen den ganzen Tag auf Sammt; Tony weiße und gelbe Narzissen, und Elise ein Rosenbouquet. Wir sehen uns fast den ganzen Tag nicht, so sehr sind wir sämmtlich beschäftigt.

Sag mir, liebste Tante, wie hat Dir neulich meine zweite Auflage, das andere Nettchen Droste[5] gefallen? Habe ich übertrieben? Deinem Sohne Clemens kannst Du nur sagen, daß er nicht daran zu denken braucht, sein mir gegebenes Stammblatt je mit Augen zu sehn zu bekommen, da er nicht mal so artig gewesen ist, auf ein paar Stunden von

---

[1] Als Anhang sind diejenigen bei Kreiten Bd. IV gedruckten Briefe bzw. Brief-Auszüge beigefügt, deren Originale nicht mehr zu finden waren. Vgl. hierüber die Einleitung. Die in ( ) vorausgesetzten Zahlen entsprechen der Ordnungs-Nummer der chronologischen Reihenfolge.

[2] Das „Generalbaßbuch von Onkel Max" (Droste) erwähnt A. noch 1825 (Kreiten IV, 264). 1821 Januar 26 schickte er A. eine Trauerkantate mit Anleitung zum Studium (Kreiten I, 120 kurze Notiz). Lebensnotizen über diesen Bruder ihres Vaters (1764—1840) bei Hüffer 13.

[3] Tony Galieris.   [4] Nach Kreiten Elise Dücker.

[5] „Meine zweite Auflage, das andere Nettchen Droste", wird wohl A.'s Jugendbildnis sein, dessen photographische Wiedergabe der 2. Ausgabe von Hüffers Monographie beigegeben ist. Wie Hüffer im Vorwort der 2. Ausgabe mitteilt, „rührt es von einem tüchtigen Künstler Oppermann her, welcher sich in den zwanziger Jahren in Münster aufhielt". Ist meine Vermutung richtig, so würde das Bild schon 1821 gemalt sein.

Münster herüberzukommen und Abschied zu nehmen. Du kannst ihm
den Mund nur recht wässerig machen und sagen, daß ich bereits das
herrlichste Pensée von Federn darauf genäht gehabt hatte, des sentimen-
talen Abschieds, der durch seine Faulheit an ihm vorüber ins Meer der
Ewigkeit gerollt ist, gar nicht zu denken.

Von einem gewissen Onkel Philipp habe ich noch kein Wort geschrieben; das thue ich aber, um böse Leute nicht auf argwöhnische
Gedanken zu bringen, denn ich muß gestehen, daß er mein Herz totaliter
in der Tasche hat. Grüß ihn doch 1000 mal. Papa hat jetzt wieder
neue Variationen gemacht auf das Thema „Wenn die Hähne krähen“,
die nach meinem Gefühl schöner sind, als alle vorhergehenden.

Gedruckt (anscheinend Auszug) Kreiten IV, 262. Die Adressatin ist Dorothea v. Haxthausen („Tante Dorly“), Stiefschwester der Mutter A.'s, verheiratet mit Freiherrn Philipp v. Wolff-Metternich auf Wehrden bei Höxter. Vgl.
Hüffer 68.

(14). An die Mutter. — [Köln 1825 Oct. 18].

... Wenn ich noch Etwas von meinen niedlichen Sachen in dem
Koffer (mit den bestellten Kleidern) mitbekommen könnte, um meine Zimmer auszuzieren, z. B. das Kästchen von der Thielemann oder eins von
meinen schönen Eau de Cologne-Gläsern, das wäre recht hübsch, doch
wenn es nicht ganz gut geht, so ist es ganz einerlei. Aber vor Allem
muß ich etwas Noten haben (die zwei neuesten Sachen, nämlich die von
Caraffa, die Variationen von Rode verlange ich nicht, denn ich weiß sie
auswendig und bin sonst vielleicht gezwungen, sie an Jemand, den ich
nicht kenne, auszuleihen) und sonst noch Etwas, was ich noch nicht
recht einstudirt habe, auch das Generalbaßbuch von Onkel Max, und
doch ja die Ledwina, woran ich in diesem Winter ein gutes Stück zu
schreiben gedenke. Jenny weiß, wo Alles liegt. Das Generalbaßbuch
muß auf ihrem eigenen Zimmer sein. Doch bitte ich um Alles dieses
nur insofern es ganz gut angeht, denn ich kann es im Nothfall alles
entbehren, die erstgenannten Sachen hier einkaufen; was das Letztere
angeht, so weiß ich ja so viele Musik auswendig, und kann noch wohl
was geliehen bekommen, und mit der Ledwina weiß ich ja, wie weit ich
bin und könnte auch wohl so fortfahren.

... Nun ich das Nothwendigste geschrieben habe, will ich Dir,
liebste Mama, doch noch allerhand Allotria mittheilen. So bin ich gestern
recht im Papstmonat hier angekommen, da das neue Dampfschiff „Friedrich
Wilhelm“, das größte und schönste Schiff, wie man sagt, was noch
den Rhein befahren hat, vom Stapel gelassen, probirt und getauft wurde [1]).

---

[1]) Das Programm der Schiffstaufe und Festfahrt (nicht des Stapellaufs,
der längst stattgefunden hatte) und der kurze Bericht über dieselbe in der
Köln. Zeitung Nr. 166 vom 16. Oktober und Nr. 168 vom 20. Oktober 1825

Das Erstere sah ich nicht, denn es war schon auf dem Wasser, als wir uns durch die Volksmenge gearbeitet hatten; dann aber sahen wir es ganz nah, wir standen auf der Schiffsbrücke, mehrere Male eine Strecke des Rheins herauf und herunter mit türkischer Musik und beständigem Kanonenfeuer durch die Schiffsbrücke segeln mit einer Schnelligkeit, die Einen schwindeln machte. Endlich legte es an der Schiffsbrücke an und das sämmtliche diplomatische Corps, was die Probe mitgemacht hatte, begab sich ans Land. Ein so großes Dampfschiff ist etwas höchst Imposantes, man kann wohl sagen, Fürchterliches. Es wird, wie Du wohl weißt, durch Räder fortbewegt, die verbunden mit dem Geräusch des Schnellsegelns ein solches Gezisch verursachen, daß es auf dem Schiffe schwer halten muß, sich zu verstehen. Doch dieses ist nicht das eigentlich Aengstliche. Aber im Schiffe steht eine hohe dicke Säule, aus der unaufhörlich der Dampf hinausströmt in einer grauen Rauchsäule mit ungeheurer Gewalt und einem Geräusch, wie das der Flamme bei einem brennenden Hause. Wenn das Schiff stille steht, oder wenn der Dampf so stark wird, daß er die Sicherheitsventile öffnet, so fängt das Ding dermaßen an zu brausen und zu heulen, daß man meint, es wollte sogleich in die Luft fliegen. Kurz das Ganze gleicht einer Höllenmaschine, doch soll gar keine Gefahr dabei sein, und ich möchte diese schöne Gelegenheit wohl benutzen, um nach Coblenz zu kommen, was in fünf Stunden möglich sein soll [1]).

Ich habe der Thielemann geschrieben und bereits Antwort von ihr. Sie wird wohl diesen Herbst nicht mehr nach Köln kommen, indessen bietet sie mir an, mich von Nonnenwerth, ohngefähr zwei Stunden hinter Bonn, abzuholen, damit ich einige Zeit bei ihr zubringen soll. Wenn ich länger hier bleibe, so hat die Sache weiter keine Eil, und Du schreibst mir wohl erst, wie ich es machen soll. Indessen, wenn ich später mal wieder auf acht oder vierzehn Tage nach Onkel Moritz gehen sollte, wie er es durchaus verlangt, so könnte derselbe mich sehr leicht nach Nonnenwerth bringen und auch wieder von dort abholen. Ich habe der Thielemann noch nicht geantwortet und will es auch nicht thun, bis ich einen Brief von Dir, liebste Mama, habe.

Hätte ich noch Zeit, so wollte ich Dir, liebste Mutter, noch allerhand schreiben, von Allem, was ich in der kurzen Zeit gesehen habe,

---

stimmt im wesentlichen mit der lebhaften Schilderung A.'s überein; von dem „Diplomatischen Corps" ist allerdings im Programm nicht die Rede, als anwesend werden nur genannt „die von der Kgl. Handelskammer eingeladenen Hohen Militär- und Civil-Behörden". Der Eindruck, den das „rauchende Ungeheuer" auf A. machte, klingt nach in der Schlußstrophe ihrer Ballade Meister Gerhard von Köln (Kreiten II, 503).

[1]) Das war allerdings n i c h t möglich. Noch heute gebrauchen die S c h n e l l-schiffe für die Bergfahrt Köln-Coblenz mindestens sechs Stunden; die ersten unvollkommenen Schiffe brauchten natürlich viel mehr Zeit.

unter andern von Schlegel, Ennemoser, D'Alton [1]), und was Dich sonst
interessiren könnte. Doch nun will ich es auf den nächsten Brief ver-
sparen; ich soll doch wohl das Meiste gesehen haben.

Lebe wohl, liebste, beste Mutter, ich küsse Dich und den liebsten
Papa 1000 mal, auch Jenny und Werner. Jenny schreibe ich nächstens
und ich bitte, schreib doch bald wieder Deiner gehorsamen Tochter Nette.

Auszüge von Kreiten in den Stimmen aus Maria-Laach XXV, 429 und
bei Kreiten IV, 264, wo der Brief vermutungsweise in den September gesetzt
wird. Genaue Datierung bei Hüffer 77 (zu welcher allerdings der im Brief
erwähnte „Papstmonat" nicht paßt), von Kreiten I, 131 als richtig angenommen.
Bestätigt wird diese Datierung durch einen Brief Werners v. Haxthausen an
A.'s Mutter, Köln, 9. November 1825 (im Besitz von Frl. Elisabeth v. Droste).
Hier heißt es: „Nette ist nach einem Aufenthalt von 4 Tagen in Bonn den
17. Oct. zu uns gekommen, aber seit dem 25. Oct., also seit vor 15 Tagen zu
der Tielemann nach Coblenz gefahren. Sie wollte nur 14 Tage bei ihr bleiben ...
Wir erwarten sie täglich ... Nette gefällt uns übrigens außerordentlich gut;
sie hat sich sehr gebessert. Es ist für meine Frau ein großer Trost, in ihrer
Einsamkeit, da ich nicht gern sehe, daß alle Gesellschaften wie früher, so
lange die alte Harff noch lebte, besucht, alle Thee und Morgengesellschaften,
Dinées und Soupées angenommen und erwiedert werden, und dieser beständige
Spectakle doch nicht auf einmal aufhören kann, und Betty, an beständige
große Gesellschaft gewöhnt, erst nach und nach sich davon entwöhnen, und dann
doch nicht mit mir ganz allein das Haus hüten kann; Nette ist uns daher von
reellem großem Werth, und ich danke Dir herzlich, daß Du sie uns diesen
Winter lassen willst. Künftiges Frühjahr bringen wir sie Dir selbst zurück."
Ein weiterer Brief Werners an A.'s Mutter, Köln, 16. Nov. 1825 bemerkt:
„Nette ist noch immer in Coblenz, und läßt nichts von sich hören." Am
4. Dezember kam sie von Coblenz nach Köln zurück.

(15). An die Mutter. — Köln 1825 Dec. 4.

... sehr wohl, gottlob, liebe Mama, aber wie es kömmt, daß ich Dir
noch nicht geschrieben habe, das will ich Dir gleich Morgen in einem
vollständigen Briefe auseinander setzen. Caroline [2]) muß auch mir nicht
böse sein, daß sie nichts von mir gehört hat bis jetzt; ich habe auch
viel später von ihr gehört, als sie es wohl meint, jetzt will ich aber auch
gleich schreiben. Leb wohl, liebste Mama, bis morgen. Deine Nette.

Kurze Nachschrift zu einem Brief ihres Onkels Werner v. Haxthausen an
die Mutter, der A.'s so eben erfolgte Rückkehr von dem Besuch bei Frau v.
Thielmann in Coblenz meldet. Kreiten IV, 266 Anm. Vgl. Hüffer 79. Das
in dem Briefe Werners v. H. bei Kreiten mit einem Fragezeichen versehene
„Schlenderhan" ist der Schlenderhaner Hof bei Köln, ein Gut der Freiherrn
Raitz v. Frentz.

---

[1]) Über die Professoren Ennemoser und D'Alton vgl. Hüffer 80.

[2]) Jedenfalls Caroline v. Wendt-Papenhausen, die Braut ihres Bruders
Werner.

(17). An Betty von Haxthausen. — Hülshoff [1826 April] 25.

An Freifrau Betty v. Haxthausen geb. v. Harff. Köln, Johannisstraße.

Hülshoff, 25.

Ich muß mich gleich zu Anfang entschuldigen, liebste Tante, daß ich den Brief so voll schreibe; ich denke, mein Herzenstäntchen wird lieber einen effectiven Brief haben, als viel weißes Papier. Ich bin vorgestern Abend glücklich, aber ermüdet hier angekommen, und habe meine lieben Eltern und Geschwister, Gottlob, Alle noch viel wohler aussehend gefunden, als da ich sie verließ. Ich hatte diese Freude nicht so erwartet, da die Mutter mir in der letzten Zeit zu Köln so viele Angst wegen ihrer Gicht gemacht hatte . . . Aber sie hat keine Spur davon zurück behalten, sie ist eben so rasch und rührig, eben so gute Fußgängerin wie sonst, und, wo möglich, Alles noch besser. Auch der Papa sieht sehr gut aus, und die Jenny und der Ferdinand gar sind beide auffallend stärker geworden. Ich habe überhaupt Alles so zufrieden und glücklich wie möglich gefunden, Werner ganz und gar liebenswürdig, aus Freude über seine nahe Heirath, Papa ganz verklärt neben seinen Orchisbeeten, wo einige nagelneue Sorten, aus der Schweiz, blühen, unter uns gesagt nichts weniger als schön; die am Meisten in's Auge fallenden sind hellgelb, und machen ungefähr so viele Parade, wie eine Schlüsselblume, aber das ist ganz einerlei, es macht ihm die größte Freude. Mama ebenfalls höchst aufgeräumt und angenehm beschäftigt in der neuen Einrichtung, und Jenny so zufrieden und gesund aussehend in ihren Oeconomie-Geschäften, daß ich am Ende glaube, dies ist ihr wahres Talent. Wie man sich irren kann; ich habe immer gedacht, sie würde weder Freude daran finden, noch sich dazu schicken, weil sie viele andere Liebhabereien hat und eine fast zu große Güte besitzt. Wenn ich Dir nun noch sage, daß der Ferdinand jezt auch noch von den letzten Spuren seiner früheren Schwächlichkeit befreit ist, so siehst Du, liebe Tante, daß dieses für den Augenblick Alles Mögliche ist. Will uns der Himmel noch sonst irgend ein großes brillantes Glück bescheeren, so haben wir gewiß Nichts dagegen einzuwenden, — aber wenn es nur immer so bliebe!

Ich bedurfte dieses angenehmen, heiteren Empfangs denn doch in der That! Ich habe mich unbeschreiblich schwer von Cöln getrennt; so lange der liebe Onkel noch bei mir war, kam es mir vor, als ob ich noch nicht fort wäre. Aber am andern Tage, als ich so mit einem münsterischen Fuhrmann immer weiter fortfuhr, da war mir so zu Muthe, daß ich mir immer vorsagen mußte: „Du kommst ja zu deinen Eltern", um nicht den ganzen Tag zu weinen. Am andern Tage ging es schon durch bekannte Oerter, und des Nachmittags um fünf Uhr sah ich meine liebe Mutter wieder, in einem Dorfe eine Stunde weit von Hülshoff, bis wohin

sie uns entgegen gefahren; eine halbe Stunde nachher, unter Weges,
Ferdinand, Caroline [1]) und Malchen [2]), dann zu Hülshoff den lieben Papa,
und heute Mittag Jenny, die von Wilkinghegge [3]) herüber gekommen ist,
mich zu sehn, ich habe mich doch nicht wenig gefreut. Ich mußte so
lange erzählen, daß ich schon fast Nichts mehr weiß.

Am Abend fragte auch [mich?] die Mutter viel und ernstlich darüber,
ob ich mich auch gut betragen habe und Dir immer gehorsam gewesen
sei; ich sagte, ich hoffe es, aber es war mir äußerst empfindlich, weil ich
bedachte, wie oft ich Dir nur Kummer und Unannehmlichkeit gemacht
habe. Ich bitte Dich deßhalb auf's innigste um Verzeihung. Du kannst
nicht denken, wie weh es mir jetzt thut; ich bilde mir wohl ein, ich
würde nun in der Lage ganz anders handeln, und doch kann ich es nicht
mit Gewißheit sagen, denn wenn ich an die arme Mertens denke, wie
krank und schwach ich sie zurückgelassen habe, und daß ich sie vielleicht
nie wiedersehe, so möchte ich um Alles in der Welt Nichts gethan haben,
was sie gekränkt hätte; ich wollte, es hätte Alles zusammen bestehen
können, das ist Alles, was ich sagen kann, und daß es mir sehr empfindlich ist. Liebe Tante, sei mir nur jetzt nicht böse, da ich fort bin, ich
habe Dich doch gewiß so von ganzer Seele lieb, wie Du es wohl nicht
denken kannst, und, ich bitte, mach' doch, daß mir der Onkel auch
nicht mehr böse ist. Ich habe ihm so oft, auch in andern Dingen,
widersprochen, was ich auch weit besser nicht gethan hätte, er hat doch
oft so viele Güte und Liebe für mich gehabt. Es ist mir so peinlich,
daß meine Eltern so gewiß voraussetzen, daß ich mich immer gut gegen
Euch müßte betragen haben, und daß ich mir doch selbst hierüber kein
ganz gutes Zeugniß geben kann. Wenn Ihr doch nur bald hierhin kämt!
Wir alle wünschen es so herzlich, vor Allem die Mama und ich. . . . Du,
liebe Tante, und die Mama, ihr habt zwar eigentlich keine Aehnlichkeit,
aber ihr seid dennoch ganz wie für einander gemacht, darum habt ihr
euch auch gegenseitig so lieb.

Maria Haxthausen [4]) scheint sich hier sehr gut schicken zu wollen,
und gefällt hier im Hause allgemein. Malchen ist sehr gewachsen, und
sieht etwas besser aus, als bei meiner Abreise von Hülshoff, sie ist übrigens in diesem Winter, wo, weil Keines von uns zu Hause war, manche
kleine Geschäfte auf ihr ruhten, um Vieles gewandter und umsichtiger
geworden, und deßhalb jetzt ein großer Liebling meiner Mutter. . . .

Wir werden wahrscheinlich wieder ein Kind zur Erziehung bekommen, wie früherhin die T . . . ., [5]) Eins von den Kindern der Fr. v. der

---

[1]) Wohl die Braut ihres Bruders Werner.
[2]) Vermutlich Amalie v. Heereman-Zuydtwyk. Vgl. Kreiten I, 25.
[3]) Das für ihren Bruder Werner gepachtete Gut. Kreiten I, 142.
[4]) Tochter ihres Onkels Moritz v. H.
[5]) Tony Galieris.

B . . . ., geborene D . . . ., die so unerwartet in Wochen starb, als ich noch in Köln war, und sieben kleine Kinder hinterließ, einen alten, kranken Mann, und äußerst wenig Vermögen. . Es scheint, daß alle Verwandten zugreifen, um Eins der Kinder zu nehmen, und so hat sich denn auch Mama zur Aufnahme eines kleinen Mädchens, für mehrere Jahre, erboten. Wir haben noch nicht Antwort erhalten, aber an eine abschlägige ist nicht zu denken; es macht auch Nichts, bei so besondern Umständen würde ich es für Sünde an der armen seligen Adolphine halten, wenn wir ihr Kind nicht mit dem willigsten Herzen aufnähmen. Ich will auch lieber ein Kind unterrichten, was uns bis zur vollendeten Erziehung bleibt, als jedes Jahr die Arbeit von vorn anfangen; ich habe mich auch nun lange ausgeruht. Malchen habe ich, auch vor der Reise nach Köln, nur sehr wenig Unterricht gegeben, da es sie so ungeheuer angriff, daß sie den ganzen Tag hindurch bleich war, wenn wir am Morgen irgend Etwas vorgenommen; jetzt scheint sie stärker zu sein.

Leb wohl, liebe, beste Tante; ich bitte, grüß alle Bekannte; der Raum ist zu beschränkt, sie alle zu nennen, der Mertens schreibe ich selber; ich danke Allen für die freundliche Aufnahme in Köln. Dich, liebste Tante, und den lieben Onkel umarme ich von Herzen, und danke Euch nochmals für alle Eure unvergeßliche Liebe für mich. Eure Nette.

Meine Eltern und Geschwister grüßen tausendmal, und wünschen Dich, so bald als möglich, in unsrer Mitte. Die Mutter sagt eben nochmals, ich solle doch machen, daß Du bald kämst.

Kreiten IV, 267 (Auszug), wo das Datum wahrscheinlich richtig ergänzt ist. Der Brief muß angesetzt werden zwischen dem Aufenthalt in Köln bei ihrem Onkel Werner v. Haxthausen, dem Gatten der Adressatin, bei dem A. noch Ende Februar weilt (Brief an die Schwester 1826 Februar) und der Heirat ihres Bruders Werner am 28. Mai (Kreiten I, 144).

(20). An die Mutter. — Bonn [1830] Oct. 14.

Bonn, 14. October.

Wenn Du denkst, meine liebste Mama, ich dächte nicht an Euch, oder hätte kein Verlangen von Euch zu hören, weil ich so lange nicht geschrieben habe, so thust Du mir aber erbärmlich Unrecht. Ich denke immer an Rüschhaus und Hülshoff, und Dich und Jenny, und ich bin in der größten Unruhe, daß ich Nichts von Euch höre, weder von Euch noch den Böckendorfern, weder Onkel Moritz noch ich. Schreibt mir doch, ich bitte inständigst, sobald als möglich.

Ich selbst habe eine kleine Unpäßlichkeit gehabt, unbedeutend, aber es hat mich doch am Schreiben gehindert, ich bin nämlich mit einem gewaltigen Katarrh hier angekommen und der hat erst vor 4 Tagen aufgehört — ist das nicht arg? Doch habe ich mich dabei lange nicht so

24*

matt und miserabel befunden, wie sonst wohl bei ähnlichen Gelegenheiten, nur die Augen waren mir ziemlich angegriffen, darum mochte ich nicht schreiben. Jetzt ist Alles wieder besser, und ich fühle auch weniger Beklemmung in der Brust, als wie ich noch in Münster war.

Mit Arno [1]) habe ich nicht geschrieben, weil ich gerade nach Plittersdorf geholt wurde, wo ich die Mertens sehr leidend antraf. Es waren aber nur Krämpfe, und so konnte ich nach drei Tagen wieder hieher gehen; sie brachte mich sogar selbst zurück, obgleich sie in den Tagen, die ich bei ihr war, mehrere Male vor Schmerzen ohnmächtig wurde. Sie ist übrigens im Ganzen ziemlich gesund jetzt; dies war nur so ein einzelner Anfall, sonst kann sie gewaltig viel vertragen und ist so gut zu Fuße, daß ich mich darüber wundern muß; sie läuft von Plittersdorf nach Bonn und wieder zurück in einem Tage, und dabei den ganzen Tag auf den Straßen umher. Mit Tony [2]) glaubt sie ganz prächtig fertig geworden zu sein, sie hat rechten Nutzen von ihrem Aufenthalt zu Plittersdorf gehabt. Auch Herr Mertens hat sich so gut mit ihr unterhalten können, und dieses ist auch wohl der Grund, warum sie so wenig empressirt gewesen ist, Tony weiter zu schaffen, obgleich sie das nicht gerade eingestehn will.

. . . Ich bin nur erst dieses einzige Mal in Plittersdorf gewesen, und gehe auch wohl nicht wieder hin, wenn ich nur kurze Zeit noch bleiben sollte, (worüber aber freilich noch Nichts ausgemacht ist), denn Pauline [3]) ist sonst so allein, da Clemens immer viel zu thun hat, und Pauline sich noch gar nicht wieder zum Ausgehn oder Besuchmachen entschließen kann. Ich, auf meine eigne Hand, gehe gar nicht aus, außer nach Onkel Moritz; der Onkel sieht wohl aus und ist gewöhnlich guter Laune, die Tante Sophie hingegen schlecht, obschon sie nicht sonderlich klagt, sie ist auch immer recht aufgeräumt, aber sieht, wie gesagt, recht mager und grün im Gesicht aus. Marie ist wie immer, nur gesunder; Guido sehr hübsch, ganz über Erwarten hübsch geworden. Mit Arno schien es dieses Mal im Hause ziemlich gut gegangen zu sein; der Onkel ging, jetzt in der Ferienzeit, viel mit Guido auf die Jagd oder zum Scheiben-Schießen, und war somit fast den ganzen Tag abwesend; Arno war dann bei der Mutter und Marie, und somit war Jedermann in seinem Esse und zufrieden. Sie haben noch gar keine Nachrichten von Onkel Werner und seiner Gesellschaft, und warten mit Schmerzen darauf.

Diderich Asseburg [4]) wird wohl dieser Tage ankommen, und wir dann hoffentlich Etwas erfahren. Der Onkel meinte gestern, er könnte

---

[1]) Sohn des Onkels Moritz v. Haxthausen. An späterer Stelle wird er zusammen mit seinen Geschwistern Guido und Maria genannt.

[2]) Jedenfalls Tony Galieris.

[3]) Die Frau ihres Vetters Professor Clemens v. Droste.

[4]) A.'s Vetter, Sohn des Grafen Hermann v. Bocholtz-Asseburg und ihrer Mutterschwester Franziska geb. v. Haxthausen.

wohl schon als am Abende ganz spät eintreffen; ob das nun geschehen ist, weiß ich nicht, denn ich habe heut nicht nach Haxthausens gehn können, weil ich meine eben angekommenen Kleider fortpacken mußte und dann diesen Brief schreiben wollte.

Der Koffer von Stuttgart (?) geht, wie ich glaube, heute weiter, nach Hamm, und den Schlüssel schicke ich hierbei. Meine Schreibsachen, die ich übrigens jetzt herausgenommen habe, haben Gottlob nichts beschädigt; wir haben nicht Alles finden können an Weißzeug, was Jenny mir auf den Zettel geschrieben hatte, aber wir mochten auch nicht Alles so durcheinander werfen, ich habe doch Weißzeug genug; die Tante und Marie haben mir den Koffer wieder packen geholfen, oder vielmehr sie haben es fast allein gethan, und ich habe zugesehn.

Pauline und Clemens sind sehr gut gegen mich. Ich habe ein paar Zimmer in einem Nebengebäude, wovon eine Klingel in die Küche geht; wenn ich dort bin, kommt es mir vor, als wenn ich mein eignes Haus für mich hätte, so angenehm und ungenirt ist es. Ich habe mich bei einem Friseur abonnirt, und so würdest Du das Vergnügen haben, mich täglich à la dernière mode aufgetakelt zu sehn. Das ist nun schon gut, bequem und auch gar nicht theuer, aber wie man mir zusetzt Kleider zu kaufen, das kannst Du gar nicht denken, es macht mich höchst unglücklich. Einen Hut habe ich mir schon kaufen müssen, und heute soll ich wahrhaftig wohl an mein Merino-Kleid dran müssen. Mehr will ich aber Nichts thun, obgleich man mich mit Vorschlägen beinahe todt macht. Einige wollen mir durchaus einen neuen Ueberrock aufschwätzen, und Pauline meint, ich könnte es gar [zwar?] mit dem Schwarzen wohl thun, dann müßte ich aber einen neuen Pelzkragen darüber nehmen, was am Ende fast ebenso theuer ist. Einen schwarzen Tüllschleier über meinen neuen Hut soll ich nehmen; ich habe aber gesagt, das thäte ich nicht; einen niedlichen Shawl oder schwarzes Blondentuch; thäte ich nicht, ein hübsches seidenes Kleid, wenn ich in Gesellschaft ginge; ich ginge nicht in Gesellschaft; einen ganz hohen Schildpatt-Kamm; thät ich nicht! Es ist wirklich unverschämt, es ist als ob die Leute mich wenigstens für die Frau von L . . .[1]) hielten, aber es kommt daher: Jeder räth mir etwas Anderes und meint, das Uebrige könnte ich entbehren.

Wann ich nun zurückkommen kann, davon ist gar keine Rede. Sie meinen Alle, ich bliebe den ganzen Winter hier, ich wäre aber lieber wieder bei Euch, so gut es mir sonst hier geht, aber wir von Rüschhaus sind gar zu sehr an einander gewöhnt, und ich bin immer auch Angst, es möchte Jemand krank werden von Euch oder meinen Bekannten, die Amme oder der alte Sprickmann. Kurz, wenn ich könnte, so käme ich viel lieber bald wieder, aber da ich gar keine Gelegenheit dazu sehe, so

---

[1]) Karoline Lombard?

schweige ich vorläufig ganz still. Sie würden es mir hier alle übel
nehmen, wenn sie merkten, daß ich wieder nach Haus verlangt, da sie
doch allerseits das Mögliche thun, mir den Aufenthalt angenehm zu
machen. Ich schweige auch ganz still, wenn sie es für bekannt annehmen, daß ich den Winter über bleibe. Ich habe mich abonnirt beim
Friseur und in der Leihbibliothek [1]), und die Mertens denkt sogar ihren
Mann dahin zu bringen, daß er den Winter über in Bonn wohnt, weil ich
hier bin; das wird mich aber Alles nicht hindern zu cchappiren, um
wieder zu Euch zu kommen, sobald ich eine Gelegenheit sehe. Das Einzige, was macht, daß ich mich nicht noch mehr darum umsehe, ist, weil
ich noch immer für möglich halte, daß wir im nächsten Jahre möglicher
Weise reisen könnten, und durch meinen Aufenthalt hier die Kosten der
Reise hierher wieder etwas aussparen möchte.

Schreibt mir doch sogleich, liebste Mama, ich bitte, wie es Euch
Allen geht, was Ihr von Onkel Werner und den Tanten wißt [2]), wie ich
wieder zu Euch kommen kann, aber bitte vergiß es nicht, ich bin ganz
elend daran, Keiner schreibt, weder an mich noch an die Andern. Galieris
soll ja verwundet sein [3]), das stand schon vor etwa 10—14 Tagen in der
Zeitung, ob schwer oder nicht, ist nicht angemerkt, auch ist es nachher weder bestätigt noch widerrufen. Weißt Du nichts Genaueres
davon, beste Mama?

Wie hier Alles nur der Politik lebt, kannst Du denken; bei Euch wird
es ebenso sein. Uebrigens ist jetzt hier Alles äußerst ruhig; diese Handels-
städte fürchten zu sehr das Fallen der Papiere, als daß sie nicht auch
den Krieg fürchten sollten. In Köln haben die Schiffer den Wagen des
Prinzen Albrecht ausgespannt und selbst gezogen; die arme Prinzessin
aber, wie sie den Zusammenlauf des Volkes geschen und mitten auf der
Rheinbrücke ist angehalten worden, hat gemeint, die aufrührerische Menge
wollte den Wagen in den Rhein werfen, und hat ganz laut geschrieen
und geweint, bis der Prinz sie beruhigt hat. Demungeachtet würden diese
Gegenden gewiß nicht ruhig bleiben, wenn das Feuer einmal in gerader
Linie bis hierher gedrungen wär, aber sie fangen auf ihre eigene Hand
Nichts an, denn ihr Vortheil leidet zu sehr darunter.

---

[1]) Das Bonner Wochenblatt bringt um diese Zeit wiederholt (z. B. Nr. 85
vom 24. Okt. 1830) Anzeigen der Leihbibliothek von T. Habicht.

[2]) Anspielung auf die italienische Reise der Familie Haxthausen. Vgl.
Brief an die Schwester 1830, oben S. 46.

[3]) Bei Kreiten I, 148 findet sich die schwer zu glaubende Notiz: „Die
letzte Kanonenkugel, welche im belgischen Aufstand 1830 abgefeuert wurde, riß
dem [holländischen] Oberst v. Galieris, seinem als Adjutant hinter ihm haltenden Sohne und 14 Dragonern des Regimentes je ein Bein ab, und zwar wurde
dieser Kanonenschuß nach Abschluß des Waffenstillstandes abgefeuert." Nach
Jostes (Euphorion VIII, 791) verlor er durch eine Kanonenkugel ein Bein am
1. August 1831; ein Druckfehler statt 1830 kann hier nicht vorliegen, da am
1. August 1830 der belgische Aufstand noch nicht begonnen hatte.

Ich habe hier schon viele gelehrte Herrn gesehn, aber wenig Interessantes darunter, ich glaube aber, daß es weniger an diesen Herrn selbst, als an ihrem Verhältniß zu Clemens liegt; entweder es waren Feinde, und so machen sie ihren ceremoniellen Besuch mit ein paar abgedroschenen Phrasen ab, oder es waren Verbündete, wo sie dann sogleich zusammen ihr Steckenpferd bestiegen und mir dann in ein paar Augenblicken so unverständlich geworden waren, daß sie ebenso gut hebräisch hätten sprechen können.

Adieu, beste, liebste Mama; ich will aber nun auch ganz fleißig schreiben, so lange ich noch hier bin, gleich mit der nächsten Post an Jenny. Bitte schreibt doch auch. Viel Schönes an Jenny, Werner, Line, die Kinder, Wilmsen, die Amme, Trude, von Deiner gehorsamen Tochter Nette.

Kreiten IV, 270. Das hier mit ? beigefügte Jahr 1830 ist sicher richtig. Abgesehen von den weiteren Bonner Briefen Januar bis März 1831 ergibt sich dies schon aus der Erwähnung des Prinzen Albrecht von Preußen, der am 6. Oktober 1830 mit der Prinzessin Marianne der Niederlande, von Düsseldorf kommend, in Köln einzog. Die von A. erzählte Episode erwähnt zum Teil auch der Bericht der Köln. Zeitung Nr. 239 vom 7. Oktober: „Schiffleute beeilten sich, die Pferde vom Wagen abzuspannen, und zogen selbst ihn über die Brücke"; von der grundlosen Angst der Prinzessin sagt der im steifsten Amtsstil geschriebene Bericht natürlich kein Wort.

(21). An die Mutter. — Bonn 1831 Januar 31 und Plittersdorf [Febr.] 7.

Bonn, 31. Januar 31.

Du siehst aus diesem langen Bogen, liebe, beste, alte Mama, daß ich wenigstens den Willen habe, recht viel zu schreiben, — ob ich dazu komme, das weiß Gott, — obgleich ich Nichts, gar Nichts zu thun habe, und auch nirgends hingehe, aber ich habe mein Nichtsthun so künstlich eingetheilt, daß mir keine Minute übrig bleibt und ich den ganzen Tag wie auf der Flucht bin. Du kannst meine höchst einfache und pünktliche Lebensordnung schon aus meinen früheren Briefen beurtheilen, eben in derselben Form besteht sie noch immer; ich lebe so sehr nach der Uhr, daß ich mich ganz desorientirt fühle, sobald ich mal etwas Anderes vorgenommen habe.

Wir sind hier Gottlob Alle wohl, nur Pauline kann noch immer nicht wieder zu ihrem früheren guten Aussehen und Kräften kommen, im Gegentheil, obgleich sie wieder ziemlich heiter ist, so meint doch Jedermann hier, daß sie von Tag zu Tag abnehme. Uebrigens ißt sie gut, schläft gut und macht täglich durch Schnee und Eis die fatigante Parthie in die Baumschule mit, aber es ist wahr, sie sieht elend aus und klagt auch häufig über Allerlei, was aber wie Rheumatismus aussieht.

Es sind hier, seit ich hier bin, viele Leute gestorben, die Werner
wohl zum Theil kennen wird; Professor H. . . .[1]) am Miserere; er hinterläßt eine Frau mit 6—7 unversorgten Kindern. Die Wittwe wird noch
wohl Etwas aus der Wittwenkasse bekommen, aber das verzögert sich
noch und wird der armen Frau auch vorläufig nicht zu Gute kommen,
da die Schulden so groß sind. Man macht sich große Hoffnung darauf,
daß Fürstenberg etwas thun soll; er hat auch schon was gethan, eine
Summe Geldes hingeschickt und auch ziemlich viel, aber man hofft auf
eine Pension, ob er das thun wird, ist sehr die Frage. Du kannst Dir
übrigens gar nicht denken, was man hier überall für Ansprüche an ihn
macht, als ob er der Schatzmeister des ganzen Reichs wäre; es kann
hier auf 20 Stunden Weges kein Haus abbrennen, keine Kirche oder
Schulhaus gebaut werden, et cet., daß man nicht meint, es wäre F. seine
verfluchte Schuldigkeit, wenigstens die Hälfte des Schadens zu tragen.
In diesem armseligen Jahre kommen, glaube ich, dergleichen Bittschriften
zuweilen 3—4 in einem Tage, und jeder Bittsteller macht sich wenigstens
auf ein paar hundert Thaler Rechnung. Ich kenne F. übrigens sehr wenig,
und kann nicht sagen, daß er mir bis hiehin besonders gefällt, aber von
dem Vorwurf des Geizes, den man ihm so häufig in Münster macht, muß
ich ihn total frei sprechen, er gibt ungeheuer viel; ich glaube, daß er
von all dem Anlauf zuweilen nicht weiß, wo ihm der Kopf steht.

Gestern ist, unter der Hand, der Verkauf von H. . . .'s Bibliothek
gewesen; wie immer haben die am Meisten gethan, die am Wenigsten
hatten. Prof. Munchow, der sehr wenig übrig hat, hat dennoch viele
Bücher weit über den Ladenpreis bezahlt, der arme D'Alton, der, wie ich
fürchte, selbst sehr brouillirt mit seiner Kasse ist, hat, da er nichts Anderes
thun konnte, mehrere seiner eigenen Bücher herbeigeschleppt, um damit einige
Werke aus H. . . .'s Bibliothek zu complettiren, damit sie besser verkauft
würden, ist das nicht rührend? Dagegen benehmen sich eingeborene Bonner,
denen sie schuldig sind, wie wahre Esel. Einer von ihnen — Werner
kennt ihn — hat bei seiner Rechnung Zinsen von Zinsen berechnet;
Clemens sagt, wenn man wollte, könnte man ihn verklagen, denn das
sei keinem Kaufmann erlaubt. Du denkst gewiß, warum ich Dir das
Alles so weitläufig schreibe, da Du die Leute gar nicht kennst, aber es
interessirt vielleicht Werner, und ich selbst habe den Kopf davon
ganz voll, da ich immer davon reden höre, die Leute kenne, und weiß,
welch ein berühmter Mann in seiner Art H. . . . gewesen ist, und nun
geht es so.

Auch der berühmte Staatsrath und Däne, Niebuhr, ist vor 14 Tagen
sehr schnell gestorben, und einige Tage nachher seine Frau ebenfalls[2]),

---

[1]) Wohl Professor Hasse.

[2]) Barthold Georg Niebuhr starb bereits am 2. Januar 1831, seine Frau
geb. Heesler am 11. Januar. Bonner Wochenblatt 1831 Nr. 6.

beide an einer Lungenentzündung; sie hinterlassen vier unerwachsene
Kinder; der allgemeine Antheil ist nicht so groß wie bei H. . . ., da bedeutendes Vermögen da sein soll, und die Professorin Bethmann-Hollweg [1])
sogleich die Kinder vorläufig zu sich genommen hat; aber die Universität
hat einen berühmten Mann an ihm verloren, und man glaubt, es würden
in Zukunft gar keine Engländer mehr hierher kommen, da diese bloß um
Niebuhr zu hören Bonn besucht hätten. Der Staatsrath H. . . .[2]) ist auch
gestorben, aber das ist ein steinalter Mann, und nicht beliebt, aber un-
versorgte Kinder hinterläßt er auch, und kein Vermögen. So geht es hier
mitunter erbärmlich zu, aber ich und meine nächsten Umgebungen sind
ganz passabel wohl.

Nun will ich aber auch Jenny's letzten Brief beantworten. Die
Sachen für Weihnachten habe ich sämmtlich erhalten, sie sind alle sehr
gut ausgefallen und haben viel Freude gemacht; ich danke Jenny herzlich für die Mühe, die sie sich darum gegeben hat. Auch der schöne
Ring und die 10 Pistolen sind mir glücklich zu Handen gekommen, und
ich danke nochmals für Alles.

Der Tod des armen H. v. Graes hat mich sehr frappirt . . . Die
Mertens hat noch nicht lange einen Brief von Tante Betty an mich
geschickt, er war sehr lang, aber dennoch wird wohl Nichts darin gestanden haben, als was ihr auch wißt, eine lange Reisebeschreibung, so
lang, daß das Papier darüber zu kurz wurde, und sie von dem, was mich
am Meisten interessirt hätte, ihrem jetzigen Leben, Nichts mehr sagen
konnte, als im Allgemeinen, daß Rom sie sehr frappirt, und sie sich Alle
wohl befinden, bis auf Sophie, die die dortige Küche nicht vertragen zu
können schien, und vielleicht mit Schadow's zurückkehren würde, wie
Jenny mir auch geschrieben hat.

Jenny frägt in ihrem Briefe, wann ich wieder zu kommen gedächte;
ja, liebste Mama, darüber hast Du nur zu befehlen; von hier aus weiß
ich vor den Osterferien keine Gelegenheit, wißt (ihr) aber dort Eine, so
bin ich jeden Augenblick bereit, denn so gut es mir übrigens hier auch
geht, so ist es mir doch noch nie in meinem Leben so wohl irgendwo
geworden, daß ich nicht immer mit dem größten Vergnügen wieder nach
Haus gegangen wäre; ja, wenn ich Dich und Jenny und die Hülshofer
im Koffer hätte mitnehmen können, dann wäre es ein Anderes . . .

Ich will Euch doch jetzt auch schreiben, was ich noch durch Onkel
Moritz von dem Offizier habe erfahren können, der den alten Drosten

---

[1]) Die Frau des 1829 nach Bonn versetzten Professors v. B.-H., des späteren Kultusministers.

[2]) Der preußische Geh. Bergrat, frühere bergische Staatsrat Bernh. Wilh.
Hardt starb fast 76 jährig am 22. Januar 1831. Bonner Wochenbl. Nr. 13.
Nachruf in der Köln. Zeitung Nr. 26 vom 30. Januar.

kennt; er heißt von Lancken, war in den Jahren 1818—19 Lieutenant
beim 8. Uhlanenregiment in Bonn, wo er damals dem Onkel Moritz die
bewußten Nachrichten hat zukommen lassen, die aber in Nichts Weiterem
bestanden, als daß in seiner Geburtsgegend bei Königsberg in Ostpreußen
ein alter Herr von Droste damals (18—19) sich aufhalte, der keine Verwandten habe, und sich sehr freuen würde, Jemand seines Namens zu
sehn. Dieser Offizier hat um das Jahr 1820 ein Fräulein Parich aus der
Gegend von Egeln im Magdeburgischen geheirathet und ist mit dieser
nach Egeln gezogen, wo er lange gewohnt hat, ist aber jetzt nicht mehr
dort, wie ein Bekannter beim Regiment, an den Onkel Moritz sich gewendet hat, geantwortet hat; dieser wußte nun nicht, wohin er nachher
gezogen ist, meinte aber, im Magdeburgischen würde man das überall
wissen, Er habe aber dort keine Bekanntschaften, und habe bloß den
Lancken vom Regiment her gekannt, und ebenso geht es Onkel Moritz
auch. Du siehst, liebe Mama, die Sache ist sehr weitläufig, aber es ist
nicht unmöglich, daß Werner in Münster Offiziere findet, die ihm, wo
nicht von dem Droste, doch wenigstens von dem Lancken Nachricht
geben können.

Plittersdorf, 7.

Mein Brief ist schon fast acht Tage alt geworden; ich bin hier um
die Mertens zu pflegen, die sich, grade an dem Tage, wo ich angefangen
zu schreiben, durch einen Stoß sehr am Kopfe verletzt hatte. Ich habe
viel Angst um sie ausgestanden, aber jetzt wird hoffentlich alle Gefahr
überstanden sein, doch ist sie noch sehr schwach und schläft des Nachts
äußerst wenig. Doch Gottlob daß die Schmerzen im Kopf nicht zur
eigentlichen Entzündung gekommen sind. Sie hat diese Nacht einige
Stunden geschlafen, und hat guten Appetit. Hätte ich doch nur Nachricht von der armen Line, sie liegt mir beständig in den Gedanken; bitte
schreibt mir doch gleich, das arme Ding!

Hier haben wir vor 14 Tagen ein gewaltiges Nordlicht gehabt, es
hat den ganzen Himmel fast eingenommen gehabt und in den schönsten
bunten Farben gespielt, ich habe aber leider Nichts davon gesehen. Dem
lieben alten Hans hoffe ich Goldtinte und noch mehrere schöne Sachen
mitbringen zu können, sage es ihm aber nicht, denn ich weiß es noch
nicht gewiß, aber ich habe gute Aussichten dazu. Es ist hier sehr mildes Wetter, aber acht sehr kalte Tage haben wir doch auch gehabt, so
daß der Rhein an einigen Orten stand, und in diesem Augenblick gewaltige Eismassen an meinem Fenster vorbeisegeln. Köln ist halb verrückt
über den Prinzen Wilhelm und seine Frau, die es jetzt in seiner Mitte
hat [1]), aber das sind Sachen, die mich nicht interessiren. Im Carneval

---

[1]) Prinz Wilhelm, der spätere deutsche Kaiser, weilte damals als General-
gouverneur in den Rheinlanden. Er erschien am 29. Januar 1831 mit seiner

gehn Clemens und Pauline nach Köln, ich werde mich aber hübsch zu Haus halten, es kostet nur viel Geld, und ich habe gar kein Verlangen darnach.

Noch Eins: es ist eine gewisse Madame D. . . . hier bei Mertens um die Haushaltung zu führen; sie taugt aber nicht dazu und geht in den nächsten Tagen fort; es ist eine Verwandte von der Frau v. D. . . ., die einen Franzosen geheirathet und mit ihm nachher lange Jahre in Paris zugebracht hat. Sie hat auch eine sehr hübsche Tochter und mit dieser zusammen möchte sie jetzt eine Art Schule irgendwo anlegen, wo die Kinder aus der Stadt zu ihr kämen, um Unterricht im Französischen, Zeichnen und allenfalls auch Musik zu nehmen; sie fragte mich, ob ich nicht glaubte, daß Münster dazu passend sei? und bat mich, mich darnach zu erkundigen, was ich ihr auch nicht abschlagen konnte; sie wünschte wenigstens 5—6 Schülerinnen sicher zu haben; sie kann das wohl leisten, was sie verspricht, und ist auch nicht gerade übel . . . Könntest Du, liebste Mama, oder Jenny, mir nicht Etwas in der Art antworten? und allenfalls eine andere Stadt in Vorschlag bringen?

Das Papier ist zu Ende, und ich mag die andere Seite nicht beschreiben, sonst kann der Brief mit dieser Post nicht mehr fort. Adieu liebste, beste Mama, tausend Herzliches an Alle, und bitte, schreibt mir doch auch von allen Bekannten. Deine gehorsame Tochter Nette.

Wie geht's Onkel Max? Johannes? Constans? Sprickmann? Rosina Wintgens und Tante Sophie Schmiesing? Bönninghausen? Der Amme? Lisette? Trutchen? Wilmsen? dem Pastor von Roxel? dem Pastor, und Tantchen zu Nienberge? dem alten Trap? dem armen Bücken? lebt meine schwarze Mutius noch und die alte Madam?

Auszüge Kreiten IV, 276. Der Druckfehler im Datum (13. statt 31. Januar) ist ebend. 581 berichtigt. Der Monat der Nachschrift (Februar), der im Druck nicht ergänzt ist, ergibt sich unmittelbar aus dem berichtigten Datum des Hauptbriefes: „Mein Brief ist schon fast acht Tage alt geworden."

(22). An die Mutter. — Plittersdorf [1831] März 11 und Bonn März 20.

Plittersdorf, 11. März.

Was Du von mir denkst, meine liebe alte Mama, das weiß der liebe Gott, aber das weiß ich wohl, daß ich ganz unschuldig bin, und in den letzten vier Wochen oft nicht wußte, wo mir der Kopf stand. Ich bin jetzt schon in der 5. Woche bei der Mertens, die sehr gefährlich krank gewesen ist. Ich habe viel Last gehabt, so viel wie in meinem Leben noch nicht. Ich habe die arme Mertens Tag und Nacht verpflegt,

Gemahlin auf einem Festball im Kölner Schauspielhause und dann bei den Karnevalsfestlichkeiten. Köln. Zeitung Nr. 27 und 41 vom 1. u. 17. Febr. 1831.

fast ganz allein, denn ihrer Kammerjungfer hatte sie grade zuvor aufgesagt,
weil sie trinkt, und konnte sie nun gar nicht mehr um sich leiden . . .
Ihre beiden ältesten Mädchen sind in der Pension, Adele Schopenhauer [1])
immer krank, so war ich die Nächste zu der Sache. Die arme Billchen
hat die ersten 14 Tage keine einzige Stunde geschlafen, jetzt ist es viel
besser, aber doch stehe ich fast jede Nacht ein- oder ein paar Mal auf.
Dabei habe ich die ganze Haushaltung übernommen, und gewiß mehr als
20 Schlüssel täglich zu gebrauchen; zwischendurch muß ich dabei nach
den Kindern sehn, da die Madame D. fort ist. Ich thue das Alles herzlich gern und befinde mich wohl dabei, aber müde bin ich oft wie ein
Postpferd. Ich bin in dieser Zeit nur einmal auf eine Stunde nach Bonn
gefahren, um mich nach der Grauert zu erkundigen, habe aber fast Nichts
erfahren. Die Grauert selbst hat fast Niemand mit Augen gesehn, sie
muß gar keine Bekanntschaften gehabt haben. Von den Domestiquen, die
Niebuhrs damals gehabt haben, ist . . .

Bonn, 20. So alt ist dieser Brief geworden, derweil habe ich Deinen
lieben Brief bekommen, liebe Herzensmama, wie freundlich schreibst Du
mir, ich meinte, ich sehe Dich vor Augen! und den alten Hans! und
Heinrich! Was habt ihr Alles ausgestanden! Es ist nirgends mehr
Freude in der Welt! Hier war es auch wieder sehr schwer, das heißt in
Plittersdorf. Die Mertens war so elend, so matt, daß ich dachte, sie wäre
in den letzten 14 Tagen der Schwindsucht, aber es sind Alles nur
Krämpfe gewesen. Sie ist jetzt besser, das Kopfübel ist gehoben, sie
nimmt stärkende Bäder, wonach, wie der Arzt meint, ihre Kräfte sich
vielleicht sehr bald wieder herstellen werden. Die Adele ist gekommen,
mich abzulösen, und nun bin ich wieder hier. Ach Gott, was habe ich
für Angst ausgestanden! Wie Dein letzter lieber Brief kam, war Alles
so, daß ich keine Minute von ihrem Bette gehn und an kein Schreiben
denken konnte. Sie war den Tag gerade so, daß sie fast gar nicht mehr
sprach, und 24 Stunden lang Nichts aß, weil sie vor Schwäche nicht
schlucken konnte. Und doch ist keine Todesgefahr da, wie der Doktor
versichert . . .

Nun zu dem, was ich über die Grauert habe erfahren können . . .

Onkel Moritz mit allen Seinigen ist wohl; er wird Dir wegen Arno
antworten; Du erhältst den Brief mit diesem zugleich, Johannes nimmt
Alles mit. Dieser war hier täglich im Hause, und ist seiner sehr guten
Aufführung wegen hier überall geachtet, hat aber äußerst wenig Umgang
mit andern Studenten. Denk' Dir, Mama, mit Deinem letzten Briefe zugleich bekam ich einen von Johannes, der mir vorschlug, mit ihm auf
dem Dampfboot bis Wesel, und dann mit einem Hauderer weiter zu Euch

---

[1]) In diese Bonner und Plittersdorfer Zeit fallen offenbar die von Kreiten
I, 181 ff. mitgeteilten Briefe von Adele Schopenhauer an A.

zu kehren. Ich kriegte in dem Augenblick ein solches Verlangen nach Haus, daß ich es beinahe gethan hätte, so wenig schicklich es mir auch selber vorkam, aber die Mertens hatte kaum ein Wort davon gehört, als sie so erbärmlich anfing zu weinen, daß ich per Compagnie mit daran kam, und ihr versprach, nicht eher zu gehn, bis sie sich wenigstens einigermaßen erholt hätte, das kann nun noch immerhin einige Wochen dauern. Ich wollte, sie könnte mich nachher begleiten, und ein paar Wochen bei Werner und Line mit mir zubringen. Ich weiß gewiß, sie würde sehr bald wieder besser, wenn sie nur ein paar Wochen aus dem weitläufigen Haushalt weg wäre; sollte das nicht möglich sein, daß sie herüber käme? Wenn ich wüßte, daß Werner Nichts dagegen hätte, dann schlüg' ich es ihr mal vor . . .

Ich schicke allerhand Sämereien hierbei für Jenny, die mir die arme Mertens gegeben hat; es sollen sehr seltene Arten dabei sein. Wenn sie jetzt dieselben nicht selbst brauchen kann, so sind sie doch gut für Onkel Domprobst [1]. Die alte Schopenhauer wünscht so sehr verschiedene Sorten Chrysanthemum oder Anthemis zu haben *[folgt längere Stelle über Blumen]*.

Mit meiner Rückreise wird es nicht so viele Schwierigkeiten haben; wenn ich noch in den Ferien gehe, so hat sich Clemens selbst erboten, mich zurückzubringen; späterhin würde es Onkel Moritz vielleicht thun, und ich habe noch von einer andern Gelegenheit, aber erst im Mai gehört. Das ist mir sehr lieb, denn ich möchte jetzt meine Abreise gern nach dem Befinden der Mertens einrichten; ich habe sie so lange gepflegt, es kömmt mir vor, als dürfte ich sie jetzt auch nicht so ohne Weiteres im Stiche lassen! Ich weiß, lieb Mamachen, Du denkst darin grade wie ich. . . . .

Adieu Herzensmama, diesen Brief nimmt nicht Johannes mit, sondern der Professor Vogelsang, der schon morgen abreist; die Sämerei für Jenny gebe ich aber Johannes mit und wahrscheinlich auch noch wieder Briefe. Adieu, ich küsse tausendmal Deine Hände. Deine gehorsame Tochter Nette.

1000 Schönes von Clemens und Pauline; viel Grüße von mir an Alle. Was macht Onkel Fritz? Engel Wrede? F. Böselager? Schreibt Tony auch bisweilen?

Auszüge Kreiten IV, 281. An dem Jahr, das hier mit ? beigefügt ist, kann kein Zweifel sein: Es ergibt sich aus der Nachschrift zum Brief an die Mutter 1831 Januar 31, datiert Plittersdorf 7. [Februar].

---

[1] Heinrich Johann v. Droste (1768—1836), der jüngste Bruder des Vaters der Dichterin, Dompropst in Münster. Hüffer 13.

(57). An die Mutter. — Bökendorf [1838] Aug. 1.

Bökendorf, 1. August.

... Hassenpflugs werden jetzt wohl nicht lange mehr bleiben; ihr
Aufenthalt hat sich so in die Länge gezogen, weil sie sich einige, leider
vergebliche Hoffnungen machten, deren Realisirung sie so nahe glaubten,
daß sie meinten, sie hier abwarten zu können. Jetzt aber, wo das Alles
aus ist, werden sie nach Göttingen ziehen, sobald die Grimms ihnen dort
Quartier gemiethet und die nöthigsten Vorbereitungen getroffen haben,
was sich höchstens bis Ende des Monats hinziehen kann.

Ich habe schon gesagt, daß mir Schlüter bisweilen schreibt; er
schickt dann die Druckbogen, wie sie nach und nach heraus kommen,
aber leider doch zu spät, um die Druckfehler zu verbessern, deren einige
recht schlimme eingeschlichen sind. Einer der schlimmsten ist im ersten
Gesange des St. Bernard [1]), wo es heißt „Der Bruder nun in seiner Noth
— beginnt aufs Neu das K r e u z zu reiben — als sollte nicht ein Stäubchen bleiben" et cet. Es muß aber heißen das K l e i d zu reiben. Nun
lautet es, als ob der Bruder sich den Buckel jucke. So etwas ist sehr
fatal; man muß es jetzt eben mit Geduld tragen bis zur etwaigen zweiten
Auflage. Jedermann sagt, es sei so schwer, Druckfehler aufzufinden, daher komme es, daß in allen Büchern welche stehen bleiben, die vom
Correktor übersehen würden. Ich begreife es nicht, und habe diejenigen,
die noch in den Bogen stehen geblieben, beim ersten Blick gesehn. Ich
denke deßhalb die zweite Auflage, wenn es dazu kommen sollte, jedenfalls selbst unter Aufsicht zu nehmen, obgleich, wie ich höre, Schlüter und
Junkmann allen möglichen Fleiß sollen angewendet haben, und ich eine
saubere Abschrift davon gemacht hatte, die Junkmann lesen konnte wie
Gedrucktes. Bis jetzt sind fertig der St. Bernhard, des Arztes Vermächtniß und von der Schlacht im Loehner Bruch der erste Gesang, vom zweiten
ein Stück, somit bei Weitem das Meiste, und in 14 Tagen oder 3 Wochen
wird das Buch wohl im Laden zu haben sein. Hüffer hat ganz neue
Typen dazu kommen lassen und legt großen Werth darauf. Ich habe
wenig Sinn für dergleichen und kann nicht sehen, daß die Buchstaben
wesentlich schöner wären als die andern. Er hat zu Werner gesagt, daß
schon so Viele nach dem Buche gefragt hätten. Das freut mich für ihn
und für mich auch, denn es wäre mir unausstehlich, wenn er Schaden
daran hätte ...

---

[1]) Zu A.'s Klage über den bösen Druckfehler „im e r s t e n Gesange des
St. Bernhard" macht Kreiten mit Recht ein Fragezeichen: Gemeint ist Vers 749
des z w e i t e n Gesanges (Kreiten II, 167.)

Mein Versuch, vor's Publikum zu treten, läßt sich überhaupt für den Anfang recht gut an; ein gewisser Zeitschrifter[1]), ich glaube in Berlin oder sonst wo, der ein Taschenbuch Cölestine herausgibt, mit sehr schönen Kupfern, und wie ich höre, ziemlich schwierig mit dem Aufnehmen sein soll, denen, deren Gedichte er aufnimmt, aber zum Lohn denjenigen der Jahrgänge, worin ihre Gedichte stehn, übersendet, und dem Schlüter ohne mein Vorwissen des Pfarrers Woche geschickt hat, hat ungemein verbindlich geantwortet und außer dem Jahrgang 1839, worin es erscheinen wird und den ich noch bekomme, den vorigen Jahrgang 38 mir geschickt, wie Schlüter schreibt, als besonderes Ehrengeschenk und stumme Bitte, ihm ferner Beiträge zukommen zu lassen. Auch ein Anderer vom Rhein, dessen Namen mir nicht sogleich beifällt, der ein rheinisches Odeon herausgiebt[2]), der nach Münster reiste und, durch Schlüters Vermittlung, die Druckbogen gelesen hat, bemüht sich mit fast lächerlicher Höflichkeit um Beiträge. Junkmann schreibt etwas spöttisch, ich solle doch einem Manne nichts abschlagen, der mich die Aloe Westphalens genannt habe. Ich könnte das auch auf die schönen, reifen Jahre beziehen, in denen ich anfange, poetisch aufzublühn. (Das letztere sage ich, nicht Junkmann.) Obgleich ich wohl weiß, wieviel ich von solchen Reden zu glauben habe, so denke ich doch, solche Leute wissen ungefähr, was im Publikum aufkömmt und nehme es immer als ein gutes Omen. Bitte behalte dies Letztere aber Alles für Dich, es würde mir wohl als Prahlerei ausgelegt werden, und freut mich doch hauptsächlich Deinetwegen; ich möchte so gern, daß Du doch etwas Freude von meinen Schreibereien hättest, meine liebste Mama.

Kreiten IV, 293 (Auszüge), wo das fehlende Jahr richtig ergänzt; entscheidend ist schon die Erwähnung des Drucks der Gedichte, der um diese Zeit abgeschlossen wurde (Schlüter an A. 1838 Aug. 2, Kreiten I, 303). An anderer Stelle schreibt Kreiten (III, 354 Anm.): „In einem Briefe an die Mutter d. d. Böckendorf 1. Aug. 1838 erzählt A. einen recht lebhaften Auftritt, dem sie beigewohnt und worin ein junger Edelmann sich Andern gegenüber ganz energisch gegen die Verhimmelung Goethes ausgesprochen und besonders scharf über die Unsittlichkeit des Dichters geurtheilt hatte." Im Druck fehlt diese Stelle. Der „junge Edelmann" ist wohl Graf Ferdinand Galen; Seine Goethekritik, in der übrigens von „Unsittlichkeit" nicht die Rede ist, schildert A. drollig in dem Brief an die Schwester 1839 Jan. 29.

---

[1]) Den Herausgeber der Cölestine nennt A. irrig Zeitschrifter statt Pfeilschifter (vgl. A. an Junkmann 1837 Aug. 4).

[2]) Herausgeber des Rheinischen Odeon war Dr. Hub aus Düsseldorf; vgl. Schlüter an A. 1838 August 2, Kreiten I, 303. Mit Dr. Hubs Kompliment, A. sei „die Aloe Westphalens", bringt Kreiten I, 311 die Wüstenblume in der prachtvollen Schlußstrophe ihres Gedichtes Mein Beruf (Kreiten III, 134) in Beziehung; aber die Aloe ist doch weder „farblos" noch „Duftes baar" und zu anderen Dingen nütze „als den frommen Thau zu hüten".

(63). An Sophie v. Haxthausen. — Hülshoff 1839 April 25.

Hülshoff, 25. April 1839.

... Daß der Erzbischof jetzt in Darfeld¹) ist, weißt Du; es soll sehr bedenklich mit ihm stehen, die Aerzte fürchten die Wassersucht und dann hat er noch so viele andere Uebel dazu. Den haben doch die Preußen allein auf dem Gewissen! Mangel an Bewegung soll der einzige Grund seiner Krankheit sein, wenigstens daß seine Uebel so gefährlich geworden sind; an eigentliche Heilung ist, wie ich höre, nicht zu denken und sehr zweifelhaft, ob er noch soweit aufkommt, daß er wenigstens so voran leben kann. Gott im Himmel erhalte ihn! Sonst fürchte ich, dreh'n die Preußen dem Papst am Ende doch noch eine Nase, und wir bekommen so ein aufgeklärtes Muster wie den sel. Spiegel. Einen, der sich schon übel gezeigt hat, wird der Papst freilich nicht bestätigen, aber die Preußen werden schon einen aufzuschnüffeln wissen, dem man nichts nachsagen kann, und den sie doch genug kennen, um zu wissen, daß er in ihren Kram paßt. Mich ärgert am meisten, daß die Regierung jetzt den Ruhm großer Milde in Anspruch nehmen wird; in den Zeitungen wird es heißen: „auf den ersten Wink von der Gefahr des Erzbischofs habe der milde und gütige König ihn sogleich den Seinigen wiedergegeben, nur mit jener Beschränkung der Freiheit, die die Umstände unumgänglich nöthig machten," d. h. mit Gensdarmen rechts und links und nachdem sie ihn erst unheilbar hatten werden lassen. Es ist schändlich! Er soll äußerst trübe und niedergeschlagen sein . . .

Möglich, daß Du noch nichts vom Tode des alten Professors Werneking weißt, obwohl das schon 2 Monate her ist. Gott hat ihn plötzlich fortgenommen, aber doch in einem schönen Augenblick. Dieser gute Mann war nämlich sehr fromm und wohlthätig, wohl mehr, wie es bekannt wurde; er behandelte viele Arme unentgeltlich, und trieb das so ganz im Stillen. Jeden Abend, wenn es ganz dunkel geworden war, ging er gleichsam heimlich aus in alle die kleinen Häuserchen, und stand den Kranken bei, auch mit Geld und Lebensmitteln, wo es nöthig war. So hatte er sich an einem Februarabende, wo es bitter kalt und er sehr unwohl war, auch hinausgemacht; auf der Straße begegnet ihm noch ein Bekannter, der sagt: „Herr Rath, Herr Rath! in dem Wetter und in Ihrem Alter!" Kaum zwanzig Schritt weiter gleiten ihm seine armen alten Beine aus, und er fällt hin wie ein Klotz, so fürchterlich, daß die Hirnschale bricht, ein Splitter ins Gehirn dringt, und er fast auf der Stelle todt bleibt. Man sagt, er soll sich noch ein Mal halb aufgerichtet und gesagt haben:

---

¹) Clemens August von Köln. Darfeld, wo er nach seiner Entlassung von der Festung Minden seinen Aufenthalt nahm, ist noch heute Sitz des Grafen Droste von Vischering.

„Herr, erbarme dich meiner!“ Dies erzählt eine Frau, die gerade daneben gestanden und auch Leute zu Hülfe gerufen hat. Wenn ich denke,
wie manches Mal ich ihn mit dem lieben sel. Papa und dem sel. Onkel
Johannes [1]) habe bei den Blumen stehn sehn, dann ist es mir doch ganz
wehmüthig, daß diese Reliquie aus der guten alten Zeit nun auch fort
ist [2]). Alles geht fort, Eins nach dem Andern! . . .

    Kreiten IV, 295 (Auszüge).

(76). An August v. Haxthausen. — Rüschhaus [1840] Aug. 29.

                          Rüschhaus, 29. August.

    Deinen Auftrag, lieber August, betreffend die Wallfahrts- oder Ar-
beitslieder frommen Inhalts, habe ich auszurichten gesucht und deshalb
allen alten Weibern des Kirchspiels die Cour gemacht. Dennoch war der
Erfolg so gut wie gar keiner, da die drei oder vier derartigen Lieder, die
mir wie verschlagene Kanarienvögel in die Hände fielen, sogleich von
Mama als echte Paderbörner erkannt wurden, die sie hundertmal in Bökendorf gehört; wirklich waren sie hier nicht allgemein, sondern nur einzelnen Personen bekannt, die mochten sie von einer paderbörnschen Magd
gelernt haben, und ich muß bekennen, daß mein gutes Münsterland sich
dieses Mal als echt dürre Sandsteppe ausgewiesen hat. Sonderbarer Weise
haben wir, diese frommen Leutchen, überhaupt nicht halb so viel gott-
selige auch nur ernste Poesien, als Euer Janhagel; unsere Volkslieder sind
über die Hälfte lustigen oder lockeren Inhalts, das scheint Dir wohl nicht
so, aber wir haben Dir dergleichen nicht eingeschickt, weil sie immer
zugleich grausam dumm waren. Alte Kirchenlieder haben wir etwa 4—5,
Wallfahrtslieder durchaus nur ein einziges, was Du kennst, ich habe es
oft in Bökendorf gehört, und bei der Arbeit singen wir gar nicht, außer
beim Spinnen die ordinären Volkslieder. Nun hat mir Schlüter, dem ich
meine Noth klagte, beikommendes Buch gegeben, was zwar und [a] meist
Kirchenlieder, aber auch einige andere enthält . . .

    NB. Man sagt, den Zeitungsartikel, worin Jacob Grimms Ernennung
zum Bibliothekar, wenngleich nicht authentisch, angekündigt war, soll Bettina [3]) verlangt [?] haben, um durch allgemeine Freude der Berliner darüber
den guten Willen der Behörde etwas nachzuschieben. Gott gebe, daß
es hilft!

    Daß Du Dir so viele, obgleich vergebliche Mühe gegeben für N. N.,
dafür danke ich Dir herzlich. Der arme Schelm dauert mich sehr, und
fängt jetzt auch an, körperlich unter seiner Lage zu erliegen. Mit Stunden

    [a] *Es wird* nur *zu lesen sein.*

---

    [1]) Heinrich Johann v. Droste, Dompropst zu Münster.
    [2]) Franz Wernekink, geb. 1764, † 1839 Febr. 6, auch schriftstellerisch
tätig. Vgl. Raßmann 367.   [3]) Bettina v. Arnim.

hat es keine Art, da niemand Englisch lernen will, und für das Französische mehrere geborene Franzosen da sind, die man natürlich vorzieht.
So muß er, gesund oder krank, auf Leben und Tod schriftstellern. Er
kommt jede Woche hier so in Schweiß gebadet und abgehetzt an, als ob
er 10 Stunden gemacht hätte. Es ist traurig, ein gutes Talent und gute
Gesundheit so unter seinen Augen verkümmern zu sehen. Denk doch an
ihn, wenn Dir etwas passendes in den Weg läuft, ich bitte Dich darum.

Was denket man bei Euch von Hassenpflugs Berufung nach dem
Haag? Hier sind die Meinungen seltsam getheilt. Alle, die ich vom Adel
gesprochen, meinen, es habe nichts zu bedeuten, und H. werde sich schon
theils mit den Gesetzen, theils mit der Nothwendigkeit rechtfertigen können,
wogegen alle Bürgerlichen ihm schon mit Wehklagen das Armensünder-
glöcklein läuten. Mich dünkt hieraus zu erkennen, wo die eigentliche
widerhaarige liberale Partei steckt, obgleich es bei der erzbischöflichen
Gelegenheit umgekehrt aussah, aber da kam das liebe Brod in Gefahr.
Ich mache übrigens keine Ansprüche darauf, hiervon das Mindeste zu verstehen, doch interessirt mich die Sache selbst natürlich sehr.

Mama wird nun in die Schweiz reisen, wann ist noch nicht ausgemacht, doch jedenfalls noch im Herbste, und denkt im Frühlinge die
sämmtlichen Laßberge mit herüber zu bringen; ich bleibe hier, theils
weil ich kein Geld habe und dann mag ich auch gerade jetzt Werner
und Line nicht verlassen, die ganz unzweifelhaft ihren kleinen Ferdinand
binnen dieser Zeit verlieren werden. Er ist jetzt etwas besser und wird
wohl über die Herbstmonate hinwegkommen, aber über den Winter gewiß nicht. Louise ist zwar da, doch unserer zwei ist nicht zu viel. Ich
denke zuweilen, ich wollte, es wäre alles vorüber und der arme Junge
aus dem Leiden, und dann kommt's mir wieder recht schlecht vor, als
ob ich ihn mit dem Gedanken todt schlüge; nun, es wird doch alles gehen,
wie es leider nicht anders kann. Adieu, lieber August, ich mag diese
Post nicht vorübergehen lassen des Buches wegen, dessen Expedition ich
gern so viel wie möglich abkürzen möchte; also adieu! Mama grüßt
herzlich. Deine Nette.

Kreiten IV, 297 (unvollständig), wo das fehlende Jahr richtig ergänzt
ist. Es ergibt sich aus der Erwähnung der unheilbaren Krankheit ihres Neffen
Ferdinand und aus den Bemerkungen über „den armen Schelm" N. N., d. h.
Levin Schücking, um dessen Unterbringung A. sich gerade in dieser Zeit lebhaft bemühte. Vgl. A. an ihre Schwester 1840 Aug. 22.

(80). An Betty v. Haxthausen. — Hülshoff 1840 Dec. 12.

Hülshoff, 12. December 1840.

Deinen Brief vom Sechsten habe ich erst gestern erhalten, liebe
Tante, und beeile mich, ihn zu beantworten, da ich mir denken kann,
daß Du mit Ungeduld darauf wartest, um mit der P ... endlich auseinander

zu kommen [1]). Was nun die Frage wegen der Reisekosten betrifft, so
habe ich Deinen, sich darauf beziehenden Brief zwar nicht zur Hand und
kann ihn mir auch augenblicklich nicht verschaffen, da er in meinem
Schreibtische zu Rüschhaus liegt, wohin ich, eines sehr hartnäckigen Ka-
tarrhs wegen, der mir schon seit 3 Wochen Stubenarrest gibt, nicht selbst
kommen, und mich doch auch nicht entschließen kann, Jemanden Anderm
alle meine Papiere Preis zu geben, da ich durchaus nicht bestimmen
kann, in welchem Fache der Brief liegt; indessen erinnere ich mich doch
bestimmt, daß allerdings vom freien Herüber- und Zurückschaffen die
Rede gewesen ist, und ich damals, entweder durch Dich selber, liebe
Tante, oder durch Sophie, beauftragt gewesen bin, dieses zuzusagen.
Uebrigens kann es ja aber gar keinem Zweifel unterworfen sein, daß dieses
nur bis Münster gilt . . .

Was Du mir von dem guten Bartscher schreibst, hat mich recht
betrübt; nach den letzten Nachrichten durch Onkel Fritz hatte ich mir
seine Gesundheit als bedeutend gestärkt gedacht, und nun steht's so!
Mehrere meiner genaueren Bekannten, z. B. der blinde Schlüter, Junkmann sind ihm sehr befreundet, und wenn er, wie ich jetzt fast fürchte,
denselben Weg gehn sollte, wie der gute selige Vierkant, so würde die
Betrübniß hier groß sein; auch mir wär es sehr leid, er hat mich immer
so an meinen seligen Bruder erinnert.

Ich habe gestern auch Briefe von Meersburg erhalten, von Mama
und Jenny; es ist, Gottlob, Alles gesund dort. Mama schreibt mir eine
Neuigkeit, die Dich doch auch interessiren wird: Herr Kressibuecher ist
nämlich Bräutigam. Sie schreibt: „Wir saßen gestern eben zu Tische,
als Kressibuecher kam, der seit Allerheiligen in Kreuzlingen ist; ich hatte
ihn schon mehrere Male gesehn, er war Wein-Reisender und in dieser
Qualität bei uns, dieses Mal aber kam er uns zu sagen, daß er sich auf
seinen Reisen bereits eine Braut erhandelt habe, eine Jungfer Sulzberger
aus Frauenfelden, wo er auch in Zukunft wohnen wird. Die Heurath ist
am ersten Februar; er kömmt in eine angesehene, reiche Familie; ein
Bruder ist Oberst, ein Anderer Ingenieur-Hauptmann, der zugleich eine
Mehlhandlung und Weinstube hat; bei diesem wohnt die Schwester schon
seit mehreren Jahren und führt das Geschäft, was ihr Bruder jetzt dem
zukünftigen jungen Ehepaare gänzlich überlassen will. Kressibuecher hat
dazu bereits ein schönes Haus für 200 Gulden gemiethet; schreib dieses
auch nach Bökendorf, worum mich Kressibuecher besonders gebeten hat
et cet. et cet." Es freut mich, daß der arme Schelm ein Unterkommen
hat; es ist doch eine ehrliche Seele! Mama war auch auf acht Tage in
Berg und ist von ihrem dortigen Aufenthalt sehr zufrieden; Emma sei
sehr herzlich gewesen und sah wohl aus, leide nur viel an Zahnschmerzen,

---

[1]) Über die Differenzen der Tante „mit der P." (Perard) berichtet A.
sehr ausführlich an die Mutter 1841 Januar 5.

sei aber sonst gesund und scheine recht glücklich zu sein; die Kinder
seien niedlich, obwohl nicht grade hübsch und ächte Thurns, der Knabe
genau wie der selige Theodor, das Mädchen gleiche Emma'n.

Von hier läßt sich nichts Besonderes sagen; Du kannst denken, liebe
Tante, daß der Tod unsers guten kleinen Ferdinand dem ganzen Hause
noch immer einen etwas trüben Anstrich gibt; das Kind war in den letzten
2 Jahren so lieb und fromm; übrigens scheint Linchen's Gesundheit doch
nicht gelitten zu haben, und das ist jetzt die Hauptsache. Die übrigen
Kinder wachsen jetzt stämmig heran, bis auf den kleinen Friedrich, der
freilich wohl sein Lebelang ein armseliges Krüppelchen bleiben wird. Das
Herz thut Einem weh, wenn man das Kind ansieht, wie es so gar keine
Idee von seinem Zustande hat; dieses Nichtfühlen seiner Lage ist zwar
ein Glück, erhöht aber den traurigen Eindruck.

Liebe Tante, ich muß mich schämen, daß ich dem lieben Onkel die
verlangten Melodieen noch nicht geschickt habe. In Rüschhaus bin ich dadurch abgehalten worden, daß meine Mutter in den letzten Wochen vor
ihrer Abreise sehr viel auf meinem Zimmer war, und ihr das Geklimper
würde unangenehm gewesen sein; doch habe ich, wenn sie grade nicht
da war, die Zeit benutzt und mehrere Melodieen aufgesetzt, und glaubte
hier in Hülshoff Alles sehr schnell in's Reine bringen zu können; statt
dessen habe ich hier noch keine Taste berühren können, da ich bei meiner
Ankunft das Klavier in's Wohnzimmer gestellt fand und wegen des kranken Kindes, dessen Nerven keine Musik vertragen konnten, die Klavier-
stunden für Heinrich und Anna aufbestellt worden waren, und jetzt ist
Linchen noch zu betrübt, als daß ich es wagen möchte. Gestern war
aber die Rede davon, daß der Musikmeister solle wieder bestellt werden,
und wenn das geschehn ist und die Kinder selber wieder spielen, will
ich mich gleich daran geben.

In Havixbeck wird der Verlust Viktorinen's[1]) auch nur sehr langsam verschmerzt; besonders der Vater kömmt gar nicht aus seiner trüben
Stimmung heraus; ich glaube, der alte Herr ist jetzt in seinem neunzigsten
Jahre, und seine Kinder leben eigentlich in täglicher Angst, ihn zu verlieren. Es ist einerseits ein großes Glück, seine Eltern so lange zu behalten, aber andererseits finde ich daß man sie in reiferen Jahren weit
härter verliert, als in der Jugend, wo Einem der Himmel noch voll Geigen
hängt und man die Fähigkeit besitzt, sich überall zu attachiren.

Von den, großentheils traurigen Neuigkeiten der letzten Zeit, dem
Tode Boto Stolberg's, der jungen Erbdrostin, der Fürstenberg, werdet ihr
wahrscheinlich durch Asseburg's weit genauere Nachrichten haben, als
wir hier in Hülshoff. Ich will Dir also Lebewohl sagen, liebste Tante,

----

[1]) Victorine v. Twickel. Über einen geheimnisvollen Vorgang vor ihrem
Tode vgl. A. an ihre Schwester 1840 Aug. 22.

und mich noch zuletzt wegen der Eile und Nachlässigkeit dieses Briefes
entschuldigen, da 'wir stündlich Onkel Fritzens Wagen erwarten, der Luise
Wendt heute von Münster zurückbringen soll, wo ich dem Kutscher dann
gern diese Zeilen mitgeben möchte, weil von hier aus wöchentlich nur
einmal Gelegenheit nach Münster und diese jetzt noch zu weit entfernt
ist, als daß ich darauf warten möchte.

Tausend, tausend Liebes und Herzliches an den lieben Onkel, an
Maria und Lottchen und behalte ein wenig lieb Deine Nette.

Linchen und die Kinder grüßen bestens; Herr Wilmsen will auch
noch besonders genannt sein. Werner ist grade abwesend in Heesen.

Meiner alten Male Hassenpflug doch 1000 Grüße; es wäre eigentlich
an ihr die Reihe zu schreiben und ich habe darauf gewartet; da ich aber
aus Sophien's Brief wohl sehe, daß sie nicht kann, so werde ich ihr gleich
morgen schreiben. Auch Gretchen viel Herzliches von mir.

Kreiten IV, 299 (unvollständig).

(85). An August v. Haxthausen. — Rüschhaus 1841 Juli 20.

Rüschhaus, den 20. Juli 1841.

Lieber August!

Schreiben hätte ich längst sollen, das ist gewiß, und wenn ich einige
Hoffnung auf ein günstiges Resultat hätte, so würde ich versuchen, mich
weiß zu waschen; da ich es aber höchstens vom Mohren bis zum Neger
bringen würde, gebe ich dieses ohne Weiteres auf und mich Deiner an-
geborenen Gnade gefangen. Nur zweierlei muß mir doch zu Gute kommen, vorerst daß ich viel unwohl gewesen bin, wo mir dann das gebückte
Sitzen so miserabel bekommt, daß es mir nicht ganz übel zu nehmen ist,
wenn ich immer vom schlimmern Tage zum bessern aufschiebe, worüber
es dann oft in die Wochenrechnung hineingeht; und dann waren ein paar
Freunde, mit denen ich Deinen so freundlichen Vorschlag wegen des Thomas a Kempis bereden wollte, verreist, so daß ich sie erst am letzten
Sonntage treffen konnte. Wir haben nun überlegt, daß wenn es Dir recht
ist, Deine Güte einem gewissen T.[1]) zu Nutzen kommen soll.

Wir sind hier Alle, Gottlob, wohl. Mama fast noch rüstiger, als vor
ihrer Reise, war aber durch die traurige Nachricht von Bonn [2]) zuerst
apprehensiv geworden; Du weißt, wie reizbar ihre Nerven sind, zudem
hatte sie den lieben Onkel erst soeben gesehen, erwartete ihn täglich, da
er gleich nach Mariens Abreise hierher kommen wollte, und war eben

---

[1]) Ihr Schützling Tangermann; vgl. A. an die Mutter 1842 Jan. 26 und
an die Schwester 1842 Sept. 5.

[2]) Tod ihres in Bonn wohnenden Onkels Moritz v. Haxthausen; Maria
ist seine Tochter, Werner entweder sein Sohn, der 1839 Priester geworden war
(A. an Schlüter 1839 Aug. 22), oder A.'s Bruder.

daran, Alles für ihn einzurichten, als Werner die betrübte Botschaft brachte.
Da sind denn alle die Apprehensionen von Schlag und Brustwasser, die
sie seit einigen Jahren ganz vergessen hatte, wieder zum Vorschein gekommen. Körperlich angegriffen war sie auch, kurz, es war ein trübseliges Ding wie sie sich ängstigte; mit dem ersten Eindrucke hat sich
auch dieses nach und nach verloren und seit acht Tagen spricht sie nicht
mehr von Uebelbefinden. Gott Lob und Dank, denn sie war auf dem
besten Wege wirklich krank zu werden.

Wir sind jetzt sehr gespannt auf einen Brief von Jenny. In ihrem
letzten glaubte sie die Abreise sehr nahe; denn man hat dort zu Hause
gutes Wetter und wird eher durch die Hitze zurückgehalten; Laßberg's
Badecur war kurz vor dem sechszehnten beendet, also ein großer Stein
aus dem Wege; kommt es dieses Mal nicht dazu, dann lasse ich mir
mein Leblag nichts wieder weiß machen. Einen Koffer mit ihren Effecten
haben wir schon hier, dagegen ist manches zurückgeblieben, was hierher
gehört, z. B. ein wunderschönes Buch für mich und ein Dolch für Werner.
Du siehst, sie meinen es ernstlich. Dennoch bin ich weit entfernt vom
festen Glauben. Mama hat leider der Jenny ganz ungebeten versprochen,
daß ich auf den Winter hin sollte, falls die Reise zu Wasser würde, und
ich suche vergebens nach einem Jesuitenmäntelchen, um vorbeizukommen.
Mama ist zwar gottlob gesund, aber doch nicht jung mehr, und ich mag
kein ganzes Jahr wegwerfen, was ich mit ihr zubringen könnte.

Nun zu unserm litterarischen Treiben! Junkmann liegt brach, oder
vielmehr läßt sein mühseliges Aemtchen ihm keine Zeit, nach Stimmung
seinen Acker zu bauen, — es ist schade darum! Er hat viel Talent, eine
eindringliche Sprache und sehr erwünschte Richtung, die er mit optima
fide und allem Eifer verfolgt. Du weißt, daß der Landtag alle Hände so
voll zu thun hat gehabt, daß die Schulangelegenheiten gar nicht haben
zur Sprache kommen können. Manche sagen nicht mit Unrecht, sie hätten
dafür einige Privatsachen z. B. Jagdrechte et cet. weglassen sollen; es ist
traurig, daß so sehr viel Verstand und Geistesthätigkeit dazu gehört, das
Allgemeine aufzufassen, und die ehrlichsten Leute, die sich nicht mit
Millionen bestechen ließen, ihr zerbrochenes Töpfchen für den Hauptschaden
halten. Gutsbesitzer, Kaufmänner, Städter, jeder stimmt für sein Interesse;
so richten sie sich gegenseitig zu Grunde, und das Resultat ist, daß sie
alle mit gleich langer Nase abziehen.

Die Bornstedt hat jetzt einen Sankt Ludgerus unter der Presse, auf
Subskription, man sagt, es soll sich ganz gut machen. Ich will es wohl
glauben, ihr Leben der hl. Katharina fand auch ganz anständigen Beifall
und Absatz; sie hat Bekannte, die ihr die besten Quellen zu öffnen wissen,
wo sie dann zumeist abschreibt, was ihr aber Niemand nachrechnet; zudem hat sie sich den Stil von Guido Görres zu eigen gemacht, und der
ist für viele sehr ansprechend.

Schücking hat sein malerisches Westphalen beendigt, es findet Beifall und guten Absatz. Schreiben soll und muß er Tag für Tag auf Leben und Tod, und nun wird es ihm schwer, nachdem er sich so lange und ausschließlich einem Gegenstande zugewendet hat, zu einem andern über zu gehen. Diese Steifheit der Richtung war ihm früher nicht bekannt, da er bisher nur kleinere Aufsätze schrieb; so machte sie ihn ganz muthlos, und er meinte schon, alle seine Fähigkeiten seien unter dem vielen Kummer erdrückt und verkommen, jetzt aber hat er sich aufgerafft, vorerst eine Baurede für den Kölner Dom, damit wird er wohl, denke ich, wieder in Schuß kommen.

Ich habe mein Buch über Westphalen, was den Titel „Bei uns zu Lande auf dem Lande" führen soll, bereits angefangen und ein ziemlich Stück hineingearbeitet, es scheint mir ganz gut und doch verlor ich den Muth, da ich meine lieben Eltern so deutlich darin erkannte, daß man mit Fingern darauf zeigen konnte. Das war eigentlich nicht meine Absicht; ich wollte nur einige Züge entlehnen, übrigens mich an die allgemeinen Charakterzüge des Landes halten; nun fürchte ich, Jedermann wird es für ein Portrait nehmen, und jede kleine Schwäche, jede komische Seite, die ich dem Publikum preisgebe, mir als eine chamische Impietät [1]) anrechnen. Eben jetzt heute bin ich zu dem Entschluß gekommen, es meiner Mutter vorzulesen, und ist sie es zufrieden, so schreibe ich weiter, wo nicht, so gebe ich es auf und schreibe etwas Anderes. Gott weiß, wie lange wir sie noch haben; mein Vater sagte immer, nach siebenzig ist jeder Tag geschenkt, und sie ist nahe an siebenzig — nachher würde mich jedes Wort, was ich gegen ihren Willen geschrieben habe, wie ein Stein drücken. Ob es wohl überall so schwer zu schreiben ist wie hier?

Mein Lustspiel, worin höchstens einer Persönlichkeit, der Bornstedt, zu nahe getreten sein konnte, ist auch von meinem Kreise förmlich gesteinigt und für ein vollständiges Pasquill auf sie Alle erklärt worden, und doch weiß Gott, wie wenig ich an die guten Leute gedacht habe. Schücking und die Rüdiger waren die Einzigen, welche nichts Anstößiges darin fanden, obwohl Beiden ihre Rollen zugetheilt wurden und zwar Letzterer eine recht fatale. Meinen Gedichten geht es schon gut in der weiten, wüsten Fremde. Es sind kürzlich wieder zwei Recensionen heraus gekommen (in Dresden und München), so gut wie Du bei mir gelesen.

---

[1]) Die wunderliche Lesart „chemische Impietät" (IV, 305) hat Kreiten (ebend. 591) ausdrücklich, aber wenig glücklich, festgehalten, den Änderungsvorschlag „hämisch" aber mit Recht zurückgewiesen. Ohne Zweifel ist mit Hüffer 241 Anm. „chamische" zu lesen, da A. unmittelbar vorher schreibt, in ihren Schilderungen Bei uns zu Lande seien ihre Eltern so deutlich gezeichnet, „daß man mit Fingern darauf zeigen konnte." Es handelt sich also um die Möglichkeit einer Impietät gegen die Eltern, und da wird zum Vergleich die biblische Erzählung von Cham und Noe herangezogen.

Einer der Recensenten (der Dresdener) ist so artig gewesen, mir das Blatt
unter Umschlag an meinen Verleger zuzuschicken, hat sich aber nicht
genannt. Ein gewisser Engel, der in Hamburg am „Telegraphen" schreibt,
ist noch galanter, und sagt (in seinen Reiseskizzen glaube ich), als er auf
Münster kömmt, wie man eine Stadt so wenig beachten könne, wo man
vielleicht Levin Schücking und Annette Elisabeth v. D.-H. begegnen könne,
wobei er sich des Breiteren über mein Büchelchen ausläßt. Die Bornstedt
ist furiös darüber gewesen; sie hat behauptet, der Mensch sei von irgend
Jemand dazu gekriegt, sonst hätte er anstatt meiner wohl sie genannt.
Denn sie habe viel geschrieben, und einen Namen in der Litteratur, meine
paar Brocken kenne kein Mensch. Alles das könnte mich ganz stolz
machen, wenn ich nicht die niederschlagende Gewißheit hätte, daß meine
erste Auflage noch nicht vergriffen ist. Man sagt mir, es komme daher,
weil mein Verleger keine auswärtigen Connexionen habe und nirgends hin
größere Sendungen mache, so daß entferntere Buchhändler, die es eigens
müssen kommen lassen, keinen Vortheil dabei sehen, um so mehr, als
Hüffer es schon sehr theuer abläßt (fast einen Thaler). Ob dies der
alleinige Grund sein kann, weiß ich nicht, und denke vielmehr, es wird
immer ein zu kleines Publikum haben, um eine gute Buchhändler-Speku-
lation zu sein. Uebrigens glaube ich, daß die Auflage jetzt bald vergriffen ist (sie war auch klein, 600 Exemplare), und was irgend verkauft
wird, geht in's Ausland, hier liest es keine Seele; meine eigenen Verwandten und ältesten Freunde haben noch nicht hineingesehen ... Nun
adieu, lieber August, tausend Grüße von Allen an Carl, Fritz, Sophie
von Deiner Nette.

   Kreiten IV, 302 (am Schluß gekürzt).

   (87). An die Mutter. — Meersburg [1841] Oct. 26. 28. 29.

                                         Meersburg, 26. Oktober.

   Es sind jetzt vier Wochen, seit ich von Dir bin, meine liebste Mama,
und ich brauche Dir wohl nicht zu sagen, daß ich täglich an Dich und Alles,
was ich in dem guten Westphalen zurück lassen mußte, gedacht habe;
da ich aber wußte, daß Jenny Dir gleich nach unserer Ankunft geschrieben,
so hab' ich bis jetzt gewartet, wo ich Dir über Alles, das gänzliche Erholen der Kinder, die Art, wie mir die Luft bekömmt, Emma Gaugreben
et cet. etwas Bestimmtes sagen kann.

   Vorerst also: die Kinder sind ganz wieder wie früher, rothbäckig,
mit runden Gesichtchen, und Jedermann findet sie während der Krankheit, und auch schon nachher, bedeutend gewachsen, besonders Gundel,
die jetzt der Hildel an Größe so wenig nachgibt, daß wir zuweilen meinen, sie seien schon ganz gleich. Emma Gaugreben [1]) hat so lange zwischen

------

   [1]) Die Krankheit von Emma Gaugreben geb. Gräfin Thurn und der Tod
ihres Kindes hat, wie schon Kreiten (III, 217 Anm.) ohne Zweifel richtig be-

Leben und Tod geschwankt, daß sie erst seit einigen Tagen für gerettet erklärt ist, und Gaugreben, der die ganze Zeit wie außer sich gewesen ist, hat Laßbergen diese Nachricht in ein paar Zeilen selbst mitgetheilt, und daß er uns werde wissen lassen, sobald sie im Stande sei, Jemanden zu sehn, wo wir wohl dann gleich hinfahren werden; jetzt darf sie noch kein Wort sprechen, Thekla hat auch nicht kommen dürfen, und nur Tante Emilie hat es durch vieles Weinen und Lamentiren dahin gebracht, daß man sie vor einigen Tagen auf ein paar Minuten zu ihr gelassen hat ... Neun Tage hat sie ganz ohne Bewußtsein gelegen; als sie zu sich kam, gleich nach Wochen- und Monatstag gefragt, und als sie daraus ihre lange Ohnmacht und Gefahr gesehen, auf der Stelle die Sakramente verlangt, und auch mit voller Besinnung empfangen, gleich darauf aber wieder das Bewußtsein verloren; von da an ist's doch täglich um ein Härchen besser geworden; bis vor einigen Tagen hat ihr Leben indessen immer noch so auf der Wippe gestanden, jetzt aber soll alle Gefahr vorüber sein und sie wird sich nur sehr, sehr langsam erholen. Betrübt ist's, daß sie auch ihr Kindchen verloren hat, doch hat sie diese Nachricht ziemlich gut ertragen, da sie es, wegen großer Schwäche und aus Mangel an Milch, kaum einmal gesehen hatte. Die Andern im Hause haben sich aber sehr erschreckt, da man es mit Einmal sterbend in der Wiege fand, nachdem es noch ein paar Minuten zuvor ganz gesund getrunken hatte und dann schlafend hingelegt war. Man sagte Emma nur, ihr Kind sei krank und habe das Kopfwasser, worauf sie antwortete: „ach Gott! dann wird es auch nie gesund, und es wäre besser, der liebe Gott holte es", wo es denn nachher nicht schwer war, ihr den Tod beizubringen.

Nun will ich Dir auch sagen, wie es mir geht: Sehr gut. Die Reise hat mich wohl tüchtig abstrapazirt, aber doch nicht ärger wie vor sechs Jahren, nach acht Tagen war ich wieder wie vorher, und seitdem fühl' ich ganz merklich, wie wohl mir die Luft bekömmt. Mein Magen- übel hat schon sehr nachgelassen, die Schwerathmigkeit auch; ich spa- ziere täglich eine Stunde am See hinunter, was, mit dem Wege hinauf, eine ordentliche Tour für mich ist. und doch wird es mir nicht viel schwerer, als zu Rüschhaus an manchen Tagen die Treppe zu steigen, und ich hoffe wirklich, daß dieser Aufenthalt mir wieder für eine lange Zeit gut thun soll. Laßberg und Jenny thun Beide Alles, mir mein Hier- sein angenehm zu machen; ich wohne übrigens in Deinem ersten Quar- tier, wo Alexander gestorben ist, was mir anfangs ein wenig grauserlich war, jetzt aber weiß ich nichts mehr davon und ziehe diese Wohnung der andern weit vor, erstlich weil sie geräumiger und dann weil sie um vieles ruhiger und abgelegener ist. Ich denke dort tüchtig an meinem

---

merkt, A. Anlaß zu dem bekannten Gedicht Die junge Mutter gegeben. A. er- wähnt das Gedicht im ersten erhaltenen Brief an Schücking 1842 Mai 4 (Th. Schücking 45).

Buche zu arbeiten, wenn der Koffer mit meinen Papieren erst angekommen und vor Allem, wenn es ruhig geworden ist, denn diese drei Wochen
durch geht's hier nur wie ein Strom aus und ein, da Alles Jenny und
mitunter auch mich begrüßen will.

Jetzt sind, seit Sonntag, die drei Strengs hier; die guten Dinger
waren so froh und herzlich, und ich habe sie wenig verändert gefunden,
außer Carolinen, die Gottlob in den fünf Jahren sich sehr erholt hat, und
flinker Berg-steigt, als ich; Verkümmerung merkt man ihnen nicht an, sie
sehn so glau aus den Augen wie immer, sie haben mich mit ganzen
Lasten von Grüßen an Dich beladen, dito Stanzen, vor Allem die Frau,
die den ganzen Tag nur von ihres Louis Kunstwerken sprach, was ich
aber ganz gern anhörte, da man aus jedem Worte merkt, wie glücklich
die Leute jetzt miteinander sind. Therese Heisdorf[1]) habe ich auch
kennen gelernt, sie war zweimal hier in derselben Woche, auf einen und
auf zwei Tage, und gefällt mir so gut, wie sie Jedem nothwendig gefallen muß . . .

Auch N. war hier, zweimal, auf einer Hin- und Rückreise nach
Heiligenberg, wo es ihm nach seiner Meinung glorieux, nach Theresens
aber sehr ordinär gegangen ist. Er hat jetzt seine Selbstbiographie (wie
es in der Vorrede heißt: „auf vielfaches Ersuchen") herausgegeben, die
nur merkwürdig ist durch ihren Mangel an Merkwürdigkeiten, wie ihm
denn auch nie etwas Besonderes passirt ist, außer daß ihm seine Frau
auf und davon ging, was er aber nur mit den Worten berührt: „um diese
Zeit verlor ich meine Frau reell." Er schien übrigens wirklich erfreut,
uns halbe Landsleute zu sehn, und sprach von nichts als unsern Dom-
stiftern, Majoraten und Familienpakten, um seinem Begleiter, einem Herrn
von Hornstein[2]) zu zeigen, daß hinterm Berge auch noch Leute wohnen.

Auch Uhland war hier; Gott, was ist das für ein gutes, schüchter-
nes Männchen! Ich sagte ihm, daß wir in Tübingen ihm gegenüber
logirt, und man uns sein Haus gezeigt habe; er lachte und sagte, „dort,
dem Lamme gegenüber, wohne ein Kaufmann Uhland, der dem Wirthe
ohne Zweifel viel wichtiger geschienen habe." Du siehst, wie bunt es
hier bisher zugegangen ist; dazu die täglichen Parthieen, zum Figel,
Frieden, der Krone, haben mich bisher noch nicht zur Ruhe kommen
lassen, was wohl recht gut sein mag, um meinen ersten Widerwillen
gegen das Gehen zu überwinden. Ich denke, fortan wird es aber stiller
werden, und ich endlich ordentlich an die Arbeit kommen; ich habe eine

---

[1]) Sie wird im Kreitenschen Druck Geisdorf genannt, irrig. Der Name
ist sichergestellt durch den Brief an Reinhard v. Brenken 1841 Januar 19.

[2]) Wohl Frhr. Ferdinand v. Hornstein, Hofkavalier des Fürsten Karl
Egon von Fürstenberg, Vater des Komponisten Robert v. H., in dessen Memoiren (herausg. von F. v. Hornstein, München 1908) er oft erwähnt wird.

rechte Gier darnach (vielleicht eben, weil ich nicht kann) und mache
täglich in meinem Kopfe schon allerlei Vorarbeiten.

Soeben sagt mir Jenny, daß ich Dir schreiben solle, daß Schücking
hier ist; es ist richtig, in ihrem Briefe konnte es noch nicht stehn.
Laßberg hat ihm nach Darmstadt, wo er sich gerade bei Freiligrath aufhielt, geschrieben, um einen Catalog von seiner Bibliothek zu machen;
Laßberg ist ganz von selbst auf den Einfall gekommen, da er sich schon
längst, nach seiner geheimnißvollen Weise, ganz im Stillen, nach einem
Menschen umgesehn, der, bei den nöthigen Kenntnissen, keine große
Forderungen mache und ihn nicht im Hause genire; so habe ich nichts
von dem Plane gewußt, bis er zur Ausführung kommen sollte, habe mich
aber recht gefreut Schücking zu sehn, der vor etwa zehn Tagen angekommen und den ganzen Tag so fleißig bei der Arbeit ist, daß Laßberg ihn
lobt; wir sehn ihn selten, außer bei Tische, da er in den freien Stunden
(Abends bei Licht) an seinen eigenen Schriftstellereien arbeitet, oder auch
in's Museum geht, die Zeitungen zu lesen. Den Freiligrath hat er ganz
verändert gefunden, er geht gar nicht aus, arbeitet wie ein Pferd, und
trinkt keinen Tropfen Wein; die Frau scheint ganz das Regiment und
den Knopf auf dem Beutel zu haben; als Schücking da war, hat er ihm
doch gern etwas zu Gute thun wollen, es aber nicht anders anzufangen
gewußt, als daß er einige Visiten mit ihm gemacht hat, wo er hoffen
konnte, daß ihnen ein Glas Wein vorgesetzt würde, was denn auch geschehn ist. Die Frau ist sehr hübsch und auch gescheut, aber ceremo-
nieuse, voll Sentenzen, und überhaupt durch und durch eine Gouvernante
(was sie auch früher war); sie erinnerte in Wesen und Redensarten sehr
an Adele, nur viel strenger und Alles mehr auf die Spitze stellend, und
sie hat, während Schücking da war, ihrem Manne ein paar Mal über
einige unbedachte Worte eine Scene gemacht, daß dieser ganz betrübt
darüber ist und fürchtet, sie werde den guten Anfang wieder verderben.
Es wäre traurig, da in Freiligrath doch eine sehr gute Natur zu stecken
scheint, und er sich gern bessern will.

Den 28. Gestern konnte ich nicht schreiben, weil ich nach den
Kindern sehn mußte, da Laßberg und Jenny nach Heiligenberg gefahren
sind; er hatte die Nacht nicht gehustet, das Wetter war schön, so hieß
es denn mit einem Male: „in einer Stunde müssen wir im Wagen sitzen."
Nun! es ist überstanden und Jenny hintennach gut zufrieden mit dieser
Tour, da sie die meiste Zeit bei Theresen gewesen ist, und die Fürstin
ihr so viele schöne Sachen, Glasscheiben, Roccoco et cet. gezeigt, daß sie
sich dieses Mal sehr gut amüsirt hat. Die Kinder gingen ihnen entgegen
bis Deisendorf, (Laßberg hatte es so angeordnet) mit dem Fasser und
dem neuen Mädchen, die übrigens leider blutwenig von einer Französin hat;
sie ist eigentlich nur ein Mädchen aus Constanz, was in der Schule Französisch gelernt und es nachher auch gesprochen hat, aber jetzt sehr aus

der Uebung ist. Bis jetzt hat sie noch kein französisches Wort vorgebracht,
ist aber still und von anständigen Manieren, auch ist Jenny sonst mit ihr
zufrieden, nur fürchte ich, sie bleibt nicht, denn sie sieht trübselig aus,
sitzt in den Ecken und weint, und Strengs meinen, sie hätte das Heimweih nach Constanz, das kann sich aber noch geben. Strengs sind nun
fort, per Dampf. Visiten habe ich hier noch nirgends gemacht, werde aber,
da es nun ruhig zu werden und Jenny freie Zeit zu bekommen scheint,
nächstens in's Institut zu den Klosterfrauen, und zu der Tochter unsers
guten Herrn Hufschmid (der, nebenbei gesagt, mein ganzes Herz gewonnen hat) gehen.

Den 29. Es ist, als wenn dieser Brief gar nicht zu Ende soll.
Gestern unterbrach mich Jenny, weil uns Herr Jung zu einem physika-
lischen Experiment eingeladen habe, und da ich mich nun doch in's Ge-
schirr werfen müsse, solle ich auch gleich meine Visiten abmachen. Das
Experiment war sehr gelehrt und wichtig, aber blutwenig daran zu sehn;
Herr Jung aber kommandirte und zerarbeitete sich wie ein Spritzenmeister.
Er ist mit Leib und Seele bei seiner Wissenschaft, und gefällt mir deshalb auch besser wie Herr . . ., der mich im Aeußern an Schrey und mit
seinem Klaviertrommeln an Wenzelo erinnert, sonst, dünkt mich, auch
gutmütig und gefällig. Wer mir sehr gut gefiel, war der alte Director,
den wir auf seiner Stube besuchten, da er krank gewesen ist; er war
noch sehr hinfällig, und man fürchtet, er werde doch nicht lange mehr
leben, was mir leid sein würde, denn er scheint mir ein sehr würdiger
Mann. Nachher waren wir bei den Klosterfrauen und Kessels. Die alte
Frau v. Kessel[1]) war auf der Rückreise mit dem Wagen umgefallen und
hatte sich den Fuß verstaucht, war aber fast [?] wieder besser. Sie hat mir
einen angenehm verständigen Eindruck gemacht, obwohl die Aehnlichkeit
mit der alten Filheringschen allerdings groß ist. Sie gab mir Empfeh-
lungen an Dich und wußte nicht Respekt und Dankbarkeit genug zusammen zu bringen. Von den Töchtern gefällt mir bei Weitem Fräulein Fritze am besten, die mich ungemein an Tony Lützow erinnert
hat . . . Tony erzählt mir, daß die Bornstedt ihr ihre ,Catharina' geschickt
habe, und zugleich einige Subscriptions-Listen für den ,Ludgerus', mit
der Bitte, sie unterzubringen; sie habe dann einige Unterschriften zusammengebracht und ihr geschickt, mit dem Zusatze, „es sei ihr leid daß
ihr (der Bornstedt) Name am Rheine so ganz unbekannt sei, sonst würde
sie wohl mehr ausgerichtet haben"; das wird der armen Bornstedt eine
bittere Pille gewesen sein, und thut mir wirklich leid, da sie sich dergleichen so nah nimmt.

Unsere kleinen Reisefata, die an sich nicht weit her waren, hat gewiß Jenny in ihrem Briefe verbraucht, also nur davon: daß ich Carl[2]) ganz

---

[1]) Vgl. über sie A. an die Mutter 1842 Januar 26.
[2]) Carl v. Laßberg, Stiefsohn ihrer Schwester.

gefunden, wie Du ihn beschrieben; daß ich Gretchen [1]) in Coblenz wohl
aussehend und sehr freundlich gefunden habe, aber besorgt um die Male [2]),
mit deren Besserung es so sehr langsam ging; daß Armin viel von Wilhelm Ernst hat, und daß ich in Coblenz hundekrank war, mich die ganze
Nacht brechen mußte und bei dieser Gelegenheit mein Haar in Brand steckte,
so daß ich jetzt noch etwas mehr kurze Flusen am Kopfe habe als früher.

... Ich habe die beiden Kinder [3]) sehr lieb, aber das kleine Ding
doch am Liebsten, weil sie so ganz ohne Berechnung ist, und wenn man
sie etwas fragt, so zeigt die Antwort immer ihre Herzensmeinung, weil
sie Alles für Ernst nimmt, was die größere gleich als Spaß oder eine
Frage in den Wind erkennt. So fragte ich gestern: „was gäbt ihr wohl
darum, wenn die Großmutter nun auch den Winter hier wäre?" H. war
gleich fertig: „Das ganze Haus und die Stadt, und das ganze Land, et cet."
ad infinitum. G. dagegen war ganz klemm und stöhnte vor Ueberlegung,
dann sagte sie: „kömmt sie aber auch gewiß?" „O!" sagte H., „es ist
nur Spaß!" „Nein," sagte G., „es ist kein Spaß, und dann, wenn sie
ganz gewiß kömmt, will ich meine schönste Puppe an's Becke-Mädle geben." Ist das nicht niedlich? Es ist komisch, wie die kleinen Dinger sich
als gereiste Leute geriren, H. der Leocadie und den Kindern im ‚Frieden'
vom Dampfboot und Kölner Dom erzählt, und G. immer dazwischen sagt:
„und drei Katzen hatten wir in Rüschhaus, und ein Kalb und zwei
Hunde, und eine Katze hatte eine ganz schwarze Nase." Ich habe der
H. gesagt, daß Herr Figel mir seines Zopfs wegen so gut gefiele, daß sie
ihn nun nicht mehr zu nehmen brauche, ich wolle ihn selber heirathen;
anfangs war sie sehr froh darüber, seit ich ihr aber gesagt habe, daß sie
ihn fortan Onkel nennen und ihm die Hand küssen müsse, hat sie ihn
doppelt in Aversion genommen, und sagt, um mich davon abzubringen,
„daß Alles, was zu Herrn Figel gehörte, ganz krumm wäre, ich würde
also auch krumm werden, wenn ich ihn nähme"; man kann wirklich tausend Spaß mit den Kindern haben ...

Von Münster habe ich noch gar keine Nachricht, was mich wegen
meines armen Schlüterchens besorgt macht, da Junkmann mir versprochen
hatte, gleich zu schreiben, wie die Operation ausgefallen sei. Wenn es
nur beim Alten bleibt, das wäre ein halbes Leiden; ich fürchte aber, die
Augen könnten sich entzünden, wenn so viel daran gemeistert wird, das
wäre doch sehr betrübt! Uebrigens hoffe ich, daß er jetzt angestellt wird,
da der andere Professor Schlüter [4]) gestorben ist. Dieser hatte ja, wie ich
meine, eine von den zwei einzigen Stellen, die in Münster für ihn passen; das
wäre doch noch ein großer Trost, falls es mit dem Sehen nichts wäre.

---

[1]) Margaretha Verflassen.   [2]) Amalie Hassenpflug.
[3]) Die Zwillinge ihrer Schwester, H. = Hildegard, G. = Hildegund (Gundel).
[4]) Johann Christoph Schl., geb. 1767, † 1841 Okt. 8 als Rektor der Akademie
zu Münster. Verzeichnis seiner zahlreichen Schriften bei Raßmann 292.

Daß ich von Adele [1]) keine Nachricht habe, ist meine eigene Schuld, da ich ihr von Rüschhaus, wegen der Unsicherheit meiner Mitreise, geschrieben, daß sie mir nicht antworten solle, · bis sie einen Brief von Meersburg erhalten, und dazu habe ich freilich noch nicht kommen können, habe deßhalb auch noch keine Nachricht über den Thomas a Kempis, hoffe aber in diesen Tagen ihr schreiben zu können. Sage dieses doch, nebst tausend Herzlichem, an August, und daß ich fleißig sein und von hier ganz sicher etwas Fertiges mitbringen würde; in meinem Koffer, (der noch immer nicht da ist), liegt, was von dem Westphalen ("bei uns zu Lande und [?] auf dem Lande" heißt's eigentlich) fertig ist, nebst dem Material, den geistlichen Liedern, um sie hier durchzuarbeiten und in's Reine zu schreiben; auch das Lustspiel habe ich zur Feilung mitgenommen. Wenn ich hinzufüge, daß Therese so gut wie gar keine Zeit hat, und ich meine Strümpfe selber stopfe, ferner ein Paar Pantoffeln für Laßberg zu Weihnachten sticke und noch der Therese Heisdorf versprochen habe, ihr etwas auszuschneiden, so siehst Du, daß ich einen guten Berg Arbeit vor mir habe. Das Buch und die Pantoffeln müssen aber vorgehn, vom Uebrigen, was möglich ist. Da Schücking so wenig Zeit hat, werde ich Jenny Abends vorlesen, was fertig ist; sie sagt, das störe Laßberg gar nicht in seinem Puffen [Paffen?] und ohne Jemandes Theilnahme arbeitet man nicht mit Lust.

Ich mache kein Couvert, weil ich fürchte, der Brief liegt schon ad infinitum; wir sitzen so lange zu Tische und spazieren dann bis es dunkel und der Nachmittag hin ist, und die Morgen sind auch schon kurz und bis jetzt fast hingegangen mit Ankleiden, Frühstücken und heimlich an den Pantoffeln sticken, wobei bisher die besuchenden Damen immer aus- und eingingen, ich also doch Nichts schreiben konnte. Heute ist der erste Tag, wo ich etwas zusammenhängende Zeit habe. Pfaffenhofen war auch hier und hat mit mir Münzen getauscht, wobei ich nicht zu kurz gekommen bin; gegen sechs von meinen Medaillen von ihm drei andre Medaillen, einen goldenen Nero, fünfzig Consular-Münzen, einen Bracteaten und 60 kleine alte deutsche Silbermünzen — ist das nicht ein brillanter Tausch?

Nun adieu, liebe Mama, tausend Liebes und Herzliches an die lieben Onkel und Tanten, Onkel Fritz, August, beide Sophieen, Tante Dorly, Fränzchen, Ludowine, kurz alle Lieben. Deinen nächsten Brief erhalte ich wohl von Rüschhaus, dann bitte, schreib mir doch, was meine Alte macht. Auf Catharintag und Nikolaus pflege ich ihr etwas zu schicken, bitte, wolltest Du das wohl für mich besorgen? Nochmals adieu; ich küsse Deine lieben Hände. Deine gehorsame Tochter Nette.

Von denen ich keine Grüße geschrieben habe, die magst Du Dir nur dazu denken, alle Welt gibt mir so viele Grüße auf, daß ich Eins über's And're vergesse.

Kreiten IV, 306 (mit Auslassungen), wo das Jahr ergänzt ist.

---

[1]) Adele Schopenhauer.

(93). An die Mutter. — Rüschhaus 1842 Aug. 24.

Rüschhaus, 24. August 1842.

Ich sitze hier still in meinem Kanapee und denke an mein Mütterchen, Sophie, Male, August und alle andern Lieben in Bökendorf und
Abbenburg . . . . . .

Nun zu meiner Reise (von Meersburg nach Rüschhaus). Die
W[intgens] [1]) kamen mit großen Plänen an, die von Tag zu Tag mehr ein-
schrumpften, da ihnen Meersburg immer anmuthiger und ihre Beine
immer müder vorkamen. Zuerst war von Turin und Genua die Rede,
dann von Mailand, dann vom Rigi, zuletzt nur noch vom Appenzeller
Land, dahin zogen sie denn auch wirklich aus, kamen aber zurück, ohne
etwas gesehen zu haben, außer ein paar Stückchen am Bodensee und
einer hübschen Schlucht bei St. Gallen. Laßberg konnte sich nicht genug
über diese geringen Erfolge wundern, sie waren aber ganz glückselig in
Meersburg, wo sie in ihren Staatszimmern den ganzen Morgen frühstück-
ten, schrieben, lasen, die Schiffe beobachteten und mit den Kindern
spielten; Alles im tiefsten Negligee. Nachmittags führte Laßberg sie
umher, nach Salmansweiler, Constanz, Ueberlingen oder mindestens Figel
et Consorten. Rosine zeigte sich sehr tüntlig und Anna sehr brauchbar
und praktisch, so daß ich nicht begreife, wie Rosine hat jemals ohne
Anna reisen können; mit Laßberg schickten sich Beide sehr gut, besonders Rosine, die immer ihr Bestes that, ihn zu unterhalten.

Auf der Tour nach Ueberlingen stiegen wir aus um ein seitwärts
sehr hübsch auf der Höhe gelegenes kleines Klostergebäude [2]) mit herrlicher
Kirche [3]) zu besehen, was um einen Spottpreis zu verkaufen und fast umsonst zu vermiethen stand, und Rosine faßte den Entschluß, Sophie zu
vermögen, mit C. und den Töchtern einen Sommer dort zuzubringen. (Sie
wollte dann auch hinkommen, und wenn sie sich dort gefiel, das ganze
Ding kaufen.) Das Letztere schien ihr nicht unwahrscheinlich, und das
Erstere so gut wie sicher. Mich würde es sehr freuen für Jenny.

In dieser Zeit hatten wir Hagelschlag diesseits und dann über'n
See weg auch jenseits, aber in so einem schmalen Strich, daß wir uns
anfangs nicht viel darum bekümmerten, bis wir erfuhren, daß es gerade
den armen Gaugreben getroffen und seine ganze Ernte in den Grund geschlagen hatte, so daß ihm auch nicht eine Traube am Stock, nicht ein
Apfel auf dem Baume geblieben ist; es war nur noch gut, daß Thekla
gerade in Berg war, alles mit erlebte, und den in diesem Jahr so hart
bedrängten armen Schelm wohl weniger drängen wird. Der kann auch
von einem Unglücksjahr nachsagen von Leiden und Kosten! Emma so
elend, Er so krank, das Kind todt, Hagelschlag, Alles auf einmal! Du

---

[1]) Die beiden Fräulein Anna u. Rosine Wintgen. Vgl. Kreiten I, 407. 410. 411.
[2]) Maurach. [3]) Wallfahrtskirche Neu-Birnau.

mußt nämlich wissen, daß er nach meinem Besuch im Frühjahr, wo ich ihn unwohl traf und verließ, keineswegs besser, sondern sehr krank geworden ist, und man eine Zeitlang die Halsschwindsucht fürchtete, jetzt ist er jedoch hergestellt, auch Emma bessert sich fortwährend, doch so langsam, daß sie noch immer nicht über das Gehen an zwei Stöcken hinaus ist. Als wir abreisten, war sie in einem Bade bei St. und ihre Briefe sprachen von viel Langeweile und Heimweh und wenig Besserung.

Unsere Abreise war am 28. oder 29. Juli, (ich weiß nur daß es ein Freitag war) [1]. Die guten Klosterfrauen und Fräulein von Kessel fanden sich noch am Dampfboot ein; Jenny war recht betrübt, auch die Kinder weinten uns lange nach, es war ein recht betrübter Abschied. Am andern Ufer fanden wir unseren Hauderer schon bereit, am Wagen standen Luise Streng und Gaugreben. Letzterer lief gleich aufs Steuerbureau, um unsere Sachen neu plombiren zu lassen, da in Meersburg, wie sich jetzt fand, die Scheine auf den unrechten Ort ausgestellt waren. Gaugreben kam zurück und wir fuhren ab, und ohne besondere Vorfälle bis Schaffhausen, wo wir bei ziemlich guter Zeit ankamen und uns gleich auf den Weg zum Rheinfalle machten. Ich wollte einen Führer nehmen, die sparsame Rosine meinte aber, wenn wir nur dem Laufe des Rheins folgten, könnte uns der Fall nicht entgehen. So kam es, daß wir wenigstens eine Stunde vorantrabten, ehe wir Laufen zu sehen bekamen, und gegen das Ende des Weges von einem so furchtbaren Gewitter überfallen wurden, daß uns nach einigen Minuten das Wasser zu den Schuhen hinaus lief, (von oben her waren wir ziemlich durch Schirme geschützt). Wir flüchteten in das erste Haus von Laufen, das Gewitter hörte auf, aber der Himmel bezog sich zu einem Abendregen. Nun ging die Noth an, daß Rosine nicht mobil zu machen war, obwohl man genug sehen konnte, daß der Regen nicht aufhören würde, und die Sonne schon zum Untergange stand. Sie wollte weder los, noch viel weniger nach einem Wagen schicken, sondern immer warten, warten; endlich brachen Anna und ich auf, sie mußte nothgedrungen mit, und war nachher denn doch sehr glücklich, den Fall gesehen zu haben, der auch wirklich dieses Mal superbe war und ganze Fuder Schaum über sich warf; zuletzt kam noch eine prächtige Beleuchtung durch einige Sonnenstrahlen, die so eigen schräg durch die dunklen Wolken herein fielen, und ich nehme jetzt alle meine früheren Verläumdungen gegen ihn zurück. Es war ein Glück, daß wir Rosine losgeschickt [?] hatten, denn die letzte Hälfte des Rückwegs war es doch fast stockfinster und der Pfad wie eine Straßenrinne (vulgo Gauschke). Im] Gasthof tauchte ein neues Malheur auf; wir konnten nicht zu unsern Kleidern kommen, weil Alles plombirt und schwere Strafe darauf stand, die Plombe vor der Schweizergränze abzunehmen. Du kannst Dir Rosinens klägliches Gesicht nicht denken! Sie resolvirte sich endlich, ihre Fußbekleidung von

---

[1] Also Freitag 29. Juli, wozu die späteren Zeitangaben stimmen.

der Wirthin zu borgen, eine Maaßregel, die mir hinsichtlich der Schuhe
eklich war, und der ich mich deshalb durch schnellen Einkauf von ein
Paar Schuh und Strümpfe entzogen hatte und längst im Trocknen saß,
als die Andern noch immer mit der Wirthin parlamentirten.

Am andern Morgen setzten wir uns auf die Schnellpost und fuhren
nur immer fort fort fort, den Tag, [1]) die Nacht und den folgenden Morgen
bis Stuttgart. Den ersten Tag, Samstag, hielten wir in Stockbach Mittag,
wo ich Herrn Flink und den Direktor Napholz traf, die von Baden-Baden
heimkehrten; der alte Herr hatte sich doch sehr erholt, und ich freute
mich, ihn noch mal zu sehen. Sonntag Morgen um halb fünf waren wir
in Tübingen, hier wurde uns beim Umspannen ein Billet in den Wagen
gereicht vom protestantischen Pfarrer Reuchlin, einem Freunde Laßbergs,
früher unser Nachbar in Friedrichshafen und jetzt seit einigen Wochen
als Pfarrer nah bei Tübingen versetzt, einem sehr gelehrten Herrn, von
dem ein historisches Werk, ‚Port royal‘ betitelt, jetzt großes Aufsehen
macht. In dem Billete stand: „Da er sich die Freude nicht versagen
könne, mir Lebewohl zu sagen, so würden wir ihn am nächsten Berge
finden.“ Das war ein Plaisir für Rosine! die durch Laßberg, der ihn sehr
lieb hat, schon so viel Rühmliches von ihm gehört hatte. Sie hielt immer
den Kopf zum Wagen hinaus, daß ihr der Regen in den Nacken lief —
richtig! da stand er, den Regenschirm über dem Kopfe, stieg ein und fuhr
wohl eine Stunde weit mit, von wo er dann eiligst auf einem Richtwege
seinem Dorfe zutrabte, und meine Reisegefährtinnen in Exclamationen über
sein bescheidenes Wesen und seine geistreiche Unterhaltung zurück ließ.

In Stuttgart kamen wir um zehn an, wo uns Albert Schott, [2]) den
die W[intgen]s zu Meersburg hatten kennen gelernt, am Wagen empfing

---

[1]) Im Text bei Kreiten steht Dienstag, offenbar Schreib- oder Druckfehler, da die Abreise von Meersburg am Freitag erfolgte, und gleich dahinter
als Reisetage von Schaffhausen ab Samstag und Sonntag genannt werden.

[2]) Der Stuttgarter Gymnasialprofessor Albert Schott schreibt Meersburg
1842 Juli 20 an Uhland: „Ich habe hier, wo ich seit einigen Wochen auf Besuch
bin, von der Schwägerin des Herrn v. Laßberg eine ziemliche Zahl Volkslieder
bekommen, die das Fräulein meist in ihrer Jugend gelernt hat und die sie gern
und auf ansprechende, natürliche Weise mit Clavierbegleitung vorträgt. Es
mögen im Ganzen 30 sein; davon folgen hier so viele, als mir bis jetzt abzuschreiben möglich war... Zu den meisten besitze ich auch die Weisen, die
Ihnen gleichfalls zu Gebote stehn... In der Mundart reden nur wenige dieser
Lieder, da dem Volk um Münster das Hochdeutsche in allen Fällen, wo Kunst
oder Anstand eine Anforderung machen, das Natürlichere ist.“ Weiter schreibt
Schott an Uhland Stuttgart 1842 Nov. 13: „Ich hoffte von Tag zu Tag eine
Stunde zu finden, wo ich den Rest der Volkslieder, die ich mir von Frl. Droste
für Sie habe dictieren lassen, vollends abschreiben könnte; ich bin aber seit
Wochen mit bunten Geschäften so überladen, daß ich endlich zu Pfeiffers Güte
Zuflucht nehmen mußte, durch die mir auch nach 24 Stunden schon die beiliegenden Abschriften bis auf eine, die ich selbst genommen habe, zugekommen
sind.“ Beide Briefe im Orig. im Schiller-Museum zu Marbach. Gütige Mitteilung von Leonhard Korth.

und uns sagte, daß seine Frau das Essen für uns bereits über dem Feuer
habe, ferner der Professor Steele uns um drei auf dem Museum erwarte.
Das war mehr Ehre als Vergnügen, denn wir waren todtmüde, und
mußten die folgende Nacht wieder durchfahren. Es ging aber nicht anders,
Schott war zu wenig reich und seine Haushaltung zu klein, als daß wir
ihn hätten mit seinen Anstalten dürfen sitzen lassen. Zuerst ging es also
in die Kirche, dann ich vorerst allein zu Schotts. Auf der Thürschwelle
saßen zwei allerliebste kleine Mädchen, wovon das Eine gerade ganz betrübt zum Andern sagte: „die fremde Frau kömmt gar nicht und wir
müssen hier immer sitzen;" wie lustig sprangen sie voran, als sie hörten,
daß ich die fremde Frau wäre! Der Mittag war angenehm, das Diner
gar nicht überladen, sondern ganz häuslich, Schotts Frau überaus angenehm und hat mich an meine liebe Male erinnert, kein Fremder da außer
einem Freund Laßbergs, Gustav Pfeifer. Nach Tisch besahen wir das
Museum, dann Kaffee bei Schotts, dann in die Anlagen und um Neun
wieder auf die Schnellpost, ohne uns ausgeruht zu haben. Es ging eben
nicht anders. Am anderen Morgen um Elf waren wir in Heidelberg,
stiegen gleich am Eisenbahnbureau ab, fuhren mit diesem heulenden Ungeheuer in einer halben Stunde die sechs Stunden nach Mannheim, von
dort gleich aufs Dampfboot, was uns Abends endlich nach Mainz und dort
nach zwei Nächten zuerst wieder in ein Bett brachte.

Hier trennte ich mich am anderen Morgen von meinen Reisegefährtinnen, die nach Wiesbaden und dort einige Zeit verweilen wollten,
wie ich gleich merkte, viel länger, als ich Lust hatte, sie in Bonn zu
erwarten, da mich außerordentlich nach Rüschhaus verlangte, wo ich Dich,
liebe Herzensmama, zu finden glaubte. Ich sagte ihnen vorher: länger
als fünf Tage warte ich nicht, sie accordirten noch um ein paar Tage
und wir schieden als die besten Freunde, wie ich ihnen auch nachrühmen
muß, daß sie recht bequeme freundliche Reisegefährtinnen sind. So ließ
ich sie in ihren Betten, fuhr um halb fünf per Dampf immer voran, und
war Abends in Bonn, wo ich von Pauline äußerst freundlich empfangen
wurde und gleich an Jenny schrieb. Dort besuchte ich Nettchen Böselager,
die mir manches Alte erzählte, was mir noch neu war, z. B. von der
Hochzeit in Wehrden etc. etc.

Herrn Mertens [1]) fand ich sehr aufgedunsen und übel aussehend,
und seine Frau zu ihrer Ehre sehr niedergeschlagen darüber. Die fünf
Tage vergingen, ich setzte noch drei zu, dann ward es mir zu viel, obwohl in Paulinens Garten gerade Ausgrabungen im Gange waren, die sehr
interessant zu werden versprachen, da man bereits ein römisches Bad
aufgefunden hatte. Ich ging den letzten Vormittag noch zu Mertens, der

---

[1]) Über den Aufenthalt in Bonn und den Tod des Herrn Mertens (nach
Hüffer 359, wo irrtümlich das Jahr 1843 steht, in der Nacht vom 10. auf den
11. August) vgl. A. an die Schwester 1842 Sept. 5.

mir sagte, daß er noch an diesem Tage nach St. Thomas fahren werde, einer ihm gehörigen Fabrik, 6—7 Stunden von Bonn. Als ich am folgenden Tage das Dampfboot bestieg, war das erste Wort, was ich da hörte, daß Herr Mertens gestern nach St. Thomas gefahren, und heute Morgen dort todt im Bett gefunden sei. Du kannst denken, wie ich mich erschreckt. Ich habe seitdem schon einen Brief von seiner Frau, die gefaßt aber doch sehr erschüttert scheint; er war ungewöhnlich wohl und gut gelaunt abgereist und hatte ihr von unter Weges noch ein Billet geschrieben, weil er etwas vergessen hatte. In St. Thomas, wo sein Compagnon und Schwiegersohn (Esser, Theresens Mann) für ihn das Geschäft führt, hatten sie ihn besonders heiter und scherzhaft gefunden, er hatte Alles mit großer Zufriedenheit besichtigt, lange mit seinem Enkelchen gespielt, bei Tisch Abends mit Appetit gegessen und viel discurirt, und Morgens liegt er kalt und steif in seinem Bett, so daß er wahrscheinlich schon um Mitternacht gestorben ist, und zwar, wie es scheint, ohne sich zu bewegen, denn er hat ganz ruhig und gerade gelegen.

Von Bonn bin ich immer durchgefahren, erst mit dem Dampfboot bis Wesel und dann gleich weiter mit der Schnellpost bis Münster. Es ging ganz gut, ich hatte ordentlich aussehende, schweigsame Reisegesellschaft und mit meinem einzigen Schäflein, meinem Reisesack, auch keine Scheerereien. In Münster kehrte ich bei Ahlers ein, um H. T[angermann][1]) zu entgehen, der vielleicht abgereist war, vielleicht aber erst auf dem Punkte dazu, und mir einen langen Brief nach Meersburg geschrieben hatte, worin er mir berichtet, daß bei seiner bevorstehenden Abreise nach München ihm noch 130 Thaler fehlten, die er seinen Eltern zurück zu lassen wünschte. Da nun mein ganzes Vermögen in drei Thalern bestand, fühlte ich einiges Verlangen, mich seiner Gegenwart zu entziehen. Ich hielt mich daher möglichst incognito, sah Niemand als die Rüdiger und Schlüters, denen ich Verschwiegenheit einknüpfte, und zog am andern Morgen zu Fuß ab nach Rüschhaus. . . .

Kreiten IV, 318 (Auszug).

(97). An Sophie v. Haxthausen. — Rüschhaus 1842 Sept. 23. 24.

Rüschhaus, 23. Sept. 1842.

Schönen Dank, altes Herz, für die schönen Flattousen, die Du mir durch Marien hast zukommen lassen, sie waren, dem Inhalte nach, klar, großartig, und auch einiges Wahre daran, (z. B. daß ich eine alte Jungfer bin), dem Style nach gedrängt, bündig und kraftvoll. Dennoch, dennoch! „O! könntest Du mir nur in's blaue Auge sehen!" Ist Dir jemals die verkannte Unschuld zu Gesicht gekommen? Das ist ganz genau mein Portrait, nur daß ich etwas zu dick bin für Jemanden, der aus der Kum-

---

[1]) Der junge Theologe Tangermann. Vgl. an die Schwester 1842 Sept. 5.

merschale trinkt. Ernstlich, Sophie, hast Du nicht geglaubt, daß ich wirklich hundekrank war, als ich es schrieb? Das ist schlecht von Dir, und
Du magst Dich freuen, daß Du diese Sünde so kommode in den Jubiläums-
Ablaß einschmuggeln kannst. Ich versichere Dich, ich war ganz herunter,
und so muthlos wie Anno 1830, bei dem miserabeln Aufenthalt in Münster.
Man sollte einem halb Genesenden nie sagen, wie bedenklich es mit ihm
gestanden hat, denn Rückfälle kommen immer, und dieser war ein arger
Rückfall, so daß ich schon halb und halb darauf gefaßt war, den Winter
nicht hier bleiben zu können. Davon glaubst Du nun kein Wort, und es
ist doch wahr. Zum Glück war es schon viel besser, als Mama zurück-
kam, und jetzt habe ich mich wieder an's Clima gewöhnt, und bin, un-
beschrieen, flink auf den Strümpfen.

Mama ist, Gottlob, auch wohl, sehr heiter, denkt nicht an ihr Uebel,
sondern hat so viel zu sehen, zu fragen und zu erzählen, daß sie nicht
zum Schreiben kommen kann, und da ich jetzt schreibe, ihren Brief an
Dich noch etwas aufschieben will. Die Zeit, wo sie ihr Herzklopfen hätte
haben müssen, ist glücklich vorübergegangen, ohne andre Fatalität, als
daß ich einmal tüchtig ausgeschimpft worden bin, weil ich Morgens um
Fünf an ihrer Thür herumlusterte („wie 'ne alte Katze", sagt Mama),
was freilich dumm war, aber man hatte mir die Sache so gefährlich gemacht, daß sich meine Unruhe doch wohl begreifen läßt. Ich mache mir
jetzt Hoffnung, daß das Uebel, da es gerade in dieser schlimmen Aequi-
noktialzeit ausgeblieben ist, ganz fortbleiben, oder ·wenigstens allmählig
ausschleißen wird. Gott gebe es! Hätte ich diesen Winter eine Ahnung
davon gehabt, ich hätte keine ruhige Stunde in Meersburg verlebt, aber
wie ich Mama jetzt sehe, so resolut und munter, und wie sie so rüstig
nach Hülshoff hin und her segelt, kann ich mir ihren früheren Zustand
gar nicht vorstellen. Nochmals, Gott erhalte nur Alles wie es jetzt ist,
dann will ich gar nichts Anderes wünschen. Wie es in Meersburg steht,
habe ich schon so genau an Mama geschrieben, daß ich nichts mehr hinzuzufügen weiß . . .

Den 24. Ich wurde gestern durch Besuche unterbrochen, und
heute hat. sich, leider, bei Mama wieder etwas Herzklopfen eingestellt,
doch, wie sie selbst sagt, nur sehr gering. Es macht mich aber doch
trostlos, ich hoffte so sicher, es würde ausbleiben! Jetzt kann ich mich
nur noch mit dem Ausschleißen trösten, weil es doch über die Zeit hinaus und sehr wenig gekommen ist. Ich will morgen nach Münster und
selbst mit dem Doktor sprechen, Mariechen versichert auch, alle Aerzte
sagten, es seien nichts wie die Nerven und nicht im Geringsten gefährlich, — ich möchte es aber doch gern selbst hören. Ach Gott! was lebt
man doch in Noth und Sorgen, wenn man angefangen hat, alt und für
sich und die Seinigen apprehensiv zu werden! Jetzt kommt es wohl daher, daß Mama gestern Abend einen Brief an . . . hat schreiben müssen.

Das kann sie gar nicht vertragen; hätte sie es mir nur gesagt, hätte ich meine faulen Finger doch recht gern daran gekriegt, obgleich ich jetzt immer übel werde beim Schreiben.

Ich habe auch einen Auftrag, oder vielmehr eine Bitte und Anfrage bei August, weßhalb ich ihm eigentlich selbst schreiben wollte, weil er aber etwas Eil hat und Mariechen diesen Brief, nebst dem Hute für Gretchen, sogleich zur Post bringen soll, so möchte ich es Dir wohl auftragen, da die Gelegenheiten nach Münster jetzt sehr selten sind, seit wir die B.[1]), offenbarer Unterschleife wegen, nicht mehr benutzen. In Stuttgart gibt nämlich der Professor Bauer ein Werk heraus „Deutschland im neunzehnten Jahrhundert“, dessen Ausarbeitung viele Gelehrte unter sich getheilt haben. Hierbei hat Schücking nun, noch in Meersburg, Westphalen übernommen, weil er dorthin zurückzukehren und dann alle Quellen zur Hand zu haben glaubte; nun sitzt er in Bayern beim Fürsten Wrede, wird auf's Aeußerste um seinen Beitrag gedrängt und stößt, obwohl er sein Land sowohl durch Beobachtung als Lesen gründlich studirt hat, doch überall auf Schwierigkeiten und Lücken, wie es so ganz ohne Hülfsmittel nicht anders möglich ist, Er schreibt mir den lamentabelsten Brief von der Welt, daß er sich schon an Mehrere in Münster um Auskunft in den verschiedenen Zweigen gewendet, und endlich: „Wirksamkeit der Landstände und Gesetzgebung sind Punkte, die ich auch gern berühren möchte, wenn ich die Quellen hätte. Ich möchte in dieser Beziehung wohl Ihren Herrn Onkel August um Materialien bitten, was sagen Sie dazu? Bitte suchen Sie doch unter der Hand zu erfahren, ob er vielleicht einmal etwas Derartiges auf's Papier geworfen hat, was er nicht selbst zu benutzen denkt, und was mir doch Gold werth sein könnte; in diesem Falle werde ich ihm sogleich schreiben, wenn Sie glauben, daß er es nicht allzu unbescheiden findet et cet.“[2]). Ich antwortete ihm: „Ich müsse es erst durch Mama erfahren, (der Brief ist schon ziemlich alt), ob mein Onkel in Berlin oder in Apenburg sei. Im letzteren Falle übernehme ich es bei demselben statt seiner anzufragen, da sonst mit bloßem Hin- und Herschreiben Wochen verloren gingen“[3]). Wolltest Du nun, liebste Sophie, dieses dem August sagen, oder noch besser, ihm diesen Brief schicken, so wäre mir das äußerst lieb. Hat er nichts zu geben, so hätte ich gern baldmöglichst Nachricht, damit Schücking sich anderwärts umhören kann. Es braucht übrigens nicht viel zu sein, denn der Aufsatz umfaßt eine solche Masse von Gegenständen, Landschaft;

---

[1]) Offenbar die in den Briefen oft erwähnte „Bückersche“, die Botenfrau von Rüschhaus. Sie wurde später wieder in Gnaden angenommen.

[2]) Von den zitierten Sätzen steht die erste Hälfte wörtlich in dem Briefe Schückings an A. 1842 Aug. 29 (Th. Schücking 95), der Rest fehlt.

[3]) Inhaltlich, nicht wörtlich, im Briefe A.'s an Schücking 1842 Sept. 11 (Th. Schücking 102).

Volkscharakter, Sitten, Gewerbe, Statistisches, Regierungsform et cet., auch Sagen und Volksaberglauben, kurz alles Mögliche, so daß Jedes nur einen enggemessenen Raum hat. Kann und will aber August dem armen Schelm mit etwas aushelfen, so wäre es gut, wenn er es mir schickte, da Schücking von Münster eine Büchersendung erhält, der es dann beigepackt werden könnte, und die schon darauf warten kann. Ich hätte Augusten gern selbst geschrieben, aber da Marie heute geht, gibt's unter acht Tagen keine Gelegenheit wieder, und ich habe die Sache doch schon zu sehr auf die lange Bank geschoben. Grüße ihn herzlich von mir, sage ihm, ich arbeitete fleißig an meinem Buche über Westphalen, und hätte außerdem einen dicken Band Gedichte zum Drucke fertig. Im Auslande ginge es mir sehr gut, ich hätte jetzt acht gute Recensionen bekommen, und drei Verleger hätten sich mir angeboten, hier zu Lande spielte ich aber noch immer die Rolle des begossenen Hundes.

Mariechen drängt mich, und ich werde unversehens schließen müssen. Der Male [1]) will ich jetzt nach Hannover schreiben, da sie wohl schon dort ist; daß ich sie nicht habe sehen können, ist mir sehr betrübt, auch mit Gretchen [2]) wäre ich sehr gern mal ordentlich zusammen gewesen; auch dieser alles Herzliche, wenn sie noch bei Euch ist. Gestern war N. N. hier; ich hatte ihn seit neunzehn Jahren nicht gesehen, — lieber Gott! was für ein betrübtes altes Männchen! Ich glaube, Tante Dina würde sich entsetzen. Auf dem Rücken genau wie L. nach zehn Jahren sein kann, lang und gebückt wie ein Fidelbogen, neun und neunzig Falten im Rocke, einen glänzenden kahlen Kopf, mit einem dünnen Kränzchen von schneeweißen Haaren; W. ging neben ihm her wie sein Sohn und zuckelte doch auch ziemlich altfränkisch in seinem alten Jagdflaus; ich schlug innerlich die Hände über den Kopf zusammen; dabei war er so verdüstert und fremd, daß er uns kaum die Hand reichen mochte; was doch aus einem Menschen werden kann!

Da haben wir's! Mariechen will fort, ich muß Dir also adieu sagen, altes Herz, grüß doch alle 1000 mal. Ich wollte, es wäre erst wieder Frühling, und meine Wanderungen von Apenburg nach Bökendorf wieder im Gange. Gott weiß, wie oft ich an Euch Alle gedacht habe in diesem langen auswärtigen Jahre. Adieu, adieu. Deine Nette.

Kreiten IV, 324 (unvollständig).

(119). An Sophie v. Haxthausen. — Meersburg 1844 Januar 11. 12. 14.

Meersburg, 11. Januar 1844.

Schimpf nicht, Sophie, oder vielmehr, gib das Schimpfen dran, denn geschehene Dinge sind nicht zu ändern, weder meine Faulheit, noch Deine schönen Reden über mich. Aber faul bin ich auch nicht gewesen, da

---

[1]) Amalie Hassenpflug.   [2]) Margarethe Verflassen.

thu ich mir selbst zu kurz, ich habe mich vielmehr reine kaput geschrieben, und morgen geht die ganze Pastete an Schücking ab, der dann
sehn mag, wie er mit Cotta fertig wird. Soviel zur Entschuldigung meines Stillschweigens, und nun will ich Dir, so gut ich kann, haarklein
schreiben, wie es hier zugeht . . .

Mama hat im untern Stocke ein wunderhübsches Quartier, wo sie
mit der Kammerjungfer (Settchen Kappelhoff, ihr von Stapel für diese
Zeit geliehen) ganz für sich knüseln kann, zwei Zimmer und einen Saal,
unter dem Fenster gleich die Blumenbeete des Hofs und drüber weg die
Aussicht auf See und Alpen. Sie sieht Alles, was in's Haus kömmt, und
wird von Niemand gesehn. Zwei Ausgänge, einer oben in's Haus hinauf,
der andere über die Entrée gleich zum Hause hinaus, also ganz ungenirt
und doch nicht ängstlich, da das Mädchen auch dort schläft und den
ganzen Tag bei ihr ist. Mit dieser (dem Mädchen) ist sie überaus zufrieden; sie ist todtfromm, willig, auch geschickt, und Mama sehr angenehm, da sie sie so an die selige Lisette Kroege erinnert, ihr soviel
von ihr erzählen kann und selbst so theilnehmend zuhört, wenn Mama
von ihr erzählt. Die Kinder kommen fleißig herunter, und ein allerliebst
zahmer Kanarienvogel, der ihr fast die Mirrhe aus der Hand frißt, und
eine Reihe Blumentöpfe, die schon voll Knospen sind, tragen auch viel
zu ihrer Vergnüglichkeit bei. Und was noch das Beste ist, denk Dir, sie
hat Hoffnung, ihr Herzklopfen ganz los zu werden! Der hiesige Doktor
Kraus hat ihr vor fünf Wochen tägliche Fußbäder und Tropfen verordnet,
wonach, wie er meinte, das Uebel noch einige Male, aber schwach und
in immer größeren Zwischenräumen kommen und dann ganz ausbleiben
würde, und bis jetzt legt sich auch Alles dazu an. Das Herzklopfen ist
drei Wochen ausgeblieben, dann auf einige Stunden und ungewöhnlich
gering gekommen, und jetzt wäre bald wieder die Zeit da, der wir, wie
Du denken kannst, mit der größten Spannung entgegen sehn. Wenn Gott
uns das Glück doch gäbe! Dann kann mein armes Mütterchen doch noch
Plaisir von ihrer Rüstigkeit haben, jetzt ist sie wahrhaftig schlimmer
daran und genirter als andre Leute, die wirklich kränklich sind. Bitte
betet doch mit uns, daß Gott ihr hilft! . . .

Mit unserer armen Freundin C. geht's nach der alten Weise.
NB. wir haben heute den zwölften und so eben ist Dein Brief angekommen, Gottlob, daß ihr Alle gesund seid! Ich will nur gleich fortfahren
und Deinen Brief mit beantworten; die gute Mama will Dir zwar durchaus selbst schreiben, aber wir möchten sie gern davon abhalten, da das
Schreiben ihr so leicht das Herzklopfen bringt, und sie jetzt grade in einer
Kur ist, auf die wir unsre ganze Hoffnung setzen. Sei mir nicht böse
darum, altes Herz, ich will Dir auch so ausführlich schreiben, wie ich
nur weiß und kann . . .

Nun muß ich Dir doch auch von meinem kleinen Ankaufe schreiben,
meinem Häuschen und Weinberg, wie ich dazu gekommen bin, und wie

es beschaffen ist. Es ist ein großes Gartenhaus, liegt grade Jenny's Garten und Häuschen gegenüber, aber höher, und ist wenigstens noch einmal so groß. Es heißt das Fürstenhäuschen, weil Einer der letzten Bischöfe es gebaut hat, um dort im Sommer die Nachmittage zuzubringen, sowohl der herrlichen Aussicht wegen, als auch weil er kränklich war, und die Luft dort so rein ist. Es enthält fünf Piecen, zwar klein aber doch brauchbar. Zuerst unten das größte Zimmer, mit einem Kachelofen, daneben die kleine Küche, wo der Heerd mit dem Ofen verbunden ist, so daß beide mit einem Feuer können geheizt werden. Aus der Küche führt eine Wendeltreppe in den oberen Stock, vermittelst einer Fallthür; wenn man Abends die Fallthür zumacht, so ist die Entrée auch ein kleines Zimmerchen, wo eine Kammerjungfer schlafen und ein Schrank stehen könnte. Dann kömmt ein recht nettes, heizbares Wohnzimmer, und dahinter ein Schlafzimmerchen. Oben ist etwas Bodenraum und unter dem ganzen Hause her ein großer Keller. Das Gebäude ist im besten Zustande, sehr fest und massiv aus gehauenen Steinen aufgeführt, das Dach noch im vorigen Jahre durchaus reparirt, nur die Fenster sind alle fort, bloß Läden da, die Gottlob immer fest geschlossen gewesen sind, so daß die Zimmer nichts gelitten haben. Hierzu gehört ein Jauc'ert (etwas mehr wie ein Morgen) Rebland, sehr gut im Stande gehalten und mit lauter guten Sorten bepflanzt, Muskateller, Traminer, Gutedel et cet., die in guten Jahren etwa zwanzig Ohm Wein bringen sollen. Die Hälfte davon hat eine sehr gute Lage nach Süden, die andere weniger. Es gehört auch noch ein Bleichplätzchen dazu; ein Brunnen ist nicht da, aber grade daneben eine Quelle, die Sommer und Winter fließt.

Diese niedliche Miniatur-Besitzung, die ihre Herrn weit weg in Freiburg hatte, war Jedermanns Augenmerk, und als sie zum Verkauf kam, strömten alle Honoratioren zu. Ich ging auch hin, warum weiß ich kaum, ich dachte wohl, es wäre hübsch, wenn ich es kaufen könnte, um es einstens, da es doch an Jenny's Garten stößt, ihren Kindern zu hinterlassen, aber es fiel mir nicht ein, daß ich es könnte. So wie ich hereinkam, fragte mich einer der Honoratioren: „Wollen Sie mitbieten?“ Ich sagte, „vielleicht, je nachdem es fällt,“ worauf gleich mehrere der Herrn fortgingen, auch mehrere der Bauern, und die andern blieben ruhig sitzen und boten nicht, außer einem Bauer, der auch bald still schwieg, als ich ganz piano anfing, gegen ihn zu bieten, und so wurde mir schon nach einen paar Minuten die ganze Geschichte für 400 Thlr. zugeschlagen. Was sagst Du dazu? Alle sagen, ich hätte lächerlich wohlfeil gekauft, die Reben allein kosteten hier in schlechter Lage ebensoviel, und in guter wenigstens das Doppelte, und das Haus hätte ich ganz umsonst. Der Verkauf ist zwar noch nicht bestätigt, aber Alle sagen, das werde nicht ausbleiben, da die Besitzer dieser Kleinigkeit zugleich ganz große anstoßende Strecken mit haben versteigern lassen, die Alle so hoch auf-

getrieben sind, daß dieser kleine Schaden gegen den großen Profit gar
nicht in Betracht kömmt, und sie gewiß deßhalb die Auktion nicht um-
stoßen werden. Das Geld dazu bekomme ich jedenfalls für die erste Ausgabe meiner Gedichte; gibt's mir Cotta nicht, so haben mir schon Andere höher geboten. Ich habe recht Freude an dem Kauf! Jenny wird
es mir verwalten und gewiß schon sorgen, daß es nicht schlechter
wird ...

Schücking ist jetzt Mitredakteur der Allgemeinen Augsburger Zeitung, wohnt in Augsburg, ist seit drei Monaten verheirathet, Gottlob sehr
zufrieden, und schreibt mir oft; auch seine Frau hat mir wieder geschrieben, einen sehr natürlichen, herzlichen Brief; sie scheint voll des
besten Willens zu sein ihn glücklich zu machen. Er schreibt, aus ihrer
Schriftstellerei werde jetzt nicht viel mehr, sie habe meistens die Küchen-
schürze vor oder flicke ihm sein Weißzeug, das hat mir sehr tröstlich
geklungen. Der Himmel hat den armen Schelm so lange und bitter ge-
prüft, ich hoffe, jetzt läßt er's ihm auch mal gut gehen. Er fängt jetzt
an, ziemlich berühmt zu werden. Sein neuster Roman, „das Schloß am
Meere", findet großen Beifall, so auch seine Erzählungen in verschiedenen
Taschenbüchern. Er bleibt aber immer dieselbe gutmüthige, unschuldige
Seele. Da er jetzt viele Gelegenheit hat, Handschriften von berühmten
Männern zu bekommen, so hat er mir neulich ein ganzes Paquet geschickt,
und man merkt dem Briefe an, daß er es nicht abwarten kann zu erfahren, wie ich mich drüber freue. Im Frühling kömmt er mit seiner
Frau hierher, und wir freuen uns Alle darauf. Selbst Mama erweicht
sich gegen ihn, da sie hört, wie Jenny und Laßberg ihn loben, und am
meisten Eindruck macht es ihr, daß alle Dienstboten rühmen, „daß er
nie in kein Wirthshaus nit gange und nie kein Mädel kein unrecht Wort
nit gesagt hab". Darum hoffe ich, wird's ihm auch gut gehn, ein unschuldiges Leben ist die beste Vorbereitung zu einer glücklichen Ehe.

Gestern erhielt Mama einen Brief von Engel Wrede, die ihr schreibt,
daß T[ony][1]) glücklich wieder eine Stelle hat, bei einer verwittweten Gräfin
Renesse in Belgien[2]), 1000 Franks (gegen 300 Thlr.) Gehalt, und nur ein
kleines Mädchen zu erziehn. Gottlob und Dank! Engel hat gehört, die
Gräfin sei eine vernünftige, gute, aber fast bis zur Barschheit resolute
Frau, und das scheint mir gerade die rechte Person für T[ony], denn
Zwang muß sie durchaus haben, verdient aber doch übrigens eine gute,
vernünftige Behandlung. Ich habe die Familie Renesse vor achtzehn
Jahren in Coblenz recht gut gekannt[3]), und als einfache, verständige

---

[1]) Tony Galieris.

[2]) Wohl die Gattin des Reichsgrafen Ludwig v. Renesse-Breidbach geb.
Freiin v. Stockem, deren Töchterchen Clementia 1834 geboren wurde.

[3]) Der Besuch in Coblenz, bei welchem A., wohl durch ihre Freundin
Wilhelmine v. Thielmann, die gräfliche Familie kennen lernte, fällt Ende 1825.
Vgl. A. an die Mutter 1825 Okt. 18 und Dez. 4.

Leute recht gern gehabt, aber die Eltern sind jetzt beide längst todt [1]),
die Tochter [2]) an einen Grafen Beissel verheirathet, und die Söhne waren
damals noch Alle ledig, außer dem ältesten, den ich nicht gekannt habe;
wahrscheinlich ist dieser seitdem gestorben, und diejenige, zu der T[ony]
kömmt, seine Wittwe, obgleich auch mehrere der jüngeren Söhne später
geheirathet haben. Die Familie war sehr reich, lebte Winters in Coblenz,
Sommers in Belgien, in dem Schlosse Eldern, auf fast fürstlichem Fuße.
Doch hatte der Graf seinem Vermögen durch Sammeln, hauptsächlich von
Gemälden, etwas stark zugesetzt, und seine Freunde waren nicht ganz
ohne Besorgniß deßhalb. Nach seinem Tode sind aber von allen Seiten,
London, Paris, Wien, die Käufer zu seinen berühmten Sammlungen so
zugeströmt, daß enorme Summen sollen herausgekommen und alle Löcher
überflüssig gestopft sein.

Den 14. Mama hat leider diese Nacht einen, jedoch nur kurzen
und leichten Anfall von ihrem Herzklopfen wiederbekommen. Das ist betrübt, aber es war doch nur unbedeutend, und wieder über die Zeit hinaus, am vierzehnten Tage. Der Doktor wird sich nicht viel daraus machen,
da er es vorausgesagt hat. Indessen hatte ich gehofft, es würde nun
wieder so viel länger, etwa 6 Wochen, ausbleiben; man muß Geduld
haben und das Beste hoffen! Mama läßt Dich bitten, Du möchtest doch
an ihren Flachs denken; sie ist so zufrieden mit dem Leinen, was sie
von dem vorigjährigen Garn hat weben lassen und jetzt als Hemden trägt.

Laßberg hat heute einen Brief von Heiligenberg bekommen. Die Fürstin
Hohenlohe geb. Fürstenberg ist gestorben [3]), nachdem sie lange an einer Art
Auszehrung gekränkelt hat, doch für den Augenblick sehr unerwartet; sie
hat sich sogar ungewöhnlich gut befunden und gesagt, sie wolle sich mal
tüchtig ausschlafen, man solle sie ja nicht stören, und wie es den Leuten
nun zu lange wird und sie nachsehen, ist sie entweder schon todt gewesen oder hat noch ein paar mal aufgeathmet. Ihr Bruder soll untröst-
lich darüber und so angegriffen sein, daß man für ihn selbst fürchtet, um
so mehr, da er in diesem Jahre doch schon viel gekränkelt hat; wenn er
stürbe, so wäre das ein großes Unglück für Viele . . .

Den Tod von Marie Therese Robiano geb. Stolberg werdet ihr
schon wissen; die Familie schmilzt doch auch zusammen wie ein Schnee-
ball! Von Hülshoff hören wir, daß der gute alte Lütke Brintrup ganz
am Ende liegt und jetzt wohl schon todt sein muß. Du kennst ihn gewiß, er wohnt neben unserer Allee und man geht auf dem Wege nach

---

[1]) Reichsgraf Clemens Wenzeslaus und Kunigunde Schütz zu Holzhausen,
gest. 1833 und 1836.

[2]) Camilla, heiratete 1831 den Grafen Richard Beissel zu Gymnich, später
preußischer Landrat in Schleiden.

[3]) Prinzessin Leopoldine, Gemahlin des Fürsten Karl Albrecht v. Hohenlohe-Waldenburg-Schillingsfürst, Schwester des Fürsten Karl Egon v. Fürstenberg.

Roxel vorbei, ein schöner, großer Mann, den wir Alle sehr gern hatten.
Unser Mariechen hat auch geschrieben; Alles in Rüschhaus und Hülshoff
ist gesund, auch der liebe Onkel Fritz in Münster, und meine Alte hält
sich diesen Winter besonders gut. Mit Mariechen selbst will es aber
noch immer nicht, sie wird nicht schlimmer, aber auch nicht besser, und
schreibt: „wenn sie an die Meersburger Treppen denke, so freue sie sich,
zu Hause geblieben zu sein, das Bischen Steigen in Rüschhaus würde ihr
schon so sauer." Nun adieu, liebes Herz . . . Adieu, adieu. Deine
treue Nette.

Kreiten IV, 328 (Auszug).

(128). An August v. Haxthausen. — Meersburg 1844 Aug. 2.

Meersburg, 2. August 1844.

. . . Wir erwarten täglich Werner, der uns abholen, in den ersten
Tagen dieses Monats hier und vor Ende desselben in Hülshoff sein will.
Wenn Du auf Deiner Rückreise Münster passiren solltest, so triffst Du
uns schon wieder in Rüschhaus, und ich freue mich herzlich darauf.
Ueberhaupt wird einem jedes Wiedersehn immer lieber, je mehr man im
Leben die Ungewißheit desselben kennen lernt. Darum gehe ich, trotz
meines Verlangens nach Hause, betrübt von hier, obwohl ich außer zwei
Damen, — der Fürstin Salm geb. Hohenlohe und einer Engländerin [1]) —
die noch obendrein ziemlich entfernt wohnen, gar keinen Umgang habe;
aber ich habe jetzt zweimal ein ganzes Jahr hier zugebracht, ein paar
recht schöne, friedliche Abschnitte meines Lebens, in denen ich viel gearbeitet und mich jedem Fleckchen der Umgebung eingewöhnt habe; und
Gott weiß, ob ich wieder herkomme. Laßberg ist 75 Jahre alt! Ich bin
hier jedesmal gesunder gewesen, als sonst seit 15 Jahren, wenigstens was
die Brustbeschwerden betrifft, und vergesse ganz, was es thut, niemals
einen freien Athemzug zu haben.

Auch Mama hat das Klima anfangs sehr gestärkt; sie war flink
wie mit 40 Jahren und das Herzklopfen nahm so ab, daß sie sich nicht
einmal darum niederlegte; aber wie es immer an fremden Orten geht,
jeder neue Arzt will an ihr zum Ritter werden und dann plagt man sie
so lange mit Schwitzen, Bädern und Purgiren, bis ihre Nerven ganz herunter sind und das Uebel in doppeltem Grade wieder da ist. Dann setzen
die Herrn den Hut auf und erklären, Bewegung, Diät, Gemüthsruhe und
Enthaltung von aller Arznei sei ihrem Zustande das einzig Zuträgliche.
Ich wollte, sie fingen damit an! Auch jetzt haben sie sie wieder ganz
herunter gebracht, aber seit 3 Wochen, wo sie nichts mehr einnimmt,
hat sie sich merkwürdig erholt und kömmt wenigstens nicht schlimmer

---

[1]) Jedenfalls Frau Pearsal oder ihre Tochter Philippa. Vgl. A. an Elise
Rüdiger 1843 Nov. 18.

nach Hause zurück, wie sie abgereist ist, aber meine Hoffnung auf eine
durchgreifende Besserung in dieser Luft ist für diesmal wieder vereitelt.
Ich mag nicht daran denken, denn es hätte gewiß so gut werden können.

Mit meinem literarischen Treiben geht's gut. Cotta hat mir, da
ich seit einem Jahre nichts mehr ins Morgenblatt geschickt hatte, einen
überhöflichen, bittenden Brief geschrieben und ein Prachtexemplar der
Nibelungen (Folio mit Holzschnitten) geschenkt. Hierauf habe ich ihm
den Verlag eines Bandes meiner Gedichte, dem auch die ältern zum Theil
einverleibt sind, angeboten. Als Antwort hat er erst weitläufig ausein-
andergesetzt, wie wenig oder nichts er andern, selbst Uhlanden und
Lenau'n für die erste Auflage gegeben habe und sich dann zu 500 Thlr.
für die erste Auflage verstanden und für jede größere 1000 in Aussicht
gestellt, obwohl der Contract nur auf eine Auflage von 1200 Exemplaren
lautet und zwar auf meinen eigenen Wunsch, da ich eine vielleicht
momentane Stimmung des Publikums nicht benutzen mag, Cotta'n mög-
licherweise in Schaden zu bringen. Sind die Gedichte es werth, oder
hält das Publicum sie wenigstens dafür, so bekomme ich doch später
meine 1000 Thlr.

Es ist seltsam, wie man an einem Orte (hier in Oberdeutschland,
Sachsen etc.) so gut angesehen und zugleich an einem andern (Westphalen) durchgängig schlimmer als übersehen sein kann. Ich muß mich
mehr als ich selbst weiß der schwäbischen Schule zuneigen. Das Buch
erscheint zur Michaelis-Messe; ich habe bereits eine Menge Druckbogen
erhalten und kann mit der Ausstattung zufrieden sein: schöne, neue
Typen und sehr weißes Velin-Papier. Zunächst erscheint dann wohl ein
Buch über Westphalen, was freilich lange noch nicht fertig ist; aber ich
schreibe schnell, wenn ich mal dran komme, was sogleich geschehen soll,
wenn ich in Rüschhaus zur Ruhe gekommen bin. Gott gebe, daß mir
Stimmung und passable Gesundheit bleiben, um noch recht viel verdienen
zu können; denn ich möchte gar zu gern zwei kleine Stiftungen machen.
Der Anfang ist gemacht, zu der ersten habe ich meinen Brautschatz
überwiesen, und zum Behuf der letztern für meine neu erworbenen
500 Thlr. ein hübsches, massiv gebautes und bewohnbares Gartenhaus
vor dem Thore von Meersburg gekauft, mit soviel sehr guten Reben, daß
ich in fruchtbaren Jahren wohl 2 bis 3 Fuder (16 bis 24 Ohm) machen
kann. Der Kauf ist, wie Du siehst, sehr vortheilhaft. Jedermann sagt,
die Reben allein seien das Doppelte werth. Aber es ist heuer eine Art
Hungerjahr hier in Schwaben; niemand hat Geld zum Kaufen und man
hat sich hier in den Kopf gesetzt, Mama und mich für halbe Millionärin-
nen zu halten; so hat mir keine Seele aufgeboten. Ueberhaupt habe ich
Glück bei diesem Kauf, bin bei ziemlich blindem Zutappen an einen in
jeder Hinsicht vortrefflichen Winzer gerathen, und meine Stöcke hängen
so voll Trauben, daß die Leute der Merkwürdigkeit halber extra hin

spazieren. Ich denke, mit den Stiftungen wird's sich auch machen, daß ich noch bei meinem Leben Gedeihen sehe. Du weißt, ich selber brauche blutwenig und habe an meinen 300 Thlr. immer über und über genug gehabt, und so will ich alles, was ich verdiene mit Schreiben und auch den Ertrag des Weinberges in die Stiftungen stecken. . . .

Vor einigen Tagen war Prof. Oken[1]) hier; ich sah ihn schon vor 8 Jahren in Eppishausen; ich mochte ihn damals nicht, seines laigen Cynismus halber; jetzt hat ihn das Alter sehr gemildert, er ist ein liebenswürdiger, freundlicher Greis geworden, originell und unnüsel wie Jacob Grimm. Der arme Schelm war zu Fuße von Zürich nach Ulm getrabt, um die Spuren einer Römerstraße zu verfolgen, immer in vollen Platzregen, und hatte fast nirgends etwas anderes als Koth und Gesträuch gefunden, was seinen armen alten Körper so rheumatisch gemacht hatte wie einen Barometer; er trocknete und wärmte sich hier ein Bischen aus und trabte dann trübselig wieder Zürich zu.

Sonst habe ich hier noch viele berühmte Leute gesehen, lauter Nibelungenreuter, die viel zu gelehrt sprachen, als daß ich sie verstanden hätte. Einer derselben, Prof. Ettmüller,[2]) ebenfalls aus Zürich, hat mir gestern eine uralte Melodie des Nibelungenliedes geschickt, die Dich gewiß interessiren wird, und „die deutschen Stammkönige“, ein episches Gedicht in altem Versmaße, propre, aber nach alten Sagen bearbeitet, was schön sein soll; (ich habe noch nicht hineingesehn). Diese beiden als Geschenke, und leihentlich ein, wie ich glaube, sehr werthvolles Manuscript spanischer Romanzen (ohne Melodieen) aus dem 15. Jahrhundert, wovon ich fast kein Wort verstehe und Laßberg, glaube ich, noch weniger, obwohl er sich's nicht dünken läßt und mit der Brille auf der Nase sehr ernsthaft darüber sitzt.

Meine Haupt-„Liebschaft“ hier (Umgang kann ich es leider nicht nennen, da ich sie fast nie sehe) ist ein allerliebstes altes Jüngferchen aus Constanz, Fräulein Lottchen Ittner, Tochter eines Gelehrten, die Latein spricht wie Wasser, aber vor Blödigkeit fast ihr Schürzchen zerreißt, wenn man sie anredet, vom Vater Münzen, Kupferstiche etc. geerbt und damit ihr Zimmerchen wie ein Puppenschränkchen ausgeziert hat. Man kann sie nicht ohne Rührung ansehen; sie hat ein Gesichtchen, worin die Güte förmlich festgetrocknet ist und bringt ihre Zeit damit hin, kranken oder sonst verlassenen alten Leuten vorzulesen, die Zeitungen, wenn's anders nicht sein kann, obwohl ihr diese in den Tod zuwider sind. Meine zweite „Liebe“ ist der Provisor in der Apotheke, meinem Thurm gegenüber, auch ein kleines grauköpfiges Wurzelmännchen, der aus bloßer

---

[1]) Der Naturforscher Lorenz Oken (1779—1851) war seit 1832 Professor in Zürich.

[2]) Der Germanist Ettmüller (1802—1877) wirkte seit 1833 am Gymnasium zu Zürich.

Treue schon der vierten Generation derselben Familie dient, obwohl ihm
10mal bessere Stellen angeboten sind, jetzt einen schlimmen Herrn hat,
der die Armen drückt, und aus seinem dünnen Provisor-Beutel den Leuten
das Geld zusteckt, womit sie seinen Herrn bezahlen. Ich habe ihm lange
nachgestellt und ihn oft in meinen Thurm zur Münzschau eingeladen,
aber der ägyptische Joseph will nicht daran und ich mag mich begnügen,
ihn aus der Ferne zu betrachten, wenn er seines Herrn krummbeinige
eheleibliche Cretin's an die Mauer spazieren trägt.

Du siehst, es giebt hier mitunter nette Leute; wenn die Schwaben
gut sind, so sind sie gleich recht gut, sonst durchgängig etwas dickhäutig
und dickköpfig, aber doch durch die Bank fromme Schlucker und das
Sprichwort: „ehrlich wie ein Schwab" ist nicht umsonst da. Es wohnen
hier noch viele ehemalige Diener und Beamte der letzten Fürstbischöfe
von Constanz, (die hier bekanntlich residirten), und ich habe mich bei
diesen Leuten aus der guten alten Schule, die so ehrerbietig sind und
doch so würdig ihre Stelle auszufüllen wissen, recht erholt von der geistreichen Tactlosigkeit unseres modernen Bürgerstandes; dazu die himm-
lische Gegend, die gesunde Luft, das romantische alte Schloß und Musik
von allen Ecken: Musik von Blasinstrumenten auf dem See und in den
Felsparthieen, Musik von Männerstimmen täglich im Seminar und wunderschön! Kurz, Meersburg hat wirklich etwas Zauberhaftes. Du mußt
nothwendig kommen und sehen, ehe es zu spät wird. Bedenke 75 Jahre!
Ich möchte gar zu gern auf unserer Rückreise Malchen Hassenpflug sehen,
die dann wohl in Coblenz ist, fürchte aber, unser Dampfboot braust
daran vorüber. Es wäre mir hart, wird aber doch so kommen, denn das
Reisen beschleunigt bei Mama ihre Anfälle, drum müssen wir voran
machen, so schnell wir können. Auch in Tübingen — Stuttgart hätte
ich sowohl Angenehmes als Nöthiges zu schaffen, werde aber alles an
den Nagel hängen müssen. Nun adieu, lieber August, grüß die Grimms
herzlich von mir und Hassenpflug's auch! Das Zusammenleben mit letzteren ist mir immer noch so ganz neuerlich vorgekommen und nun, sagt
mir Hanne, [1]) sind die Kinder fast erwachsen. Wie alles verschwimmt
und sich verändert! Von den Kindern kann man wirklich nichts besitzen;
wir bleiben nicht in ihnen und sie bleiben in uns nur als Erinnerung,
die nirgends mehr passen will. Frag doch den Lutsch, [2]) ob er sich
meiner noch irgend erinnert. Adieu! Du wirst mir hierher nicht mehr
antworten können; wer weiß, wie es Werner mit der Eil kriegt und wir
nicht in acht bis zehn Tagen schon auf den Rädern sitzen. Mit alter
Treue Deine Nette.

Kreiten IV, 334 (Auszüge).

---

[1]) Johanna Hassenpflug.
[2]) Wohl Ludwig Hassenpflug, der frühere kurhessische Minister.

(138). An Sophie v. Haxthausen. — Rüschhaus, 1845 April 23. 24.

Rüschhaus, 23. April 1845.

Du wirst selbst wohl denken, liebe alte Sophie, weßhalb ich erst jetzt antworte. Wir haben euch täglich, — seit das Wetter so schön ist, stündlich — erwartet und je länger es währte, je sicherer dachten wir euch schon auf den Rädern. Nun ist vorgestern Dein Brief gekommen, und unsre schönen Luftschlösser sind kaput. Es ist recht betrübt, daß ihr nicht kommt, aber uns doch lange nicht so betrübt, als wenn wir es vor sechs Wochen erfahren hätten, denn jetzt liegt unsre eigene Reise schon näher, und Ende Mai sind wir so Gott will Alle zusammen. Wir würden schon eher kommen, wenn der lange Winter nicht Alles so weit hinausgeschoben hätte, Wäsche, Arbeit in Feld und Garten, und nun findet sich zum Ueberfluß, daß in meinem Zimmer ein Balken einstürzen will, und wir vor der Abreise uns noch mit Maurern und Zimmerleuten herumarbeiten müssen. Du wirst Dich wohl des immerwährenden Fleckens am Plafond neben dem ersten Fenster erinnern, und hast gewiß manchen Tag einen hölzernen Napf darunter stehen sehen, es konnte zuweilen gießen wie eine Dachrinne. Am Dache war aber der Schaden durchaus nicht zu finden, und die Leute hier herum glauben an ein unsichtbares Loch, durch das unser Hausspuk (Du kennst ihn ja wohl, der mit der weißen Timpmütze) aus- und eingeht. Jetzt hat Werner ein großes Blech legen lassen und damit den Regen, hoffentlich auch den Spuk ausgesperrt, aber als er neulich mit dem Stocke an meinen Balken stieß, fielen Stücke herunter, groß wie meine Hand, und vermufft wie Puffholz. In den nächsten Tagen soll nun der Plafond losgenommen werden und ich wage es wirklich nicht mehr, in der Sophaecke darunter zu sitzen, und muß jeden Augenblick aufsehn, ob die Pastete nicht herunter kömmt.

Sonst sind wir, Gottlob, wohl, und im Geiste schon halb bei euch. Mama setzt schon keine Mütze auf ohne zu überlegen, ob sie mitreisen soll, und ich packe vor und nach meine Raritäten weg oder auch ein zum Mitnehmen. Wie wächst doch das Verlangen des Wiedersehns, wenn nicht nur so lange Zeit, sondern auch so viel Wunderliches, Fremdes dazwischen gelegen hat! Alles anders! Andre Gegend, andre Sprachen und Sitten — Du glaubst nicht, wie ich mich wieder an jedem alten bekannten Gesichte freue! Oft kommen mir die 4 Wochen bis zu euch noch schrecklich lang vor, und dann wieder ganz kurz, wenn ich an die letzverflossenen denke, mich dünkt, es war gestern noch März. Die Zeit läuft immer schneller, sogar dieser endlose Winter ist hingegangen wie ein Traum. Jetzt haben wir seit acht Tagen hier ein Wetter wie im Juni, vorgestern war die Hitze gradezu drückend. Mama und ich saßen einander gegenüber wie ein paar schläfrige Eulen, und ich glaube, wir haben uns nach Tische beide hingelegt, von mir wenigstens weiß ich es gewiß. Sonderbar kam Einem in den ersten Tagen diese Sommersonne über dem kahlen Boden und die Stille in der Luft vor, aber jetzt kömmt Alles mit Macht, der Rasen ist bunt von Blumen und in diesem Augenblicke höre ich (mein Fenster ist offen) drei Nachtigallen und zwei Kuckucke sich antworten und außerdem noch eine Menge Lerchen und anderes Singzeug.

In Hülshoff ist Alles wohl; wir hoffen auf ein Mädchen, wo ich dann auf dem breiten Steine stehen werde. Ich kann sonst nicht leiden, wenn man Pathenkinder andre Namen gibt als man selbst trägt, aber mein Kind soll doch Elisabeth heißen[1]). Ich heiße ja gar nicht Annette, und sehe nicht ein, warum ich diese Falschheit in der Welt fortpflanzen soll! Ich selbst würde mich zwar bedanken, wenn ich aus der alten Nette eine nagelneue Elisabeth werden sollte, es würde mir vorkommen, als müßte ich alle meine Erinnerungen damit verläugnen.

Werner ist vor vierzehn Tagen mit dem Wagen zweimal über und über gekehrt worden, auf dem Wege von Münster nach Hülshoff, hat aber, Gottlob, nichts gekriegt. Es war gerade am Aufthauen, drei Pferde nebeneinander gespannt, zwei an der Deichsel, das dritte daneben, da schlägt der Wagen an der einen Seite in ein Eisloch und total um, Kutscher und Jäger springen glücklich herunter, der Letztere nur halb glücklich, nämlich bis unter die Arme in einen „schalluhen Schlaut" neben dem Fahrwege, durch den starken Ruck bricht die Deichsel, die beiden dadurch frei gewordenen Pferde werden scheu und reißen auch das dritte vom Wagen los, der nun zum zweiten Male umgekehrt wird, und dann in's Weite! der Kutscher ihnen nach. Unterdessen steht der Wagen auf dem Kopfe, die Räder in die Höhe, und drunter sitzt Werner in der Pfütze zusammen gekugelt wie eine Katze in der Mausfalle und schimpft aus Leibeskräften, bis sich der Jäger aus seinem Kolk gehaspelt hat und den Wagen so weit aufrichtet, daß er drunter weg kriechen kann. Der Kutscher hatte indessen seine Pferde, denen das Durchgehen im Drecke selbst langweilig geworden war, bald wieder eingefangen; der Wagen wurde in's Dorf geschafft, (die Geschichte passirte nämlich auf dem Damm von Roxel), und unsre drei Helden zogen zu Rosse in Hülshoff ein. Du kannst denken, in welchem Aufzug! Zwei (Werner und der Jäger) klatschnaß, und der Dritte gesprenkelt wie eine Wachtel. Schaden hat Niemand genommen, nicht mal der Wagen, außer der zerbrochenen Deichsel, doch war Werner am andern Tage etwas heiser, und Clövekorn setzte ihm zur Vorsicht einige Blutegel; am zweiten Tage kam er aber schon selbst nach Rüschhaus, um Mama, (der er übrigens gleich Nachricht geschickt hatte), völlig zu beruhigen; es fehlte ihm gar nichts mehr, nur seine Hände waren geschwollen von der starken Anstrengung sich

---

[1]) Es ist wirklich ein Mädchen und Elisabeth genannt worden, dieselbe, die später mit Kreiten die Werke der Tante und Pathin herausgab.

aus dem Wagenkasten zu arbeiten. Uebrigens hat ihn der Landtag sehr mitgenommen, er hat sich, (da er noch seine andern Geschäfte, Armen- kommission, Sparkasse nebenher versehen mußte) überarbeitet, auch zu- viel geärgert, und ist auffallend mager geworden.

Auch der gute Onkel Fritz hat den ganzen Winter mit seinem Magen zu schaffen gehabt, und Du wirst ihn ebenfalls mager geworden finden, doch soll er sich in Heesen sehr erholt haben. Du glaubst nicht, wie sanft und freundlich er sein Uebelbefinden trug, da doch sonst Magen- schmerzen, besonders wenn sie, wie bei ihm, mit dem Unterleibe zusam- menhängen, so sehr auf die Stimmung wirken. Recht trübe war er auch oft, aber immer geduldig und besorgt, Niemanden zu geniren. Wenn es immer möglich ist, liebes Herz, sorg' doch daß ihm vorläufig nicht viel Unangenehmes vorkömmt. Die Aerzte sagen, sein Uebel könne sich leicht festsetzen, daß er es in seinem Alter nicht mehr los würde, jetzt aber sei dies noch zu verhindern, durch eine Badekur in * * *, (Onkel Fritz weiß den Namen, will aber ungern daran), dann durch Diät und Vermei- den unangenehmer Aufregungen. Fritz muß jetzt hoch in den Sech- zigen sein, da ist mit der Gesundheit nicht mehr zu spassen. Ich grüße August viel tausendmal, und hoffe zu Gott, daß er noch in Apenburg ist, wenn wir kommen. Ich denke, der Bau in Thienhausen hält ihn noch eine Zeitlang fest, es würde mich schändlich ärgern, wenn ich ihn wieder nicht zu sehn bekäme.

Von Meersburg haben wir seit fast zwei Monaten keine Nachricht. Am Ende Februar war Alles wohl dort, und Jenny schrieb: „in vierzehn Ta- gen werde sie mir schreiben, und im April (wir dachten Anfangs, wie gewöhnlich) ihren Lebensschein schicken," nun ist heute schon der drei- undzwanzigste! Mama und ich sind mehr in Angst als wir es uns ein- ander gestehn mögen. Ich passe jeden Abend der Bückerschen auf, die einen Brief nach dem andern bringt, aber immer keinen Meersburger! Gott gebe, daß nichts dahinter steckt, als daß meine Weinstöcke erfroren sind, und sie sich scheut, mir dies zu schreiben; ich will von Herzen froh sein, wenn es auf nichts Anderes heraus kömmt! Laßberg ist jetzt im 76. Jahre, und es viel höher zu bringen, bleibt doch immer eine große Ausnahme. Von Tante Dina ist nun heute der angekündigte Brief ange- kommen, sehr herzlich und freundlich, aber wegen Settchens Herüberkunft Nichts, woraus man Etwas machen könnte. Jetzt wird Mama sie nur gleich hierher kommen lassen, und dann später mitbringen, d. h. Settchen und ich werden wohl mit der Schnellpost etwas früher kommen als Mama, die auf der Heimreise eine weitläufige Tour vor hat, über Heesen, über Ostwig, über Schellenstein, über Westheim. Das ist aber mehr, als ich jetzt noch leisten kann, da ich, außer in Heesen, nirgends heimisch wäre, und mich überall geniren und Alles mitmachen müßte. Ich bin den ganzen Winter krank gewesen, und kann, leider Gottes, noch blutwenig vertragen. So ist Mama denn sehr einverstanden, daß ich am selben Tage mit ihr ab-, aber direct reisen soll; sie ist dann unterwegs ruhiger, weil sie weiß, daß Onkel Fritz nicht mehr allein ist. Uebrigens will sie ihre Tour sehr schnell abmachen, in acht bis zehn Tagen, ihres Herzklopfens wegen, was freilich jetzt viel gelinder ist, aber in fremden Häusern sie doch sehr genirt. Mariechen reist natürlich mit ihr. Das arme Ding ist wieder recht herunter, ich fürchte, das nimmt noch ein übles Ende. Jeden Winter hofft sie auf den Frühling und vergißt, daß dieser immer die schlimmste Zeit ist. Ist der Frühling da, und sie schlimmer, dann ist es wieder ein Trost, wenn ich sie daran erinnere, daß das jedes Jahr so war, und sie hofft auf den Sommer, Gottlob, daß manche Kranke so vergeßlich sind! Sie hatte sich sonst während unsrer Abwesenheit sehr erholt, aber jetzt hat sie wieder gar keinen Athem.

Schücking hat seit einigen Monaten einen jungen Sohn und ist wie besoffen vor Freude darüber! Er ist überhaupt sehr vergnügt, hat anständig zu leben, und einen angenehmen Kreis in Augsburg: Blazer (der Dichter), Lißt (der Staatsökonom), Kolb (Hauptredakteur der allgemeinen Zeitung). Seine Frau habe ich in Meersburg kennen gelernt; sie ist sehr schön, sehr talentvoll, hat aber auch die Gnade von Gott dies zu wissen, weßhalb sie mir doch nicht recht zu Gemüthe wollte. Ihn macht sie aber sehr glücklich, hat ihn ungeheuer lieb und ist, was mir am Besten gefällt, eine sehr gute Wirthin. Gottlob daß der wenigstens auf einem grünen Zweige ist! Er hat es wohl verdient· um die Seinigen!

Ich habe noch gar nichts von dem Tode des guten frommen Gretchen[1]) geschrieben und er ist uns doch recht nahe gegangen, so wenig wir sie kannten. Sie ist freilich ein Engel im Himmel, aber so Viele hätten sie doch noch gern auf der Erde behalten. Wißt ihr noch nichts von Male? Ich bin sehr besorgt um sie; das Düstere hat doch bei ihr das Uebergewicht. Aus einem Grunde ist's vielleicht gut, daß sie Gretchen nicht mehr lebend getroffen, sie hätte ihr gewiß zugeredet, katholisch zu werden, und sicher ohne Erfolg, was dann für Malchens ganzes Leben eine quälende Erinnerung gewesen wäre, und das arme Ding hat doch nicht zu viel Freude auf der Welt! Wenn ich nur erst weiß, wo sie ist, möchte ich ihr so gern schreiben. Meine gute Alte entbehre ich auch noch alle Tage, und wenn wir mal beisammen sind, will ich Dir allerlei von ihr erzählen, was Dich gewiß rühren wird. Schreiben kann ich es nicht gut, so viele letzte Beweise von Liebe und Sorge; ich mag nicht daran denken, es ist mir als wenn ich eine nahe Verwandte verloren hätte.

---

[1]) Margaretha Verflassen. Zur Korrektur der Stelle über etwaige Bekehrungsversuche vgl. die Anmerkung zu A. an Johanna Hassenpflug 1845 April 27.

Den 24. Ich komme so eben aus der Messe für den lieben seligen Großvater und denk Dir wie sonderbar! meine Alte behauptete, kurz vor ihrem Tode, aber noch ehe sie krank war, auf der Treppe vor meinem Zimmer die Krankenschelle gehört zu haben und ließ sich's durch Nichts ausreden. Die Schelle kam nicht, der Pastor las Messe im Hause und reichte ihr dann die Kommunion, aber in diesem Augenblick geht die Krankenschelle die Treppe herunter, der Pastor hat in der Messe eine zweite Hostie konsekrirt, um sie gleich von hier einem Kranken zu bringen. Es hat mich ordentlich kalt überlaufen, weil es doch durch einen so seltsamen Zufall gekommen ist. Der Bote ist nämlich zum Pastoren gekommen, als er grade ausgehen wollte, und die geweihten Hostien, die dieser sicher noch in der Kirche zu haben glaubte, hatte der Kaplan am vorigen Sonntag nach dem Hochamt ein paar Leuten gereicht, die vor der Messe nicht hatten zur Beichte kommen können, und doch ihre Ostern noch nicht gehalten hatten; ist das nicht eigen?

Adieu, liebe Sophie, ich muß aufhören, um noch einige Zeilen an Onkel Carl zu schreiben, leider post festum, denn er wünschte hauptsächlich zu wissen, was er von Hildesheim mitbringen solle, und sitzt nun, wie ich höre, längst in Bökendorf, wenn dieser Brief ankömmt, aber ich will ihm doch danken für seinen so sehr freundlichen Brief. 1000 Grüße an Alle, besonders Ludowine, sie ist wohl sehr angegriffen durch die Nachricht von Gretchen! Ist Onkel Fritz schon bei Euch? sage ihm, wir würden uns beeilen so sehr wir könnten. Auch an Fränzchen, Tante Dina viel Herzliches, und überhaupt an Alle. Und nun adieu. Nach vier Wochen heißt es jeden Morgen: „Frau Möhne, watt schwitze ich!" und jeden Mittag ärgern wir uns, daß wir die Hälfte zu sagen vergessen, obwohl uns der Mund nicht still gestanden ist. Ach Gott, das sind doch die besten Zeiten! adieu. Deine treue Nette.

Kreiten IV, 339.

(140). An Werner v. Droste. — Abbenburg 1845 Juli 5.

Abbenburg, 5. Juli 1845.

. . . . Ich habe wieder einen wunderlichen Brief bekommen, von einer jetzt sehr berühmten Klavierspielerin (sie unterschreibt sich „Kammervirtuosin S. Majestät des Kaisers von Oestreich") Clara Wieck, die an einen Componisten Robert Schumann verheirathet ist, der seit Kurzem durch eine Oper „das Paradies und die Peri" Aufsehn gemacht hat. Sie schreibt etwas ängstlich und sehr complimentös; ihr Mann wünsche eine neue Oper zu componiren, sei aber mit den vorhandenen Texten und Schriftstellern nicht zufrieden und habe so oft geäußert, wie glücklich es ihn machen würde, von mir eine Dichtung zu diesem Zwecke erhalten zu können, wie er aber nicht den Muth habe mich darum zu bitten, daß ich es ihr, als seiner Frau, verzeihen werde, wenn sie unter der Hand wage, was er nicht wagen möge, da es ihr eine gar zu große Freude wäre, wenn sie ihn mit einer Zusage überraschen könnte etc. Der Brief war von Dresden datirt. Ich kann mich nicht dazu entschließen, das Operntextschreiben ist etwas gar zu Klägliches und Handwerksmäßiges, obwohl es viel einbringen kann, denn bei Opern theilen Dichter und Componist sich in die Tantième, d. h. sie bekommen von jedem stehenden Theater, wo sie aufgeführt wird, die Einnahme der so und so vielten 5. oder 6.—8. Aufführung, was bei Opern, die Glück machen, auf sehr bedeutende Summen anschwellen kann. Vorerst brauche ich übrigens noch nicht zu antworten und kann mich noch bedenken . . . .

      Kreiten IV, 345 (Bruchstück).

(143). An Karl von Haxthausen. — Rüschhaus 1845 Nov. 22.

Rüschhaus, 22. Nov. 1845.

Lieber Herzens-Onkel!

Welch große Freude hast Du mir gemacht, Du guter lieber Onkel! Was für Biester! Creaturen darunter, die mir mein Lebtage noch nicht vor Augen gekommen sind! und alle so wohl erhalten! Ich habe ein paar Tage nichts gethan, als begucken; dann kriegte ich die Angst, daß sie mir staubig werden möchten und habe sie in meinen neuen Glasschrank gelegt und meinen Tisch daran gerückt, damit ich doch zwischendurch immer am Besehen bleiben kann. Und wo hast Du die kleine Pharaons-Muschel her gekriegt? Das ist ein äußerst rares Stück, ich habe sie ein paar mal in ganz großen Sammlungen, aber immer zuletzt, als das Beste von der ganzen Geschichte gesehen. Die beiden Muscheln mit den langen Beinen sind auch sehr schön, und den prächtigen braunen Muschelriesen habe ich noch nie gesehen; auch von den kleinen waren mir ein paar noch unbekannt. Kurz, es ist alles wunderschön! Könnte ich Dir nur wieder eine Freude machen! Vorerst schicke ich Dir meine Chodowiecki's, es sind nur leider nicht viele, ich will aber sehen, daß ich was anwerbe. Ich weiß eine ganze Masse; sie sind aber in Händen, die schwer loslassen; alle die in Blei und Glas gefaßten Bildchen, womit die Tante Schmiesing von Freckenhorst seltsamen Andenkens ihr Stübchen von oben bis unten behängt hatte, jetzt in Händen der Frau von W[intgen?], einer Holländerin, die sehr gut weiß, wie viel Groschen einen Thaler machen und leider auch weiß, daß die Chodowiecki's jetzt gesucht werden, wie sie selbst gegen mich geäußert. So fürchte ich, daß dort nicht viel zu machen ist, will aber doch, wenn ich sie diesen Winter in Münster sehe, mein Heil versuchen, ob sie sie mir gegen saubere Stahlstiche vertauschen will, deren ich eine gute Menge habe; auch noch andere weiß ich, die Du wahrscheinlich leicht bekommen könntest. August hat nämlich zwischen den alten Kalendern, die er in Berlin auf einer Ver-

steigerung gekauft hat, mehrere mit Kupfern von Chodowiecki, und zwar
wie mich dünkt solchen, die ich in Deiner Sammlung noch nicht gesehen
habe und ich glaube nicht, daß er Werth darauf legt.

An die bewußten Gemälde denke ich freilich, habe aber bis jetzt
noch nicht nach * * * kommen können, da mein Husten mir seit 6 Wochen
in die linke Seite gefahren und dort als Rose aufgeblüht ist, die sich
immer noch nicht geben will. Mama war einmal dort und auch willens,
sich nach den Bildern umzusehen oder ganz piano umzuhören, fand aber
Besuch dort, der sie daran verhinderte. Man muß dort vorsichtig zu
Werke gehen, denn sie sind sehr argwöhnisch und meinen dann gleich,
Krösus-Schätze zu besitzen, die man ihnen abluchsen wolle, um selbst
damit ein Millionär zu werden. Sind die Bilder aber noch vorhanden,
hat sie ihnen ihr windbeuteliger Schwager nicht längst abgeschwätzt, so
bekomme ich sie auch und zwar billig. Am liebsten möchte ich sie um-
tauschen, was mir vielleicht gelingt, da ich so vieles besitze, was in die
dortigen Sammlungen paßt; dann hätte ich die größte Freude, Dir, mein
Herzens-Onkel, auch mal was zu schicken, wovon ich sicher wäre, daß
es Dir erwünscht wäre.

Hierbei auch mein Schuldbetrag, den ich Dir längst zurückgelegt
und nur noch nicht abgeschickt, weil ich Dich nicht recht zu finden
wußte und Geldbriefe ungern aufs Ungefähr wandern lasse, zugleich
schließe ich bei, was ich bis jetzt für Petschaft eingenommen, also

Für meine Tuchnadel mit elfenbein. Pferdchen . .	14 Thr.
Rest für Gemälde	5 „
Für 5 Petschaften à 1 Thr.	5 „
Für 3 kleinere dto. à 20 Gr.	2 „
Summa	26 Thr.

Ich habe also noch in Händen:

14 Petschaft à 1 Thr.	14 Thr.	—	Gr.
1 kleines dto. à	— „	20	„
4 Messerhefte à 8 Gr.	1 „	2	„
1 Stockknopf	— „	16	„
Summa	16 Thr.	8 Gr.	

So gern ich Dir noch schreiben möchte, lieber Onkel, so thue ich
doch am Besten, jetzt aufzuhören, um eine sichere und in jeder Beziehung passende (ich habe nicht gern, daß von den Ausgaben für meine
Sammlungen viel geredet wird und mag doch den Domestiquen kein
Stillschweigen gebieten) Gelegenheit nicht zu versäumen. Ich habe hier
nur eine passende Person, mit der ich dergleichen zur Post schicken
mag und die geht sehr selten. Also adieu, mein lieber Onkel! Von
Onkel Fritz kann ich Dir noch wenig schreiben; ich sah ihn 2 Tage
nach seiner Ankunft in Münster und fand ihn nicht übler aussehend als

bei unserer Abreise von Abbenburg, aber etwas müde und angegriffen von der Reise. Gestern ist Mama zu ihm gefahren und noch nicht zurück, weßhalb ich Dir keine Grüße von ihr senden kann. Ich werde sehr gedrängt, zu eilen. Nochmals adieu. Deine Dich herzlich liebende und gehorsame Nichte Nette.

Kreiten IV, 350. Der Brief kann unmöglich, wie hier angegeben wird, an Werner v. Haxthausen gerichtet sein, da dieser schon 1842 gestorben war. Der "liebe Herzensonkel", an den A. schreibt, ist ohne Zweifel der Sammler Karl v. H., wie der ganze Inhalt annehmen läßt, und identisch mit dem Adressaten ihres Briefes 1846 Juni 25.

(146). An Fürstbischof Melchior, v. Diepenbrock. [1845] [1]).

Ew. Fürstbischöfliche Gnaden darf ich wohl nicht erst des freudigen Eindruckes versichern, den eine von so hochgeschätzter Hand mir zugedachte, noch obendrein von einer so angenehmen Gabe begleitete Zuschrift mir nothwendig machen mußte. Wenn die Antwort nicht so schnell erfolgte als schicklich und mir selbst erwünscht gewesen wäre, so hoffe ich in Ew. Fürstb. Gnaden Augen Verzeihung zu finden, wenn ich Ihnen sage, daß ich an einem mehrtägigen Gesichtsschmerze gelitten, der mich arg geplagt und so lange er dauerte, des Schreibens völlig unfähig machte. Ich leide oft an diesem Uebel und es ist mir schon oft hinderlich gewesen, aber nie zu so ungelegener Zeit als dieses Mal, da es mich an einer so angenehmen Pflicht hinderte.

Ewr. F.Bischöfl. [Gnaden] Zuschrift war mir um so werthvoller, als sie mir die erste mir genügende Zusicherung gibt, daß bis jetzt noch weder Mangel an Einsicht noch übel angebrachte Phantasie mich neben dem rechten Pfade her verleitet haben. Sie werden selbst fühlen, was mir diese Gewißheit [werth ist] in einer Zeit, wo die Aufgabe selbst des

---

[1]) Zur Erläuterung bemerkt Kreiten IV, 346 Anm.: Gelegenheit zu diesem Schreiben boten eine Zuschrift Diepenbrocks an die Dichterin, worin die Bitte um ein Autograph von ihrer Hand für einen Freund des Fürstbischofs enthalten, und die begleitende Zusendung der eben erschienenen Übersetzung: „Flämisches Stillleben, in drei kleinen Erzählungen von Heinrich Conscience. Aus dem Flämischen. Regensburg 1845" und einer neuen Auflage des „Geistlicher Blumenstrauß", aus spanischen und deutschen Dichtergärten. Sulzbach. 1829." (1862, 4. Auflage). Der Brief liegt uns bloß im Entwurf vor und bildet mit seinen Korrekturen und seiner kleinen Schrift das beste Beispiel eines echten Annette Droste'schen Ms. Er trägt kein Datum, da er jedoch den ersten Entwurf des Liedes: „Das Wort ist ein beschwingter Pfeil" (vgl. B. III. S. 307 und 464 f.) enthält und sich dieses Lied anderwärts schon vom 26. Juni 1845 in einem Album findet, so scheint er vor diesem Tage, also kurz nach der Ernennung Diepenbrocks zum Fürstbischof von Breslau (15. Jan. 1845 gewählt — 8. Juni 1845 geweiht) geschrieben zu sein. Das im Briefe erwähnte Autograph für den Freund des Prälaten war eben das genannte: „Das Wort ist ein beschwingter Pfeil" in der von uns (B. III S. 464) mitgeteilten Lesart.

harmlosesten Schriftstellers so sehr an Verantwortlichkeit zugenommen hat, und vollends ein Frauenzimmer, die sich weder großer Kenntnisse noch reicher Erfahrung rühmen darf, leicht unklar wird und dadurch dem Mißverstehen Raum gibt, so daß sie jedes Wort zehnmal wägen sollte, ehe sie es niederschreibt. Die beigeschlossenen Zeilen für Ihren Freund [1]) enthalten deßhalb die Bitte um eine theure Gabe, deren ich mich immer noch zu bedürftig fühlte. Wenn Undeutlichkeit [2]) immer ein Mangel ist, so wird die beste Tendenzschrift durch diesen Fehler vollends zu einem grundirten Tuche, das jedem falschen Pinselstrich freien Raum gibt. Man muß leider auf Hundert rechnen, die bloß das Gift aus jeder Pflanze saugen, gegen Einen, der die Nahrung darin sucht. Jeder will heutzutage nur geben und Keiner nehmen, nämlich seine eigenen Ideen und Ansichten, und die Anderen werden in der Regel nur angehört, um zu sehen, wie man sie am besten zustutzen und unter seine eigene Fahne als Bundesgenossen bringen oder als in ihren eigenen Worten gefangene Gegner darstellen kann.

Es ist so allgemein geworden, Stolz als Zeichen eines festen, Unglauben als eines freien, und eine gewisse Verderbtheit der Meinungen als Beweis eines originellen Geistes zu betrachten, und es sind leider selbst ausgezeichnete und im Grunde gute Menschen so häufig von dieser Meinung angesteckt und deshalb geneigt, gerade [bei] dem, dem sie wohlwollen, auch einen Theil ihrer Freisinnigkeit vorauszusetzen, nachzuspüren und aufzubürden. Wir bekommen dadurch mitunter so wunderliche Auslegungen fremder Geistesprodukte zu Gesicht, an die der Verfasser nie gedacht hat, daß Sie fühlen, wie schwierig und gewagt jeder Versuch immer bleibt gegen solche absichtliche Blindheit bei allen Schriften, die, wenngleich mit entschieden moralischen Tendenzen, doch den profanen zugetheilt werden. Ich sehe aus jedem kritischen Blatte mit Erschrecken, was der Wunsch, immer dem Buche seine eigenen Ansichten oder Albernheiten unterzulegen, aus dem Bestgemeinten machen kann. Hat der Himmel mich bisher vor Fehlgriffen bewahrt, so sehe ich doch ein, wie ohne Gottes besonderen Segen der bloße gute Wille in seiner ganzen Schwäche dasteht.

Gottlob ist unser gutes Westphalen noch um 100 Jahre zurück — möge es nie nacheilen auf dem Wege des Verderbens, und mögen andere Länder auf ihrem Kreislauf bald wieder bei ihm eintreffen!

Mit den übersandten Büchern haben Ewr. Fürstbischöflichen Gnaden mir ein überaus liebes Geschenk gemacht, sowohl der verehrten Hand als des Inhaltes wegen. Dieser Conscience führt den Namen mit der That,

---

[1]) Graf O'Donnell. Hüffer 301.
[2]) Die folgenden Sätze, „ohne Verweisungszeichen auf dem Rande des Conceptes geschrieben", werden nach Kreitens Vorschlag besser an die Stelle zu verweisen sein, wo A. über ihre eigene Undeutlichkeit klagt.

und jeder Erzähler sollte sich ihn als Vorbild wählen. Wie weiß er mit
den einfachsten und zugleich reinsten Mitteln auf eine Weise zu wirken,
der sich schwerlich Jemand entziehen kann, und seine Ernte ist gewiß.

Von den schönen spanischen Dichtungen kannte ich bis jetzt nur
eine, ,die Macht der Seele' und zwar, wie ich jetzt sehe, in sehr ver-
fehlter Uebersetzung. Es wundert mich nur, daß die von Ewr. Fürstbisch.
Gnaden mir nicht früher zu Händen gekommen ist. Ein derartiges Buch
sollte in keiner katholischen Haushaltung fehlen; denn wenngleich die
spanischen Gedichte theilweise zum völligen Verständniß einen höheren
Grad von Bildung verlangen, so sind die angehängten deutschen doch so
vollkommen klar und bei aller Schönheit dem allgemeinen Begriffe so
zugänglich, daß jeder Stand gleiche Erbauung und Freude in ihnen finden
kann. Es ist mir nur leid gewesen, keinen der Verfasser genannt zu
finden, während sich so mancher unwürdige Name in unserer Literatur
breit macht. Die, ich möchte sagen, Durchsichtigkeit dieser Gedichte läßt
mich mit doppelter Beschämung an die Undeutlichkeit denken, die man
meinen eigenen Versuchen leider so allgemein vorgeworfen hat.

Sie beten gewiß für Ihre Landsleute, beten Sie auch für mich,
mein hochgeehrter Landsmann! Unser gemeinschaftliches Vaterland ist
bisher noch Gottlob ziemlich frei vom allgemeinen Typhus der Demorali-
sation; was dort wächst, ist wenigstens nicht in der Wurzel angesteckt,
so müssen wir Alle zusammen halten, hoch und gering, und wer nur
eines Schärfleins Herr ist, soll es hergeben zum Baue des Dammes gegen
Sittenlosigkeit und Unnatur, der die Irreligiösität so sicher folgt, wie der
Sünde der Tod.

Verzeihen Sie, wenn ich etwas kühner geworden bin, als es Ihnen
gegenüber ziemt, es ist mir unwillkürlich aus der Feder geflossen und so
mag es stehen bleiben. Vielleicht hat mich auch eine Voraussetzung
verleitet, die, wie ich jetzt fast fürchten muß, irrig ist, da Ewr. Fürstb.
Gnaden in Ihrer verehrten Zuschrift ihrer nicht erwähnten. Ich habe
nämlich bisher immer des Gedankens mich erfreut, Ewr. Fürstl. Gnaden
zwar nur oberflächlich aber doch persönlich zu kennen. Man hatte mir
gesagt, der junge ernste Theolog von Diepenbrock aus Bochold, den der
verstorbene Professor Katerkamp vor einer schönen Reihe von Jahren uns
einmal an einem Nachmittage nach Hülshoff zuführte, sei derselbe, auf
den jetzt so Viele mit Verehrung und Zuversicht sehen.[1]) Habe ich mich
geirrt, so diene dies wenigstens einigermaßen meiner Kühnheit zur Entschuldigung; man läßt schwer von einem Glauben, durch den man sich
geehrt und erfreut fühlt. Sollte Ewr. Fürstb. Gnaden Freund noch andere

---

[1]) Ohne Zweifel richtig: Der spätere Kardinal Diepenbrock, ein geborener
Bocholter (1798—1853), studierte zu Anfang der zwanziger Jahre Theologie in
Münster. Vgl. Finke in der Zeitschr. f. vaterl. Gesch. u. Alt. Band 55
(1897) S. 230.

Autographen wünschen, die ich mir vielleicht durch meine Bekannten,
z. B. die Stolbergsche Familie, verschaffen könnte, so bitte ich diesen
Herrn um seine Wünsche und mir die Gelegenheit zu geben, zu zeigen,
mit welcher Freude und Bereitwilligkeit ich verharre

Ewr. fürstb. Gnaden unterthänigste Dienerin

Annette v. Droste.

Kreiten IV, 346 nach dem Konzept. Die Annahme, daß der Brief in das
Frühjahr 1845 zu setzen sei, wird bestätigt durch die Mitteilung Hüffers S. 301,
der erste Entwurf des beigelegten Gedichtes Das Wort sei vom 25. Mai 1845 datiert.

Nachträge und Berichtigungen.

Zahlreiche Briefe der Dichterin sind, meistens auszugsweise, abgedruckt in der erst während des Druckes meiner Ausgabe erschienenen Sammlung: Die Droste. A. Freiin von Dr.-H., Briefe Gedichte Erzählungen (9. Band der Bücher der Rose. München - Ebenhausen und Leipzig, W. Langewiesche-Brandt. 1909). Aufgenommen sind hier die Briefe (nach meiner Zählung) an Sprickmann 2. 3. 6; an die Mutter 11. 14. 54. 93; an Betty v. Haxthausen 17; an Schlüter 29. 30. 33. 35. 37. 43. 59. 68. 73. 74. 83. 86. 157; an Junkmann 69; an Elise Rüdiger 116. 164; an August v. Haxthausen 128; endlich fast sämtliche Briefe an Levin Schücking und seine Frau. Es handelt sich ausschließlich um einfache Nachdrucke, welche die Fehler der Vorlagen wiederholen, zu Berichtigungen keinen Anlaß bieten und hier nur der Vollständigkeit halber erwähnt zu werden brauchen.

Für einige Einzelheiten konnte ich noch im letzten Augenblick die bis dahin vorliegenden Aushängebogen von Eschmann „Annette v. Droste" benutzen.

Zu dem Briefwechsel mit Sprickmann S. 1 ff. entnehme ich Mitteilungen des Hrn. B. Sprickmann noch Folgendes. Das Haus, welches A. M. Sprickmann in Münster bewohnte, erbaut von seinem Großvater Oberstleutnant Pistorius, lag gegenüber der Mündung der Beckerstraße oder Stiege in den Krummen Timpen, schräg gegenüber ein kleiner „adlicher Hof", welcher den Eltern A.'s gehörte. B. Sprickmann bewahrt noch einen (zur Veröffentlichung leider nicht bestimmten) Brief, den A. als junges Mädchen (vor Sprickmanns Übersiedelung nach Breslau) an Frau Sprickmann schrieb: „Er legt ein entzückendes Zeugniß ab von der Herzensgüte und mädchenhaften Zartheit des Kindes, seiner Liebe zur gütigen ›Mutter Sprickmann‹ und dem Respekt vor dem ernsten gelehrten alten Herrn, aus welchem bald eine so herzerfreuende Freundschaft erwuchs."

S. 1. „Die alte Frau v. Padberg" († 1814 Okt. 28) war die Frau des Anton Josef von und zu P., geb. Luise Christine v. Wendt-Papenhausen, eine Schwester der zweiten Frau Adolf Werners v. Haxthausen (Großvater der Dichterin), Maria Anna v. Wendt. Die Verwandtschaft ist illusorisch, denn A.'s Mutter war Tochter Adolf Werners v. H. aus erster Ehe mit Marianne v. Westfalen. „Die junge Frau v. Padberg", die Erbtochter Regina Franziska, heiratete 1802 Max Franz Freiherrn v. Droste-Vischering, der den Namen Droste-Padberg annahm. (Mitteilung des Freiherrn Max v. Spießen zu Münster.)

S. 4. Durch Versehen (infolge veränderter Druckanordnung nach der Korrektur) ist der Text in Unordnung geraten. Die sechs Zeilen „Leide thun — bewirken können, wie" gehören an den Anfang der Seite 4.

S. 5 letzte Zeile ist nach „sich dort aufhält" die Klammer zu schließen.

S. 9 Z. 7 l. „ohngefähr" (st. obngefähr).

S. 14 Z. 24 l. „das (st. daß) Roß".

S. 15. Unter „den Templern von Werner" ist Zacharias Werners Drama Die Söhne des Thales zu verstehen.

S. 25. Als zehnter Herzog von Hamilton (1767—1852) war Alexander Hamilton Douglas seinem Vater Archibald am 16. Februar 1819 gefolgt. Dictionary of national biographie XV, 259.

S. 26. Die Stiftsdame Felicitas v. Böselager war Tochter von Kaspar Friedrich v. B. und Maria Anna v. Ketteler.

S. 27. Die Fassung der Anm. 2 ist undeutlich. Der Sinn ist: Durch Auslassung eines Kommas in dem Kreitenschen Texte sind zwei verschiedene Personen, der Vizedominus (v. Droste) und (der Theologe) Katerkamp zu einem Vizedominus Katerkamp verschmolzen worden.

S. 32 Z. 22 l. Jostes (st. Josets).

S. 36. Zu der Charakteristik Straubes in dem Briefe von Wilhelm Grimm (ein kleiner grundhäßlicher Kerl, der beständig lacht, dem aber jedermann gut ist. Er ist vielleicht nicht ohne Talent und hat etwas eigenthümliches; aber was er von sich gibt, ist noch sehr verworren, ohne Zusammenhang und Deutlichkeit, wahrscheinlich verderben sie ihn durch zu große Bewunderung, gewiß aber richtet er durch seine Beiträge die Zeitung [die Wünschelruthe] früher zu Grund, als es sonst auf dem natürlichen Wege geschehen wäre) vgl. noch W. Grimms Brief 1817 Nov. 8 an A.'s Tante Frau v. Zuydtwyk (Reifferscheid, Freundesbriefe von Wilh. u. Jak. Grimm S. 55): „Wie hat Ihnen denn der Straube gefallen? es ist ihm jedermann gut, der ihn sieht; manchmal denkt man, er habe sein Gesicht sammt der straubigen Perücke blos zum Spaß vorgenommen und könne es ablegen sammt mancherlei andern Sitten, die gerade nicht angenehm in die Augen fallen, durch welche aber immer eine bestimmte Ehrlichkeit leuchtet. Ich muß lachen, wenn ich ihn sehe, in welchem Stück er mich aber sehr übertrifft, und ich glaube, wenn der Wind nicht gerade conträr war, konnten Sie ihn zu B. [Bökendorf?] hören, wenn er auf der A. [Abbenburg?] lachte." Erwähnt wird Straube in den Freundesbriefen noch wiederholt, S. 46. 85. 91.

Von August v. Arnswaldt (1798—1855) hat Umbreit in den Theol. Studien und Kritiken (Jahrg. 1857, 2. Heft S. 395) eine liebevolle Charakteristik entworfen. Danach hat Arnswaldt sich selbst als „katholischer Lutheraner" bezeichnet. Über seine später zurücktretenden katholischen Neigungen vgl. A. an Sibylla Mertens 1842 Sept. 29 (S. 272). Seine Göttinger Beziehungen zu Straube und August v. Haxthausen werden nicht erwähnt, sondern nur flüchtig angedeutet, er habe zu dem Kreise gehört, aus dem die kurzlebige Wünschelruthe hervorging. Im Frühjahr 1818 findet Umbreit den Freund in Göttingen in schweren religiösen Kämpfen wieder. Seine Ehe mit Anna v. Haxthausen wird als „himmlischer Bund" geschildert.

Über August v. Haxthausen erschien 1868 eine als Manuscript gedruckte Biographie. Auszüge bei Reifferscheid, Freundesbriefe von Wilhelm und Jakob Grimm 246. Charakteristik in einem Briefe Wilh. Grimms 1818 Okt. 9 bei Steig, Achim v. Arnim und Jak. u. Wilh. Grimm 424.

S. 37. Über die Rheinreise der Dichterin 1825—26 und ihre sonstigen Beziehungen zum Rheinland vgl. meinen Aufsatz in den Annalen des hist. Vereins für den Niederrhein 87. Heft (1909) S. 121.

S. 42. Dem St. Bernhards-Paß hat Bernhard v. Menthon, nicht Bernhard v. Clairvaux den Namen geliehen. Die Verwechslung der beiden Heiligen ist der Grund, weshalb A. die Augustiner des Hospizes zu Bernhardinern macht.

S. 43. Freiherr Ludwig v. Schreckenstein ist (nach Mitteilung von Geh. Rat A. Schulte) identisch mit dem Freiherrn Roth v. Schreckenstein, geb. 1789, Rittmeister und Adjutant bei General v. Thielmann 1815, Kriegsminister 1848, gest. zu Münster 1858. Vgl. v. Kleist, Die Generale der Kgl. Preuß. Armee 1840—90 (2. Aufl. 1895) S. 68. Raßmann 302.

S. 54. „Und draußen tanzten die Kinder noch immer um die Lambertskränze." Bis vor einem Jahrzehnt wurde in Münster das Fest des Patrons der Marktkirche (St. Lambert, 17. Sept.) von der Jugend durch Tänze, Gesänge und Spiele um „Pyramiden"-Gestelle mit brennenden Lichtern gefeiert (Mitteilung von A. Schulte).

S. 57. Steinmann war Universitätsfreund Heines, mit Schlüter und Waldeck eng befreundet, eifriger Literat und Politiker, 1854 seines Amtes als Gerichts-Sekretär enthoben, stirbt 1875. Er gab 1833 Fliegende Blätter aus Rheinpreußen und Westfalen sowie ein Taschenbuch für vaterländische Geschichte heraus.

S. 61. Die Dissertation von B. Badt bildet den ersten Teil der größeren Schrift: A. v. Dr.-H., ihre dichterische Entwicklung und ihr Verhältnis zur englischen Literatur. Von Dr. Bertha Badt (Breslauer Beiträge zur Lit.-Geschichte XVII). Leipzig 1909.

S. 66. Bertha v. Hartmann, Tochter von Mathias Anton v. H., eines höheren Justizbeamten.

S. 74. Pastor von Nienberge war damals nicht Alexander Hammer, sondern Mathias Heilmann (10. Juni 1820 bis 1. Sept. 1838). Alexander Hammer wurde Pfarrer 2. Sept. 1839 und starb erst am 25. Januar 1899. Gef. Mitteilung des Hrn. Generalvikariatssekretärs Isfort in Münster.

S. 91. Das Gedicht „Schloß Berg" jetzt mit der ursprünglichen Überschrift „Der Schweizermorgen" gedruckt bei Eschmann 72, mit einer achten Strophe, die in den Drucken von Schücking (Letzte Gaben 413) und Kreiten fehlt. Kreiten versieht das Jahr des Erstdrucks in Schönhuths Monatsrosen (1837) mit einem Fragezeichen. Das richtige Jahr (1847) bei Eschmann 76.

S. 110, Zeile 4 von unten l. haben statt heben.

S. 117. Notizen über Luise v. Bornstedt noch bei Raßmann Neue Folge 27.

S. 118. Felix Heitmann ist wohl der spätere Regierungsrat gleichen Namens.

S. 127. „Onkel Wilhelm", wahrscheinlich W. v. Haxthausen, ein Stiefbruder der Mutter.

S. 136. Notiz über August Wittover — er schrieb eine Geschichte der Pfarrei Roxel, zu welcher Hülshoff gehörte — bei Raßmann, Nachrichten, Neue Folge 252.

S. 149. Über Pfarrer Karl Jos. Christoph Beelenherm s. Raßmann 13 und Neue Folge 13.

S. 150. Der Güte des Hrn. Grafen Friedrich Galen auf Haus Assen verdanke ich Einsicht in umfangreiche Aufzeichnungen des Grafen Ferdinand über

„Das Kölner Ereigniß", geschrieben 1865. Danach wurde Graf Ferdinand im Juli 1837 von Darmstadt als Geschäftsträger zur Gesandtschaft in Brüssel versetzt. Als ihm eine Ministerial-Instruktion vom 26. Nov. 1837 zuging, laut welcher er das Verhalten der preußischen Regierung in der Kölner Angelegenheit am belgischen Hofe vertreten sollte, erbat er am 2. Dezember aus Gewissensrücksichten seine Abberufung von dem Brüsseler Posten. Am 14. Dezember berief ihn Minister Werther in höflicher Form unter Urlaubserteilung ab, aber eine königliche Ordre vom 22. Dezember verfügte seine einfache Entlassung. Erst durch Schreiben des westfälischen Oberpräsidenten v. Vincke vom 7. Sept. 1840 erhielt er die Mitteilung, daß er, unter Vorbehalt definitiver Wiederanstellung, interimistisch bei der Regierung zu Münster beschäftigt werden solle. Anfang 1842 wurde er zum Geschäftsträger in Stockholm ernannt und noch im gleichen Jahre zum außerordentlichen Gesandten und bevollmächtigten Minister daselbst befördert.

S. 152. „Bei Sendens", d. h. bei der Familie des Frhrn. v. Droste-Senden. Vgl. S. 125 Anm.

S. 154. Der Pastor von Nienberge heißt Mathias Heilmann. Vgl. Nachträge zu S. 74.

S. 171. Daß der spätere Paderborner Seminarregens und Domkapitular Bartscher gemeint ist, unterliegt kaum einem Zweifel. Er war geboren 1814 Juli 19 zu Rietberg, und wenige Monate vor dem Datum des Briefes zum Priester geweiht worden, 1838 März 21 (Mitteilung von Hrn. Isfort).

S. 171. Christian Reckmann, geb. zu Neuenkirchen (R.-Bez. Minden) 1804 Dez. 28, zum Priester geweiht in Paderborn 1835, Informator der Söhne des Kammerrats Jaenke zu Corvey, hauptsächlich auf Betreiben des Frhrn. Werner von Haxthausen 1837 zum Pfarrverweser und 1839 zum Pfarrer zu Bellersen ernannt, 1841 an das Paderborner Priesterseminar berufen, wo er Regens war, resignierte 1855, starb 1856 Januar 13. Den Geistlichen Vierkant nennt Werner v. Haxthausen in einem Schreiben an das Paderborner Generalvikariat einen Freund Reckmanns. Vielleicht Franz Vierkant aus Menden, der 1834 in das Paderborner Seminar eintrat und 1837 in Menden starb. Nach gef. Mitteilungen des Generalvikariats zu Paderborn.

S. 180. Über Elisabeth v. Hohenhausen, geb. v. Ochs (1789—1857), die Mutter Elise Rüdigers, vgl. das Gedenkblatt zum 50. Jahrestag ihres Todes von ihrer Enkelin Helene v. Düring-Oetken, in den Märkischen Blättern (Beilage zur Frankfurter Oder-Zeitung) Nr. 283 vom 3. Dezember 1907, wo auch manche Notizen über Elise Rüdiger. Über das Verhältnis zwischen A. und Elisabeth von Hohenhausen heißt es hier: „Die beiden Naturen vertrugen sich nicht recht miteinander, konnten nie in das richtige Verhältnis zueinander kommen. Trotzdem schrieb Elise der Droste den schönen Nekrolog, welcher 1848 im Magazin für die Literatur des Auslandes erschien."

S. 197. Johannes Neuwöhner, geb. zu Münster 1800 Januar 6, war 1826—43 Kaplan an der Ägidii-Kirche daselbst, wurde dann Pfarrer an der dortigen Martini-Kirche, Stadtdechant und Ehrendomherr und starb 1870 Mai 21 (Mitteilung von Hrn. Isfort).

S. 199. Mathias Joseph de Noel, geb. zu Köln 1782 Dez. 28, Maler, Kunstkenner und Dialektdichter, ordnete die große Wallrafsche Kunstsammlung, bis

1844 Konservator des aus ihr entstandenen städtischen Museums. Er starb zu Köln 1849 Nov. 18.

S. 204 l. „Die geistlichen (statt geistigen) Lieder".

S. 212 l. Gottsched (st. Gotthed).

S. 225. Theobald v. Oer, geb. 1807, Historienmaler in Dresden, heiratete Herbst 1840 Maria, Tochter des Oberappellationsgerichtspräsidenten Schumann.

S. 228. Eine sechste Strophe des Gedichtes „Die Mutter am Grabe", welche bei Schücking Letzte Gaben 419 und im Kreitenschen Drucke fehlt, nachgetragen bei Eschmann 80.

S. 229. Notizen über Dr. Wilhelm Sternberg bei Raßmann, Nachrichten Neue Folge S. 210.

S. 239. Franz v. Twickel, geb. 1799, war 1858 Land- und Stadt-Gerichtsassessor zu Dülmen. Antonie von Senden heiratete den Freiherrn Clemens von Oer zu Egelborg.

S. 260. Mit Nr. 89 beginnen die Briefe der Dichterin an Schücking. Ein Aufsatz von Levin L. Schücking-Göttingen (A. v. Dr. und Levin Schücking, im Aprilheft 1909 der Süddeutschen Monatshefte) ergänzt (S. 457) die Briefe Schückings an A. „durch den Inhalt von ein paar Zetteln ohne Anfang und Ende".

S. 304. Das Gedicht an Philippa Pearsal mit dem Zusatz „Wartensee May 44" bei Eschmann 38.

S. 308. Der Brief an Schücking Nr. 117 ist von Th. Schücking unvollständig mitgeteilt, die Lücke S. 220 oben durch . . . angedeutet. Vielleicht bezieht sich auf diesen Brief die Bemerkung von Levin L. Schücking-Göttingen (Süddeutsche Monatshefte Aprilheft 1909 S. 463), der von „einer noch unveröffentlichten Hälfte eines Briefes der Droste an Schücking" spricht, aber daraus nur ein Zitat aus einem Briefe Elise Rüdigers an A. über Schückings Verlobung mitteilt.

S. 320 Anm. 1 l. Smets st. Swets.

S. 323. Beim Tode der Amme A.'s erwähnt Hüffer S. 295 einen Brief der Frau v. Droste an Frau v. Laßberg. Der schöne Brief, datiert Rüschhaus den 5ten März 1845, befindet sich im Orig. in Hüffers Nachlaß. Es heißt hier: Wir haben unsere gute Amme verlohren. Du weißt, liebste Jänny, wie sehr wir dieses unvermeidliche Ereigniß schon seit Jahren fürchteten, besonders der guten Nette wegen, die von solchen Trauerfällen so ganz und gar zu Boden gedrückt wird. Wir haben Dir gewiß schon gesagt, wie verändert, wie geschwächt an Geist und Körper, wir sie bei unserer Zurückkunft fanden. Durch Nettens unermüdete Pflege und Sorge erholte sie sich zwar zusehens, aber ihre Begriffe blieben doch sehr schwach und ihr Gang war so schwankend, daß sie nur durch zwei Stöcke gestützt, langsam wie eine Schnecke sich fortbewegen konnte. Dabei verging fast kein Tag, daß sie nicht fiel oder doch dem Fallen nahe war. Du kannst Dir nun Nettens Angst denken, die sie nie aus den Augen verlohr, und Nachts bei jeden kleinsten Geräusch das sie machte aus dem Bette sprang, obschon die Köchin im Nebenzimmer schlief. Dies alles griff die Gesundheit der armen Nette so an, daß Werner einmal hier kam, und sie gegen ihren Willen aus dem Hause holte. Sie blieb nun acht Tage in Hülshoff, aber was half es? nach ihrer Zurückkunft ging das alte Leben wieder an, und sie kam endlich so weit, daß sie Böninghausen brauchen mußte, und da zugleich die große Kälte eintrat, so erklärte ich steif und fest, sie sollte oben in's Haus ziehen und der Amme ihre Zimmer ganz überlassen, wozu sie sich auch ziemlich gut entschloß. Es wurde also auch gleich am Sonntag den 16ten Hand angelegt und während Nette und Marie oben beschäftiget waren, und ich und Phine Stapel uns bei der alten Frau befanden, die ruhig am Tisch saß und bethete, bekam diese einen leichten schlagähnlichen Zufall, der sie zwar weder gleich tödtete, noch ganz lähmte, denn sie hat noch den folgenden Tag während der heiligen Messe im Saal die heilige Communion empfangen, unterdessen hat sie doch der liebe Gott in Folge dieses Zufalls am folgenden Sonntag oculi zu sich genommen. Wir waren im Augenblicke ihres Todes nicht im Hause, denn ich hatte Nette (auf die ihr leidender Zustand sehr nachtheilig wirkte) beredet nach Hülshof zu fahren, wohin ich sie begleitete. Dort bezog sie gleich Dein Zimmer, und am folgenden Morgen kam Herman um uns zu sagen, daß die alte Frau zwei Stunden nach unser Abreise, in Nettens Canape sitzend, leise verschieden sei. Ihr Sohn Clemens hat vor ihr gesessen und ihr noch kurz zufor etwas zu trinken gereicht, als ihr Athem plötzlich aufgehört hat; sie ist bei Gott, des bin ich gewiß, und bittet für uns alle, auch für Dich liebstes Herz! denn es verging kein Tag, wo sie nicht für Dich, für die lieben Kinder und auch für den guden Heren von Latzberg bethete. Nette war zwar anfangs sehr traurig, aber sie sieht jetzt mit mir und uns allen ein, wie gnädig der liebe Gott gehandelt, daß er sie vor dem Ausbruch dieser schrecklichen Kälte zu sich genommen hat; den während den 8 Tagen, die wir in Hülshoff waren, hatten wir täglich 10 einmal sogar 13 Grad Kälte, es war am Begräbnißtage den 27ten. Seit Sonntag sind wir nun wieder hier, wir haben dort alle gesund und wohl verlassen. ... Ein ganz allerliebstes Kind ist Laßbergs kleiner Pathe Ferdinäntchen, Nette ist ganz entzückt von ihm und der kleine Junge hat (während wir in Hülshoff waren) viel zu ihrer Erheiterung beigetragen ... Nette wird Dir gewiß von ihm erzählen.

S. 330. Auf eine Frage nach dem Adressaten des Briefes Nr. 147 antwortet mir Herr Generalvikariatssekretär Isfort (Münster): „Nach dem Adreßbuch der Geistlichkeit von 1845 ist in Coesfeld und überhaupt in der Diözese Münster kein Geistlicher F. v. H. vorhanden. Ob nicht Dr. Friedrich Teipel, geistlicher Oberlehrer am Gymnasium in Coesfeld, geb. 2. Juni 1807, geweiht 24. März 1832, gest. 29. Januar 1861, der Adressat ist?" Diese Vermutung ist sehr ansprechend. Raßmann 340 führt unter Teipels zahlreichen Schriften als Erstlingswerk an „Dichterische Versuche", die gerade 1845 erschienen.

S. 355. Der Dompropst Hohenlohe ist der bekannte Prinz Alexander von Hohenlohe-Waldenburg-Schillingsfürst (1794—1849), seit 1829 Propst in Groswardein, 1844 Titularbischof von Sardika.

S. 396 Z. 4 l. Heimweh st. Heimweih.

S. 398. F. S. Frhr. v. Pfaffenhofen, gründlicher Münzkenner, Hofkavalier und Leiter des fürstl. Fürstenbergischen Münzkabinets in Donaueschingen, wo er als fürstlicher Hofmarschall in den 70er Jahren in hohem Alter starb.

165. An die Mutter. — [Meersburg 1847 Nov. 9]

Meine liebste Mama. Ich muß Dir doch auch ein klein wenig schreiben, um Dir selbst zu sagen, daß ich mich fast in jeder Beziehung sehr viel besser befinde. Wenn ich ganz still sitze und mich auch sonst nicht anstrenge, könnte ich mich jetzt mitunter, ein wenig Beengung abgerechnet, für ganz gesund halten. Ich schlafe gut, esse mit Appetit, habe gar keine Schmerzen und komme mir auch, wenn ich still sitze, gar nicht kraftlos vor, nur mit dem Gehen ist's noch nicht besser, das wird sich aber hoffentlich mit dem nächsten Frühling geben. Es ist schon viel, daß mir das Aequinoctium dieses mal nicht geschadet hat, und daß ich jetzt, beim Eingange des Winters, wohler bin als im Sommer. Aengstige Dich deßhalb meinetwegen nicht, mein liebes Mütterchen, ich komme gewiß gut durch den Winter. Du weißt wie vortrefflich sich mein Zimmer heizt, ich spüre auch gar nichts von der Wetterveränderung. Jenny und die Kinder sind den Tag über sehr viel bei mir, und Nachts habe ich die Magd im Nebenzimmer. Kurz ich bin sehr gut aufgehoben, und da Du weißt wie aprehensiv ich bin, so kannst Du wohl überzeugt sein, daß mir viel besser ist, da ich es selbst eingestehe. Sehr froh bin ich auch, daß Du in dem lieben Bökendorf bist, und noch froher, daß Du so lange dort zu bleiben denkst. Damit ist mir ein Stein vom Herzen, ich weiß Dich doch nun auf's Beste aufgehoben, und in einer Umgebung die Dich freut und erheitert. Sage allen den lieben lieben Verwandten das Herzlichste von mir. Meine alte Sophie spricht gewiß oft mit Dir von uns.

Hier geht es eben ^a so. Wenn Jenny und ich Abends allein sind, dann sind wir allezeit entweder in Hülshof oder bei Euch. Ich wollte es wäre kein bloßer Aberglaube mit dem Ohrenklingeln, daß man immer wüste wenn man von einander redete, das wäre mir eine halbe Correspondenz. Gestern erhielt ich einen Brief von Werner, als Vorläufer der Kiste, die er am selben Tage der Spedition übergeben hatte. Neues stand sonst gar Nichts darin, aber viel Erfreuliches über Max, wie er so fleißig sei, und sich überhaupt so gut mache. Gottlob!

Hier ist Alles in großer Spannung wegen der Schweizer Angelegenheiten, selbst ich lasse mir jetzt täglich die Zeitungen bringen, und lese die betreffenden (von Laßberg roth angestrichenen) Artikel. Die armen Sonderbündler! 30,000 gegen 100,000. Gottes Hülfe muß das Beste thun, und dann ihre Begeisterung und gänzliche Todesverachtung. Der arme kleine, als Gränzland und dazu völlig flaches Terrain geradezu preisgegebene Canton Zug zählt nur 15,000 Einwohner. Diese sind neulich sämmtlich an Einem Tage, Männer, Frauen und Kinder, in Einsiedeln gewesen, haben die Sakramente empfangen, und sich alle zum Tode einsegnen lassen. So etwas geht Einem doch durch Mark und Bein! Man hört

a In der Abschrift aber, *anscheinend aus* eben *verändert.*

hier auch sonst so Vieles von den Urkantonen, ihrer Bewaffnung und Kampfart, daß Einem ist wie im Traume; von dem Urner Signalhorn (dem Stier von Uri), das eine ganze Schlacht übertönen und so fürchterlich klingen soll, daß in früheren Kriegen die feindlichen Feldherrn immer sehr den Eindruck auf ihre Truppen gefürchtet haben; von den Morgensternen (hier Fidelis-Prügel genannt, weil der h. Fidelis mit einem Streitkolben erschlagen ist), mit denen ein Theil der Schwyzer bewaffnet ist, und die sie im Handgemenge mit so großer Kraft zu brauchen wissen, daß von jedem Schlag ein Mann fällt; von den langen Flinten der Unterwaldner und Walliser Scharfschützen, die durch die Felslücken gesteckt werden und tausend Schritt weit tragen sollen. Kurz, es ist Alles wie in einem fabelhaften Traume, aus dem man aber leider nicht erwachen kann. Die Jesuiten gehn überall als Feldprediger mit. Flüchtlinge kommen im Ganzen wenig, es scheint ein Grundsatz der Sonderbündler zu sein, ihre Kinder und Kranken nicht ins Ausland, sondern in die Berge zu flüchten, um desto mehr Grund zum äußersten Widerstande zu haben. Die Frauen gehen fast Alle mit ihren Brüdern, Männern, Vätern, um die Verwundeten zu pflegen, und bei Hauptschlachten hinter dem Heere aufgestellt, die Ihrigen zu ihrer Vertheidigung auf's Äußerste zu treiben. Heute haben wir den Neunten, morgen sollen die Feindseligkeiten beginnen, und zwar an der Grenze von Freiburg. Gott schütze das Recht! Hier in Baden giebt's nur Eine Stimme, für den Sonderbund, und zwar von Unfrommen wie von Frommen, da die armen kleinen Cantone ebenso wohl für ihre Freiheit wie für ihren Glauben fechten, und die Jesuitenfrage von den großen offenbar nur vom Zaune gebrochen ist, um bei dieser Gelegenheit die Kleinen einzuschlucken.

Genug hiervon, sonst frißt die Schweiz mein ganzes Blatt auf, und Du ließt wohl Alles besser in den Zeitungen. Liebe Mama, sollte es denn wohl wirklich wahr werden, daß im nächsten Sommer Eins von den Onkels oder Tanten hieher käme? Es sind nun so Viele die uns Hoffnung gemacht haben, es wäre doch gar zu betrübt, wenn wir am Ende doch wieder ganz leer ausgingen. Lieber Onkel Carl, laß doch Deine Dahlien einmal ein wenig allein. Du mußt mir ja die schöne wunderliche Muschel bringen, die in Abbenburg für mich liegt, sonst weiß Gott wann ich sie bekomme, da ich gewiß noch anderthalb Jahre hier bleiben muß, denn ich soll im nächsten Sommer hier Ameisenbäder gebrauchen und darf dann nicht mit dem Winter wieder in unser Clima einrücken. Lieber August, ihr seid ja doch so viel auf den Rädern, Du und Tante Dine, rutscht doch auch einmal hieher. Ach ich wollte, Ihr kämt Alle, — wir sehnen uns nach Allen, Jenny und ich. Liebe Mama, kannst Du denn Keinem von Allen so gut zureden, daß er Dich hieher begleitet? Adieu, liebstes Mütterchen, sage doch Allen das Herzlichste von mir, meiner lieben alten Sophie, den Hinneburgern, Wehrenschen, Herstellern, — ich kann nicht Alle einzeln hinschreiben, aber ich denke an Jeden Einzelnen, auch in Erpernburg, Wewer, Tienhausen, Vörden, überall meine besten Grüße. Anna und meine alte Male sind ja noch wohl bei Euch. Ich wollte ich könnte nur auf eine Viertelstunde zwischen Euch sitzen. Adieu, ich küsse Deine liebe Hand. Deine gehorsame Tochter Nette.

Der oben S. 362 kurz erwähnte Brief, der letzte der Dichterin, der mir bekannt wurde. Die Suche nach dem Original ist vergeblich geblieben; auch Frl. v. Düring-Oetken, an welche es durch Elise Rüdiger hätte gelangen können, teilt mir mit, es sei ihr unbekannt. So erfolgte der Druck nach einer Originalkopie von Frau Geheimrat A. Hüffer (in Hüffers Nachlaß). Am Schluß der Kopie Notiz Hermann Hüffers: „28. 9. 96. Abschrift eines Briefes, den Fr. Rüdiger mir am 14. Juli 1887 geschickt hatte. Das Datum wird genau bestimmt durch die Angabe: »Heute haben wir den 9.; morgen soll der Krieg an der Freiburger Grenze anfangen.«" Da der kurze Feldzug gegen Freiburg in den November 1847 fällt, muß der undatierte Brief 1847 Nov. 9 geschrieben sein.

Namenregister.

Brentano, Clemens 177. 259.
—, Bettina s. Arnim.
Brintrup 138. 410.
Brockmann, Joh. Heinr., Dompropst 139.
Brockmann 240.
Buchwald, Frau v. 23.
Bücken („der arme B.") 379.
Bückersche, die (Botenfrau) 52. 59. 60.
 77. 132. 137. 146. 148. 252. 297. 299.
 405. 417.
Bürger, G. A. 1.
Busch, Katharina, s. Schücking.
—, Flörchen 26.
Byron 198.

Calderon 177.
Camoens 351.
Carvacchi, Karl, Ober - Finanzrat 54.
 203. 226.
Catt 185.
Cherouit 275.
Chodowiecki 345. 420 f.
Clövekorn, Arzt 344.
Conscience 423 f.
Cooper, James Fen. 57. 126.
Coppenrath, Buchhändler 320.
Cotta, Verleger 270. 278. 286. 309 ff.
 313 f. 319 f. 328. 409. 412.
Cronegk 243.
Cunningham, Allan 61 f.
Czartoriski, Prinz Witold u. s. Eltern 182.

Dahlmann, Frau 111.
Dalvig, Lorchen 90.
Decken, Klaus von der, Oberst 24.
 Seine erste Frau 25. Seine zweite
 Frau 25. 28. 29. Seine Kinder 22. 25.
Decken, Abtissin 42. 55.
Degnersche, die 238. Familie 240. The-
 rese 240. Maria 240.
Deiters, Buchhändler 320. 331.
Delius, Luise 274. 300. 308. 325.
Diepenbrock, Fürstbischof Melchior v.
 329. 422 ff,
Dräxler-Manfred 323.
Droste-Hülshoff, Cl. Aug. v. (Vater A.'s)
 11. 21 ff. 27. 29. 154. 191. 202. 295.
 366. 368 f. 385. 391.
— Therese, geb. v. Haxthausen (Mutter)
 4. 11. 13. 14. 17. 21. 24 ff. 29 f. 41 f.
 44. 47 f. 50. 55. 58. 60. 65. 68. 75.
 78. 87. 93. 97. 99. 102 ff. 107. 113
 bis 117. 120 f. 123 ff. 130 f. 133 ff.

153 ff. 168. 171 ff. 175. 179 ff. 190.
192 f. 196 f. 201. 205. 208. 212. 219.
221 ff. 227 ff. 231 ff. 242 f. 246 f. 250 ff.
255 ff. 261. 264. 270 f. 273 f. 275.
278 ff. 281. 285. 288. 290 292 ff. 297 ff.
302 f. 307 f. 310 f. 313. 315 f. 318 f.
322 f. 326 ff. 331 ff. 335. 339. 343 f.
346 ff. 353 ff. 359 f. 362. 366 ff. 369 ff.
382 ff. 385 ff. 397. 399 ff. 404 f. 407.
409 ff. 415. 417 f. 421 f. 430. 432 ff.
—, Marianne (Jenny), s. v. Laßberg.
—, Werner (Bruder) 1. 20. 45. 48 ff.
 53 ff. 58. 79. 104. 109 f. 115. 126.
 131 f. 135 f. 143. 145. 147. 160 ff.
 168. 171. 190. 192. 196. 205. 231.
 233. 235. 238. 245 f. 250. 252. 255.
 264 ff. 273. 279. 326 f. 331. 333. 338.
 341. 344. 346 f. 349. 352. 354 f. 357 ff.
 363. 368 f. 375 f. 378. 381 f. 386. 389 f.
 414 ff. 419 f. 430. 432. Seine Frau
 Karoline 45. 50. 53. 55. 79. 110. 126.
 136. 143. 153 f. 161 f. 167. 175. 192.
 205. 224 f. 231. 233 f. 241. 266. 344 ff.
 353. 357. 362 f. 368. 370. 375. 378.
 381. 386. 388. 389. Kinder: Anna
 153. 234 f. 388. Clemens 154. 183.
 234. Elisabeth 349. 416. Ferdinand
 136. 153. 183. 224. 227 f. 230. 233.
 242. 247. 286. 388. 431. Friedrich 135 f.
 153. 234. 388. Heinrich 153. 234 f.
 241. 273. 322. 329. 331. 333. 361 f.
 388. Max 153. 183. 234 f. 432. Moritz
 („Möhrchen") 235. Therese Luise
 79. 154. 183. 234.
—, Ferdinand (Bruder) 1. 27. 41. 183.
 369 f. 387.
—, Johann Heinrich, Dompropst (Onkel)
 27. 50. 57. 139. 381. 385.
—, Max, (Onkel) 27. 50. 161. 189. 365 f.
 379. Seine Frau Bernhardine 27.
 28 (?). 30 (?). 60. 161. 173. 189.
 236. 419.
—, Ernst (Onkel), auf Stapel 64. 138.
 154. 246. Kinder: Johannes 239.
 332. Luise 239. Fanny 234. Marie 234.
 239. Phine 431. Eine Tochter 64. 282.
—, Clemens (Vetter) 40. 102. 174. 189.
 372 f. 375 f. 379. 381. Seine Frau
 Pauline geb. Zurmühlen 102. 104.
 106 ff. 261 f. 291. 373. 375. 379. 381.
 402. Tochter Betty 102.
—, Joseph Maria, Arzt (Vetter) 189.

Landsberg, „Der kleine L." 267.
—, Familie 281. 284.
Lang, Karl v. 275.
Laßberg, Joseph v. 58 ff. 68. 74. 83.
91. 93. 97 ff. 107 ff. 120. 126. 131.
139. 141. 151. 153. 165. 182. 183.
190 ff. 214. 226 f. 229. 232 f. 241. 247.
250. 256 ff. 260. 263. 265. 267. 273.
277 f. 296. 301 ff. 309 f. 313. 321 f.
327 ff. 332. 335. 346. 348. 353 f. 360.
390. 393 ff. 398 ff. 406 (?). 409 ff.
413. 417. 431.
—, Marianne (Jenny) 1. 4. 13. 27. 37.
42. 45 ff. 48 ff. 58 ff. 61. 65. 68. 74.
93. 97 ff. 106 ff. 125 ff. 131. 137. 141.
145. 153. 162. 163. 165 ff. 173. 181.
183 ff. 196 ff. 209. 223 ff. 227 ff. 231 ff.
241. 243. 247. 249 ff. 256 f. 261 ff.
267. 275 ff. 283. 293 ff. 302 f. 307.
310 ff. 315 ff. 326 ff. 332. 346 ff. 353 f.
355 ff. 359 f. 365 f. 368 ff. 371. 373.
375. 377. 379. 381. 390. 393 ff. 399.
400. 402. 408 f. 417. 430. 432. 433.
—, Die Zwillinge Hildegard und Hildegund 59. 98. 106 ff. 126. 131. 137.
141. 163. 173. 191. 224. 227. 229.
232 f. 247. 251 f. 256 f. 267. 280. 296.
303. 307. 313. 321. 329. 332. 346.
361. 392. 395. 400. 407. 432. Hildegard 397. Hildegund 100. 308.
347. 397.
—, Karl 231 f. 307. 396.
—, Familie 386.
Lecontour, Madame 224. 228. 234 ff. 260.
Ledebur, Friedr. Clemens v., Bischof
von Paderborn 159. 168.
Leist, Friedr. Ernst 39.
Lenau 278. 314. 412.
Leonidas v. Tarent 351.
Lichtenberg 56.
Liebenau, Herm. v. 107.
Lilien, Lotte u. Johanna 46.
List, Friedrich 418.
Löchtefeld 140. 155 (Drüke).
Lohkampf 241.
Lombard, Karoline 216. 219. 275. 281.
337. 339. 373.
Looz, Charl. Const. Herzogin v. 54. 66.
105. 225.
Lutterbeck 172. 177. 178. 180. 188.
201. 204. 206. 211. 220. 252 ff. 325.
337. Familie 335.
Lützow, Tony 396.

Maltitz, Franz v. 175.
Mannsberg, August 355.
Manzoni 352.
Marcus, Student, 266. 279 f.
—, Verleger 112.
Maßmann, Hans Ferd. 98.
Mathieux, Johanna geb. Mockel 285. 342.
Maurer-Constant 258.
Mecklenburg, Prinz Karl v. 166.
Meiners, Kaufmann 345.
Melchers, Franz Arnold, General-
vikar 356.
Mengersen, Graf 239.
Menne, Arzt 24.
Mennich, s. Münnich.
Menzel, Wolfgang 186. 308.
Merode 140. 232. 239.
Mertens, Ludwig 50. 93. 262 f. 268.
372. 374. 402 f.
—, Sibylla 39. 48. 49. 66 ff. 93 f. 102.
104. 106. 146. 163. 262 f. 268 ff. 281 ff.
286 ff. 321. 370 ff. 374. 377 ff. 403.
—, Rudolf 269. Gustav 269. Zwei
Töchter 389. Therese (Esser) 403.
Merveldt, Amalie und Pauline Grä-
finnen v. 44.
—, Nette 329.
Meyer, Bernh. 261.
Michelis, Eduard 160.
Michels, Luise 268.
Mickiewicz, Adam 116.
Möller, Anton, Consist.-Rat 10. 20.
Moosbrücker, Pfarrer 321.
Müller, Johann Georg, Weihbischof v.
Trier (?) 313.
—, Adam 71 f.
—, Maler 138.
Münnich (oder Mennich), Kaplan 74.
Munchow, Professor 376.
Murdfield, Theodor 139.
Mylius, Walburga v., geb. v. Geyr 40.

Nagel v. Vornholt 183.
Napholz, Direktor 401.
Natzmer, Oberst 155.
Neigebaur 185.
Neuwöhner, Joh. 197. 429.
Niebuhr, B. G. 376. Seine Frau 376.
Familie 380.
Niederlande, König Wilhelm I. der
130. 134. 155.
Noel, Math. Jos. de 199. 429.
Nölken 184. 315.

www.ingramcontent.com/pod-product-compliance
Lightning Source LLC
Chambersburg PA
CBHW022025110726

47901CB00006B/1658